中世アーカイブズ学序説

上島 有 著

思文閣出版

目次

凡例

一　本書では、序章「アーカイブズ学としての中世古文書学――東寺百合文書からアーカイブズ学へ――」を序章「アーカイブズ学としての中世古文書学」、第一章「妙蓮寺の近世文書について」を第一章「妙蓮寺の近世文書」、第二章「近世の武家書札礼と公帖――南禅寺公帖の形態論的研究――」を第二章「南禅寺の公帖」、第三章「近世の領知判物・朱印状と公帖――室町時代の御判御教書との関連で――」を第三章「御判御教書と朱印状・公帖」、第四章「天龍寺の朱印状と公帖――中世古文書学と近世古文書学の継承性に関する試論――」を第四章「天龍寺の朱印状と公帖」、補論Ⅰ「殿下と将軍――奉書と檀紙、折紙と竪紙――」を補論Ⅰ「殿下と将軍」、補論Ⅱ「徳川将軍領知判物・朱印状の原点――藤井譲治「徳川将軍領知朱印状の古文書学的位置」との関連で――」を補論Ⅱ「徳川将軍領知判物・朱印状の原点」、補論Ⅲ「古文書学からアーカイブズ学への寸描――史料論・室町幕府文書論――」を補論Ⅲ「古文書学からアーカイブズ学への寸描」と適宜省略することがある。

一　それぞれの論稿を本書に掲載するにあたっては、初出のままを基本としたが、すこし、あるいはある程度加筆・補訂するとともに、本書としての統一をはかったところがある。また、表記・仮名遣いなども本書として統一をはかった。

一　引用論文その他については、現在の書誌データに改めた。本来これらは補註で訂正すべきもので、重要なものは補註を加えたが、軽易なものについては、煩雑になるので本文あるいは註で処理をした。

一　写真・表・挿図などの番号は、序章のものはたとえば「写真1-○」、第一章のものは「写真2-○」、第二章のものは「写真3-○」、第三章のものは「写真4-○」、第四章のものは「写真5-○」、補論Ⅰのものは「写真6-○」、補論Ⅱのものは「写真7-○」とした。

一　文書の写真は、料紙全部を収めることを原則とするが、一部この原則からはずれるものもある。

以上

中世アーカイブズ学序説

序章　アーカイブズ学としての中世古文書学

——東寺百合文書からアーカイブズ学へ——

はじめに——アーカイブズ・アーカイブズ学とは——

アーカイブズ・アーカイブズ学とは

平成十六年（二〇〇四）というのは、わが国アーカイブズ学にとって画期的な年であったと私は考える。同年四月、国立史料館（国文学研究資料館史料館）が人間文化研究機構国文学研究資料館アーカイブズ研究系と名称をかえ、同五月には日本アーカイブズ学会が設立された。すなわち、アーカイブズ学（アーカイバル・サイエンス）が記録史料学から独立、二一世紀をになう新しい学問として本当の第一歩をふみだした年と位置づけるのである。

アーカイブズ学が記録史料学から独立

「アーカイブズ学（アーカイバル・サイエンス）が記録史料学から独立」などといえば、不思議に思われる方も多いとかと思うが、私は記録史料学から独立するところにアーカイブズ学の本来の姿があると考えるのである。

史料主義と決別

もうすこしいうならば、記録史料学のもつ史料主義と決別するところにアーカイブズ学の本質があると考えるのである。これは本稿の第一の主題でもあるので、すこし詳しく考えておきたい。

アーカイブズ・アーカイブズ学の訳語としては、一般に記録史料・記録史料学という言葉が用いられている。しかし、私はこれには疑問をもっている。さきに、拙著『中世花押の謎を解く——足利将軍家とその花押——』（山川出版社　二〇〇四年）の「あとがき」でアーカイブズ学に触れたさい、

　私はどうも「記録史料」というのは「最適の訳」だけではなく、「適訳」ともいえないと考える。アーカイブズは何があるかわからない無限の可能性を秘めた情報源ではあるが、たんなる「史料」ではないはずである。「史料」といった場合には、どうしても歴史叙述のための史料を連想する（同書二四八頁）。

とした。いまでもこの考え方はかわっていない。そこで、まずアーカイブズという言葉について考えてみよう。

安澤秀一氏

はやくアーカイブズ・アーキビストという言葉を使われたのは安澤秀一氏だと思う。氏は、

安藤正人氏

アーカイブズとは一次的な記録情報資源

史料主義との決別

> 文書Archivesという言葉は恒久的な価値をもつ非現用記録をさすが、またそうした記録を保存する史料保存施設、つまりそうした記録を管理することに責任を負う部局を意味する使い方もある（同「記録／文書管理促進企画RAMP」（同『史料館・文書館学への道――記録・文書をどう残すか――』（吉川弘文館　一九八五年））六一頁）。

といわれる。ここではアーカイブズ＝文書とされているのである。

アーカイブズの古典的な定義としてよく引用されるものに、全国歴史資料保存利用機関連絡協議会監修『文書館用語集』（大阪大学出版会　一九九七年）の「史料（archives）」の解説として、

> 個人または組織がその活動のなかで作成または収受し、蓄積した資料で、継続的に利用する価値があるので保存されたもの。記録史料（同書六五頁）。

がある。このような変遷をへて、最近では安藤正人氏は、

> よく知られてきているようにアーカイブズには二つの意味がある。過去の古文書・古記録から近年の公文書・企業文書・映像記録・電子記録などまで、時代や媒体に関わらずさまざまな組織体が生み出す一次的な記録情報資源という意味と、それらの記録情報資源を保存公開するための文書館・公文書館システムという意味の二つである。そして、この二つの意味におけるアーカイブズを支える学問的基盤がアーカイブズ学archive science（記録史料学）だ（同「（時評）二一世紀日本の歴史情報資源とアーカイブズ――大学共同利用機関の再編統合問題に寄せて――」（『歴史学研究』七六一号　二〇〇二年）五五頁）。

とされる。これは現段階におけるアーカイブズに対するもっとも適切な定義と考える。このアーカイブズの二つの意味のうち、「文書館云々」ということをしばらくおくとすると、(1) アーカイブズとは「時代や媒体に関わらずさまざまな組織体が生み出す一次的な記録情報資源」ということである。私はこれに「個人」を加えたいと思うが――安藤氏は別のところでは「個人」にも触れられている――、アーカイブズとは「時代や媒体に関わらずさまざまな個人や組織体が生み出す一次的な記録情報資源」である。ここには歴史叙述・歴史学を前提とした言葉はまったくみられない。史料主義とは無関係に、アーカイブズそれ自身独立した範疇としてとらえられているのである。本稿では、これをアーカイブズに関する基本的な考え方とする。

これを支える思想は、前述のように私は史料主義との決別だと思う。安藤氏は、

文書とは

そもそも文書というものは、別に歴史家だけのために存在しているのではない。いわば人類共有の遺産としてあらゆる人々のさまざまな利用のために保存されているのである。つまり、保存される文書にとって、歴史学研究の素材＝史料としての価値は、重要な属性の一つに違いないが、あくまでひとつの属性に過ぎない（同「近世・近代地方文書研究と整理論の課題」（大藤修・安藤正人著『史料保存と文書館学』（吉川弘文館　一九八六年　初出は一九八五年）二八七頁　傍点は原文のまま）。

大藤修氏

また大藤修氏は、

史料とはそもそも何であろうか。筆者はかつて次のように定義したことがある。「この世に生を享けた人間の存在と、その活動を証す、すべての歴史的情報資源」と。

歴史研究者は史料を歴史研究の材料と定義するのが通例である。しかし、過去の情報資源は、単に歴史研究の材料たるにとどまらず、様々な利用価値を有している。これを地域住民、国民、さらには人類の共有の文化遺産として保存し、研究者だけでなく一般の市民にも様々な形で利用に供し、社会・文化の発展に役立てる、というのが史料保存の基本理念である。

筆者も歴史研究に携わる者の端くれとして、かつては歴史研究の材料という史料の定義に疑念を抱かなかった。だが、史料保存に従事するようになり、史料保存ははたして歴史研究のためのみに必要なのか、もっと広い意義を持っているのではないか、と考えるようになった。そして、史料保存の意義を普遍化していくためには、史料の定義そのものも普遍的な観点から行う必要があるのではないかと考え、先のように定義してみた次第である（同「史料と記録史料学」（全国歴史資料保存利用機関連絡協議会編『日本のアーカイブズ論』（岩田書店　二〇〇三年　初出は一九九〇年）三三一頁）。

歴史叙述のためにのみ存在しているのではない

保坂裕興氏

といわれる。いずれも文書・史料などは歴史叙述のためにのみ存在しているのではないといわれる。さらに保坂裕興氏は、

史料学・史料論とは異質な原理

記録史料学は、未成熟ではあるが、史料の保存利用の思想と技術に関する体系的な学問であり、「歴史研究のための」という地点から立ち上がった史料学・史料論とは異質な原理に貫かれている（同「記録史料学と史料論について」（前記『日本のアーカイブズ論』所収　初出は一九九七年）三六〇頁）。

記録史料学は、研究者が歴史研究を進めるための史料学ではなく、歴史学が包摂しきれないところに中核

歴史叙述・史料主義と決別

アーカイブズ学と歴史学はそれぞれ別の独立した学問

記録史料・記録史料学という言葉は再検討を

を形成する、人類をユーザーとするところの史料論の体系なのである（同三六一頁）。

といわれる。記録史料学は「歴史研究のため」の史料学とは異質のものとされる。記録史料・記録史料学は歴史叙述・歴史研究とは別であるという考え方である。

たしかに、現在アーカイブズ学を論ぜられる方は、その多くは歴史研究者であろう。また、さきの『文書館用語集』の規定にもみられるように、アーカイブズ＝記録史料、アーカイブズ学＝記録史料学ということが完全に定着している。現在ではもはや「史料」の意味するところとは関係なく、いわば固有名詞として一般にアーカイブズ＝記録史料、アーカイブズ学＝記録史料学とされているのである。

たびたびいうように、私はアーカイブズ学は歴史叙述・史料主義と決別するところからはじまると考えている。ただ、誤解をとくために一言すると、アーカイブズ学は歴史学とはちがった研究対象・方法・目的をもった新しい学問で、それが本当の意味の自立をとげるためには、いったん歴史学との決別が必要だというのである。私は史料主義を非難し、またアーカイブズ学が歴史学と提携し、その研究成果を歴史叙述に利用することに異議を申したてているのではない。アーカイブズ学の展開とは関係なく、伝統的な歴史学の存在価値は微動だにするものではない。ただ学問の研究領域としては、相かさなる部分があるとしても、アーカイブズ学と歴史学はそれぞれ別の独立した学問であるということを確認しておきたいのである。

かくして、アーカイブズ学が新しい学問としてその存在を主張するためには、そしてさきに何人かの方たちの文章を引用したように、歴史叙述・歴史研究とは別であるということをはっきりさせるためには、あるいは小さいことではあるかもしれないが、記録史料・記録史料学という言葉を再検討してみる必要があるのではなかろうか。[2]ちょうど国立史料館がアーカイブズ研究系と名称をかえ、アーカイブズ学会が設立されたのが、まさに絶好のチャンスではなかろうか。あるいはピント外れのことかもしれないが、私の日頃からの感想である。

註

（1）安藤氏の規定にもみえるように、アーカイブズには文書館・公文書館などという意味もある。しかし、本稿では特別の場合を除いて、アーカイブズは「もの」としての「時代や媒体に関わらずさまざまな個人や組織体が生み出す一次的な記録情報資源」という意味に用いることにする。

（2）以上のように、私はアーカイブズ学を記録史料・記録史料学というのは適当ではないと考える。た

青山英幸氏

一次的記録情報資源

「かたち」「かたまり」「かさなり」の総体

出所原則と原秩序尊重の原則

しかに安藤正人氏は、

「史料」は、狭い意味の歴史学の研究材料に限定せず、歴史認識のもととなる素材という広義にとらえておきたい（同「記録史料学の課題」（同『記録史料学と現代――アーカイブズの科学をめざして――』（吉川弘文館　一九九八年　初出は一九九五年））二一頁）。

と「史料」を定義づけられるが、できうればそのような限定をつけずにわかりやすい方がよい。そこで、本稿ではできるだけアーカイブズ・アーカイブズ学を用いるが、簡単に代置しえない場合には記録史料・記録史料学を使うこともある。私は「記録史料」にかわる言葉を提示するような立場ではないので、学界で十分に議論をつくして適当な言葉を考えていただけると有難い。

なお、青山英幸氏は同『アーカイブズとアーカイバル・サイエンス――歴史的背景と課題――』（岩田書院　二〇〇四年）の「はじめに」で、その理由は示されないが、

従来筆者が表記してきた「文書館学」や「記録史料学」に換えて、本来的な「アーカイバル・サイエンス」を表記することとした（同書四頁）。

とされる。

第一節　アーカイブズの整理原則と研究分野

――「記録史料管理論」と「記録史料認識論」の統一的把握――

いまいったように、アーカイブズは「一次的記録情報資源」＝「生のもの」であるから、それは「もの」として、すなわちⅠ「かたち」、Ⅱ「かたまり」、Ⅲ「かさなり」の総体として把握されるべきものだと考える。たまたま「か」が三つかさなったが、この点については以下で漸次説明をしてゆくことにする。「もの」を研究対象とするアーカイブズ学は、「もの」としてのアーカイブズをⅠ「かたち」、Ⅱ「かたまり」、Ⅲ「かさなり」の三次元においてその本質を明らかにする学問だと規定したい。

アーカイブズ学のアーカイブズ整理の原則として、出所原則と原秩序尊重の原則ということがよくいわれる。これは欧米文書館学（アーカイブズ学）の理論から学んだものである[1]が、現在わが国アーカイブズ学の基本原則となっている。そして、これはたんにアーカイブズ整理の原則だけではなく、アーカイブズ学研究の基本的命題だと考える。[2]

しかし、わが国の中世アーカイブズ整理の立場からすると、アーカイブズ整理の原則としては出所原則と原秩

アーカイブズ整理の原則は、Ⅰ原形態の尊重、Ⅱ原秩序の尊重、Ⅲ原伝存の尊重

序尊重の原則の二つでは十分だとはいえないと思う。結論をさきにいうならば、アーカイブズ整理の原則は、Ⅰ原形態の尊重、Ⅱ原秩序の尊重、Ⅲ原伝存の尊重という三つだと考える。これはまた、いま述べた、Ⅰ「かたち」、Ⅱ「かたまり」、Ⅲ「かさなり」というアーカイブズ学の研究課題に相おうずるものである。

アーカイブズ学の研究課題といえば、前記『日本のアーカイブズ論』はこれまでのアーカイブズ学の研究成果を集大成し、今後のアーカイブズ学への大きな展望を切りひらいたものである。その第一部第二章として「保存整理論の萌芽」がとりあげられている。その総括ともいうべき「[解説] 保存整理論の萌芽」を担当された高橋実氏は、

一　原形尊重認識の形成
二　フォンド認識と原秩序論の萌芽
三　伝統的保存論とコンサベーション論の試み
四　階層構造尊重論の自生的萌芽

なる四節にわけてアーカイブズの保存整理論を論ぜられている。きわめて単純化していうならば、一「原形尊重認識の形成」はⅠ原形態の尊重に対応するものであり、二「フォンド認識と原秩序論の萌芽」はⅡ原秩序の尊重に、三「伝統的保存論とコンサベーション論の試み」と四「階層構造尊重論の自生的萌芽」はⅢ原伝存の尊重に関係するものである。かくして、Ⅰ原形態の尊重、Ⅱ原秩序の尊重、Ⅲ原伝存の尊重という三つの原則は、アーカイブズ学の整理保存の課題そのものであることがはっきりする。そして、後ほど詳しく述べるように「史料管理論と史料認識論とは表裏一体の補完関係にある」とする立場からすると、この三つの原則は、整理保存すなわち史料管理論の課題だけではなく、すぐれて史料認識論すなわちアーカイブズ学の研究課題そのものでもあるということを確認しておきたい。

原形態の尊重

第一項　原形態の尊重

まず、Ⅰ原形態の尊重ということについていうと、前記欧米文書館学がその整理原則に出所原則と原秩序尊重の原則の二つをあげるものの、原形態の尊重という観点がみられないのが不思議でならない。(3) もちろん、これは原則として表面にでていないだけであって、私の非常に乏しい近世アーカイブズ学に関する知識でも、原島陽

「かたち」

形態論

原形態の尊重

静態と動態の統一的把握

意志の伝達

動態としての「個」の把握

一・大藤修らの諸氏は文書の形態、したがって文書の原形態の尊重については強い関心をはらっておられる(4)。さらにいま述べたように、高橋実氏は前記『日本のアーカイブズ論』の第一部第二章「保存整理論の萌芽」の「[解説]保存整理論の萌芽」の一「原形尊重認識の形成」において四頁余にわたって原形態尊重の重要性を説くとともに、具体例として私たちが京都府立総合資料館においておこなった東寺百合文書の整理の実情を詳細に紹介されている(同書一三五〜一四〇頁)。中世アーカイブズを考えた場合、原形態の尊重の原則は、出所原則と原秩序尊重の原則と同等に、あるいはそれ以上にまず重視されるべき原則である。そしてこれは、たんに文書整理の原則(記録史料管理論)(5)にとどまらず、アーカイブズ学の研究目的・研究分野(記録史料認識論)に関係することでもあるということを、もう一度確認しておきたい。

私は、はやくから文書は「かたち」と「かたまり」において把握されるべきだといってきた(6)。文書(アーカイブズ)の「かたち」というのは、整理論(史料管理論)としてはここでいうI原形態の尊重ということである。これはアーカイブズを一個の「もの」すなわち単体の「個」として——文書の場合には一通の文書として——、その「かたち」を研究の対象とすることである。これこそ「もの」を研究対象とするアーカイブズ学の出発点ではなかろうか。その有する情報は当然形態に関する情報で、研究分野(史料認識論)でいえば形態=「かたち」のもつ意味を考える形態論である。

この場合、注意をしなければならないのは、整理論(史料管理論)としてはI原形態の尊重ということになるが、研究の対象(史料認識論)としてはこれだけでは十分とはいえない。アーカイブズ(「もの」)には静態と動態の両面がある。この両面を統一的に把握してはじめてまったき史料認識論といえよう。I原形態の尊重というのは整理論(史料管理論)としてアーカイブズを静態としてみた場合である。しかし、アーカイブズはたんに静態としてだけではなく動態としても存在する。たとえば文書の場合には作成という手続きをへて、一通の文書、「個」としてのアーカイブズができあがる。そして、それが文書作成のそもそもの目的である意志の伝達をおこなうのである。したがって、史料認識論としては、どうしてもそれの作成手続き・作成過程とその伝達過程が検討されなければならない。動態としての「個」の把握である。それ故、史料認識論としては作成・伝達過程におけるアーカイブズの形態が研究の対象となるのである。

従来の中世古文書学においては、文書の形態については比較的関心がはらわれてきた。私も文書の形態に関す

原秩序の尊重

アーカイブズを「かたまり」としてみる

構造論（あるいは関係論）

「出所原則」と「原秩序尊重の原則」

近世庶民史料調査

る論文はそれなりに執筆してきたが、主として「個」として、静態における文書の形態に関するものであった。しかし、動態も含めた文書の形態の統一的把握ということになると、すべて今後の研究にまたねばならない。新しいアーカイブズ学の前途は無限といってよかろう。

第二項　原秩序の尊重

つぎに、II原秩序の尊重ということについていうと、これはアーカイブズを「かたまり」としてとらえた場合である。整理論（史料管理論）でいえば、欧米文書館学の「原秩序尊重の原則」である。アーカイブズを「かたまり」としてみるというのは、たんにそれを単体の「個」としてとらえるだけではなく、平面の場において「群」として多くの「個」の集合としてとらえるということである。この場合には、「個」の「群」における構造、あるいは「群」における「個」同志の関係が問題となる。したがって、それが有する情報はアーカイブズの構造、あるいは内的関係に関する情報であり、研究分野（史料認識論）としては構造論[7]（あるいは関係論）である。

安藤正人氏は「出所原則」と「原秩序（原配列）尊重の原則」という整理上の二つの基本原則について、つぎのようにいわれる。

「出所原則」Principle of Provenanceとは、「同じ出所（記録／史料を業務遂行の過程で作成し、蓄積し、保存してきたところの事業所・機関・組織ないし個人）をもつ記録／史料は、他の出所をもつ記録／史料と混合させてはならない」という原則であり、「原秩序（原配列）尊重の原則」Principle of Respect for Original Orderとは、「文書群の中で個々の文書がもともと与えられている秩序（配列）が、それを生んだ事業所・機関・組織・個人によって与えられ、その組織的活動を反映しているものである場合には、もとの秩序（配列）を残さなくてはならない」という原則である（前記同「近世・近代地方文書研究と整理論の課題」二八九頁）。

すなわち、アーカイブズ学でいう原秩序の尊重の原則というのは、「もとの秩序（配列）を残さなくてはならない」という原則である。[8]

これで思いだすのは戦後間もなくの近世文書の整理である。いわゆる近世庶民史料調査の名のもと、多数の文書群の原形態・原秩序が破壊されたことは周知の事実である。[9]その反省が安澤秀一氏や原島陽一氏、さらに安藤

アーカイブズを「群」においてとらえる

伝達・集積の過程における「かたまり」

機能論的研究

現用文書としての役割を終える

拙稿「荘園文書」

正人・大藤修両氏の文書館学を生み、それが記録史料学に発展、そして現在のアーカイブズ学へと展開するのであるが、やはりその経験は貴重である。それだけにまた、現在のアーカイブズ学において原秩序の尊重を強調されることの意義は重要である。

このアーカイブズを「群」においてとらえるということは、整理論（史料管理論）ではII原秩序の尊重であるが、これは静態におけるアーカイブズである。研究対象（史料認識論）としてはこれだけでは十分ではない。さらに動態におけるアーカイブズが問題となる。「個」として作成されたアーカイブズは、伝達あるいは集積という過程をへて「群」の場に移される。どうしても伝達・集積の過程が究明されなければならない。したがって、研究（史料認識論）にあたっては、動態としての伝達・集積の過程における「かたまり」が対象とされなければならない。

もうすこし具体的に文書の場合について考えてみよう。私ははやく前記「文書のかたちとかたまりについて」なる論稿（註(6)参照）において、

> ここでいう機能論的研究というのは、個々の文書の機能を明かにするというだけではなく、それを通じて文書を機能的なつながりにおいて（かたまりとして）みようとすることである。およそ文書は、私信を除いては、一通だけでその機能を果す場合は珍らしく、何通かの文書が相関連しながら、ひとつの機能を果すのである。そこで、このような文書相互の機能・関連を明かにする研究分野が必要となる。これを機能論的研究と呼ぶのである（同一三四頁）。

と述べた。ここでいう機能論的研究とは前述のように本稿の構造論的研究であるが、ふつう文書は一通だけでその機能をはたす場合はほとんどない。何通かが「かたまり」として一つの機能をはたすのである。これが構造論の研究課題の一つになる。これによって、現用文書としての役割を終えるが、つぎにこれらの文書はそれぞれの組織の運営に必要なものとして集積される。半現用の段階であるが、ここでもまた別のさらに大きな「かたまり」が形成される。

現用段階における文書が、「かたまり」としてその作成目的を達成するということについては上記の引用文のとおりであるが、具体的な一例として拙稿「荘園文書」（網野善彦他編『講座日本荘園史1　荘園入門』（吉川弘文館　一九八九年））がある。ここでは庄園文書のうちでとくに寄進状をとりあげ、一通の寄進状が、庄園寄進

拙稿「端裏銘について」

原伝存（原伝存状態）尊重の原則

アーカイブズを「かさなり」として把握

伝来論の研究

文書管理史の研究

という目的を完結させるには、「かたまり」として多数の関連文書が作成されることをみた。

現用段階の文書の「かたまり」を解く重要な鍵は端裏銘である。これについては、私ははやくから注目、いくつか論文を執筆したが、とくに「端裏銘について」（『摂大学術 B〈人文・社会篇〉』二号 一九八四年）において、公家・武家をつうじて多数の訴訟関係の文書、遵行命令とそれに対する報告などいろんな場合に、確実に一連のものとして機能した証拠として端裏銘があることを明らかにした。

以上はごく一例であって、しかもきわめてランダムなとりあげ方である。「かたまり」＝原秩序といっても現用・半現用をつうじて多様な「かたまり」が形成されるのであって、決して単純なものではない。これらの具体的・体系的研究はすべて将来に残されているのであって、若い新しいアーカイブズ学の研究課題は無限に広がっているといえるのである。アーカイブズ学としての本格的研究はまさに第一歩をふみだしただけである。

第三項　原伝存の尊重

私が中世アーカイブズの整理から学んだもう一つのアーカイブズ整理の原則（史料管理論）が、Ⅲ原伝存（原伝存状態）尊重の原則である。それぞれのアーカイブズは、「時」という長い歴史の流れのなかで集積されてきた。すなわち「群」を積みかさねて立体的に「層」を形成しているのである。これを「かさなり」と表現するのが適当であろう。「群」が「時」の経過にしたがって集積され、「層」をなして立体的に「かさなり」となって保存されているのである。

この「かさなり」も最大限尊重されなければならない。これはアーカイブズをたんに単体の「個」として、さらに平面的な静止した「群」としてとらえるというだけではなく、長い「時」の経過のなかで「個」→「群」、「群」を積みかさねて立体的な「層」を形成、それを「かさなり」として把握するということである。すなわち、それが集積されてきた「時」にしたがって、そこに「かさなり」の意義をみいだし、それを尊重し保存するということを意味する。ここには保存（時間の経過）に関する情報が含まれている。研究分野（史料認識論）としては、伝来論の研究とするのが適当であろう。わが国の中世古文書の研究では、Ⅰ「かたち」、Ⅱ「かたまり」に比べて、このⅢ「かさなり」はずっと軽視されているが、この点の確認のないかぎり、アーカイブズとして十分な位置づけは不可能であろう。そして、現在のアーカイブズ学研究の中心的課題が、文書管理史の研究であるかに考えられるが、文書管理史というのは、この文書の「かたまり」「かさなり」に関する研究といってよいのである。

機能論

さきにも触れたように、私ははやくから文書は「かたち」と「かたまり」において把握されなければならないといってきた。研究分野（史料認識論）でいえば形態論と構造論――註(7)で述べたようにこれまで私は機能論といってきた――である。それとともに中世古文書学の研究分野として、(1)様式論、(2)形態論、(3)機能論、(4)伝来論の四つをあげてきたが、[10]「かたち」と「かたまり」という研究課題と、この四つの研究分野（史料認識論）は有機的に整理・統一されていなかった。そして、長い間気になっていたことであった。

様式論の位置づけ

幸い、今回「かさなり」すなわち原伝存尊重の原則をアーカイブズ整理の原則（史料管理論）の一つに位置づけることによって、伝来論をその研究分野（史料認識論）として確定することができた。かくして、I「かたち」、II「かたまり」、III「かさなり」という研究課題に対する研究分野（史料認識論）は、I形態論、II構造論、III伝来論という形で統一的に把握することが可能となったのである。なお一言すると、後ほど本節第五項「アーカイブズとしての文書とその文字列・非文字列情報――様式論の位置づけ――」ですこし詳しく述べることにするが、現在中世古文書学でほとんど唯一の研究分野の感のある様式論は、アーカイブズ学の立場からすると料紙論・封式論・署名(花押)論・筆跡論・書式論などと同じく、形態論のうちの一つの研究部門と位置づけられるべきものと考えている。

形態論・構造論・伝来論

かくして、これまで私が中世古文書学の観点から、その研究分野としてきた(1)様式論、(2)形態論、(3)機能論、(4)伝来論の四つは、アーカイブズ学としての中世古文書学の立場からは、その存在形態としてはI「かたち」、II「かたまり」、III「かさなり」と整理することが可能となった。したがって、その研究分野（史料認識論）としてはI形態論、II構造論、III伝来論とすることができるのである。

伝来論＝原伝存の尊重

この伝来論、すなわちIII原伝存尊重の原則は、欧米文書館学でいえば「出所原則」にあたる。その意味するところはいま引用した安藤氏の言葉のとおりであるが、わが国の場合、「同じ出所（事業所・機関・組織ないし個人）」のアーカイブズを「他の出所」のそれと混合させるということは、ほとんどみられないのではなかろうか。欧米の場合の事情はよくわからないが、わが国においてははやくから「家わけ」にアーカイブズが伝えられ、「家わけ」が中世アーカイブズ整理の基本原則であった。さらに近世はもちろん、近現代においても組織体相互

「東寺文書」と百合文書

東寺の二つの信仰形態

「文書群の階層構造」

の間でのアーカイブズの混合ということは考えられないのではなかろうか。[11] それよりも、わが国の場合に重要なのは、「同じ出所（事業所・機関・組織ないし個人）」内の異なる部門・部署のアーカイブズを混合させないことである。私が、これまでいわれてきた「出所原則」にかえてⅢ原伝存の尊重というのはこのことによる。

わが国の中世文書で、一万通をこえる代表的ないくつかの文書群をみると、その多くはたとえば「〇〇寺文書」という形で一つの組織体に一括されているが、その中の部門別・部署別の原伝存状態はほとんどこわされてしまっているというのが実情ではなかろうか——もちろん原伝存状態のたしかな文書群も皆無とはいえないが——。このようなことにこだわるのは、後ほど詳しく述べるが、私は京都府立総合資料館での百合文書の整理の段階では、「東寺文書」は江戸時代にでも百合文書から選びだして、巻子や懸幅にしたのだろうとしか考えていなかった。しかし、東寺宝物館で近世以降の記録類も含めて、他のいろいろな現物資料などにあたってみると、それは実は鎌倉時代以来の原伝存状態そのままを伝えるものであった。これがわかったときには、実は大きな驚きであった。それだけではなく東寺の二つの信仰形態を反映するという根本的な問題とも関係することが明らかとなり、「かさなり」＝伝来の意味を考えることの重要性に思いをいたすようになったのである——この点は後ほど第二節第四項「中世東寺の文書管理——アーカイブズとしての「東寺文書」・東寺百合文書——」で詳しく述べる——。

ここで、Ⅲ原伝存の尊重というのは、時間的経過にもとづいて形成された「層」の尊重を意味するが、それだけではない。たとえば東寺という一つの組織体のいくつかの部門、さらにはその下の部署というそれぞれの「かたまり」と、その積みかさねである「層」＝「かさなり」を大切にするということである。このような「層」を欧米の文書館学では「文書群の階層構造」とよび、[12] これを尊重することがⅢ原伝存の尊重ということである。

かくして、Ⅲ原伝存の尊重ということは、一つには時間の経過にもとづいて立体的に積みかさねられてきた文書の「層」を尊重するということである。それだけではなく、さらにその「層」の中における「文書群の階層構造」も尊重されなければならないという二重の意味があるのである。これまで比較的軽視されてきたⅢ原伝存の尊重にも、アーカイブズとしての文書を考えた場合、重要な意義が秘められているといえる。

いうまでもなく、Ⅲ原伝存の尊重は整理原則（史料管理論）であって、静態としてアーカイブズをとらえる場合である。しかし、研究の対象（史料認識論）とする場合には、アーカイブズを総体としてとらえなければなら

伝来論

ない。当然のことながら動態の研究がその対象となる。すなわち、「かさなり」=「層」の集積と保存の過程における伝来論がとりあげられなければならない。

なお、Ⅲ原伝存の尊重は、Ⅱ原秩序の尊重と同じだと考えられなくもないが、結論だけをいうとⅡ原秩序の尊重というのはアーカイブズを「群」として平面としてとらえた場合である。これに対してⅢ原伝存尊重の原則(出所原則)というのは立体として、すなわち「群」の積みかさねの「層」として立体的に把握した場合ということができる。

第四項　中世アーカイブズと「アーカイブズのライフサイクル」

現用文書・半現用文書・非現用文書
「アーカイブズのライフサイクル」論

以上、Ⅰ「かたち」、Ⅱ「かたまり」、Ⅲ「かさなり」という中世アーカイブズの研究課題にそくして、それに相おうずる形でアーカイブズ整理の原則(史料管理論)、研究視角、それぞれの有する情報、アーカイブズの研究分野(史料認識論)を考えてみた。このようにみてくると、Ⅰ「かたち」、Ⅱ「かたまり」、Ⅲ「かさなり」というアーカイブズの研究課題は、いわゆる「記録(アーカイブズ)のライフサイクル」論と軌を一にするものであることがわかる。

これまで、私は現用文書・半現用文書・非現用文書という言葉を何の説明もなく使ってきたが、実はこれは「アーカイブズのライフサイクル」に関する用語である。「アーカイブズのライフサイクル」論自体は公文書の管理システムであるが、[13] 中世アーカイブズに関しても同様な観点が適用できる。もちろん中世アーカイブズは現在すべて非現用の段階にあるが、Ⅰ「かたち」を研究するについては、現用段階の(あるいは現用段階に近い)状態のアーカイブズが対象となる。したがって、整理論(史料管理論)としてはⅠ原形態の尊重が必要となる。

つぎにⅡ「かたまり」についていうと、すでに第二項「原秩序の尊重」で述べたように、現用段階のⅡ「かたまり」と半現用段階のⅡ「かたまり」がある。またⅢ「かさなり」についても同様で、半現用段階ですでに「時」の積みかさねにしたがってⅢ「かさなり」が形成される。さらに非現用段階でも同じである。かくして、膨大なアーカイブズ群(文書群)が形成されるのである。

以上、これまで述べてきたことをまとめると表1-1のようになる。これによって改めて整理をしてみると、アーカイブズ学とはアーカイブズをまずⅠ単体の「個」として、その作成・伝達過程を含めてⅠ「かたち」を厳

アーカイブズとしての文書の有する情報

文字列情報・非文字列情報

表1-1　アーカイブズの諸形態とその整理・研究

	研究対象	史料管理論	史料認識論			
		整理の原則	有する情報	研究分野	ライフサイクル	安藤氏
かたち	単体の「個」	原形態尊重の原則	i「個」の形態に関する情報 ii作成・伝達における形態の情報	作成・伝達過程を含む「個」の形態論	現用の段階	様態論
かたまり	平面の「群」	原秩序尊重の原則	i「群」の構造に関する情報 ii伝達・集積における構造の情報	伝達・集積過程を含む「群」の構造論	現用の段階 半現用の段階	構造論
かさなり	立体の「層」	原伝存尊重の原則	i「層」の伝来に関する情報 ii集積・保存における伝来の情報	集積・保存過程を含む「層」の伝来論	半現用の段階 非現用の段階	存在環境論

密に分析し、II「個」の集合である平面の「群」を、II「かたまり」としてその伝達・集積の過程を含めて明らかにし、III「群」の積みかさねである立体の「層」を、その集積・保存の過程も含めてIII「かさなり」としてその内容を考える学問だといえるのではなかろうか。すなわち、アーカイブズを単体―平面―立体の三次元でその本質を究明するのがアーカイブズ学ということができよう。そして、これはアーカイブズのライフサイクルの各段階に相おうずるのでもある。

なお、本稿においては静態におけるアーカイブズとしての文書の検討が中心であって、動態における文書については余り触れることはできない。この点については別に拙稿「[未定稿]文書を作成し・伝達し・集積し・保存する――東寺百合文書からアーカイブズ学へのアプローチ――」（私家版　二〇〇七年）で不十分ながら見解を述べたことがある。静態におけるアーカイブズの研究自体まだ未成熟である。まして動態におけるアーカイブズということになると、スタートラインに立ったともいいがたい状態であるが、できるだけはやく私家版を整理してご批判をいただきたいと考えている。

第五項　アーカイブズとしての文書とその文字列・非文字列情報
――様式論の位置づけ――

ここで、アーカイブズとしての文書の有する情報について、すこし詳しく整理をしておきたい。さきの表1-1を、文書の有する情報、すなわち文字列情報・非文字列情報という観点から整理しなおしたのが表1-2「アーカイブズとしての文書とその情報・研究課題」である。以下、これについて考えることにする。

料紙論・封式論・署名(花押)論・筆跡論・書式論

表Ⅰ-2　アーカイブズとしての文書とその情報・研究課題

かたち 個	Ⅰ形態論	ⅰ静態	「個」としての形態の研究	(イ)様式論	a文字列情報
				(ロ)料紙論　(ハ)封式論 (ニ)署名(花押)論 (ホ)筆跡論　(ヘ)書式論等	b非文字列情報
		ⅱ動態	作成・伝達の過程における形態の研究		a文字列情報 b非文字列情報
かたまり 群	Ⅱ構造論	ⅰ静態	「群」としての構造の研究		a文字列情報
		ⅱ動態	伝達・集積の過程における構造の研究		b非文字列情報
かさなり 層	Ⅲ伝来論	ⅰ静態	「層」としての伝来の研究		a文字列情報
		ⅱ動態	集積・保存の過程における伝来の研究		b非文字列情報

文書を史料としてではなく、「もの」＝アーカイブズとしてみた場合、すでに述べたようにその単体の「個」としての具体的な存在形態は、Ⅰ「かたち(形態)」である。すなわち、「個」としての文書の存在形態であるⅠ「かたち」に関する研究分野がⅠ形態論である。文書のⅠ形態には大きくⅰ静態における形態と、ⅱ動態における形態の二つがある。そして、ⅰ静態における「個」としての文書には、a文字列情報とb非文字列情報の二つがある。Ⅰ形態論のa文字列情報に関する研究分野が(イ)様式論であり、b非文字列情報に関する研究分野が(ロ)料紙論であり、(ハ)封式論、(ニ)署名(花押)論、(ホ)筆跡論などであり、また(ヘ)書式論[14]も非文字列情報に関する分野として論ずるのが適当であろう。なお、文書の歴史叙述の史料としての文字列情報については、アーカイブズ学・古文書学の文字列情報・非文字列情報とは別の範疇のものとして論ずべき問題であろう。

従来は文書といえば文字、すなわちその記載内容だけがすべてであったが、それだけではなく広汎なb非文字列情報が秘められているのである。Ⅰ形態論のa文字列情報に関する学問的（古文書学的）研究の分野が(イ)様式論である。従来は文書といえばa文字列情報にのみ目が向けられていたから、古文書学＝様式論で問題はなかった。

しかし、アーカイブズとしての文書の有する情報は、いまいったようにa文字列情報だけではなく、広汎なb非文字列情報が蔵せられているとすると、古文書学も新しい対応が必要となる。これら「個」としての文書のb非文字列情報を研究する分野として、

「判鑑」「手鑑」

様式論の位置づけ

形態論の一分野

静態としての文書の研究

動態としての文書の研究

「個」としての文書を研究するのが形態論

前述のように(ロ)料紙論、(ハ)封式論、(ニ)署名(花押)論、(ホ)筆跡論、また(ヘ)書式論などを設定するのが適当であろう。これらは従来、部分的・個別的に研究の対象とはなっていたが、それはいわば散発的にとりあげられたにすぎなかった。私自身、これまで料紙について、封式について、また署名（花押）・筆跡・書式についても論じてきた。たしかに、文書の形態研究の一部として論じてきたが、きわめてランダムであって、Ⅰ形態論のb非文字列情報の研究分野の一つというような明確な問題意識はなかった。もうすこしいうならば、従来の研究では、たとえば花押といい筆跡といい、いずれもたんに文書の真偽の鑑定の手段として論ぜられたにすぎない。そのために必要なのは「判鑑」であり「手鑑」であったといったことがある。[15] これでは、本当の意味の学問とはいえない。どうしても学問体系として、文書のもつb非文字列情報に関する一研究分野と位置づけることが必要である。

ここで、すこし(イ)様式論の位置づけについて考えておこう。第三項において、私ははやく古文書学の研究分野として(1)様式論、(2)形態論、(3)機能論、(4)伝来論の四つをあげてきたといった。しかし、本稿ではⅠ形態論、Ⅱ構造論、Ⅲ伝来論の三つとするのが適当だとした。両者は大きく食いちがっている。これについては、すこし詳しい説明が必要であろう。まず(3)機能論は、現段階ではⅡ構造論とおきかえた方がよいということについてはすでに述べた。[16] とすると、残る問題は(1)様式論の位置づけということになる。文書の様式は、いうまでもなく群＝「かたまり」（Ⅱ構造論）や層＝「かさなり」（Ⅲ伝来論）に関する研究分野ではなく、すぐれて個＝「かたち」（Ⅰ形態論）に関するものである。それ故、様式論はⅠ形態論、Ⅱ構造論、Ⅲ伝来論と同格の研究課題ではなく、表1-2のように(イ)様式論として、Ⅰ形態論の一分野として位置づけるのが適当であろう。[17] かくして、アーカイブズ学としての中世古文書学の研究分野（史料認識論）としては、Ⅰ形態論、Ⅱ構造論、Ⅲ伝来論の三つであると確認することができるのである。

これは、文書のⅠ形態をⅰ静態においてとりあげた場合であるが、ⅱ動態におけるⅠ形態も当然研究の対象となる。文書のⅠ形態をⅰ静態において研究すること自身、現段階では(イ)様式論を除いてほとんど未開拓という状態であるから、ⅱ動態における研究となると、ただ作成・伝達の過程における形態の研究という項目だけを述べて、すべては今後の課題とすることにせざるをえない。[18] ともあれ、このようにⅠ形態論一つをとってみても、アーカイブズ学としての中世古文書学の研究分野は非常に広汎なのである。

以上は、アーカイブズとしての文書を「個」として、そのⅠ「かたち」を考えた場合であるが、これもすでに

「群」としての文書を研究するのが構造論

「層」としての文書を研究するのが伝来論

述べたように、文書はたんに「個」として存在するだけではなく、「群」＝II「かたまり」として、さらに「層」＝III「かさなり」としても存在する。そして、「群」としても「層」としても無数の情報が含まれている。「群」としての文書を研究するのがII構造論であり、「層」としての文書を研究するのがIII伝来論である。しかも、これらはａ文字列情報だけではない。無数のｂ非文字列情報が存在するが、現在そのことすら学問的にはっきり認知されているかどうか疑わしい。まして、その研究方法などということになると、今後それが問題となるかどうかもはなはだ心許ないというのが実情である。

たびたびいうように、アーカイブズとしての文書はｉ静態としてのみ存在するのではなく、さらにii動態としても存在する。文書をii動態としてとらえた場合、個―群―層と移動するが、それは作成・伝達・集積・保存という過程とその情報がやはり研究の対象となる。ここにまた、多数のｂ非文字列情報の存在が確認できる。そして、これらもまったく未開拓のまま放置されているといってもまちがいはない。

様式論は広汎なアーカイブズ学の研究分野のごく一部分

かくして、これまで中世古文書学の唯一の研究分野とされてきた様式論は、アーカイブズとしての文書全体がもつ広汎な情報の研究のごく一部分にしかすぎないことがはっきりした。これまで文書といえば文字にだけ目をうばわれて、それ以外のｂ非文字列情報には無関心であったため、その重要性はまったく意識されていなかったが、文書が有する重要な情報には、ｂ非文字列情報が占める比率は決して低くはない。現段階では、その無限ともいうべき貴重なｂ非文字列情報が存在するであろうことは想像できるとしても、従来そのような関心がまったくなかったため、その実態、さらにはその情報資源化の方法はすべて未知数である。ただ、まったく手つかずの、おそらくすばらしい情報が発掘できるであろうと考えるだけで、すべては今後にまかされているのである。アーカイブズ学としての中世古文書学の課題はまさに無限というべきであろう。

アーカイブズ学としての中世古文書学の研究課題

以上のように整理してみると、これはそのままアーカイブズ学としての中世古文書学の研究課題とすることができる。いま、章立ての形で試案を示すと、

第一章　形態論＝文書の「かたち」の研究
第一節　静態における文書の「かたち」
「個」としての文書の形態の研究
第一項　文字列情報に関するもの

(イ)様式論

第二項　非文字列情報に関するもの

(ロ)料紙論　(ハ)封式論　(ニ)署名（花押）論　(ホ)筆跡論　(ヘ)書式論など

第二節　動態における文書の「かたち」

作成・伝達の過程における文書の形態の研究

第二章　構造論＝文書の「かたまり」の研究

第一節　静態における文書の「かたまり」

「群」としての文書の構造の研究

第二節　動態における文書の「かたまり」

伝達・集積の過程における文書の構造の研究

第三章　伝来論＝文書の「かさなり」の研究

第一節　静態における文書の「かさなり」

「層」としての文書の伝来の研究

第二節　動態における文書の「かさなり」

集積・保存の過程における文書の伝来の研究

となる。きわめて粗っぽい羅列で、今後幾多の修正が必要であろう。そして、具体的な肉づけはすべて将来の課題として残されているが、一歩ふみだす足がかりにはなりうるのではないかと考える。

第六項　記録史料管理論と記録史料認識論

これまで、私は史料管理論・史料認識論という言葉を説明なしに使ってきた。周知のように、これは安藤正人氏が前記「記録史料学の課題」（「はじめに――アーカイブズ・アーカイブズ学とは――」の註(2)参照）において、アーカイブズ学の二つの研究領域――記録史料管理論・記録史料認識論――として示されたものである。これによって、アーカイブズ学研究の理論的拠りどころを確定されたことの意義は大きい。とくに記録史料管理論というと、従来はともすれば技術の問題として処理されてきたが、それをアーカイブズ学の必須の研究領域とし

文書管理史の研究

アーカイブズ学とは

中世アーカイブズ学の蓄積

わが国歴史全時代アーカイブズ全体を包摂する方法と理論

て位置づけられたことの意義は大きい。これによって、アーカイブズ学研究の理論的武装ができたのである。ここに、文書管理史の研究がアーカイブズ学として重要な、というよりは必須の研究課題としてとりあげられることになる。現在、近世史はもちろん近現代史研究の分野において、文書管理史が大きな研究テーマとなっているのは、まさにこのことを示すものに他ならない。

安藤氏は、前記同「記録史料学の課題」で、

史料管理論と史料認識論とは表裏一体の補完関係にあり、いずれを欠いても史料学は完成しないというのが私の考えである（同二〇頁）。

とされる。私も同感である。しかし、実際の叙述の第一章一2「記録史料学の研究領域と課題」をみると、記録史料認識論と記録史料管理論がかならずしも表裏一体・有機的に統一されているようには思えない。やはり両者は具体的にも一体として把握されるべきものではなかろうか。それに対するいささかの提言が本稿の内容である。なお、表1-1の最後（いちばん右）の欄に掲げたのは安藤氏の記録史料認識論研究の具体的項目である（同書二四・二五頁）。言葉はちがっているが、そして完全に一致するわけではないが、内容的にはそれほどはなれているとは考えない。

以上によって、アーカイブズ学を私なりにまとめてみると、アーカイブズをその作成から伝達・集積・保存にいたる全過程、すなわち「アーカイブズのライフサイクル」の全過程を史料管理論・史料認識論の両面から統一的に研究する学問ということができるのではないだろうか。そして、史料管理論・史料認識論の内容は表1-1に示すとおりである。

このように整理をしてくると、アーカイブズ学に関する近世・近現代の学問的蓄積は豊富であるが、中世アーカイブズ学についてはまったく不毛である。すべては今後の課題として残されている。Ⅰ「かたち」についてはいくぶん関心は示されているが、Ⅱ「かたまり」、さらにはⅢ「かさなり」にいたってはまさに未踏の世界であり、未知の世界である。したがって、研究分野として構造論・伝来論などというものの、現段階ではどのような研究ができるのか予測はできない。裏がえしていうならば、無限の可能性を秘めた宝庫である。それとともに新しい学問であるアーカイブズ学は、たんに近世・近現代といった狭い枠にとどまるのではなく、中世はもちろん、わが国の歴史全時代の一次的記録情報資源＝アーカイブズ全体を包摂しうる方法と理論をぼつぼつ準備すべきで

はないのだろうか。[19]

註

出所原則と原秩序尊重の原則

（1） たとえば安藤正人氏は、

出所原則と原秩序尊重の原則は、欧米文書館学では一九世紀以来いわれている史料整理論上の大原則である（前記同「記録史料学の課題」三〇頁）。

とされる。

アーカイブズの特殊的性格

（2） この点に関していうと、安藤氏は、

記録史料を史料の中の一個の独立ジャンルとしてとらえるのは、発生形態と存在様式に独自なものがあるという史料認識論上の理由と、そのことにより他のジャンルの史料とは異なる方法で保存・整理する必要があるという史料管理論上の理由とによる。……（中略）……記録史料の発生形態と存在様式の特徴とは、簡単にいえば、記録史料がふつう単独ではなく記録史料「群」として存在していること（「原秩序尊重の原則」――上島）、そしてその内部には発生母体である組織体の機構と機能を反映した体系的な秩序がひそんでいる（「出所原則」――上島）、ということである（前記同「記録史料学の課題」一三頁）。

とされる。すなわち「出所原則」「原秩序尊重の原則」はアーカイブズの特殊的性格にもとづくものだとされるのである。

原形態の尊重

（3） 註(2)で述べたように、「出所原則」「原秩序尊重の原則」はアーカイブズの特殊的性格にもとづくものであることはまちがいがない。したがって、これが重視されなければならないのは当然であるが、アーカイブズはまた一個の「もの」でもある。それ故、「もの」の「かたち」＝原形態が尊重されるべきは、これもまた当然のことである。事実、安藤氏も、

（記録資料群の）物理的整理にあたっては、史料の形態情報や原秩序情報を残すために、原形保存を重視した方法を採用しなければならない（前記同「記録史料学の課題」三一頁）。

分析的整理と物理的整理にあたっては「出所原則」「原秩序尊重の原則」「原形保存の原則」の三つの原則が守られなければならない（同「記録史料調査論」（前記同『記録史料学と現代――アーカイブズの科学をめざして――』 初出は一九九三年）一一一頁）。

として、ここでいうI原形態の尊重、II原秩序の尊重、III原伝存の尊重と同様のことを述べられる。そして、氏のいわれる「物理的整理」と「欧米文書館学では一九世紀以来いわれている史料整理論上の大原則である」「出所原則と原秩序尊重の原則」は、「もの」としてのアーカイブズの整理原則ということになると、たんに「物理的整理」という形で「出所原則と原秩序尊重の原則」と区別して処理をするのではなく、両者は統一的に、同一の比重で把握した

大藤修「近世の社会・組織体と記録」

文書による事務処理の統一性を確保

様式論・料紙論・形態論などは文書管理論の一部

原島陽一「史料の原形保存について」

大藤修「近世文書論序説」

高橋修「近世に於ける御内書についての研究」

方がよいのではなかろうか。

(4) 率直にいわせていただくならば、近世アーカイブズ学は文書管理史に主たる関心が向けられ、文書の形態はほとんど顧みられないかのようである。しかし、大藤修氏は同「近世の社会・組織体と記録——近世文書の特質とその歴史的背景——」(国文学研究資料館史料館編『アーカイブズの科学　上巻』(柏書房　二〇〇三年))において、

　安藤正人氏が文書整理論の観点から文書管理史研究の必要性を唱えたのを受けて、近世における文書の保存管理形態に関する研究が盛んになり、近世の記録史料学研究の主潮流をなしつつある。しかし、組織体における文書による事務処理の統一性を確保するためには、まずもって文書の料紙・形態・様式を策定することが不可欠で、そのうえで文書授受の手順と廃棄ないし保存を規則化しなくてはならない。したがって、文書管理史研究はそのすべてを対象にすべきであり、保存管理形態もその一環に位置づけて考察する必要があると考える。そうすれば、伝統的な古文書学の主論題である様式論や料紙論・形態論も文書管理論に取り込むことができる(同書一〇〇頁)。

という注目すべき指摘をされているのである。近世アーカイブズ学においても史料管理論としての「かたち」＝原形態の尊重、史料認識論としての形態論は、文書管理史研究の出発点あるいは基礎として重要な研究課題だとされる。

　はやく原島陽一氏は、たとえば同「史料の原形保存について(正・続)」(「史料館報」三三・三四号　一九八〇・八一年)をはじめ、この頃の「史料館報」などに掲載された同氏の論考には、一貫して史料の「原形保存」の主張が強くみられ、形態論に深く関心が向けられていることをしる。また大藤修氏も、同「近世文書論序説(上・中)——近世文書の特質とその歴史的背景についての素描——」(「史料館研究紀要」二二・二三号　一九九一・九二年)をはじめ、いまみたように近世文書の形態に関して積極的に発言されている。最近の近世アーカイブズ学についてははなはだ疎いのだが、たまたま目にしたものとして高橋修「近世に於ける御内書についての研究」(「古文書研究」四三号　一九九六年)がある。御内書の書式だけではなく形態について詳しく検討を加えられて、注目すべき成果をあげられている。そしてこれらは、後ほど詳しく述べる徳川時代の領知判物・朱印状(以下、朱印状と略す)や公帖に関する私の研究と基本的な視点は同じといえるのではなかろうか。

(5) 「はじめに——アーカイブズ・アーカイブズ学とは——」の註(2)で述べたように、本稿ではできるだけ記録史料・記録史料学という言葉はさけたいと思うが、「記録史料管理論」「記録史料認識論」のように簡単に代置しえないものはそのまま用いる。

(6) これに関する初期のものとして拙稿「文書のかたちとかたまりについて」(「東京大学史料編纂所報」一六号　一九八一年)がある。註(10)にその文章を引用しているので参照していただきたい。ここでは紙面がかぎられていたため、ごくあらまししか述べられていないが、その後、ことあるごとに文書の「かたち」と「かたまり」の重要性については強調してきた。

機能論

佐藤進一氏の機能論

アーカイブズ学としての機能論
文書史としての機能論

原秩序の尊重

現形態・現秩序は最大限尊重されるべき

「現在の判断で最善」と信ずる見識
補修自身が現形態の破壊

(7)　これまで私は、この「かたまり」に関する研究分野を機能論といってきた。たとえば、はやく註(10)に引用する拙稿にみえるのをはじめ、最近では前記拙著『中世花押の謎を解く――足利将軍家とその花押――』三四〇頁などでも同様である。これはいうまでもなく文書の構造的・機能的研究である。しかし、中世古文書学においては、機能論といえば佐藤進一氏の、

　端的にいって、古文書学とは文書史である。……(中略)……それでは文書史の目的は何か。文書が、特定者から特定者に対して文字を使用して行われる意思伝達手段であり、しかも、単なる伝達ではなくして、相手方に種々さまざまな反応の起こることの期待を含んだ伝達であることを考えると、文書史の目的は文書の機能の歴史を明らかにすることにある、といわなければならなるまい。より具体的にいえば、機能を軸にして、各時代の文書体系と、その史的展開を明らかにすることが、古文書学の骨格となるべきであろう（同『新版古文書学入門』（法政大学出版局　一九九七年）二八三・四頁）。

という機能論が広くしられている。しかし、本章でいうアーカイブズ学としての機能論は文書史としての機能論と重なる部分が多いが、アーカイブズ学と文書史の研究という観点のちがいがある。ここではそれと区別をする意味で、今後は構造論（関係論）ということにする。

(8)　安藤氏はここで、「　」付きではあるが、原秩序の尊重について、

　文書群の中で個々の文書がもともと与えられている秩序（配列）が、それを生んだ事業所・機関・組織・個人によって与えられ、その組織的活動を反映しているものである場合には……。

という条件をつけられる。細かいことにこだわるようで申し訳がないが、このような条件は必要ではないと考える。現形態・現秩序が、長い間に歴史的に積みあげられた形態・秩序であり、現段階でもっとも原形態・原秩序に近い形態であり秩序である。それに手を加えることは、原形態・原秩序のさらなる破壊だと考える。考古学の関係の方から聞いたことであるが、一つの遺跡に江戸時代・南北朝室町時代・鎌倉時代と層をなしている場合、鎌倉時代の層まで掘り進んだら、江戸時代・南北朝室町時代の遺跡を破壊せざるをえないとのことである。考古学の場合には、どの層に重点をおくかによって、それこそまさに「苦渋の選択」を迫られるわけだが、アーカイブズの場合には歴史的到達点である現形態・現秩序は最大限尊重されるべきであろう。もちろん、このまま放置すれば保存にたえなくなるという場合にかぎって、最低限の保存措置は講ぜられるべきであるが、これも最低限にとどめるべきだと思う。保存に便利だとか、本来こうあったはずだといった安易な判断で現形態に手を加えることは避けるべきだと思う。

　この点に関していうと、中世・近世の現状について具体的にいいたいことはたくさんあるが、余りにも影響するところが大きいのでこの程度にとどめておく。「現在の判断で最善」と信ずる見識にはそれなりの裏づけはあろうが、やはりアーカイブズに手を加えるのは必要最低限にとどめるべきであろう。何はともあれ、補修自身が現形態の破壊である――ただし、保存のための必要性は否定するものではない――。そして、たんに現状を保存するという消極的

「下手な補修ほど立派な補修はない」

近世庶民史料調査

様式論・形態論・機能論・伝来論

組織体・機関―部門―部署

「文書群の階層構造」

な考え方ではなく、現形態は現段階ではもっとも原形態に近いのだという積極的な意味をもつものである。私は「下手な補修ほど立派な補修はない」といっている。この点については、後ほど改めて述べるが、これは、私が東寺百合文書、その後の東寺関連文書の整理をつうじて学んだ最大の教訓である。

(9) もちろん近世庶民史料調査を、このような消極的な観点だけから評価することは一面的である。近世史研究の発展につくした功績は十分に評価しなければならない。そして、学問の発展上やむをえなかった面があるとしても、やはり大きな問題を残したことも事実である。積極面・消極面の二つを正しく評価することによって、今後の教訓とすることが重要であろう。

(10) たとえば、はやく註(6)で述べた拙稿では、

　古文書学の研究領域としては、(1)様式論、(2)形態論、(3)機能論、(4)伝来論の四つの研究分野が考えられる。我が国の中世古文書学にあっては、(1)様式論的研究は非常に進んでいるが、それに比して他の分野の研究はかならずしも充分であるということはできない。しかし、これら四つの分野の研究が、それぞれ相補って古文書の研究の完全を期することができるのであって、(2)(3)(4)が立ちおくれているという現状は、かならずしも望ましい状態ではない。

　私は最近、古文書の研究にはかたちとかたまりを重視しなければならぬといっている。感覚的な表現ではあるが、かたちとは文書の形態論的研究をいい、かたまりとは機能論的・伝来論的研究のことをいう（傍点は原文のまま、同書一三四頁）。

といい、また前記拙稿「端裏銘について」においても、

　従来の古文書学の研究においては、様式論にのみ重点が置かれ、古文書学といえば様式論という感が強かった。しかし、古文書学の研究分野は様式論だけではなく、形態論・機能論・伝来論といった広汎な研究分野がほとんど未開拓のまま残されている（同書一四四頁）。

として、古文書学の研究分野としては、(1)様式論、(2)形態論、(3)機能論、(4)伝来論の四つをあげるとともに、それぞれに関する論文をいくつか執筆して具体的に論じてきた。

(11) 本稿では、一つの組織体・機関の下に部門、その下に部署があると考え、組織体・機関―部門―部署なる区分をしたが、もっと適当な区分の仕方があれば、それにしたがうにやぶさかではない。

(12) たとえば、安藤正人「史料の整理と検索手段の作成」（国文学研究資料館史料館編『史料の整理と管理』（岩波書店一九八八年））では、この「文書群の階層構造」について、

　それぞれの文書群は決して無秩序な文書記録類のかたまりではなく、それを生んだ機関・団体・家・個人の組織と機能を反映した体系的秩序を内包していることになる。たとえば機関や団体は、ふつう「部」―「課」―「係」といったピラミッド型の内部組織のもとで活動機能を分担し、末端の「係」では、さらに細分化された業務が機

能ごとに文書記録を作成・授受し、蓄積しているので、その文書群の内部を見ると、上は「部」レベルの文書群から下は個別の業務・機能レベルの文書群まで、大中小の文書群がピラミッド型の階層構造を形作っており、全体としてひとつの有機的な統一体を成していることがわかる。このような文書群の体系的秩序を諸外国の文書館では「文書群の階層構造」と呼んでいる（同書五五頁）。

と述べられる。

(13) これについては、たとえば小暮隆志氏は「群馬県立文書館における公文書受け入れ・公開の現状と課題」（安藤正人・青山英幸編著『記録史料の管理と文書館』（北海道大学図書刊行会　一九九六年））において、国立公文書館の「公文書の保存・管理等に関する研究会報告書」（一九九一年）で、

ⅰ現　用——作成原課において業務管理者の利用状況の下にある。

ⅱ半現用——作成原課から文書課に移し、一定の年限、文書課の書庫で集中的に保管し、一定の利用をする状況にある。

ⅲ非現用——行政的な利用を一応離れ公文書館に移管される（同書四二四頁）。

と区分されているとされる。

(14) 文書の書式をはじめとして筆跡・署名などについては、すべてが非文字列情報とはいえず、文字が関係する部分もあり、今後さらに検討を要する課題である。それだけではない。この表1-2自体それほど完成度の高いものではない。すなわち、「かたまり」（Ⅱ構造論）、「かさなり」（Ⅲ伝来論）に関する情報については、a文字列情報だけではなく、b非文字列情報も重要な役割をはたすことは明らかであるが、それぞれを「かたち」（Ⅰ形態論）でみたように、まだ細分して十分に説明することができるような段階ではない。今後の議論の素材として考えていただければ幸いである。

(15) この点については、前記拙著『中世花押の謎を解く——足利将軍家とその花押——』の「おわりに——花押研究に関するまとめとその課題」（とくに二三〇・二三一頁）でいささか私見を述べた。

(16) この点については註(7)で述べた。

(17) というのは、文字列情報としての(イ)様式論は、たんに文字列情報だけにとどまるものではない。非文字列情報たる(ロ)料紙論として、文書の料紙の使用について論ずるにも、それは密接に文書の様式と関係する。(ハ)封式論以下についても文書の様式と切りはなして論ずることはできない。たとえば、後ほど本書第四章「天龍寺の朱印状と公帖」で具体的にみるように、同じく徳川将軍の名でだされる最高の公文書たる朱印状と公帖とでは、その本紙の折りたたみ方がまったく反対である。これは下文様文書か書札様文書かという様式の問題と直接関係するのであって、古文書学の問題としては(ハ)封式論は(イ)様式論と切りはなして論ずることはできない。他の場合も同様である。したがって、これらを全体として包括するのが、「個」としての文書の研究分野であるⅠ形態論ということになる。すなわちⅠ形態論

動態としての文書の研究

中世史研究と近世史研究の断絶

ひとかたまりの文書群

御判御教書と朱印状・公帖

は、(イ)様式論、(ロ)料紙論、(ハ)封式論……の統一体として存在するのである。

(18) 前項の最後で述べたように、別に前記拙稿「〔未定稿〕文書を作成し・伝達し・集積し・保存する――東寺百合文書からアーカイブズ学へのアプローチ――」としてまとめたものがある。これは、本稿がⅰ静態としての文書の検討が主であるのに対して、ⅱ動態としての文書の研究を強く意識したものである。まだまだ不十分ではあるが、Ⅰ「かたち」はもちろん、Ⅱ「かたまり」、Ⅲ「かさなり」のⅱ動態におけるアーカイブズとしての文書を検討した。できるだけはやく整理しなおして批正をいただきたいと考えている。

(19) 実はこれは、いうは易いが、いざとなると本当に難しい。というよりは、大きな抵抗がある。一つ例をあげよう。私は古文書学も古代から近世にいたるまで統一的に把握することが必要だし、またたいへん難しいが可能だと考えている。この場合とくに大きな溝は中世と近世の間にある。これまで中世文書と近世文書はアプリオリーに別だとされ、両者を同一の原則で考えようとする試みはまったくなかったといってよい。はやい話が、私たちの学生時代あるいは若い頃には、古文書といえば中世までで、近世文書は古文書の仲間入りもさせてもらえなかったことを覚えている。もちろん、相違点の方が目立つから、これまで放置されてきたのである。

しかし、もはや二〇世紀ではない。新しい学問としてのアーカイブズ学が着実な歩みをはじめているのである。具体的には、一つの組織体――たとえば一つの大名家なら大名家、一つの寺院なら寺院――のアーカイブズを調査研究する場合には、中世文書と近世文書が混在する場合がすくなくない。本書でとりあげた南禅寺しかり、天龍寺しかり、さらに第二節ですこし詳しく述べる東寺の場合しかりである。また大名家の場合もいくつか具体例をあげることができよう。それを細切れにして、これは中世だ、これは近世だとわけてしまったのでは、折角ひとかたまりになっている文書群の存在意義を完全に抹殺してしまうことになる。

もちろん現在のところ、たとえば一つの寺院史料・大名家の史料全体を中世・近世をつうじて統一的に把握するなどということは、それほど容易なことではない。それ故にこそ、安易に断絶するよりも、ささやかではあるが一歩ふみだすことが必要なのではなかろうか。その一つの重要な切口になりうるのが、本書全体の主題とした室町時代の御判御教書と江戸時代の朱印状・公帖だと考える。すなわち、近世の朱印状や公帖を調査させてもらっているうちに、室町時代の御判御教書はその前身としてよいと思うようになった。この点については、はやくシンポジウム「古文書の伝来と保存」(『古文書研究』二五号　一九八六年)の私の問題提起においても触れている。その後、本書にみられるように、いくつか朱印状・公帖・御判御教書に関する論文を執筆したが、とくに本書第三章「御判御教書と朱印状・公帖」(初出は一九九〇年)において、朱印状は室町時代の下文様文書の御判御教書A、公帖は同じく書札様文書の御判御教書Bの系譜を引くものであるとした。

これに対しては、徳川将軍領知朱印状は室町将軍御判御教書を継承するものではなく、強力で集中された近世将軍権力が生み出した独自のものであるとする藤井讓治「徳川将軍領知朱印状の古文書学的位置――室町将軍御判御教書との関連――」（同『徳川将軍家領知宛行制の研究』（思文閣出版　二〇〇八年）初出は二〇〇四年）なる批判と、これを前提とした別の批判がある。この点については、本書の第四章「天龍寺の朱印状と公帖」で、個々の具体的な問題について細かく検討し、さらに補論Ⅱ「徳川将軍領知判物・朱印状の原点――藤井讓治「徳川将軍領知朱印状の古文書学的位置」との関連で――」において、まとめて私見を述べた。そして、公帖はいわずもがな、朱印状もみごとに室町将軍の御判御教書を継承していることが確認できた。これまで中世と近世はアプリオリーに「断絶」とされてきたが、その先入観をとりはらって、具体的に検討してみると、中世古文書学と近世古文書学の親近性を改めて痛感した次第である。なお、これに関しては、本節註(4)で引用した大藤修氏の文書管理史研究と様式論・料紙論・形態論に関する文章が参考になる。氏もいわれるように、これまで中世史・近世史の双方に、考え方を共有しようとする積極性がなかっただけだが、それに対する新しい一つの提案が本書である。アーカイブズ学の問題として積極的に批判いただけると有難い。

中世古文書学と近世古文書学の親近性

　それはともかくとして、多くの文書群が中世文書と近世文書が一体として現存するという実情を直視した場合――もちろん近世文書が独自に存在する場合が圧倒的に多いが――、中世文書と近世文書は統一的に把握することが必要であり、また可能だと考える。もちろん非常に難しいから、現在までまったく手つかずで「放置」されてきたのだが、アーカイブズ学発展のためには、今後まず本格的に取りくむべき課題だと思う。そのためには、近世史の方も近世史だけで完結するのではなく、積極的に中世についても発言していただきたいと願うものである。

中世文書と近世文書の統一的把握

第二節　アーカイブズとしての東寺文書――「かさなり」「かたまり」「かたち」と東寺文書――

第一項　東寺文書の管理と文書の「かさなり」

　以上のような中世アーカイブズ・中世アーカイブズ学に関する考え方に到達しえたのは、私が京都府立総合資料館において東寺百合文書、その後、東寺宝物館において東寺文書などの広く寺宝の整理という実務を経験することができたからだと考えている。ことに東寺宝物館において仕上げの機会を与えられたのが何よりであった。私はこれまでよく「私の古文書学の恩師は東寺百合文書である」といってきた。いま述べたアーカイブズ学に関することは、安澤秀一・原島陽一・安藤正人・大藤修の各氏など、さらには高橋実・保坂裕興両氏などの近世アーカイブズ学に関する先学の業績に負うところが多いが、やはり「私のアーカイブズ学の最大の恩師は東寺文書だ」といわなければならない。

「私の古文書学の恩師は東寺百合文書である」

東寺文書

「かさなり」における東寺文書

寺家文書と子院文書

そこで、アーカイブズとしての東寺文書をすこし詳しく検討することによって、東寺文書が私のアーカイブズ学の直接の恩師たる所以を明らかにしたい。ここで東寺文書というのは、狭い意味の古文書だけではなく、聖教類さらには記録類・経典類など広く中近世の東寺が作成・集積・保存してきた「一次的記録情報資源」全体を含むものである。その総数はおおまかに一〇万通といわれている。(1) まだこれ以外にも寺外に散逸したものもあるが、その数量はわずかであり、ここではとりあげないことにする。

まず、最初にお断りしておきたい。さきに私は第一節第五項「アーカイブズとしての文書とその文字列・非文字列情報——様式論の位置づけ——」において、アーカイブズ学としての中世古文書学の研究課題を章立ての形で示した。アーカイブズとしての東寺文書を概説的に叙述するには、最終的にはそこで示した形に集約されるべきであるが、現状はまだそのように整理された形で叙述するほど研究が進んではいない。それにいたる出発点として、ここではアーカイブズとしての東寺文書を、Ⅰ「かたち」、Ⅱ「かたまり」、Ⅲ「かさなり」の各相において、整理の経験をつうじて具体的に述べることしかできない。アーカイブズ学として抽象化し体系化するにはまだまだ時間がかかるが、「生の」事実をそのまま述べているので、あるいはわかりやすいかもしれない。そして本来ならば、Ⅰ「かたち」、Ⅱ「かたまり」、Ⅲ「かさなり」の順に述べるべきであるが、本節では説明の都合上順序を逆にして、まず本第一項「東寺文書の管理と文書の「かさなり」」では、Ⅲ「かさなり」における東寺文書について述べることにする。なお、本節で述べる東寺文書全体に関する詳しい文書管理史——伝来と現状——については、拙著『東寺・東寺文書の研究』(思文閣出版　一九九八年　以下これを拙著と略す)の第二部「東寺文書の伝来と現状(上)」と第三部「東寺文書の伝来と現状(下)」をご覧いただきたい。(2) また、東寺百合文書の整理については、前述のように高橋実氏が「[解説]保存整理論の萌芽」(前記『日本のアーカイブズ論』所収)において詳しく紹介いただいているので参照していただくと有難い。

さて、表1-3「東寺文書の伝存形態」をご覧いただきたい。これは東寺文書全体の変遷を一覧したものである。その現蔵状態の項が、まさに東寺文書の現在の状態を示すものである。これによると、東寺という一つの組織体に集積された膨大な量の東寺文書は、現在、大きく寺家文書・子院文書という二つのかつての東寺の大きな部門別の伝存形態をそのまま残している。そして寺家文書には、

A東寺百合文書

表Ⅰ-3　東寺文書の伝存形態

			平安時代	中世	近世	現蔵状態	現蔵場所
寺家文書	宝蔵		(宝蔵文書)	(宝蔵文書)	東寺百合文書	A東寺百合文書	京都府立総合資料館
	寺僧組織			(寺僧組織文書)		B教王護国寺文書	京都大学総合博物館
	御影堂経蔵			(御影堂経蔵文書)			
	霊宝蔵				「東寺文書」	C「東寺文書」	東寺宝物館
						D霊宝蔵文書	東寺宝物館
	[年預所・評定所など]				(近世文書)		
子院文書	観智院	金剛蔵	(観智院聖教・文書)	観智院金剛蔵聖教・文書		E観智院金剛蔵聖教・文書	東寺宝物館
		宝蔵		観智院宝蔵文書		F観智院宝蔵文書	観智院宝蔵
	宝菩提院三密蔵			宝菩提院三密蔵聖教・文書		G宝菩提院三密蔵聖教・文書	宝菩提院三密蔵

表Ⅰ-4　東寺文書の概数

			点	通
寺家文書	御影堂経蔵文書	「東寺文書」		698
		百合文書	18,650	27,774
	宝蔵文書	教王護国寺文書	3,043	4,165
	霊宝蔵文書		(約20箱)	3,000
子院文書	観智院金剛蔵聖教・文書		15,402	33,102
	観智院宝蔵文書		(約50箱)	7,500
	宝菩提院三密蔵聖教・文書		(約190箱)	21,600
計				97,839

B教王護国寺文書
C「東寺文書」
D霊宝蔵文書
また子院文書には、
E観智院金剛蔵聖教・文書
F観智院宝蔵文書
G宝菩提院三密蔵聖教・文書

というように大きく七つの部署別のグループにわかれている。まだ十分に調査がゆきとどいていないものもあるが、前述のようにその概数は一〇万通といわれている。いまその内訳を示すと表1-4「東寺文書の概数」のごとくである。これ以外にまだ経典類として、

宋版一切経　六、〇八七帖
宋版大般若経　六四二帖
大般若経　七九七巻
大般若経(神泉苑寄進経)　六八七帖
(数字はいずれも国の重要文化財指定のものである)

があるし、さらに東寺執行を世襲した阿刀《あと》家の文書その他についても触れなければならないが、ここでは省略することにする。

寺家文書について

(一)寺家文書について

ここで寺家文書というのは、東寺が中世寺院・近世寺院としてその宗教活動をおこない、その経済を支えるための活動に関する文書・記録類である。これは東寺創建以来寺家に蓄積されてきた文書類で(3)、東寺ではほぼ完全な管理がおこなわれたことと、火災がほとんどなかった関係から(4)、伝存状態はきわめて良好である。

東寺百合文書

このうちの中心になるのがA東寺百合文書である。概数二万点三万通(5)、加賀百万石の五代藩主松雲公前田綱紀寄進の百の桐製の被蓋《かぶせぶた》の箱に収められている。この被蓋の箱は一合・二合と数えるので、とくに百合《ひゃくごう》文書というのである。昭和四十二年（一九六七）東寺より京都府に譲渡され、現在京都府立総合資料館に収蔵されている。これは後ほど詳しくみるが、Ⅰ「かたち(形態)」、Ⅱ「かたまり(秩序)」、Ⅲ「かさなり(伝来)」の姿いずれについても、ほぼ中世のありし日の状態をそのままとどめており、アーカイブズとしては望みうる最高のものではないかと思われる。

教王護国寺文書

B教王護国寺文書は、もとA百合文書の箱に収められていた文書で、本来はA百合文書の一部であった。これは、A百合文書と同じくほぼ中世のままの未表装のかたちで伝えられてきた。昭和四十三年（一九六八）京都大学に譲渡されて、巻子に仕立てられ、現在は京都大学総合博物館に収蔵されている。京都大学では「文書総点数計三千四十三点」と計算している(6)。

「東寺文書」

上記A百合文書、B教王護国寺文書の他に、東寺宝物館にはC「東寺文書」(7)が収められている。これは官符(8)・官牒・官宣旨・院宣・綸旨・御判御教書など公験として重要な文書が多く、主として巻子あるいは懸幅に仕立てられている。全体として六九八通を数える。その成立・伝来については、後ほど本節第四項「中世東寺の文書管理――アーカイブズとしての「東寺文書」・東寺百合文書――」で改めてすこし詳しく述べることにする。なお、

霊宝蔵文書

D霊宝蔵文書というのは、一部中世文書も含むが、主として近世文書で、近世における東寺の寺院活動に関する文書類である。

子院文書

(2)子院文書について

東寺では、後宇多法皇の東寺興隆策にもとづいて二一の子院創建の計画がたてられた。その代表が観智院である。観智院は延文四年（一三五九）に上棟された。第一世杲宝は、いわゆる「東寺三宝」の一人で、『東宝記』

観智院金剛蔵聖教・文書

を編集した東寺最高の学僧である。杲宝は東寺教学興隆の目的で南都北嶺から膨大な聖教類を集め、また寺僧らを動員してそれを書写させた。これらの聖教類は、関連の文書類――この中には一部百合文書などと内容の重複するものもある――とともに、観智院東南隅の金剛蔵に収められた。E観智院金剛蔵聖教・文書がこれである。杲宝の学識をもって集められたこともあって、その質の高さは定評がある。徳川家康は慶長十四年（一六〇九）八月二十八日、黒印状をもって東寺教学の興隆を命ずるが、この中で「観智院者一宗之勧学院也」として、たんに東寺一山だけではなく、真言一宗の「勧学院」と位置づけている。一万五千点以上の聖教・文書が三五八箱に分置されている。(9)

観智院宝蔵文書

観智院には、金剛蔵の外にもう一つ宝蔵がある。ここに収められているのがF観智院宝蔵文書である。主として近世文書で、内容は観智院の近世の所領関係のもの、東寺年預方の文書・日記類が多い。年預方の文書類は、各子院などに分置されていたものを明治以降ここに集められたものと思われる。

宝菩提院三密蔵聖教・文書

もう一つ重要な子院文書としてG宝菩提院三密蔵聖教・文書がある。宝菩提院は鎌倉末期に建立され、観智院につぐ代表的な子院である。この院内南側にあるのが三密蔵である。ここにも約一九〇箱の聖教・文書類が収められているが、江戸時代の写本が多いようである。細かい調査は今後をまたなければならないが、E観智院金剛蔵聖教・文書とは別の観点からの収集であると考えられる。

由緒正しい伝来

以上、一〇万通におよぶ東寺文書を概観してきた。まだまだ述べなければならないことが多く残されているが、表1-3「東寺文書の伝存形態」とあわせご覧いただくことによって、東寺文書全体の伝来の姿がいかに由緒正しいかということが確認できると思う。それだけではない。すでに明らかなように、A東寺百合文書、B教王護国寺文書、C「東寺文書」……といった個々の文書群は、それぞれ独自の個性をもっており、東寺文書一般ということで内容が等質化・均等化されてはいない。すなわち、東寺という一つの組織体に集積された東寺文書は、まず寺家文書・子院文書という部門別の、さらにA東寺百合文書（含B教王護国寺文書）、C「東寺文書」……という部署別の文書類は、かつての部門別・部署別のまま整然と現在に伝えられているだけではなく、その内容も相互に混合・混乱することなく今日におよんでいるのである。長い間東寺に伝えられた文書類であるが、実に由緒正しい伝存状態を残しているのである。

このようなことをいうのは、前節第三項「原伝存の尊重」ですこし触れたように、たとえば一万点をこえるわが国の代表的な中世文書群の多くは、たしかに「○○寺文書」という形で組織体別（出所別）に一括保存されている。しかし、そのなかの部門別・部署別の原蔵状態（「かさなり」）はほとんど失われ、内容的には混乱・混合してしまっているのではないかと考えられる。私はわが国の中世文書全体をみわたすような立場にもなく、またその能力もないので、まちがっていればいつでも訂正するが、全体として一つの組織体のなかの部門・部署別の伝存状態はほとんどこわされてしまって、原伝存状態を伝える文書群はすくないように思う。それに対して東寺文書にあっては、以上のように「かさなり」＝原伝存状態の尊重はいうにおよばず、さらに「文書群の階層構造」[10]という二重のアーカイブズの原則は期せずして貫徹しており、アーカイブズとしてもっとも望ましい状態であるということが確認できるのである。

(3)収蔵施設の設置と文書の管理

いまいった、わが国中世文書の多くは「○○寺文書」として組織体別＝「家わけ」は残されているが、そのなかの部門別・部署別の伝存はほとんどこわされているのではないかというのは、文書の管理に関しては重大な問題なので、もうすこし詳しく触れておきたい。どうもそれは、それぞれの組織体の近代的な収蔵施設である宝物館などの建設と関係があるようである。はやくは明治中頃から、ぼつぼつと新しい収蔵施設が作られる。それによって重要な文化遺産の散逸が防げたという大きな功績を残したことはまちがいがない。それぞれの組織体の各部門・各部署に分置されていた文書を含めた宝物類は、いっきょにそこに運びこまれる。その後、旧収蔵状態にしたがって部門別・部署別に整理して保管されればよいが、たいていは運びこんだだけで、十分な整理がおこなわれない。なかなか人手がないというのが実情だが、それだけではなくさらに専門性が要求される。しばらくして、担当者が漸次かわっていくと、やがて部門別・部署別の「出所」などはわからなくなってしまう。近代的な設備ができただけで、その後の手当が十分におこなわれないからである。

それは東寺の場合がよい例である。昭和四十年（一九六五）宝物館が新設され収蔵庫ができた。そこで宝蔵・霊宝蔵、それに観智院などの子院からいっきょに宝物類が運びこまれた。それぞれに伝来の性格がちがうのだが、多数の寺宝類が収蔵庫に集められたまま、十分な整理がゆきとどかなかった。後七日御修法道具その他重要な寺宝類は、宝蔵にあったことははっきりしているが、何しろ相当な量であるから、二〇年・三〇年たつと旧所在がわからなくなってしまう。その後、漸次整理はおこなわれ、収蔵目録はできあがったが、その段階になると旧蔵状態がだんだんとわからなくなってしまう。東寺の場合には、各時代の寺宝目録が比較的よく残っているので、その気になればもとの形にもどすことも可能だが、現段階の収蔵目録作成が精一杯で旧蔵状態にまで考えがおよばない。というよりは、差しあたりは収蔵庫に収めて管理だけできればよいので、旧蔵状態などその必要性は感じられない。要するに、東寺の寺宝にはまちがいがないが、東寺のどの部門、どの部署にあったのか、したがってその用途は何であったのかが、わからなくなりかけていた。原秩序がわからなくなりつつあったのである。

幸い、この点に気づいた学芸員の新見康子氏が精力的に復原につとめられた。現在の収蔵状態は、そう簡単に動かすわけにはいかないので、そのままにせざるをえないが、目録上旧蔵状態はきっちり記載して、部門・部署別の「原秩序」だけは確認できるようになっている。「原秩序の尊重」という原則を実際に実行しているのである。したがって、それぞれの寺宝の本来のあり方・伝来・用途も確定できる。(11) 収蔵庫もすでに四〇年もたっているので、新築の話もでたりはしている。多くの困難な問題があるが、もし新設の機会には、最低三室はとって、宝蔵・霊宝蔵・子院というように本来の伝存の形にもどしたいものだと話しあっているというのが実情である。

これは一般的に寺宝についてであるが、文書類もこれに準じて考えることができる。それについては本節第四項「中世東寺の文書管理——アーカイブズとしての「東寺文書」・東寺百合文書——」で具体的に触れることにする。したがって、文書も含めて多くの文化遺産は、近代的な収蔵施設ができることによって、たしかに散逸を防ぎ、確実な収蔵は保証される。しかし、その後の整理・管理が十分でないと、その「原秩序」を混乱させる場合がすくなくないという皮肉な現象がみられるのである。アーカイブズの整理の原則として「出所原則」「原秩序の尊重の原則」、またその認識の仕方として「文書群の階層構造」が強調されるのは、このようなことを想定してのことといえよう。

第二項　東寺百合文書の整理と文書の「かたまり」

(一)整理の基本方針の策定

昭和四十一年(一九六六)五月、東京の三都古典連合会の『展観入札目録』(12)に東寺関係の文書が何通か掲載された。このうちには非常に重要な文書が含まれていたので大きな話題となった。東寺百合文書の一部が市場に売

購入のための事前調査

りにだされていたのである。学界からは早急に一括保存の手をうつよう強い要望がだされ、それをうけて京都府が買いあげることになった。同年秋、東寺宝物館で京都府の購入のための事前調査が一週間程度おこなわれたが、山のように積みあげられた百合の箱を前にしたときの感激はいまでも鮮明なものがある。これが、そもそも私の東寺百合文書との出会いである。

原状確認の調査

　翌昭和四十二年（一九六七）三月十三日、京都府議会の議決をえたので、百合の箱はさっそく京都府立総合資料館に運びこまれ、受けいれのための原状確認の調査がおこなわれた。一〇〇箱の文書の点数をわずか二〇日間で確認するというのだからきわめておおざっぱなものであるが、一九、九六〇点という数字をえた。そして、これが府の基本台帳の数字となるのである。

基本台帳の数字

百合文書整理の開始

　同年十月一日から本格的な整理がはじまった。直接それを担当したのは黒川直則氏と私の二人であったが（他に数人の学生アルバイト）、この段階では二人とも古文書の整理ということになるとほとんどまったくの素人であった。もちろん学識経験者の指導をうけたが、実際は私たち二人が話しあって整理方針を策定、手探りで整理にとりかかったのである。

文書の内容による分類

　いまから考えると、これが本当に幸運だったと思う。というのは、この頃は近世文書で文書の内容による分類が全盛期であった。〇〇大学方式・△△館方式などというのが「妍《けん》を競って」いた時代であった。そして、これは図書館学の一部門として議論されていた。このとき、私ははじめて資料館に入った新入職員だったが――昭和四十三年（一九六八）三月までは嘱託――、当時資料館の図書部門の幹部で、私と同じ大学で同じく国史学専攻の二年先輩にあたる方から、百合文書の整理にもぜひ必要だからということで、近世文書の研究の集会に何度も誘われたことがあった。中途半端に文書整理の経験があったり、また近世文書の整理を学んだりしたらたいへんなことになっていたと思うが、余り文書整理の実務の経験がない二人が、既成の文書整理にとらわれることなく、おそるおそるではあったが白紙の状態できわめて慎重に整理をはじめたのが結果的に本当に幸運であった。

「かさなり」＝原伝存・「かたまり」＝原秩序の保存

　はじめから、私たちは当時の近世文書式に、たとえば寺務・法会・寺院経済・庄園支配などというような内容別の分類などおこなう気持ちなど全然なかった。というのは一〇〇箱（実際は九四箱）二万点もの文書を整合的に分類できるはずはない。それだけで五年や六・七年はかかってしまうだろう。かくして、百合文書の原伝存・原秩序を最大限尊重した箱別編年に徹するという整理方針を確定したのである。これが、「かさなり」＝原伝存・

「かたまり」＝原秩序を残しえた第一の重要な理由である。

もちろん、これは後ほどわかったことだが、文書を分類するということ自体、文書をたんに文字列の情報源とみるだけで、「もの」としてはみていないのである。そして、本節第三項(3)「文書の巻物仕立」ですこし詳しく考えるが、これはすでに平安末期にはおこなわれており、一〇〇〇年あるいはそれ以前から文書整理の大原則であったのである。百合文書の整理をはじめたときには、原伝存と原秩序の尊重というような意識はまったくなかったが、一〇〇箱二万点という百合文書の重みのゆえに、分類をおこなわなかったことは本当に幸せであった。

仮目録の作成

(2)仮目録の作成

以上のように、整理の基本方針を確認するとともに、まずとりくんだのは仮目録の作成であった。この場合、最初に基本台帳一九、九六〇点という数字があったのも大きかった。というのはおおざっぱだったとはいえ、基本台帳の数字はあくまでも京都府の財産の基本台帳に登録した数字である。それが増減するにはそれなりの理由がいる。たとえば一つの箱に同一文書の前半部と後半部がわかれてしまって二点になっている場合がある。基本台帳の調査のときには、内容を考えている余裕などはなかったから二点と登録されている。しかし、内容を考えた場合には両者を接続するのが当然だから、一点減となる。また一点の文書にまったく別の文書が巻きこまれていることもある。慎重に検討して明らかに別の文書の場合には、これをはなして二点とする。一点増である。これらのことは仮目録にきっちり記載して、点数の増減はいつでも説明できるようにした。「できるようにした」のではなく、「できるようにせざるをえなかった」のである。いかにもお役所仕事といわれそうだが、たんに点数だけではなく、文書に関する必要なことは細大もらさず仮目録に記載した。そして、必要があればいつでも「もと」にもどせるようにした。重要なことだし、何がかくされているかわからないのだからということで、徹底してもとの「かさなり」「かたまり」「かたち」を残すようにした。あとから考えると「原伝存尊重」「原秩序尊重」「原形態尊重」の模範——その頃はたとえば近世文書の整理が上述のような状態であったのだから、「原伝存尊重」「原秩序尊重」「原形態尊重」というような理論的裏づけなどはなく、ひたすら「もとのかたち」をこわさぬように（現状維持）というだけであった——であったのである。

徹底してもとの「かさなり」「かたまり」「かたち」を残す

その一例として、拙稿「東寺百合文書の整理について」をあげることができる。これは昭和五十二年（一九七七）三月の国立史料館「史料館報」二六号に掲載していただいたものである。[13] ここでは百合文書の整理・補修にあたって、たしかに「原状維持（保持）」を強調している。この「原状維持」というのは現在の言葉でいえば「原形態の尊重」「原秩序の尊重」「原伝存の尊重」である。しかし、「原状維持」という言葉に象徴されるように、ともかくも「もとのかたち」をできるだけこわさないようにという程度の段階である。たしかに整理・補修の原則・方針としてそれなりの考え方をもっていたが、まだそれを理論として確認するところまではいたっていない。

（3）仮目録から本目録へ——文書の段階的整理——

　ここで、もう一つ重要なことは、百合文書の場合には直接本目録の作成にかかったのではなく、まず仮目録からはじめたことである。大方の文書調査といえば、一回目録をとってそれが本目録になり、それで調査終わりということになる。幸い、百合文書については、はじめから一貫して専任職員が整理・補修などの業務を担当することができた。しかも最初は二人の専任職員からはじまったが、多いときには七人の職員を擁する大事業となったので、十分な調査・整理ができたと考えている。

　目録の作成についていうと、まず昭和四十一年（一九六六）秋の事前調査がある。これはまだ目録の作成まではいたっていないが、百合文書の全貌を把握できたことによって、その後の整理・目録作成などの基本的な計画の立案が可能となった。ついで昭和四十二年（一九六七）春には現状確認の調査をおこなった。これによって具体的な数量と細かい全体の内容を把握することができた。そして、同年秋から本格的に整理にかかり、まず仮目録を作成した。これも一度だけ目をとおしたのではなく、何度も何度も修正をした。その上で、本目録を作成して、『東寺百合文書目録』全五冊を刊行した。すなわち、

ⅰ事前調査
ⅱ現状確認の調査
ⅲ仮目録作成
ⅳ本目録作成
ⅴ『東寺百合文書目録』刊行

と何重にもわたって漸次精密な目録を作成したのであって、まさにアーカイブズ学でいう「文書群（アーカイブ

ズ）の段階的整理」の模範的な実例といってよかろう。

「文書群の段階的整理」

この「文書群の段階的整理」についても安藤正人氏の言及がある。安藤氏は同「記録史料調査の理論と方法」（前記同『記録史料学と現代——アーカイブズの科学をめざして——』所収）において、文書群（アーカイブズ）の整理の方法には「分析的整理」と「物理的整理」の二つがあるとされる。そして、「分析的整理」を、

> 「分析的整理」は、記録一点ごとの中身を調べ記録史料群の全体構造を分析して、これをもとに目録などの検索手段を記述編成することである（同書一一〇頁）。

と規定した上で、

> 専門的な調査研究を必要とするこの作業（分析的整理）は一朝一夕にできることではない。またこの作業に入る前に、その前提として、記録史料の原形やもとの配列状況などについて基礎データを取っておく必要もある。そこで、記録史料群の整理は、初期的な現状調査から本格的な分析まで、長期的、段階的な計画のもとで行い、検索手段（目録など）の作成も概要的なものから順次高度で多様なものへレベルアップしていくやり方が望ましいと考える。この方法は「段階的整理」と呼ぶことができる（同書一一一・一一二頁）。

とされる。入念な調査にもとづいて目録の作成をおこなったのである。

したがって、時間がかかった。そこで我われが、いかにも百合文書を「抱えこんでいる」かのごとくいわれて不愉快な思いをしたことがある。しかし、できるだけ丁寧に整理する時間をとれたのも幸運であった。そして、この仮目録には文書に関するあらゆる情報が集約されている。いまでも資料館で重要な役割をしているのではないかと思う。私もときに、百合文書の「かたち」などに疑点が生じた場合、この仮目録についてお尋ねすることがある。

原伝存・原秩序・原形態の尊重

以上これをまとめると、まず百合文書は二万点におよぶ文書群であったので物理的に分類などは不可能であった。そこで、もとあったままの伝存・秩序・形態をそのまま守り、いっさい手を加えることなく箱別編年の目録を作成した。それに、あらかじめ基本台帳の数字があったので、徹底して「原状維持」の原則を尊重せざるをえなかった。それを保証するものとして仮目録を作成した。そして我われが、それほど文書整理に精通していなかったこともよかったと思う。その頃の整理の既成概念にとらわれることなく、おそるおそる手探りで整理をはじめた。それにはもとの「かさなり」「かたまり」「かたち」を忠実に守るのが最善の方法であった。これらいくつ

中世のままの「かたまり」

「お函」

「き函」

「を函」

百合の箱への入れ替え

かの幸運が重なりあって、資料館の整理では百合文書の「原伝存」「原秩序」、それに次項で述べる「原形態」をほぼ完全な形で保存することができたのである。

(4)中世のままの「かたまり」

資料館の整理で、百合文書の完全な形で「かたまり」＝「原秩序」を保存しえただけではなく、後ほどわかったことだが、これは実は中世のありし日の「かたまり」のままであったのである。整理の段階から気になっていたのだが、百合の箱の内容はそれぞれ一つひとつ実に個性的である。別の言葉でいえば、きわめてばらばらである。まったく調和がなく、統一がとれていない。たとえば、鎌倉時代の十八口供僧《じゅうはっくくそう》関係の文書が一八点一九通しか入っていない「お函[14]」、また仏舎利奉請状がわずか三七点三七通しかみられない「き函」がある。これらは、大きな百合の箱の底にひとかたまりの文書があるだけだから、ほとんど空箱にひとしい。いっぽう、鎮守八幡宮関係（鎮守八幡宮供僧関係）の文書、とくに山城国久世上下庄関係の文書が五八七点六九三通も入っていて、蓋が盛りあがらんばかりの「を函」がある。とにかく、まったく無原則である。これだけで百合文書の現存状態は中世のままの姿、中世の原秩序そのままではなかろうかと想像させるのであるが、それは東寺に残る近世文書によってはっきり確認することができた。

前項「東寺文書の管理と文書の「かさなり」」で述べたように、東寺には多数の近世文書が残っているが、これによって新たにわかったことも多い。そのいくつかを、以下で紹介したいと思うが、いまいった箱の内容に関する疑問にも答えてくれた。詳しいことは省略するが[15]、おおまかには以下のようになる。

中世においては、廿一口供僧《にじゅういっくくそう》（さきの十八口供僧の発展したもの）をはじめそれぞれの寺僧組織は、その活動の必要のため日常的な文書はそれぞれの組織が管理していた――この点については後ほど詳しく述べる――。近世になるとこれらの文書はほとんど効力を失うが、幸いそれらは廃棄されることなく、おそらく中世の状態のまま保管されていたものと思われる。これらの文書を長く後世に伝える目的で、松雲公前田綱紀は百合の箱を寄進する。それは貞享二年（一六八五）であるが、入れ替えは大事業ということだったからだろう、やっと元禄十年（一六九七）にいたっておこなわれることになる。当時の記録によると、同年九月二十七日多人数を動員して一〇〇箱の文書の入れ替えをいっきょに終えてしまった。簡単な手入れ（「虫払」）すらおこなわれず、午前中わずか半日で一〇〇箱全部の作業を終えている。そして翌日には、これもいっきょに宝蔵に運びこんでいる。百合への文書の収納がまさに蒼惶の間におこなわれたのである。こうでもしないと膨大な量の文書の入れ替えなど不可能であったのだろう。

中世の「原秩序」「原形態」のまま保存

　これによって文書は、まったく手をつけることなく中世の状態、すなわち「原秩序」「原形態」を保ったまま百合の箱に収められたことになる。ここでも、余りにも量が多すぎたということが幸いしたのである。

宝蔵へ収納

　宝蔵へ収められたのもまた幸運であった。宝蔵というのは東寺の大宮通の東門（慶賀門）を入ったすぐ左手にみえる校倉造りの蔵である。堀で囲まれていることでもわかるように、東寺のもっとも重要な蔵で、空海請来の重要な宝物をはじめ、後七日御修法道具などを収めている。一〇〇箱もの重要な文書を収納するのは、広い東寺でも宝蔵以外にはなかったというのが実情だったのだろうが、これによって百合文書はたしかに虫に喰わせはしたが、まったく手つかずの状態で長く保管されることとなった[16]。他の多くの中世の文書群に比べて、百合文書の散逸がすくないのは宝蔵で厳重に保管されたからだといえる。その後のことに関しても、話をはじめたら「尽きるところをしらず」ということになりそうなので、これもすべて省略をするが[17]、百合文書の現蔵状態は、まったく中世のままだといって過言ではないのである。

　改めて確認しよう。百合文書はかずかずの幸運にめぐまれて、前項「東寺文書の管理と文書の「かさなり」」でみた「もとのかさなり」＝「原伝存」、さらに本項でみた「もとのかたまり」＝「原秩序」、それに次項(1)「原形態を保存した東寺百合文書」で述べる「もとのかたち」＝「原形態」の保存という点については、中世のままの状態を現在に残しており、多くの中世の文書群のうちでももっとも望ましい状態なのである。たびたびいうように、

膨大な量の文書

膨大な量であったということが最大の幸運であったが、また量が多いからこそ散逸の可能性も高かった。それが

松雲公の百合の寄進

まったくなかったのは松雲公の百合の寄進によるところが大きかったといえる。百合の箱に収められることなく、いろいろなところに分置したままだったら、あるいは散逸のもっともはげしい文書群となったかもしれない。その危険性を救ったのが百合の箱への収納であり、また宝蔵への収蔵であったといえよう。

第三項　東寺百合文書の補修と文書の「かたち」

(一)原形態を保存した東寺百合文書

原形態を保存した東寺百合文書

前項「東寺百合文書の整理と文書の「かたまり」」において、京都府立総合資料館の東寺百合文書の整理はいろいろな幸運にめぐまれて、ほぼ理想的なかたちで「かたまり」＝「原秩序」を保全することができたということをみた。つぎに「個」としての文書の「かたち」＝「原形態」[18]について考えることにする。これは前項「東寺百合文書の整理と文書の「かたまり」」の「原秩序」の保全と密接に関係することで、すでにある程度触れたことではあるが、改めて述べることにする。

史料としての利用は文字だけでよい

アーカイブズ学の対象は、一次的記録情報資源＝「生のもの」

膨大な非文字列情報

アーカイブズとしての古文書は、できるだけ忠実に「かたち」＝「原形態」を残していることが望まれる。史料として利用する場合には、問題となるのは文字＝文字列情報だけである。文字の内容さえ理解できれば、その「かたち」などはまったく問題にはならない。したがって、原文書でなくても影写本でも刊本でも史料として十分に利用できる。原文書が重んぜられるのは影写本・刊本に比べて文字列情報がより正確だというだけである。原本校訂という言葉が端的にそのことをあらわしている。しかし、アーカイブズ学の対象は、一次的記録情報資源＝「生のもの」である。「生のもの」としての文書、すなわちアーカイブズとしての文書には表1-2でみたように膨大な非文字列情報が秘められているのである。これらまったく未知の非文字列情報を貴重な情報資源として活用するには、「生の」ままの「かたち」が必要であり、また「生の」ままの「かたまり」、さらに「生の」ままの「かさなり」が必要なのである。したがって、これをいかに完全な「かたち」で後世に伝えるかがアーキビストの最大の使命ともいえる。

原形態のまま保存管理

いうまでもなく、アーカイブズ保存の最良の方法は、まったく手をつけずに原形態のまま保存管理することにある。この観点からすると、さきにすこし述べたように、百合文書はほぼ理想的な「かたち」で管理されてきたのである。中世にあっては、廿一口供僧をはじめそれぞれの寺僧組織は、何箱もの手文箱にいれて大切に管理してきた。それを百合の箱に入れ替えるについても、まったく手に触れることなく、そのまま百合に収めた。その後も、これらの文書は宝蔵に収められてほとんど手つかずの状態で最近まで伝えられたのである。

切封の重要性

昭和四十一年（一九六六）秋の事前調査の際、そのとき指導をしていただいた林屋辰三郎氏からはじめて切封を教えられて、「これは大事にしないといけない」といわれたことを思いだす。切封だけではなく、本紙・礼紙・封紙と三紙揃っていわば発給したときの状態そのままの文書も数多くみられた。その頃はまだ、影写本で播磨国矢野庄や山城国久世上下庄の史料をとっていたくらいで、文書の形態その他についてはまったくといってもよいほど関心がなかった。したがって、他の文書群と比較する力などなかったが、ぼんやりと内容だけではなく「かたち」についてもたいへん重要な文書だということがわかりかけてきた。

保存・公開のための修理

しかし、何一〇〇年も伝えられてきた文書類は、主として虫害によって保存・公開のためには修理をしなければならないことがある。百合文書も同様であった。前述のように空海請来の多くの宝物とともに、東寺の宝蔵に大切に保管されてきたとはいえ、虫の喰うままであった。最初に文書を開けたときには、多くの方が近世文書の調査などで経験されたことと思うが、埃にまみれて虫の死骸や糞などでたいへんであった。まさに「紙屑」同然であった。(19)

(2)修理費の節約

修理費の節約

文書の修理といえば巻子仕立

たびたびいうように、整理をはじめた最初の段階の私たちは、文書についてほとんど素人であったといってよい。修理に対してもそれ程の定見などは、まだもちあわせていなかった。その頃の文書の修理といえば巻子仕立と相場がきまっていた。これはあくまでも仮定の話であるが、もし京都府が最初からそれなりに潤沢に補修費をつけてくれていたら、おそらく全部巻物にしたであろう。事前調査・現状確認の調査の段階から百合文書の「かたち」は大切にしなければならないことは漸次わかりかけていたが、その当時は補修といえば巻物以外には考えられなかった。(20)

もちろん、巻物で修理をはじめたとしても、何年かするうちには「原形態」の破壊になっていることに気づき、おそらく軌道修正をしたであろう。それほど百合文書は「原形態」をとどめており、貴重な文書なのである。また毎日専任職員が整理を担当していたので、早晩は巻子仕立の問題点はわかったであろう。しかし、いったんはじめた補修の軌道修正はまたたいへんだったと思う。

百合文書を巻物にしなかった唯一最大の理由

以上、いささか仮定の問題も含めて述べたが、京都府は文書購入が精一杯(21)で、それ以上十分な修理費をだす余裕はなかった。これが百合文書を巻物にしなかった唯一最大の理由である。しかし整理をするには、どうしても修理は必要だ。そこで昭和四十二年（一九六七）当初は、とにかく修理費を抑えようということが至上命令であった。整理がはじまるとさっそく、宇佐美松鶴堂第七代の故宇佐美直八氏――現在の社長の第九代直秀氏の祖父――とたびたび協議を重ね、資料館独自の修理の仕様を作成した。この際、私たちは業者の意見を十分に聞いた。もちろん、文書にとって望ましいと考えることは主張するが、それこそ補修となると素人なのだから業者の考え方にも耳をかたむけた。両者が知恵をだしあって最良と思われる仕様を作りあげたのである。この修理の仕様といい、また前項で述べた整理の具体的な方針といい、昭和四十二年（一九六七）当初に作成したものが、ほぼそのまま最後まで引きつがれた。

できるだけ修理はしない

　修理に関していうと、当然のことながら特別な場合を除いて巻物にはしない。[22]巻物となると、修理の不要な文書もすべて手を加えなければならないからこれほど不経済なことはない。「原形態」保存のためにも経費節約のためにも、できるだけ修理はしない。修理をするにしても必要最低限にとどめる。「一度裏打」というもっとも簡単な裏打を主とするというようにした。

文書の原形態の保存

　この際、とくに業者に要望したことは、文書の原形態を絶対にこわさないということであった。切封ははずさないのはいうまでもないが、料紙の天地左右はいっさいそのままにしておく。当然のことながら料紙を削ぐようなことはしない。修理の過程で、もし何らかの問題が生じた場合には、かならず我われと相談するなどということであった。これによって、最初から私たちが百合文書の「かたち」を最大限に守ろうとしていたことがよくわかるのである。

「下手な補修ほど立派な補修はない」

簡単な補修ほど原形態に近い

　とにかく、費用のかからないもっとも簡単な修理であった。これも後からわかったことだが、修理というのは手を加えれば加えるほど原形態からはなれていく。「一度裏打」より「二度裏打」、簡単な紙の表紙より裂の表紙、それより「軸装」「巻子仕立」の方が手がこんでいるだけ原形態からはなれていくのである。経費はできるだけ節約したが、「応急修理」ではない。定見もなく経費をつぎこむだけが本来の修理ではない。もし、できるだけ手を加えない簡単な修理が「応急修理」で、不要な飾りたてをするのが「本修理」だなどという考え方があるとすれば、修理の本質を理解しないのもはなはだしいといわなければならない。したがって、私は逆説的ないい方だが、「下手な補修ほど立派な補修はない」といっている。手を加えないという意味で、下手はともかく、簡単な補修ほど原形態に近いのである。[23]

文書の巻物仕立

平安末期には巻物仕立がおこなわれていた

観智院金剛蔵聖教の補修からの教訓

これは観智院金剛蔵の聖教類から学んだことである。観智院聖教の大半は、江戸時代中頃の観智院の一三代賢賀が整理・補修したものである。聖教という関係から大部分は巻子仕立あるいは冊子仕立であるが、表紙には裂を使うのではなく簡単な紙表紙で、軸といっても杉を白木のまま使った本当に簡単なものである。裏打はそれこそ簡単な一紙の裏打で、要するに保存のための最低の補修である。場合によっては素人がおこなったのではないかと思われるほど簡単なものである。それを虫にさえ喰わさなければ、一二〇〇年以上たった現在でも十分に保存・閲覧にたえる。手が加わっているのが必要最低限であるから、料紙その他ほぼ完全な形で原形が保存されている。まさに理想的な補修である。

（3）文書の巻物仕立

ここで、どうしても一言しなければならないのは文書の巻物仕立についてである。これまで私は一方的に巻物を批判をしてきたように思う。しかしこれは、文書の主題別の分類とともに、平安時代以来のわが国の文書整理・保存——広くいえば文書管理——の唯一の方法であった。すでに平安時代末期には文書は巻物に仕立てられていた。たとえば、有名な東大寺の寛信の整理といわれる仁平三年（一一五三）四月二十九日東大寺諸庄園文書目録[24]には、

越前国
　諸郡庄園惣券
　　一巻三枚　天平宝字二年施入状
　　一巻六枚　天平神護二年寺解郡解
　　一巻五十二枚　天平神護二年官符国判
　　一巻四十六枚　天平神護二年郡解
　足羽庄
　　「一巻一枚　神護二年鷹山施入帳石栗庄事」
　　一巻四枚　神護二年国解郡解
　　　以下略

文書の主題別の分類

という記載がある。これは東大寺領越前国の諸庄園に関する重要な証拠書類（公験）の目録の一部である。ここでまず注目しなければならないのは、平安時代末期になるが、この頃寛信の手によって東大寺文書の整理がおこなわれ、たとえば越前国諸庄園・足羽庄というように文書の主題別の分類がおこなわれていることである。はやくも文書の分類がおこなわれているのである。まず、この点を確認しておきたい。

文字列の情報源として矮小化

　つぎに、すべて「一巻」というような記載をみるが、すでに巻物仕立がおこなわれているのである。五二紙が一巻になっている例がみられる。おそらくそれ以前から、重要な文書は巻物として保管されるようになってきたのである。一部には軸装もあるが、巻物といい懸軸といい、文書は「もの」としてではなく、公験＝文字列の情報源——必要なのは文字情報だけ——として矮小化して保存されてきたのである。もちろん巻物といっても、すべてが立派な軸をつけ、豪華な表紙・裏表紙に仕立てたものばかりではなく、簡単に何紙かの文書をつなぎあわせただけのものもあるが、発給時の原形態ではなく、文字列情報の保存だけを目的としたものであることは事実である。

文書保存の唯一の方法

　これは文書が重要な公験として——場合によっては墨跡として筆跡を重視して——大切に保管されてきたことを意味する。そして、これが文書保存の唯一の方法であったのだから、多数の文書を現在に伝えた功績は十分に評価されなければならない。たんに現在の感覚で問題視するだけでは正当な評価とはいえない。これは私自身肝に銘じておかなければならないことである。

巻物は史料としての保存

　この点を確認した上で、公験にしろ筆跡にしろ、巻物に仕立てるということは、そこに書かれた文字列情報を保存するのが唯一の目的である。文書の「かたち」などはまったく問題ではない。歴史学の立場からすれば史料としての価値で保存されてきたといってよい。したがって、ごく最近まで文書が巻物で保存されてきたというのは、すべて史料として文字列情報が保存されてきたのであって、それ以外の何物でもない。すなわち、文書を巻物として、史料として伝えるということは、一〇〇〇年あるいはそれ以上の長い伝統にもとづくものであって、不動の真理そのものである。

文書伝来の要因

　現在の古文書学では、古文書を学ぶ第一歩として古文書伝来の要因が、まずとりあげられる。そして、そこで説かれるⅠ本質的効力による伝来といい、Ⅱ付随的効力による伝来といい、紙を再利用する場合を除いては、すべて文字列の情報源としての効力・価値によって伝えられてきたとされる。(25) すでに何度も触れたが、文書を主

アーカイブズ学による文書の価値観の根本的変革

文書がはじめて「もの」として認識された

文書史はじまって以来の大変革

できるだけ手を加えなかった

題別に分類し、巻子などに表装して保存するというのは、この文書伝来の要因と表裏をなすものである。かく考えると、文書がその成立以来保存されてきたのは、すべて文字列の情報源としての性格によるものであって、一度として「もの」として、すなわち非文字列情報の情報源として遇されたことはなかった。そしてさらに、本章の「はじめに――アーカイブズ・アーカイブズ学とは――」の最初に引用した、安藤正人氏の、

そもそも文書というものは、別に歴史家だけのために存在しているのではない。いわば人類共有の遺産としてあらゆる人々のさまざまな利用のために保存されているのである。

という言葉をはじめ、大藤修・保坂裕興両氏などの文書・史料に関する考え方が認められるとするならば、これは一〇〇〇年以上もつづいた文書の価値観に対する根本的な変革であって、アーカイブズ学がもっとも大切にしなければならない考え方というべきであろう。

文書は手を加えずに「もの」として「原形態」で保存するという思想が、中世史研究・近世史研究両方に期せずしてときを同じくして成立したのは、わずかここ二・三〇年の間である。百合文書の場合には上記のようないろいろな偶然の幸運から。そして近世文書では欧米文書館学の影響と従来の整理方法への反省からほぼ同時期に。[26] ここに文書がはじめて「もの」として、本来の性格である文書そのものとして認識されたのである。これは前述のように一〇〇〇年以上もつづいた文書に対する常識を根底からくつがえすことになる。[27] すなわち、文書史はじまって以来の文書の定義に対する大変革といえるのである。アーカイブズ学はそれほどの革新性をもった学問体系だといってもいいすぎではないのではなかろうか。

百合文書の修理についていうと、できるだけ手を加えなかったという点では、百合文書ほどのものは他にないのではなかろうか。その結果、補修をしたのは全体の四五%程度で、大半の文書はほぼ中世のままの「かたち」で保存されているのである。前項「東寺百合文書の整理と文書の「かたまり」」の最後に、私は、

百合文書はかずかずの幸運にめぐまれて、前項「東寺文書の管理と文書の「かさなり」」でみた「もとのかさなり」=「原伝存」、さらに本項でみた「もとのかたまり」=「原秩序」、それに次項(1)「原形態を保存した東寺百合文書」で述べる「もとのかたち」=「原形態」の保存という点については、中世のままの状態を現在に残しており、多くの中世の文書群のうちでももっと望ましい状態なのである。

といった。そして本項「東寺百合文書の補修と文書の「かたち」」の最後でも、もう一度同じことを確認してお

東寺百合文書の整理・修理

きたい。高橋実氏からは、

　補修そく巻子仕立て、整理そく分類というのが一般的認識のなかで、文書の「原形」を崩さないようにすべきだという認識を生み出したのは東寺文書の整理グループであった。

と紹介していただいた(28)。従来の文書の補修の理念に関する根本的なみなおしをおこなったのである。百合文書の整理・補修の出発にあたって、私たちは重要な文書の整理をまかされたということで精一杯考えまた議論したことは事実だが、これほどすばらしい仕事をしたとは考えていなかった。資料館を退職し、百合文書のもとの所蔵者である東寺宝物館で、一歩距離をおいたところから百合文書をじっくりながめ、考え、ことにアーカイブズ学を学ぶようになってから、改めてそのすばらしさを実感した次第である。そして、本当によかったと安堵したものである。

東寺文書が生まれながらにしてもっている「強運」

それはすでに述べたように、かずかずの幸運が重なりあったからであるが、それはまた東寺文書が生まれながらにしてもっている「強運」だろうと考えている。余りにも多くの「幸運」が重なりすぎているのである。私はさきに、

「わが国古文書の王者」たることを「運命」づけられた文書

　もし、「運命」という言葉が許されるとするならば、百合文書を含む東寺文書はその成立から「わが国古文書の王者」たることを「運命」づけられた文書といったら、いい過ぎであろうか（前記拙著二五九頁）。

といった。今回、東寺文書をみ直してみて、改めてその感を深くするものである。

　以上、百合文書の修理について、私たちが精一杯やってきたことを報告した。結果的に、たしかにこれまでとはまったくちがった新しいものであったことはまちがいないが、それが完全だったというつもりはない。二〇年たち三〇年たって、振りかえってみると反省点もある。もっとああすべきだった、こうすべきではなかったかと考えることがある。しかし、その段階では、精一杯のことをやったのだということでお許しをいただけるのではなかろうか。

中世における東寺の文書管理

第四項　中世東寺の文書管理――アーカイブズとしての「東寺文書」・東寺百合文書――

（一）二つの「かさなり」・二つの信仰形態――「東寺文書」・東寺百合文書と二つの文書管理形態――

　以上、本節第一項「東寺文書の管理と文書の「かさなり」」、第二項「東寺百合文書の整理と文書の「かたまり」」、第三項「東寺百合文書の補修と文書の「かたち」」において、東寺文書をその「かさなり」「かたまり」

東寺の二つの信仰形態
鎮護国家の祈禱
大師信仰の場

「かたち」の諸相において、ある程度具体的に述べてきた。そして第一項においては、東寺という一組織体に集積された膨大な量の東寺文書が、本来あるべき伝来の姿を混合・混乱させることなく、寺家文書・子院文書という、ありし日の部門別の形を完全に残している模様をみた。それだけではなく、寺家文書・子院文書はその中の各部署の文書類もかつての姿そのままをとどめており、「かさなり」としての東寺文書全体がアーカイブズとしてもっとも望ましい形で現在に伝えられていることがはっきりした。しかし、この第一項ではおおまかに結論を述べただけであった。そこで、本項「中世東寺の文書管理――アーカイブズとしての「東寺文書」・東寺百合文書――」では、中世における東寺の文書管理のあり方という観点から、寺家文書としてのA百合文書とC「東寺文書」を具体的にみることによって、その由緒の正しさを改めて確認するとともに、さらにそれは東寺の二つの信仰形態とも密着するものであることを明らかにしたい。[29]

まず、東寺の二つの信仰形態ということについて確認をしておく。私ははやくから東寺には「二つの顔」があるといってきた。[30]そもそも東寺は平安奠都間もなく、鎮護国家の祈禱のために建立された寺院である。その後、鎌倉時代には、新たに大師信仰の場として西院に御影堂が作られ多くの信仰を集めた。かくして東寺は、伽藍の講堂を中心にした鎮護国家の宗教と、西院の御影堂を中心にした大師信仰という「二つの顔」がわかちがたく一つとなった寺院なのである。それだけではなく、実はこの二つの信仰形態が寺宝全体の管理のあり方にまでみごとに投影しているのである。そこで、ここでは東寺の寺宝のうちでとくに東寺文書に関して、文書管理史という観点から、この二つの信仰形態がA百合文書とC「東寺文書」という二つの文書の管理形態と深く結びついていることをすこし詳しく述べることにする。

表1-3「東寺文書の伝存形態」でみるように、東寺の寺家文書としてはA百合文書・B教王護国寺文書・C「東寺文書」・D霊宝蔵文書がある。このうちD霊宝蔵文書は近世の文書がほとんどなので、中世文書の管理を主題とするここでは触れないことにする。

A百合文書・B教王護国寺文書・C「東寺文書」という中世文書のうち、B教王護国寺文書はごく最近になってA百合文書から分置されたものである。[31]したがって、中世文書としての東寺文書の管理保存ということになると、A百合文書とC「東寺文書」が検討の対象となる。A百合文書とC「東寺文書」は内容的に共通しており、C「東寺文書」は本来A百合文書の一部であったことはまちがいがない。そしてC「東寺文書」はA百合文書から選びだされ、おそらく重要な文書であるということで、あとから巻子あるいは懸幅に表装されたものであることもほぼ想像できるが、いつどのような目的で選別して、表装されたのか不明である。これは私の一二年におよぶ総合資料館での百合文書の整理をつうじて最大の課題の一つであったが、資料館在職中はついに解決することができなかった。漠然と江戸時代の中頃にでも、官符・官牒・官宣旨・院宣・綸旨・御判御教書などの重要な文書を、百合文書の中から適当に選びだして表装したのだろうというくらいにしか考えていなかった。

たとえば、資料館退職後間もなく執筆した「東寺文書について[32]」では、

> おそらく中世においては、現在の東寺百合文書と一緒に保管されていたと思われる「六芸之部」を中心とした「東寺文書」が、いつ百合文書から独立して、現在の形をとったかについては全く不明である（前記拙著五一一頁）。
>
> 百合文書が原則として補修の手が加わっていない初生なままの文書であったのに対して、「東寺文書」はいつかの段階に、本来は一括されていた百合文書から別置され、巻子あるいは懸幅に表装されたものである（前記拙著五一三頁）。

といって、C「東寺文書」がA百合文書から独立した時期は不明としている。解決の手がかりがみいだせなかったのである。

その後、東寺宝物館で東寺文書を整理の過程で——この点については、つぎの本項(2)「空の長持と文書の伝存」ですこし詳しく触れる——この問題も、実にすっきりした形で解決することができた。まず結論だけをさきに述べることにする。

C「東寺文書」の前身にあたる文書とA百合文書の前身にあたる文書は、江戸時代になってわかれたのではなく、実に鎌倉時代から管理形態を異にする文書群として並列していたのである。東寺においては、鎌倉中期頃から新しく廿一口供僧をはじめ学衆その他の中世的な寺僧の組織が成立、それぞれの法会をはじめそれぞれの組織の運営の実際をおこなった。各寺僧組織は年預（奉行）をえらんで組織の実務を担当させたが、日常的に必要な文書は手文箱という各組織の保管箱に収納して年預が保管していた。

いっぽう、公験になる重要な文書は、一部に案文を作り年預の手許に残し、正文は御影堂経蔵（西院文庫）に収められた。これは葛・皮子などの重書箱に収納、御影堂の管理に任ずる三聖人がとくに厳重に管理した。すな

写真1-1　久世方手文箱送進状

送進久世方
手文櫃一合、
廻請二巻、
所送進之状
如件、
　応永廿四年六月卅日
　　紹清（花押）
清浄光院（快玄）御坊

写真Ⅰ－2　西院文庫文書出納帳

廿一口方第四箱
一御生身供料所野口庄支證六通、申状
案文弐通出之畢、
長禄二年十二月四日　宗寿（花押）
融覚（花押）
同十二月卅日納之畢、融覚（花押）
堯忠（花押）

学衆方第一箱
一文保官符正交（校）本出之、所付置飯尾左衛門大夫（之種）
許、為可取替申正文也、
長禄二年十二月九日　堯忠（花押）
宗寿（花押）

廿一口方第四箱
一供僧置文一通出之、　融寿（花押）
長禄二年十二月十三日　堯杲（花押）
同十二月卅日納之、融覚（花押）
堯忠（花押）

造営方箱
一女御田内鳥羽庄興行六段田地奉書并
守護代遵行、郡代渡状、以上三通納之了、
長禄二年十二月卅日　堯忠（花押）
慶清（花押）

年預が管理する日常的な文書
三聖人が管理する重書
手文箱送進状
西院文庫文書出納帳
中世の管理状態をそのまま残す

わち東寺においては、はやく鎌倉時代から(イ)各寺僧組織の年預が手文箱にいれて管理する日常的な文書[33]と、(ロ)御影堂の三聖人が重書箱に収めて御影堂経蔵に保管する重書の二系統の文書があった。(イ)の文書群が、後にA百合文書となり、(ロ)として集積されたのが、後にC「東寺文書」となる[34]。

これらの文書は、きわめて組織的に管理されていた。そのために作成されたのが手文箱送進状であり、また西院文庫文書出納帳である。ここにその一例として掲載した写真1-1は、応永二十四年(一四一七)久世方手文箱送進状(東寺百合文書を函九二号)であり、また写真1-2は、長禄二年(一四五八)十二月西院文庫文書出納帳(東寺百合文書あ函四三号)である。いまいったように、(イ)日常的に必要な文書は、廿一口供僧をはじめ、各寺僧の組織の年預が手文箱に入れて管理をしていた。この手文箱をその年の年預からつぎの年の年預に引継をするが、その模様を記したのが手文箱送進状である。各寺僧組織のものが全体として二二三通も残っていて、文書の受け渡しが厳重におこなわれたことを雄弁に物語っている。

また(ロ)公験になるような重要な文書は、御影堂経蔵に収められて三聖人が厳重に管理していた。御影堂経蔵に収めたこれら重要な文書の出納を記録したのが西院文庫文書出納帳である。訴訟その他の場合には、どうしても正文が必要となることがある。その出納の模様を丹念に記録をしたのが、この西院文庫文書出納帳である。応永十六年(一四〇九)から大永二年(一五二二)にいたる一〇〇年余りのものが残っている——ただし途中欠けている部分もある——。

このようにみてくると、中世東寺の文書類の管理に関する文書も、(イ)日常的な文書の管理に関する手文箱送進状、(ロ)重要な文書の管理に関する西院文庫文書出納帳の二つにわかれていたことがはっきりする。(イ)各寺僧組織の年預が管理した日常的な文書と、(ロ)三聖人が御影堂経蔵に収めて管理をした重要な文書は、中世をつうじて順次積みかさねるように「層」——「かさなり」——をなして集積され、一つはA百合文書として、もう一つはC「東寺文書」として現在におよぶのである。それを近世以降も含めてまとめてみると、表1-5「東寺文書」・百合文書の二つの伝存形態」のようになる。

かくして表1-5「「東寺文書」・百合文書の二つの伝存形態」では、寺家文書が各寺僧組織や御影堂という中世の各部署の管理状態をそのまま残す形で、A百合文書・C「東寺文書」として現在に伝えられていることが確認できた。すなわち現存の東寺文書は、組織体(東寺)—部門(寺家・子院)—部署(御影堂・各寺僧組織な

表Ｉ－５　「東寺文書」・百合文書の二つの伝存形態

	中世				近世以降		現状
	保存状態	管理者	管理に関する文書	保管場所	保存状態	保管場所	
日常的な文書	手文箱に収納	年預	手文箱送進状	年預	原形態のまま「百合」に収納	宝蔵	百合文書 教王護国寺文書
重書	重書箱に収納（葛・皮子など）	三聖人	西院文庫文書出納帳（文書出納日記）	御影堂経蔵（西院文庫）	表装して保存	霊宝蔵	「東寺文書」

文書群の階層構造

ど）という組織形態のままの形で伝存しているのであって、アーカイブズ学でいう「文書群（アーカイブズ）の階層構造」[35]の典型的な例を示しているといえよう。そしてまた、もし「出所原則」を問うとするならば、これもまた「階層構造」を混乱・混合させることなく現在におよんでいるのであって、東寺文書ほど理想的な文書管理がおこなわれたアーカイブズは他にあるまい。

以上は、中世東寺における文書管理史とも直接関連する問題であるが、原伝存の尊重という整理原則（史料管理論）にしたがって東寺文書を考えた場合、A百合文書、C「東寺文書」という二つの「かさなり」として、実に由緒正しく伝えられていることがわかった。このように重要な史料管理論の成果から、史料認識論の問題としてどのようなことが解明できるのであろうか。

東寺の二つの信仰形態に対応

史料認識の問題として明らかにしうるのは、伝来論すなわち伝来に関する情報である。しかし、アーカイブズ学としての中世アーカイブズ学の歴史そのものがまったくなく、これらの点はすべて将来にゆだねざるをえない。ただ一つだけはっきりいえることがある。それは、このA百合文書、C「東寺文書」という二つの「かさなり」は、実は前述の東寺の二つの信仰形態に直接相対応するものであるという重要な点を指摘することができるのである。

醍醐寺文書・東大寺文書の成巻

さきに私は、C「東寺文書」はおそらく江戸時代にでも、A百合文書から官符・官牒・官宣旨・院宣・綸旨・御判御教書などの重要な文書をえらびだして表装したのだろうと想像していたといった。これは醍醐寺文書や東大寺文書からの類推であった。たとえば醍醐寺文書は、ほとんどが未表装の状態でそれぞれの箱に収められているが、とくに第一函だけは歴代の足利将軍家の御判御教書・御内書を中心に巻子に仕立てられている。これは桃山時代、豊臣秀吉の信任の厚かった座主義演によって成巻されたといわれている[36]。また東大寺文書には、百巻文書あるいは成巻文書とよばれる文書がある。これも明治二十九年（一八九六）に調巻されたものである。[37] はじめ私は、おそらくC「東寺文書」もこれらと同様に、本来の伝来とは別に後になってから——たぶん江戸時代中頃に——、A百合文書から選別して成巻したのだろうと考えていた。

しかし上述のように、C「東寺文書」は、はやく鎌倉時代から重書として各寺僧組織から漸次御影堂に集積されてきたという管理形態のはっきりした文書であることがわかった。したがって、醍醐寺文書の第一函、東大寺文書の百巻文書がいわば人為的に集められたのとはちがって、C「東寺文書」は同じく表装された重書類とはいえ、本来の文書の集積→保存の姿をそのまま伝えているのであって、両者はそれぞれ性格を異にする二つの文書管理のあり方を示しているのである。

二つの文書管理のあり方

この寺僧組織→宝蔵と伝わったA百合文書と、御影堂→霊宝蔵——この霊宝蔵については後ほどすこし詳しく触れる——と伝わったC「東寺文書」の二つの「かさなり」は、さきに述べた東寺の二つの信仰形態を反映するものでもあった。すなわち、東寺は講堂を中心にした鎮護国家の宗教と、御影堂を中心とした大師信仰という「二つの顔」が、わかちがたく一つとなった寺院であった。そして鎌倉時代以降、東寺の宗教行事その他の中心は主として御影堂に移されていくが、御影堂経蔵にそのときどきの重書類が各寺僧組織から集められ、現在のC「東寺文書」におよぶのは、まさにこの寺院全体のあり方に相おうずるものである。

東寺文書の二つの「かさなり」

これに対して、各寺僧組織が管理していた文書類は、そのまま江戸時代に伝えられ、やがて松雲公前田綱紀寄進の百合の箱に収められて宝蔵に移される。宝蔵は鎮護国家の法会を営むための寺宝類が収められた宝庫である。そこに百合文書が収められたということは、直線的に鎮護国家の宗教と結びつくものとはいいがたいが、大きく西院御影堂—伽藍、霊宝蔵—宝蔵という二元的な信仰のあり方と文書の管理形態という図式で把握することが可能だと考えるのである。[38] ともあれ、史料認識論としての具体的成果ということになると、その本格的な展開はすべては今後をまたなければならないが、伝来論に関して、A百合文書とC「東寺文書」という二つの「かさなり」は、たんに文書管理史の問題だけではなく、東寺の二つの信仰形態と深く結びついたものであることが注目されるのである。[39]

空の長持と文書の伝存

(2)空の長持と文書の伝存

一〇万通におよぶ東寺文書という文書群については、このA百合文書とC「東寺文書」という二つの「かさなり」の管理形態をはじめ多くの研究課題がある。たびたびいうことだが、一部に資料館在職時代に解決することができたものもあるが、その大部分は未解決のまま残されていた。百合文書の整理も終わり、『東寺百合文書目録』全五冊を公刊、長い間の懸案であった文書の公開という事業もはたした昭和五十五年（一九八〇）三月、資料館を停年退職した。その後、幸い非常勤として東寺宝物館で東寺文書その他の整理の手伝いをさせていただくことになった。かくして私は、四〇年間にわたってアーキビストとして超一級の東寺文書の整理にしたがうという幸運にめぐまれたのである。私自身、これほどの幸運はないと考えている。それはともかくとして、何しろ東寺は百合文書の原蔵者であるから、かつてそれが保管されていた宝庫をはじめ、関係の文書・資料などその気になって探すならば、それなりに重要な舞台装置だけではなく大道具・小道具その他が揃っているのである。

『新東宝記』編纂のための悉皆調査

東寺文書の文書管理——その伝来と現状——の研究に関して大きな成果をあげたのは、主としてつぎの二つの時期であった。一つは東寺創建一二〇〇年の記念事業として『新東宝記』——これは『東寺の歴史と美術　新東宝記』として一九九六年東京美術から発売された——の刊行のための調査のときである。ちょうど平成七年（一九九五）の東寺創建一二〇〇年の記念事業として『新東宝記』編纂のため、その四年くらい前から、絵画・彫刻・建築など各分野の専門家にお願いして大々的な寺宝の悉皆調査がおこなわれた。文書類については私が担当したので、大いに知見を広めることができた(40)。

百合文書国宝指定記念の特別展

もう一つは百合文書の国宝指定を記念して平成九年（一九九七）秋、東寺宝物館で開催した特別展「東寺文書十万通の珠玉——時空を超えて——」の準備をしたときであった(41)。この二つの機会に、広く東寺文書全体はもちろん、江戸時代以来の数多くの記録類にも目をとおすことができ、大きく東寺文書全体を概観する機会を与えられた。そして、東寺の文書管理に関する数多くの重要な事実を発掘することができたのが本当に有難かった。

この二〇年におよぶ宝物館での勤務は——週一回の勤務ではあるが——、アーキビストとしてしっかり鍛えていただいたと感謝している。前記拙著『東寺・東寺文書の研究』の第二部第二章「東寺文書の伝来と現状」(42)の「後記」には、

> 東寺文書の伝来と現状を論ずるには、第三部の論文のように、史料として述べた方がわかりやすいことは承知している。しかしやはり、文書は史料として伝えられたのではなく、寺宝として伝えられたということを大切にしたい。これは東寺の信仰とも直結する問題であり、古文書学の伝来論のあり方と関連することで

もあるから（同書三二〇頁）。

と述べている。このときにはまだ、アーカイブズ学の理論そのものを直接的に学んでいたのではないが、かつてのように東寺文書を史料としてみるのではなく、宝物館で生の寺宝に接することによって、文書も「寺宝」＝アーカイブズとみるという立場をはっきりさせていることがわかる。

文書も「寺宝」＝アーカイブズ

文書の存在形態は信仰形態の反映

　その中でも特記すべきは、この「後記」でもすこし触れているが、そしていま本項(1)「二つの「かさなり」・二つの信仰形態――「東寺文書」・東寺百合文書と二つの文書管理形態――」で述べたように、東寺文書には各寺僧組織が日常的に必要な文書として、年預が手文箱に収めて伝えてきたA百合文書の系統と、とくに重要な文書類は鎌倉時代以来、各寺僧組織から漸次御影堂に集積されて、それがC「東寺文書」として現存するという二つの文書管理の系統があることを明らかにしえたことであった。それはまた、一つは伽藍を中心とした鎮護国家の祈禱と、もう一つは西院御影堂を中心とした大師信仰という東寺の二つの信仰形態に相おうずるものであるが、文書の存在形態が、直接その信仰形態の反映であるという――考えてみれば当然のことではあるが――貴重な事実を明らかにしえたことである。そして、これはたんに文書だけではなく、現在の東寺の寺宝全体を考える基本視角になっているのである。[43]

「東寺文書」の伝来の確認

　しかし、C「東寺文書」の成立と伝来についてこのように明確な結論をえるのは、それ程簡単なことではなかった。各寺僧組織から重要な文書類は御影堂に集積され、それを三聖人が厳重に管理していたことは資料館在職時代からわかっていたが、それが現在のC「東寺文書」と結びつくとは考えていなかった。というのは、はやく私はC「東寺文書」は江戸時代中頃にでも、百合文書から「人為的に」選別されたものと考えていたといったが、その成立・伝来については不明な点が多かった。それを明らかにしえたのは、まったく偶然のきっかけからであった。具体的に話をしてみよう。

古びた空の長持

　ちょうど、東寺創建一二〇〇年の記念事業としての『新東宝記』編纂のための調査のときであったと記憶する。ある日、長い間半分雑物入れと化して、いかにも「邪魔だ」といわんばかりに収蔵庫の入り口に置かれていた古びた長持の蓋をあけてみた。長持の蓋の裏には、そこに収めた寺宝の目録が貼りつけてあって、「東寺文書」が収められていたことが確認できた。そもそもこれが直接のきっかけである。

　この長持はかつて霊宝蔵に収められていたが、昭和四十年（一九六五）の宝物館の開館とともにここに運びこ

『教王護国寺霊宝目六』

霊宝蔵

『儲書目録』

大師信仰にもとづいて収集された寺宝類

アーカイブズの整理原則の重要性

まれたのである。それを裏づけるものとして昭和九年（一九三四）に作成された『教王護国寺霊宝目六』――以下、「昭和九年目録」と略す――がある。この目録によって現在C「東寺文書」とよばれている文書群が、昭和九年（一九三四）段階には大小二つの長持に収められ、霊宝蔵に置かれていたことが確認できた。これが各寺僧組織から西院御影堂に集積された重書類が、現在のC「東寺文書」だと確定する最大の論拠となったのである。

というのは、霊宝蔵は現在西院御影堂の西北にある宝庫である。創建は慶長・元和年間（一五九六～一六二四）と考えられる。ここに収められた宝物類は、はやくは御影堂内陣西側の御影堂経蔵に置かれていたが、江戸時代に御影堂が改築されたのにともなって、一括して霊宝蔵に移されたのである。すなわち二つの長持の重宝類は、中世以降、御影堂経蔵→霊宝蔵→宝物館と移動したことがはっきりした。

明治十二年（一八七九）に作成された寺宝目録である『儲書目録』には、

此蔵《（霊宝蔵）》ハ大師所伝之法具并古文書綸旨院宣其外一山之宝物等納メ有之事、

とみえるように、この霊宝蔵には、たとえば伝真言院曼荼羅や弘法大師尺牘（風信帖）など、大師信仰にもとづいて御影堂に寄進・収集された重要な寺宝類（大師所伝之法具）を収めていた。そこには「古文書綸旨院宣」とみえるように、重要な文書類も収められているのである。これは長持の貼り紙から、現在のC「東寺文書」であることはいうまでもない。その伝来が霊宝蔵→御影堂経蔵とたどれるとすると、鎌倉時代以降各寺僧組織から御影堂に集められた文書類は、現在のC「東寺文書」だということになる。かくして、C「東寺文書」の伝来がみごとに確定できたのである。

この半分邪魔物扱いされていた長持のおかげで、C「東寺文書」がかつて霊宝蔵に、さらにそれが中世には御影堂に収められていたことがたしかめられた。これほど重要な長持が、「無用の長物」ということで廃棄されなくて本当によかったと改めて痛感したことであった。そして、われわれ現代人の浅はかな判断が重要なアーカイブズの破壊につながる、したがって「原伝存の尊重」「原秩序の尊重」「原形態の尊重」というアーカイブズ整理の原則が、いかに重要であるかを思いしらされたのである。もちろん、宝物館には多くの寺宝目録が残っており、それによって上記のことは跡づけることはできるが、長持という現物が貼り紙（目録）とともに残っているのだから、これほど確実なことはない。まさに現物の魅力そのものである。貴重な非文字列情報である。

東寺文書の管理に関する論点

御影堂経蔵がどこにあったか

大師信仰にもとづいて寄進・収集した寺宝類

百合文書の文書管理

百合の箱への入れ替え

百合文書の保管場所

(3)東寺文書の管理に関するいくつかの重要な論点

A東寺百合文書・C「東寺文書」などの東寺文書の文書管理については、まだ述べなければならないことが多く残されている。まずC「東寺文書」についていうと、その前身にあたる各寺僧組織からの重書が御影堂に収められたことは、すでにたびたび触れてきた。そして、それは御影堂経蔵（西院文庫ともいう）に収められたのであるが、この御影堂経蔵がどこにあったかを確定するのもそれほど簡単ではなかった。おそらく二・三ヵ月くらい、いろいろと試行錯誤、学芸員の新見康子氏と意見がわかれたこともあった。最終的には、新見氏がいくつかの指図の記載をみいだされたことによって、現在の御影堂内陣西側にある「控えの間」であるということに決着した。

ここには、宣陽門院寄進の大般若経六〇〇巻が収められたので御影堂経蔵といわれた。そして、この大般若経をはじめ、さきにすこし触れた伝真言院曼荼羅や弘法大師尺牘（風信帖）など、大師信仰にもとづいて寄進・収集した寺宝類が、「古文書綸旨院宣」などとともに収められていた。これもたんなる思いで話ではない。東寺文書という役者だけではなく、その舞台装置・大道具・小道具など（関連の文書・記録など）の必要なものが揃った東寺寺宝にして可能なことであった。ここではその一端を紹介しただけであるが、東寺宝物館で明らかにしえたことは、その一つひとつがこのように東寺寺宝の伝来に重要な意義をもつことであり、ほとんどがまた、このような苦労の賜物(?)であったのである。

いっぽう、A百合文書の文書管理についても述べなければならないことが多い。そのうちでもっとも重要と思われるのは、中世の各寺僧組織の保存箱から百合への入れ替えの事情が明らかになったことである。これについては、すでに本節第二項(4)「中世のままの「かたまり」」で触れたが、おそらく大量の文書の入れ替えということであろう、元禄十年（一六九七）九月二十七日に蒼惶の間におこなわれた。そのため、おそらく中世のありし日の姿にまったく手をつけることなく、文書の伝存には理想的な形で入れ替え作業がおこなわれたと考えられる。さらにそれが宝蔵に収められて、最近にいたったなどという百合文書の管理に関する基本的なことを明らかにしえたなど、ここでも資料館時代に疑問に思っていた多くの課題を解決することができた。

実は、A百合文書が東寺のどこに保管されていたかということも、長い間の懸案であった。しかるべき形で大切に管理されていたであろうことは想像していたが、まさか宝蔵に収められていたとは考えていなかった。というのは、この東寺宝蔵は大経蔵ともいい、空海請来の真言七祖像・十二天像・五大尊像などをはじめ後七日御修法道具類など、東寺の重宝だけではなく、平安時代以来の鎮護国家の祈禱のための最高の宝物を収める秘庫である。その宝庫に百合文書が安置されていたのである。A百合文書がこれほど重要なものとして宝蔵に収められていたということは、私にとってはこれもまた大きな驚きであった。

アーカイブズ学の文書管理の精神

東寺文書の文書管理と関係して、どうしても記録しておかなければならないことがもう一つある。これも、すでに拙著『東寺・東寺文書の研究』において紹介したことであるが、アーカイブズ学の文書管理の精神が、はやくも昭和十年代（一九三〇～）に、はっきりした形で芽生えているということである。

巻子仕立の百合文書

私たちは、京都府立総合資料館で昭和四十二年（一九六七）から百合文書の整理をはじめたが、それはすべて原形のまま保存されていた。その中にあって、「つ函」「て函」「ま函」の三箱にかぎって巻子仕立になっていた。これも不思議で仕方がなかったのだが、資料館在職中にはついにその理由を明らかにすることができなかった。その後、宝物館でいろいろ関係の書類を調べているうちに、その間の事情をしることができた。すなわち、昭和十二年（一九三七）から京都府の補助事業として、百合文書の巻子仕立がおこなわれた。それが「つ函」などの三箱であったのである。

巻子本トナス事絶対ニ避ク可シ

しかし、その事業の東寺側の責任者であった東寺執行教務部長峯堅雅氏が、昭和十四年（一九三九）に所用で東京大学史料編纂所に出張、相田二郎・三成重敬の両氏と面談のついでに、この巻子仕立に話がおよび、相田・三成両氏からは、

一　古文書ハ原状ノ儘ニ保存スベキモノ也。
一　然ルニ巻子本トナス事絶対ニ避ク可シ。

というアドバイスがあって、その事業が中止されることになった(44)。

アーカイブズ整理の基本精神

昭和十四年（一九三九）といえば、日中戦争がようやく本格化しつつあった段階で、文書の巻子仕立というような事業もやがて中止せざるをえなかったと思う。それにしても、先覚者としての相田・三成両氏のアドバイスは貴重であったと思う。そして「古文書ハ原状ノ儘ニ保存スベキモノ也」という言葉にみられるように、「原形態の尊重」「原秩序の尊重」「原伝存の尊重」というアーカイブズ整理の基本精神は、時代を超えて共通するものであるということが確認できたことの意義は大きい。さらに、それが具体的な形をとって実行されていることに

わが国の古文書学界の問題点

二つの東寺文書の現蔵状態

貴重な非文字列情報

「アーキビスト冥利につきる」

拙著『東寺・東寺文書の研究』について

注目しなければならない。それとともに、相田・三成両氏というその当時もっとも影響力の大きかった方たちの考え方も、その後まったく継承されなかったというわが国の古文書学界の問題点――それは現状もまったくかわっていないのではないかと考えるが――を指摘せざるをえないのである。

以上、東寺文書の「二つのかさなり」を中心に、その文書管理の問題としてどうしても特記しておかなければならないいくつかの重要なことを述べてきた。最後にもう一度確認しておきたい。A百合文書とC「東寺文書」という二つの東寺文書の現蔵状態は、鎌倉時代以来の東寺の文書の管理状態をそのまま伝えるという、伝来論として非常に重要なことを明らかにしえた。そしてその鍵になったのは、本項(2)「空の長持と文書の伝存」で述べた「廃棄寸前」の長持の蓋をあけ、その貼り紙に気づいたことであった。さきにもいったが、これは貴重な非文字列情報である。このように文字列情報だけではないさまざまな重要な情報によって、東寺文書のはやくからの管理に関する大きな疑問が一つひとつ解決していったのである。本来ならば空の長持などは、考えようによっては無用の長物である。しかし、たまたま邪魔物扱いにされながらも残っていたから「文書の伝来」ということについて重要な役割をはたしたのである。現在では収蔵庫の一画に安住の地が与えられて、大きいだけに他の寺宝類を睥睨するかのように収まっている。

それとともに私自身、このような貴重な体験によって、東寺文書の文書管理その他に関する重要な事実――ここで述べたのはごくわずかな例にしかすぎない――を一つひとつ解き明かすことができたのであって、「アーキビスト冥利につきる」ということを実感しえたのは何よりであった。そしてまた、これだけのことがいえる東寺文書のすばらしさに、改めて思いをいたすとともに、さきにも述べた「東寺文書はその成立から「わが国古文書の王者」たることを「運命」づけられた文書である」ということを、もう一度実感としてうけとめた次第である。どうか、かけがえのない貴重な文化遺産として末永く完全な形で保存していただきたいと願うものである。

註

(1) これは後ほど表1-4「東寺文書の概数」として詳しく説明する。

(2) ここで、拙著『東寺・東寺文書の研究』に収めた第二部「東寺文書の伝来と現状(上)」と第三部「東寺文書の伝来と現状(下)」の論稿について簡単に説明をしておく。

まず、最初に確認しておきたいことがある。それは、ここに収めたいくつかの論稿は、東寺文書の「伝来」という

中世東寺における文書管理史

本節「アーカイブズとしての東寺文書——「かさなり」「かたまり」「かたち」と東寺文書——」の意図

第三部「東寺文書の伝来と現状(下)」は資料館在職中の成果

第二部「東寺文書の伝来と現状(上)」は東寺宝物館での成果

史料としての東寺文書の管理・伝来

「もの」=アーカイブズとしての東寺文書の管理・伝来

観点から叙述しているが、アーカイブズ学の立場からすれば、中世東寺における「文書管理史」である。たとえば、第三部付論一「東寺百合文書について」は昭和四十五年（一九七〇）の執筆であるから、すでに四〇年近く前ということになる。そのときには、まだ文書管理史などという考え方などはまったくなかった。それ以来、一貫して「伝来」という観点で東寺文書を論じてきたのである。そして、ここにきて改めてアーカイブズ学の立場からいうならば、中世東寺における文書の管理史を叙述してきたということになる。拙著については、簡単にいえば「伝来」という言葉を「文書管理史」とおきかえてお読みいただくとわかりやすいのではないかと考える。ともかくも、拙著第二部・第三部で論じたのは中世東寺における文書管理史である。

つぎに、これらの論稿は、細部にわたって正確にということで執筆したため、煩瑣にわたる点が多く読みにくくなってしまった。また執筆の期間も二〇年以上という長年月にわたったため、重複する点、また研究の深化とともに前の考え方を漸次修正した点などがあり、たいへん複雑なものになってしまった。そこで本節「アーカイブズとしての東寺文書——「かさなり」「かたまり」「かたち」と東寺文書——」では、これらを総合して、アーカイブズとしての東寺文書を、「かたち」「かたまり」「かさなり」の諸相において、できるだけ具体的に理解していただくことを目的として筆をとった。いうまでもなく、アーカイブズ学の立場から、拙著の煩雑さの欠をおぎなって、できるだけわかりやすく東寺文書全体を理解していただこうという意図をもつものである。

さて、拙著に収めた論稿で、初期のものが第三部「東寺文書の伝来と現状(下)」である。これは主として資料館在職中の成果である。同第一章「東寺百合文書の伝来と現状」は、その初期のもので、百合文書の成立・伝来とその構成について述べた。大体これで、百合文書については概観できると考える。ほぼ同様のことを「東寺文書」について述べたのが同第二章「東寺宝物館所蔵「東寺文書」の伝来と現状」である。以上の二編で聖教・記録典籍・経典類などを除いた狭義の東寺の文書については、ほぼその全貌を明らかにしえたと考える。

その後、平成二年（一九九〇）からは東寺宝物館で寺宝の調査・整理を手伝うことになった。本文でも述べたが、これによって資料館在職中に不明のまま残さざるをえなかった多くの課題を解決することができた。その成果が、この第二部「東寺文書の伝来と現状(上)」である。第三部が資料館在職時代の成果とすれば、第二部は東寺宝物館での調査・研究によるものである。いまにして思えば、時系列にしたがって第二部と第三部を入れ替えた方がよかったかとも考えるが、意図は最新の研究をはじめにおいた方がよいと考えたからである。

以下で述べることは、後ほど本節第四項(2)「空の長持と文書の伝存」で具体的に触れるが、いまいったように拙著第三部「東寺文書の伝来と現状(下)」は、資料館在職当時の研究の成果である。一言にしていうならば、史料としての東寺文書の管理・伝来に関する研究の成果であった。それに対して、同第二部「東寺文書の伝来と現状(上)」は東寺宝物館での勤務の段階に執筆したものである。不十分ではあるが、東寺文書をたんに歴史叙述の史料としてだけではなく、「もの」=アーカイブズとしてみることを目ざした段階である。もちろん十分ではなく、アーカイブズ学を

東寺とは別の所に伝来した文書

教王護国寺文書について

「新史料」について

本格的に学んだものではないが、「もの」としての文書を積極的に考えようとする姿勢だけはみられるのではないかと思う。第二部と第三部の間には、その基本的な視角に大きなちがいがあるのである。

それはともかくとして、以上の論稿はすべて詳細な各論であるが、それらを総括する意味で執筆したのが第二部第一章「東寺文書の概観」である。したがって、東寺文書について拙著『東寺・東寺文書の研究』をお読みいただくについては、まずこの第二部第一章「東寺文書の概観」からはじめていただくのがわかりやすいと思う。

このように拙著『東寺・東寺文書の研究』の第二部・第三部の叙述は、長年月にわたる調査・研究の発展にそって執筆したものである。細かいことまで言及しているので非常に煩瑣で読みにくいと思うが、このような観点からみていただければ、すこしは理解に役立つのではないかと考える。

しかし、それにしても東寺文書に相当な関心のないかぎり、やはりわかりにくいことも事実である。さきにも述べたが、本節はアーカイブズとしての東寺文書を、主として文書管理史という観点から概観することを目的とするものであるが、東寺文書についても広くわかりやすく理解を深めていただくことを目的としている。そして、たんに中世史の研究者だけではなく、広く他の分野の方たちにもわかっていただきたいと考えている。成功したかどうかは読者のご判断にまつとして、本節執筆の意図だけ述べておきたい。

（3）一部、奈良時代の弘福寺関係の文書も含まれている。これは後になって、弘福寺が東寺の支配下に入った段階で東寺に収められたものである。このように、本来は他所に伝来した文書類も、主としてその関係の所領が東寺に寄進・編入されたなどの理由で、わずかではあるが東寺文書として現存する。

（4）東寺宝蔵は、平安時代の長保二年（一〇〇〇）火災にあって文書が焼失した。しかしその後、文書類は火災にあっていない。南北朝期の康暦元年（一三七九）十二月、御影堂は焼失したが、文書類は無事運びだされて焼失をまぬがれた。

（5）京都府立総合資料館編『東寺百合文書目録』（全五冊）所収の百合文書の点数・通数は総計一八、六五〇点二七、七七四通である（前記拙著二六八頁参照）。

（6）このB教王護国寺文書は、本来はA百合文書の一部である。すなわち、総合資料館の百合文書整理の過程で、東京大学史料編纂所の影写本に収められていない「新史料」約五〇〇〇点が発見された。この「新史料」はつぎのような経緯で影写されなかったのである。すなわち、明治十九年（一八八六）から同二十年（一八八七）にかけて、京都府と内閣臨時修史局（現在の東京大学史料編纂所の前身）と合同で東寺文書の悉皆調査がおこなわれた。これは、修史局が計画していた影写本の作成のための準備作業であったが、この調査にもとづいて東寺文書に関する詳細な目録が作成され、それにしたがって影写本が作成された。この段階で史料的価値がすくないと判断された文書は目録から除外され――したがって影写されずに――、箱の下に保存されていた。これが前記「新史料」であるが、その約五〇〇〇点は主として「片仮名」の箱の文書であった。それに対して、この教王護国寺文書は「平仮名」の箱の「新史料」

「東寺文書」について

観智院金剛蔵聖教

「文書群の階層構造」

にあたるもので、何らかの理由で一括保存されていたものである。したがって、内容的には百合文書の「新史料」と同じといってよい。昭和十二年（一九三七）頃、故京都大学文学部教授赤松俊秀氏によって、東寺の「宝庫」から発見され、昭和四十三年（一九六八）に京都大学に譲渡された。この「教王護国寺文書」という名称は、はじめからあったのではなく、京都大学の整理に際して新しく付せられたものである。なお、これについては前記拙著第二部第二章第四節「東寺文書の現状」の二「教王護国寺文書について」を参照していただきたい。

(7) 東寺に伝来した古文書・記録・聖教類などを含めて広く東寺文書というのに対して、巻子あるいは懸幅に表装されて東寺宝物館に収蔵されている古文書も東寺文書とよばれている。両者を区別するため、本書では後者を「東寺文書」と記すことにする。この「東寺文書」については、前記拙著第二部第二章第四節「東寺文書の現状」の三「東寺宝物館所蔵「東寺文書」の現状」、および同第三部第二章「東寺宝物館所蔵「東寺文書」の伝来と現状」を参照していただきたい。

(8) 現在「東寺文書」に収められている官符はすべて案文で正文はみられない。しかし、もと重要な官符類が収められていたことは前記拙著三一〇頁を参照。

(9) この観智院金剛蔵聖教については、前記拙著第三部付論二「観智院金剛蔵聖教について」および同付論三「観智院金剛蔵聖教の伝来と現状」を参照していただきたい。

(10) 「文書群の階層構造」ということについては、第一節「アーカイブズの整理原則と研究分野――「記録史料管理論」と「記録史料認識論」の統一的把握――」の註(12)を参照していただきたい。なお、この本節第一項「東寺文書の管理と文書の「かさなり」」の主題は、東寺文書は非常に伝来が正しく、部門・部署間の混合は余りみられない、すなわち「文書群の階層構造」がよく守られているということにある。全体として伝存状態がきわめて良好であることはまちがいがない。しかし、長い年月の間にはわずかではあるが伝存状態がこわされている場合がある。いま述べた観智院宝蔵文書が代表的な例であり、他にもいくつか具体例をあげることができる。

(11) この東寺宝物の旧蔵状態――原秩序――を丹念に復元、それぞれの寺宝の成立過程とともに叙述したのが、新見康子『東寺宝物の成立過程の研究』（思文閣出版、二〇〇八年）である。これによって寺宝全体の伝来、それにもとづいて個々の寺宝の意義づけが完全となった。

(12) この辺りの事情については、前記拙著第二部第二章第三節「明治以降の東寺文書」の五「東寺百合文書の「流出」事件」で詳しく述べているので参照していただきたい。

(13) これは後、前記拙著に第四部第二章「東寺百合文書の整理について」として収めた。

(14) この箱の文書は太良庄関係のものがほとんどで、平野殿庄・大山庄関係の文書が各一点一通ある。室町時代の文書も二点二通みられるが、これはおそらく後ほど別の箱から混入したものであろう。さきにもいったが、百合文書全体は余り混合・混乱はみられない。しかし、部分的にはこのような例もみられるのである。なお、ここで触れた「お函」「を函」をはじめとする、昭和四十二年（一九六七）段階の東寺における百合文書の原蔵状態を示す写真が、約一二〇コマ最近みつかった。これは、たいへん貴重なものなので、何らかの形でぜひ紹介したいと考えている。

江戸時代の百合文書の調査

(15) この点については、前記拙著第二部第三章第三節「近世における東寺文書の伝存」の(1)「松雲公による「百合」の寄進」で詳しく述べているので参照していただきたい。

(16) もちろん、これだけの文書であるから、まったく未公開のままであったということではない。はやく松雲公前田綱紀によって調査がおこなわれており、松平定信の『白河本東寺百合古文書』の書写、伴信友の『東寺古文零聚』の編纂などもおこなわれているが、いずれも百合全体にわたるものではなく、部分的な調査にとどまっている。これらの点については、前記拙著第二部第二章第二節「江戸時代における東寺文書」の三「松雲公前田綱紀による「百合」の寄進」、および同四「『東寺百合古文書（白河本）』『東寺古文零聚』などの書写」その他を参照。

宝蔵の管理

なお、宝蔵の鍵の保管は東寺執行の重要な職務の一つであった。そして、これを開けるのは容易なことではなかった。何重も「からくり」が設けてあって、簡単に開けられるものではない。現在でもベテランの職員でも二〇分はかかるという。現在、東寺ではこれを開けることができるのは三人しかいないという。そして、この宝蔵に入るのには、一人ではなくかならず複数でなければならなかったということも聞いている。宝蔵の管理はこれほど厳重だったのである。

(17) これについても、前記拙著第二部第二章「東寺文書の伝来と現状」および同第三章「増補東寺文書の伝来と現状」をご覧いただきたい。

「文書の原形保存」

(18) 今回、本稿を執筆するについて、拙著『東寺・東寺文書の研究』を部分的ではあるが読みかえしてみた。いくつか気づいたことがあるが、その一つに「文書の原形保存」ということがある。拙著では、

> 本稿でとくに強調したのは、「文書の原形保存」ということである。「原形」とはなんぞやという議論もあるが、できるだけ「もとの形」で保存するということでよかろう。収納状態もそうであるし、補修にさいしてもそうである（拙著六一三頁）。

といっている。「文書の原形保存」に「収納状態」と「補修」の二つを含めているのである。今回執筆した本稿では、「原形態」（「かたち」、「補修」の場合）と「原秩序」（「かたまり」、「収納状態」）の二つに明確に区別したものを、「文書の原形」という形で一括しているのである。拙著出版後の私のアーカイブズ学に関する深化のあと(?)を示すものといえようか。

(19) すでに紹介したことではあるが（前記拙著第二部第二章第三節六「東寺百合文書の京都府への移管」参照）、この頃の百合文書についてすこし述べておく。百合文書の整理開始直後、ある権威ある施設の古文書担当の職員の方が見学にこられた。そのときは虫でくっついた文書を開けるのに悪戦苦闘していたときであったから、机の上は虫の死骸や糞また埃などが一杯だった。これをみたその方は「百合文書、百合文書というが、こんな雑文書だったのか」とふ

ともらされた。百合文書というからには、おそらくその方の施設に所蔵しあるいは寄託している巻子や懸幅になって桐の箱に入った立派な文書を想像しておられたのだろうと思うが、そのときはまさに「紙屑」であり「雑文書」もよいところであったのである。

「東寺から紙屑一〇〇箱を買った」

また、百合文書の購入は府議会で大きく問題となったこともあって、ときどき議員の視察もあった。おそらく同じような状態を視察した議員であろう。議会の本会議で「知事は東寺から「紙屑」を一〇〇箱も買って」と発言したこともある。ともかくも、埃だらけの「紙屑」だったのである。

(20) 余り具体的になるので、本来は差しひかえるべきかとも考えるが、当時の実情を理解していただくためには実例をあげることにする。教王護国寺文書はちょうど百合文書と時期的にも平行して、同じく宇佐美松鶴堂で修理がおこなわれた。前者は全部完全に巻子仕立になった。これが当時の常識であった。そして、それに関係された方たちは、私たちよりはずっと経験豊富な方たち、というよりは古文書に関してはその頃の最高の権威の方たちであった。

文書の巻子仕立

また、二〇〇〇点をこえる、これも超一級のある文書群は、百合文書とほぼ同時期に主題別に分類、その分類にしたがって巻子に仕立てられた。五・六年前すこし細かく拝見させていただいたが、実に使い勝手が悪かった。その文書を管理しておられる方が、「もうすこし百合文書の整理がはやかったら、百合文書にならってこの文書もこのような形にはならなかったのだが」ともらされたことを覚えている。

ここで一言すると、私はこの段階の文書の分類・巻子仕立を非難しているのではない。当時としては当然のことであったのである。後ほど述べるように、これは平安時代以来一〇〇〇年も、わが国の文書の整理・補修の唯一の方法で、これ以外には考えられなかった。たまたま百合文書がいろいろな幸運から、それの見直しの先鞭――その当初は積極的に「見直し」などとは考えていなかった。すこしちがったことをしているというくらいにしか考えていなかった――をつけることができ、現在ではそれがほぼ常識として定着しているのである。

(21) 京都府にとってどの程度の負担だったのか私にはわからないが、四・五年あとまで時どき府議会で百合文書の購入が問題となったことは事実である。註(19)で述べた「紙屑一〇〇箱」もその一例である。後ほど聞いた話だが、その購入費は鴨川下流の府道の橋が一つ新設できる額であったという。

簡素な修理ほど原形態に近い

(22) たとえば、新見庄の土地台帳のように一点が何一〇紙、あるいは一〇〇紙にもなるような場合には、文書保存のためどうしても必要という宇佐美松鶴堂のアドバイスによって、軸をつけ表紙・八双・紐をつけて巻子仕立にしたが、表紙は保存にたえる程度の紙表紙で裂は使わなかった。保存にたえればそれでよいのであって、骨董品ではないのだからわざわざ裂の表紙などは必要ではない。このように、昭和四十八年(一九七三)までの「第一次修理」では、いっさい表紙に裂は使わなかった。何の理由も定見もなく裂を使って、全体の統一とバランスを崩してしまっているなどということは非見識もはなはだしい。それとともに、この「第一次修理」を「応急修理」などという向もあるが、これもまったくの見当ちがいで、「本格的・恒久的修理」なのである。はっきりいおう。簡素な修理ほど原形態に近いのである。修理は、保存と公開にたえる最低限度のものでよい。これらの点は、どうしても確認しておかなければならない。

理想的な裏打ち

(23) 高橋実氏は、前記「[解説]保存整理の理論」において、

　破壊史料の修補方法として、裏打ちは有効で最適な手段であって、修補の目的に沿って正しく裏打ちが施されることに異論のあるわけはない。だが現実には、理想的な裏打ちに接する機会よりも、裏打ちによって原形が著しく傷つけられた例に出会った印象の方が強い。

という原島陽一氏の言葉を紹介しておられる（高橋氏論文一三九頁）。玩味すべき言葉である。

(24) 守屋孝蔵氏所蔵文書（平安遺文二七八三号）。なお、寛信は仁平三年（一一五三）三月七日に没している。

文書の伝来

(25) 文書の伝来を正面から論じた研究者として相田二郎・佐藤進一の両氏がある。相田氏は、同『日本の古文書　上』（岩波書店、一九四九年）の前編第二章「本質上の働きに依る古文書の伝来」・第三章「応用上の価値に依る古文書の伝来」において、また佐藤氏は前記『新版古文書学入門』第二章第一節「伝来の素因」において、古文書学研究の導入として文書の伝来が論じられている。両氏の見解を総合して私なりにまとめるとつぎのようになる。

Ⅰ本質的効力による伝来

文書伝来の要因には、Ⅰ本質的効力による伝来と、Ⅱ付随的効力による伝来の二つがある。そして、Ⅰ本質的効力による伝来には、

A法令・命令の伝達
B訴訟の証拠文書
C所領の分割移転
D後日の控
E紛失状

などがあり（佐藤氏はA～Eを案文作成の要因とされるが、氏は案文を「文書そのものの効力（文書の本質的効力）に即して作られる写」と規定されるから、ここではA～Eを文書の本質的効力による伝来の要因とした）、これは長期間法的な拘束力をもつ公文書、また土地財産に関する文書などの永続的効力を有する文書として伝来する。

Ⅱ付随的効力による伝来

つぎに、Ⅱ付随的効力による伝来には、

F施政などの参考資料
G徴古資料
H墨蹟の尊重
I紙の利用

などがあげられる。このうち、AからHまではすべて文字列の情報源としての効力・価値によって伝来したのであって、当然のことではあるが、古文書学では文書は文字列の情報源として伝来したとされるのである。なお、従来の古

中世史研究・近世史研究のアーカイブズ学の出発

近世史研究とも考え方が同じ

巻子本トナス事絶対ニ避ク可シ

文書学では「文書の伝来」の問題は、「様式論」のたんなる「脇役」としての役割しか与えられていなかった。しかし、文書の「かたち(形態)」はもちろん、「かたまり(群)」「かさなり(伝来)」の三相を総体として研究の対象とするアーカイブズ学としての古文書学にとっては、最重要課題である。したがって、この点については、別に詳しく論じたいと考えている。

(26) いまから考えると、中世史研究も近世史研究もアーカイブズ学としての出発は、ほぼ同時期の一九七〇年代後半であったと考えられる。この点については、さきに前記拙著『中世花押の謎を解く――足利将軍家とその花押――』の「あとがき」ですこし具体的に紹介したので参照していただきたい（同書二四一頁）。この関西で開かれた「古文書学に関する学会」のとき、安澤秀一・原島陽一両氏と、期せずして文書の整理・補修について考え方が一致したのが、私にとっては一つの画期であったと考えている。もちろん、両氏とはそれ以前にも個々に同じような話はしていたが、現物を前にして近世史研究にも考えを同じくする方たちがいるのだということを確認できたのである。それだけではない。これは安澤氏にとっても重要な意味をもつ機会であったようである。今回、改めて氏の前記『史料館・文書館への道――記録・文書をどう残すか――』を読みなおしてみて気づいたのだが、氏は、

　この点からいえば、『古文書研究』第一六号が、出所原則と原秩序尊重を軽視した、十進法分類表押し込み方式による史料整理技法を掲載したことの、不見識を悲しむべきであろう（同書一七頁）。

と相当きつい言葉を使っておられる。よほど我慢がならなかったのだろう。これが前記「古文書学に関する学会」のときのことである。安澤氏にとっても、私と同じように記憶に残る一つの重要な出来事であったことをしって驚いた次第である。

(27) 後ほど本節第四項(2)「空の長持と文書の伝存」で改めて述べるが、昭和十二年（一九三七）から百合文書の成巻の事業がはじめられた。これについて、東寺の宝物管理の責任者から相談をうけた相田二郎・三成重敬両氏は、昭和十四年（一九三九）に、

　巻子本トナス事絶対ニ避ク可シ、

という忠告をされた。これによって、その成巻事業は中止されることになったが、この点については、前記拙著第二部第二章第三節「明治以降の東寺文書」の四「昭和十二年頃の東寺文書」を参照していただきたい。なお、高橋実氏も前記「[解説]保存整理論の萌芽」ですこし詳しく触れられているのであわせて参照していただきたい（同一五五頁）。

(28) 前記同「[解説]保存整理論の萌芽」一三五頁。

(29) この点については、拙著第二部第二章第一節二「中世における東寺文書とその二つの保存形態」と、第三章第一節「東寺の宝蔵と御影堂経蔵」および同第二節「中世における二つの文書の伝存形態」である程度詳しく述べた。第二章を執筆したあと、さらに第三章で「増補」したため、いささか煩雑になっているが、ぜひ参照いただきたい。

(30) これは、はやく拙稿「東寺と民衆」（東寺宝物館展示図録『東寺と武将』一九七一年）の冒頭に、

現在の東寺には二つの顔がある。もし顔という表現が適切でなければ、系列を異にする二つの信仰がみられるといいかえることができようか（同三二頁）。

といっている。なお、東寺の二つの信仰形態ということについては、拙著第一部第一章「東寺と弘法大師信仰」および同第二章「古代・中世の東寺――「教王護国寺」の歴史的考察――」を参照いただきたい。とくに第二章の「後記」に詳しく説明している。

(31) この点については、本節註(6)を参照。

(32) これは、上島有編著『東寺文書聚英　解説篇』（同朋舎出版　一九八五年）の総説として執筆したものである。のちにほぼ原文のまま、前記拙著に第三部第二章「東寺宝物館所蔵「東寺文書」の伝来と現状」として掲載した。以下の引用は拙著からのものである。

(33) ここで「日常的な文書」というのはきわめて相対的な意味である。「日常的な文書」の系譜を引くA百合文書には、内容的にC「東寺文書」に匹敵する官牒・院宣・綸旨・御判御教書などが多数みられる。したがって、「日常的な文書」「重書」という区別はかならずしも適当ではない。ただ鎌倉時代以降、御影堂に集積され、西院文庫文書出納帳で管理されたかそうでないかのちがいだけである。ただし、御影堂に集積された文書が「重書箱」に収められていたこともまた事実である。

(34) たびたび確認するが、これはあくまでも大きな流れであって、個々の文書をとりあげると、御影堂に収めたと記されている文書が百合文書に現存するというような例をみかけることはある。

(35) 「文書群の階層構造」ということについては、本節註(10)を参照。

(36) 弥永貞三「歴史史料としての醍醐寺文書」（『秘宝　醍醐寺』（講談社　一九六七年））二七四頁。

(37) 堀池春峰「印蔵と東大寺文書の伝来」（同『南都仏教史の研究　上』（法蔵館　一九八〇年）　初出は一九六九年）一五二頁。

(38) なお、百合の箱に収められた文書のうちには、純粋に鎮護国家の宗教と関連するものもあり、おそらく平安時代以降ずっと宝蔵に収められていたのである。

(39) 山陰加春夫氏は同「日本中世の寺院における文書・帳簿群の保管と機能」（同『中世高野山史の研究』（清文堂　一九九七年）　初出は一九九六年）において、中世高野山の文書管理を検討された。そして高野山においては、文書の管理は御影堂・寺家宝蔵という分置形態から、御影堂・年預櫃という分置形態にかわったということを明らかにし、御影堂は寺家のA級の永久保管を本旨とする文書庫、年預櫃は寺家のB級の、ことに諸衆の日常の政務に供することを本意とする文書保管箱であったとされる。これは上述の東寺における御影堂経蔵と各寺僧組織の年預管理という、二つの文書の管理形態とよく似ており――もちろん細部については今後つめなければならない多くの問題があるが

文書管理の二つの形態

――、同じく真言宗寺院の文書管理のあり方として今後の検討課題となろう。さらにいうならば、重書と日常的に必要な文書を別に保存管理するという文書管理の二つの形態――これも当然といえば当然のことであるが――を示唆するもので、中世文書全体の保存管理に関する興味ある大きな論点の展開を予想させるものでもある。

(40) 註(2)ですこし触れたが、拙著第二部第二章「東寺文書の伝来と現状」がこの段階の成果である。

(41) この百合文書の国宝指定を記念して平成九年（一九九七）秋、東寺宝物館で開催した特別展「東寺文書十万通の珠玉――時空を超えて――」の成果は、拙著第二部第三章「増補東寺文書の伝来と現状」に収められている。

(42) 註(40)で述べたように、これは東寺創建一二〇〇年の記念事業としての『新東宝記』編纂のための調査による成果をまとめたものである。

東寺の寺宝と二つの信仰形態

(43) 東寺の寺宝全体については、最近刊行された前記新見康子『東寺宝物の成立過程の研究』がある。ここでは東寺の寺宝全体を、大きくA宝蔵伝来とB西院御影堂伝来の二つにわけて説明される。Aは空海請来の寺宝を中心とした鎮護国家の法会のための諸道具である。そして、Bは鎌倉時代以来の大師信仰にもとづいて御影堂に集積された寺宝で、両者はみごとに性格を異にするのである。かつて、一部に東寺の信仰を鎮護国家の宗教とみるべきだという主張、またあたかも大師信仰がすべてであるかのような考え方もあったが、これによっていずれも一面的なみ方にすぎないことが確認できるのである。

(44) これはごく概略を述べただけである。詳しくは拙著第二部第二章第三節四「昭和十二年頃の東寺文書」をご覧いただきたい。

第三節　記録史料学からアーカイブズ学へ

第一項　文献史料学から新しい史料学へ

文献史料学から新しい史料学へ

前節では、東寺文書の整理をつうじて、東寺文書を歴史叙述のための「史料」としてではなく、中世東寺という一つの組織体が作成・集積・保存管理した文書群と把握することによって、その「かたち」「かたまり」「かさなり」の具体相をすこし詳しくみてきた。おそらく、このような観点からの考察は、中世史関係の研究としてはこれまでみられなかったのではないかと考える。したがって、まだ不備な点があるかとも考えるが、ともかくも一歩ふみだしたことに私自身意義をみいだすものである。

中世アーカイブズ学は未開拓

それにしても中世アーカイブズ学というのは孤独な学問である。孤独というよりはまったく未開拓というか、

『岩波講座　日本歴史　別巻2』の「史料論」
石井進「「史料論」まえがき」

文献一辺倒の日本史学
文献のみを金科玉条とする日本史学は成立しえない

不毛の地である。伝統的な学問体系からすると、どうも異端者といった方が適当なようである。しかし、「東寺文書が教えてくれた学問」である。やはり一歩前進させることが必要なのではないかと考える。

それはともかくとして、このように中世アーカイブズ学は、現在まったく不毛の状態といってよいが、すでにみたように近世・近現代ではすばらしい成果をあげている。その足跡をたどってみよう。

昭和五十一年（一九七六）の『岩波講座　日本歴史　別巻2』（岩波書店）では「日本史研究の方法」を特集、具体的には「史料論」としてとりあげた。石井進氏はこの巻の冒頭に、その総論として「「史料論」まえがき」を執筆しておられる。ここで石井氏は、

> 歴史学とは……、史料と通称されている過ぎ去った諸事実の部分的痕跡を媒介として過去の諸事実を認識しようとする学問である（同書二頁）。

と規定、現在の日本史学では史料をその形態面からみて文献史料・遺物史料・民俗史料と分類するとする。そして、これまで文献史料が「歴史学の中心的素材としての位置を占めてきたのは、ある意味で理由のないことではない」とした上で、

> だがすでに民俗学の立場に立つ柳田國男が古くから文献一辺倒の日本史学に峻烈な批判をあびせてきたことは、よく知られている通りであり、現在、文献のみ（傍点は石井氏）を金科玉条とする日本史学の成立しえないことはもはや明らかであろう（同書三頁）。

と高らかに謳いあげられるのである。いま私は「高らかに謳いあげる」という表現をとった。石井氏のこの「まえがき」はいろんな意味で注目されているが、窮極はこの言葉につきると思う。もちろん石井氏の指摘にもあるが、たとえば民俗学からのように「文献一辺倒」の日本史学に対する批判はそれ以前にもみられたが、『岩波講座　日本歴史』ということと、石井氏の言葉ということで大きな影響力をもったことは否定できない。わが国の新しい史料論・史料学の黎明をつげる記念すべき言葉だと私は評価するのである。

この『岩波講座　日本歴史　別巻2』は石井氏の「まえがき」の提言にもかかわらず、古代から近代にいたるまでの史料論の主要部分は文献史料中心となっている。これに関して石井氏は「学界の現状からみてもある程度やむをえない」（同書七頁）ことであるとされる。石井氏としては、ここで本格的に氏の史料論・史料学を展開したいという希望があったのだろうが、先覚者として歯がゆい思いがこめられた言葉といえるかもしれない。そ

史料学的研究の立ちおくれ

れともう一つ注目すべきこととして、石井氏はここで「文献中心の史学の側での、史料学的研究の立ちおくれ」を二度にわたって言及されている。この点に関してもそれ以上の説明がないので真意ははかりかねるが、これは石井氏自身もっと積極的に発言されるべき問題であったのではなかろうか。このように石井氏は、きわめて短い言葉ではあるが、文献史学内部の深刻な問題点を指摘されているのである。

この石井氏の「「史料論」まえがき」は、短編ではあるが大きな示唆に富む論稿といえよう。まず、

(1)日本史学全体のあり方として文献偏重を指摘されたこと、

(2)文献史学内部の問題として、その史料学的研究の「立ちおくれ」を指摘されたこと、

である。この(2)の論点についていうと、石井氏自身具体的に問題を展開されなかったこともあって、現在にいたるまで解決されていないだけではなく、その深刻さすらまったく意識されていないと思う。しかし、(1)についていうと、これを契機にして従来の「文献一辺倒の日本史学」への反省として、新しい動きがみられるようになる。その先駆となったのが黒田日出男氏をはじめとする絵画史料学である。

黒田日出男氏の絵画史料学

黒田氏は『週刊朝日百科　日本の歴史別冊　歴史の読み方1　絵画史料の読み方』(朝日新聞社　一九八八年)において、その導入として「史料学と絵画史料」を執筆、冒頭で、

> 一九七〇年代以降の日本の歴史学では、史料論・史料学をめぐる関心が著しくたかまってきています。従来のように、その扱う史料が古文書と日記などの文献史料に偏した歴史研究では、現代的課題に応えうる歴史把握は困難であり、それ以外のさまざまな史料を研究対象とし、使いこなす必要があると自覚されてきたからだと思われます。そうした関心と反省の一環として、絵図や絵巻物などのいわゆる絵画史料も本格的に注目されるようになり、研究も活発に進められ始めています(同書二頁)。

といわれる。現在確固たる学問的基盤を確立した絵画史料学は「その扱う史料が古文書と日記などの文献史料に偏した歴史研究では、現代的課題に応えうる歴史把握は困難」という文献偏重の歴史学への反省から出発していることが明らかである。

『帝京大報告集』

このような多角的な史料・資料[1]への取りくみが開花したものの代表として『帝京大学山梨文化財研究所シンポジウム報告集　中世資料論の現在と課題――考古学と中世史研究4――』(名著出版　一九九五年　以下『帝京大報告集』と略す)がある。これは平成五年(一九九三)七月におこなわれた「中世資料論の現在と課題」をテ

さまざまな視角からの史料論

史料の「間口」を拡げる史料論

文献史料論・文献史料学

新しい史料論・史料学

ーマとする帝京大学山梨文化財研究所の第四回シンポジウムの報告集であるが、該時点における史料論・史料学の到達点を示すものということができる。

ここでは、さまざまな視角からの史料論が用意された。すなわち、遺物・遺跡などについての本質的な考古資料論（土井義夫）、それを基礎として建築史学との接点を追究した館・屋敷の空間論（小野正敏）、近代史学史の中での古文書学の位置づけの変遷を明らかにした文書史料論（石井進）、牛玉宝印の多彩な機能からその版木にまで言及した史料論（千々和到）、郡絵図を素材とした詳細な絵図資料論（伊藤正義）、烏帽子と中世人との関わりに焦点を合せた絵画史料論（藤原良章）、地名の多様なあり方を追究した地名資料論（服部英雄）、古代・中世の地形の変遷を明らかにした地形環境の分析（高橋学）、城郭のさまざまな実態にふれた史料としての城郭論（村田修三）などの報告がみられる。[2] もちろん、各論文の視角・内容などは多様で一律に論ずることはできないが、文献史学以外の中世史料学の広汎な広がりをしることができる。これらは、さきの石井進氏の提言に相おうずるものであって、歴史叙述のための史料の「間口」の飛躍的拡大ということができる。これが一九七〇年代後半にはじまった新しい意味の史料論・史料学ということができる。

ここで確認をしておきたい。いま私は「新しい意味の史料論・史料学」といった。現在、史料論・史料学という言葉は、それこそ新しいひびきをもつ魅力的な言葉として広く、いわば無限定に用いられている。それを大きくわけるとつぎの二つのとらえ方ができると思う。

i　広く一般的に歴史叙述の史料について考えるというとらえ方である。この場合はふつう、文献史料を歴史叙述の史料としていかに有効に利用するかという観点からの史料論である。以下、これを文献史料論・文献史料学とよぶ。

ii　本節で述べてきた一九七〇年代後半にはじまった新しい動きで、史料をたんに文献にかぎらず、広く「すべての人類の営みの痕跡」に求めようとする考え方である。すなわち、iの文献史学の史料論（文献史料論）とはちがって、史料の「間口」を拡げようとする新しい学問としての史料論・史料学である。以下、これを新しい史料論・史料学とよぶ。

現在、これら二つの史料論・史料学は余り意識せずに混然と使われているが、学問の発展という観点からは区別した方がよいと思う。

第二項　新しい史料学から記録史料学へ

(一)新しい史料学

すでに述べたように、昭和五十一年（一九七六）の『岩波講座　日本歴史　別巻2』が「日本史研究の方法」を特集、具体的には「史料論」としてとりあげたのがわが国の新しい史料学の出発であった。そして、その後の広汎な新しい史料学の広がりの例として、前項では黒田日出男氏にはじまる絵画史料論と『帝京大報告集』について述べた。これらの流れの一つの集約が、平成七年（一九九五）に刊行された『岩波講座　日本通史　別巻3』（岩波書店）が「史料論」を特集したことである。ここで総論を担当した網野善彦氏は「史料論の課題と展望」において、

かつて歴史学が文献史料をいわばその「王者」の座にすえ、年代を持たない材料を扱う考古学・民俗学等を「補助学」と位置づけてきたことに対するきびしい批判が潜在しているとも考えられるので、単純に文字のみにとどまらぬ問題も含まれているといわなくてはならない（同書七頁）。

とされる。これはさきの石井氏の「文献のみを金科玉条とする日本史学は成立しえない」という言葉と同じ趣旨であるが、網野・石井氏という二人の中世史のリーダーが、期せずして「王者」「金科玉条」という言葉で文献史学の「間口」の狭さを批判されていることに注目したい。これがⅱ新しい史料学の基底をなす考え方である。

この『岩波講座　日本通史　別巻3』は、さきの『岩波講座　日本歴史　別巻2』から二〇年の歳月がすぎているが、その間の新しい史料論の歩みをここに収められた論文によってはっきり読みとることができる。網野氏の総論の紹介の言葉をそのまま借りると、前回は文献中心の史料論であったが、今回は時代別の文献史料論とは別に民衆史の史料論、民俗・系譜・文学・絵画・絵図・地図・地名などの史料論、さらに史料の調査・管理、およびそのさいのコンピュータの役割についての論文などを加えたものになっている。前回に比べて史料論としてみごとな充実ぶりである。おそらくこの流れはさらに加速されることであろう。

このような新しい史料学の展開は、たんに史料の「間口」を拡げただけではない。それにともなって当然史料の扱い方、研究の方法論もかわってくる。ⅰ文献史料学にあっては、研究の対象は文献史料でしかも文字列情報である。そこに書いてある内容が問題で、それ以外のものは研究の対象ではない。しかし、文献以外の多くの資

新しい史料学

『岩波講座　日本通史　別巻3』の「史料論」

網野善彦「史料論の課題と展望」

文献史料を「王者」の座にすえる

「ものをいわないものにものをいわせる」

i文献史料学とii新しい史料学のちがい

第三の新しい文献史料学

史料学と記録史料学の相違点

安藤正人「記録史料学とアーキビスト」

料を歴史叙述の史料として用いるには、まったく別の方法をとらなければならない。文字が書かれていないのだから、まず対象の資料を「もの」として確認、その上で、無言の「もの」に語らせなければならない。「ものをいわないものにものをいわせる」のである。あらかじめ「もの」をいっている文献を読むのとは、まったく方法が異なる。これがi文献史料学とii新しい史料学との根本的なちがいである。ただたんに「間口」を拡げただけではなく、研究の方法がまったく別である。ここにi文献史料学からii新しい史料学への展開の意義がみいだされるのである。

かくして網野氏といい、石井氏といい、『岩波講座』をつうじて中世史だけではなく、わが国の史料学を理論的にリードされてきたのである。したがって、文献史学の史料学——i一般的に文字列の情報をいかに有効に歴史叙述に利用するかという——ではなく、絵画史料学その他のii新しい史料学にならって、第三の方法として文献をたんに史料としてだけではなく、「もの」として考える新しい中世の文献史料学をぜひ具体化していただきたかった。しかしいまはただ、「具体化していただきたかった」といわなければならないのは、網野・石井両氏ご自身はもちろんだが、学界としても本当に残念なことである。網野・石井の両氏が相ついで亡くなられたことによって、われわれは新しい中世の文献史料学を進められるべき二人の先覚者をうしなった。これによって、第三の新しい中世文献史料学への歩みは完全に流産に終わってしまった。その後、現在にいたるまで、i文献史料学はともかくとして、たとえば絵画史料学に呼応するような、文献史料学に対する新しい中世史料学への動きは、服部英雄氏の地名研究などの一部の研究を除いてはほとんどみられないというのが実情ではなかろうか。

ここで確認しなければならないのは、この網野氏の史料学は「もの」を対象とするとはいえ、あくまでも「史料」学である。歴史叙述・歴史研究を前提としたものである。そして、この『岩波講座　日本通史　別巻3』それ自身『日本通史』の一巻の史料論であり、歴史叙述・歴史研究を目的としたものである。

(2)新しい史料学と記録史料学

この中にあって、同じく史料学を称するものの、この『岩波講座　日本通史　別巻3』に収められた安藤正人氏の「記録史料学とアーキビスト」(3)にみられる記録史料学は、歴史叙述を目的としたi文献史料学、またいわゆる「間口」を拡げたii新しい史料学のいずれとも系列を異にするものである。以下、この安藤氏の論稿にしたがって——ある程度私見が加わる場合がある——、氏のiii記録史料学[4]と主としてii新しい史料学——以下、史料学と略記する場合が多い——との相違点を考えることにする。

研究対象のちがい

まず、第一に研究の対象がちがう。ii新しい史料学の場合には、たとえば前記黒田日出男氏は、「文献史料に偏した歴史研究では、現代的課題に応えうる歴史把握は困難であり、それ以外のさまざまな史料を研究対象とし、使いこなす必要がある」として、絵画史料をはじめ文献以外のさまざまな史料を研究の対象とすべきだとされる。『帝京大報告集』の場合も同じである。これを広く「歴史情報資源」とよぶことにする。

記録史料とは

それに対してiii記録史料学の研究対象は記録史料である。安藤氏は記録史料について、

> まず記録史料の「記録」とは、日本古文書学でいう記録とは異なり、人間が特定の目的をもって何らかの媒体に記録化した一次的な情報物を指している。媒体や時代の如何は問わない。粘土板や紙や木に記された文字記録や図像記録はもとより、現代の音声映像記録や電子記録も含まれる。ただし、二次的な複製情報物である印刷出版物やレコード、市販ビデオなどは原則としてここでいう記録には含まれない。次に「史料」は、狭い意味の歴史学の研究材料に限定せず、歴史認識のもととなる素材という広義にとらえておきたい。したがって記録史料とは、史料となる記録、つまり記録化された一次的な情報物のうち歴史認識のもとになる素材としての価値を有するもの、のことである（前記同「記録史料学の課題」二二・二三頁）。

とされる。これは本章の「はじめに——アーカイブズ・アーカイブズ学とは——」で「時代や媒体に関わらずさまざまな個人や組織体が生み出す一次的な記録情報資源」としたアーカイブズの規定を詳しく説明したものであるが、簡単にいえばアーカイブズである。明らかにii史料学の研究対象とはちがっている。

「一次的記録情報資源」

「生のもの」

それだけではない。いま引用した安藤氏の文章にみられるように、iii記録史料学の対象は「一次的記録情報資源」であって、たんなる記録情報資源一般ではないのである。すなわち「生のもの」であって、安藤氏がいわれるように「二次的な複製情報物である印刷出版物やレコード、市販ビデオなど」は原則としてここでいう研究の対象には含まれない、すなわちレプリカやコピーなどは直接の対象ではない。中世史の関係でいえば、刊本や影写本は直接の研究対象ではないのである。写真版も補助手段としては有効ではあるが、あくまでも補助手段である。かくして、研究の対象はさらに限定される。

「生のもの」に限定することの意味

ここで、iii記録史料学がその研究対象を「一次的記録情報資源」=「生のもの」に限定することの意味を私なり

に考えてみよう。中世文書についていうと、研究の対象を古文書の原本にのみ限定せず、影写本や刊本にも拡げたらそれだけ情報量は多くなる。わざわざみずから研究対象を極端に限定する必要はあるまいともいえる。しかし、これはあくまでも文字列情報に関してだけである。すなわち、影写本や刊本はi文献史料学の研究対象である。iii記録史料学が研究対象を文献一般とするのではなく、「生のもの」に限定するのは、「生のもの」に専属する豊かな情報があるからである。

「生のもの」のもつ豊かな情報

「生のもの」のもつ豊かな情報とは何なのだろうか。さきに掲げた表1-2をご覧いただきたい。アーカイブズ＝「生のもの」の有する情報のほとんどはb非文字列情報である。たしかに、アーカイブズ＝「生のもの」にみられるa文字列情報はそれほど多くはないが、それの何倍ものb非文字列情報が含まれているのである——この点はまだ厳密に検討する余地が残されているが(5)——。iii記録史料学が「生のもの」にこだわるのは、このようなまったく未知の無尽蔵の——これはすべてその発掘の仕方、発掘者の力量にまかされることだが——b非文字列情報を情報資源化するのが目的だともいえるのである。b非文字列情報といえるかどうかも含めて、アーカイブズ＝「生のもの」の有する情報はすべて未知数で、「生のもの」に限定して研究する魅力ははかりしれないものがあるといえよう。

「生のもの」の研究の魅力

研究対象のちがい

以上をまとめるならば、ii新しい史料学とiii記録史料学の第一の相違点は、研究対象のちがいである。すなわち、ii新しい史料学の研究対象は広く歴史情報資源である。それに対してiii記録史料学は、一次的記録情報資源を研究対象とするというように根本的なちがいがある。

研究領域のちがい

ii新しい史料学とiii記録史料学の第二のちがいはその研究領域である。これに関して安藤氏は、

> 記録史料学とは、記録史料を歴史研究をはじめとする人間のさまざまな創造的文化的活動の素材として活かすため、必要な知識と技術の体系化をめざす学問分野であり、大きく分けて「記録史料認識論」と「記録史料管理論」の二つの研究領域から構成される（同前二三頁）。

といわれる。さきにも述べたが、記録史料学の研究領域が記録史料管理論と記録史料認識論の二つからなるということを指摘されたのは、この論文の大きな成果である。これに関する具体的なことについては、すでに第一節「アーカイブズの整理原則と研究分野——「記録史料管理論」と「記録史料認識論」の統一的把握——」で詳しく述べた。一般的に技術の問題として処理される史料管理論を、史料認識論と同じく必須の研究領域に昇華され

文書管理史の研究

たことは、「生のもの」を研究対象とする記録史料学としては当然のこととはいえ、貴重な指摘である。これに対してii史料学にあっては、歴史叙述に必要な情報がえられたらよいのだから史料管理とは関係がない。すなわち、史料認識論だけで十分である。それに対してiii記録史料学にあっては文書管理史が必須の研究課題となる。

研究目的のちがい

アーカイブズの本質の究明

第三の相違点として研究目的がある。これは第二の研究領域と密接に関連するが、ii新しい史料学はその言葉のとおり歴史研究・歴史叙述が目的で、広汎な歴史情報資源からどのような情報を引きだすかが問われるのである。それに対してiii記録史料学にあっては、歴史研究が直接の目的ではない。端的にいうならば、記録史料＝アーカイブズの本質の究明ということである。史料管理論が必須の研究領域であり、それはさきに第一節でみたように史料認識論と表裏一体をなしているのである。安藤氏の言葉にしたがうならば、「……必要な知識と技術の体系化」である。研究の対象が一次的記録情報資源＝アーカイブズであるから、研究目的はアーカイブズそのものの研究ということになる。もうすこしいうならば、アーカイブズの管理論・認識論の研究をつうじて、アーカイブズの本質を究明するのがその目的である。史料管理論・史料認識論そのものが記録史料学の研究目的である。ここで史料の管理・管理論というのは、その整理・保存・公開（利用）のことで、たんに技術的な問題のようにみえるが、決してそうではない。

すでに表1-1でみたように、アーカイブズの整理原則（史料管理論）はI原形態の尊重、II原秩序の尊重、III原伝存の尊重で、これはアーカイブズのI作成・伝達過程を含む形態論、II伝達・集積過程を含む構造論、III集積・保存過程を含む伝来論という研究分野（史料認識論）に相おうずるものである。もちろん実務をともなうアーカイブズ管理の実際は、一部史料認識論の枠内に収まりきれないものもあるが——これについては「おわりに——アーキビストとアーカイブズ研究者——」で改めて触れる——、基本的に上記の史料認識論の内容と一致するものと考える。これは現段階では大分類の表題だけにすぎず、一見狭隘なようにみえるが、第二節「アーカイブズとしての東寺文書——「かさなり」「かたまり」「かたち」と東寺文書——」で繰りかえし述べたように、実は広汎で魅力的な研究分野である。中世アーカイブズ学については、きわめてランダムなものであるが、私の研究についていくつか具体例をあげた。これらは、いずれをとっても完全に未開拓の分野である。どのような研究課題が待っているかもまったく未知数である。現在アーカイブズ学として論ぜられているのは、その入口の入口にしかすぎない。奥行きは無限である。それだけにアーカイブズの原形態・原秩序・原伝存は最大限尊重され

表Ⅰ-6　文献史料学・新しい史料学・記録史料学

	研究の対象	研究領域	研究の目的	担当者
i 文献史料学	文献史料(文字列)	史料認識論	歴史叙述のための研究	歴史研究者
ii 新しい史料学	歴史情報資源(もの)			
iii 記録史料学	一次的記録情報資源(生のもの)	史料管理論 史料認識論	アーカイブズの本質の究明	アーカイブズ研究者

なければならないのだが、それからどのようなすばらしい成果を引きだすことができるかは、すべて今後のアーカイブズ研究者の力量によると考えるのである。

このことが確認できるならば、第四の相違点としてその担い手（担当者）が問題となる。ⅰ史料学は歴史研究を目的とするのであるから、それは当然のことながら歴史研究者が担い手である。いっぽう、安藤氏によればⅲ記録史料学はその研究対象・研究領域・研究目的からすでに明らかなようにアーキビストである。安藤氏はアーキビストと歴史研究者の研究領域を図示して（後掲挿図1-1A）、両者は相かさなる部分もあるが、記録史料学を担うのはアーキビストであり、歴史学（歴史研究）は歴史研究者であるとされている。従来かならずしも明確ではなかったアーカイブズ学と歴史学、アーキビストと歴史研究者の関係をそれぞれ独立した範疇として――もちろん相かさなる部分はあるとしても――確定されたことの意義は大きい。以上述べてきたことを文献史学も含めて図示するならば表1-6のようになる。

これまで、一九七〇年代後半から新しい学問として成立したⅱ新しい史料学と、安藤氏に代表されるⅲ記録史料学とのちがいを、現段階における一つの集約である『岩波講座　日本通史　別巻3』についてみてきた。表1-6にみられるように、同じく史料学を称するものの研究の対象以下すべての点について相違点が指摘できる。こうなると、ⅲ記録史料学自身、史料学を称するのが適当かということが改めて問題となる。すなわち、たとえば安藤正人氏の「記録史料学とアーキビスト」にみえるⅲ記録史料学は、さきに述べたⅰ文献史料学ではないことはもちろんである。また、ⅱ新しい史料学とも異なるまったく新しい学問体系なのである。したがって、本章最初の問題にかえるが、記録史料学ははたして史料学なのかということを、もう一度問いなおしてもよいのではなかろうか。

いわずもがなのことではあるが、最後に確認しておきたい。本節で私はⅰ文献史料学、ⅱ新しい史料学、ⅲ記録史料学＝アーカイブズ学と成立の順を追って説明してき

「史料」と「資料」

アーキビストとアーカイブズ研究者

「プロフェッションとしてのアーキビスト」

た。これらはそれぞれに独立した学問であって、相互に対立し排斥しあうものではない。研究対象・研究目的のちがいを確認しつつ、さらに協力関係を密にすべきものであることはいうまでもない。

註

(1)「史料」と「資料」は、それが意味する内容は一致する場合もあるが、また相当なちがいもみられる。この点については後ほど触れる網野善彦「史料論の課題と展望」に詳しい説明がある。全文を引用したいのだが長くなるので省略するが、ぜひ同書六・七頁を参照していただきたい。本稿でも「資料」と記した方がよい場合があるが、網野氏の文章を含んだ上で、「史料」と表現する。

(2) この各論文の要約は同書の網野氏の「はしがき」によった。

(3) これは「記録史料学の課題」と改題して前記『記録史料学と現代――アーカイブズの科学をめざして――』に収められている。以下の引用文はすべて「記録史料学の課題」による。

(4) これはアーカイブズ学(アーカイバル・サイエンス)とよぶのが適当と考えるが、ここでは安藤氏にしたがって記録史料学という言葉を用いることにする。

(5) この点については、はなはだ不十分ではあるが第一節「アーカイブズの整理原則と研究分野――「記録史料管理論」と「記録史料認識論」の統一的把握――」の註(14)で触れているので参照いただきたい。

おわりに――アーキビストとアーカイブズ研究者――

最後に、アーカイブズの研究者について一言しておきたい。すでに述べたように安藤正人氏は前記「記録史料学の課題」において、アーカイブズ学の担当者をアーキビストとし、歴史研究者とアーキビストは、相かさなる部分はあるとしても、それぞれに研究領域を異にする独立した研究者だとされた(後掲の挿図1-1Aも参照)。これは史料管理論を記録史料学の研究領域と位置づけられたことの結果ではあるが、前述のように氏の論稿の大きな成果である。その上で氏は、専門職としての、「狭い意味でのプロフェッションとしての」アーキビストを強調される。そして、記録史料の保存や公開体制のたちおくれの原因を「プロフェッションとしてのアーキビスト」の不在に求められる。たしかに、氏のいらだちはよくわかるし、またプロフェッションとしてのアーキビストが中核的存在でなければならないことも事実である。

しかし、歴史学における歴史研究者に相おうずるのはアーカイブズ学においてはアーカイブズ研究者であって、アーキビストではないと考える。アーカイブズ学が新しい学問であり、アーカイブズの研究者といえばすべてプロフェッションとしての——これは安藤氏の「狭い意味のプロフェッション」とは完全には一致はしないが——アーキビストだという現実は現実として、そして史料管理論を論ずるには実務経験が必須ともいうべき重要なファクターとなるというアーカイブズ学の特殊的性格を確認した上で、直接アーカイブズの管理を業務とはしないが、それに関する研究をおこなう研究者を理論上想定してよいのではなかろうか。そして、このアーカイブズ研究者で、とくにアーカイブズ整理・保存・公開を含めて全体として管理の実務を担当するのがアーキビストであろう。

こういうことをいうのは、アーカイブズ学の担当者をプロフェッションとしてのアーキビストにかぎるとすると、アーカイブズ学自身たいへん窮屈な学問となる。上来たびたびいっているように、アーカイブズは「生のもの」というように本来的に大きな限定が加えられている。中世史でアーカイブズ学が根づかないのはそのためである。よくいわれるように、中世史研究では古文書の原本を研究に利用するのは容易ではない——私は全面的にはこの言葉にはくみしないが——。その狭隘性をすこしでも克服する必要がある。アーカイブズの研究者をプロフェッションとしてのアーキビストに限定したら、それだけでたいへん窮屈である。そしてこれは、たんに研究者の数云々といった実利的な要請だけではなく、アーカイブズ学が豊かな学問的体系を形成するためにもぜひ必要なことだと考える。ともあれアーカイブズ研究者のうちで、直接アーカイブズの管理業務を担当するのがプロフェッションとしてのアーキビストであって、アーカイブズ研究者がすべてプロフェッションとしてのアーキビストでなければならないというものではないと思う。

以上のことを図示すると挿図1-1のようになる。Aは安藤氏が「記録史料学の課題」の「おわりに——歴史研究とアーキビスト——」で示されたもので（同書四一頁）、Bが私の試案である。Bの私案についてすこし説明すると、史料管理論・史料認識論を研究するのがアーカイブズ学であり、それを担当するのがアーカイブズ研究者である。いっぽう、歴史研究をおこなうのが歴史学であり、それを担当するのが歴史研究者である。それ故、両者はそれぞれ独立した学問である。アーカイブズ研究者と歴史研究者はまったく無関係の場合もあるが（関係が〇％）、両者が完全に一致する場合もある（関係が一〇〇％）。そのちがいはアーカイブズに対する接し方だと思う。アーカイブズ学と関係なく歴史研究は可能であり、またアーカイブズを刊本などと同じように、たんに歴

特別に専門知識をもった管理業務

職業としてのアーキビスト

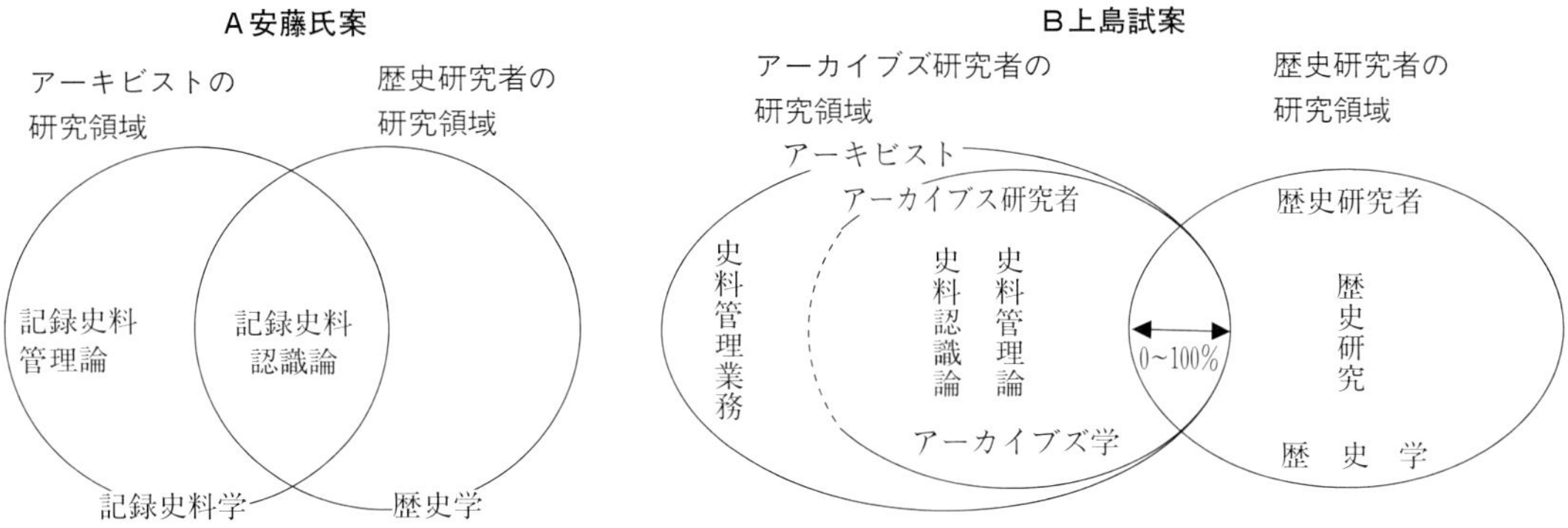

挿図1-1　アーキビスト・アーカイブズ研究者・歴史研究者の研究領域

史叙述のための史料として接した場合には両者の関係は〇%である。いっぽう、歴史研究者がみずからのアーカイブズ学に関する研究成果を、歴史研究に生かした場合には歴史研究者＝アーカイブズ研究者で、両者の関係は一〇〇%である。そして、アーカイブズ学の立場としては、両者の関係ができるだけ密接な（一〇〇%に近い）方が望ましいことはいうまでもない――これは史料主義云々とは別次元の問題である――。歴史学の立場からも同様である。その上で、アーカイブズは「生のもの」であるという特殊な性格のため、特別に専門知識をもった管理業務が必要となる――当然のことながら歴史学においては必要ではない――。アーカイブズ研究者でとくに管理業務にしたがうのが職業としてのアーキビストである。

　アーカイブズの管理の実務にしたがうアーキビストには、管理業務にともなう専門的知識・技術とそれに関する理論・研究が要請される。安藤氏がいわれる「専門職」としての高度な専門性である。これはたんに実務の問題だけではなく、すでに明らかなようにアーカイブズ学の史料管理論とわかちがたく一致するものでもある。挿図1-1でアーカイブズ研究者とアーキビストの間を一部点線にしたのはその意味である。そして、さきにアーカイブズ研究者とアーキビストを理論上区別したのと同様、アーカイブズ学の史料管理論とは別に管理実務にともなう知識・技術とその理論・研究を設定すべきではなかろうか。これによってアーカイブズ学の史料認識論の枠内に収まりきれない多くの史料管理に関する課題も処理できるように思う。

　それはともかくとして、すでにたびたび触れてきたことだが、安藤氏のこの論稿によって、記録史料学は新しい学問として理論的武装ができたと思う。以上述べてきたことのすべてを総合して、記録史料学はiの一般的な意味の文献史料学ではないし、またⅱの「間口」を拡げた新しい史料学でもない。したがって、「史料学」という言葉自身が改めて問題となろう。そして、これらが純化されたとき[1]、アーカイブズ学が記録史料学からの独立を達成、二一世紀をになう新しい学問として確固たる基盤の上に立つことになるのではなかろうか。

以上、私が日頃考えていたことを、すこしまとめて述べてみた。中世アーカイブズ学ということになると、まさに「井の中の蛙」で、アーカイブズと語りあう以外には、直接意見を交わす人もほとんどなく、おそらく大きな見当はずれをしているのではないかと思う。それについてはお許しをいただきたい。もはやこの目でたしかめることはかなわないが、いつの日か、日本アーカイブズ学会で中世アーカイブズ学の諸問題が華やかに議論されるようになることを心から祈るものである。これが私の中世アーカイブズ学への思いでもある。

註

（1）「純化」ということについていうと、第三節第二項（2）「新しい史料学と記録史料学」の第一の相違点のところで、安藤氏の「記録史料学とは、記録史料を歴史研究をはじめとする人間のさまざまな創造的文化的活動の素材として活かすため、……」という文章を引用した。ここには「人間のさまざまな……」に「歴史研究をはじめとする」という修飾語がついている。引用文を書きながら、ふとこの「歴史研究をはじめとする」という言葉がひっかかった。わずか一言の言葉尻をとらえるようで申し訳がないが、そして安藤氏の言葉がまちがっているのではないが、いったん史料主義との決別が必要だという観点からすると、この「歴史研究をはじめとする」という言葉は必要がないように思う。これは一例であるが、安藤氏自身認めておられるように「歴史学との関係を強く意識した記録史料学構想」（同五〇頁）ではなく、史料主義にはもうすこしきびしい方がよいのではなかろうか。

後記

平成十八年（二〇〇六）四月二十二日、日本アーカイブズ学会の大会において「東寺百合文書からアーカイブズ学へ――中世アーカイブズ学への思い――」なる記念講演をさせていただいた。それを原稿化して、同じ題名で「アーカイブズ学研究」五号（二〇〇六年）に掲載していただいたものに、すこし手を加えたのが本稿である。講演の機会を与えていただいた日本アーカイブズ学会、直接お世話をいただいた安藤正人氏には厚く謝意を表するものである。

思えば、古文書学に目覚めたのは昭和五十一年（一九七六）発表した「南北朝時代の申状について」（「古文書研究」一〇号）であったと考える。ここでは、ふつう申状といえば正文は幕府なり朝廷に提出され、直接の当事者の手許に残るのは案文か草稿（土代）だと考えられているが、実際は正文がたくさん当事者の手許に残されているという事実に驚いたのである。いまでも、そのことがわかったときの新鮮な感激をはっきりおぼえている。そして、正文と案文を判定する基準として、⑴料紙の使い方、⑵端裏銘、⑶裏花押などに注目した。「もの」としての古文書学の、そもそもの出発であった。

その後、一貫して追及してきたのは「もの」としての古文書学であった。まず、文書の「かたち」に注目した。「個」としての古文書学である。形態論といってもよい。そのなかには様式論・料紙論・封式論・署名(花押)論・筆跡論・書式論など、その研究分野は無限といってもよい。もちろん最近まで、このような明確な整理はできなかったが、あちらをかじり、こちらをかじりして、「かたち」に関する問題をさまよい歩いていた。

ついで、文書は一通でその機能をまっとうするものはほとんどなく、何通か寄りあつまって、「群」として機能することに気づいた。「かたまり」である。一例として、訴訟関係の文書がある。一つの訴訟が何年にもわたっておこなわれることがある。これらの関係文書をきっちり整理しなければ、その相論の本質はわからない。この「かたまり」として機能する文書をつなぐのは、もちろんまず文字である。しかし、それだけではこぼれ落ちるものが多い。料紙をはじめとして、筆跡その他、文書の形態が大きな役割をはたす。とくにその鍵となるのが端裏銘であった。長い間、この研究分野を機能論といってきたが、本稿では構造論ということにした。その後ずっと、「かたち」「かたまり」といいつづけてきた。

平成二年（一九九〇）からは東寺宝物館で、それこそ超一級の寺宝に「お仕え」することとなった。ここで学んだのは、文書の「群」と「層」の重要性であった。すなわち文書の「かたまり(構造)」と「かさなり(伝来)」である。文書は、その作成目的＝機能（本質的効力）をはたした後も――文書は一通で機能するのは書状だけで、それ以外は何通かが「かたまり(群)」として機能するものである――、その本質的効力に代って、新たな効力・価値として、付随的効力さらには応用的価値が付与されて、それが「層」をなして集積され保存されて現在におよんでいる。文書の効力・価値については、本章ではとりあげなかったが、別に「［未定稿］文書を作成し・伝達し・集積し・保存する――東寺百合文書からアーカイブズ学へのアプローチ――」（私家版　二〇〇七年）の冒頭で、不十分ながらすこし詳しく述べた。整理しなおして、ご批判をいただきたいと考えている。

それはともかくとして、文書を「層」の諸相において研究するのが伝来論である。東寺宝物館は、まさに文書を含む東寺寺宝の管理の場所である。現に、文書をはじめとする寺宝が保管されてきた宝蔵をはじめ、御影堂・霊宝蔵その他の保管場所は現存するし、またそれに関する記録類もたくさん保管されている。もし、東寺宝物館での勉強の機会がなかったならば、せいぜい「かたち(形態論)」「かたまり(構造論)」程度で、

「かさなり(伝来論)」の重要性には気づかなかったであろう。京都府立総合資料館で百合文書の整理から学んだものは大きいが、東寺宝物館でその仕上げをさせていただいた。本当に有難いことである。

「かたち」「かたまり」「かさなり」がある程度熟成しかけたとき、日本アーカイブズ学会でお話をする機会が与えられた。長い間の模索・遍歴の足跡をまとめるのにこれほどの好機はなかった。それを文章化したのが本稿である。いちおう私なりの到達点を示しえたのではないかと考える。とくに本章第二節「アーカイブズとしての東寺文書――「かさなり」「かたまり」「かたち」と東寺文書――」では、東寺文書をとりあげて、「かさなり」「かたまり」「かたち」のそれぞれの視角から、抽象的ではなく、きわめて具体的に論ずることができたと考えている。もちろん、まだアーカイブズ学としての中世古文書学は、スタートラインに立っただけで未熟なものである。そして、どのようにすばらしい宝物（情報）が発掘できるかも、すべて未知である。今後に期待するところ大なるものがある。

たびたびいうことだが、私はアーカイブズの「かたち」「かたまり」「かさなり」の諸相を、統一的に把握するのがアーカイブズ学だと考えている。第一節「アーカイブズの整理原則と研究分野――「記録史料管理論」と「記録史料認識論」の統一的把握――」の註(4)で引用した大藤修氏の文章にみられるように、近世アーカイブズ学研究の主流は文書の保存管理形態に関する研究である。個々の文書の「かたち」には余り関心がないようだ――もちろん、大藤氏がいわれるように、文書管理論には形態論・構造論・伝来論のいずれを欠いても完全とはいえないのだが――。いっぽう、中世史研究といえば、一部に「かたち」の研究に目を向けられているかに思われるが、「かたまり」や「かさなり」という点になるとまったく不毛といってよかろう。

このようななかにあって、松井輝昭氏ははやくから厳島神社文書の管理に関心をよせられ、最近『厳島文書伝来の研究――中世文書管理史論――』（吉川弘文館　二〇〇八年）なる著書を刊行された。また、同じく文書管理史の観点からの業績としては、黒川直則「中世東寺における文書の管理と保存」（安藤正人・青山英幸編著『記録史料の管理と文書館』（北海道大学図書刊行会　一九九六年））、前記山陰加春夫「日本中世の寺院における文書・帳簿群の保管と機能」などがある。さらに中世寺院史料研究の観点から、アーカイブズ学に強い関心を示されているものとして永村眞『中世寺院史料論』（吉川弘文館　二〇〇〇年）がある。そして、私自身も前記拙著『東寺・東寺文書の研究』で、第二部「東寺文書の伝来と現状(上)」と第三部「東寺文書の伝来と現状(下)」として、東寺文書の伝来と現状を詳しく論じたが、考えてみればこれはまさに東寺文書の文書管理史を論じたことであった。いずれにしても、中世史研究はもちろん、近世史研究においてもアーカイブズの「かたち」「かたまり」「かさなり」を統一的に把握するという観点はまだまだ十分ではないと思う。このような現状に対して、前述の大藤氏の文章は中世史・近世史研究をつうじて「かたち」

えるのである。

古文書学、アーカイブズ学としての古文書学は、「史学の右腕」ではなく、文書そのものを研究対象とする学問である。したがって、文書を「かたち」「かたまり」「かさなり」の総体として、しかもたんに静態としてだけではなく動態としても、さらに古代から近現代にいたるまでを一貫した観点でとらえる学問だと考えるのである。

「アーカイブズ学研究」五号の拙稿の最後につぎのような追記を書いた。それを引用すると、

思えば長い遍歴の旅であった。

文書の「かたち」と「かたまり」ということをいいだしたのは一九八二年であった。すでに四半世紀も前のことである。実は、これは現在の中世史学界の常識とはまったく異質の発想であった。文書に対する根本的な考え方のちがいだったのである。長い間の反発と無視、それにもかかわらずおいしいところの無断つまみ喰い。不思議でならなかったが、今回やっとわかった。学問体系のちがいである。いかにも愚鈍なことであった。

この間、私自身このことに気づかず、考え方を純化できないまま、同一土俵で中途半端な議論を重ねてきたため、多大の誤解を与え、思わぬ迷惑をかけて、反発を大きくしてきたことも事実である。しかし、それは私がここに到達するためには必要な道筋であったかもしれない。あるいは回り道であったともいえるが、障害が大きかっただけに、これによって理論的に鍛えられ、ここに到達しえたのである。すこし変わったことをいうのは本当に難しい。

学問体系のちがいといえば、今回もまた、冒頭に「史料主義との決別」などといいだした。これは熟慮のうえのことだが、大いなる反発を覚悟しなければならないかもしれない。しかし、私は文書を史料として利用することを否定するものではない。「唯一の信頼すべき史料」であるからこそ、いったん史料という狭い枠をはずして、「もの」として多角的な研究の対象にした方が、より高次の利用ができるのではないかというだけのことである。文字列情報だけではなく、形態・構造・伝来という文書の総体を研究の対象とするならば、まったく予想もしない新しい無限の研究分野が待っているにちがいない。それを発掘するのが研究者の責務であるように思う。それだけに原形態・原秩序・原伝存は最大限尊重したい。私の「史料主義」について、くれぐれも誤解のないようにお願いしたい。

この駄文によって、私自身どうやらアーカイブズ学としての中世古文書学の体系化にふみだす自信ができた。中世史学界の現状では、温かい目でみていただいているごく少数の方をのぞいて、これもまったくの一人相撲ということになると思う。しかし、アーカイブズ学会の講演でいささかの評価をいただいたことを考えると、学問研究全体としてはまったくの一人相撲でもなさそうだ。老骨にむち打って一

歩でも前進してみたい。

これをまとめることができたのは、本年度の日本アーカイブズ学会で記念講演のお話をさせていただいたことによる。会長の高埜利彦氏をはじめ関係の各位、ことに直接何かとお世話いただいた安藤正人氏には深く謝意を表するものである。また、冗長な拙文の掲載をお許しいただいた編集担当の森本祥子氏他の編集委員の方々にも厚くお礼を申したい（初校にさいして、二〇〇六・九・三〇）。

とある。手を加えた方がよいと思われる点もあるが、現在も心境は二年前とかわっていない。

なお、最初の凡例でいったように、本書全体は初出の論稿をできるだけ忠実に掲載するのを基本としている。本稿についても最大限それを守ることにつとめたが、すこし手を加えたところがある。ご了解いただければ幸せである。

最後に一言しておきたい。本書の本論たる第一・二・三・四章の主題は「御判御教書と朱印状・公帖」で、それぞれの文書の料紙、封式、また花押・印章などの署名、さらには書式など、広く文書の形態を検討した。そして、中世・近世をつうじて、武家最高の公験文書の継承性を、広く文書の形態論の観点から論じた。それぞれの初出論文の段階では、せいぜい形態論としてとりあげただけで、まだ具体的に意識できてはいなかったが、これはいうまでもなくアーカイブズ学としての古文書学の課題であった。幸い、日本アーカイブズ学会で講演の機会を与えられたのをきっかけに、本稿をまとめることができ、私なりにアーカイブズ学としての古文書学について、まだまだ不十分ではあるが理論的な面と具体的な面の両方からいささか発言することができるようになった。そこで、本稿を本書の「序章」として収めることにした次第である。

さきにもいったが、本稿は、「東寺百合文書からアーカイブズ学へ――中世アーカイブズ学への思い――」として「アーカイブズ学研究」五号（二〇〇六年）に掲載していただいた。本書に収載するについては、初出稿全体をある程度補訂した。いま、初出稿の目次だけを記すと以下のようになる。

はじめに――アーカイブズ・アーカイブズ学とは――
第一節　アーカイブズの整理原則と研究分野
――「記録史料管理論」と「記録史料認識論」の統一的把握――
第一項　原形態の尊重
第二項　原秩序の尊重
第三項　原伝存の尊重
第四項　中世アーカイブズと「アーカイブズのライフサイクル」

(二〇〇八・一〇・二八　一稿了　二〇一一・一〇・〇三　補訂了　二〇一三・〇七・二五　再訂了)

第一章　妙蓮寺の近世文書について

一

大本山妙蓮寺
伏見天皇宸筆法華経

妙蓮寺は、京都市上京区寺之内通大宮東入にあり、本門法華宗の大本山である。ここには、伏見天皇宸筆法華経八巻が蔵せられている。これは国の重要文化財に指定されて、伏見天皇宸筆の供養経として、またその紙背には伏見天皇の父後深草天皇宸筆の消息一七一枚があり、中世文書の最高の地位をしめるものである。それだけではなく、当寺には近世文書として注目すべきものが二種類残されている。その一つは徳川歴代将軍の朱印状であり、他は歴代の京都所司代の禁制である。本章ではこの二つについて述べることにする。

二

徳川歴代将軍の朱印状

まず、徳川歴代将軍の朱印状をとりあげる。各地の寺社には、まま徳川歴代将軍の朱印状が残っており、これはそれほど珍しいものではないが、やはり江戸時代の朱印状が、豊臣秀吉のものも含めて完全に——このうちの一通は後述のように京都府立総合資料館の所蔵であるが——揃っていることは注目すべきことである。それは天正十四年（一五八六）五月十一日豊臣秀吉朱印状以下一三通である。いまこれを徳川歴代将軍の一覧表にあてはめてみると表2-1のようになる。これで明らかなように、徳川一五代将軍のうち、六代家宣と七代家継それに一五代慶喜の三人を除いた一二人の朱印状が妙蓮寺に蔵せられているのである。

表2-1　妙蓮寺の歴代将軍朱印状

将軍	発給年月日	料紙（縦×横cm）	写真番号
豊臣秀吉	天正一四年（一五八六）五月一一日	四九・八×六四・四	写真2-1

初代徳川家康	元和　元年（一六一五）七月二七日	四五・七×六二・三	写真2-2
二代徳川秀忠	元和　三年（一六一七）七月二一日	四六・七×六五・七	写真2-3
三代徳川家光	寛永一三年（一六三六）一一月　九日	四六・四×六五・八	写真2-4
四代徳川家綱	寛文　五年（一六六五）七月一一日	四六・二×六五・五	写真2-5
五代徳川綱吉	貞享　二年（一六八五）六月一一日	四七・〇×六四・三	写真2-6
六代徳川家宣			
七代徳川家継			
八代徳川吉宗	享保　三年（一七一八）七月一一日	四六・三×六四・七	写真2-7
九代徳川家重	延享　四年（一七四七）八月一一日	四六・七×六五・三	写真2-8
一〇代徳川家治	宝暦一二年（一七六二）八月一一日	四六・八×六四・〇	写真2-9
一一代徳川家斉	天明　八年（一七八八）九月一一日	四六・五×六四・三	写真2-10
一二代徳川家慶	天保一〇年（一八三九）九月一一日	四七・〇×六四・五	写真2-11
一三代徳川家定	安政　二年（一八五五）九月一一日	四六・〇×六四・二	写真2-12
一四代徳川家茂	万延　元年（一八六〇）九月一一日	四五・八×六五・五	写真2-13
一五代徳川慶喜			

継目安堵

六代家宣など三代の朱印状は残っていない

江戸時代にあっては、公家・寺社・大名以下の武家を問わず、全国の土地はすべて将軍の承認によって、その領有がみとめられた。この将軍による土地の領有権の承認は、朱印状によっておこなわれ、朱印状はすべての領主にとって、もっとも重要なものであった。したがって、現在でもそれを大切に保存している寺社がみられるが、朱印状の発給は一回かぎりではなく、将軍の代替わりごとにおこなわれた。これを継目安堵というが、妙蓮寺に歴代将軍の朱印状が完全に揃っているのはそのためである。

いま私は「完全に」といったが、実は前述のように三人の将軍のものは残っていない。この三人のものはいずれの寺社においてもみられない。すなわち、六代家宣は宝永六年（一七〇九）五月将軍となったが、三年後の正徳二年（一七一二）十月没した。またその子七代家継は、翌正徳三年（一七一三）四月襲職したが、これも三年後の享保元（一七一六）四月、わずか八歳で没した。いずれもその将軍在任の期間が短かったため、継目安堵の朱印状を発給するまでにはいたらなかったのである。また一五代慶喜も同様である。慶喜は慶応二年（一八六六）十二月、将軍となったが、翌慶応三年（一八六七）十月には大政奉還をしており、その余裕などとうていあ

一四代家茂の朱印状は京都府立総合資料館所蔵

ろうはずはなかった。

ここで注意しなければならないのは、一四代家茂の朱印状である。これはたいへん珍しいことだが妙蓮寺ではなく、京都府立総合資料館に所蔵されている。総合資料館には、安政二年（一八五五）九月十一日家定朱印状と、万延元年（一八六〇）九月十一日家茂朱印状が合わせて四二通が二箱にわけて保管されており、そのなかに妙蓮寺宛の家茂朱印状が含まれているのである。これらの朱印状を収めた二箱のうちの一箱の蓋裏にはつぎのような貼紙がみられる。

此二函は徳川将軍家定公と同家茂公の朱印にて、京都および畿内社寺に下さるへきものなり。京都府庁庫中ニあり。いかなる故にや詳かならず。蓋し慶応三年大政所大将軍東走の為、二条城ニのこりしを、その後二条城より此ニ移りし時持来りしものなるへし。此は無□様変りて唯古文書のさまとなれり。今回の便ニ整理して目録をつくり保存するものなり。

明治二十五年八月七日　委員湯本文彦

（句読点は上島）

すなわち、これらの朱印状は、おそらくそれぞれの寺社に下付すべく二条城に保管されていたが、大政奉還ののち京都府に引きつがれ、それが「古文書」として京都府立図書館を経て総合資料館に保存されるようになったものであることがわかる。この朱印状の宛所は京都府下の寺社が多いが、大和の法隆寺・同龍田大明神さらには摂津の住吉社宛のものなど、「畿内社寺」宛のものがみられる。このうちにはたとえば京都の誓願寺や貴布禰神社宛のもののように、家定・家茂二代の分が揃っているものが八組もみられる。この四二通のなかに妙蓮寺宛の家茂朱印状がみられるのであるが、これも含めて妙蓮寺の朱印状は歴代のものが完全に揃っているといえるのである。以上で妙蓮寺の朱印状の概観を終え、つぎにその内容を検討してみよう。

三

ここに豊臣秀吉から徳川一四代将軍家重までの朱印状――家康だけは黒印状――を写真2-1から写真2-13として掲げた。折紙の秀吉のものは別として、徳川歴代将軍のものを通覧して、まず気づくことは三代家光（写真2-4）までと、それ以降では書式に大きな変化がみられることである。家光までの三通――秀吉のものを入れ

四代家綱の書式の統一

ると四通——は、朱印は発給の年月日の下に捺され、左下に「妙蓮寺」という宛所がみられる。しかし四代家綱(写真2-5)以降になると、朱印が発給年月日の左に捺され、これまでみられた「妙蓮寺」という宛所は文中に収められている。そしてこの書式は幕末まで引きつがれ、最後の家茂においても同じである。すなわち四代家綱のときが、朱印状の書式上のひとつの画期であったことがわかる。

寛文印知

四代家綱の寛文の朱印状については、最近国立史料館から『寛文朱印留　上下』(東京大学出版会　一九八〇年)二冊が刊行され、その全貌をしることができるようになった。そして、その解説にも述べられているように、寛文四年(一六六四)にはまず大名に、翌五年(一六六五)には公家・寺社に対して、いっせいに将軍家綱の領知判物・朱印状および領知目録が発給された。これまで家康・秀忠・家光の三代にわたって、まちまちに発給されていたものが、統一的に同時にだされるようになったのである。これを「寛文印知」というが、それは近世の幕藩体制の確立を意味する画期的なことであった。それとともに朱印状の書式も整備された。

いま『寛文朱印留』の解説と、そこに収められた寺社に対する朱印状の実際について、その書式を整理するとつぎのようになる。

Ⅰ　当寺領…………事、…………
永不可有相違者也、仍如件、
年　月　日　御朱印
某寺

ⅡA某寺領…………事、…………
永不可有相違者也、仍如件、
年　月　日
御朱印

ⅡB…………事、…………
某寺進止、永不可有相違者也、仍如件、

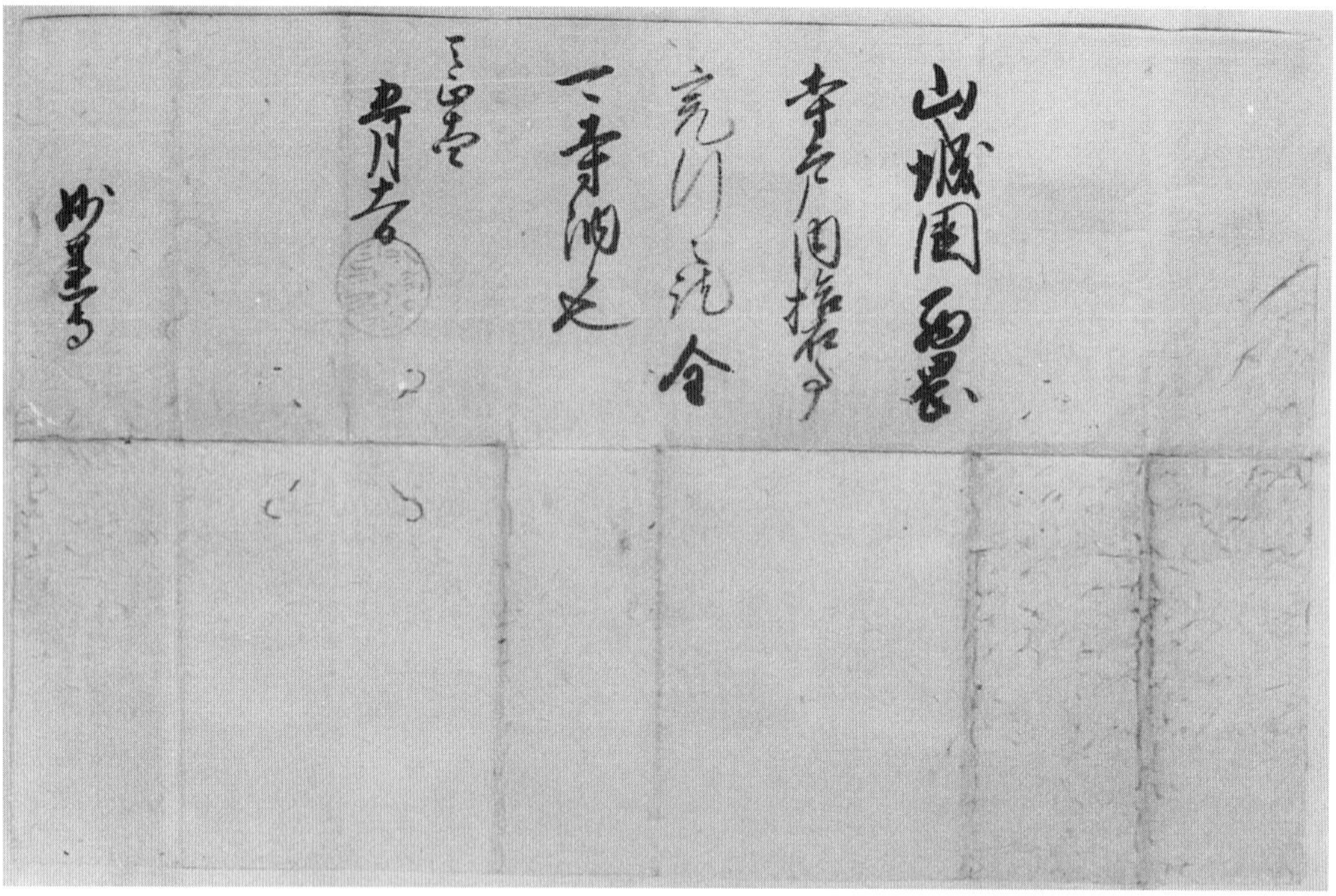

写真２－１　豊臣秀吉朱印状

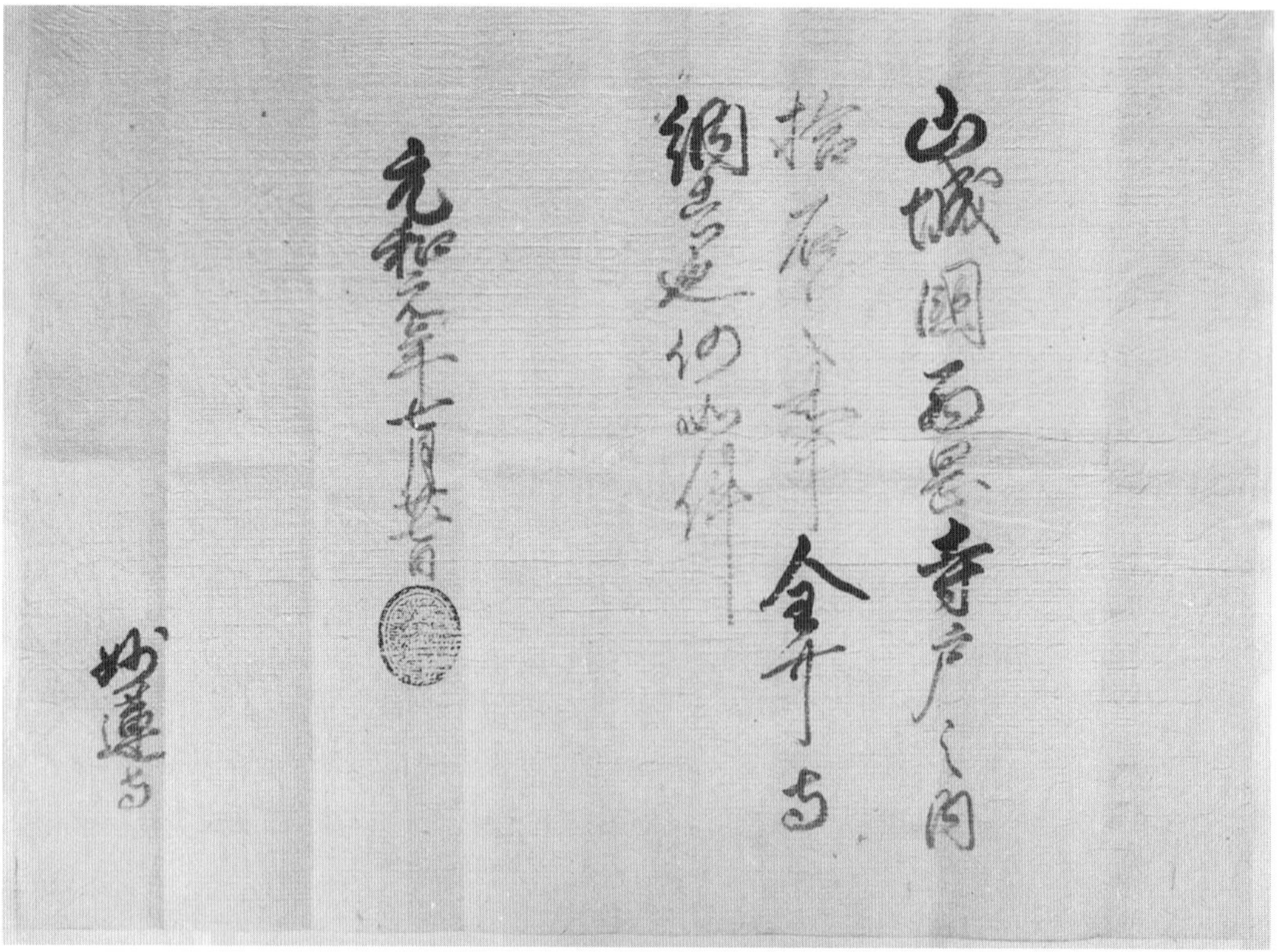

写真２－２　徳川家康黒印状

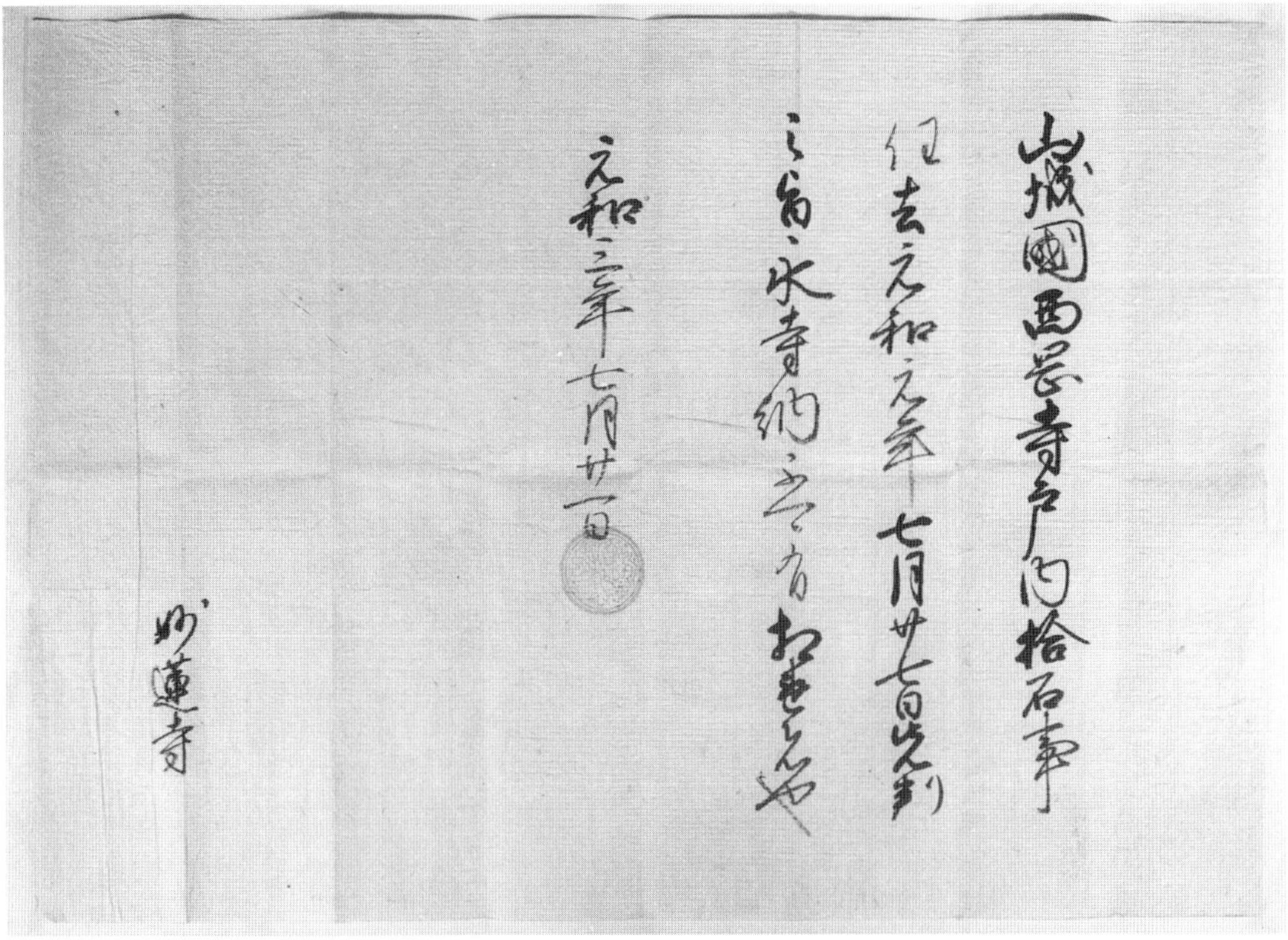
山城國西岡寺戸内拾石事
任去元和元年七月廿七日先判
之旨永寺納不可有相違者也
元和三年七月廿一日
妙蓮寺

写真２－３　徳川秀忠朱印状

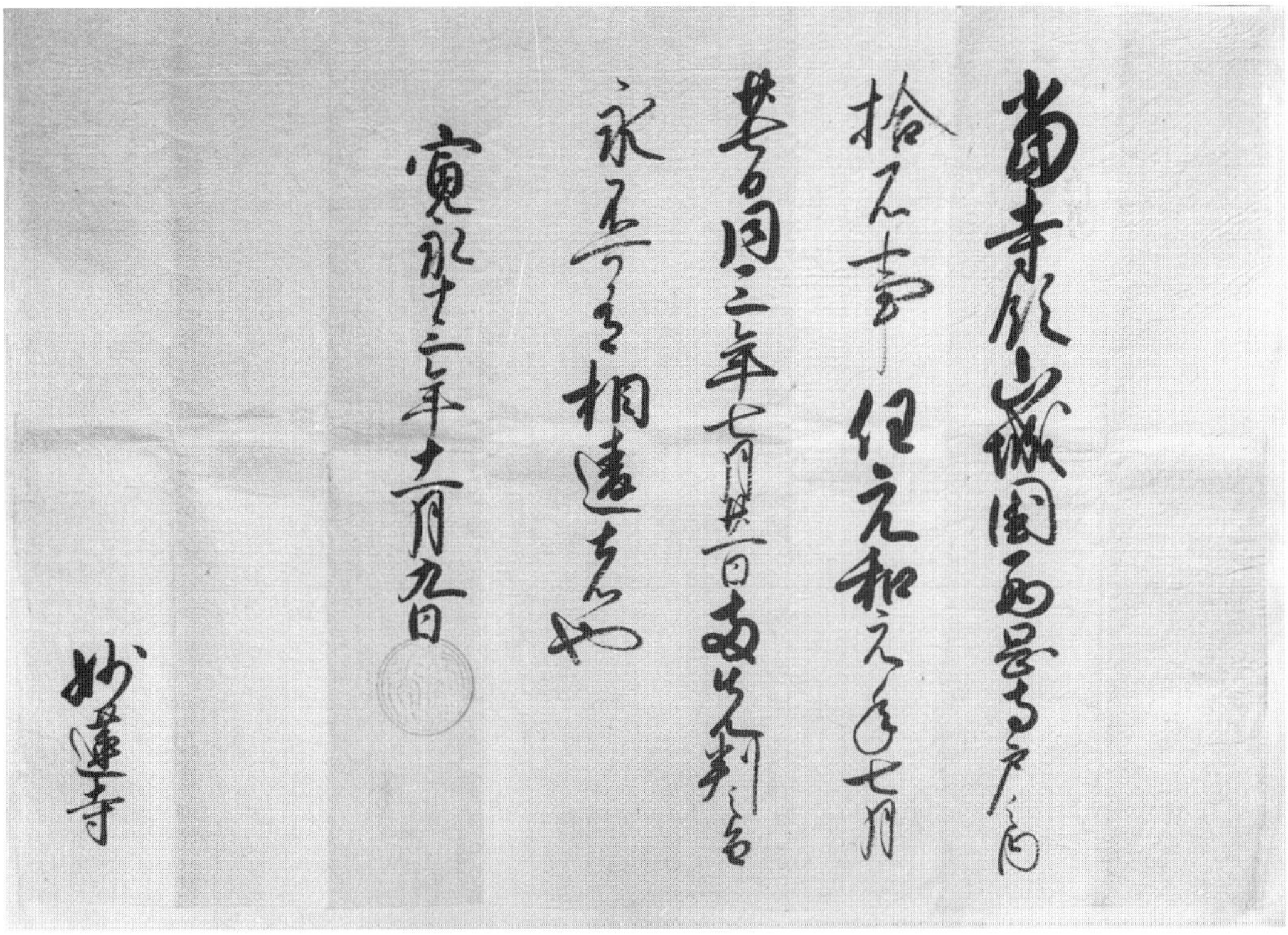
当寺領山城國西岡寺戸内
拾石事　任元和元年七月
廿七日同三年七月廿一日両先判之旨
永不可有相違者也
寛永十三年十一月九日
妙蓮寺

写真２－４　徳川家光朱印状

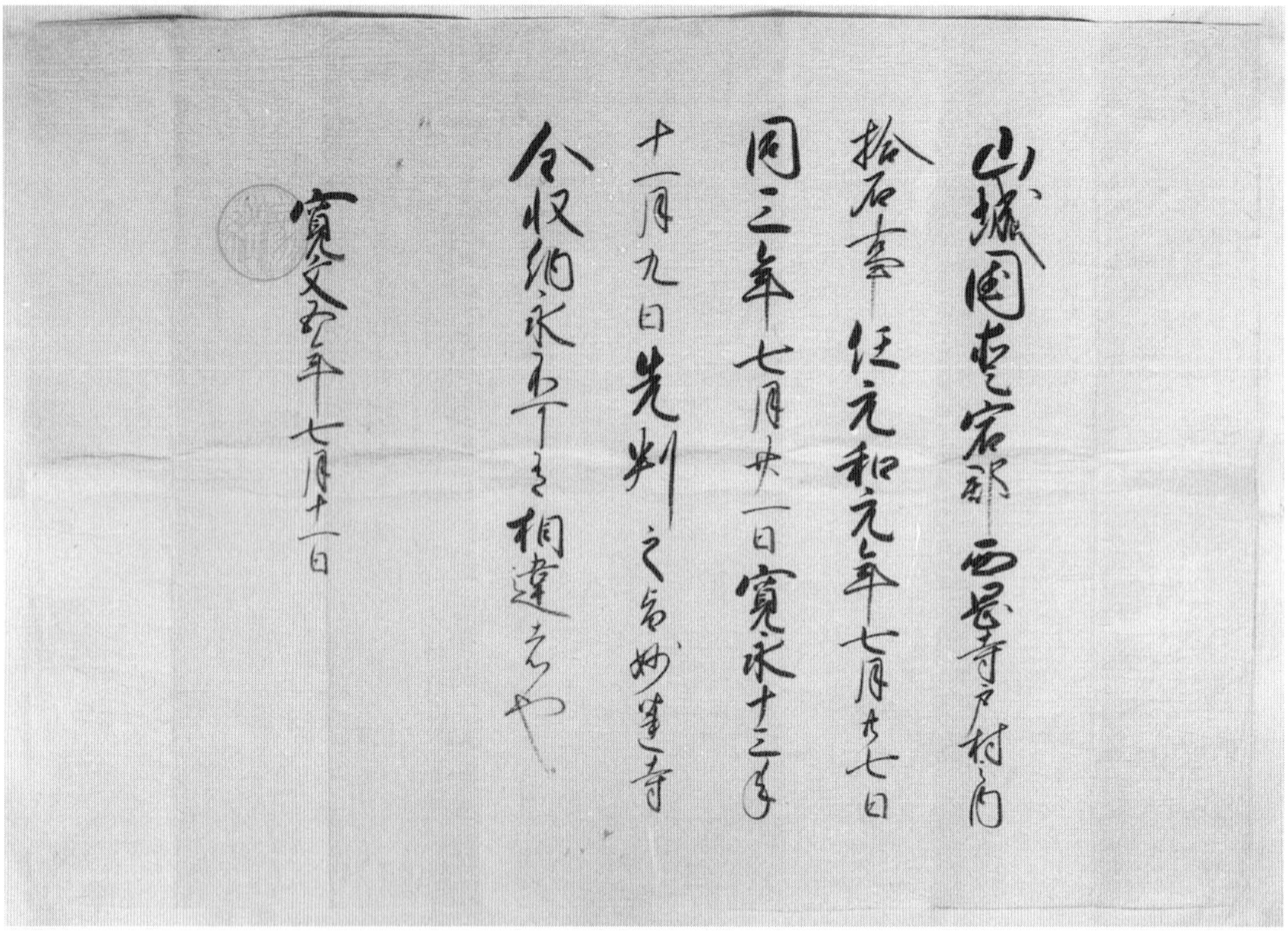

写真２－５　徳川家綱朱印状

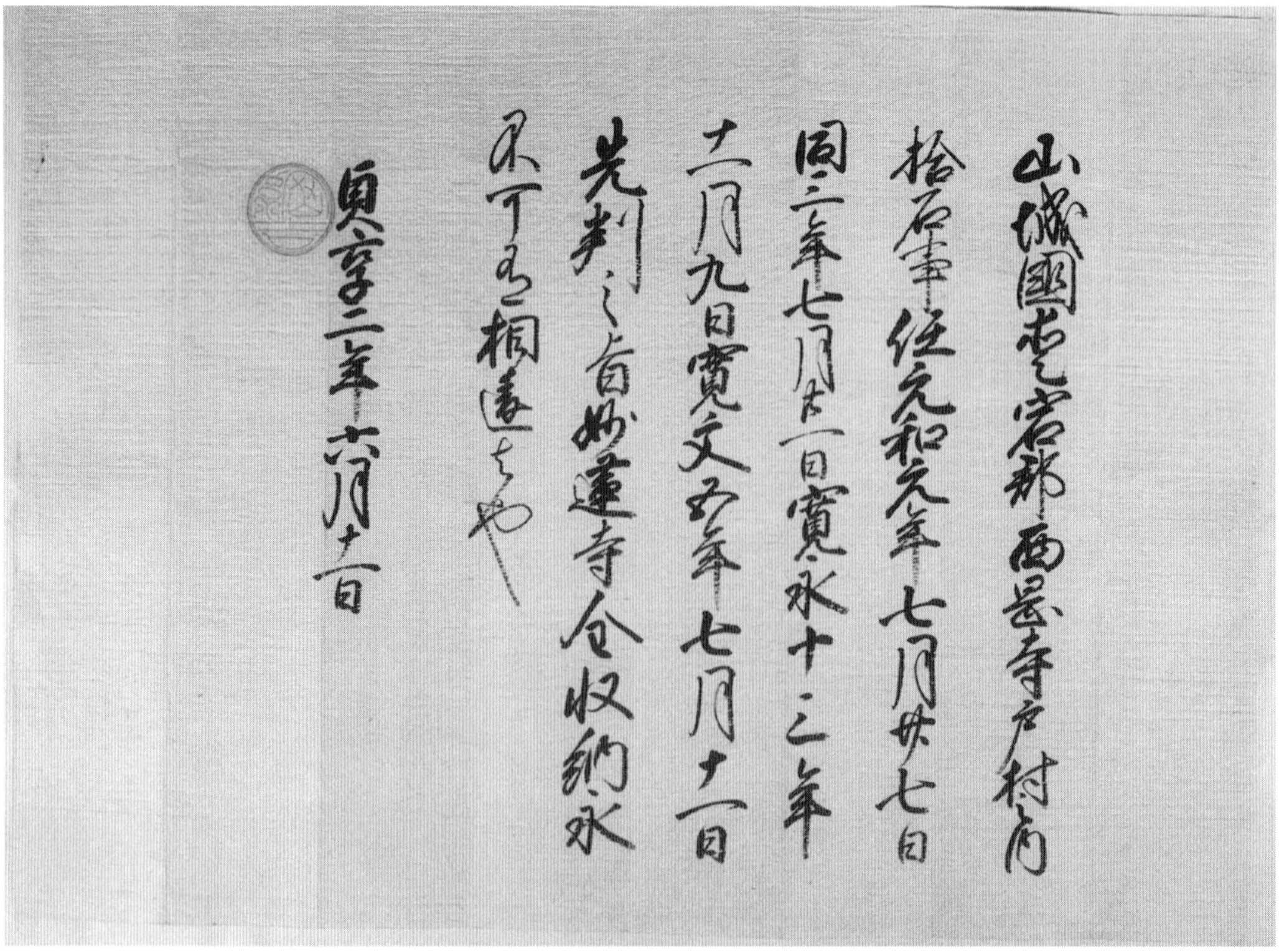

写真２－６　徳川綱吉朱印状

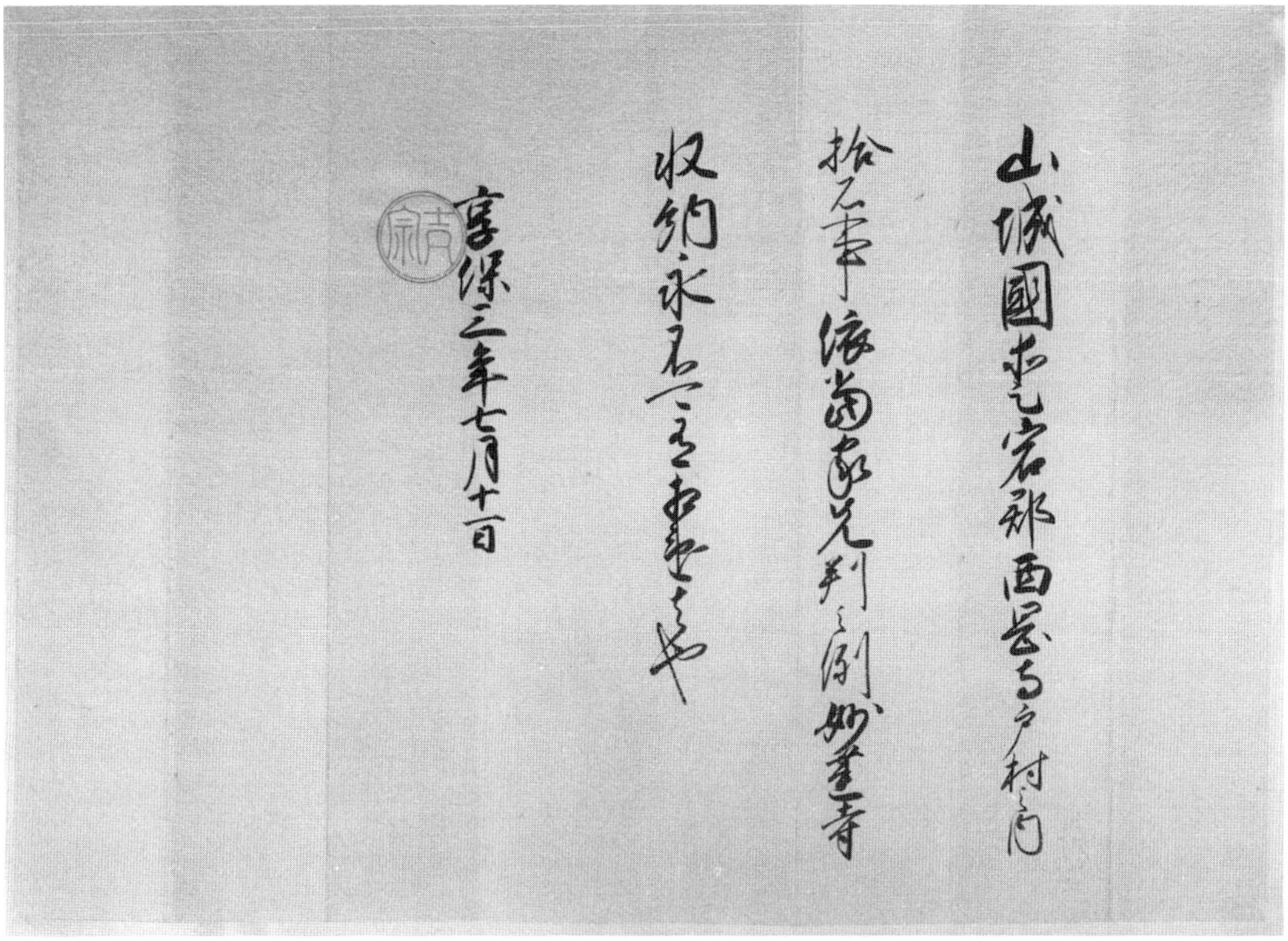

写真２－７　徳川吉宗朱印状

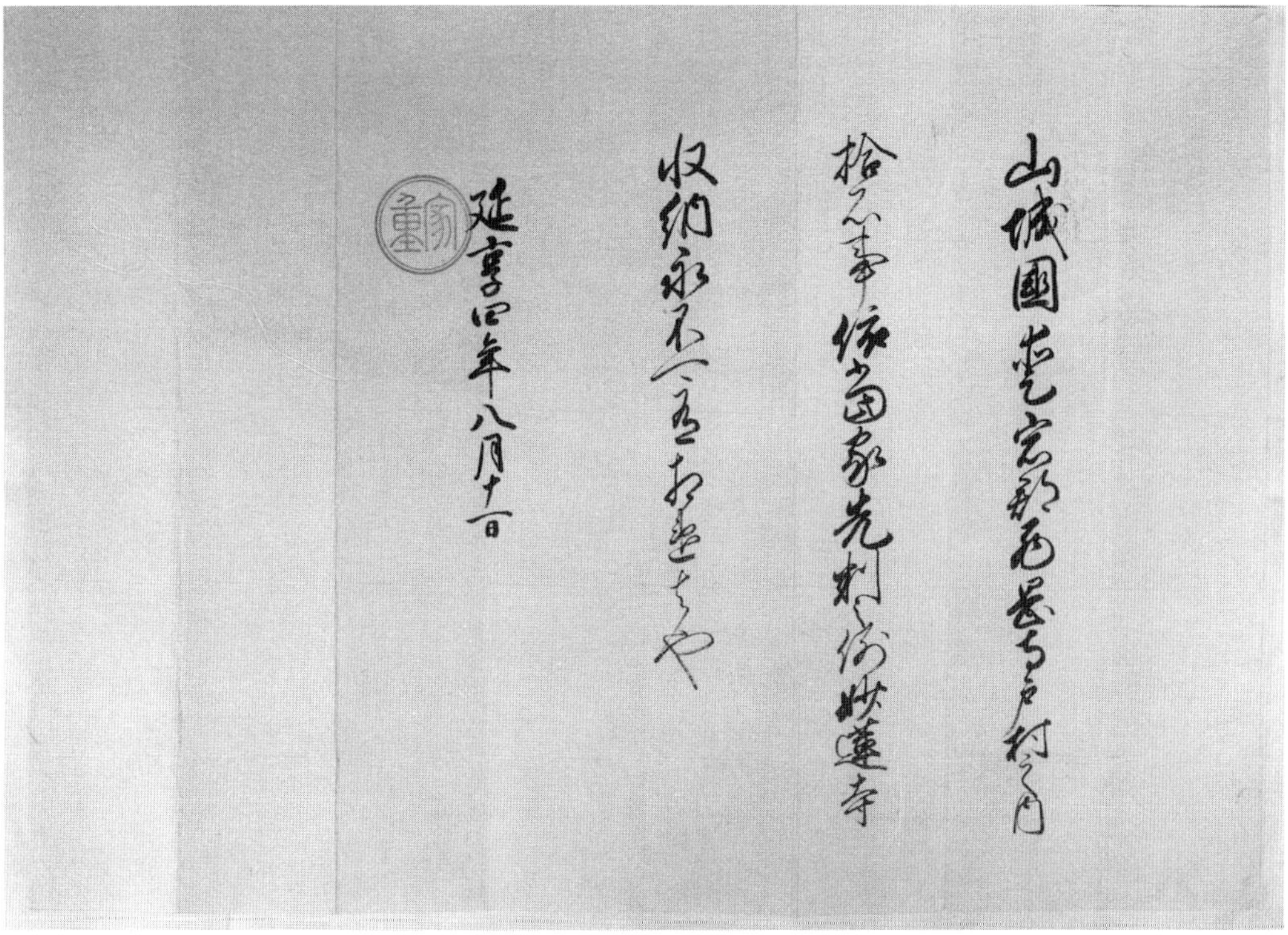

写真２－８　徳川家重朱印状

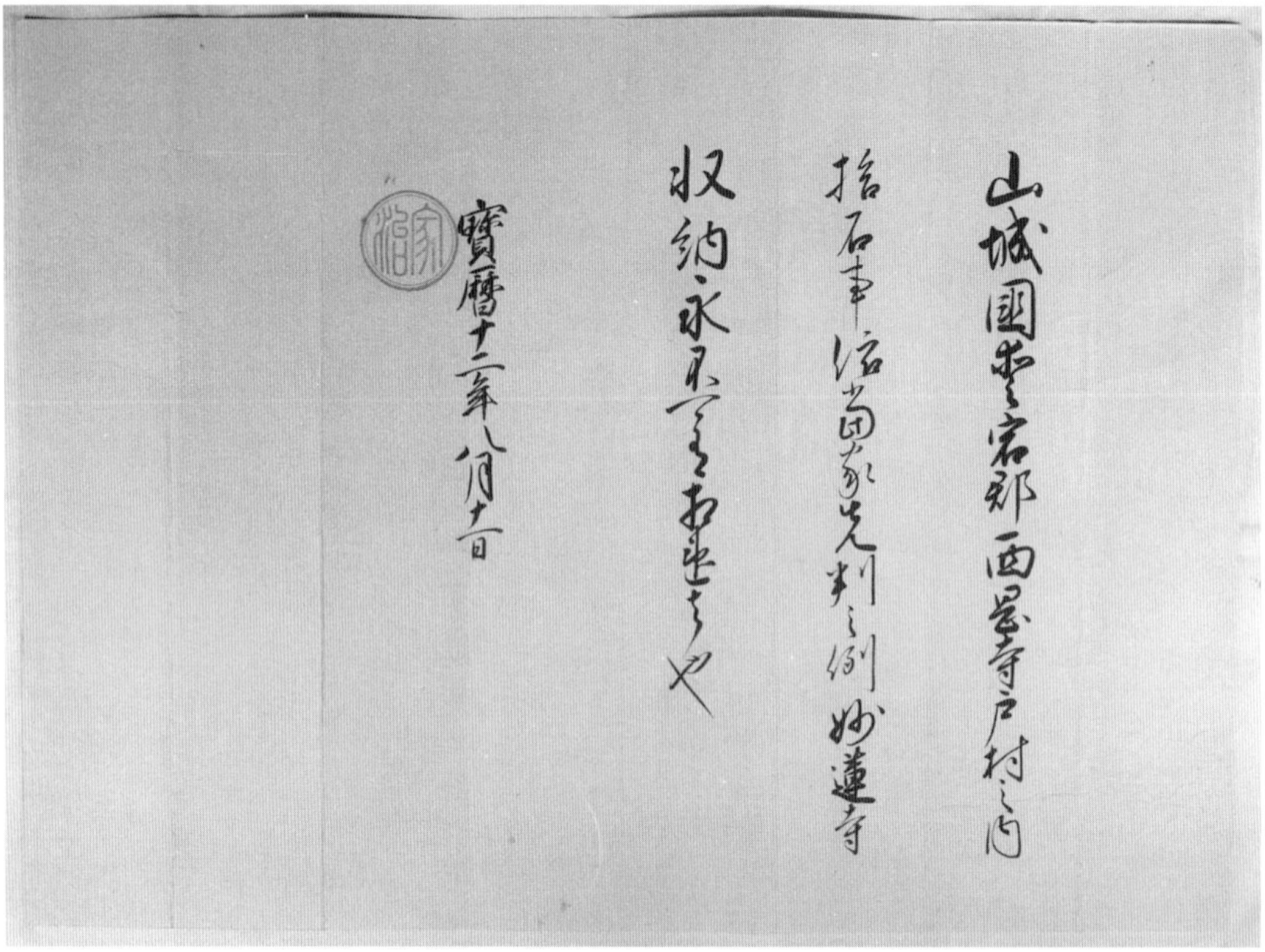
山城國乙訓郡西岡寺戸村之内
拾石事任当家先判之例妙蓮寺
収納永不可有相違者也
寶暦十二年八月十日

写真２－９　徳川家治朱印状

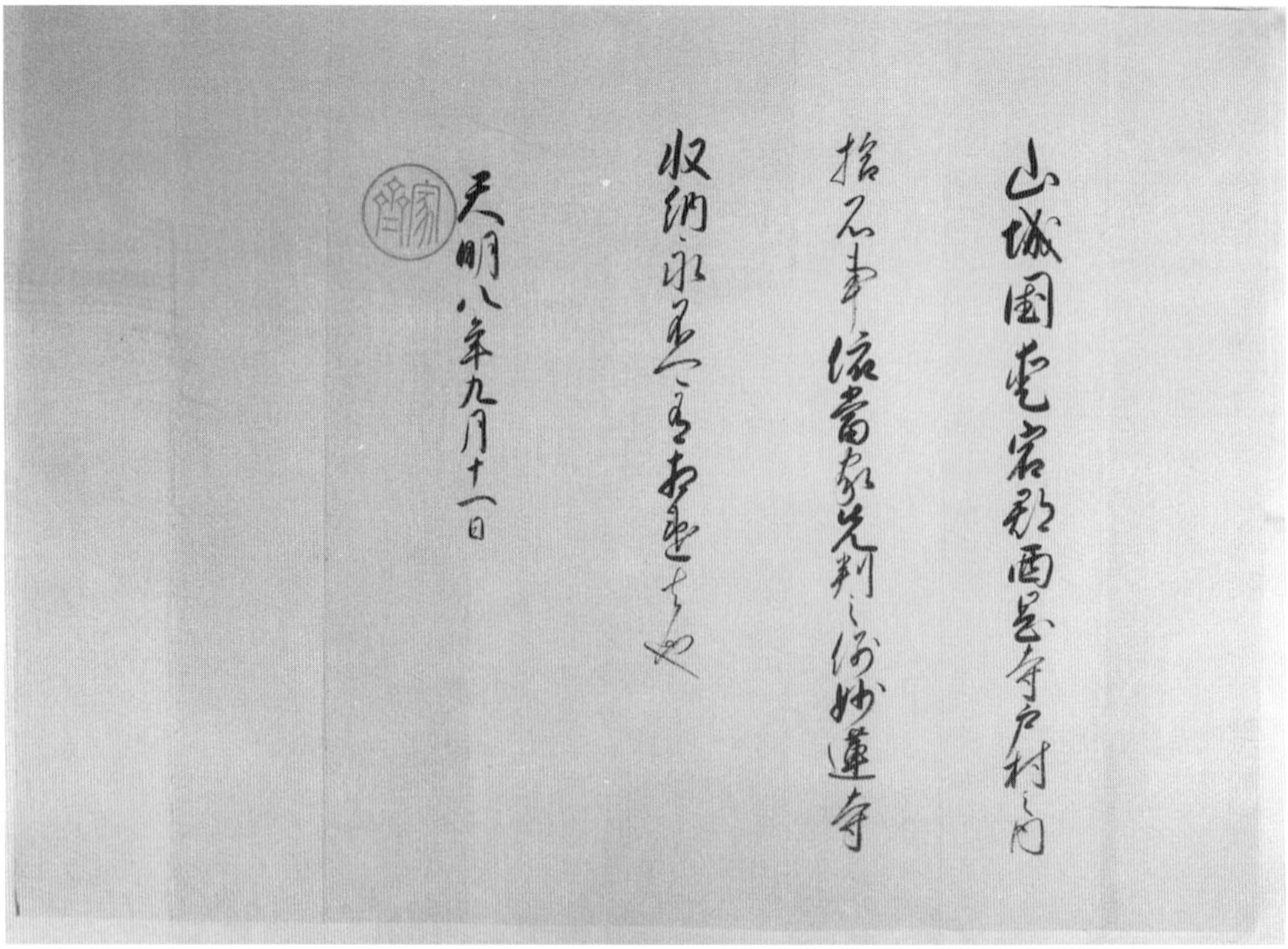
山城國乙訓郡西岡寺戸村之内
拾石事任当家先判之例妙蓮寺
収納永不可有相違者也
天明八年九月十一日

写真２－10　徳川家斉朱印状

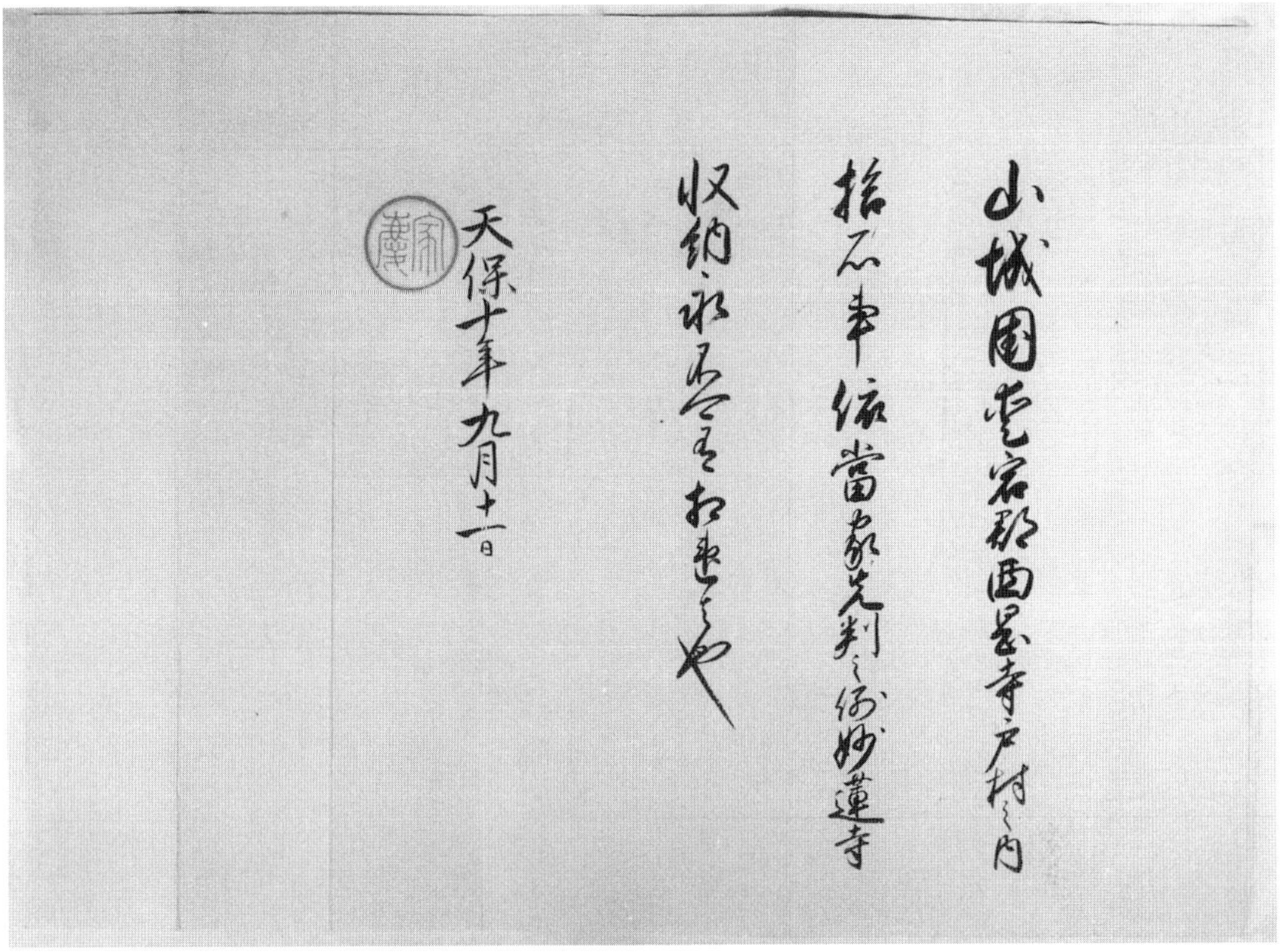

写真２-11　徳川家慶朱印状

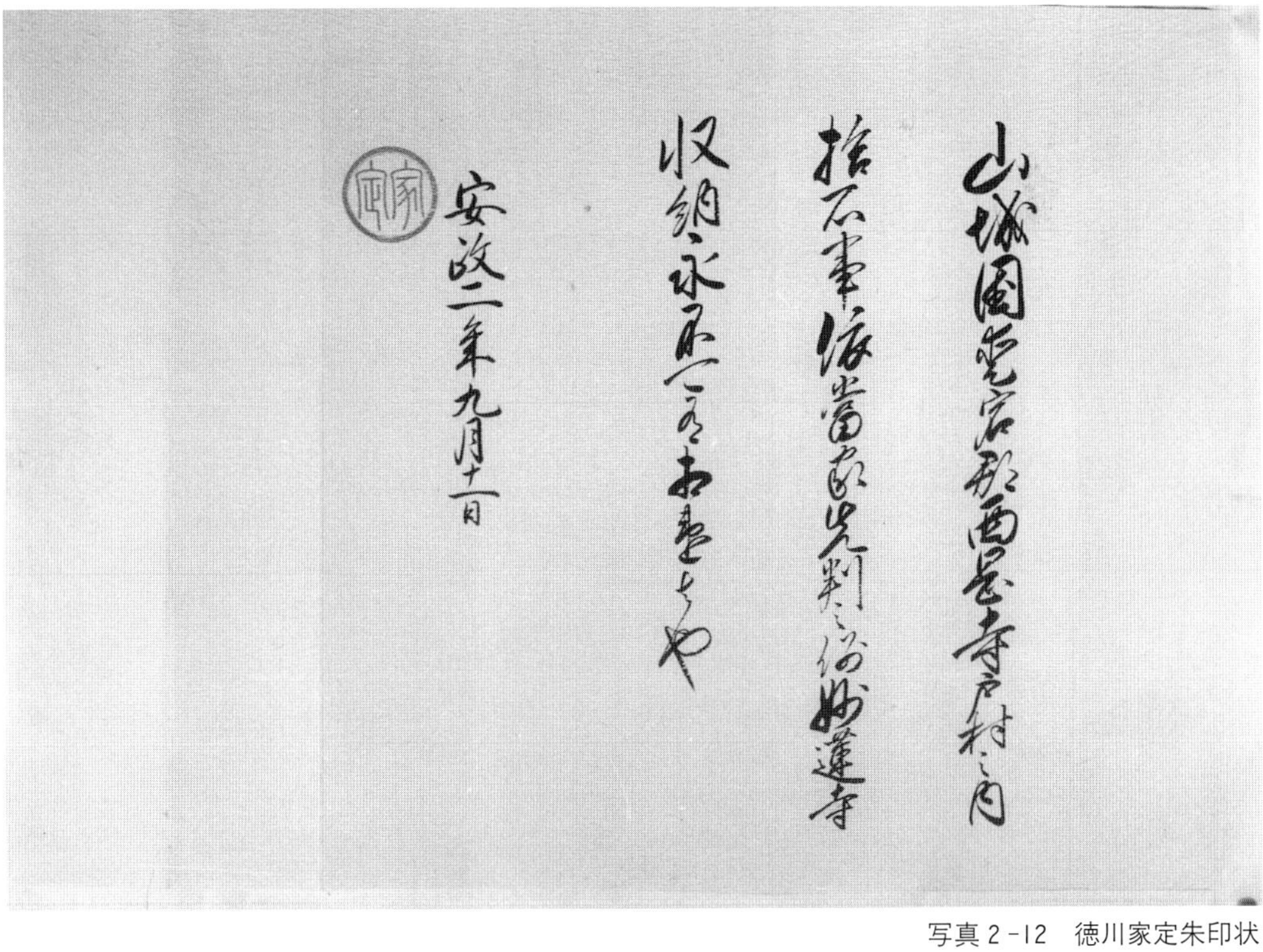

写真２-12　徳川家定朱印状

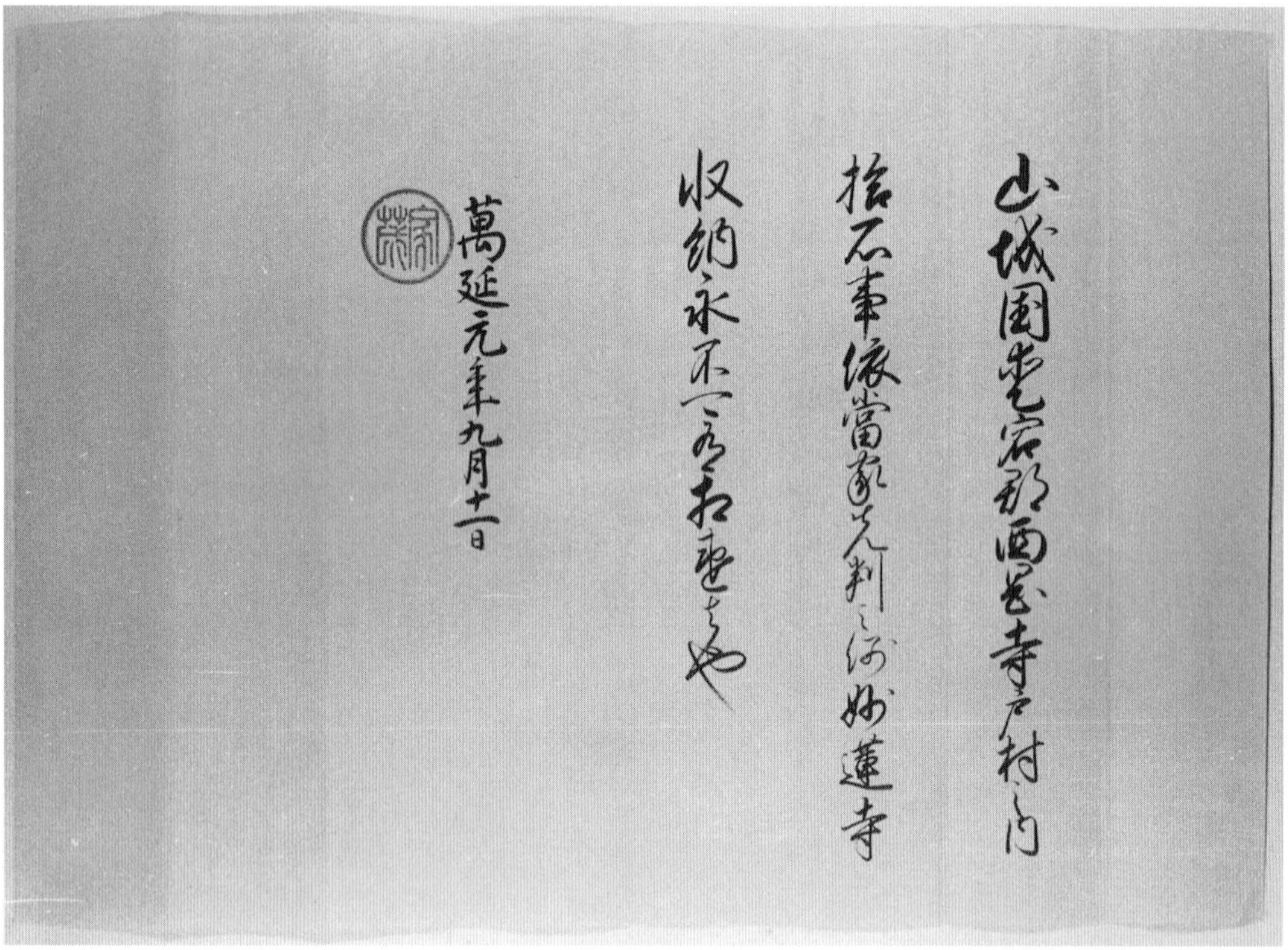

写真２-13　徳川家茂朱印状

年　月　日

御朱印

ⅢA某寺領…………事、…………

永不可有相違者也、

年　月　日

御朱印

ⅢB…………事、…………

某寺進止、永不可有相違者也、

年　月　日

御朱印

この書式[補註①]については、詳しい説明は必要ではないが、Ⅰは家光までの朱印状と同じく年月日の下に朱印を捺し、その次行下に宛所を記している。これに対してⅡⅢは宛所が文中に含まれ、朱印が日付の左に捺されているが、そのうちでⅡは「仍如件」という書止をもち、Ⅲは「……者也」で終わる書式である。またⅡⅢのAは宛所に相当する「某寺領」が本文の最初に書かれるのに対して、Bは「某寺進止、永不可有相違者也、(仍如件)」というように書止に入れられる書式である。この三種類五通の書式

寺格におうじた書式

は、それぞれの寺格におうじてⅠから順次薄礼となり、ⅢＢが一般的であった。すなわち、寛文印知にあっては朱印状の発給を制度化しただけではなく、その書式もそれぞれの寺格におうじて整理をし、それが江戸時代をつうじて長くおこなわれるようになった。

朱印状の料紙

つぎに朱印状の料紙について考えてみよう。妙蓮寺の朱印状の料紙の大きさは表2-1にみるごとくで、秀吉・家康のものを除いては大体同じ大きさで、縦横の長さは四六・二×六五・五センチメートル（四代家綱朱印状）前後である。この縦横の比率は一対一・四で、中世の公文書の比率が一対一・六〜一・五であるのに比べて、だいぶん縦長になっていることがわかる――これは朱印状などにみられる近世文書の料紙の形状の特徴である――。またその紙質をみると、秀吉を含めて初代家康から五代綱吉までのものは檀紙Ⅱ[補註②]である。

檀紙Ⅱ

檀紙Ⅰ

中世の檀紙は、やや黄色味をおび、厚くて大きくてがさがさとした荒々しさが感じられるのが特色である。これは当時の武家の気風に合致して、足利歴代将軍の御判御教書のうちでも、重要な証拠書類になる御教書に用いられる格式の高い料紙である。しかし同じく檀紙といっても、戦国時代から江戸時代初期のものになると、南北朝・室町時代のがさがさとしたなかにも風格のあるもの――これを檀紙Ⅰと称す――とはすこし異なり、それより質が落ち厚さも薄くなる。そして檀紙Ⅰには横に簀の目がみられる程度であるが、戦国時代から江戸時代のものになると檀紙Ⅰより薄くなるため自然に横に大きなシワがついている――これを檀紙Ⅱと称す――。そして檀紙Ⅰは腰がしっかりしているのに対して、檀紙Ⅱはそれほど腰がしっかりしていない。妙蓮寺の朱印状をみると、家康から綱吉までのものはこの檀紙Ⅱを用いている。

大高檀紙

しかるに、八代吉宗・九代家重のものになると、これまでの檀紙とは異なり、はっきり近世の大高檀紙となる。大高檀紙は現在でも数多く使われており、和紙の本場である福井県今立郡今立町大滝においても、檀紙といえばこの大高檀紙のことをさし、檀紙Ⅰ・檀紙Ⅱはまったく忘れさられているというように[補註③]、非常になじみ深いものである。これは横に長い人工的につけたシワ――シボともいう――がみられるのが特色であるが、檀紙ⅠⅡにみられる全体としてがさがさとした感じはなくなり、檀紙Ⅱに比べてもさらに腰が弱い。そしてこれは、最後の一四代家茂のものまで引きつづき同じ紙質の大高檀紙が用いられている。これは私が原本を拝見した天龍寺・等持院の朱印状とも共通するものであって、寺社の朱印状一般にみられることと考えてよいのではなかろうか。ふつう朱印状といえば、横に大きなシボのある大高檀紙を思いうかべるが、それは大体以上のような経過を経て定着

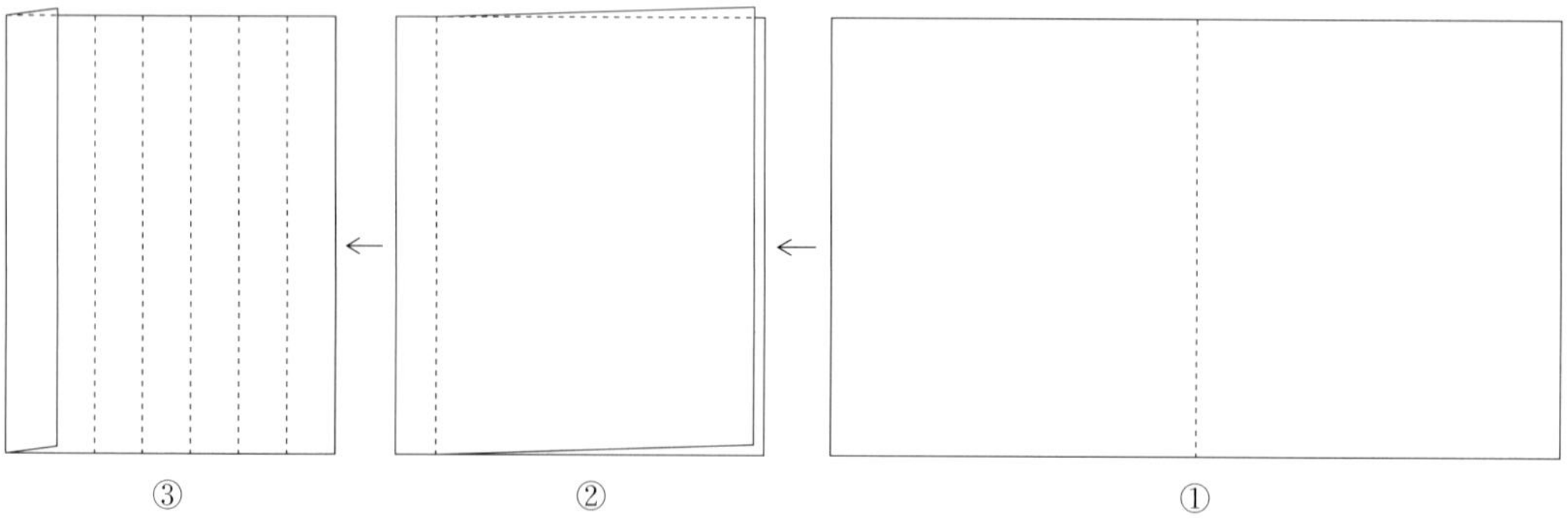

挿図2－1　中世武家文書の折り方

したものといえる。

公家宛のものは檀紙Ⅰ

しからば、朱印状の料紙は八代吉宗・九代家重頃からすべて大高檀紙になったのであろうか。さきに述べた総合資料館に蔵せられている四二通の朱印状のほとんどは寺社あるいはその関係者に宛てられており、料紙は大高檀紙である。しかしそのうち三通だけが公家に宛てられている。いずれも一四代家茂の万延元年（一八六〇）九月十一日付であるが、それぞれ武者小路三位・五条前中納言・花園前少将宛となっている。そしてその料紙は、他の寺社宛のように大高檀紙ではなく、シボのない中世の檀紙（檀紙Ⅰ）と同じである。ついでながら、その書式はさきに述べた寛文の寺社宛の朱印状の書式Ⅰに該当するものである。

宛先によって料紙の紙質がちがう

これによってみれば、寺社宛の朱印状には大高檀紙を用いたのに対して、公家宛のものには檀紙Ⅰを用いたといえるのではなかろうか。もちろん、まだ多くの実例を集めて、それから帰納しなければならないが、朱印状には宛先の「格」によって書式が異なっていたと同様、料紙にも紙質のちがいがあったといえるのではなかろうか。なお総合資料館所蔵の四二通の朱印状の大きさは、すべてほぼ四六・〇×六四・〇センチメートルで、大きさによる相違はみとめられない。また厚さは大高檀紙は〇・四ミリメートルくらいであるが、公家宛の檀紙Ⅰは〇・五ミリメートルくらいである。

朱印状の折り方
竪ノ中折

つぎに、料紙の折り方について述べよう。中世の武家文書、ことに室町時代の武家文書では、ふつうの書状や公家の公文書とちがって、竪ノ中折という折り方がおこなわれた。すなわち、ふつうの書状や公家の公文書は、本紙と礼紙のそれぞれの裏を背中合わせにし、それを奥（左端）から順次折りたたむ。これがふつうの文書の折り方である。これに対して、武家文書にあつては挿図2-1にみられるように、ふつうは本紙のみで礼紙を用

竪ノ中折封

文面が内側になるように真ん中から半分に折る

京都所司代の禁制

いない。そして本紙に文章を書いた上で、まず裏と裏が背中合わせになるように中央で折り（挿図2-1の①→②）、その折り目を左にして、そこから右の方へ順次折りたたむ（挿図2-1の③）。すなわち、文面が表になる。この実際は京都府立総合資料館編『続々図録東寺百合文書』（一九八二年）の挿図七に写真を入れて詳しい説明がおこなわれているので参照をお願いしたい。封紙もこれと同じで、本紙とともに紙を縦横を反対（縦長）にした上で、まず縦に半分に折り、その後本紙を包む。これを竪ノ中折封と称する。これは中世の武家文書に特徴的な折り方であるが、江戸幕府の発給文書でもっとも権威のあった朱印状はいかがであったのであろうか。

これについては、私が実見しえたのはわずかで、確実なことは今後の検討にまたねばならないが、いちおうの見通しを述べてみよう。妙蓮寺所蔵の朱印状のうち三代家光以降のものは、すべて中世の竪ノ中折とは反対に、まず表が背中合わせ、すなわち文面が内側になるように真ん中から半分に折り、この二つ折りを二回重ね、折れ目が八つになるように折ってある。したがって、近世の朱印状の折り方はこれが基本であったといえるが、しからば家康・秀忠の場合はいかがであったのだろうか。この二代のものに関しては、すでにはじめの折り方が失われてしまっており、ふつうの文書のように奥（左端）から最初の折り目にしたがって折りたたんである。しかし、おそらくこれも家光以降のものと同じく表が内側になるように真ん中で半分に折り、この二つ折りを二回重ね、折れ目が八つになるように折ったとしてよかろう。すなわち、近世朱印状の折り方としては表を内側にした竪ノ中折で折り目は八つ折りであったということができる。かくして、武家の文書の折り方である竪ノ中折にも、表を外側に折りたたむ方法と、表を内側に折る二つの折り方があることが確認できるのである。

四

つぎに、妙蓮寺所蔵の近世文書のうちで、もう一つの注目すべきものとして、歴代の京都所司代の禁制がある。妙蓮寺の禁制としては総計五一が現存しているが、それは表2-2に示すとおりである。その内訳をみると、後ほど詳しく述べるように、京都所司代には五六人が上任したが、このうち妙蓮寺の禁制には、表2-2の「妙蓮寺禁制年月日」を空欄にした二代板倉周防守重宗・七代稲葉丹後守正往・一三代水野和泉守忠之――水野忠之の禁制は最近まであったという――・三四代稲葉丹後守正誼・五三代本庄伯耆守宗秀の五人のものがみられないだけで、他のものは全部揃っている。そして五三代本庄宗秀は、文久二年（一八六二）六月二十日補任されたが着任せず、同八月二十四日にはつぎの牧野備前守忠恭に代わっており、後ほど述べる安楽寿院にもその禁制がみられないから、禁制そのものが発給されなかったと考えられる。また、このうち四代板倉内膳正重矩のものは前半部分だけしか残っていないので[補注④]、完全なものは五〇ということになる。

表2-2　歴代京都所司代発給禁制

京都所司代	妙蓮寺禁制年月日	寺史写真	安楽寿院禁制年月日
1 板倉伊賀守勝重	元和　二（一六一六）・三・―	1	慶長一九・一〇・―
2 板倉周防守重宗			
3 牧野佐渡守親成	明暦　二（一六五六）・六・―	2	
4 板倉内膳正重矩	（前半部分）	（51）	
5 永井伊賀守尚庸	寛文一二（一六七二）・五・三	3	寛文一二・一二・二三
6 戸田越前守忠昌	延宝　五（一六七七）・五・二二	4	延宝　五・六・一五
7 稲葉丹後守正往			天和　二・七・二三
8 土屋相模守政直	貞享　三（一六八六）・六・一八	5	貞享　三・六・一八
9 内藤大和守重頼	貞享　五（一六八八）・九・二二	6	貞享　五・九・二二
10 松平因幡守信興	元禄　四（一六九一）・八・二七	7	元禄　四・八・二七
11 小笠原佐渡守長重	元禄　五（一六九二）・九・二一	8	元禄　五・九・二一
12 松平紀伊守信庸	元禄一〇（一六九七）・九・二一	9	元禄一〇・九・二一
13 水野和泉守忠之			正徳　五・七・三
14 松平伊賀守忠周	享保　三（一七一八）・一一・朔	10	享保　三・一一・朔
15 牧野河内守英成	享保一三（一七二八）・九・三	11	享保一三・九・三
16 土岐丹後守頼稔	享保一九（一七三四）・一一・一一	12	享保一九・一一・一一
17 牧野備後守貞通	寛保　三（一七四三）・四・朔	13	寛保　三・四・朔
18 松平豊後守資訓	寛延　三（一七五〇）・三・一五	14	寛延　三・三・一五
19 酒井讃岐守忠用	宝暦　二（一七五二）・八・二五	15	宝暦　二・八・二五
20 松平右京大夫輝高	宝暦　六（一七五六）・一〇・二五	16	宝暦　六・一〇・二五
21 井上河内守正経	宝暦　九（一七五九）・八・一六	17	宝暦　九・八・一六
22 阿部伊予守正右	宝暦一一（一七六一）・九・二八	18	宝暦一一・九・二八

23	阿部飛騨守正允	明和二(一七六五)・二・五	19	明和二・二・五
24	土井大炊頭利里	明和七(一七七〇)・六・二九	20	明和七・六・二九
25	久世出雲守広明	安永七(一七七八)・二・三	21	安永七・二・三
26	牧野越中守貞長	天明二(一七八二)・二・二二	22	天明二・二・—*
27	戸田因幡守忠寛	天明五(一七八五)・二・七	23	天明五・二・七
28	松平和泉守乗完	天明八(一七八八)・九・二三	24	天明八・九・二三
29	太田備中守資愛	寛政元(一七八九)・閏六・—	25	寛政元・閏六・—
30	堀田相模守正順	寛政九(一七九七)・四・—	26	寛政九・四・—
31	牧野備前守忠精	寛政一一(一七九九)・五・—	27	寛政一一・五・—
32	土井大炊頭利厚	享和二(一八〇二)・二・—	28	享和二・二・—
33	青山下野守忠裕	享和三(一八〇三)・五・—	29	享和三・五・—
34	稲葉丹後守正諶			文化元・五・—
35	阿部播磨守正由	文化四(一八〇七)・五・—	30	文化四・五・—
36	酒井讃岐守忠進	文化六(一八〇九)・七・—	31	文化六・七・—
37	大久保加賀守忠真	文化一三(一八一六)・二・—	32	文化二*・二・—
38	松平和泉守乗寛	文政二(一八一九)・二・—	33	文政二・二・—
39	内藤紀伊守信敦	文政六(一八二三)・三・—	34	文政六・三・—
40	松平周防守康任	文政八(一八二五)・一二・—	35	文政八・一二・—
41	水野越前守忠邦	文政一〇(一八二七)・七・—	36	文政一〇・七・—
42	本庄伯耆守宗発	文政一二(一八二九)・五・—	37	文政一*三・五・—
43	太田備後守資始	天保二(一八三一)・一一・—	38	天保二・—*・—
44	松平伊豆守信順	天保五(一八三四)・一〇・—	39	天保五・一〇・—
45	土井大炊頭利位	天保八(一八三七)・一〇・—	40	天保八・一〇・—
46	間部下総守詮勝	天保九(一八三八)・九・—	41	天保九・九・—
47	牧野備前守忠雅	天保一二(一八四一)・二・—	42	天保一二・二・—
48	酒井若狭守忠義	天保一五(一八四四)・四・—	43	天保一五・四・—
49	内藤紀伊守信親	嘉永四(一八五一)・三・—	44	嘉永四・三・—
50	脇坂淡路守安宅	嘉永五(一八五二)・五・—	45	嘉永五・五・—
51	本多美濃守忠民	安政五(一八五八)・四・—	46	安政五・四・—

52 酒井若狭守忠義	安政 六(一八五九)・三・――	47	安政 六・三・――
53 本庄伯耆守宗秀			
54 牧野備前守忠恭	文久 三(一八六三)・二・――	48	文久 三・三*・――
55 稲葉長門守正邦	文久 三(一八六三)・一二・――	49	文久 三・一二・――
56 松平越中守定敬	慶応 元(一八六五)・閏五・――	50	慶応 元・閏五・――

（註）「寺史写真」というのは『大本山 妙蓮寺史』（大本山妙蓮寺 一九八二年）の一三〇～一三九頁に掲載した禁制の写真のことである。なお、*印は、中村氏の著書のままを示す。

このように考えるならば、歴代の京都所司代のうち、妙蓮寺に禁制がみられないのは二代板倉重宗・七代稲葉正往・三四代稲葉正諶の三人ということになるが、さらにあとの二人はいずれも淀藩主である。とするならば、後代になってから淀藩主稲葉氏のものだけを抜きだして別に保存したとも考えられる――もっとも五五代稲葉長門守正邦も淀藩主であるが――。いずれにしても、妙蓮寺には歴代の京都所司代の禁制が木札の形で、ほぼ完全に揃っているのである。

禁制も寛文十二年に定式化・固定化する

これらの禁制を通覧すると、五代永井伊賀守尚庸の寛文十二年（一六七二）五月三日（写真2-15）以降のものは、たとえば延宝五年（一六七七）五月二十二日の戸田忠昌禁制（写真2-16）にみられるように、その文言が完全に定式化していてすべて同一である。さきに朱印状について「寛文印知」について述べたが、朱印状が「寛文印知」によって完全に定式化されたと同様に、京都所司代の禁制も寛文十二年（一六七二）を境に定式化・固定化するということがはっきりうかがわれるのである。

板倉勝重

板倉伊賀守勝重は、はやくから京都の庶政を担当していたが、江戸幕府による京都所司代の設置は、慶長八年（一六〇三）二月、徳川家康が征夷大将軍になるとともに、勝重をそれに任じたのを正式の出発点と考えるのが適当である。勝重は一八年にわたってこの職にあり、京都所司代の基礎を固めたが、元和五年（一六一九）九月、その子重宗と代わった。重宗は名所司代の誉が高く、承応三年（一六五四）十一月までの三〇余年の在職中に、

板倉重宗

のち長く京都民政の亀鑑となった「板倉重宗二十一ヵ条」を制定した。

京都所司代の職掌

京都所司代には勝重以降五六人の名がみられるが、その職掌は京都の護衛、禁中・公家の監察、連絡をはじめ、京都諸役人の統轄、さらには五畿内・丹波・播磨・近江の八ヵ国の訴訟を処理し、西国大名の動静を監視するな

ど幕府の最重要職の一つであった。寛文八年（一六六八）、京都町奉行設置ののちは、京都の町政に関する事務はこれに譲ったが、その統轄者として引きつづき重きをなした。

　このような関係から、京都の寺社へは京都所司代から禁制がだされたが、前述のように、妙蓮寺にはそのほとんど全部がまとまって現存するのは、まさに稀有のことというべきである。もっとも中村直勝『日本古文書学上』（角川書店　一九七一年）によると、洛南の安楽寿院には五二人の歴代の京都所司代の禁制が蔵せられているとのことである（同書八七二頁以降）。ただしこれは妙蓮寺のように木札に書いたものではなく、中村氏の著書に何通か写真が掲載されているが、紙に書かれたものである。すなわち妙蓮寺の禁制は木札であり、安楽寿院のそれは紙に書かれており、この二つがほとんど完全に残っているのであって、まさに近世の禁制の双璧ということができる。なおこの表2-2には参考として中村氏の著書から安楽寿院所蔵の禁制年月日を付記した。また本書には、頁数の関係で禁制の写真は三点しか掲載できないが、前記の『大本山　妙蓮寺史』には五一点全部の写真を収めている。そして、表2-2には「寺史写真」としてその番号を記しているので、参照いただけると有難い。

五

　禁制とは、支配者がその配下の者に禁止事項をしらしめるために作成した文書である。室町時代頃になると、妙蓮寺の禁制にみられるように、「一、………」と記した箇条書のものが多くなるが、はじめは箇条書ではなかったようである。禁制の最古のものとしては、

　河内国薗光寺者
　鎌倉殿御祈禱所也、於寺
　并田畠山林等、甲乙人等
　不可有乱入妨之状如件、
　　文治元年十二月　日
　　　平（北条時政）（花押）
　　　　（河内玉祖神社文書）

という北条時政禁制がある。これはたんに最古の禁制というだけではなく、縦三九・三センチメートル、横一六・

○センチメートルという小さい木札に書かれたものとして注目すべきものである（相田二郎『日本の古文書上』（岩波書店　一九四九年）三三二頁）。また、

（源頼朝）
（花押）

下　近江国建部庄住人

可令早停止往還武士寄宿間狼籍（藉）事

右件所者、日吉社領之由云々、而往還
之武士寄宿之間、或放入乗馬、或
苅取作田、加之号粮料、押取御供米
之旨、有其聞、自今以後、可令停止件
寄宿狼籍（藉）、若背此旨、有令違
背之輩者、慥注交名、可令言上
状如件、以下、

文治二年閏七月廿九日

（尊経閣文庫所蔵『武家手鑑』）

も形式的には源頼朝袖判下文であるが、内容はやはり禁制である。降って南北朝期の、

（足利尊氏）
（花押）

水本僧正坊舎
并坊人等事、軍
勢以下不可成其煩、
若有子細者、可令
注進之状如件、

建武三年七月廿一日

（醍醐寺文書第四函六〇号一）

という足利尊氏袖判御教書も禁制である。これらは内容が禁制というだけであって、形式は袖判御教書であるが、これに対して、

禁制　西八条遍照心院

右当寺者、
清和六孫王之旧名跡、鎌倉右丞相之
菩提所也、彼正室三位家建立之仁祠、
禅定尼二位家帰依之練若也、爰天道之
所授、我家忽開運、相当斯時、豈不崇
重乎、而無慚無愧之輩、寺辺寺領之
問、或不憚仏陀之冥鑒、行殺生、或不
拘僧衆之制止、致濫吹云々、自今以後厳密
加禁遏、可被処其咎、若猶有違犯輩者、就
注進交名、糺明子細、可令罪科之状下知如件、

建武四年十一月十八日
左馬頭源朝臣（足利直義）
（花押）

（中村理紀治氏所蔵文書）

のように、はっきりと最初に「禁制……」と記したものもみられる。これに禁止すべき内容を箇条書にして定式化したのが、室町時代以降みられる一般の禁制である。

江戸時代には三ヵ条に統一される

禁止すべき箇条は五ヵ条、三ヵ条、二ヵ条と、とくに固定はしていなかったが、江戸時代には大体三ヵ条に統一されている。そしてもし禁止の条項がこれより多い場合には、たとえば、

禁　制　　安楽寿院

一伐採竹木事
一諸殺生事
一致狼籍（藉）事
附寄宿事

右条〻、任先例、堅被停止之訖、
若於有違犯之輩者、速可彼処
厳科者也、仍下知如件、
文化六年七月　日
讃岐守（酒井忠進）源朝臣（花押）
（安楽寿院文書）

のように「附」にしても、形式的には三ヵ条にする場合がある。これは中国の漢の高祖が「法は三ヵ条で世を治むるに足る」といったのに由来するという（相田二郎『日本の古文書　上』三三七頁）。

紙に書いた禁制と木札の禁制

禁制には紙に書いたものと、木札に書いたものの二種類がある。禁制は本来広く公示すべきものであるから、木札に書いて門外などに掲げるのであるが、紙に書いたものは、その写を木札に書いて掲げた。このことを端的に示すのが、妙蓮寺の元和二年（一六一六）三月　日の板倉勝重禁制である。この正文は影写本に収められており、紙に書かれたものである。それを引用すると、

禁　制　　妙蓮寺
一於境内竹木草石押取事
一寄宿之事 付都鄙往来之貴賎於諸堂昼夜起臥之事
一殺生之事
一楽書之事
一近所之童子不寄男女、不及案内
入寺内事
右条〻如先規、堅令停止訖、若於違背之
輩者、可処厳科者也、仍執達如件、
元和弐年三月　日　伊賀守勝重（板倉）（花押）

これとまったく同文の写が木札（寺史写真1）にみられる。それは後に引用するごとくであるが、これは、まちがいなく紙に書かれたものの写である。この板倉勝重の禁制の正文とその写がみられることによって、紙に書かれたものは正文で、それを木札に写して門前に掲げたと考えられるのである。したがって、正文・写の二通が揃

っている妙蓮寺の例は、禁制の使用法の実際を明らかにする貴重な例ということができる。妙蓮寺の禁制はすべて木札であるが、これに対して安楽寿院のものはすべて紙に書かれている。これによって妙蓮寺と安楽寿院の禁制を比べてみると、初期のものには両者の発給年月日に相違がみられるが、八代土屋相模守政直以降は、両者の発給年月日が完全に一致する。これは歴代将軍の朱印状と同じく、京都所司代の寺社に対する禁制も、幕府政治の確立とともに制度化されて、所司代の代替わりごとに同一日付で京都の寺社にいっせいに下付されたことを示すものといえよう。

妙蓮寺の禁制を通観してしられるのは、まず、初代板倉勝重（寺史写真1）と二代牧野親成（写真2-14）の最初の二通は、「在判」と記されていて写である。これは前述のように、正文は紙に書いて下され、妙蓮寺ではそれの写を木札に書いて門前に掲げたからである。したがって、その形は写真2-14にみられるように二通とも横長である。これに対して、三通目の五代永井尚庸の禁制（写真2-15）以降のものは、すべて花押が記されていて正文である。そして、その形は写真2-15・2-16にみられるように、すべて大きな縦長で将棋の駒のような形をしている。すなわち、初期のものは写で、横長の木札であるが、大きな縦長の将棋の駒のような木札は正文であったことがわかる。これが、江戸幕府のすべての禁制に適用できるのかどうかは今後の研究課題であるが、妙蓮寺の禁制をみるかぎりたいへん面白いことといえる。

さらに記載内容について考えてみよう。写真の文字はすでに消えかかっていて読みにくい点もあるが、最初の板倉勝重のものを読み下すと、

禁　制　　妙蓮寺

一於境内竹木草石押取事
一寄宿之事付都鄙往来之貴賤於諸堂昼夜起臥之事
一殺生之事
一楽書之事
一近所之童子不依男女、
　不及案内、入寺内事
右条ゝ、如先規堅令

写真２-14　牧野親成禁制(写)

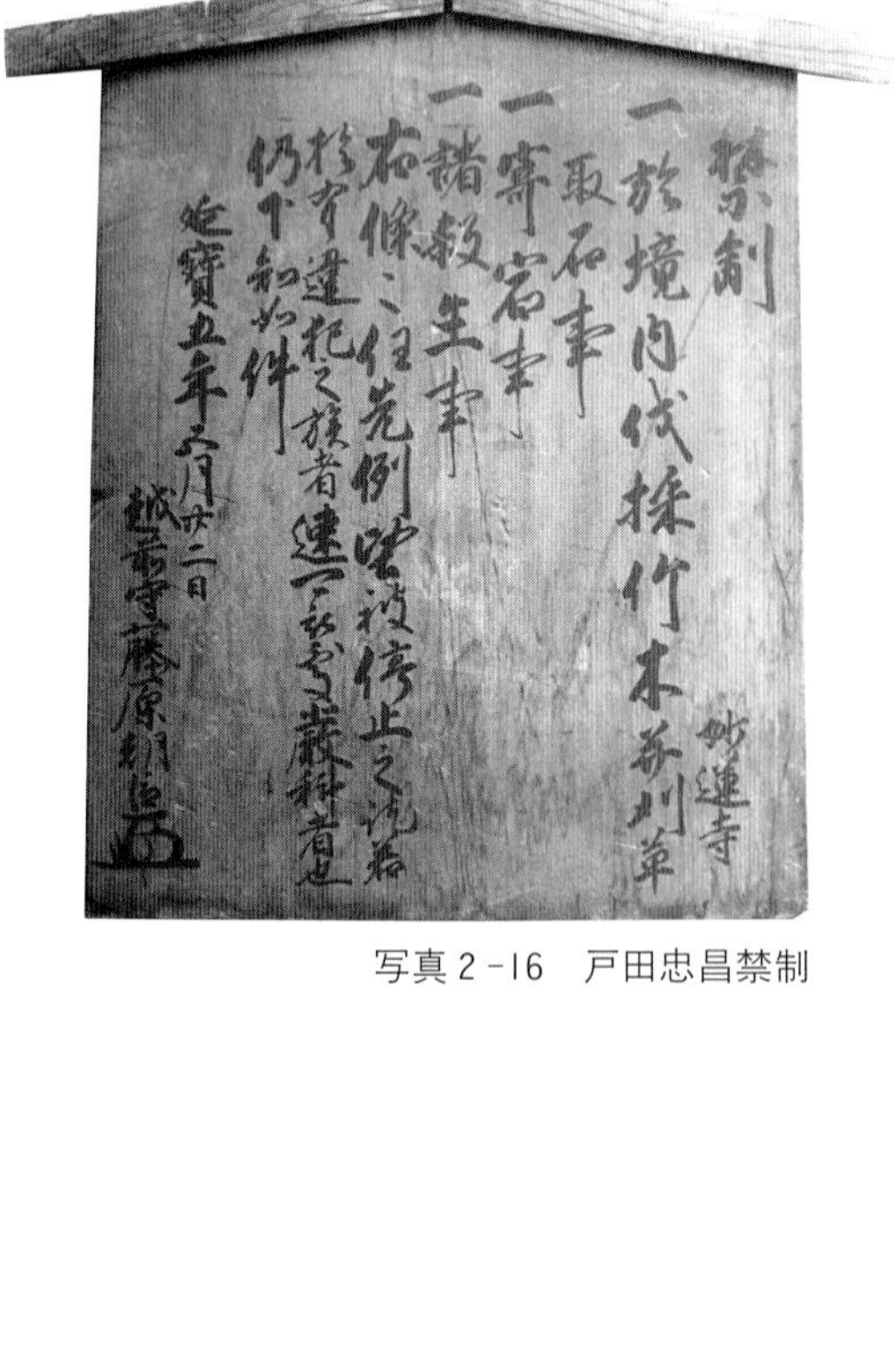

写真２-16　戸田忠昌禁制

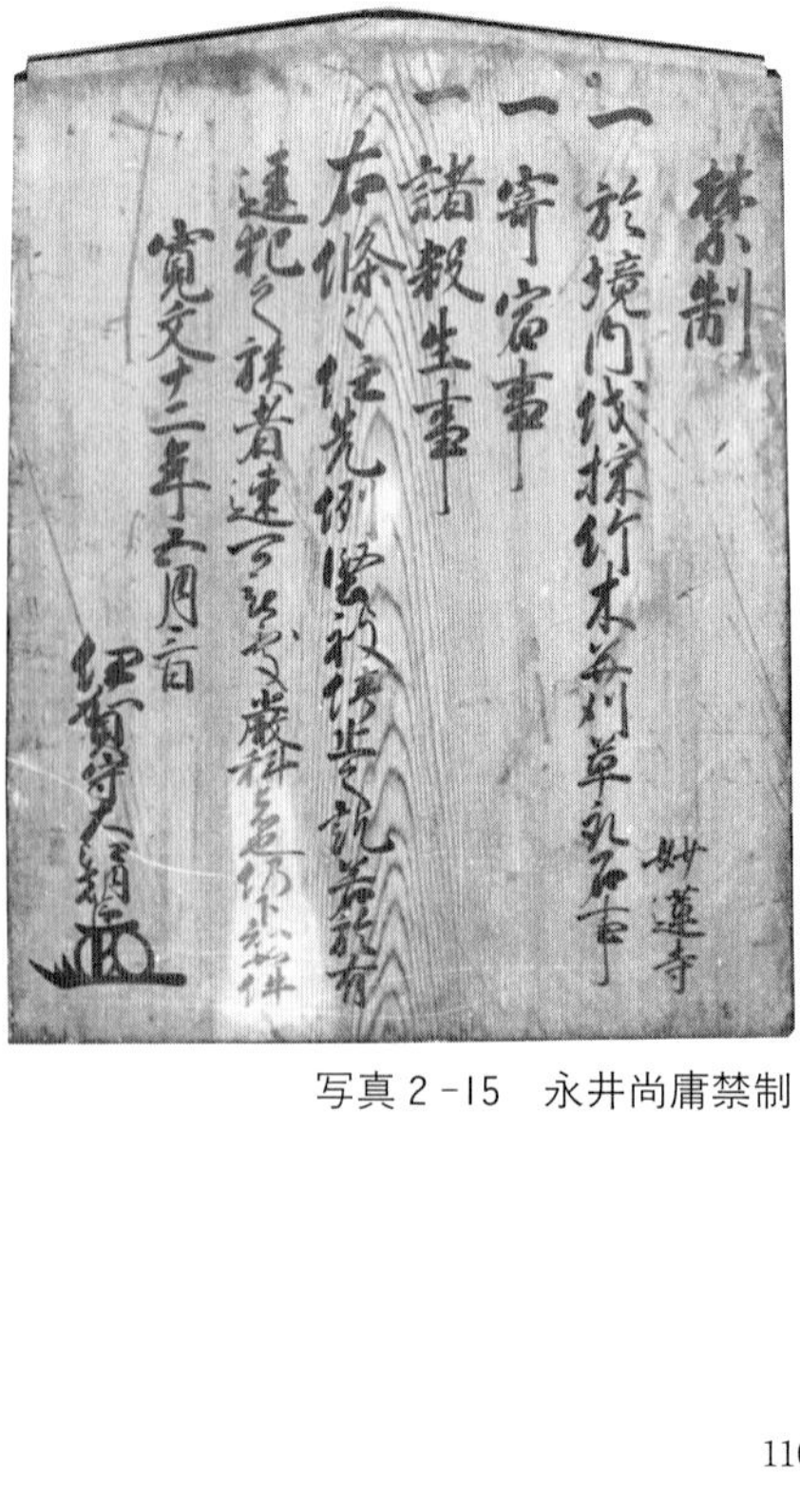

写真２-15　永井尚庸禁制

停止訖、若於違背之輩者、
可処厳科者也、仍執達如件、
元和弐年三月　日　伊賀守勝重（板倉）在判

となる。これは、さきの影写本の正文と比べてみると改行はちがっているが、当然のことながら文章は同じである。また、文章は牧野親成のもの（写真2-14）とも同じであるが、この二つをそれ以降のものと比べると、まずはじめのものは五ヵ条から成っているが、三通目の永井尚庸（写真2-15）以降のものは三ヵ条となっている。それだけではなく、その書止の文言が、はじめのものは「仍執達如件」となっているのに、永井尚庸以降のものは「仍下知如件」となっている。この点については、中村直勝氏がはやく安楽寿院の禁制について気づかれていて、「仍執達如件」から「仍下知如件」への変化を、「その文言に威張り出した気分がみえる」（同『日本古文書学 上』八七四頁）としておられる。これについてはいささか見解を異にするので、その点について触れてみたい。

禁制の書止

よく禁制の書止は「仍下知如件」となるといわれる。事実多くの禁制の書止はそのようになっている。しかし禁制の書止がすべて「仍下知如件」ではなく、「仍執達如件」となる場合もある。一つ例をだしてみよう。

禁制　東寺同境内
一当手軍勢濫妨狼藉之事
一陣取放火之事付寄宿
一伐採竹木之事
右条々於違犯之輩者、速可処
厳科者也、仍執達如件、
永禄十一年九月　日　弾正忠（織田信長）（朱印）
（東寺百合文書せ函武家御教書并達八六号）

「仍下知如件」
「仍執達如件」

この「仍下知如件」と「仍執達如件」という二つの禁制の書止については、古文書学上まだ整理されていないように思う。この点は下知状の成立と深いかかわりがあるが、結論的にいうならば、「仍執達如件」は主権者としての命令であり、「仍下知如件」はその代権者としての命令であるということができる。それはさきに例示したように、南北期初期の足利尊氏は袖判御教書で、弟直義は「……之状、下知如件」と書止める下知状形式の禁制を発給していることによってもしられる。

妙蓮寺の禁制にそくしていえば、それは京都所司代の性格の変化、整備の過程と相おうずるものである。同じく京都所司代とはいえ、初期の所司代は相当広範な権限が与えられていた。たとえば板倉重宗については、「西日本の幕政を動かすについては、かなり大きな「京都ノ専決」をあらかじめ授けられていたようである」（京都市編『京都の歴史　五巻』（学芸書林　一九七二年）六六頁）といわれている。しかし寛文八年（一六六八）、新たに京都町奉行が設置され、宮崎若狭守重成・雨宮対馬守正種の二人が、京都の町政の実際をおこなうようになる。それとともに京都所司代自身、かつてのような強大な権限を行使するのではなく、整備された幕藩体制内の一機関として位置づけられたことが、寛文十二年（一六七二）五月三日の永井尚庸の禁制（写真2-15）を境に、「仍執達如件」から「仍下知如件」への変化としてあらわされているといえよう。そして、これはまた安楽寿院の禁制とも同一の年月日に発給されるようになるという制度的整備の時期とも一致するのである。

補註

① これは前記『寛文朱印留』によって、寺社宛の朱印状の書式を整理したものであるが、大名・公家・門跡などに宛てた朱印状全体の書式は、大きく九類に分類することができる。それについては、第四章第二節第一項「朱印状の書式」を参照いただきたい。

② 本章の以下で述べる檀紙に関する理解は、本章が私の近世文書に言及した最初の論稿ということもあって、はなはだ不十分なものである。本章では、中世・近世の檀紙を、

⑴檀紙Ⅰ……中世の厚くて大きくてがさがさとしたなかにも風格のある料紙

⑵檀紙Ⅱ……戦国時代から江戸時代初期のもので、檀紙Ⅰよりは質が落ちて薄くなり、腰が弱く横に自然のシボがみられる料紙

⑶大高檀紙……八代吉宗頃より以降の近世の檀紙

という三つに分類している。

その後、南禅寺や天龍寺の公帖・朱印状を調査させていただいて、近世の檀紙に関する理解を深めることができた。それは第二章第三節第一項「料紙について」で(1)「料紙の紙質(檀紙)」として述べ、また檀紙全体については拙稿「檀紙について(上・中・下)――古文書の料紙について(七・八・九)――」（「古文書研究」三三・三四・三五号　一九九〇・九一年）で細かく検討、とくに近世の檀紙についてはその「(下)」で詳しく述べた。さらに今回、第四章第四節

「朱印状と公帖の料紙――中世から近世への檀紙――」、ことにその第一項「中世と近世の檀紙の概観」において、本書全体の檀紙のまとめともいうべきものをおこなった。したがって、この第四章第四節の考え方を現段階における私の最終的な結論としたいと思う。

なお本章では、(3)八代吉宗頃より以降のシボのある近世の檀紙を大高檀紙とよんでいる。しかし、これはかならずしも適当ではなかった。そして、これは第二章「南禅寺の公帖」の檀紙の理解とも関連するので、初出のままにしておくが、この点については第四章第四節第一項(2)「従来の私見の整理――主として大高檀紙について――」で詳しく述べているので参照いただきたい。

③　越前和紙の産地である福井県越前市大滝町――本章の初出当時は福井県今立郡今立町大滝といった――では岩野平三郎氏がシボのない檀紙を「檀紙」として漉いておられるが、ここでも檀紙といえばシボのある大高檀紙が広く通用し、シボのない檀紙はほぼ忘れられた存在になりつつあるということについては、はやく拙稿「まぼろしの紙　檀紙」(「百万塔」四四号　一九七七年)で述べている。ぜひご覧いただきたい。なお、大高檀紙の理解については、補註②でも述べたが、第四章第四節第一項(2)「従来の私見の整理――主として大高檀紙について――」をみていただきたい。

④　これは「寺史写真51」で確認できる。

後記

本章は、『大本山　妙蓮寺史』(大本山妙蓮寺　一九八二年)に執筆したものである。この『妙蓮寺史』の編集委員として直接その衝に当たられた尾崎恵隆師は、私の京都府立総合資料館在職中、本章で述べた妙蓮寺禁制の資料館への寄贈・寄託の直接の責任者として事務を担当していただいた関係から、それも含めてぜひ近世文書全体の執筆をとご依頼を受けたのである。執筆したのは資料館在職中だったと思う。

本章は、私の近世文書に言及した最初の論稿として、稚拙ではあるがそれだけに思いでの深いものでもある。近世史といえば私の専門外で、しかも三〇年も前のものであるから、本当に稚拙で、正確でない点が目だつ。そして、檀紙については補註②③で補足したが、まだまだ十分ではない。しかし、私の研究はこのような段階から出発して漸次補正を加えていったという点において、それなりの意義を有するものだということで、本書の第一章として収めた。軽い気持でお読みいただけると有難い。

第二章　近世の武家書札礼と公帖
——南禅寺公帖の形態論的研究——

はじめに

中世文書と近世文書、中世古文書学と近世古文書学の断絶がさけばれてから年久しい。これまで、その橋渡しのための試みがいろいろとなされているが、かならずしも十分に成功したとはいいがたい。両者の関係を考える場合、中世文書との連続面と、近世文書の独自性、すなわち中世文書との非連続面の両面から検討を加えなければならない。後者については、近世文書に関する深い研究の蓄積が必要で、軽々に論及することはできないが、ここでとりあげる公帖は、まさに前者の研究に最適のものではないかと考えるのである。

江戸幕府の発給文書の代表的なものとしては、歴代将軍の発給にかかる領知判物・朱印状（以下、朱印状と略す）があげられる。これは、その系譜としては室町幕府の将軍御判御教書に求めることができるが、現在各地の旧公家・武家の家柄や寺社に蔵せられている。最近、国立史料館から『寛文朱印留　上下』（東京大学出版会　一九八〇年）が刊行され、さらに同書の校訂・解題作業にあたられた大野瑞男氏が「領知判物・朱印状の古文書学的研究——寛文印知の政治史的意義（一）——」（『史料館研究紀要』一三号　一九八一年）なる論文を発表され、朱印状に関する古文書学的研究がようやく緒についたということができる。しかし残された課題もすくなくはない。氏の論稿によって、朱印状にはその書式・署判の仕方によって、書札礼の上から何段階にもわたって厚礼・薄礼の差があることが明らかとなった。はたして、それだけだろうか。たとえば同じく朱印状といっても、書式・署判の仕方といった文字列情報だけではなく、大名家または公家や門跡に与えられたものと、わずか一〇石前後の寺社に下されたものとでは、料紙の大きさや紙質に差はなかったのか。また同じく歴代将軍の花押といっても、その書き方に変遷はなかったのかなどという非文字列情報の検討も必要なのではないかなどの問題が思いうかぶ。これらの点については、きわめて不十分ではあるが第一章「妙蓮寺の近世文書」で言及した。

公帖は直接的に足利将軍の御判御教書の系譜を引く

朱印状より、さらに直接的に足利将軍の御判御教書の系譜を引くのが公帖《こうじょう》である。これは一部の禅宗寺院にしか伝らず、しかも文言・内容・書式・形態などが定形化しており、いわば無味乾燥で退屈な文書である。そして史料的にはまったくといってよいほど価値のない厄介な文書であるとすらいうことができる。

しかし、公帖は史料的に価値のない儀礼的なものであったが故に、逆にいえばもっとも公文書としての形式を具備しており、そして定式化したとはいえ、江戸時代全期をつうじてまったく同一の形式のものが発給されたわけではない。江戸時代の寺院制度、さらには幕藩体制の歩みと軌を同じくして、公帖も前代の影響を色濃く残している家康・秀忠の時代から、ようやく江戸幕府独自の体制を確立する家光・家綱・綱吉の段階をへて、吉宗にいたって完成をみ、やがて固定化するのである。

玉村竹二「公帖考」

公帖は史料的にほとんど価値がないということから、さらに一部の禅宗寺院の秘庫に奥深く蔵せられ、それを拝見するのはなかなか容易でないという理由から、近世の研究者にも余りなじみの深いものではなかろう。しかし、禅宗史の方からは玉村竹二氏の「公帖考」(同『日本禅宗史論集　下之二』(思文閣出版　一九八一年　初出は一九七五年)というすぐれた論文がある。これは禅宗史の第一人者たる玉村氏が、長年の史料収集にもとづいて、鎌倉末期の公帖の成立から江戸末にいたるまでを丹念に検討されたもので、ここで述べようとする古文書学的考察も十分になされている。私の場合、南禅寺正因庵主櫻井景雄氏および秋宗康子氏のご好意により、ここ数年の間、南禅寺文書を拝見する機会にめぐまれ、多数の公帖に接することができた。しかし、玉村氏のみられたものに比べると、おそらくその一〇分の一にもおよばないであろうが、私の公帖研究の出発点として、欠陥の多いことを承知の上でまとめてみることにした。

第一節　中世の公帖

第一項　足利将軍の公帖

足利将軍の公帖

公帖は台帖・公文・鈞帖またはたんに帖ともいわれ、国の最高主権者が発給する官寺禅院の住持任命の辞令である。すなわち、公帖は住持の辞令であるから、これを受ければ原則的にはかならず就任しなければならなかった。しかし例外として、公帖を受けても赴任しない場合があった。これを坐公文《ざくもん》《いなりのくもん》という。この風がおこると、公

坐公文

帖の発給には官銭という幕府に対する礼銭をともなうことから、応永年間（一三九四～一四二八）頃から幕府はその財源の不足を補うために、積極的に坐公文を発給するようになる。たとえば永享七年（一四三五）八月から翌八年（一四三六）十二月までの間に、京都三十三間堂の修復のために、最低一四三名の坐公文が発給されている。(1)この坐公文に対して、もちろん本来の就任を予定した公帖も発給された。これを入寺公文というが、文書そのものとしては両者の間になんら区別はなかった。

禅僧に法階を与える辞令

五山制度

江戸時代になると、公帖はほとんど坐公文化する。しかし、江戸幕府は室町幕府ほど財政的に坐公文の礼銭に頼る必要はなかったから、公帖はもっぱら禅僧に法階を与える辞令として用いられるようになった。官寺禅院には五山制度、すなわち諸山・十刹・五山・五山之上という四段階の寺格があった。したがって公帖は、諸山の住持、十刹の住持、五山の住持、五山之上の住持という五山制度の寺格にもとづいた法階を示すものになる。そして、公帖が実際の住持とは関係がなくなったことから、それに用いられる寺院名は便宜的なものにすぎず、その寺に赴任の必要がないので、限られた一部の寺院名が用いられるようになった。(2)

近世における公帖の定着・固定化の過程

公帖は鎌倉時代末期頃にはじまるが、室町時代末期頃にいたって定型化し、それが江戸時代に引きつがれ、家康・秀忠・家光の創草期をへて、家綱・綱吉のときにほぼ定着、吉宗の時代にいたって完全に固定化するのである。この近世における公帖の定着・固定化の過程を具体的に跡づけ、それによって近世武家書札礼の確立と、文書の封式・書式その他の形態について、古文書学上の基本的な問題の本質を明らかにしようというのが本章の主たる目的である。

まず、比較的初期の公帖として南北朝期のものをあげると、写真3-1・3-2のごときものがある。写真3-1は、

建武　元年（一三三四）　卯月一〇日　　足利尊氏御判御教書（公帖）(3)

である。足利将軍の公帖の初見のもので、尊氏が丹波国光福寺（のちの丹波国安国寺）の開山天庵妙受を関東の万寿寺の住持に任命したものである。写真3-2は、

観応　元年（一三五〇）　七月　九日　　足利義詮御判御教書（公帖）(4)

で、二代将軍義詮が近江国永源寺の開山寂室元光を長勝寺の住持に任命したものである。これら二通は、いずれもこの段階の将軍御判御教書の書式をとっている。そしてつぎにみるように、公帖としての定型化はまだまった

写真３－１　足利尊氏御判御教書(公帖)

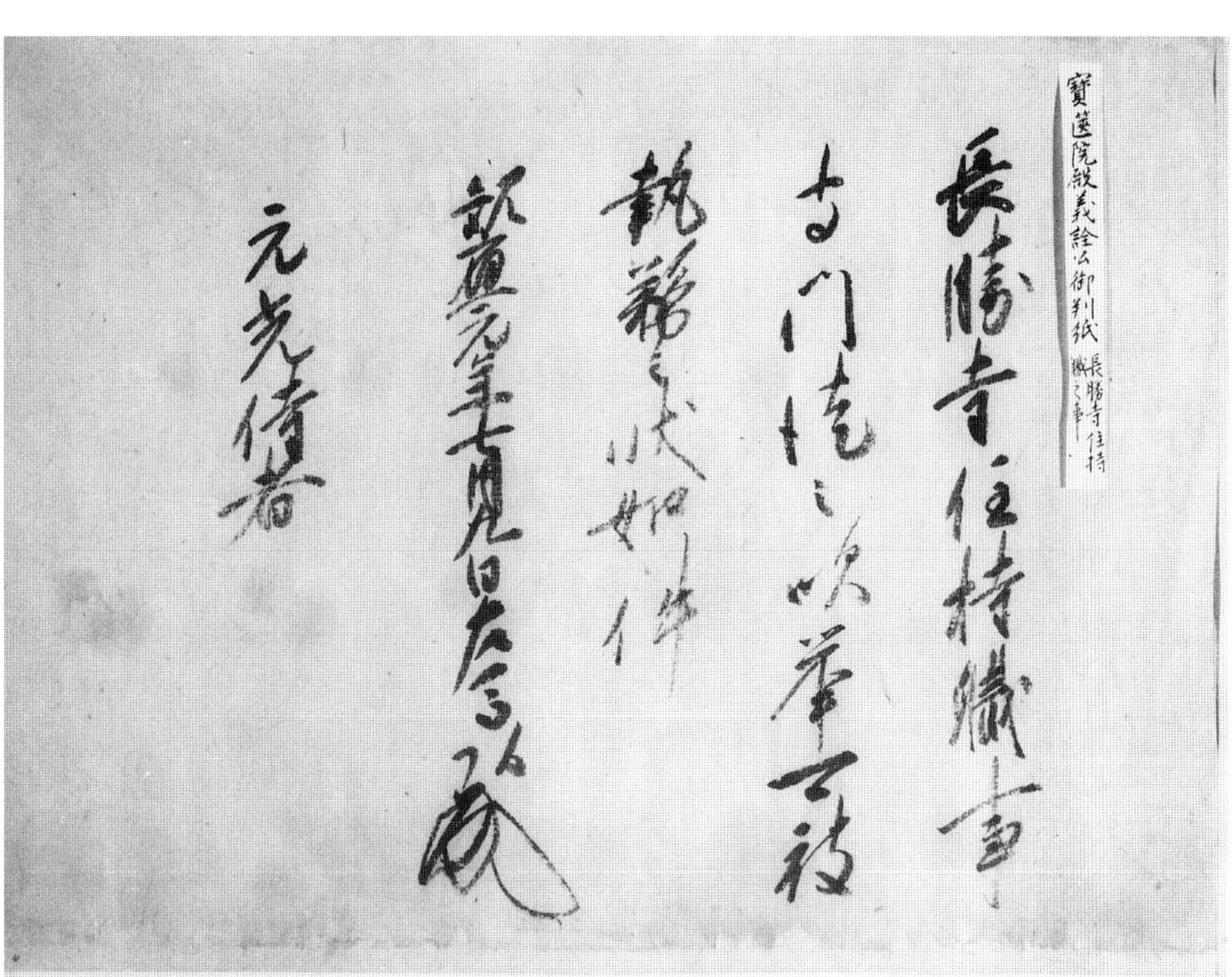

写真３－２　足利義詮御判御教書(公帖)

く考えられない。

文書名のつけ方
形式を主とした文書名
内容を主とした文書名
御感御教書・問状御教書
統一が必要

ここで、御判御教書・公帖といった古文書学上の文書名について触れておこう。現在の古文書学ではその用いられる用語の概念が曖昧であったり、十分に整理されていなかったり、「交通整理」を要するものが多い。その一つに文書名の問題がある。御判御教書といい公帖というも、これはいずれも文書名として使用されるものである。たとえば写真3-1は足利尊氏御判御教書(5)といっても、足利尊氏公帖といってもどちらでもよい。御判御教書というのは形式を主とした文書名であり、公帖というのは内容を主とした文書名である。ときとして御感御教書・問状御教書というような文書名をみかけることがある。これは形式と内容の両者を併記したもので、その文書の形式・内容の両方をいちどにしることができる。情報量が多くて便利であるが、現在の古文書学ではすべての文書に形式・内容を含めた文書名を付すまでにはいたっていない。御感御教書の方式でいけば公帖御教書といってよいはずであるが、これではなはだ落ちつきが悪いことは事実である。したがって、たとえば同一の論稿の中で、いっぽうでは足利尊氏御判御教書という形式による文書名がみられ、他方で足利尊氏御感御教書という形式・内容を含めた文書名が用いられると、いかにも不統一という謗はまぬがれえない。文書名といった場合には、古文書学の一つの約束事であるとともに、また検索の手段としても使われる。いずれの場合にも、統一が必要である。もし統一ということを重視するとすれば、御感御教書は形式を重んじて御判御教書とするか、内容を重んじて感状とするかのいずれかをえらばざるをえない。ともあれ、御判御教書といい公帖というも、同一の文書を形式でよぶか、内容でよぶかの相違であるということを確認しておきたい。

公帖の定型化の過程

玉村氏によると、室町時代の公帖は幕府の初政から漸次定型化の道を歩み、応仁の乱後にほぼ中世の公帖として定着、それが戦国期をへて近世におよぶとのことである。南禅寺には現在二五三通の公帖が蔵せられている(6)。そのうち最古のものは、本章の最後に参考として掲げた南禅寺公帖目録（以下これを「南禅寺公帖目録」という）にみられるように、将軍足利義輝御判御教書（公帖）で五通現存する。ついで将軍義昭のものが二通あり、足利将軍の公帖はこの七通である。いま、このうち諸山・十刹・五山・五山之上のそれぞれの公帖を写真で示すとつぎのようになる。

天文二一年（一五五二）　五月二〇日　　足利義輝御判御教書(公帖)(諸山公帖　写真3-3)
天文二一年（一五五二）　五月二三日　　足利義輝御判御教書(公帖)(十刹公帖　写真3-4A)

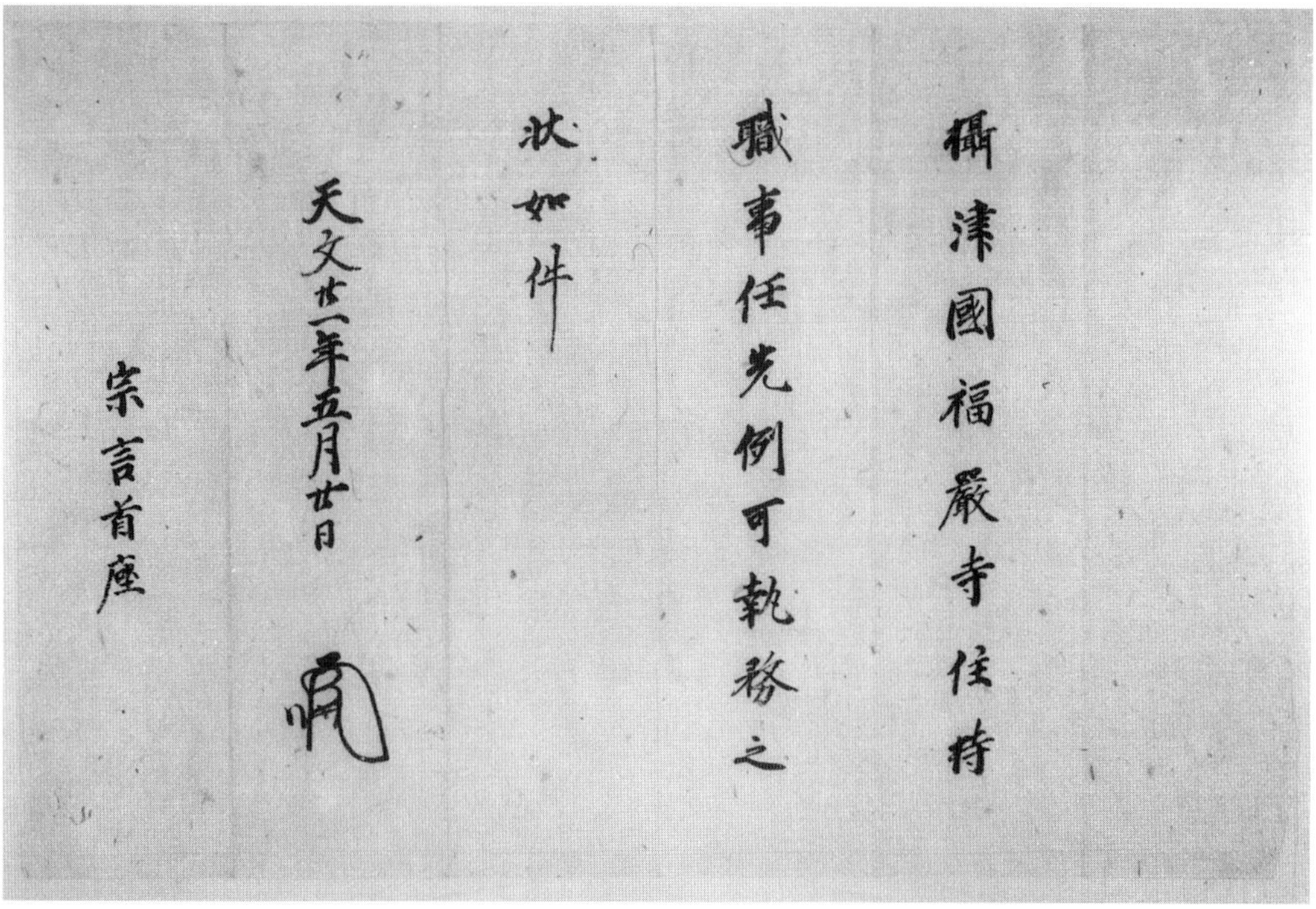

攝津國福嚴寺住持
職事任先例可執務之
状如件
天文廿一年五月廿日
宗言首座

写真３－３　足利義輝御判御教書（公帖）（諸山）

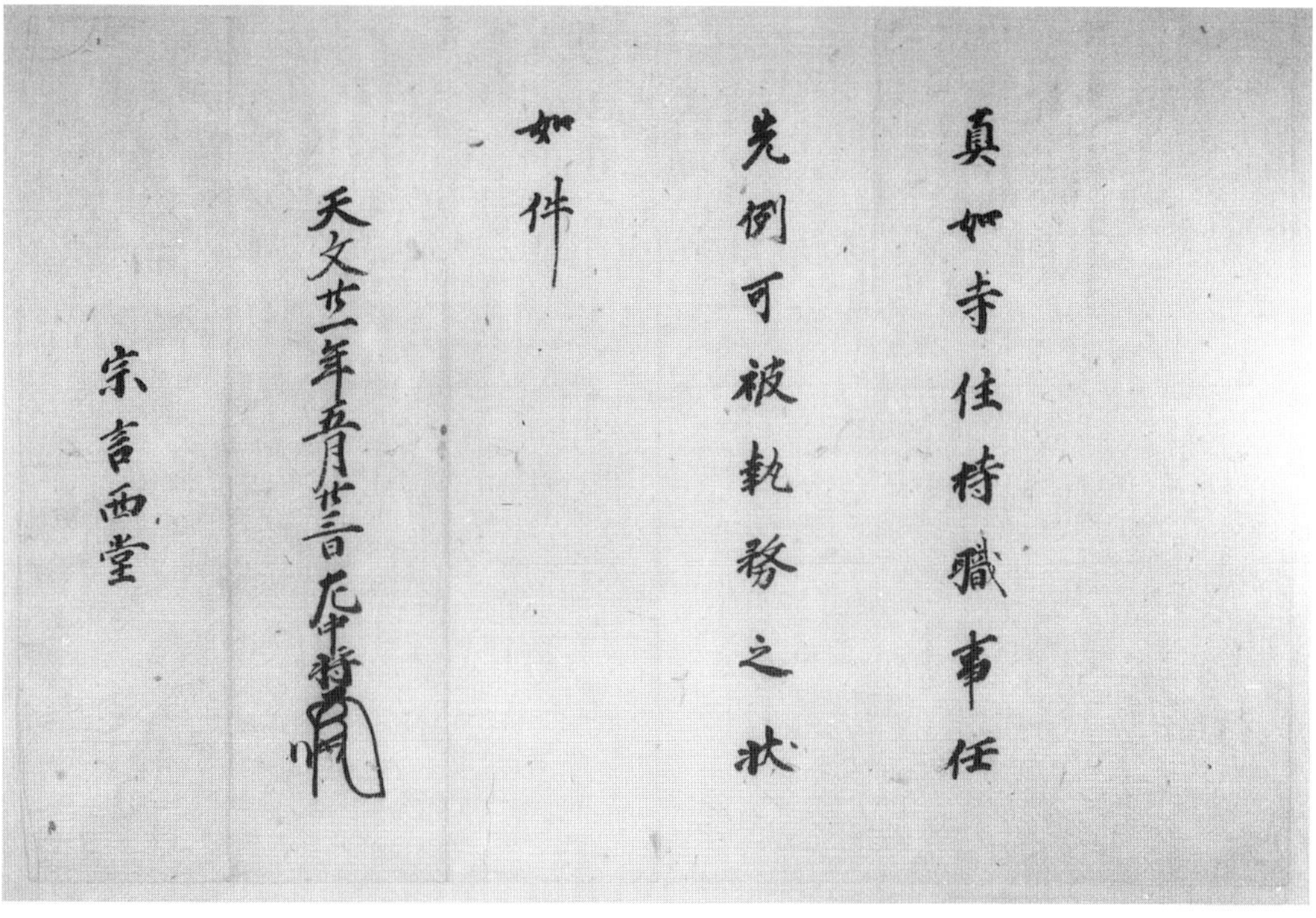

真如寺住持職事任
先例可被執務之状
如件
天文廿一年五月廿三日左中将
宗言西堂

写真３－４Ａ　足利義輝御判御教書（公帖）（十刹）

写真３－４Ｂ　足利義輝御判御教書（公帖）封紙

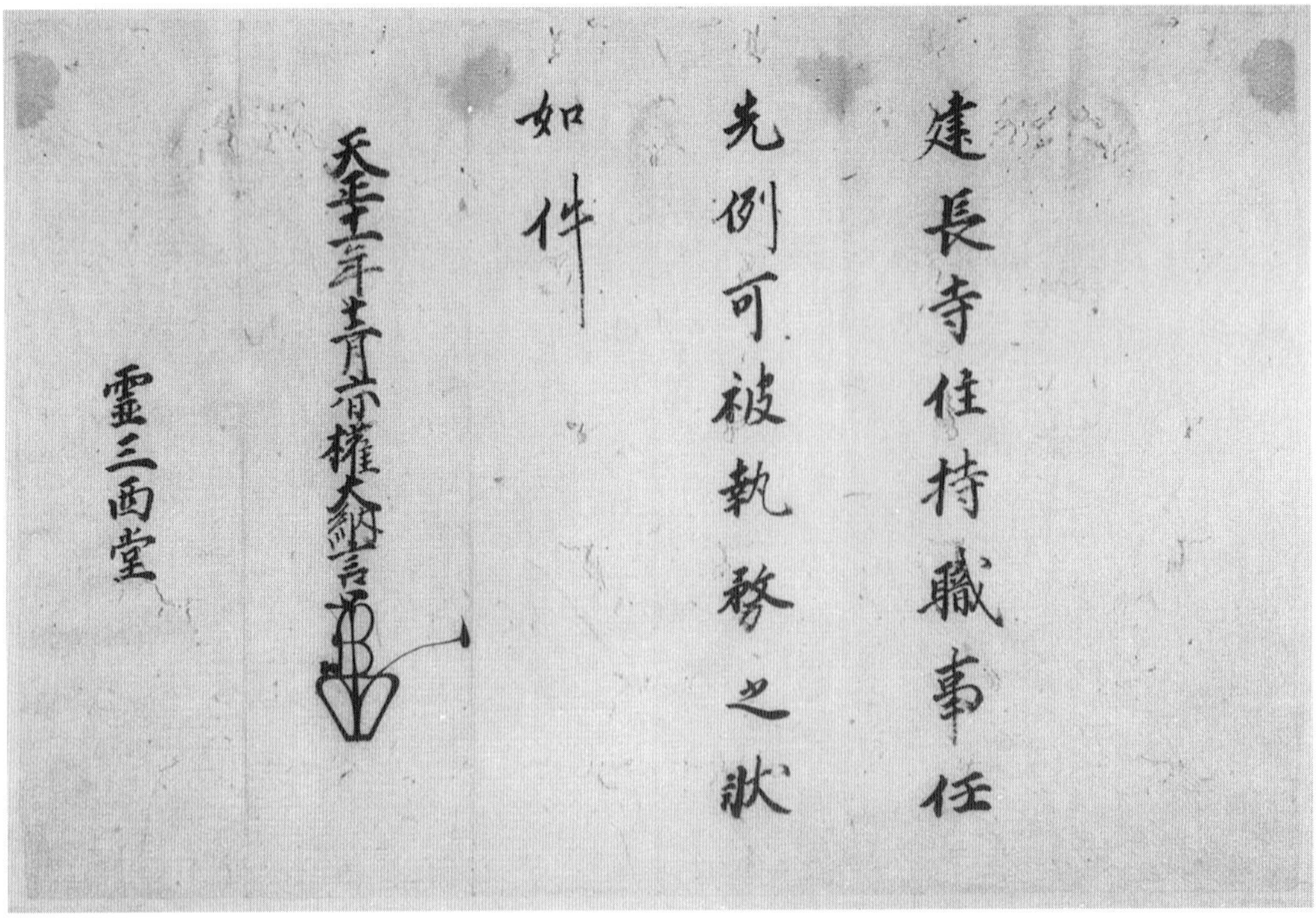
建長寺住持職事任
先例可被執務之状
如件
霊三西堂

写真３－５　足利義昭御判御教書（公帖）（五山）

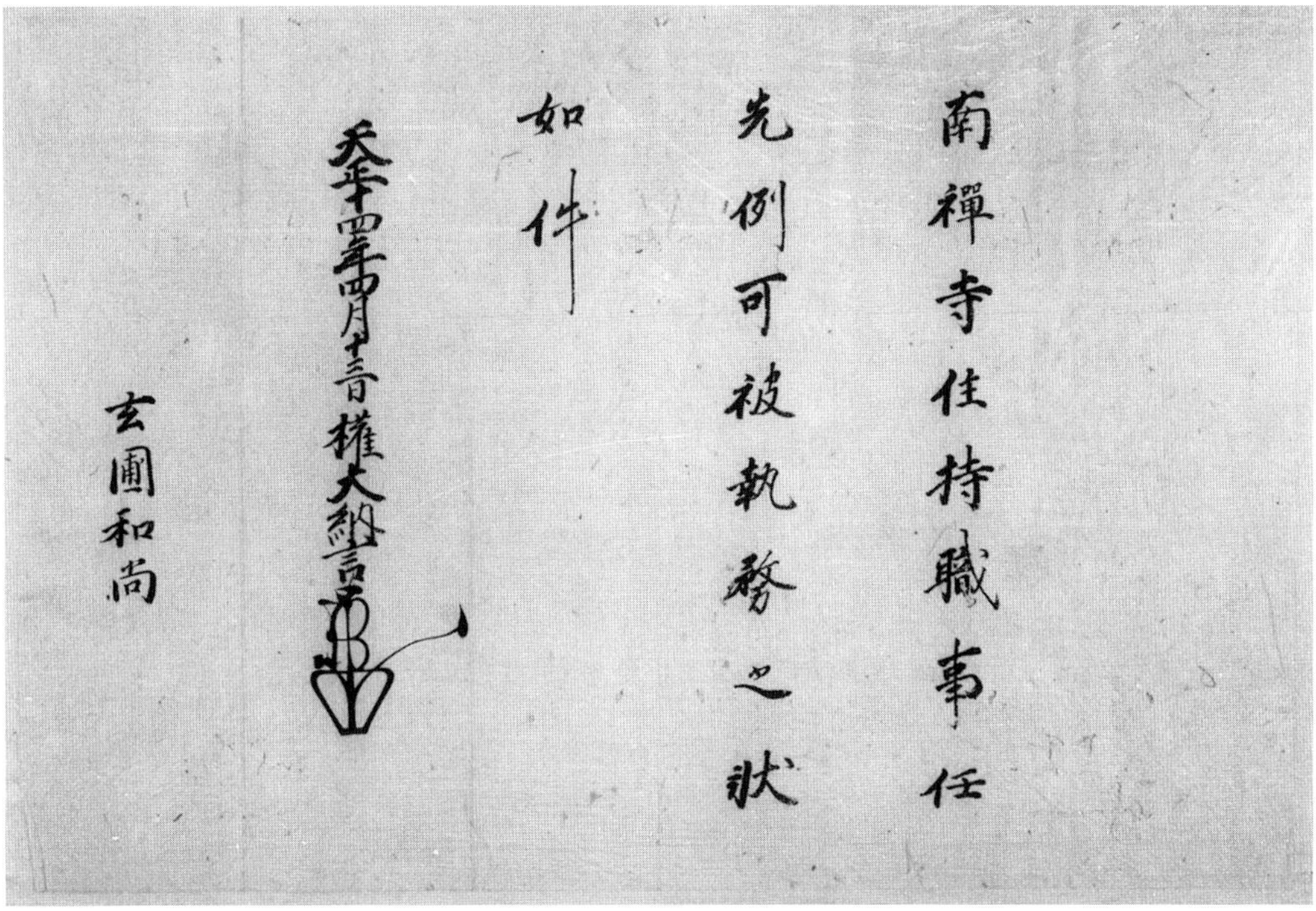

写真３－６Ａ　足利義昭御判御教書（公帖）（五山之上）

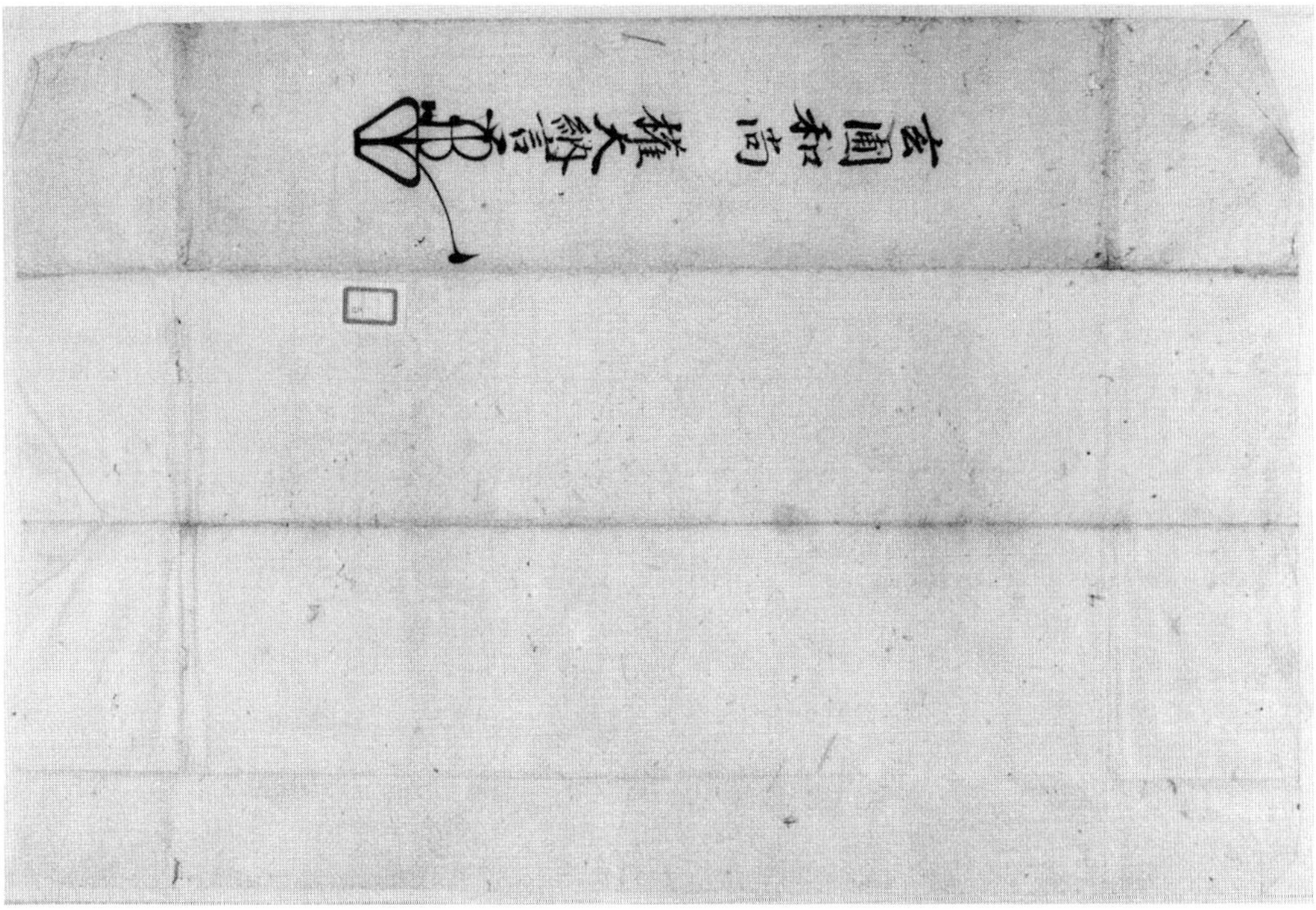

写真３－６Ｂ　足利義昭御判御教書（公帖）封紙

諸山公帖と十刹公帖は同一の封紙に包む

天文二一年（一五五二） 五月二〇日 足利義輝御判御教書（公帖）封紙（写真3-4B）

天正一一年（一五八三）一二月 六日 足利義昭御判御教書（公帖）（五山公帖 写真3-5）

天正一四年（一五八六） 四月一三日 足利義昭御判御教書（公帖）（五山之上公帖 写真3-6A）

天正一四年（一五八六） 四月一三日 足利義昭御判御教書（公帖）封紙（写真3-6B）

写真3-3は義輝の諸山公帖、写真3-4Aは同じく義輝の十刹公帖で、この二通は写真3-4Bの封紙に一括して包まれている。この義輝公帖だけではなく、以後においても諸山公帖と十刹公帖の二通はかならず同一の封紙に包まれている。写真3-5は義昭の五山公帖である。これにも封紙が添えられているが、写真の掲載は省略した。写真3-6Aはこれも義昭の五山之上公帖で、その封紙が写真3-6Bである。これらは中世公帖の到達点を示すものであり、また近世公帖の出発点であるので、すこし細かく検討することにする。

第二項　足利将軍の公帖の封式

まず、公帖の封式[7]について考えてみる。武家の書札礼について述べたもので、江戸初頭の成立にかかる『和簡礼経』[8]には、「公帖事」という一項があり、近世初頭の公帖について詳しく解説している。それにはつぎのような記事をみる。[補註①]

公帖の封式
『和簡礼経』

南禅寺住持職事
任先例可被執務之
状如件
慶長十三年十月三日内大臣御判

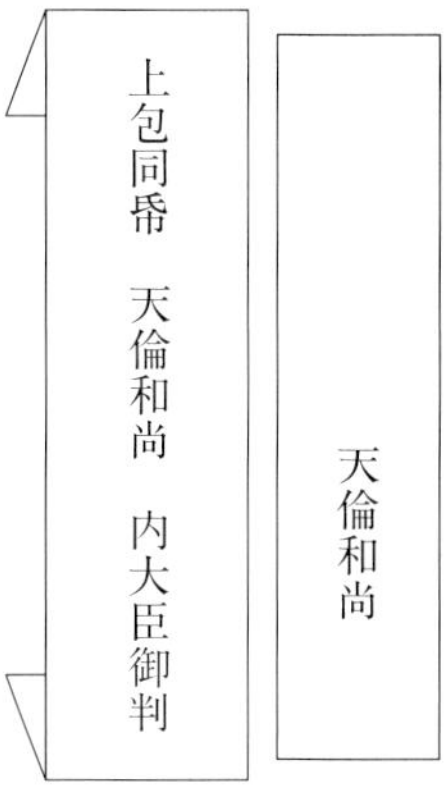

竪ノ中折

竪ノ中折封

折封

公帖は六つ折りで朱印状は八つ折り

大高ヲ二ツニ折テ、サテ三ツニタヽム、カタカタニ表ニ二行裏ニ三行アリ、表巻ハ大高ヲ二ツニ折テ横紙ニツヽミ、上下押折テ置、御判アリ。

これによると、料紙は大高檀紙で、それをまず真ん中で二つに折り——いわゆる竪ノ中折——、それをさらに三つ折りにして六等分にする。まず最初の一行はあけて、二行目から本文を書きだし、三行で書き終え、第五行目には年月日と差出書を、最後の行に宛書を記すという書式になっている。封紙——『和簡礼経』では「上包」「表巻」と称す——は、料紙を縦長にし[9]、まず二つに折って本紙を包み、上下を折るとする。この封紙の折り方が竪ノ中折封である。

ここで、すこし横道にそれることになるが、竪ノ中折・竪ノ中折封について簡単に触れておこう[10]。ふつうの公家の書札様文書にあっては、その料紙は本紙・礼紙・封紙の三紙からなる。本文を書き終えたなら、本紙・礼紙を背中合わせにし、本紙を上にして奥、すなわち左から右へくるくると折りたたむ。封紙は縦長にして、折りたたんだ本紙・礼紙を包み、上下をうしろに折りまげる。これが折封である。

しかるに武家文書にあっては、料紙は本紙・封紙の二紙だけで礼紙はともなわない。まずこれが同じく書札様文書といっても、公家文書と武家文書の大きなちがいとなる。公帖をはじめ江戸時代の朱印状が、本紙と封紙だけであって礼紙がみられないのはこのためである。したがって武家文書にあっては、いくら長い文章であってもかならず本紙一紙に収めなければならない[11]。

つぎに、その折り方は、『和簡礼経』にみられるように、本紙の表を外側にして、まず真ん中から二つに折る。そしてその折り目を左において、そこから右に折りたたむ。南禅寺の公帖は、すべて現在でもこの折り方が残っている。公帖はかならず六等分（六つ折り）されるが、朱印状は表を内側に八等分（八つ折り）になっている。

あらかじめ六等分に折っておく

鎌倉・南北朝・室町時代の武家文書は、まず本文を書いてから上述のような順序で折りたたむのが原則であったが、公帖が定型化する過程で、『和簡礼経』にみられるように、あらかじめ六等分に折っておき、それへきっちり収まるように本文を書くようになった。それを示すものに、

天正一八年（一五九〇）一一月二六日　豊臣秀吉公帖（写真3-7）(12)

がある。この文書では三行目の「状」という字がほぼ一字分だけ上へ突出している。これはその頃の公帖が、あらかじめ六等分に折ってから、それぞれの行の真ん中に文字が収まるように書かれたというだけではなく、一紙を拡げた状態ではなく、竪ノ中折の状態で書かれたことを端的に物語っているといえる。

以上が本紙の折り方である竪ノ中折であるが、封紙の折り方は竪ノ中折封と称するのが適当であろう。ふつうの公家文書の封紙は、本紙・礼紙とともに紙を縦長に――すなわち横紙に――して、裏を上にしてその奥――この場合には右側――から本紙・礼紙を巻くようにして包むのが本来である。しかるに武家文書にあっては封紙を縦長にし、それをまず縦に二つに折って、その上で本紙を巻く。これが竪ノ中折封であって、『和簡礼経』に「表巻ハ大高ヲ二ツニ折テ横紙ニツヽミ」と記している折り方である。

現在中世文書で、封紙がそのまま残るのは非常に珍しく、たとい残ったとしても、長い年月の間に竪ノ中折封は失われ、ふつうの折封の形になってしまっている。しかし、東寺百合文書や醍醐寺文書には、現在でもその折り方を確認できるものが何通かあり、これは別の機会に紹介したいと考えている。また南禅寺公帖についても、現在の封紙はすべて折封になってしまっているが、近世文書についてはまだ多数竪ノ中折封を確認することができるし、また『和簡礼経』の記載から、本来は竪ノ中折封であったといえる。

以上の点を参考にして写真3-3~3-6Bをみると、すべて竪ノ中折で六つ折りに折ってあり、その書式も『和簡礼経』のとおりとなっている。それはともかくとして、室町幕府最後の義輝・義昭の段階には、『和簡礼経』にみられる料紙の使い方、すなわち封式がおこなわれており、その定型化が進んでいることをしるのである。

足利将軍の公帖の書式

第三項　足利将軍の公帖の書式

書式も定式化

つぎに、この時代の公帖の書式について考えてみよう。写真3-3~3-6Bについて、その書式をまとめると表3-1のようになる。これによってみると、戦国末に公帖はその封式が定型化しただけではなく、書式も定式

表3-1　足利義輝・義昭の公帖の書式

	寺名	尊敬語	差出書 本紙	差出書 封紙	宛書
五山之上	寺名	可被執務	官(花押)	官(花押)	道号和尚
五山	寺名	可被執務	官(花押)	官(花押)	法諱西堂
十刹	寺名	可被執務	官(花押)	官(花押)	法諱西堂
諸山	国名寺名	可執務	(花押)	(十刹と同一封紙)	法諱首座

法諱　法階　道号

封紙差出書には花押を据える公帖にみられる特例

化していることをしる。まず本文の最初に書かれる寺名は、諸山公帖にかぎって国名をいれるが——たとえば写真3-3の「摂津国福厳寺」——、他はすべて寺名だけである。つぎに諸山公帖は「可執務」と尊敬語は用いていないが、他は「可被執務」と尊敬語が入る。差出書も諸山公帖は「(花押)」だけであるが、十刹公帖以上は「官(花押)」たとえば「左中将(花押)」と丁重な形をとる。宛書は諸山公帖にあってはたとえば「宗言」という法諱を記し「首座《しゅそ》」という法階を加える。十刹・五山は同じで「宗言」「霊三」という法諱に「西堂《せいどう》」という法階を加える。これに対して五山之上公帖にあっては、たとえば「玄圃」という道号(「玄圃」は「玄圃霊三」とよばれ、「玄圃」が道号、「霊三」が法諱である)に「和尚《おしょう》」という尊号を加える。

なお、ここで封紙の差出書について一言すると、写真3-4B・3-6Bにみられるように、その差出書は「左中将(花押)」あるいは「権大納言(花押)」となっている。しかるに本来の将軍御判御教書の封紙の差出書は、たとい本紙の差出書が花押であっても、封紙には花押は書かず実名を書くのが通例である。

これは戦国期の将軍御内書にも共通してみられることであって、封紙の差出書に花押を据えるのは、公帖にみられる特例ということができる。本章では中世公帖の定型化の過程は追求できないが、公帖の封紙にいつから花押を据えるようになったかの問題も含めて、今後の課題としたい。

以上、戦国末期の公帖を南禅寺の義輝・義昭の公帖について考えてきた。これを、たとえば写真3-1・3-2でみた南北朝期のものと比べてみると、その定型化が進んでいることがはっきりわかる。しかし、それは公帖全

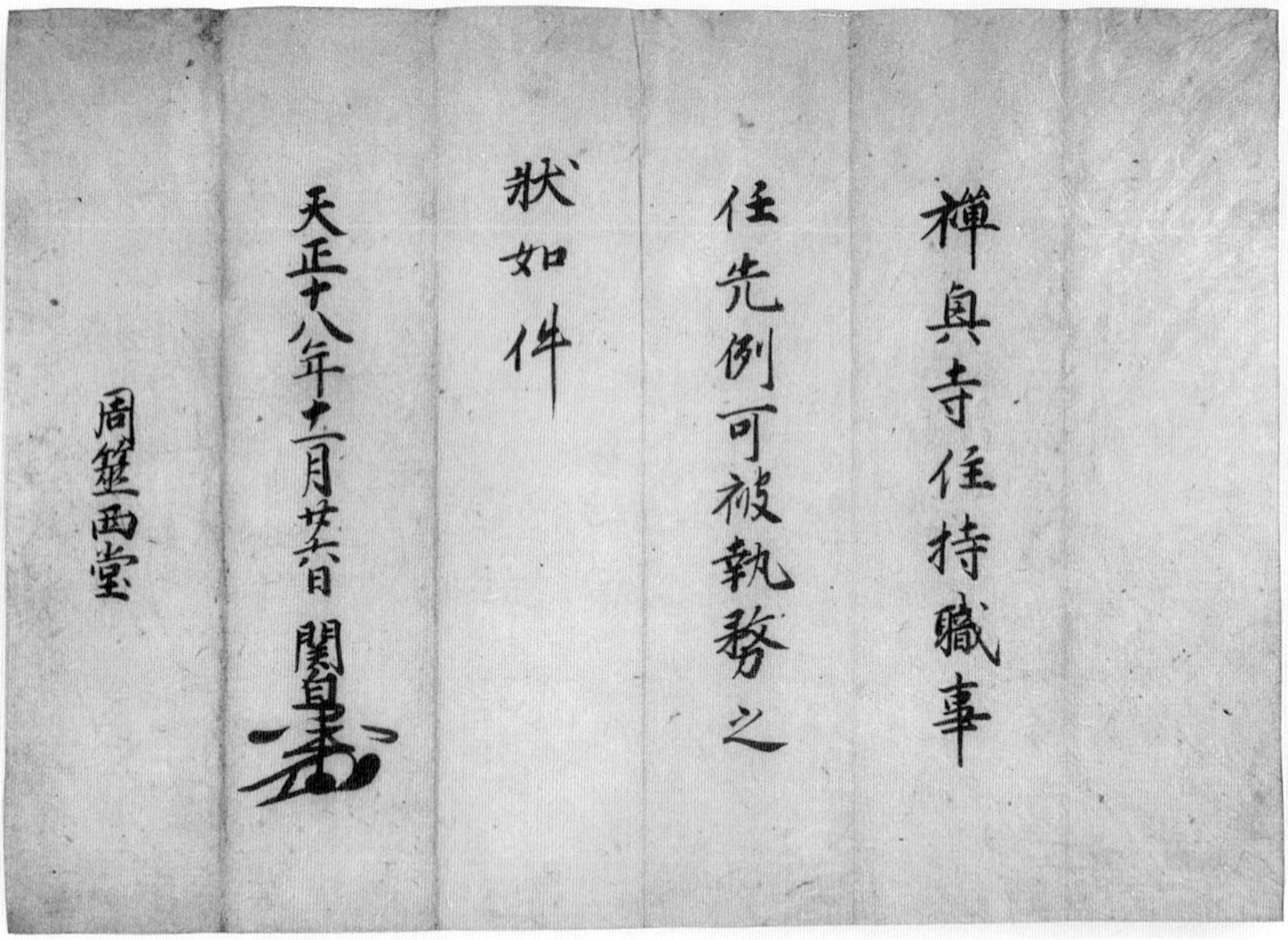

禅興寺住持職事
任先例可被執務之
状如件
天正十八年十二月廿六日 関白（花押）
周筵西堂

写真３－７　豊臣秀吉公帖（十刹）

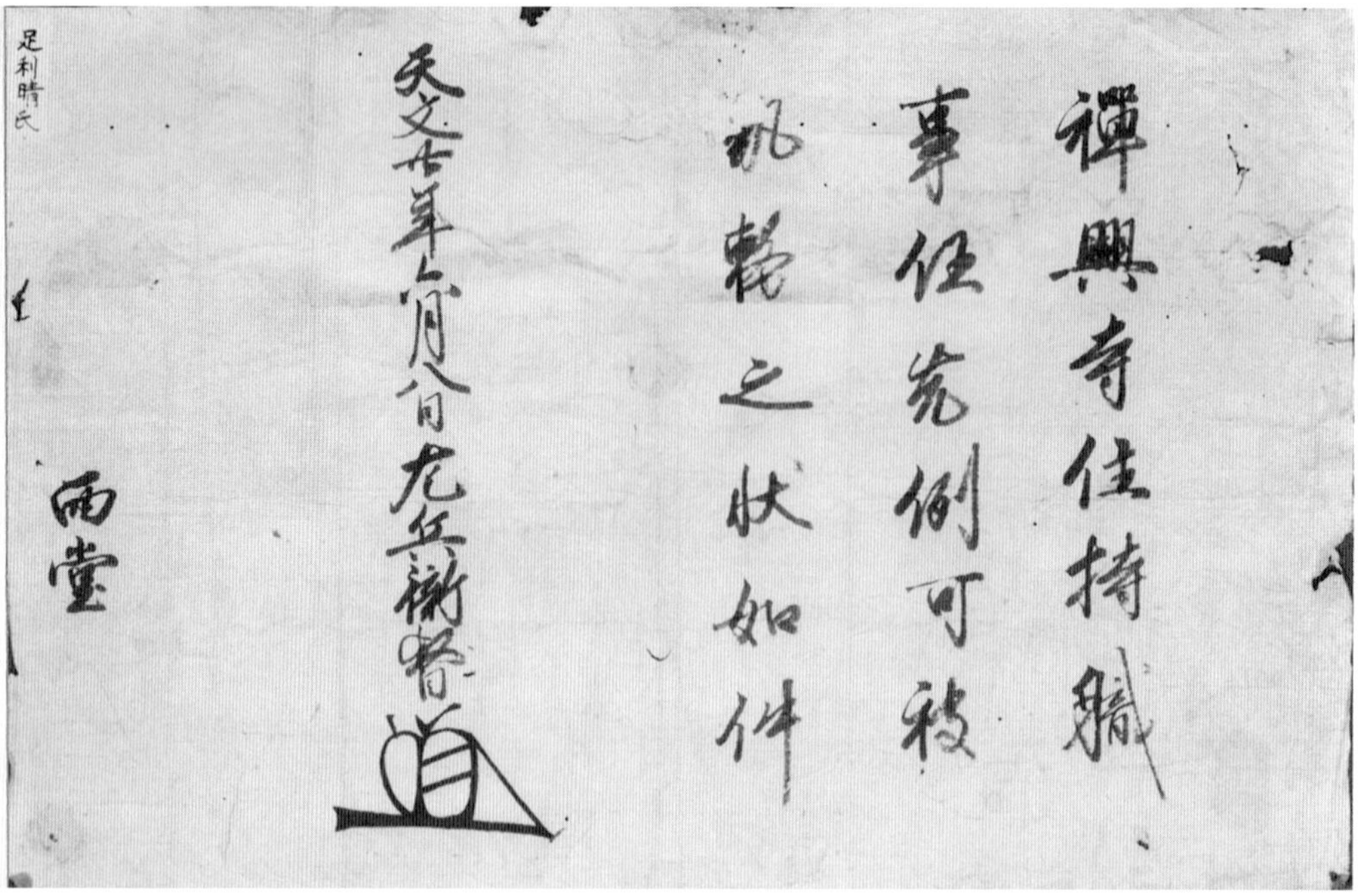

足利晴氏
禅興寺住持職
事任先例可被
執務之状如件
天文廿年八月八日 左兵衛督（花押）
西堂

写真３－８　足利晴氏御判御教書（公帖）（十刹）

室町将軍と古河公方の公帖

古河公方の公帖

体の封式・書式の定型化であって、寺格による格づけはまだそれほど顕著ではない。すなわち寺格による序列としては、表3-1にみられるように大きく諸山と十刹以上の二つにわけられるだけで、まだ公帖そのものの格づけはそれほどはっきりした形ではおこなわれていないことをしるのである。それはともかくとして、戦国末すなわち足利義輝・義昭段階の公帖は、すでに近世の公帖につながる定型化が進んでいることが確認できるのである。

第四項　古河公方足利晴氏の公帖

これまで足利義輝・義昭の公帖の書式・封式について考えてきた。しかし、公帖の発給は室町将軍だけではなく、関東の古河公方も発給している。これについてすこし検討してみよう。

ここに、

天文二〇年（一五五一）六月　八日　足利晴氏御判御教書（公帖）（写真3-8）[13]

がある。これは写真にもみられるように、禅興寺住持職に関するものである。禅興寺は鎌倉山内にあり、関東十刹の第一位であったから、関東公方の流れをひく古河公方がその公帖の発給権を有していたのである。宛名は「西堂」とのみで、具体的な人名は記されていない。古河公方の末期的状態を示すものといえようか。本文の文言・署判の仕方などは義輝・義昭のものと同じであるが、その形態は随分とちがっている。

この文書はメクリのまま保存されているので、文書の形態をしるにはまたとない資料である。料紙は義輝・義昭のものと同じく檀紙Ⅱaである——義輝・義昭の公帖の料紙については第三節第一項「料紙について」で詳しく述べる——。大きさは縦三一・二センチメートル、横四九・三センチメートルで、縦横の比は一対一・五八と、ほぼ義輝のものと同じである。写真ではあるいは確認ができないかもしれないが、本文の三行目すなわち「執務之状如件」の左側に、はっきり折り目がみられる。竪ノ中折の線である。そしてこの折り目の左側が四つ折りになっているから、全体は八つ折りということになる。

これをほぼ同時代の義輝の十刹公帖（写真3-4A）と比べると、形態の上で大きな相違がみられる。まず、義輝公帖は六つ折りで、それぞれの折り目の真ん中に、きっちり一行ずつ文字が収まっていたが、晴氏のものは八つ折りで、本文は料紙の前半部分——すなわち竪ノ中折の線の右側——で終っており、折り方とは無関係に文字が書かれている。すなわち、文言・署判の仕方は、義輝公帖・晴氏公帖ともに同じであるが、形態は両者の間に相当の隔りがあることがわかる。かくして同じく公帖といっても、室町将軍のものと古河公方のものとでは同一ではなく、室町将軍のものは直接近世の公帖につながっていくが、古河公方のものはそれより何段階かおくれているという重要な事実を明かにすることができた。

註

（1）これについては、『蔭凉軒日録』の永享七年（一四三五）八月以降の記事に詳しい。前記玉村竹二「公帖考」には詳細に触れられている。

（2）前記玉村竹二「公帖考」六六八頁。以下、いちいち註記しない場合もあるが、玉村氏の論稿に負うところが多い。

（3）安国寺文書。

（4）永源寺文書。なお、永源寺文書にはこれ以外に、

康安　二年（一三六二）二月一七日
貞治　二年（一三六三）正月三〇日

の二通の寂室元光に宛てた義詮御判御教書（公帖）がある。

（5）この文書の発給された建武二年（一三三五）には、尊氏はまだ征夷大将軍になっていないから足利尊氏書下とすべきで、御判御教書とはいえないという議論があるかもしれない。しかし将軍宣下の有無は別にして、後に御判御教書とよばれる書式のものは、それ以前でも御判御教書と称して差しつかえはあるまい。[補註②]

（6）南禅寺の瑞宝殿には多数の文書・典籍が収蔵されているが、そのなかに「公帖箱」と称する箱があり、二五三通の公帖が収められている。それはすべて櫻井景雄・藤井学共編『南禅寺文書　上中下』三巻（南禅寺宗務本所発行　一九七二・七四・七八年　以下、これを『南禅寺文書』と略す）に完全に翻刻されているが、いまその内訳を示すと、

義輝	五通	義昭	二通	秀吉	九通	秀次	二通	家康	二通	秀忠	一六通
家光	六通	家綱	四〇通	綱吉	二八通	家宣	一〇通	家継	五通	吉宗	三九通
家重	一一通	家治	三〇通	家斉	四三通	家慶	三通	家茂	二通		

となる。また、本章の最後に参考として家光までの四二通の公帖の目録（「南禅寺公帖目録」）を掲げた。本章では、いちいち『南禅寺文書』の文書番号を記載することはしなかったが、必要におうじて「南禅寺公帖目録」『南禅寺文書』を参照いただきたい。なお、この南禅寺公帖について玉村氏は、

　近世の公帖は諸方に残存するが、これほど大量のものを一箇処にまとまって伝存しているところは珍しく、この集積の調査（故小野均氏の調査）によって、先掲の表に示すやうな詳細な公帖の様式の変遷を辿ることが出来た（前記玉村竹二「公帖考」七四四・五頁）。

とされる。

封式

(7) ここで封式というのは、たんに折封・捻封あるいは切封といった文書に対する封の仕方だけではなく、それらも含めて封紙・本紙・礼紙の折り方、使い方をはじめ、広く完成した一通の文書としての形態をさすものとしている。この点については稿を改めて詳しく論じたいと考えているが、差しあたり拙稿「古文書の封式について」（『摂大学術B〈人文科学・社会科学編〉』七号　一九八九年）を参照していただきたい。

(8) 『改定史籍集覧』第二七冊所収。その奥書によると寛永丙寅（三年）仲春（二月）に曾我宣祐の書写したものであって、内容はだいたい将軍秀忠の時代のもので、近世的な武家書札礼確立以前のものである。

横紙

(9) 「料紙を縦長にする」というのは、『和簡礼経』にいう「横紙ニツ、ミ」ということである。「横紙」ということについては、拙稿「なぜ横長の紙を竪紙というか」（『天理図書館善本叢書月報』七三号（八木書店　一九八六年））を参照のこと。

(10) この点に関しては拙稿「初期の御内書」（『古文書研究』一三号　一九七九年）、拙稿「室町幕府文書」（『日本古文書学講座4　中世編Ⅰ』（雄山閣出版　一九八〇年））など参照のこと。

(11) これは鎌倉幕府の関東御教書、六波羅・鎮西御教書、室町幕府の御判御教書をはじめ管領奉書・幕府奉行人奉書などの書札様文書に関してであって、たとえば下文様文書の鎌倉・南北朝初期の下知状（裁許状）では二紙・三紙におよぶものもみられる。

古文書学としての文書名の統一

(12) 前述のように、私は中世古文書学としての文書名は、ぼつぼつ統一する方向で議論がはじめられるべき時期だと思っている。たとえば、一通の文書を足利尊氏御判御教書といい、あるいは足利尊氏御感御教書といい、また足利尊氏感状・足利尊氏御教書などといったのでは差しあたり不便である。コンピュータで文書目録を入力するにしても、同じ文書に四通りのよび方をしていたのでは、検索のしようがない。不便で仕方がない。

形式を主とした文書名

それ故、どうしても統一が必要となるが、その場合には、前述のように可能なかぎり御判御教書のように形式を主とするのが適当だと思う。そして、本章ではとくに公帖を主題として論じているという関係から、室町将軍の公帖については、たとえば「足利尊氏御判御教書(公帖)」というような文書名を用いてきた。「御判御教書」という形式による文書名に、とくに「(公帖)」として内容もわかるようにしたのである。そして、説明の文章の中で「御判御教書(公帖)」とすると余りにも廻りくどいと思われる場合には「公帖」としたこともある。これはあくまでも便宜的な使い方である。

豊臣秀吉公帖

しかし、ここでは秀吉について「豊臣秀吉公帖」という文書名を使った。室町将軍の場合と統一しようとすれば「豊臣秀吉判物(公帖)」としてもよいが、後ほど主題とする徳川将軍の公帖を含めて考えると「豊臣秀吉公帖」「徳川家康公帖」とするのがわかりやすいように思う。したがって本章では、室町将軍については「足利尊氏御判御教書(公帖)」とするが、秀吉以降については「豊臣秀吉公帖」ということにする。そして、両者の間の不統一は、現段階における中世古文書学と近世古文書学の断絶ということにしておきたい。

中世古文書学と近世古文書学の断絶

（13）『源喜堂古文書目録』六（一九八六年）所収八号文書。これについては源喜堂書店の河村廣氏の御好意によるところが多い。写真掲載を許されたことと併せて謝意を表するものである。
なお、ここで一言すると、「足利晴氏御判御教書」という文書名を奇異に感ぜられる向きもあろうかと考える。関東公方・古河公方だけではなく、はやく直義・直冬の発給文書についても、その文書名の付け方は統一されていない。これらの人たちは将軍でなかったという理由で、ふつうはたとえば足利直義御教書・足利晴氏御教書、場合によっては足利直義書下といった文書名が付けられている。しかし、晴氏が公帖を発給していることでもわかるように、この人たちは将軍ではなかったとはいえ、一般の守護などとはちがって、足利一族として将軍に準ずる権限を行使していたのである。将軍に準じて考えるのが適当であろう。したがって、私はこれらの人たちの発給文書は、「御判御教書」「御内書」とよぶのが適当だと考えている。

第二節　近世の公帖

第一項　公帖と「天下人」

室町幕府最後の将軍は一五代足利義昭である。義昭は永禄十一年（一五六八）九月二十六日、織田信長に擁せられて入京、征夷大将軍となるがやがて信長と不和になり挙兵、天正元年（一五七三）七月十八日信長に屈して、ここに室町幕府は滅亡した。しかし、前節でみたように、義昭の公帖は天正十四年（一五八六）までみられ、さらに玉村氏によると、その後わずかではあるが文禄二年（一五九三）まで発給されている[1]。

したがって、織田信長の発給にかかる公帖はなく、天正十四年（一五八六）五月からは豊臣秀吉の公帖が広くみられるようになる。天正十四年（一五八六）にいたって秀吉がはじめて公帖を発給した事情は詳らかではないが、その前年七月、秀吉は関白に任ぜられ、まさに「天下人」となったことによるものと考えてよかろう。ついで、秀次も関白になるや公帖を発給するようになる。

慶長八年（一六〇三）二月、徳川家康は右大臣に任ぜられ征夷大将軍となるが、家康も同年四月十日から公帖を発給する。このような経過をみると、義昭は幕府滅亡後も天正十四年（一五八六）まで、公帖の発給権を独占していたことは注目に値する。坐公文発給の礼銭が、備後国鞆に寓居した義昭の生活費になったことは事実であるが、公帖はさきに述べたように国の最高主権者が発給するものという観点に立つならば、この間の義昭公帖発

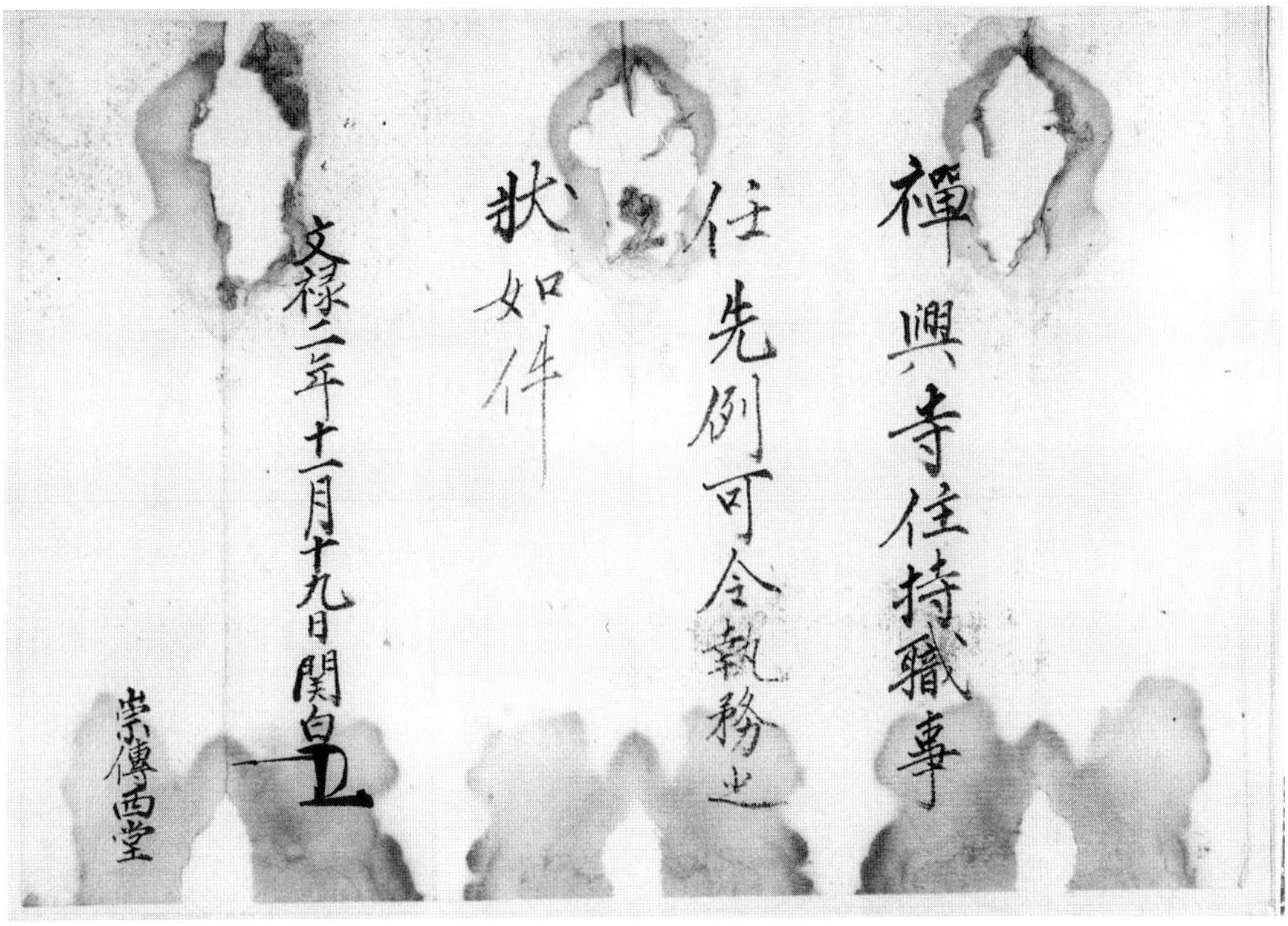

写真3－9　豊臣秀次公帖(十刹)

給の意義は改めて問い直されてよかろう。

第二項　豊臣秀吉・秀次の公帖

南禅寺には秀吉公帖が九通、秀次公帖が二通現存する（写真3-7・3-9参照）。これらは封式・書式ともに、ほぼ義輝・義昭のものに準じて考えることができるが、わずかではあるが相違点もみられる。一つは諸山公帖の書式である。義昭までのものは、諸山公帖にかぎって寺名に国名を冠していたが、秀吉のものは国名がなくなり――ただし秀次のものと写真3-12の家光のものには例外的に国名を冠す――、寺名だけとなる。これは公帖がいちだんと儀礼化・形式化しつつあることを示すものといえる。

つぎに、従来の本紙の差出書は、諸山公帖のみ「(花押)」だけで、官職は記されなかったが、秀吉・秀次のものは諸山公帖を含めて本紙の差出書はすべて「官(花押)」となる。それとともに、封紙の差出書にも変化がみられる。これまでの封紙差出書はすべて「官(花押)」となっていたが、秀吉・秀次の段階にいたって「官(朱印)」と、

朱印の使用

表3-2　豊臣秀吉・秀次の公帖の差出書

	本紙				封紙			
	五山之上	五山	十刹	諸山	五山之上	五山	十刹	諸山
秀吉 秀次	官(花押)				官(朱印)			
秀吉(慶長二年)	官(朱印)		／	／			／	／

従来の花押に代って朱印が用いられるようになり、さらに慶長二年（一五九七）の秀吉の五山公帖・五山之上公帖[2]では、本紙差出書に「大閤《(ママ)》(朱印)」と朱印を用いることになる。ここに武家文書としてもっとも格式の高い御判御教書の系譜を引く公帖に印判が登場したことをしるのである――この点については後ほど詳しく考える――。秀吉・秀次の公帖の差出書を本紙・封紙にわけてまとめると表3-2のようになる。

第三項　徳川家康・秀忠の公帖

家康・秀忠の公帖

南禅寺文書には、家康の公帖が二通、秀忠のものが一六通みられる（写真3-10・3-11A参照）。これらの封式・書式はほとんど秀吉・秀次の時代のものとかわるところはない。ただ封紙の差出書が、秀吉・秀次にあっては「官(朱印)」と朱印を用いていたのに、この段階になるとふたたび義輝・義昭の旧規にかえり、朱印に代って花押を用いている。

位階を記した差出書

写真3-10は家康の公帖である。これは家康が金地院崇伝（以心崇伝）を南禅寺住持に任命したもので、歴史的にも大きな意義を有するものとしてとりあげた[3]。ここでは、その差出書が「従一位(花押)」となっていることを注意したい。ふつうの差出書は「左中将(花押)」「関白(花押)」と官職を書くべきところを、「従一位」という位階を記しているのである。同じことは秀忠の元和六・七年（一六二〇・一）にもみられる[4]。

前述の『和簡礼経』には、

一御官高ケレハ御官計ニ御判アリ、
一御位高ケレハ御位計ニ御判アリ、

とみえる。すなわち、太政官制の官位相当にあって、官が位より高ければ官を、逆に位の方が高ければ位を書くというのである。事実、慶長十年（一六〇五）に家康は従一位前右大臣で、現任の官職がないだけでなく位階の方が高い。また秀忠も元和六～七年（一六二〇～一）には従一位前右大臣であったと考えられ[5]、家康の場合と同様である。中世の公家文書はもちろん武家文書にあっても、書札様文書ではその差出書には官職と名――自署・草名あるいは花押――を記すのがふつうであるが、(6)位階を記すことはない。またこれ以後の江戸幕府の公帖にあっても、その例をみないのであって、家康・秀忠のこの例は、幕府初期の公帖の書式、さらにいえば幕府の諸制度がまだ流動的であったことを示すものといえようか。

公帖・朱印状の差出書には「征夷大将軍」はみられない

ここで余談になるが一言付け加えるならば、江戸幕府の公帖はもちろん朱印状の差出書の官職は、すべて「内大臣」「右大臣」といった朝廷の官職で、日本全土の支配者としての武家の最高権力者たることを示す「征夷大将軍」はいっさい使われていない。室町時代以来の伝統といってしまえばそれまでであるが、これは常日頃私が大きな疑問に感じていることの一つである。あるいは近世の研究者ではすでに解決ずみのことかもしれないが、その方面のことに疎い者の素朴な疑問である。

第四項　本紙差出書の署名・署判

本紙・封紙の差出書

公帖の封式・書式が全体として家康・秀忠を出発点として、漸次定型化がおこなわれるが、その中にあって変化に富んでいるのが、本紙・封紙の差出書である。いまそれをまとめると表3-3のようになる。一見非常に複雑であるが、これが公帖の近世的体系の確立・固定化への歩みでもある。

本紙の差出書の署名・署判の仕方

まず、本紙の差出書の署名・署判の仕方を考えてみよう。家康（写真3-10）・秀忠（写真3-11A）・家光（写真3-12・3-13A）のものはすべて「官(花押)」で、基本的に義輝・義昭以来の署判の仕方を引きついでいる。しかるに家綱の時代になると、朱印が用いられるようになる。すなわち、五山之上公帖には引きつづき花押が用いられるが、それ以外の諸山公帖・十刹公帖・五山公帖の差出書は「官(朱印)」と、公帖の本紙差出書に朱印が用いられるようになる。写真3-14Aは家綱の十刹公帖であるが、ここには朱印が捺されている。

朱印の使用

朱印の使用自体、非常に興味ある問題であって、すでに信長時代から公文書に用いられ、秀吉・家康も数多くの朱印状・黒印状を発給している。そしてさきにも述べたように、秀吉は慶長二年（一五九七）に公帖の本紙差出書に朱印を用いているし、封紙の差出書については秀吉・秀次・秀忠・家光も朱印・黒印を用いている。しかし家綱のときになって、体制として本紙差出書に朱印を用いるようになったことの意義は重要である。すなわち、朱印は花押に比べると略式であり薄礼である。そして、江戸幕府の他の公文書に比べて、公帖の本紙の差出書へ

表3-3　公帖の本紙・封紙の差出書の署名・署判の仕方

発給者	年	本紙 五山之上	本紙 五山	本紙 十刹	本紙 諸山	封紙 五山之上	封紙 五山	封紙 十刹	封紙 諸山
義輝・義昭	天文二一・弘治三・元亀二・天正一一・天正一四	官(花押)	官(花押)	官(花押)	(花押)	官(花押)	官(花押)	官(花押)	十刹と一括(諸山のみの時は封紙なし)
秀吉・秀次	天正一八・文禄二・文禄五	官(花押)	官(花押)	官(花押)	官(花押)	官(朱印)(註)	官(朱印)(註)	官(朱印)(註)	十刹と一括(諸山のみの時は封紙なし)
秀吉	慶長二	官(朱印)	官(朱印)	官(朱印)	官(朱印)	官(朱印)(註)	官(朱印)(註)	官(朱印)(註)	十刹と一括(諸山のみの時は封紙なし)
家康	慶長一〇	官(花押)	官(花押)	官(花押)	官(花押)	官(花押)	官(花押)	官(花押)	十刹と一括(諸山のみの時は封紙なし)
秀忠	慶長一三・慶長一五・慶長一六・慶長一七	官(花押)	官(花押)	官(花押)	官(花押)	官(花押)	官(花押)	官(花押)	十刹と一括(諸山のみの時は封紙なし)
秀忠	元和六・元和七	官(花押)	官(花押)	官(花押)	官(花押)	官(黒印)	官(黒印)	官(黒印)	十刹と一括(諸山のみの時は封紙なし)
家光	寛永元・寛永一二	官(花押)	官(花押)	官(花押)	官(花押)	官(朱印)	官(朱印)	官(朱印)	十刹と一括(諸山のみの時は封紙なし)
家光	正保二	官(花押)	官(花押)	官(花押)	官(花押)	官(黒印)	官(黒印)	官(黒印)	十刹と一括(諸山のみの時は封紙なし)
家綱	承応二・明暦三	官(花押)	官(朱印)	官(朱印)	官(朱印)	官(朱印)	官(黒印)	官(黒印)	十刹と一括(諸山のみの時は封紙なし)
家綱	万治三・寛文七	官(花押)	官(朱印)	官(朱印)	官(黒印)	宛書のみで差出書なし	官(黒印)	宛書のみで差出書なし	十刹と一括(諸山のみの時は封紙なし)
家綱	寛文一〇・寛文一三・延宝三	官(花押)	官(朱印)	官(朱印)	(黒印)	宛書のみで差出書なし	宛書のみで差出書なし	宛書のみで差出書なし	十刹と一括(諸山のみの時は封紙なし)
綱吉	天和元・貞享五	官(朱印)	官(朱印)	官(朱印)	(黒印)	宛書のみで差出書なし	宛書のみで差出書なし	宛書のみで差出書なし	十刹と一括(諸山のみの時は封紙なし)
綱吉	元禄五・元禄八・元禄一一・元禄一六・宝永四	官(朱印)	官(朱印)	官(黒印)	(黒印)	宛書のみで差出書なし	宛書のみで差出書なし	宛書のみで差出書なし	十刹と一括(諸山のみの時は封紙なし)
家宣	宝永七・正徳二	官(花押)	官(朱印)	官(黒印)	(黒印)	宛書のみで差出書なし	宛書のみで差出書なし	宛書のみで差出書なし	十刹と一括(諸山のみの時は封紙なし)
家継	正徳三	官(朱印)	官(朱印)	官(黒印)	(黒印)	宛書のみで差出書なし	宛書のみで差出書なし	宛書のみで差出書なし	十刹と一括(諸山のみの時は封紙なし)
吉宗	享保二以降	官(花押)	官(朱印)	官(黒印)	(黒印)	宛書のみで差出書なし	宛書のみで差出書なし	宛書のみで差出書なし	十刹と一括(諸山のみの時は封紙なし)

(註)写真3-7の封紙のみ「官(花押)」

の朱印の使用が、もっともおそかったというのは、それだけで公帖が格式の高い文書であったことを示すものであるといえよう。

黒印の使用

家綱の万治三年（一六六〇）になると、諸山公帖に新たに黒印が用いられるようになり、「官(黒印)」という署判がおこなわれ、公帖の署判の仕方も三種類となる。ついで、家綱の寛文十年（一六七〇）には、諸山公帖の署判は「官」が省略されて「(黒印)」だけとなる。さらに綱吉の元禄五年（一六九二）になると、十刹公帖はこれまでの「官(朱印)」から「官(黒印)」となる。かくして、綱吉の段階にいたって本紙差出書の署判は、

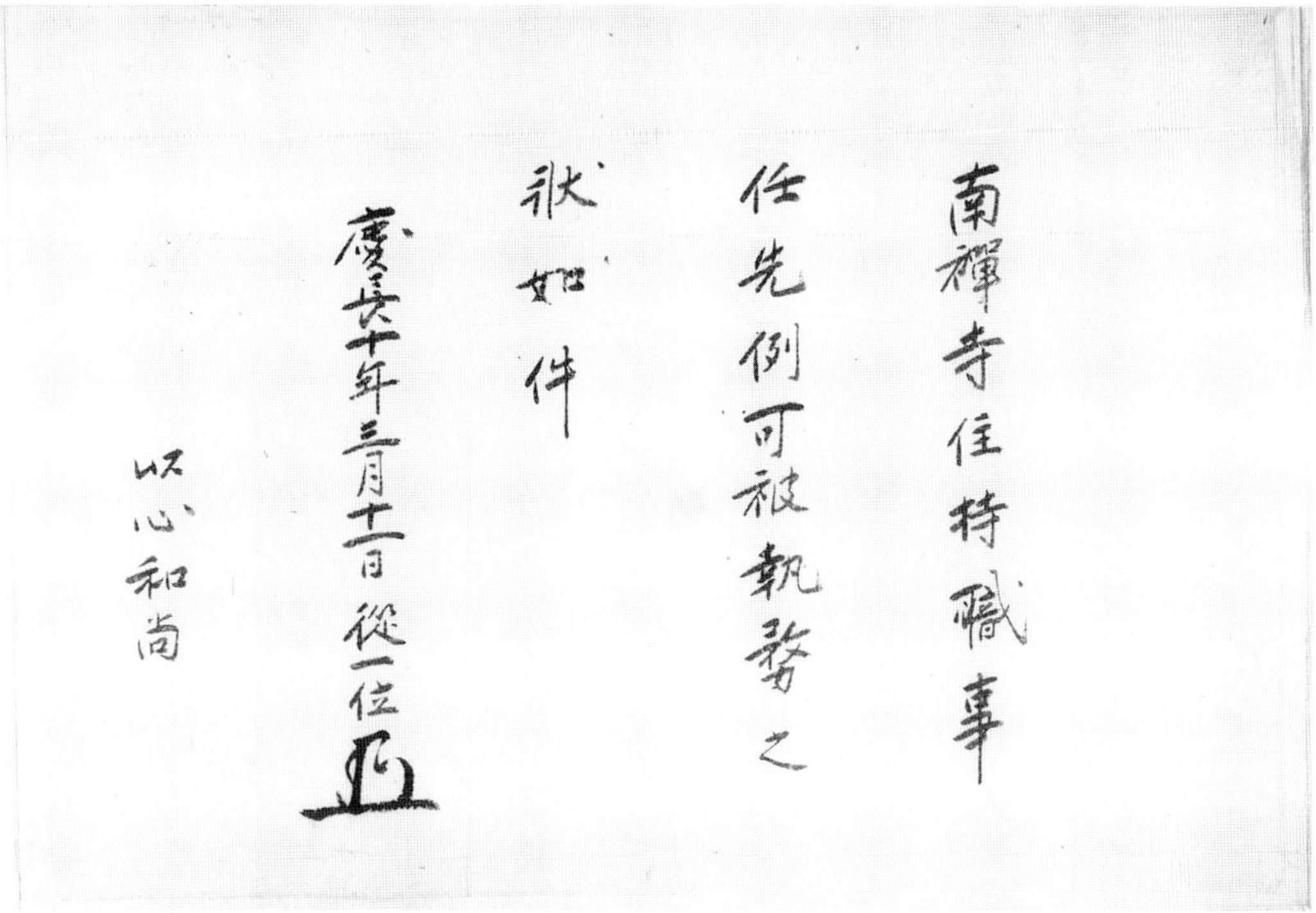

写真 3-10　徳川家康公帖(五山之上)

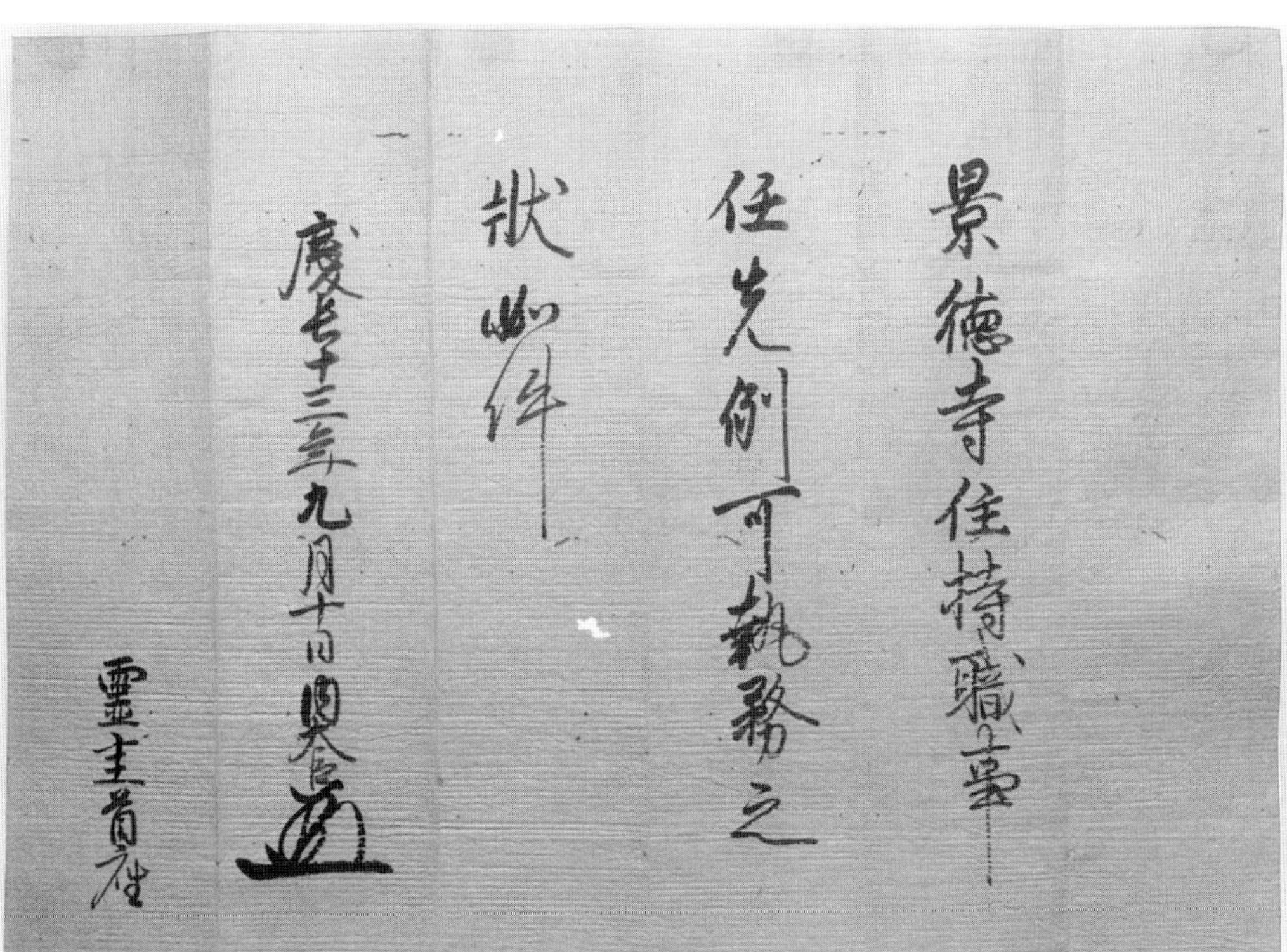

写真 3-11A　徳川秀忠公帖(諸山)

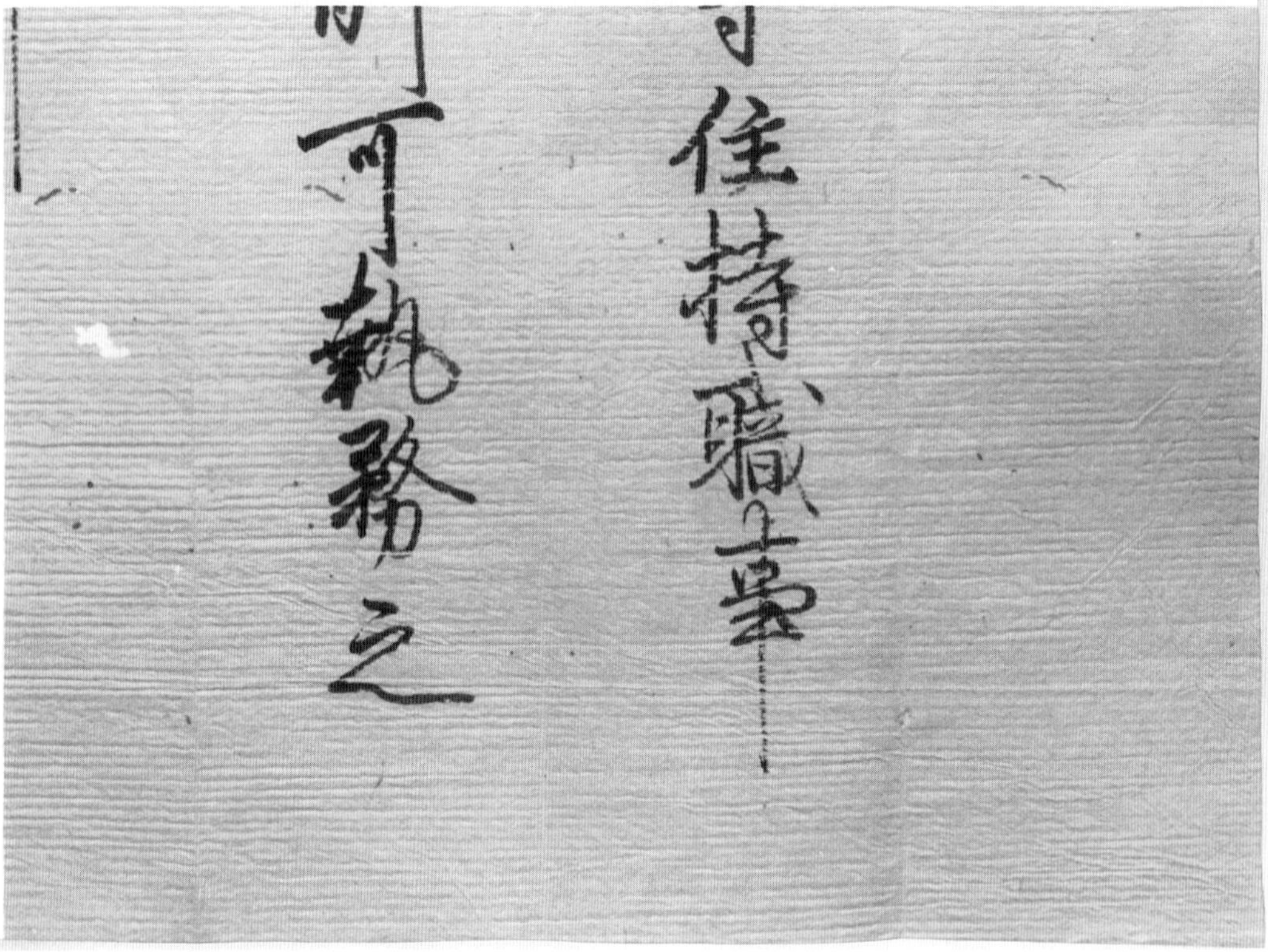

写真 3 -11 B　徳川秀忠公帖部分図(諸山)

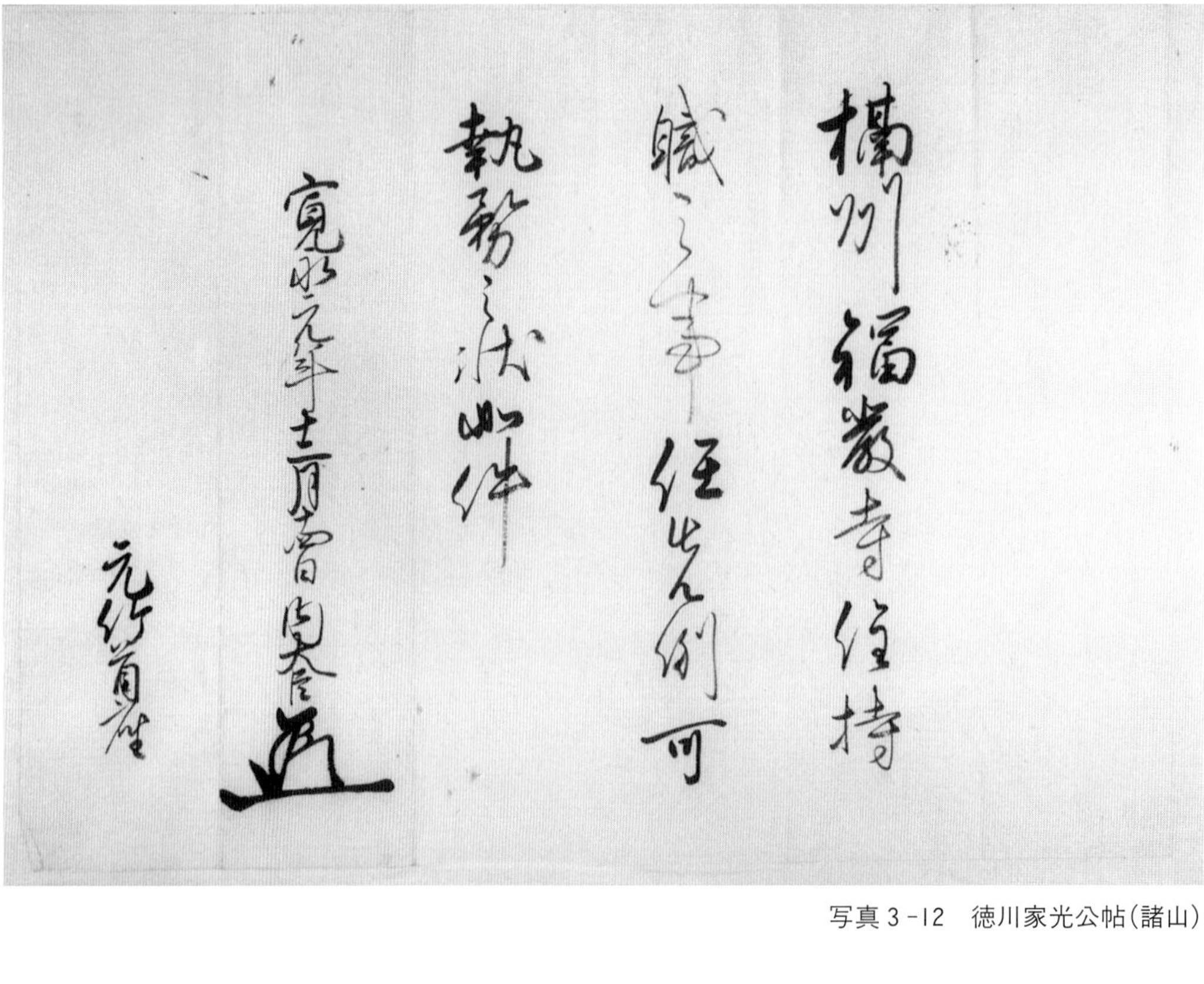

写真 3 -12　徳川家光公帖(諸山)

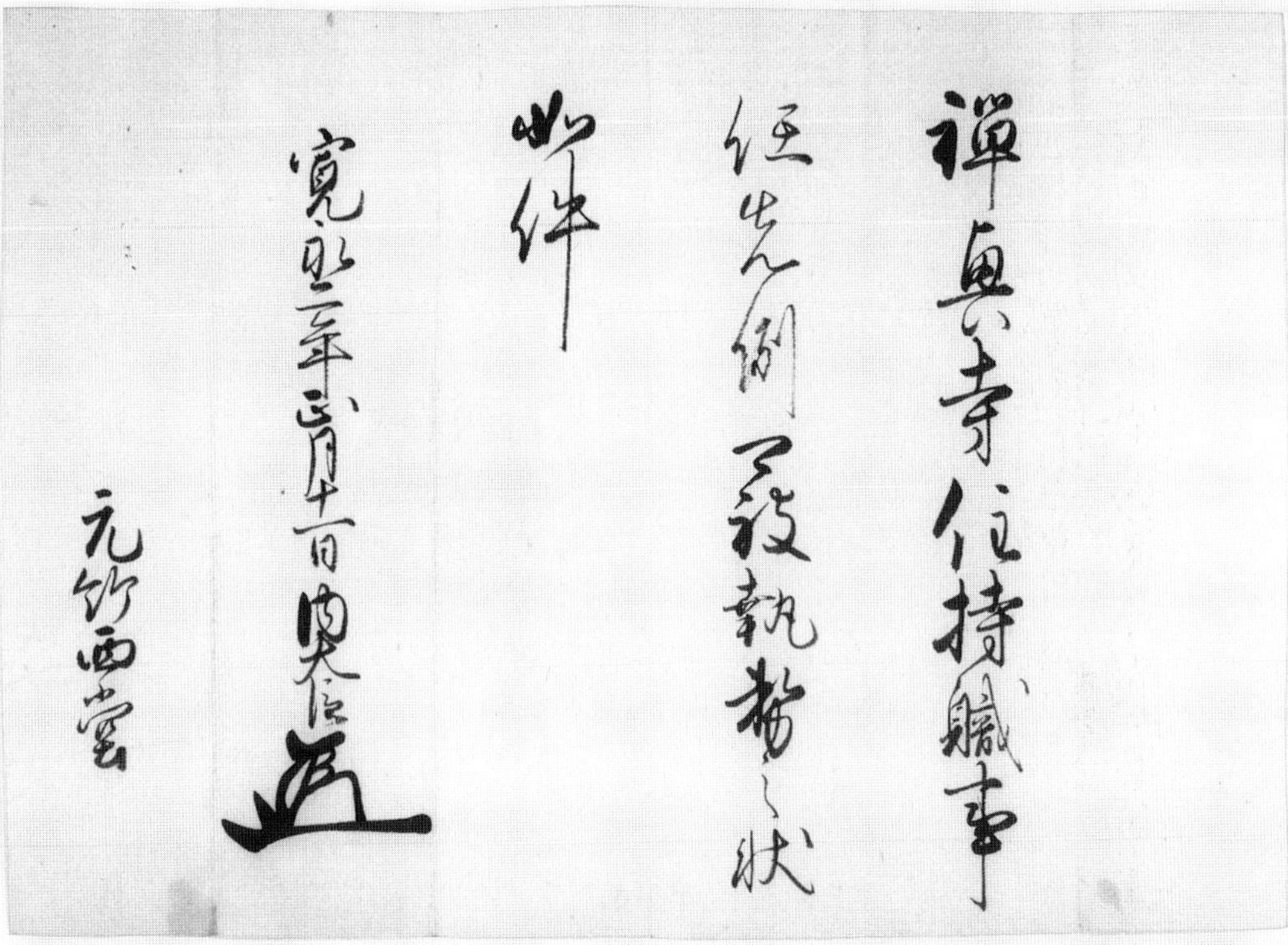

写真３-13Ａ　徳川家光公帖（十刹）

写真３-13Ｂ　徳川家光公帖封紙

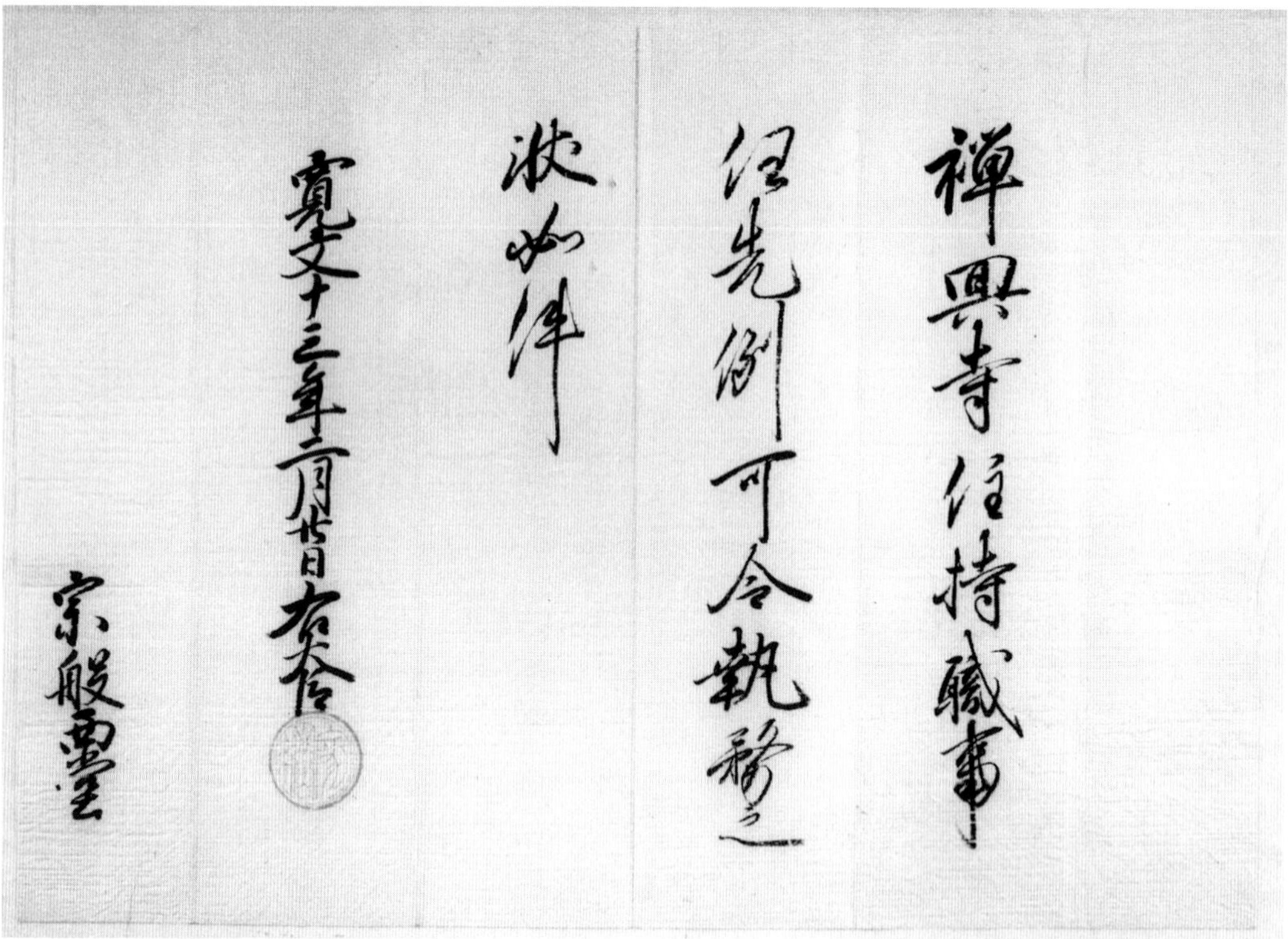

禪興寺住持職事
任先例可令執務之
状如件
寛文十三年二月廿日 右大臣
宗般西堂

写真３-14Ａ　徳川家綱公帖（十刹）

写真３-14Ｂ　徳川家綱公帖封紙

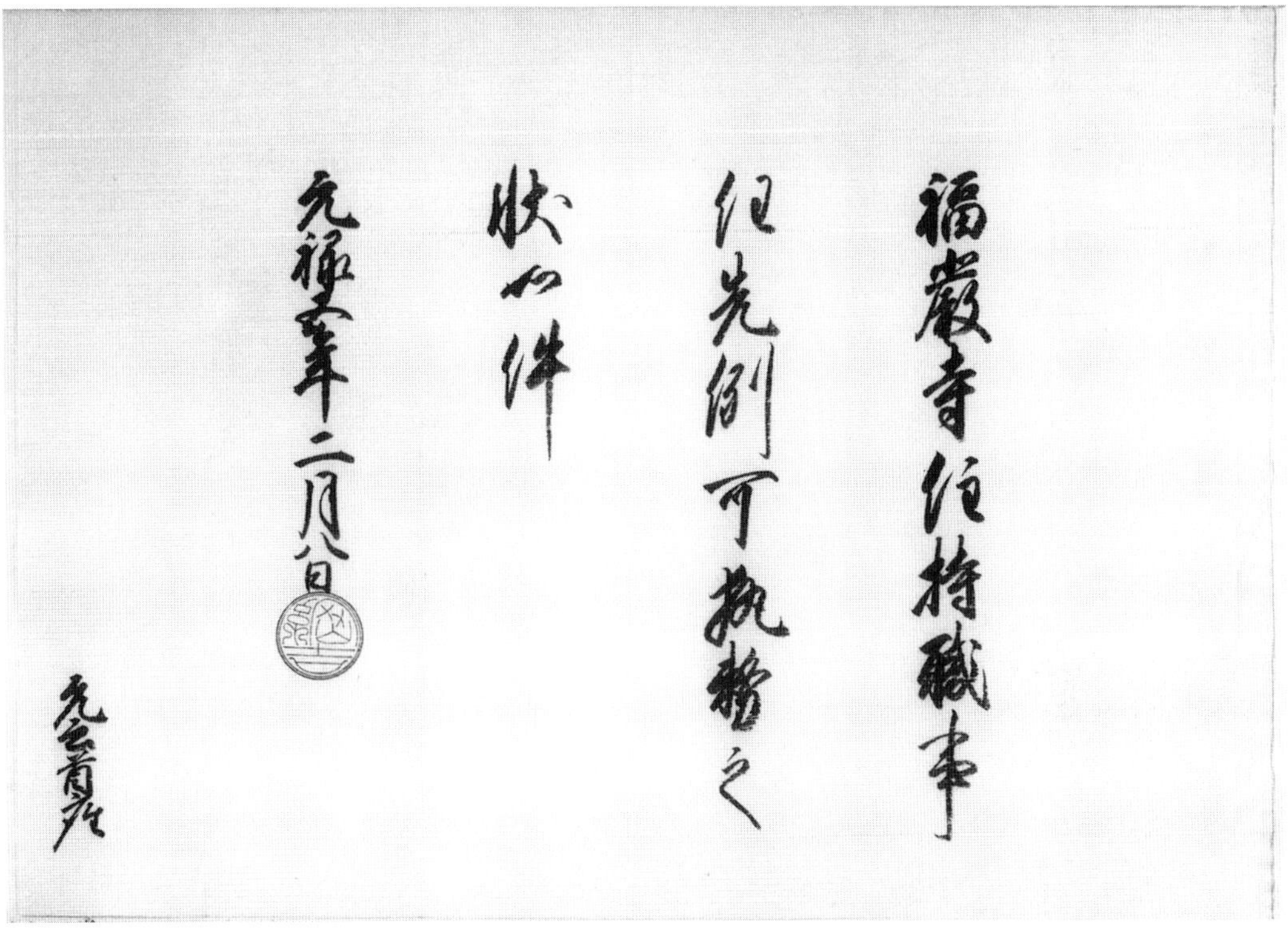

福巌寺住持職事
任先例可執務之
状如件

写真３-15　徳川綱吉公帖（諸山）

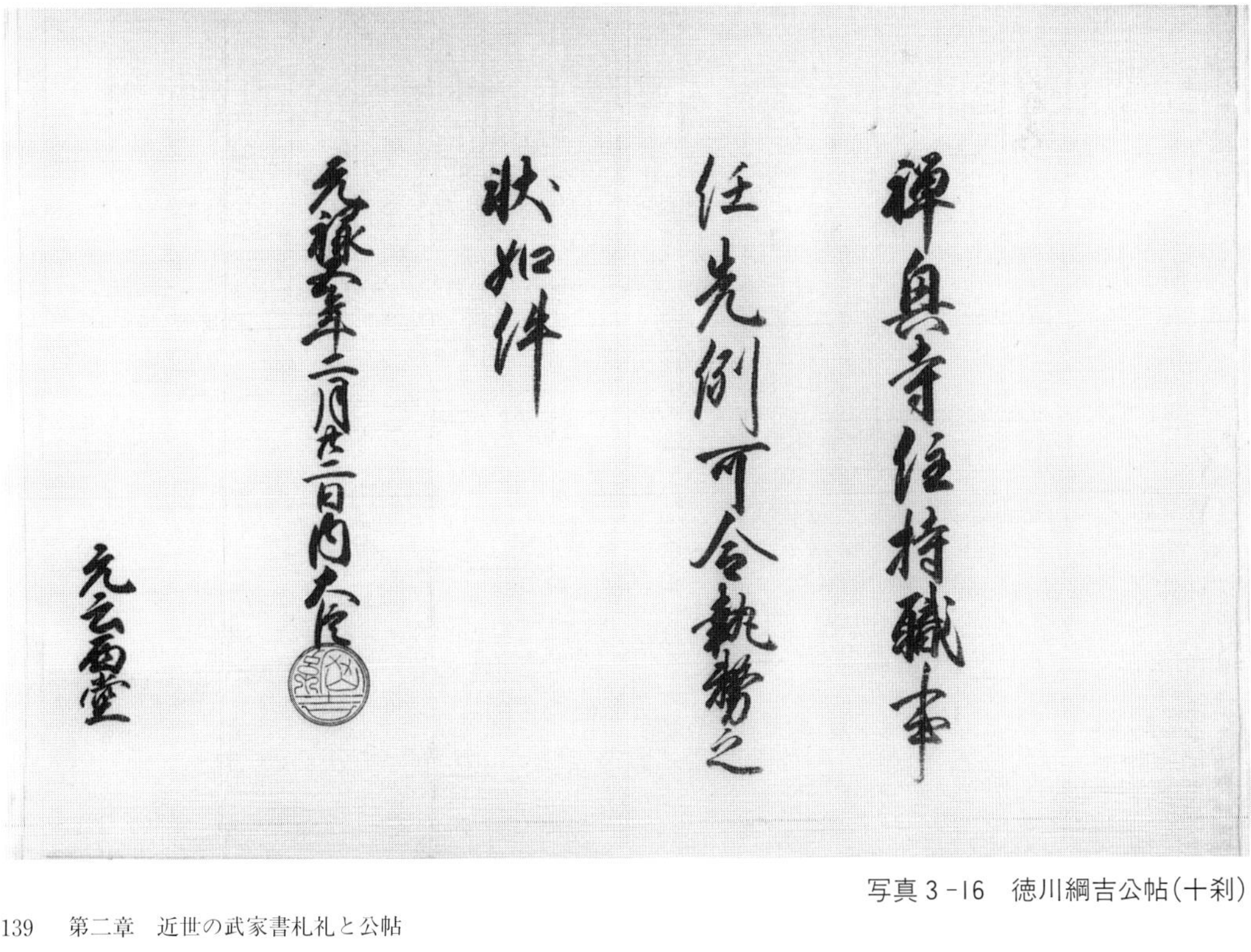

禅興寺住持職事
任先例可令執務之
状如件

写真３-16　徳川綱吉公帖（十刹）

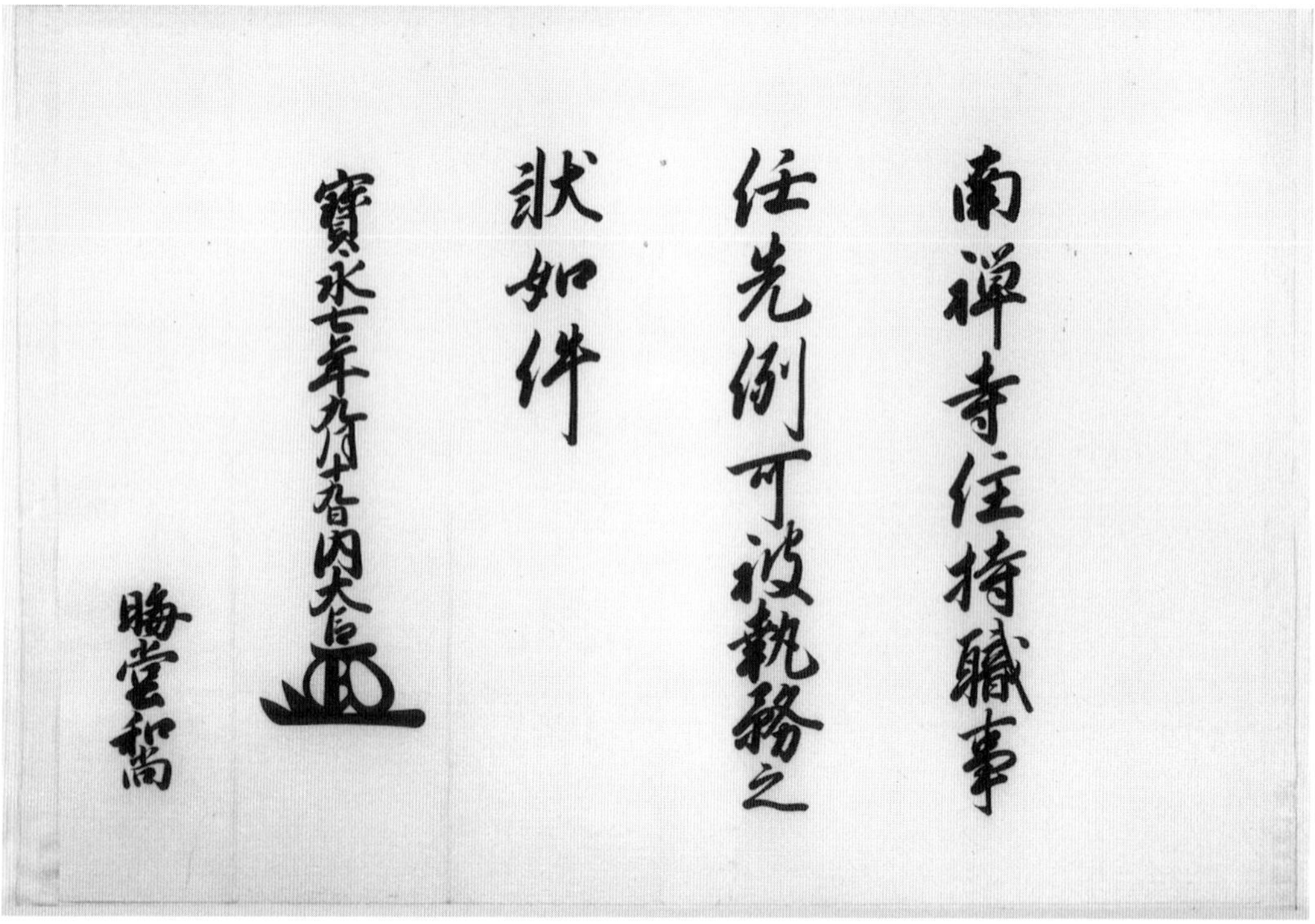

南禪寺住持職事
任先例可被執務之
状如件
寶永七年九月十九日 内大臣
晦堂和尚

写真３-17　徳川家宣公帖（五山之上）

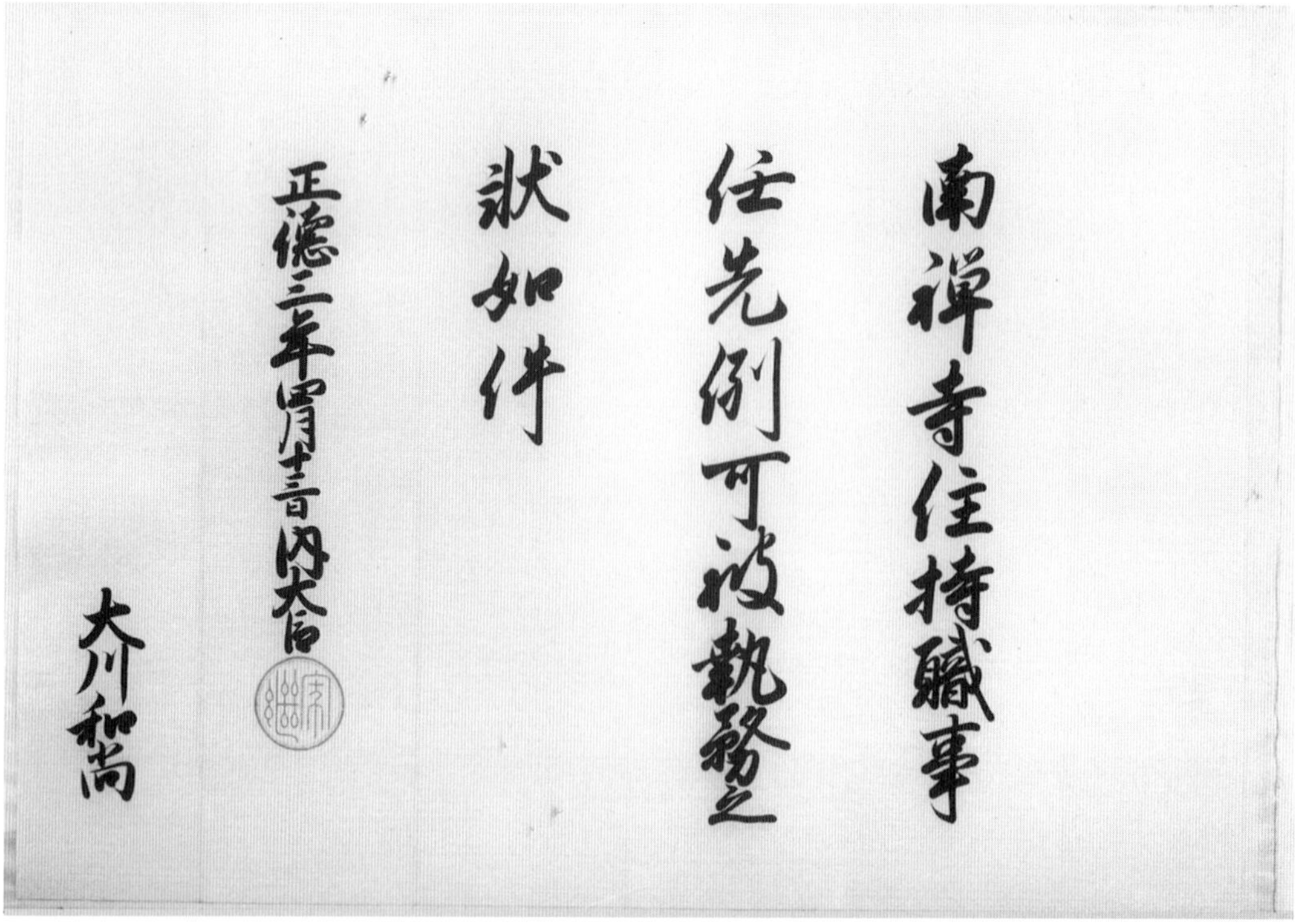

南禪寺住持職事
任先例可被執務之
状如件
正德三年四月十三日 内大臣
大川和尚

写真３-18　徳川家継公帖（五山之上）

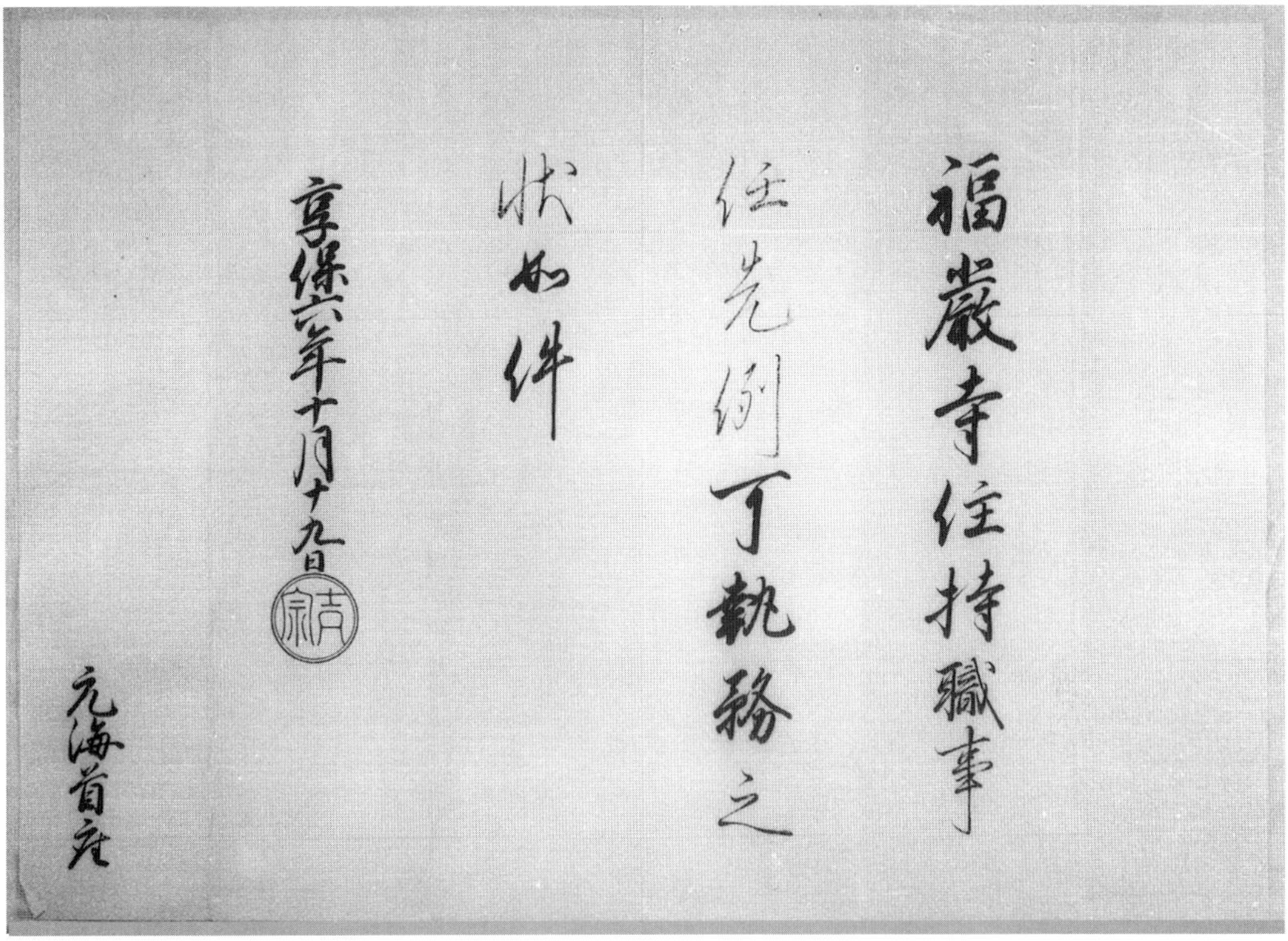

福巌寺住持職事
任先例可執務之
状如件
享保六年十月十九日（吉宗）
元海首座

写真３-19　徳川吉宗公帖（諸山）

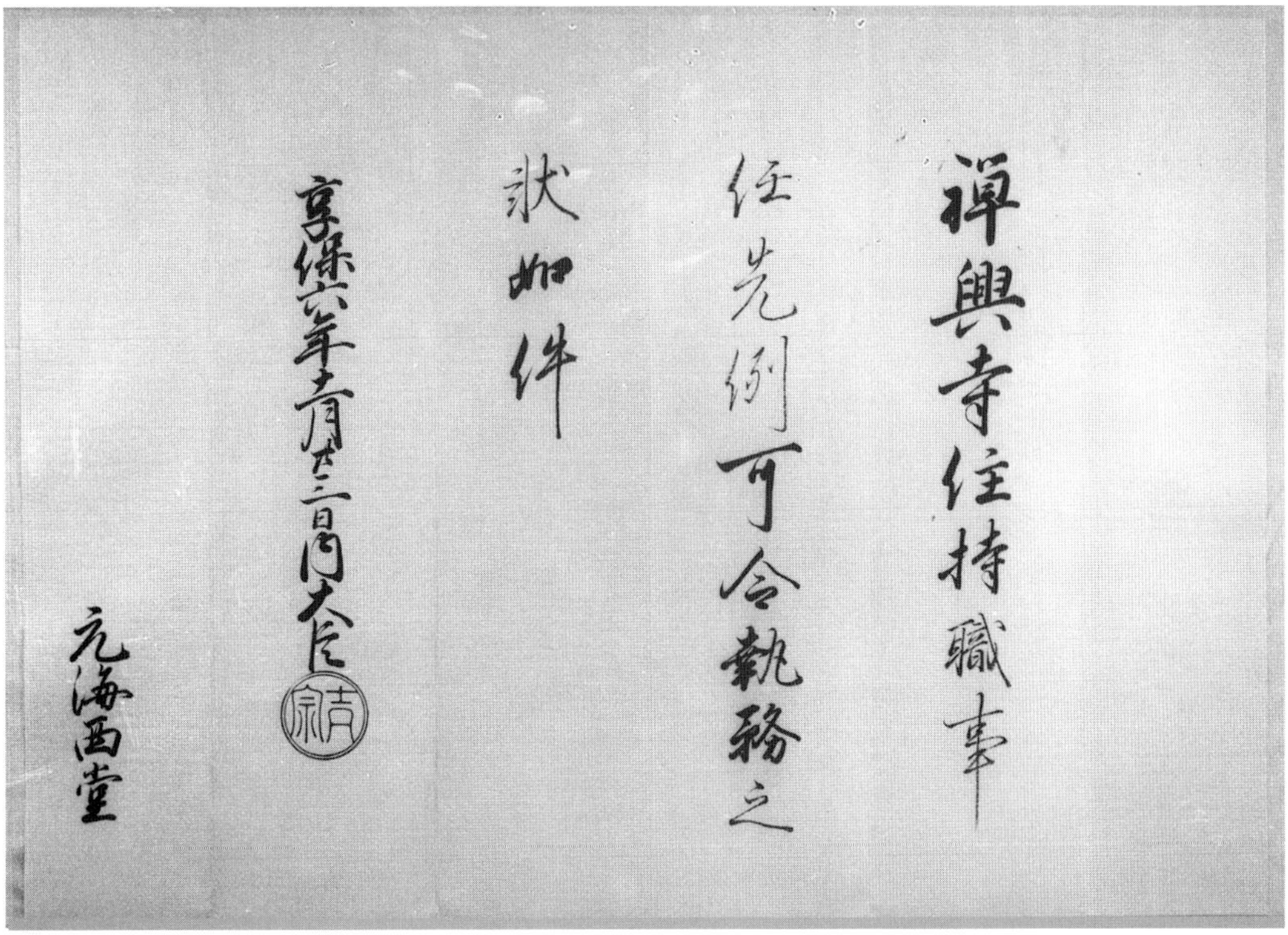

禅興寺住持職事
任先例可令執務之
状如件
享保六年十二月廿二日（吉宗）
元海西堂

写真３-20　徳川吉宗公帖（十刹）

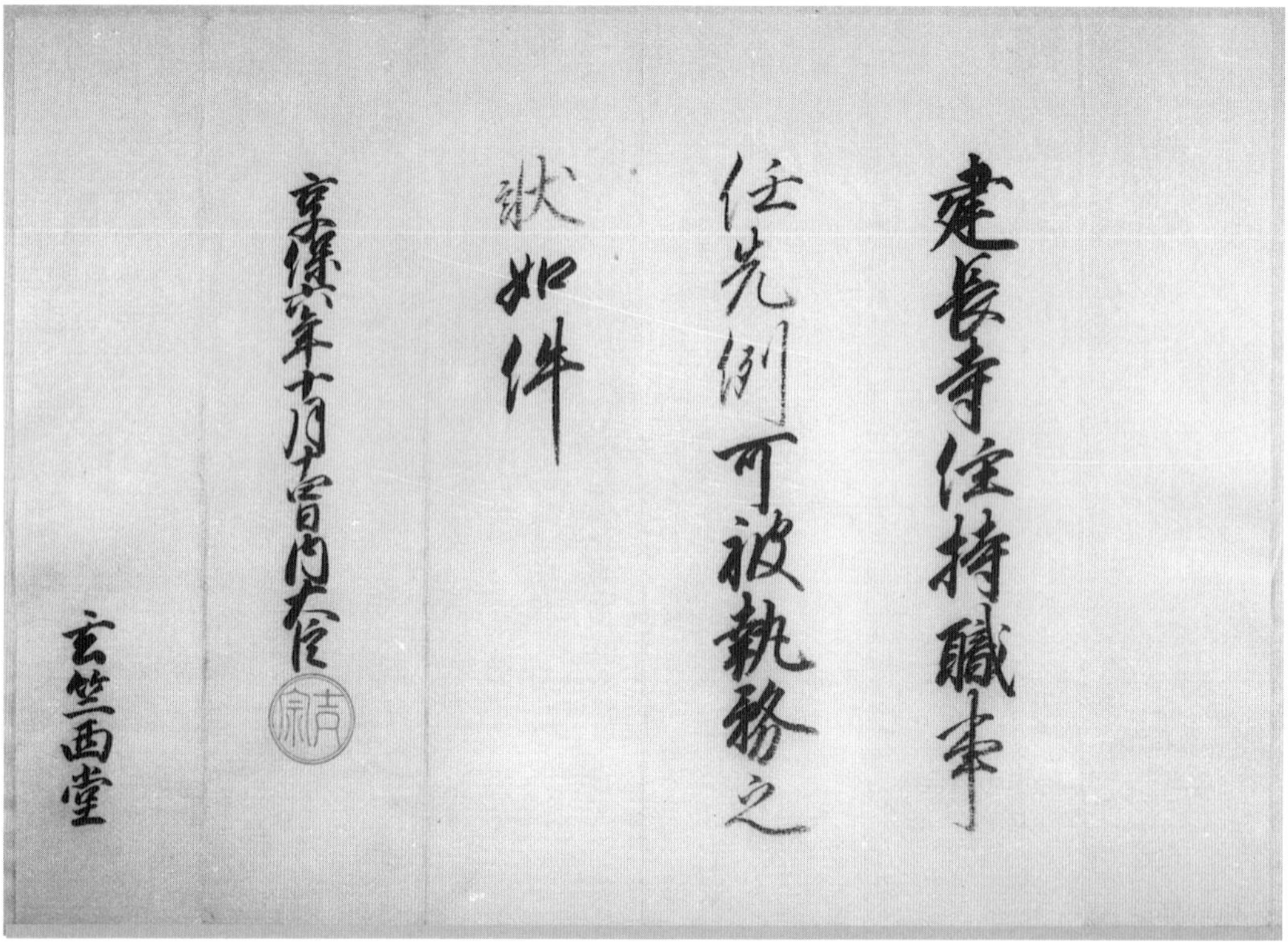

建長寺住持職事
任先例可被執務之
状如件
享保六年十一月十一日内大臣（吉宗）
玄笠西堂

写真３-21　徳川吉宗公帖（五山）

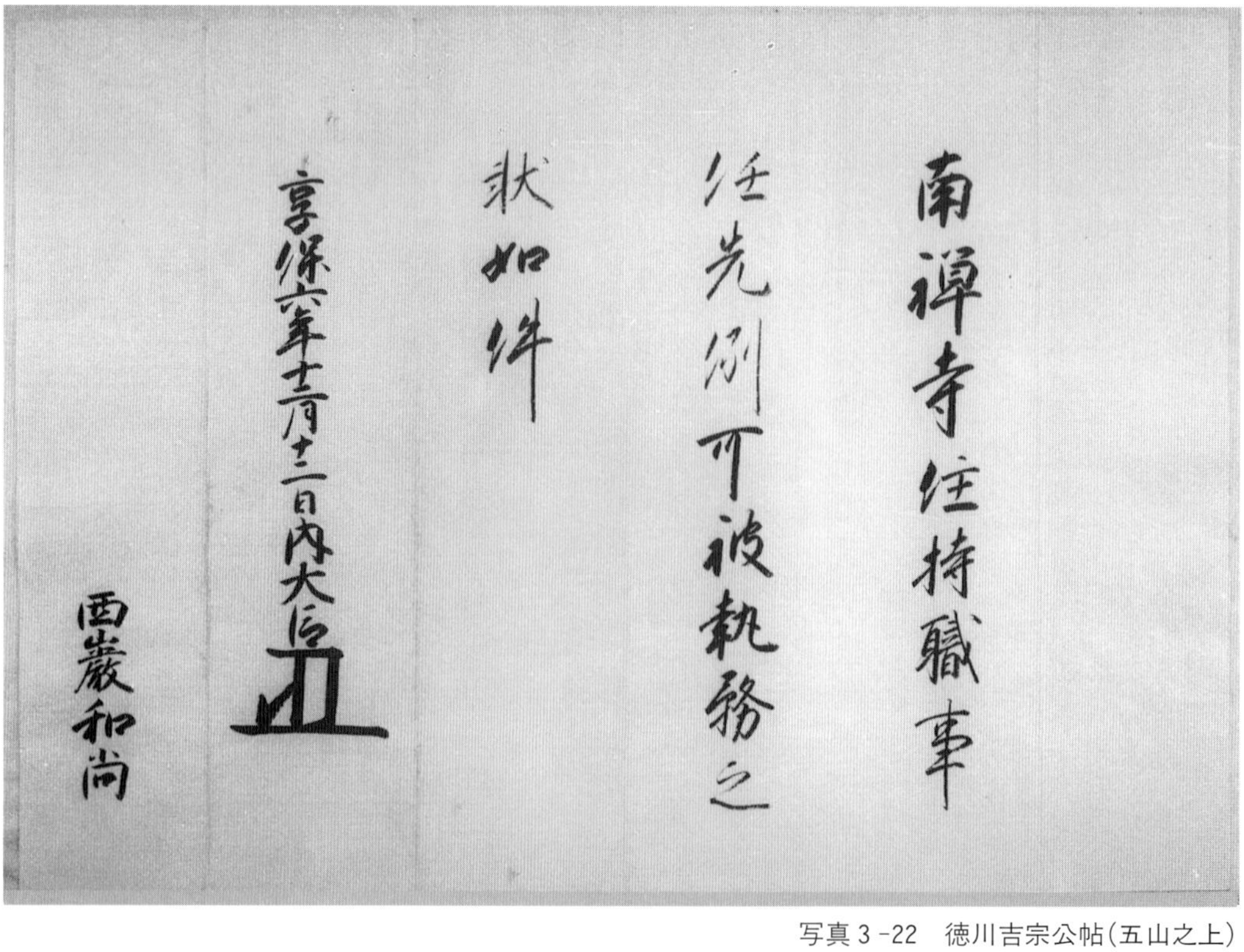

南禅寺住持職事
任先例可被執務之
状如件
享保六年十一月十二日内大臣
西巌和尚

写真３-22　徳川吉宗公帖（五山之上）

寺格におうじた署判の仕方

書札礼の体系が確立・固定化

花押が厚礼、朱印が薄礼
朱印が厚礼、黒印が薄礼

官職の記載

五山・五山之上公帖＝「官（朱印）」　十刹公帖＝「官（黒印）」　諸山公帖＝「（黒印）」

というように、寺格におうじた署判の仕方が整備されていく。そして五山之上公帖については、その後花押が用いられたり、また朱印にかえったりという動きはあるが、吉宗の時代にいたって最終的に「官（花押）」と確定する。以上のようなはなはだ複雑な経過をたどって、江戸幕府の公帖の署判の仕方は、その寺格におうじて、

「官（花押）」―「官（朱印）」―「官（黒印）」―「（黒印）」

という整然たる書札礼の体系が確立・固定化するのである。

これをもってみると、公帖の署判は、室町時代には他の御判御教書と同じく、もっぱら花押が用いられていた。そして、それは秀吉・秀次さらには家康・秀忠・家光までうけつがれる。しかし、戦国期東国における印判状の成立は、信長・秀吉・家康の公文書に大きな影響を与え、朱印状・黒印状の成立をみる。そして、この風潮は当然公帖にも波及する。家綱の時代になって、花押を補うものとして朱印が用いられるようになる。かくして、花押が厚礼、朱印が薄礼という方式が成立するが、さらに黒印が用いられるようになり、同じ印判でも朱印が厚礼、黒印が薄礼と区分けされる。すなわち差出書の署判の方法としては、もっとも尊大なのが黒印、ついで朱印、そして花押がもっとも丁重な使い方ということになり、

花押―朱印―黒印

という方式が定着することになる。

江戸幕府の朱印状については、すでに大野氏の研究でも明らかなように、花押が丁重で朱印が薄礼ということが確認できる。[7] しかし、そこで用いられているのは花押と朱印だけで黒印は使われていない。公帖にあっては黒印も用いられているので、同じ差出書の署判でも、花押―朱印―黒印という三段階があったことがたしかめられるのである。

しかし、公帖の署判の礼の厚薄はこれにつきるものではない。もう一つの要素として、官職の記載の有無がある。吉宗の段階には、諸山公帖と十刹公帖には同じく黒印を用いるが、前者には官職の記載はなく（写真3-19）、後者にはその記載をみる（写真3-20）。すなわち、官職の記載のない方が尊大で、官職の記載のあるのが丁重だということになる。[8] かくして吉宗のときにいたって、さきに述べたような寺格におうじた、

「官（花押）」―「官（朱印）」―「官（黒印）」―「（黒印）」

という四段階の署判の方式が確定するのである。

封紙ウワ書の書き方

いっぽう、封紙ウワ書の書き方についても複雑な変遷を跡づけることができる。本来折り目正しい書札様文書には封紙が必須のものであり、それには宛書と差出書が付せられていた。公帖も書札様文書であるから本紙に封紙が添えられ、そこには宛書・差出書が書かれていた。その模様は、

天文二一年（一五五二）五月二三日　足利義輝御判御教書（公帖）（十刹公帖　写真3-4A・B）

天正一四年（一五八六）四月一三日　足利義昭御判御教書（公帖）（五山之上公帖　写真3-6A・B）

で確認できると思う。

第五項　封紙ウワ書の差出書と宛書

まず、差出書についていうと、写真3-4B・3-6Bでは、「官（花押）」となっている。これが公帖封紙ウワ書の差出書の書き方である。その後の変遷は表3-3にみられるごとくであって、単純化していうと、

「官（花押）」→「官（朱印）」→「官（黒印）」

と推移して、家綱の時代にいたって差出書がなくなり、封紙ウワ書は宛書のみが記入されるようになる。これは封紙ウワ書の署判の仕方が漸次簡略化の道をたどったといえる。そして最後に、差出書全体が省略される。写真3-14Aは、

差出書全体を省略

寛文一三年（一六七三）二月二〇日　徳川家綱公帖（十刹公帖）

で、その封紙が写真3-14Bである。(9) これをみると、そのウワ書は宛書だけで、差出書はみられない。いま述べたように、書札様文書にあっては、封紙は書札としては必須のものであり、そのウワ書には宛書と差出書が揃っているのが当然のことであった。それは現在の封筒に住所・宛名と、差出人の住所・名前が記されるのと同じである。しかし、家綱の頃に、差出書が省略されて宛書だけになったというのは、幕府の絶対権力が確立し、将軍の発給する公帖の封紙には、差出書は自明のこととしていちいち必要としなくなったので省略されたことを意味するものと解したい。これは現在の簡易な公文書には「公印省略」と記されるのと同じと考えてよかろう。ともあれ、家綱の段階にいたって、公帖の封紙ウワ書は差出書が省略されて宛書だけになってしまうのである。

第六項　封式・書式の固定化

吉宗の段階に固定化

たびたびいうように、公帖の封式・書式は吉宗の段階にいたって完全に固定化する。その模様を示すのが、

享保　六年（一七二一）一〇月一九日　徳川吉宗公帖（諸山公帖　写真3-19）
享保　六年（一七二一）一一月二三日　徳川吉宗公帖（十刹公帖　写真3-20）
享保　六年（一七二一）一〇月一四日　徳川吉宗公帖（五山公帖　写真3-21）
享保　六年（一七二一）一二月一二日　徳川吉宗公帖（五山之上公帖　写真3-22）

の四通である。いうまでもなく、写真3-19は諸山公帖、写真3-20は十刹公帖、写真3-21は五山公帖、写真3-22は五山之上公帖である。表3-1にならって、その書式をまとめると表3-4のようになる。

これについては、もはや余り多くを語る必要はあるまい。五山之上・五山・十刹・諸山というように寺格におうじた書札礼が整然と作りあげられていることを確認すればそれでよい。ただ一つだけ付け加えておかねばならないことに十刹公帖の尊敬語がある。表3-1では十刹は「可被執務」となっていた。しかし、それは寛永二年（一六二五）正月の家光の公帖（写真3-13A）を最後とし、つぎの寛永十二年（一六三五）九月からは「可令執務」と、いちだん尊大な表現となりそれが固定する。

公帖の分化

ふりかえってみると、戦国末期の義輝・義昭の段階では、封式・書式の定式化はみられたが、公帖相互間の隔差はそれほどみられなかった。もし区別するとすれば、比較的薄礼の諸山公帖とそれ以外の十刹公帖以上のものというように二つが考えられる。しかるに近世社会の確立とともに公帖も分化し、五山之上―五山―十刹―諸山というような体系が形成される。そして、家康以来約一〇〇年を要して作りあげられたこの公帖の体系は、以後寸分かわらぬまま約一五〇年間踏襲されて幕末にまでおよぶ。

表3-4　徳川吉宗の公帖の書式

	寺名	尊敬語	差出書	宛書
五山之上	寺名	可被執務	官（花押）	道号和尚
五山	寺名	可被執務	官（朱印）	法諱西堂
十刹	寺名	可令執務	官（黒印）	法諱西堂
諸山	寺名	可執務	（黒印）	法諱首座

この公帖の歩みは、江戸幕府最高の公文書たる朱印状とも規を一にするものである。[10] 朱印状は家綱のいわゆる

「明年以後武家任叙皆不見」

「寛文印知」にいたって、それぞれの家格・寺格におうじた書札礼が確立する。そして最終的には吉宗の段階で「依当家先判之例」という文言を用いることによって、文章自体も完全に固定化し、それがそのまま幕末にいたるまで踏襲されるのである。

註

（1）前記玉村竹二「公帖考」には「天正・文禄・慶長年間公帖一覧」が掲げられており、天正二年（一五七四）から慶長十五年（一六一〇）まで、すなわち義昭から秀忠までの間に発給された公帖が一覧できるようになっている。

（2）「南禅寺公帖目録」（後掲）の一一・一二号文書。

（3）『南禅寺文書　下』に収める「南禅寺住持籍」（付四号）をみると、「二百七十世　以心和尚　慶長十年乙巳五月廿八日入寺」とあり、坐公文ではなかったことをしる。

（4）「南禅寺公帖目録」（後掲）二三・二四・二五・二六号文書。

（5）元和五年（一六一九）には秀忠は前右大臣従一位であった。『公卿補任』によれば、元和五年（一六一九）の秀忠の項に、「明年以後武家任叙皆不見」と記され、元和六年（一六二〇）からは秀忠をはじめ武家の任叙はすべて姿を消す。

（6）この点については詳しい説明が必要であるが、別稿を期したい。

（7）前記大野瑞男「領知判物・朱印状の古文書学的研究——寛文印知の政治史的意義（一）——」を参照。

（8）これは室町時代以来の武家文書についていえることであって、公家の書札様文書の署名・署判と礼の厚薄については、拙稿「草名と自署・花押——書札礼と署名に関する一考察——」（『古文書研究』二四号　一九八五年）を参照いただきたい。

（9）この封紙には当然のことながら、諸山公帖も包まれている。

（10）これについては前記大野瑞男「領知判物・朱印状の古文書学的研究——寛文印知の政治史的意義（一）——」を参照。なお、京都妙蓮寺の代々の朱印状を考察したものとして第一章「妙蓮寺の近世文書」が、また天龍寺の朱印状については第四章「天龍寺の朱印状と公帖」で検討している。

第三節　近世公帖の料紙・花押等の変遷

これまで、義輝・義昭以来の公帖について、封式・書式を中心にして、その推移を考えてきた。いうまでもなく公帖の形態を考えてきたのであるが、まだ残された検討課題もすくなくない。以下、南禅寺の公帖全体の料紙・花押・文字の配置・宛書の書き方を個別に検討してみようと思う。

第一項　料紙について

公帖の料紙について

まず料紙について考える。公帖の料紙についても、義輝・義昭以降漸次近世的な形態が整えられ、家綱・綱吉にいたってほぼ確立、吉宗の段階に固定化するというこれまでみてきた図式が確認できる。いま各段階の料紙の所見をまとめると表3-5のようになる。

表3-5　南禅寺公帖の料紙

	義輝・義昭	秀吉・秀次	家康	秀忠・家光	家綱以降
紙　質	檀紙IIａ			檀紙IIｂ	檀紙III
厚　さ	0.2㎜	0.3㎜		0.2㎜	0.3㎜以上
大きさ(縦×横)	①33.4×50.9㎝ ②39.9×59.5㎝	46.3×65.4㎝	46.6×65.8㎝	45.8×62.9㎝	③45.6×62.2㎝ ④46.8×65.6㎝
縦横の比率	①1：1.52 ②1：1.49	1：1.41	1：1.41	1：1.37	③1：1.36 ④1：1.40

①は義輝の公帖、②は義昭の公帖、③は家綱の承応・明暦の公帖、④は家綱の万治以後の公帖

(一)料紙の紙質(檀紙)

中世の檀紙

南禅寺公帖の料紙の紙質はすべて檀紙[補註③]であるが、同じく檀紙といっても全部が一様なものではなく、その中にはっきりと変遷を跡づけることができる。中世の檀紙は義満の時代、すなわち南北朝末から室町初期のものが典型的なものである。それはやや黄色味をおび、がさがさとした荒々しさのなかにも目がつまって厚く、しかも大きいのが特色である。これは当時の武家の気風に合致し、足利歴代将軍の御判御教書のうちでも、重要な証拠書類すなわち公験になる御教書の料紙に用いられる格式の高いものである。

檀紙I

しかし、この檀紙も戦国時代から江戸時代初期のものになると、南北朝・室町期の檀紙——これを第一章「妙蓮寺の近世文書」では檀紙Iと称したので本章でもそれを踏襲する——とはすこし異なり、それより質が落ち厚さも薄くなり、ぶよぶよとした感じのものとなる。言葉は悪いが中世の立派な檀紙の「亜流」とでもいうことができようか——これを檀紙IIａと称することにする——。

檀紙IIａ

大高檀紙

それがさらに一歩進むと、自然に横に大きなシワ(シボともいう)がついてくる。その模様は、写真3-11Aでうかがうことができる。これが

檀紙Ⅱｂ（大高檀紙）

檀紙Ⅲ

『和簡礼経』にいう「大高檀紙」である。ここでは秀忠の花押すら、シワのために墨のかすれがたしかめられる。さらに、その部分を拡大した写真3-11Bでは、横のシワがはっきり看取できるし、「事」の最後の一画がシワのためかすれていることがよくわかる。檀紙Ⅰにも横に簀の目がはっきりみられるのがふつうであるが、これはシワではなく、あくまでも簀の目である。[1] 檀紙Ⅰは厚くて目がつまっているから腰が強いが、江戸時代になって中世の檀紙の「亜流」化がいっそう進み、横に大きなシワができるようになると、それほど厚くないということもあって腰が弱い――これを檀紙Ⅱｂと称す――。南禅寺の公帖をみると、義輝・義昭・秀吉・秀次・家康の公帖には檀紙Ⅱａが用いられ、秀忠・家光の時代には檀紙Ⅱｂが使われている。

しかるに家綱以降になると、細かい漉きの目のつまった堂々たる近世の檀紙――これを檀紙Ⅲという――が用いられるようになる。これはおそらく檀紙Ⅰと材料・製法は余りかわらないと考えられるが、檀紙Ⅰでは荒い楮の繊維が残ってがさがさしていたが、檀紙Ⅲでは抄紙技術の進歩にともなって、楮の繊維は細かく叩解され、質が均一になるとともに荒々しさがなくなり、上品な感じのものとなる。その結果、檀紙Ⅲの厚いものはボール紙あるいは薄い板のように感じられるものさえみられる。たとえば、

宝永　四年（一七〇七）一二月二七日　徳川綱吉公帖

宝永　五年（一七〇八）正月二四日　徳川綱吉公帖[2]

になると、厚さも〇・四ミリメートルとなり、シワはなくなり――ただし横の簀の目は残る――、目がつまってボール紙あるいは薄い板のように感じられる。以後、この種の檀紙が幕末まで用いられるのであって、料紙の面でもだいたい家綱の頃に近世の公帖が定着したといえる。

ここで、すこし横道にそれるが、同じ檀紙であっても檀紙Ⅲと大高檀紙（檀紙Ⅱｂ）との間には、その使用法に礼の厚薄の差のあったことを指摘しておきたい。これはすでに第一章「妙蓮寺の近世文書」で述べたところであるが、京都府立総合資料館には現在、

安政　二年（一八五五）九月一一日　徳川家定朱印状

万延　元年（一八六〇）九月一一日　徳川家茂朱印状

の二種類の朱印状が合せて四二通蔵せられている。[3] そのうちのほとんどは京都を中心にした寺社に宛てられたものであるが、三通だけがいずれも万延元年（一八六〇）九月十一日付で、それぞれ武者小路三位・五条前中納

檀紙IIIが厚礼、檀紙IIbが薄礼

言・花園前少将と公家宛になっている。この両者の紙質ははっきりちがっていて、前者すなわち寺社宛のものは大高檀紙（檀紙IIb　厚さ〇・四ミリメートル）、後者は檀紙III[4]（厚さ〇・五ミリメートル）である。すなわち檀紙IIIが厚礼、大高檀紙が薄礼ということがはっきりする。これによってみれば、江戸時代の公帖が家綱以降すべて檀紙IIIを用いたということは、寺社に下される朱印状より格式の高いものであることを示している。

料紙の厚さ

(2)料紙の厚さ

つぎに料紙の厚さについていうと、各段階の料紙の厚さの平均は表3-5のごとくである。[5] 義輝・義昭のものは〇・二ミリメートル前後で、中世の檀紙に比べると大分薄くなっている。秀吉・秀次・家康のものになると、料紙の大きさも大きくなるとともに、〇・三ミリメートル前後と厚さもすこし厚くなる。しかし秀忠・家光のものはまた〇・二ミリメートル前後と薄くなり——大きさも小さくなる——、檀紙IIIが使われるようになった家綱の頃から〇・三ミリメートルあるいはそれ以上となる。しかし、秀吉・秀次・家康の時代と、家綱以降は、同じく〇・三ミリメートルであるが、前者の料紙はぶよぶよと腰が弱く、それに対して後者は目がつまっていて腰が強くしっかりしているため、後者の方がずっと厚く感じられる。

料紙の大きさ

(3)料紙の大きさ

料紙の大きさをみると、義輝公帖の平均値は三三・四×五〇・九センチメートル、義昭のものは三九・九×五九・五センチメートルで、義輝のものは中世の標準的な檀紙に近く、義昭のものはそれより二まわりくらい大きいが、まだ中世の檀紙ということが許されよう。[6] 秀吉のときになるとそれがいちだんと大きくなり、はっきり近世的な傾斜がみられる。家康にいたっては一通は四六・七×六六・二センチメートルと、中世では考えられないほどの大きさで、近世でも最大の部に属すると考えられる大きさの料紙を用いている。以下は表3-5にみるごとくであるが、[7] 料紙の大きさをみると、明らかに室町将軍と秀吉以降のものでは相違のあることがしられる。

料紙の縦横の比率

(4)料紙の縦横の比率

これをいっそう明確にするのが料紙の縦横の比率である。古文書の料紙の縦横の比率は時代によって変化がみ

平安時代には横長、時代とともに縦長になる

られ、平安時代には一対一・七くらいと横長である。しかし時代とともにそれがだんだん縦長となり、南北朝・室町時代には一対一・六から一対一・五くらい、それが江戸時代になると一対一・四以下となる。この点については、私はいくつか実例をあげて具体的に述べたことがあるが(8)、南禅寺の公帖についてもそれをたしかめることができる。

黄金比

まず、義輝・義昭のものは、平均一対一・五といわゆる黄金比に近く、中世の料紙の特色を残している。これが秀吉・秀次・家康になると一対一・四一と縦長になり、明らかに近世の特色がみられ、秀忠以降になるとさらに縦長となり、近世的な特徴が定着する。料紙の大きさといい縦横の比率といい、私は義輝・義昭のものと、秀吉以降のものとの間に一つの大きな飛躍を考えている。しかし、義昭の最後のものは天正十四年（一五八六）四月で、秀吉の初見は天正十八年（一五九〇）十月である。その間はわずか四年で、その期間に中世的な料紙から近世的な料紙に転換したと考えるのは性急すぎるという意見がでてくるかもしれない。しかし、これは年数の問題ではなく、義昭は最後まで室町時代風の料紙を用い、これに対して秀吉は新しい様式の料紙を使ったということになろうか。補註④

第二項　花押について——歴代徳川将軍の花押の変遷——

徳川歴代将軍の花押の変遷

つぎに南禅寺公帖によって、徳川歴代将軍の花押の変遷を考えてみよう。私は近世史の方にははなはだ疎いので、あるいは誤っているかもしれないが、徳川歴代将軍の花押は、朱印・黒印と同じく、きわめて儀礼的なものとして扱われ、ただ花押が据えられているということが重要であったといえるのではなかろうか。表3-3にみるように、家光までは公帖の本紙差出書に花押が据えられ、その後、綱吉・家継のものはみられないが、家綱・家宣・吉宗が五山之上公帖にのみ花押を据え、以後、代々の将軍の花押が同じく五山之上公帖にのみみられる。

(一)明朝体の花押

花押は発給者自身が書くべきもの

花押は、本来発給者自身がみずから筆をとって書くべきもので、一筆で書くのを原則とし、筆勢が感じられるべきものとされている。足利尊氏をはじめとして、歴代足利将軍の花押はいちおうこの原則にのっとっているということができる(9)（写真3-1・3-2）。これは戦国末の義輝・義昭にまでおよぶ(10)（写真3-3・3-4A・3-

5・3-6A)。そして、豊臣秀吉（写真3-7）・秀次（写真3-9）も同様であったといえる。徳川家康の花押は明朝体すなわち徳川判の始祖として有名であるが、一筆で書かれていることはまちがいがない（写真3-10）。

「明朝体」の花押

すこし余談になるが、ここで「明朝体」について簡単にみておくと、『日本古文書学　上中下』（角川書店　一九七一年～七七年）三冊の大著を執筆された中村直勝氏は、

> 花押の形態はいろいろあるが、その中で、江戸時代に一般的に行われたものに、「明朝体」と言われる一様式がある。中国の明の太祖朱元璋によって初められたから明朝体と言うのであると解説されたものである。上下に二本の直線を横に引き、その二線の間に各種各様の直線や曲線を以てして花押を作る形態のものである。上下の二線は天平地平の意を持ったものであるとも言われる。
>
> 徳川家康がこの形式の花押を使ったので、この形式が一世一代を風靡し、江戸時代の花押としては、一種の公式的な意味を持つほどに、上下東西に採用されたものである。(11)

といわれる。

家康のつぎの秀忠の公帖はシワのある大高檀紙（檀紙Ⅱb）の例として写真3-11Aに掲出したが、花押もシワの部分だけが墨がのっておらず、何度も墨を加えてぬりつぶしたのではなく、一筆書きの原則が守られている。

押罫の使用

(2)押罫の使用

家光の花押

しかし、家光になると様子がかわってくる。写真3-12・3-13Aと家光公帖の写真を二通掲げたが、写真3-12は諸山公帖、写真3-13Aは十刹公帖である。また挿図3-1は、この家光の十刹公帖の花押を原寸大にしたものである。ここではもはや一筆書きの原則は守られず、何度も何度も墨を加えて、花押全体を真黒にぬりつぶしている。しかも重要なことは、写真ではたしかめることができないが、おそらくヘラであらかじめ線をひいて花押の形を作ってある。すなわち、現文書をよくみると押罫が確認できる。しかしこの押罫はかごうつし（双勾）の形ではなく一本の線で、それを中心にして筆で太く形を整えていることがわかる。家光の公帖で、このようにはっきりと押罫を確認できるのは、写真3-13Aのほか、

花押全体を真黒にぬりつぶす

寛永一二年（一六三五）九月　九日　諸山公帖(12)
寛永一二年（一六三五）九月二九日　十刹公帖(13)

花押の形式化・儀礼化

の三通だけで、他には確認できない。ただし押罫であらかじめ形を作ったとはいっても、個々の花押の形はすべてちがっており、(14) この段階ではまだ一つのきまった形——たとえば花押型を用いるというように——があったわけではない。ここに家光のときになって、将軍の花押はまず押罫であらかじめ形を整えておき、しかも一筆でなく何度も墨を加えてぬりつぶすというように、その書き方に大きな変化を示していることがわかる。これはいうまでもなく花押の形式化・儀礼化ということができる。

家綱の花押

家綱の時代には、公帖の本紙差出書に花押が用いられるのは五山之上公帖だけとなるので、その使用例はすくなくなる。家綱の五山之上公帖は、

明暦　三年（一六五七）一一月一七日(15)
万治　三年（一六六〇）二月一二日(16)
寛文　七年（一六六七）九月一五日(17)

綱吉の花押

の三通であるが、そのうち万治三年（一六六〇）のものにははっきり押罫がみとめられ、その上を丹念に何度も何度も筆を加えて形を整えていることがしられる。寛文七年（一六六七）のものも同様であるが、明暦三年（一六五七）の公帖については押罫は確認できない。五代綱吉は五山之上公帖にも朱印を用いており、南禅寺所蔵の公帖には花押の使用例はみない。

花押型の使用

（3）花押型の使用

家宣の花押

つぎの家宣には、さらに大きな変化がみられる。家宣の花押は、

宝永　七年（一七一〇）九月一九日（写真3-17）(18)
正徳　二年（一七一二）九月一二日(19)

のいずれも五山之上公帖にみられるが、この二通の花押を並べて写真をとったのが挿図3-2である。これを一見して明らかなように、両方の花押は大きさ形ともに寸分ちがわない。ちなみに、寸法は両方とも縦四・四センチメートル、横九・三センチメートルである。宝永七年（一七一〇）と正徳二年（一七一二）はわずか二年しか開きがないとはいえ、まったく同一の花押がみられるということは、花押型の使用を考えざるをえないであろう。ここに徳川将軍にはじめて花押型が使用されたことをしることができる。すなわち、花押の形式化・儀礼化がい

ちだんと進んでいるといいうるのである。

吉宗の花押

家継は、五山之上公帖にも花押を用いていないので、つぎの花押の使用は吉宗となる。吉宗の花押は、

享保　二年（一七一七）　五月　二日公帖（A）
享保　六年（一七二一）一二月一二日公帖（B）
享保一一年（一七二六）　二月一二日公帖（C）
元文　三年（一七三八）一二月一七日公帖（D）
寛保　元年（一七四一）　八月　晦日公帖（E）
寛保　元年（一七四一）　九月一一日公帖（F）

の六通にみられる。それを並べて写真をとったのが挿図3-3である。これをみると吉宗の花押は大きくA・B・CとD・E・Fの二つのグループにわかれることがわかる。[20]しかし、同じグループ内でも基本的な形は同じであるが、完全に一致するとはいえない。すなわち、同じグループについては、何らか基準になる型《かた》があって、それを用いていたのであろう。しかし、それは家宣の段階にみられたように、かごうつし（双勾）の花押型ではなく、一本の線を中心としたものではなかったかと考えられる。

家重の花押

つぎの家重の段階になると事情はかわる。家重の花押は、

延享　三年（一七四六）　二月二〇日公帖
宝暦　四年（一七五四）　二月　三日公帖
宝暦　四年（一七五四）　二月一七日公帖

の三通にみられるが、それを並べてとった写真が挿図3-4である。これをみるとわずかに線の太い細いのちがいはあるが、寸法はどこをはかっても三通とも同じで、したがって形はまったく同一であるといえる。すなわち

かごうつし式の花押型の使用

家重の段階になると、ふたたびかごうつし式の花押型の使用が考えられるのである。

家治・家斉の花押

家治も同様であるが、家斉になるとそれがもっともはっきりする。その模様を示すのが挿図3-5で、ここで

花押型の使用が定着

は形が同一なだけではなく、線の太い細いの差もまったくみられない。ここにいわゆる花押型の使用が定着したといえよう。[21]すなわち、花押の形式化・儀礼化の定着あるいは完成ということができる。

花押の形式化・儀礼化

以上、徳川歴代将軍の花押をみてきたが、それは花押の形式化・儀礼化の過程であるともいえる。すなわち、

挿図３－１　徳川家光花押(原寸大)

挿図３－２　徳川家宣花押

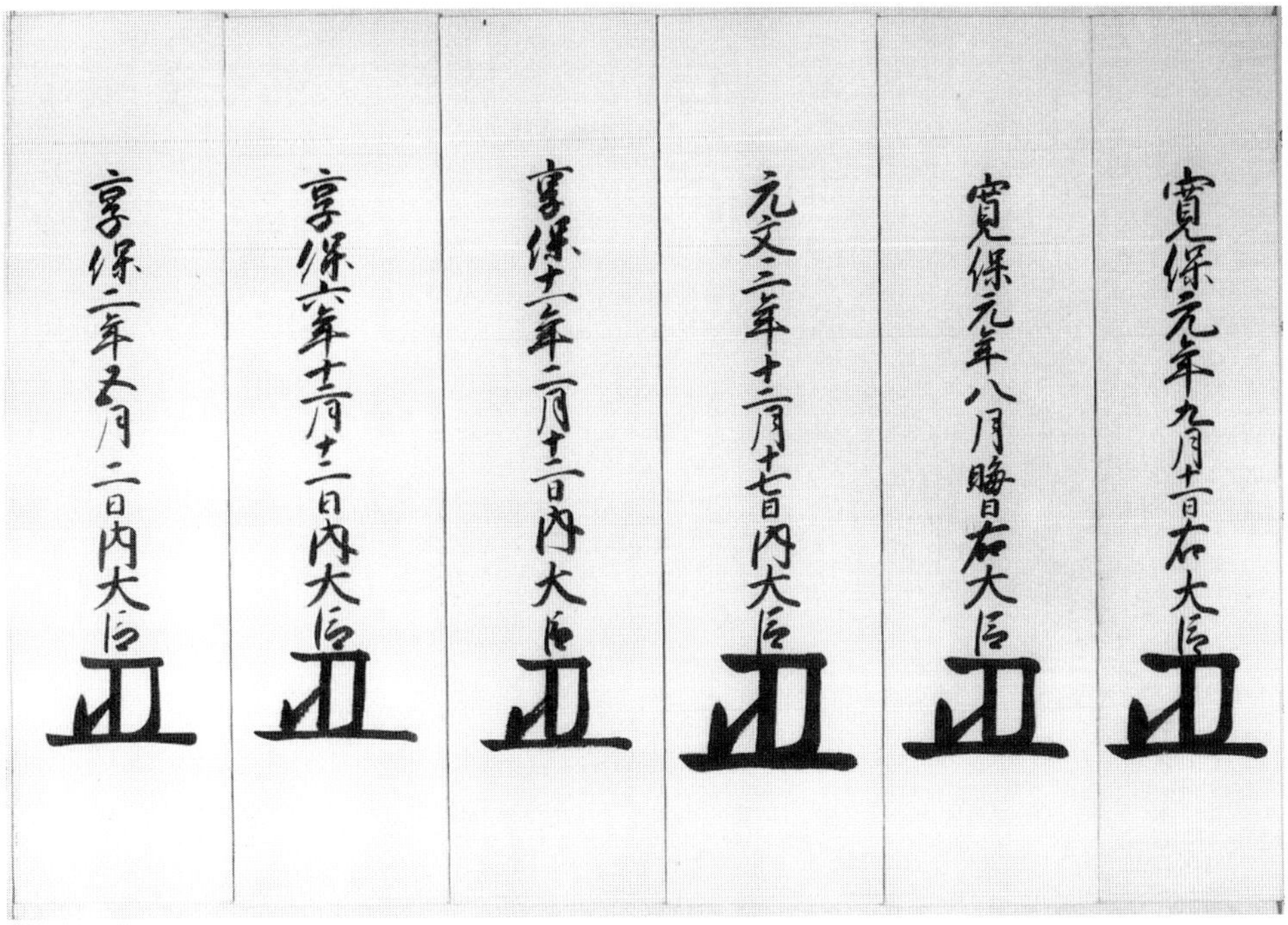

挿図３－３　徳川吉宗花押

挿図３－４　徳川家重花押

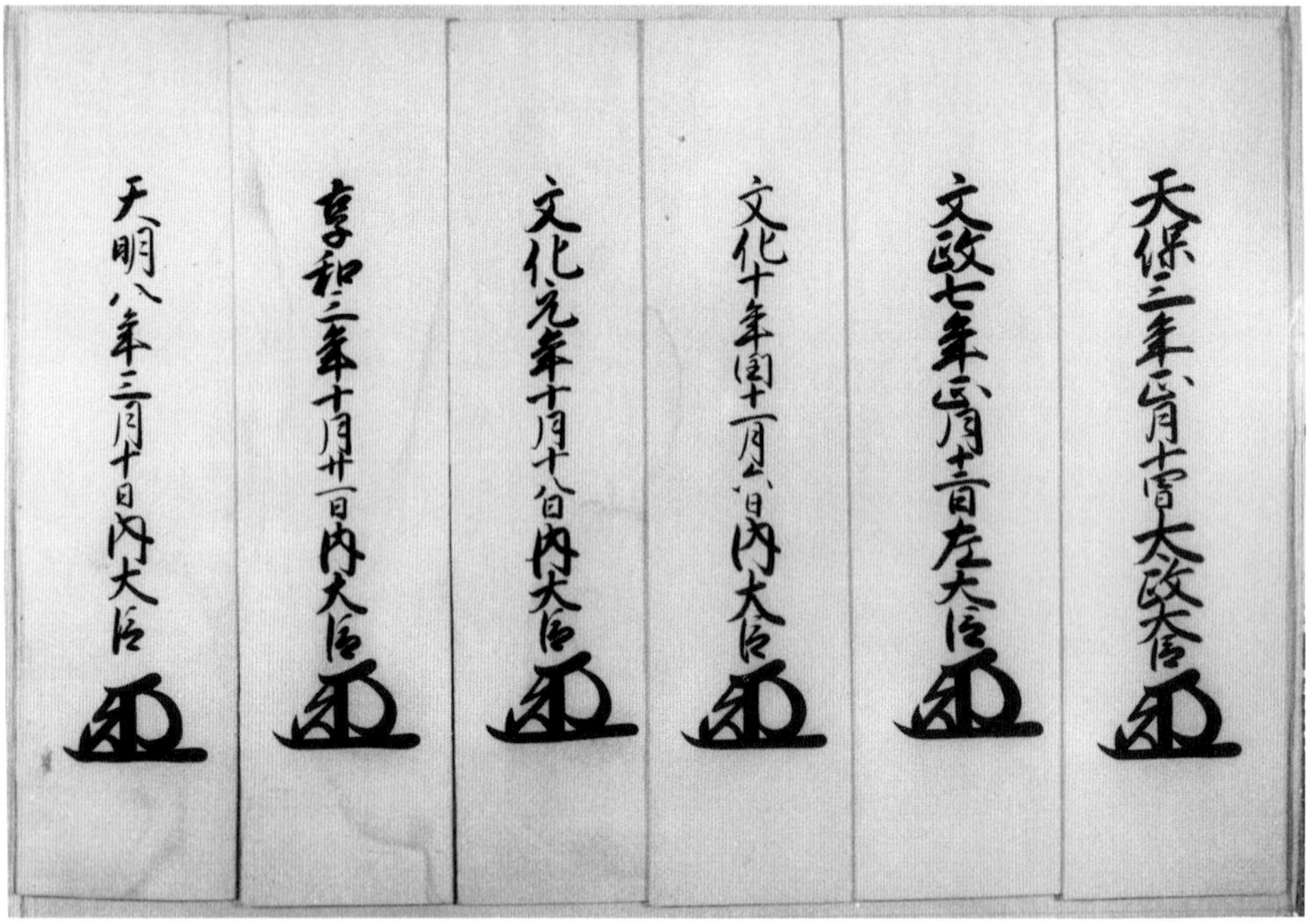

挿図３－５　徳川家斉花押

花押は本人と他人を区別するため、本人がみずから一筆で書くという中世のあり方が本来の姿であった。しかし、戦国時代東国にはじまった朱印・黒印という印判の使用は、その意識に大きな変革をもたらすことになる。そして江戸幕府についていうならば、花押が厚礼で、印判が薄礼という書札礼として定着する。

つぎに、花押についてみても江戸時代をつうじて大きな変遷がうかがわれる。家康・秀忠の段階は、ほぼ中世と同じく自署が原則であった。しかし、家光のときになると明らかに押罫の使用がみられる。あらかじめ一本の押罫で形を作っておいて、それにもとづいて花押の形を整えるのである。こうなると別に本人が自署する必要はなくなる。すなわち、本人の自署という花押本来の性格が失われ形式的・儀礼的なものとなる。花押の形式化・儀礼化のはじまりである。

家宣の段階になると、花押型の使用がみられる。あらかじめ花押の形をした型を作っておいて、それをぬりつぶすだけである。こうなると印判と余りかわりはなくなる。はっきりいって花押の形をした印判か、朱印か黒印

花押の形式化・儀礼化が完成

かというちがいだけである。花押の形式化・儀礼化の進行というべきであろう。しかし、これはまだ定着したのではなく、その後にも押罫など他の方法による花押もみられる。ついで家重・家治の段階になると花押型の使用が定着、家斉にいたって完成する。かくして花押の形式化・儀礼化が完成したといえよう。

第三項　文字の配置と墨継ぎについて

文字の配置

（1）文字の配置

花押の問題は以上にして、つぎに文字の配置と墨継ぎについて考えてみる。写真3-19・3-20・3-21・3-22の四通の吉宗の公帖をもう一度眺めてみよう。諸山公帖から五山之上公帖にいたるまで、その文字の配置は実に整然としている。まず一行目に「某寺住持職事」と書き、第二行目は「任先例可(令・被)執務之」、第三行目は「状如件」となっている。これは秀吉の段階に定着した文字の配置であるが[22]、その後幕末にいたるまで一貫してこの配置である。

墨継ぎ

（2）墨継ぎ

江戸時代の公帖については、たんに公帖の文字の配置だけではなく、墨継ぎにも注目したい。吉宗の公帖（写真3-19〜3-22）をみると、まず「某寺」と書きだして、そのまま二行目の三字まで書きあげる。ここで墨継ぎをして、「可(令・被)執務」と三行目の一字におよぶ。ふたたび墨継ぎをして「如件」と書き終える。この吉宗の公帖と家宣（写真3-17）と家継（写真3-18）の公帖を比べてみると、写真でもわかるように家宣・家継の公帖は、まったく墨継ぎが意識されていない。すなわち家宣・家継の公帖は、いかにも事務的で平板でそっけないのに対して、吉宗のものは墨の濃淡がはっきりしていて変化に富んでいる。家宣・家継のものが事務的な公文書ならば、吉宗のものは公文書というより、美を意識した書であるといえばいいすぎであろうか。ともあれ、実によく考えた墨継ぎであることにはまちがいがない[23]。

この墨継ぎも、江戸時代一〇〇年の公帖の歴史の上に定着した形である。南北朝初期の尊氏・義詮の段階にあっては（写真3-1・3-2）とくに意識した墨継ぎがおこなわれているとは考えられない。義輝・義昭の場合（写真3-3〜3-6A）も同様である。以下、秀吉（写真3-7）・秀次（写真3-9）・家康（写真3-10）・秀忠

本紙の宛書の書き方

公家の書礼様文書の宛書の書き方

（写真3-11）も事務的な公帖である。

しかし、家光のときになるとはっきり墨継ぎが意識される。写真3-12・3-13Aがそれを示す。ここでは明らかに三度墨継ぎがおこなわれており、家光の他の公帖でも同様である。これはつぎの家綱にもうけつがれる。写真3-14Aは墨継ぎは余り鮮明ではないが、他の家綱の公帖では、はっきり三度——二度のものもある——の墨継ぎが確認できる。

つぎの綱吉（写真3-15・3-16）の場合は微妙である。この写真3-15・3-16でもそうであるが、他の公帖をみても、墨継ぎをしているといえばいえるし、またそうでないともいえる。その上でつぎにまったく墨継ぎのない家宣・家継の公帖がみられるが、ふたたび吉宗になってみごとな墨継ぎがおこなわれることになるのである。

この墨継ぎを中心とした江戸時代の公帖の変遷が、何を意味するかは不明であるが、ともかくもこのようなジグザグの道をとおって吉宗におよぶ。そして、この吉宗の段階で定着したものが、そのまま幕末まで踏襲されるのである。

第四項　宛書の書き方について

（一）中世文書の宛書の書き方

公帖の書式としてもう一つ注意すべきものに本紙の宛書の書き方がある。本紙の宛書は、さきに第二節第四項「本紙差出書の署名・署判」で述べた本紙の差出書とともに、相手に対する礼の厚薄を示す重要な要素である。そこで、南禅寺の公帖の宛書について述べる前に、まず中世の書札様文書の一般的なあり方から考えてみよう。

院宣・綸旨といった格式の高い中世の公家の書札様文書についていうと、鎌倉末・南北朝・室町時代の一例として、写真3-23として示した、

（応安　元年）（一三六八）一二月一九日　　後光厳天皇綸旨(24)

がある。その全体の文字の配置をわかりやすく図で示すと挿図3-6のようになる。これは写真3-23の上にトレーシングペーパーをおき、文字の配置だけを——線でトレースしたもので、高さ・行間も含めて文書の状態をほぼ正確に伝えていると考えてよい（このうち日付・差出書は……線で、また宛書は══線で示した、以下、同じ）。これと写真3-23を併せ考えると、宛書は日付の次行に書く。そしてその高さは、前の行の日付は本文のい

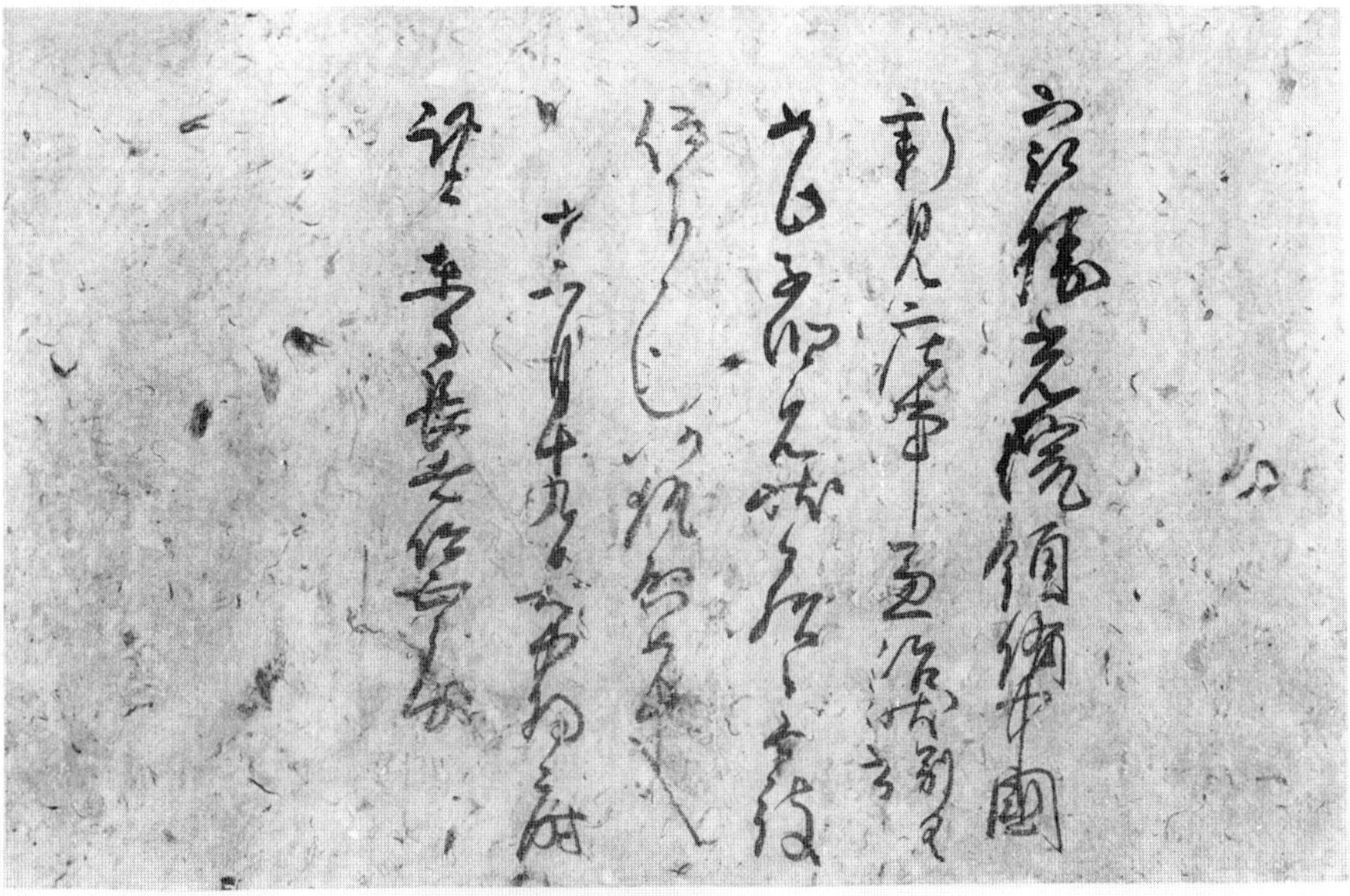

写真３-23　後光厳天皇綸旨

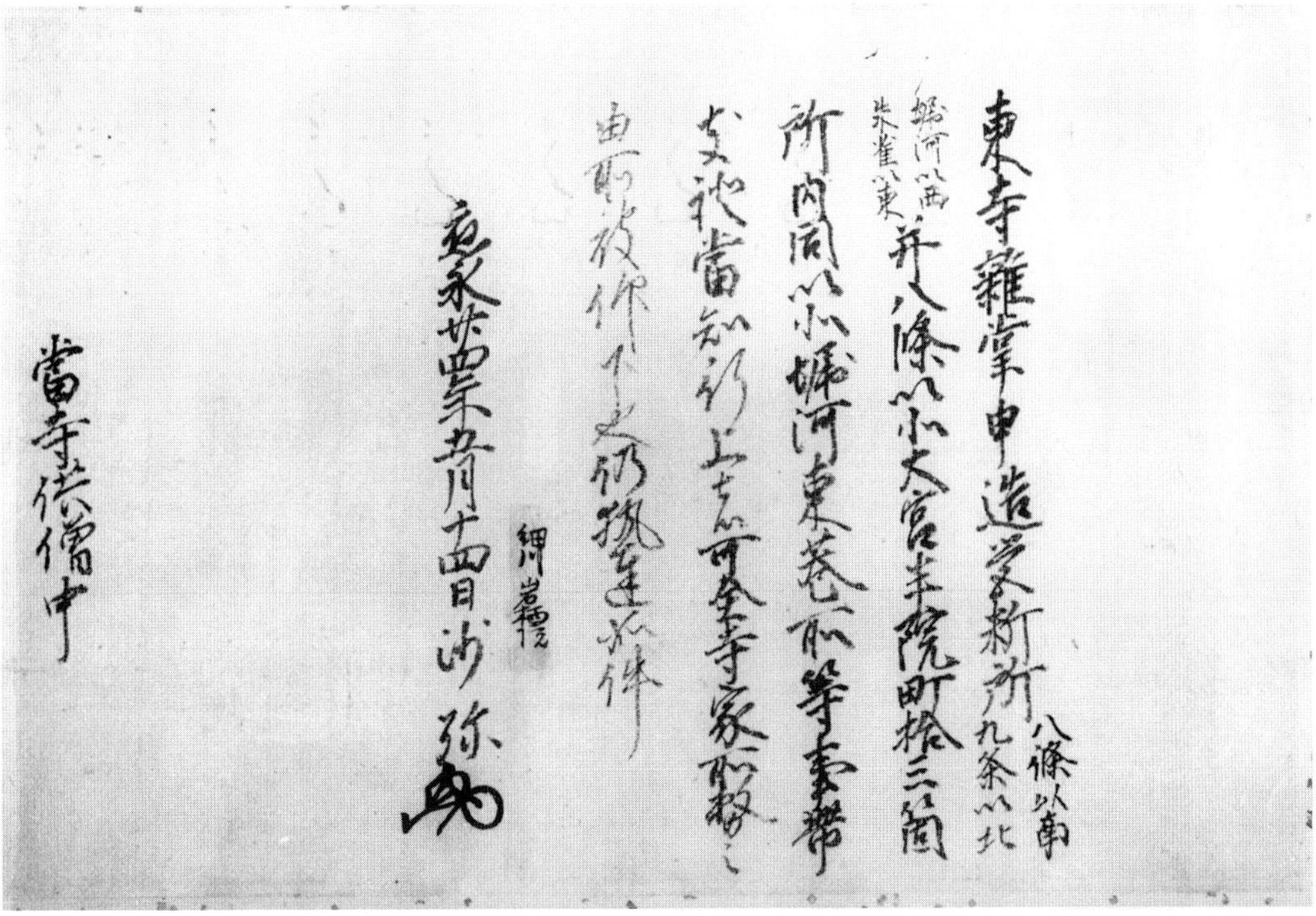

写真３-24　管領細川満元奉書

ちばん高いところから二・三字下げて書くが、宛書には「進上」「謹上」といった上所を加え、[25] 本文のいちばん高いところと同じ高さに書くのがふつうである。

つぎに、その位置もだいたい年月日の次行に書く。たとえば本文が本紙一紙で終った場合、本文が長いときには、宛書は左端一杯に書かれるが、写真3-23（挿図3-6）のように、本文が短いときには、本紙の左側が広くあいている。また本文が礼紙にわたる場合には、礼紙の左側の部分が広く空白になっているなどはそのためである。[26]

いっぽう武家文書についていうと、南北朝初期にあっては、たとえば写真3-1・3-2でみられるように、宛書は年月日と料紙の左端との真ん中くらいに書き、高さはほぼ年月日の頭と同じくらいのところに書くのがふつうである。その模様は写真3-1を図示した挿図3-7でたしかめることができる。

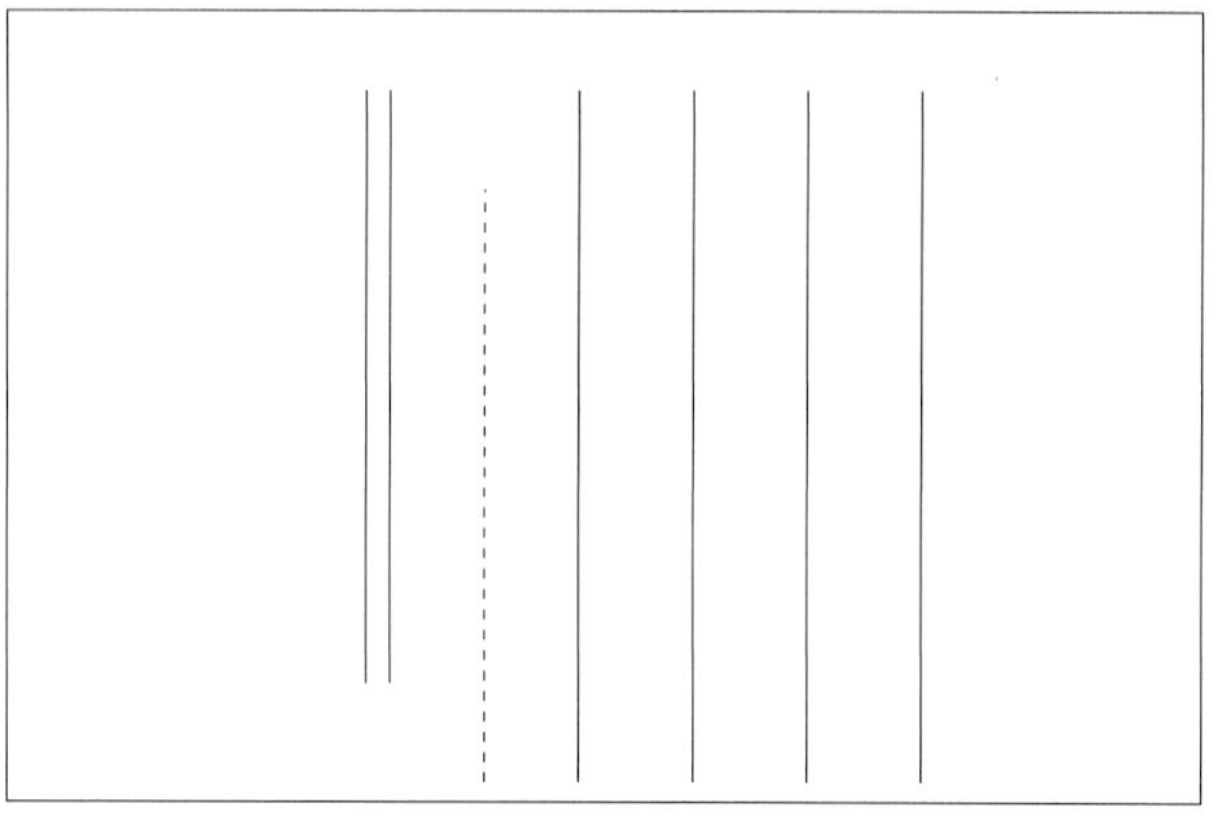

挿図3-6（写真3-23）

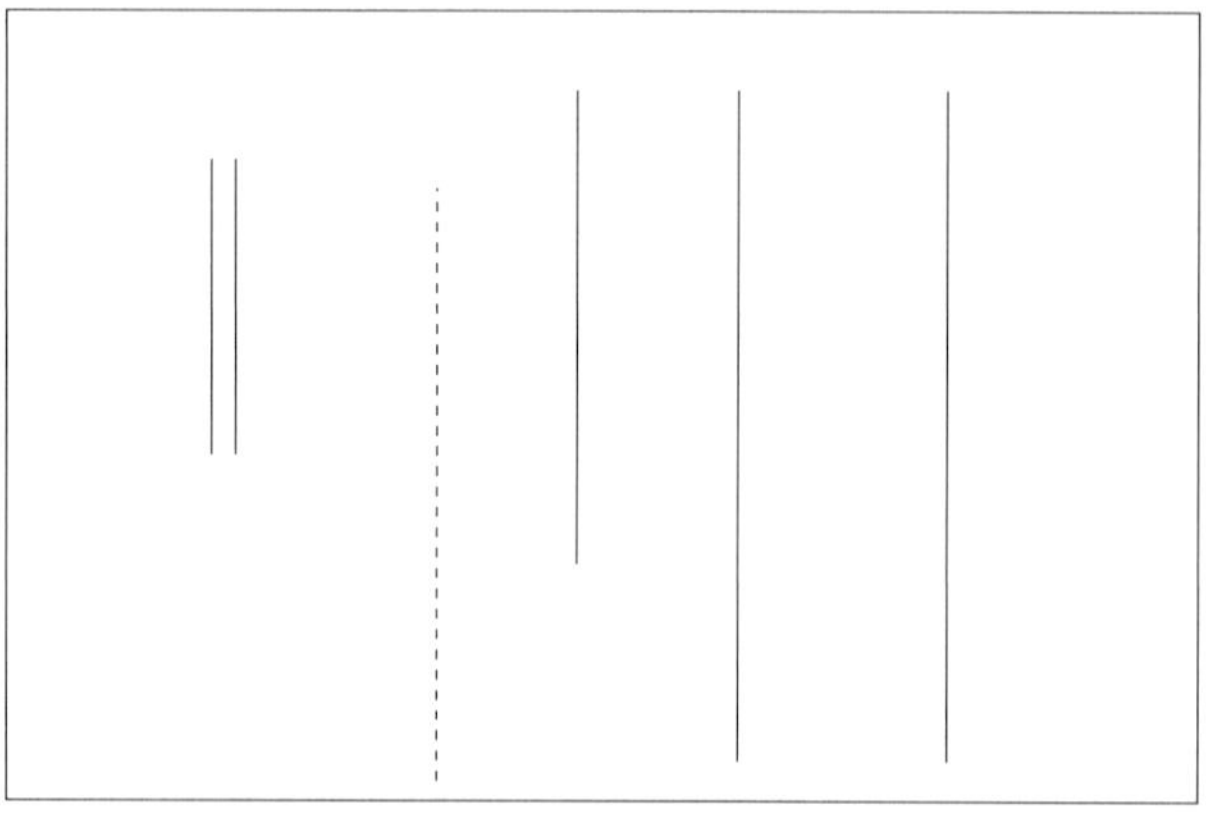

挿図3-7（写真3-1）

それが時代とともに、位置は漸次左の方へ寄り、高さもだんだん下っていき、応永（一三九四～一四二八）の末年頃には、位置は料紙のほぼ左端一杯、高さも上から四分の三あるいはそれ以下となる。写真3-24として示した、

応永二四年（一四一七）五月一四日　　管領細川満元奉書[27]

はその一例であるが、それを図示したのが挿図3-8である。ここでは公家文書とは異なり、年月日と宛書の間が広くあいていることがたしかめられる。そして、いつしか公帖の形として定着したのが写真3-3以下の義輝・義昭の公帖である。写真3-3をわかりやすく図示したのが挿図3-9で、ここでは料紙を六等分に折ったいちばん左側の行の真ん中に、高さもだいたい料紙の天地の真ん中くらいに収められるようになるのである。

いま、上述の武家文書の宛書の書き方をまとめるとつぎのようになる。

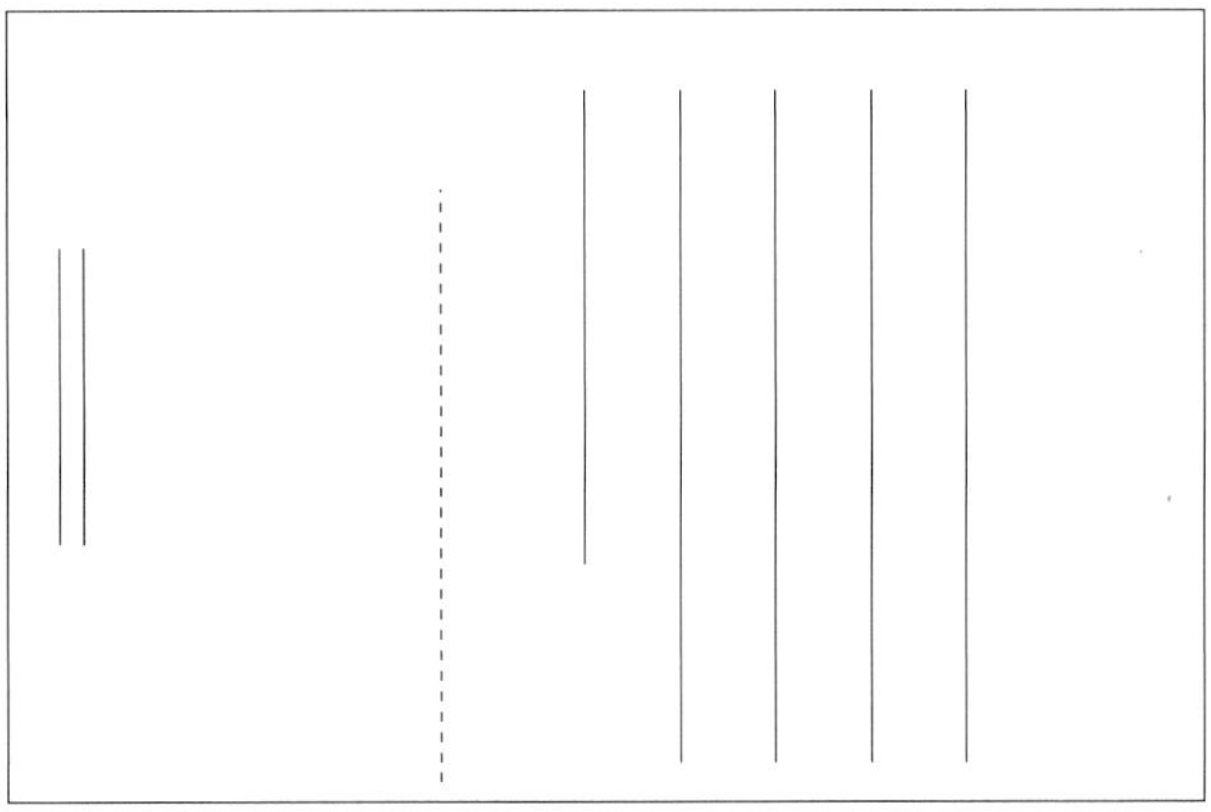

挿図3-8（写真3-24）

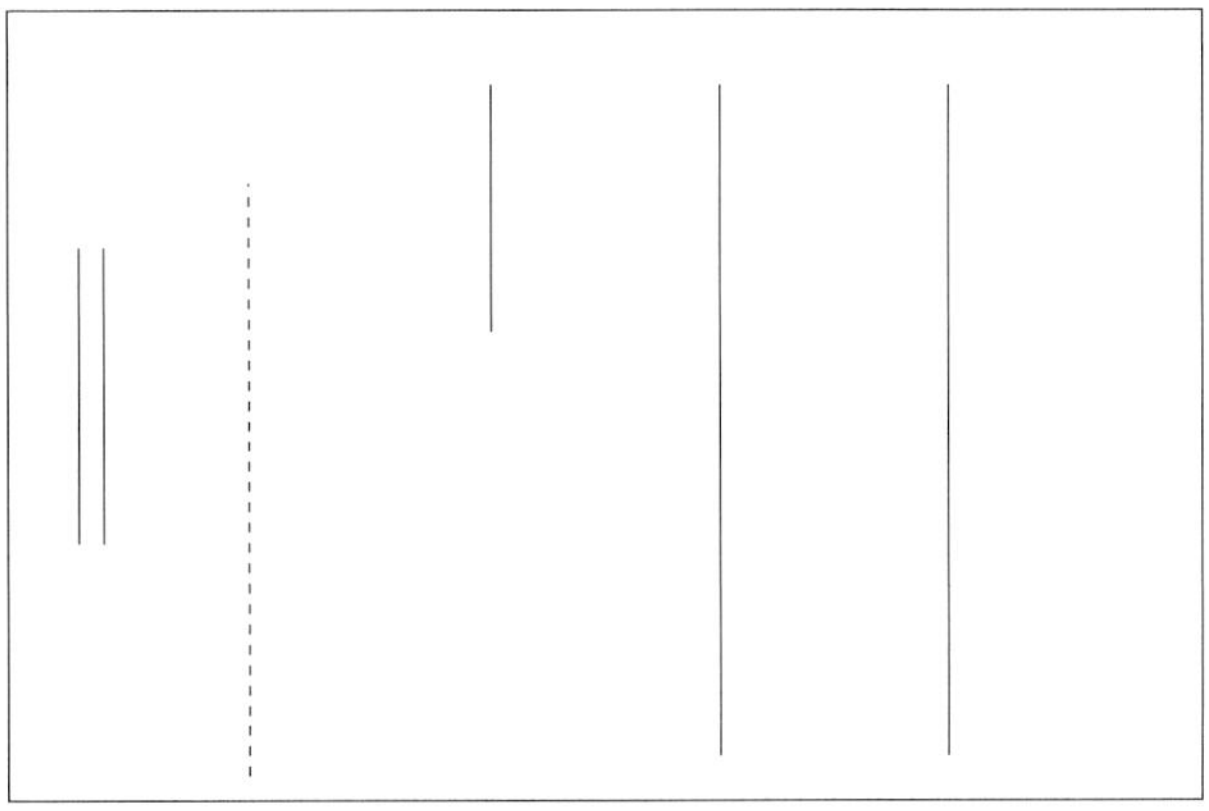

挿図3-9（写真3-3）

i　南北朝初期には、年月日と本紙のいちばん奥（左端）との中間に、年月日よりすこし高いところに宛書を書いた（挿図3-7）。

ii　室町時代中頃には、本紙のいちばん奥に年月日のすこし下に宛書を書くようになる（挿図3-8）。

iii　戦国時代の末期の公帖は、本紙のいちばん最後の行に年月日よりずっと下に宛書を書くようになる（挿図3-9）。

これは同じく書札様文書といっても、公家文書と武家文書の礼の厚薄のちがいと、封式の相違によるものである。すなわち、宛書の高さは礼の厚薄に関するものであり、宛書を日付の次行に書くか、左端（奥）へもっていくかは封式に関する問題である。

(2)中世文書の宛書の高さ

公家文書の宛書の高さ

まず宛書の高さ、これは直接礼の厚薄に関する問題である。院宣・綸旨という公家文書にあっては、それを奉ずる奉行と同格かあるいはそれ以上の人に宛てられる場合が多い。したがって宛書には上所を加え、挿図3-6にみられるように本文のいちばん高いところと同じ高さから書きはじめるのである。

室町時代の武家文書の宛書

これに対して御判御教書・管領奉書などといった室町時代の武家文書は、幕府の権威の確立と密接に関係する。幕府の公文書は原則としてその配下の者に宛てられる。室町将軍から公家・寺社に宛てられる場合もあるが、このときには御判御教書よりいちだん丁重な御内書が用いられるのがふつうである。[28] したがって、御判御教書・管領奉書などは尊大な書式をとることになる。武家文書に上所がみられないのはそのためである。

宛書の高さは礼の厚薄と密接に関係する

南北朝初期には、たとえばiの挿図3-7にみられるように年月日よりすこし高いかほぼ同じ高さであった。幕府の草創期ということもあって、それほど尊大な形ではない。それが幕府の権威の確立とともに漸次下に書かれるようになる。室町中頃にはiiの挿図3-8にみられるように日付より一・二字下に書かれるようになる。iに比べて明らかに尊大な形である。そして、戦国時代の公帖になると挿図3-9のように上から三分の二くらいと、宛書の高さはだんだん低くなっていく。このように、宛書の高さは礼の厚薄と密接に関係するのである。

(3)中世文書の宛書の位置

中世文書の宛書の位置

公家文書

武家文書

竪ノ中折という封式にもっとも適した宛書の位置

つぎに宛書の位置、すなわち宛書を年月日の次行に書くか、あるいは料紙の左端にもっていくかについて述べる。これはいうまでもなく封式のちがい、具体的には料紙の使い方とその折り方のちがいによるものである。すなわち公家の書札様文書にあっては、第一節第二項「足利将軍の公帖の封式」で簡単に触れたように本紙と礼紙を背中合せとし、本紙の左側すなわち奥から内側に巻くようにして折りたたむのが原則である。多くの場合礼紙は白紙であって、本文が礼紙にわたる場合もあるが、それほど長くはなく、礼紙一杯に書かれるのはきわめてまれである。したがって、宛書は挿図3-6にみられるように、年月日の次行、あるいはその近くに書くのがもっとも落ちついた形で、年月日から相当離したり、礼紙の左端に書いたりしたら間がぬけてしまう。

これに対して、武家文書にあっては、本紙一紙のみを竪ノ中折に折るのがふつうである。竪ノ中折については第一節第二項「足利将軍の公帖の封式」でいちおうの説明はおこなったが、この場合には本紙の左端すなわち奥がいちばん外側になる。武家文書にあっても、はじめは公家文書に準じて日付の次行あたりに宛書が書かれたであろうが、やがて竪ノ中折との関係で、漸次奥の方に書かれるようになる。

南北朝初期のi挿図3-7（写真3-1）はその模様を示している。日付と文書のいちばん奥とのほぼ中間に宛書が書かれている。まだ公家文書の影響を脱しきれず、幕府の公文書としての地位が確定していない段階の状態をよくあらわすものといえよう。そして、室町中頃にはii挿図3-8（写真3-24）にみられるように、いちばん奥に宛書が書かれる。したがって、日付との間が相当あいていて拡げた場合にはいささか間がぬけたような感じがする。しかし、竪ノ中折に折って封紙からとりだしたときに、まず目につくのがこの宛書である。こう考えると、挿図3-8（写真3-24）のようにいちばん奥に宛書を書くというのは、竪ノ中折という封式にもっとも適した宛書の位置というべきであろう。御判御教書その他の書札様の幕府文書が、竪ノ中折の公文書として安定した地位を占めたことを無言で語るものである。

それを、よりはっきりと示しているのがiii挿図3-9（写真3-3）である。ここでは六つ折りの竪ノ中折に折りたたんだ公帖のいちばん外側の一折りの真ん中に宛書が記されている。明らかに折りたたんだときを意識していることがよくわかる。室町将軍の公帖としての到達点=定式化を示すものということができる。かくして、宛書の位置は武家文書の竪ノ中折という封式と直接関連するものであることがはっきりしたと思う。

(4)江戸時代の朱印状・公帖の宛書の書き方

以上で、中世の書札様文書の本紙（含礼紙）の宛書の書き方は、公家文書・武家文書を問わず、その高さは礼の厚薄、その位置は封式の問題と直接関係することがわかった。

そこで、この点を確認した上で、近世の公帖の宛書について考えることにする。近世の公帖の折り方は、すでに六つ折りの竪ノ中折と固定している。したがって、その位置はとくに問題とする必要はない。問題となるのはその高さだけである。

表3－6　南禅寺公帖の宛書の高さ

<table>
<tr><th></th><th>義輝
義昭</th><th>秀吉</th><th>秀吉
秀次</th><th>家康</th><th>秀忠</th><th>家光</th><th>家綱</th><th>綱吉</th></tr>
<tr><td>五山之上</td><td>0.58</td><td></td><td>0.45</td><td>0.50</td><td>0.51</td><td></td><td>0.39</td><td rowspan="3">0.37</td></tr>
<tr><td>五　山</td><td>0.62</td><td></td><td>0.42</td><td>0.49</td><td>0.48</td><td></td><td rowspan="2">0.37</td></tr>
<tr><td>十　刹</td><td>0.60</td><td>0.61</td><td>0.25</td><td></td><td>0.42</td><td>0.46</td></tr>
<tr><td>諸　山</td><td>0.55</td><td>0.57</td><td>0.29</td><td></td><td>0.40</td><td>0.41</td><td>0.33</td><td>0.27</td></tr>
</table>

江戸幕府最高の公文書といえば、いうまでもなく朱印状である。朱印状の宛書の高さについては大野瑞男氏が注目されている。そして大野氏は朱印状の宛書の高さは、その前の行にある年月日との関係で説明されている。(29) 朱印状のように身分の高下がいく通りにもわかれている場合にはそうであっただろう。補註⑤

いっぽう、公帖については玉村氏の説がある。氏は公帖の宛書の高さを差出書の花押（黒印・朱印）との関係で説明されている。(30) しかし、公帖に関しては、年月日との関係、花押・朱印との関係など、いろいろな角度から検討してみたが、年月日や花押・朱印とは関係なく、下端（地）からの高さの問題として独立して考えた方がもっとも合理的と考えられるのである。

(5)公帖の宛書の高さ

南禅寺の公帖の宛書の高さをまとめたのが表3-6である。数字は文書の縦の長さに対する宛書の高さの比率である。まず写真3-3~3-6Aの義輝・義昭の段階についていうと、写真3-3の「宗言首座」の高さは二一・〇センチメートル、写真3-4Aの同じく「宗言西堂」は二一・五センチメートル、両方とも同じ料紙で縦の長さは三四・三センチメートルであるから、写真3-3の宛書の高さは〇・六一、写真3-4Aは〇・六三となり、写真3-4Aすなわち十刹公帖の方が諸山公帖に比べてやや高いということになる。(31) 写真3-5・3-6Aの義昭の場合は、料紙の縦の長さは両方とも三九・九センチメートルで、写真3-5の五山公帖の宛書の高さは二四・五センチメートルで比率は〇・六一、写真3-6Aの五山之上公帖は二三・〇センチメートルで比率は〇・五八となる。

　このような操作で他の公帖を加えた全体の比率の平均は、表3-6の義輝・義昭の欄にみるごとくである。すなわち、五山之上が〇・五八、五山が〇・六二、十刹が〇・六〇、諸山が〇・五五であるが、いずれも〇・五以上であるから、料紙の半分よりは上に書かれていることになる。しかも諸山よりは十刹、十刹よりは五山の方がすこしずつ高いということになる。義輝・義昭の五山之上公帖は写真3-6A一通しかないので、〇・五八と、十刹・五山よりは低いが、本来は五山と同じかそれよりも高いと考えるべきであろう。

秀吉の公帖

　つぎに秀吉については、天正十八年（一五九〇）のものと、それ以後のものとでは大きなちがいがあるので、表3-6では別の欄にした。天正十八年（一五九〇）のものは、ほぼ前代の義輝・義昭のものと同じと考えてよいが、文禄二年（一五九三）以後の秀吉・秀次のものは、宛書が極端に下に書かれるようになる。その代表的な例として写真3-9の秀次の十刹公帖がある。これは以心崇伝に与えたものであるが、料紙の縦の長さは四六・四センチメートルに対して宛書の高さは一一・五センチメートルで、比率は〇・二五、すなわち四分の一の高さとなり、南禅寺所蔵の公帖のうちでもっとも低い。秀吉・秀次の権力指向の一面をうかがわせるものである。

秀吉・秀次の公帖

家康の公帖

　徳川将軍初代の家康についていうと、家康の公帖は二通しかみられないが、五山之上が〇・五〇、五山が〇・四九と、義輝・義昭あるいは天正十八年（一五九〇）の秀吉とほぼ同じである。それが秀忠・家光・家綱とだんだんに下ってくる模様がうかがわれる（数字はいずれも高さの比率の平均である）。しかも全体として諸山の宛書がいちばん低く、ついで十刹・五山・五山之上と漸次高くなってくるということもしられる。

家綱の公帖

　家綱の場合、南禅寺文書には諸山公帖が一四通みられるが、そのうちの六通をぬきだして、宛書だけを下揃えに並べて写真をとったのが挿図3-10である。[32]これでも明らかなように、同じく諸山公帖といっても宛書の高さはまちまちで、いちばん高いのが「明勤首座」で一八・五センチメートル、逆にいちばん低いのが「元昭首座」で一三・五センチメートルである。このような宛書の高さを料紙の縦の長さで割り、一四通の家綱の諸山公帖全体の平均をだしたのが〇・三三という数字である。したがって家綱までの比率は、高低ばらばらのものの平均の数字である。

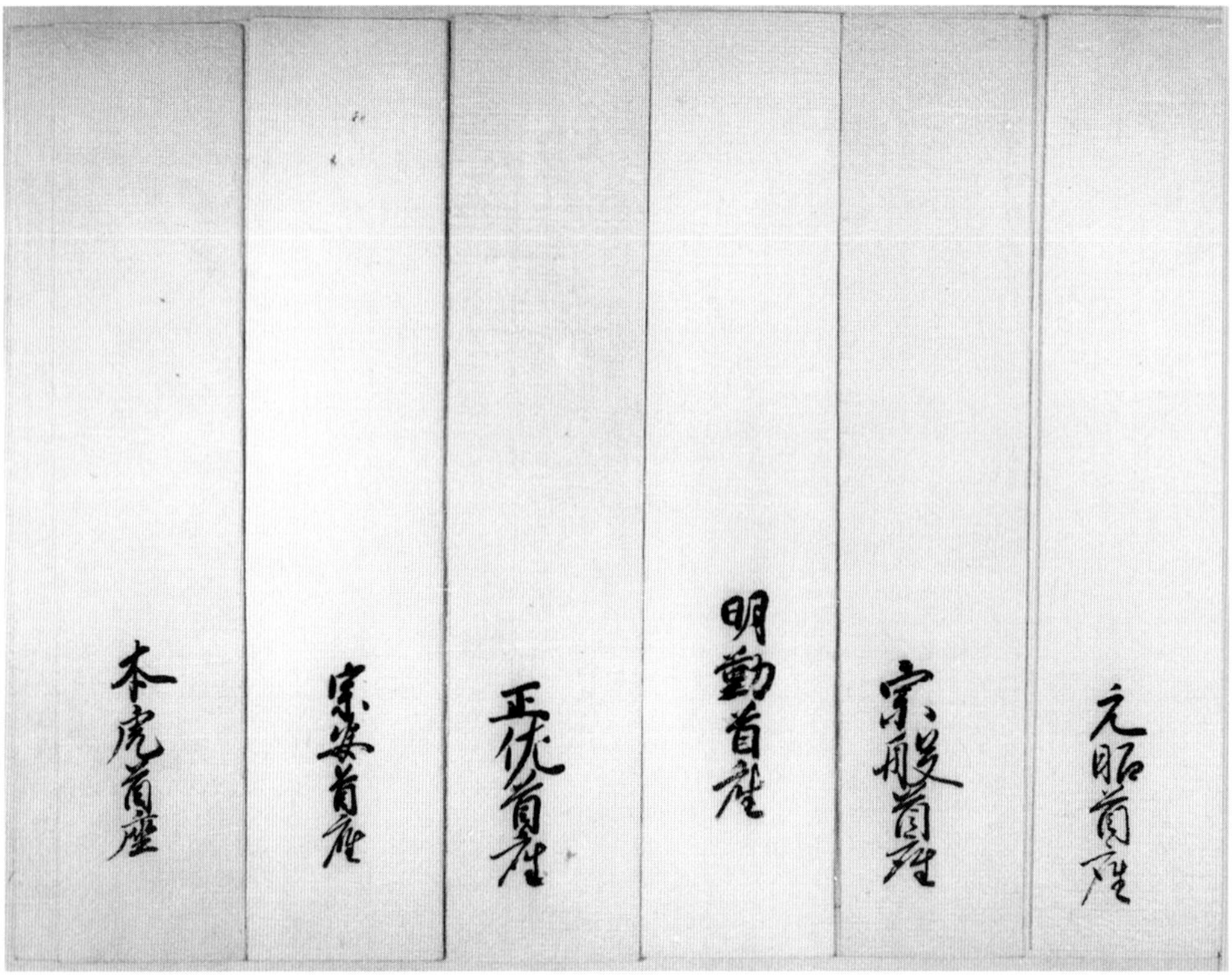

挿図３－10　徳川家綱の諸山公帖の宛書

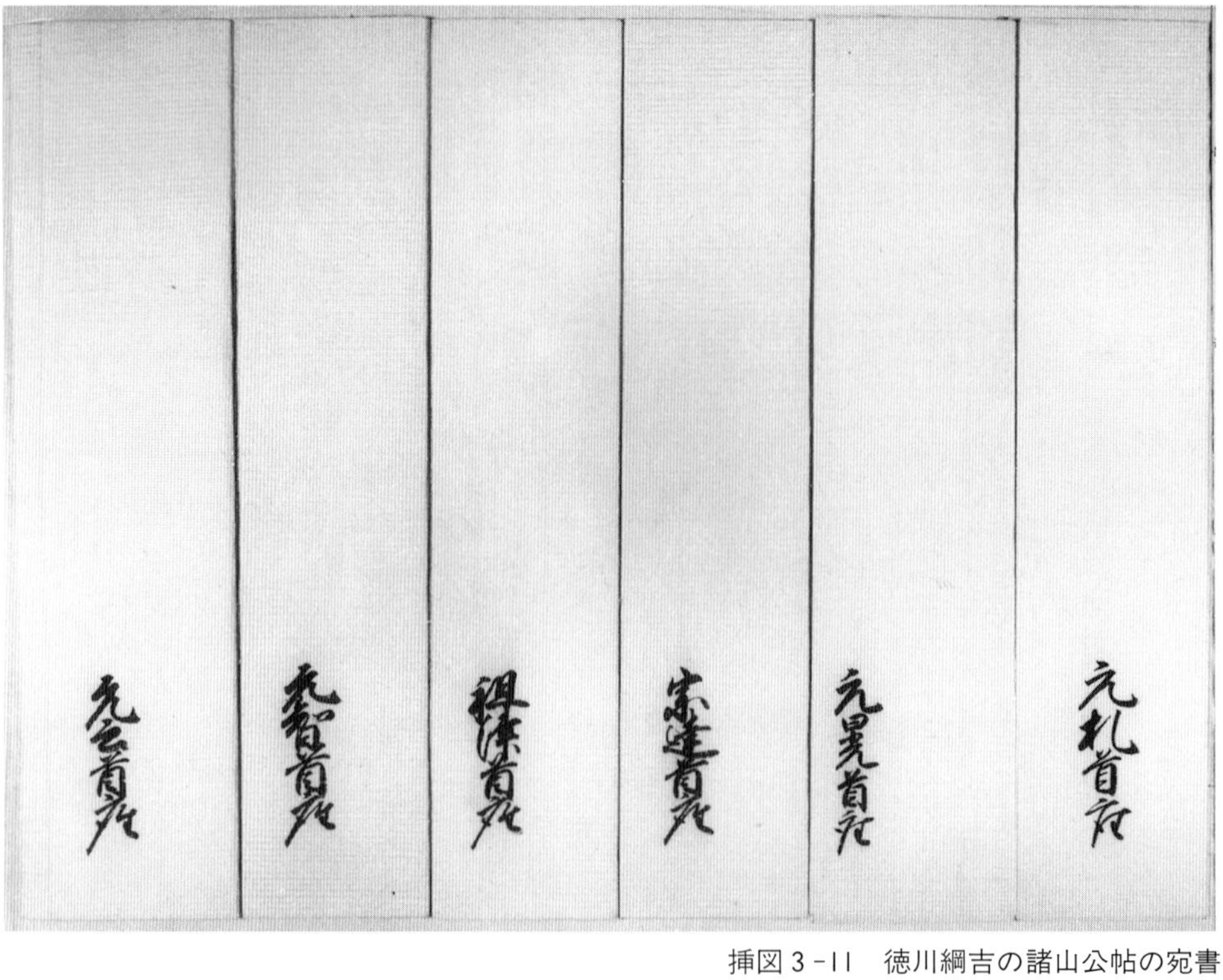

挿図３－11　徳川綱吉の諸山公帖の宛書

綱吉の公帖

しかるに、つぎの綱吉の段階になると事情はかわってくる。南禅寺文書には九通の綱吉の諸山公帖がみられるが、そのうち六通の宛書を下揃えに並べて写真をとったのが挿図3-11である。[33] これではっきりみられるように、諸山公帖の宛書の高さはほぼ一三・〇センチメートルと一定となる。これは十刹公帖・五山公帖・五山之上公帖の場合も同じで、これらすべてほぼ一七・五センチメートルとなる。その模様を示すのが挿図3-12である。この三通はいずれも綱吉公帖で、五山之上公帖（雲叟和尚宛）と十刹公帖（元晃西堂宛）は同じ高さで、[34] 諸山公帖（元晃首座宛）はいちだん低いことがたしかめられる。すなわち綱吉の段階にいたって、宛書の高さは寸法できまり、諸山公帖は一三・〇センチメートル、それ以外の三つの公帖は一七・五センチメートルとなる。しかも前に述べたように、この頃の料紙の大きさは四六・八×六五・六センチメートル前後となるから、高さの比率は諸山公帖が〇・二七、十刹以上は〇・三七と一定する。さきにも述べたように、朱印状にあっては日付との関係で宛書の高さがきまったが、公帖にあっては下からの高さで固定したことをしる。

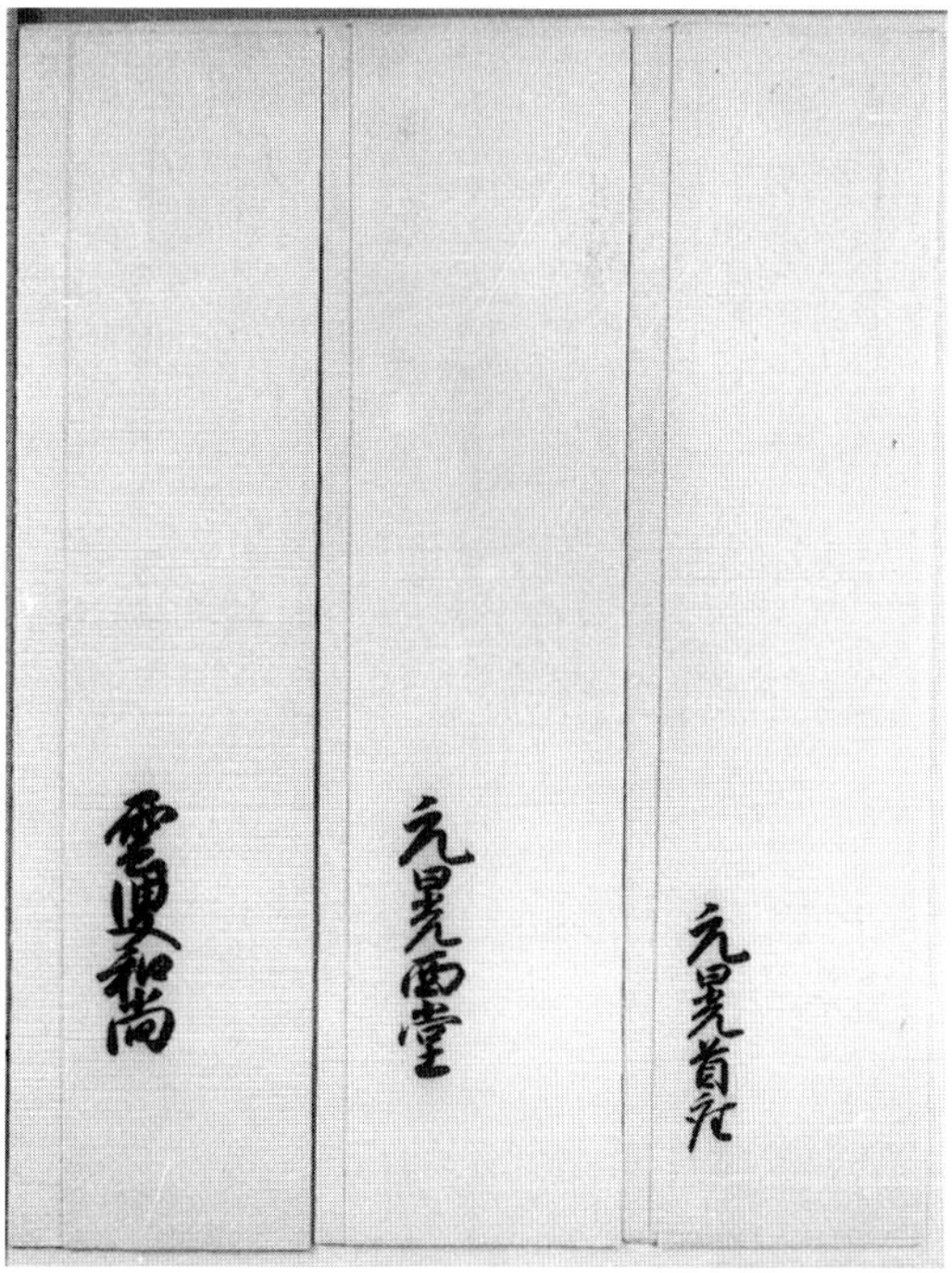

五山之上　　十刹　　諸山

挿図3-12　徳川綱吉の公帖の宛書

家宣の公帖

その後、家宣の場合には、諸山公帖は一三・〇センチメートルであるが、十刹以上の公帖は一六・三センチメートルとなるというように、すこしの出入はみられるが、宛書の高さが下からの寸法で固定し、それが幕末までおよぶのである。[35] ここにも宛書の形式化の様子をうかがいしることができる。

このようにみてくると、公帖の宛書の高さは寺格の順に文書の下端（地）からの寸法が基準となったことがわかる。いっぽう、朱印状はさきに述べたようにその宛書の高さは年月日を基準として、身分におうじて高低がきまった。同じく徳川将軍の名で発給する最高の権威のある朱印状と公帖ではあるが、なぜこのように宛書の高さの書き方がちがうのであろうか。これは封式、すなわち文書のたたみ方のちがいによるのである。朱印状の本紙は表（文字のある面）を内側にして八つ折りの竪ノ中折に折る。[36] したがって、「包紙」からとりだしたとき、まず目につくのは裏面で文字は書かれていない。本紙を拡げてはじめて宛書をみるのだが、その高低――したがって礼の厚薄――は、まず日付との関係で確認できる。それ故、朱印状の宛書の高さは日付との関係で決定されるのである。

これに対して、公帖はすでに述べたように表を外側にした六つ折りの竪ノ中折である。封紙からとりだしたとき、まず目につくのは宛書である。文書を拡げる必要はない。したがって、その礼の厚薄は文書の下端（地）からの寸法によって決定されるということになるのである。

いささか煩雑なことを述べてきたようであるが、朱印状といい公帖といい宛書の高さは礼の厚薄をあらわし、それは文書の封式と直接関係があるということが確認できれば本項の目的は達せられたことになる。

註

（1） シワ（シボ）の場合には、写真3-11ABにみられるように紙面が凸凹しているが、簀の目は凸凹せず平らである。

（2） 『南禅寺文書　下』付六―二九・三〇号。

（3） この朱印状の詳しいことは第一章「妙蓮寺の近世文書」で述べた。

（4） 第一章「妙蓮寺の近世文書」では、これを檀紙Ⅰとしたが、そのときは檀紙Ⅰも檀紙Ⅲも基本的に同じということからそのように考えたのである。檀紙Ⅲとする方がより正確であることはいうまでもない。

（5） 第一節註(6)でも述べたように、私が実見しえた公帖は義輝五通・義昭二通・秀吉九通・秀次二通・家康二通・秀忠一六通・家光六通とその数は決して多くはない。したがって、これによって料紙の紙質の変遷を論じ、厚さや大きさを考えるのはかならずしも適当であるといえないかもしれない。しかし、差しあたりはこれ以外に材料はないので、いちおうの目安と考え、さらに材料の収集につとめたいと考える。

（6） さきに私は「中世の檀紙と御判御教書」（『日本歴史』三六三号　一九七八年）において、中世の標準的な檀紙の大きさとして、ふつう三二・〇×五〇・〇センチメートルより大きく、厚さも〇・二ミリメートルを超えるものとした。そして、その最大のものとして、

応安　四年（一三七一）　六月一日　　後光厳上皇院宣（醍醐寺文書一八函五三号）

の大きさ三五・五×五五・二センチメートル、厚さ〇・七ミリメートルの例をあげた。

（7）家綱の公帖は、承応（一六五二～五五）・明暦（一六五五～五八）のものと、万治（一六五八～六一）以後のものにはっきりとした差がみとめられるので両者を区別し、前者一五通、後者二四通の平均の数字を示した。また綱吉以降は、ほぼ家綱の万治（一六五八～六一）以降のものに準じて考えられるので省略した。

（8）拙稿「古文書と和紙」（『百万塔』四八号　一九七九年）、同「円覚寺文書について　上」（『歴史公論』五九号　一九八〇年）、同「形態論的にみた木下家文書」（『岡山県史研究』五号　一九八三年）など。

（9）ただし、尊氏の花押にも自筆ではなく右筆書のものがすくなくない。この点については、たとえば拙著『中世花押の謎を解く――足利将軍家とその花押――』（山川出版社　二〇〇四年）の第二部第一章第三節「青墨と右筆書の花押」を参照していただきたい。

（10）ただし、義昭のものは一筆で書かれたかどうかについては疑問が残り、何度か加筆して形を整えた可能性も考えられる。

（11）中村直勝「足利直冬の花押」（『中村直勝著作集　第五巻』（淡交社　一九七八年）初出は一九七三年）三五六・七頁。

（12）「南禅寺公帖目録」（後掲）二八号。

（13）「南禅寺公帖目録」（後掲）二九号。

（14）おそらくときを同じくして書かれたと思われる写真3-12・3-13Aの花押は、ほぼ同じ形であるが完全に同じとはいえない。なお、本文で述べたように写真3-13Aの公帖では押罫は確認できるが、写真3-12の公帖では確認できない。

（15）『南禅寺文書　下』四六三号。

（16）『南禅寺文書　下』四六八号。

（17）『南禅寺文書　下』四七九号。

（18）『南禅寺文書　下』付六―三五号。

（19）『南禅寺文書　下』付六―四〇号。なお、挿図3-2は右から左へ年代順になっているが、挿図3-3～3-5は逆に左から右へ年代順になっている。不統一に気づかず撮影してしまった点ご了解いただきたい。

（20）ちなみに、それぞれの花押の大きさを示すと、Aは縦四・八センチメートル、横八・三センチメートル（以下四・八×八・三センチメートルと記す）、Bは四・三×八・八センチメートル、Cは四・八×八・二センチメートル、Dは六・一×九・六センチメートル、Eは五・四×九・二センチメートル、Fは五・六×八・九センチメートルである。

（21）石井良助『はん』（学生社　一九七〇年重版）には、

　徳川将軍についても、八代将軍吉宗まではちゃんと花押を書いたが、その以後は花押型を用い、将軍が一おうこれを押して、あとで近習の者がていねいに墨でぬって、本物の花押のように修正したという（一二五～六頁）。

中世武家文書の墨継ぎ

とみえる。石井氏の著書は概説書で典拠が示されていないが、南禅寺公帖からえられた結果とはくいちがっている。

(22) 諸山公帖は天正十八年（一五九〇）十月三日（「南禅寺公帖目録」六号甲）、十刹公帖は天正十八年（一五九〇）十月七日（同目録六号乙）、五山公帖は文禄五年（一五九六）正月十二日（同目録一〇号）、五山之上公帖は慶長二年（一五九七）九月二十八日（同目録一一号）に定着した形である。ただし、その後いくつか例外はみられる。たとえば写真3-12・3-13Aの家光公帖がそれである。

(23) 墨継ぎは中世の武家文書ではまったく意識されていないが、公家文書では重要な書法の一つである。『消息耳底秘抄』（『新校羣書類従』本による）には、

一消息墨付事

初ノ行ノ筆ツヾキ墨ニテ、次ノ行ノ字ナリトモ、句ツヾキヲバ可書也、次ノ句歟第二ノ字ヨリハ墨ヲ染ベシ。第三ノ行始ハ必墨ヲ染ベシ。是ヲ消息ノ墨付トハ申也。又事ノ初ヲバ必墨ヲ継ベシ。名字ヲバ事ニ寄テ墨黒ク可書。

とあり、墨継ぎの場所としてi初行、ii二行目の途中（次ノ句歟第二ノ字ヨリハ墨ヲ染ベシ）、iii三行目（第三ノ行始ハ必墨ヲ染ベシ）とみえている。この書式にしたがった例として、

(a)文保　二年（一三一八）　四月　五日　後宇多上皇院宣（京都府立総合資料館編『図録東寺百合文書』六号）
(b)正和　五年（一三一六）　五月二五日　後宇多上皇院宣（同『続図録東寺百合文書』一三九号）
(c)(年　未　詳)　二月　九日　後宇多上皇院宣（同『続々図録東寺百合文書』一一九号）

などをあげることができる。(a)(b)はともに万里小路宣房の奉じたもので、これだけでなく他の宣房の奉じた院宣も含めて、宣房のものはすばらしい書の芸術品ということができる。これほど厳密ではないとしても、鎌倉末・南北朝期の院宣・綸旨などの格式の高い公家文書は、多かれ少なかれこれに準じた墨継ぎをしている。

この註のはじめで、私は「墨継ぎは中世の武家文書ではまったく意識されていない」とした。これは一般的にいえることであって、個々にみればかならずしもそうではない。これは右筆の学識によることである。たとえば南北朝初期の幕府の右筆の一人である安威性遵は典型的な例である。一例をあげると、

観応　三年（一三五二）　六月一〇日　足利義詮御判御教書（東寺百合文書せ函足利将軍家下文九号）

がある。これは写真をみれば一見してわかることであるが、『消息耳底秘抄』にいう墨継ぎのとおりである。まず最初から二行目の「太良庄」(三字)まで一気に書き上げ、ここで墨継ぎをする。二行目を書き終えたところで墨継ぎをして、三行目の頭から書きはじめている。それほどはっきりはしていないが、同じ頃多数の祈禱命令を書いている安富行長も、それなりに意識した墨継ぎをおこなったと考えられる。この伝統ある書法が吉宗の時に公帖の書式にとり入れられたのである。ただし公家文書の場合には三行で終ることなく、場合によっては本文が礼紙にまでおよぶことがあるので三行目の頭で墨継ぎをしたが、公帖はわずか三行なので、二字目で墨継ぎをして、変化をもたせたもの

と考えられる。

(24) 東寺文書 数二(上島有編著『東寺文書聚英』(同朋舎出版 一九八五年 以下、これを『聚英』と略す)三一三号)。

(25) もちろん、上所を加えない場合もあるが、これは非常に尊大な形である。これらの点については『弘安礼節』に詳しい。

(26) これは文書の料紙の天地左右をできるだけ原形に近い形で写真に収めている京都府立総合資料館編『図録東寺百合文書』(一九七〇年)、同『続図録東寺百合文書』(一九七四年)、同『続々図録東寺百合文書』(一九八一年)、および前記『聚英』をみれば理解できる。一例をあげると、本紙の左(奥)の方があいている例としては写真3-23の後光厳天皇綸旨(『聚英』三一三号)をはじめ、

元弘 三年(一三三三) 九月一七日 後醍醐天皇綸旨(『聚英』三一四号)
元弘 三年(一三三三) 七月 二日 後醍醐天皇綸旨(『聚英』三一五号)

がある。また礼紙の左側(奥)があいているものとしては、

建武 三年(一三三六)一二月 八日 光厳上皇院宣(『聚英』五九・二八三号の二通)
「弘安 五年(一二八二)」一〇月 四月 亀山上皇院宣(『聚英』一〇六号)

などがあげられる。

(27) 東寺文書 書一二(前記『聚英』二九九号)。なお、

応永三四年(一四二七)一一月二〇日 管領畠山満家施行状(『聚英』一六三号)

も同じように宛書が料紙の左端一杯に書かれている。

ここでは、たまたま管領奉書・管領施行状と御判御教書に代わる文書を例として掲げたが、公帖としては第四章「天龍寺の朱印状と公帖」で写真5-4・5-5として掲げた、

永享 四年(一四三二) 八月 七日 足利義教御判御教書(公帖)
宝徳 二年(一四五〇) 七月二八日 管領畠山持国奉書(公帖)

がさらに適例である。併せて参照いただきたい。

(28) これはだいたい三代将軍義満までであって、幕府が公武両権を掌握した義満以降は、公家・寺社に対しても御判御教書が用いられる場合が多い。

(29) 前記大野端男「領知判物・朱印状の古文書学的研究――寛文印知の政治史的意義(一)――」二一頁。なお、大野氏の論文には貞享元・二年(一六八四・五)の大名・寺社・公家領に対する綱吉の継目安堵の手続きと、朱印状の書式を詳しく記した「貞享御判物御朱印改記」(国立公文書館内閣文庫所蔵)が翻刻紹介されている。これによると朱印状の宛書の高さは年月日との関係で書かれている。したがって朱印状にあっては宛書の高さは年月日との関係で書か

れたことはまちがいがない。

(30) 前記玉村竹二「公帖考」には、

宛書の位置は室町時代には、相当に文書の上方に在つて、通常の文書の宛書通りであつたが、天文以降、次第に下方に移る傾向はあつたが、江戸時代になると、差出書である将軍の位署花押の上端よりも下げて書くやうになる。全く格式に徹した様式の極端なものである（前記『日本禅宗史論集　下之二』六六八～九頁）。

と述べられている。

(31) ただし、一センチメートル前後のちがいは許容誤差として問題にすべきではないかもしれない。もし、そう考えるならば、諸山公帖と十刹公帖の宛書の高さは同じであったといえる。

(32) 家綱の諸山公帖には、

承応　二年（一六五三）九月　二日　　明暦　三年（一六五七）七月　二日
明暦　三年（一六五七）四月一二日　　明暦　三年（一六五七）五月一九日
万治　三年（一六六〇）三月一八日　　寛文　七年（一六六七）八月一九日
寛文一〇年（一六七〇）五月　八日　　寛文一三年（一六七三）正月二〇日
寛文一三年（一六七三）二月　四日　　寛文一三年（一六七三）三月二七日
寛文一三年（一六七三）四月一二日　　寛文一三年（一六七三）五月一八日
寛文一三年（一六七三）六月　二日　　延宝　三年（一六七五）一〇月一九日

の一四通がみられるが、このうち万治三年（一六六〇）三月十八日から寛文十三年（一六七三）三月二十七日までの六通を並べて写真をとったのが挿図3-10である。

(33) 綱吉の諸山公帖は、

天和　元年（一六八一）一二月一二日　　元禄　五年（一六九二）二月　八日
元禄　五年（一六九二）二月二四日　　元禄　五年（一六九二）三月二八日
元禄　五年（一六九二）四月一三日　　元禄　八年（一六九五）九月一九日
元禄一一年（一六九八）九月二四日　　元禄一一年（一六九八）一二月　晦日
宝永　四年（一七〇七）一二月二七日

の九通がみられるが、そのうち元禄五年（一六九二）二月八日の公帖から六通の宛書を並べて写真をとったのが挿図3-11である。

(34) 雲叟和尚宛は一七・七センチメートルで、元晃西堂宛は一七・四センチメートルであるが、わずか三ミリメートルのちがいは問題にする必要はない。

(35) なお玉村氏は以上のほかに、「状」の字と「執務」の「執」の字も、公帖の格式で使いわけがなされていると注意されている。

(36) この点については、次章「御判御教書と朱印状・公帖」で詳しく述べる。

むすびにかえて——公帖にみる近世の武家書札礼——

室町時代の公帖

公帖は本来は室町将軍の御判御教書から出発したものであるから、初期のものにはその書式・形態に礼の厚薄の差はなかった。しかし、それが室町時代をつうじて、坐公文という形で儀礼化する過程で、同じ公帖でも寺格による書式の差が生まれ、義輝・義昭の室町幕府末期には、諸山と十刹以上の公帖という、大きく二段階の公帖がみられるようになった。この書式の隔差の成立と平行して封式の定式化も進み、戦国時代末期には、料紙を六等分に折り、はじめ一行はあけて、つぎの三行に本文を書き、そのつぎの行に年月日と差出書、最後の行に宛書を書くという近世の公帖の定形がすでにみられる。こうなると、もはやかつてのような生きいきとした実効性のある将軍御判御教書からは遠くかけはなれた、空疎な儀礼的な文書になってしまったといわざるをえない。

江戸時代の公帖

家康にはじまる近世幕藩制の確立過程は、この儀礼化・形式化が確立・固定化する道程でもあった。さきの二種類の公帖が、近世の支配体制に相おうじた四種類の公帖、すなわち五山之上・五山・十刹・諸山という五山制度の寺格におうじた四つの公帖に分化・定着さらには固定化の道を歩むのである。そして、これは朱印状と同じく、家綱の段階にほぼ定着、吉宗の段階で完全に固定化し、それがそのまま幕末までおよぶのである。

吉宗の段階で固定化

本紙差出書の署判

禅宗寺院の寺格におうじた四種類の公帖は、近世武家書札礼にもとづいて、礼の厚薄がみごとに区分けされる。それが典型的にみられるのは、本紙の差出書の署判である。すなわち、「官(花押)」—「官(朱印)」—「官(黒印)」—「(黒印)」というように、それぞれの寺格におうじて礼の厚薄にはっきりした段階がみられる。

花押の形式化・儀礼化

ここで注意すべきは花押であろう。御判御教書の段階では、差出書の署判は花押にかぎられていた。そして、花押は本来差出人が筆をとって据えるべきものであった。それが近世に入って形式化し、署判にも朱印・黒印といった印判が用いられるようになる。また花押も一筆書きの自筆でなく押罫さらに花押型が用いられるようになると、朱印・黒印などの印判と何らかわることがないようになる。花押型自身印判である。したがって、ここでは花押本来の機能は失われ、いずれも印判であるが、花押は朱印・黒印よりはいちだん格式の高いものとして用いられるようになる。かくして、花押の儀礼化・形式化がみられるのである。この寺格におうじた公帖の礼の厚薄は、本文の文言にも「可被執務」（五山之上・五山）、「可令執務」（十刹）、「可執務」（諸山）というように尊敬語の有無によってもみられる。

近世の公帖の料紙

　近世の公帖の料紙は一般に檀紙といわれるが、これもすべてが一様なものではない。江戸時代初期には中世の堂々として立派な檀紙の「亜流」とでもいうべき檀紙が用いられ、やがていわゆる大高檀紙が使われるようになる。そして近世的な体制が確立する家綱以降には、目のつまった腰の強い厚くて立派な近世の檀紙が用いられるようになる。同年代の公帖についてみると、その料紙はすべて一様で、寺格による差はなかった。そして、この公帖の紙質は、同年代の朱印状のそれと比較すれば面白い結果がえられると思うが、これは今後の課題とせざるをえない。[補註⑥]

文字の配置

墨継ぎ

　公帖の定着・固定化の過程で、文字の配置までがきまってしまう。さらに吉宗の時代になると、公帖の本文に「美」を意識した墨継ぎがおこなわれるようになる。鎌倉・室町時代をつうじて武家文書においては、一部の右筆を除いては墨継ぎについてはまったく無関心であったといってよいが、江戸時代にいたってこれが武家文書たる公帖に制度としておこなわれるようになったのは注目すべきことといわねばならない。しかも、はっきりとした墨継ぎがおこなわれたというだけではなく、墨継ぎの位置までがきまってしまい、それもそのまま幕末まで引きつがれていくのである。

宛書の書き方

　いっぽう、公帖の差出書に対応するのが宛書である。宛書の書き方は礼の厚薄はもちろん、封式すなわち公帖の折り方とも関係する。礼の厚薄といえば、それは宛書の高さで表現されるが、この高さにも固定化が進む。義輝・義昭等の室町将軍のものは、宛書はまだ料紙の高さの半分より上に書かれたが、それが時代とともに下に書かれるようになり、綱吉以降は諸山公帖は公帖の下（地）から一三・〇センチメートル、それ以外は一七・五センチメートルと、まさに物指しで測ったように固定する。宛書についてもう一つ問題となるのはその位置である。公帖がはやく表を外にした六つ折りの竪ノ中折に固定した関係からいちばん奥に書かれることになるが、宛書全体としては礼の厚薄・封式などと直接関係する問題であるということを確認しておきたい。

　本章で明らかにしたことをまとめると、ほぼ以上のようになろうか。中世文書以外にはまったく知識のない私が、近世の公帖について発言をした。「五里霧中」とはまさにこのことであって、近世文書の研究にいかほどの意義を有するのかも私にはわからない。この点も含めて厳しい御批判・御教示をいただければ幸である。

足利尊氏書下と足利尊氏御判御教書

檀紙・大高檀紙の理解の整理

第四章第四節第一項（2）「従来の私見の整理」

補註

① 以下に引用する慶長十三年（一六〇八）十月三日徳川秀忠公帖の見取図は、印刷の関係で一二二・一二三の二頁にまたがってしまったが、当然一紙の文書である。

② その後、私はこの形式の足利尊氏発給文書の文書名について、書下から御判御教書と称する時期を元弘三年（一三三三）八月五日とするのが適当であろうとした。この点については拙稿「初期の足利高氏発給文書について――書状・御内書・書下・御判御教書――」（拙著『足利尊氏文書の総合的研究　本文編』（国書刊行会　二〇〇一年））、とくにその六三頁をご覧いただきたい。

③ 本書における、近世の朱印状・公帖の料紙である檀紙・大高檀紙の理解については、第一章「妙蓮寺の近世文書」の段階と、南禅寺の公帖だけを扱った本章「南禅寺の公帖」の段階、さらに天龍寺の朱印状と公帖を検討した第四章「天龍寺の朱印状と公帖」で述べる現在の段階の理解とではいささかちがっている。これは、私の檀紙の理解の深化を示すものであるが、第一章では檀紙を、大きく、

（1）檀紙Ⅰ
（2）檀紙Ⅱ
（3）大高檀紙

と三分類した。これに対して、本章では、

（1）檀紙Ⅰ
（2）檀紙Ⅱa
（3）檀紙Ⅱb
（4）檀紙Ⅲ

と四分類し、（3）檀紙Ⅱbを大高檀紙とした。

しかし、それぞれの檀紙の使い方については、かならずしも同一の理解ではない点もみられる。また、大高檀紙についても、考え方が同じではない。これらの点については、第一章また本章全体の叙述とも関連するので、いずれも初出のまま統一することはしなかったが、第四章第四節第一項（2）「従来の私見の整理――主として大高檀紙について――」で、これら全体をまとめて整理して、最終的な私の考え方を述べているので参照いただきたい。

④ 本章では、檀紙の大きさにしても、また縦横の比率にしても、義輝・義昭のものを一括して述べた――表3-5ではいちおう区別しているが――。しかし、第四章第四節第二項（2）「戦国時代公帖の料紙」および同（3）「秀吉・秀次公帖の料紙」でみるように――表5-10Ⅰを参照――、天龍寺の朱印状・公帖を含めて、中世から近世への檀紙を全般にみた場合、天正年間（一五七三～九二）の義昭の檀紙は、室町将軍の御判御教書の檀紙から秀吉さらには徳川将軍の朱印状・公帖の檀紙へと橋渡しの役割をしていることがわかった。したがって、ここに述べた秀吉の檀紙に関する評価は

再検討した方がよいといえる。

⑤　朱印状の宛書は、ここで述べたように、年月日の次行、すなわち文書の奥におかれる場合だけではない。朱印状の書式については、後ほど第四章第二節第一項「朱印状の書式」で詳しく述べるように、大きく九類に分類することができる。そして宛書の書き方も、同じく第四章第二節第二項(3)「宛書」でみるように、その位置は、

　m日付の次行（すなわち文書の奥）
　n本文中に内包
　　　　　　（mnは第四章第二節第二項(3)の記載そのままを用いた）

の二つがあった。本章で宛書の高さの問題として論じたのは、「m日付の次行（すなわち文書の奥）」の場合、前記九類の書式の分類ではⅡⅢⅣⅤ類で、主として大名宛の朱印状の書式に属するものである。

朱印状は大名宛のものだけではなく、公家・門跡・寺社宛にも下されており、宛書が「n本文中に内包」されたもの、すなわち書式でいえば、ⅠⅥⅦⅧⅨ類に属するものもある。したがって、宛書の礼の厚薄を、年月日との関係で論ずることができるのは、朱印状のうちの一部である。朱印状全体の宛書の礼の問題は、同じく第四章第二節第二項「朱印状の書式の構成要素――礼の厚薄と文書様式――」で細かく検討したので、それをご覧いただきたい。

⑥　江戸時代の朱印状・公帖を含めての全体の檀紙の使い方をまとめたのが、第四章第四節第四項「朱印状と公帖の料紙研究とその課題」に収めた表5-13である。

南禅寺公帖目録（徳川家光まで）

一甲	天文二一年　五月二〇日	足利義輝御判御教書(公帖)	（福厳寺）	［刊一八二］	（写真3-3）
一乙	天文二一年　五月二三日	足利義輝御判御教書(公帖)	（真如寺）	［刊一八三］	（写真3-4）
二	弘治　三年　五月　四日	足利義輝御判御教書(公帖)	（建仁寺）	［刊一八五］	
三甲	元亀　二年　五月一一日	足利義輝御判御教書(公帖)	（安国寺）	［刊一八八］	
三乙	元亀　二年　五月二一日	足利義輝御判御教書(公帖)	（真如寺）	［刊一八九］	
四	天正一一年一二月　六日	足利義昭御判御教書(公帖)	（建長寺）	［刊一九〇］	（写真3-5）
五	天正一四年　四月一三日	足利義昭御判御教書(公帖)	（南禅寺）	［刊一九四］	（写真3-6）
六甲	天正一八年一〇月　三日	豊臣秀吉公帖	（景徳寺）	［刊一九七］	
六乙	天正一八年一〇月　七日	豊臣秀吉公帖	（臨川寺）	［刊一九九］	
七甲	天正一八年一〇月　五日	豊臣秀吉公帖	（景徳寺）	［刊一九八］	
七乙	天正一八年一〇月一三日	豊臣秀吉公帖	（臨川寺）	［刊二〇〇］	
八甲	天正一八年一一月　八日	豊臣秀吉公帖	（景徳寺）	［刊二〇一］	
八乙	天正一八年一一月二六日	豊臣秀吉公帖	（禅興寺）	［刊二〇二］	（写真3-7）
九甲	文禄　二年一一月一〇日	豊臣秀次公帖	（福厳寺）	［刊二一〇］	

九乙	文禄	二年一一月一九日	豊臣秀次公帖	（禅興寺）	［刊三一一］	（写真3-9）
一〇	文禄	五年　正月一二日	豊臣秀吉公帖	（建長寺）	［刊三一七］	
一一	慶長	二年　八月一五日	豊臣秀吉公帖	（建長寺）	［刊三二〇］	
一二	慶長	二年　九月二八日	豊臣秀吉公帖	（南禅寺）	［刊三二一］	
一三	慶長	一〇年　二月二四日	徳川家康公帖	（建長寺）	［刊三三七］	
一四	慶長	一〇年　三月一一日	徳川家康公帖	（南禅寺）	［刊三三八］	（写真3-10）
一五甲	慶長	一三年　九月一〇日	徳川秀忠公帖	（景徳寺）	［刊三四七］	（写真3-11）
一五乙	慶長	一三年　九月一六日	徳川秀忠公帖	（禅興寺）	［刊三四八］	
一六甲	慶長	一三年　五月二一日	徳川秀忠公帖	（景徳寺）	［刊三四九］	
一六乙	慶長	一三年　九月二八日	徳川秀忠公帖	（禅興寺）	［刊三五〇］	
一七甲	慶長	一三年一〇月一〇日	徳川秀忠公帖	（景徳寺）	［刊三五一］	
一七乙	慶長	一三年一〇月一八日	徳川秀忠公帖	（禅興寺）	［刊三五二］	
一八	慶長	一五年　三月二八日	徳川秀忠公帖	（建長寺）	［刊三五五］	
一九	慶長	一五年　八月　二日	徳川秀忠公帖	（建長寺）	［刊三六一］	
二〇	慶長	一五年一一月　朔日	徳川秀忠公帖	（南禅寺）	［刊三六二］	
二一甲	慶長	一六年　二月　九日	徳川秀忠公帖	（景徳寺）	［刊三六三］	
二一乙	慶長	一六年　三月　二日	徳川秀忠公帖	（禅興寺）	［刊三六四］	
二二	慶長	一七年　四月　二日	徳川秀忠公帖	（南禅寺）	［刊三七五］	
二三	元和	六年一二月　三日	徳川秀忠公帖	（建長寺）	［刊三九七］	
二四	元和	六年閏一二月一七日	徳川秀忠公帖	（南禅寺）	［刊三九八］	
二五	元和	七年　二月　朔日	徳川秀忠公帖	（建長寺）	［刊三九九］	
二六	元和	七年　三月一二日	徳川秀忠公帖	（南禅寺）	［刊四〇〇］	
二七甲	寛永	元年一二月一四日	徳川家光公帖	（福厳寺）	［刊四〇一］	（写真3-12）
二七乙	寛永	二年　正月一一日	徳川家光公帖	（禅興寺）	［刊四〇二］	（写真3-13）
二八	寛永	一二年　九月　九日	徳川家光公帖	（景徳寺）	［刊四一八］	
二九	寛永	一二年　九月二九日	徳川家光公帖	（禅興寺）	［刊四一九］	
三〇甲	正保	二年　三月　九日	徳川家光公帖	（景徳寺）	［刊四三六］	
三〇乙	正保	二年　四月　七日	徳川家光公帖	（禅興寺）	［刊四三七］	

以上四二通

(註) 一甲・一乙というのは公帖に貼付されたラベルの番号である。また［刊二八二］というのは『南禅寺文書』の番号である。

後記

昭和六十一年（一九八六）七月六日、京都市北区の立命館大学において開かれた日本古文書学会第十九回大会において「近世の武家書札礼と公帖――南禅寺公帖の形態論的研究――」なる報告をした。本章はそれを原稿化して「摂大学術B〈人文科学・社会科学編〉」五号（一九八七年）に発表したものである。

私の調書によると、昭和五十七年（一九八二）十月から同六十三年（一九八八）十月までの間、南禅寺文書を調査させていただいた。これは南禅寺正因庵主櫻井景雄氏および秋宗康子氏が、瑞宝殿（南禅寺の寺宝の収蔵庫）において年何回か定期的に経典類の調査をされたのにあわせて、文書類を拝見させていただいたのである。ちょうど新緑や紅葉の季節が多く、また夏休みの暑い季節におうかがいした記憶もある。

ふつうの文書調査といえば、どうしても時間にしばられて駆け足の調査になるのだが、ここでは両氏の傍で、何物にも煩わされることなく約四〇〇点の中世文書、約二〇〇点の公帖と心ゆくまで対話できたのは、まさに「至福の時」であった。本章は、その調査報告の一部である。家光の花押に押罫を確認したり、挿図3-1・3-2・3-3……などにみられるように、何通もの公帖の差出書や宛書だけを並べて、素人のカメラに収めるなどという贅沢きわまりない調査ができたのは、環境と時間にめぐまれたからである。おそらく、このような調査は二度とできることではあるまい。本当に貴重な資料である。改めて両氏に深く謝意を表したい。

本章では、南禅寺公帖の書式・形態を細かく検討した。文書の書式・形態といえば、中世古文書学では文書の形態論の研究の基礎になる課題であるが、まとまって整理をするのが難しい。本文でも述べたが近世の公帖というと、すでに儀礼化・形式化している。それだけに書式・形態が整っており、その本質をしるのにたいへん有益である。

文書の書式・形態などということは、中世古文書学でもいわばお添え物にしかすぎない退屈な研究課題である。様式論が中心である現在の古文書・古文書学を論ずるについても、とくに必要なものでもなければ、古文書学を講義するにもあえて触れる必要もない。まったく趣味的ともいえる非文字列情報である。しかし、これは文書のもつ情報であることにはまちがいはない。文書のもつ情報といえば文字列情報だけでない。広汎な非文字列情報がある。それについては、序章「アーカイブズ学としての中世古文書学」の表1-2「アーカイブズとしての文書とその情報・研究課題」で示したとおりである。中世古文書学においても、また近世古文書学においても、この非文字列情報を生かす方法、歴史情報資源化する方法が確立されていないだけで――歴史情報資源化するという関心すらまったくない――、本格的にこれを生かす方法が確立すれば、おそらく文字列情報以上の貴重な情報が発掘できるのではないかと考えている。最低、直接学問に役立つものではないということで、埋没したままにしておくのは本当にもったいない。

もうすこしいうならば、たまに文書の形態・封式などに触れた論稿をみかけなくはない。しかし、この場合には、余りにも既成概念にとられすぎているのではないかと考えられる。折角、「なかなかみることのできない」文書の原本に接するのである。たんにその文字列を追うだけではなく、また既成概念の安易な適用ではなく、何故にもっと自由で楽しい発想ができないのだろうか。その目でみれば、文書は無言で無限のことを語ってくれているのである。文字列から貴重な歴史的事実を読みとるのとかわりはない。文字列を読むか、文書の「かたち」を読むかのちがいだけである。もちろん従来の研究史は尊重されなければならない。しかし、それはあくまでも批判的に摂取すべきもので、墨守であってはならない。従来の研究史を踏まえた上で、謙虚に「もの」が語るところのものに耳をかたむけることが第一ではなかろうか。

この原稿を本書に収めるにさいしては、初出稿の項目を細分するとともに、一部原稿を追加・補訂したところがある。なお、本章の写真掲載については南禅寺をはじめ、安国寺・永源寺・東寺、また源喜堂書店河村廣氏のご許可をえた。謹んで謝辞を呈するものである。

第三章　近世の領知判物・朱印状と公帖

――室町時代の御判御教書との関連で――

はじめに

朱印状と公帖の折り方がちがう

近世史の専門家の方にはすでに常識のことかとも考えるが、徳川歴代将軍の領知判物・朱印状・黒印状と公帖とでは同じく幕府最高の公文書として、その形態に共通するところが多いが、また相違点もみられる。そのうちでもっとも代表的なものは、文書の折り方である。現在の領知判物・朱印状・黒印状あるいは公帖のうちには、すでに本来の折り方が失われてしまったものも多いが、本来の折り方をみると、領知判物・朱印状・黒印状は表――文字を書いた面――を内側にして折りたたむのに対して、公帖は表を外側にして折りたたむ。すなわち、文書を折りたたんだとき、領知判物・朱印状・黒印状は文字がまったくみえないのに、公帖は文字が外にあらわれている。これ以外にも以下具体的にみるように、いくつか両方の形態上の相違点を指摘することができるが、これはどういうことなのであろうか。

いうまでもなく、領知判物・朱印状・黒印状も公帖も徳川将軍の名前でだされる公文書で、江戸時代では最高の権威を有する文書である。しかも、これらはいずれも室町時代の御判御教書の系譜を引くものである。それにもかかわらず、両者に形態上の相違がみられるのは何故であろうか。これは当然のことながら、室町時代の御判御教書の性格によるものである。以下、この点についてすこし細かく検討することにしたい。

第一節　朱印状と公帖の形態上の相違点

第一項　料紙の折り方

朱印状と公帖の料紙の折り方

まず、江戸時代の領知判物・朱印状・黒印状――以下、これを朱印状と略す――と公帖(1)の料紙の折り方から考

朱印状は表を内側にした八つ折り

えてみよう。朱印状・公帖ともに料紙は一紙だけで礼紙はともなわない。これは中世以来の武家文書の料紙の使い方である。(2) 朱印状を折るには、挿図4-1のように表を内側にして真ん中で半分に折る。(3) 文書を折りたたむのに、まず真ん中から半分に折るというのも中世の武家文書の竪ノ中折の伝統をうけつぐものである。つぎに二つ折りにし、もう一度二つ折りに折る。したがって、これを拡げてみると八等分に折りたたまれることになる。写真4-1A・Bは、

寛永一三年(一六三六)一一月　九日　徳川家光朱印状(等持院宛)

の本紙(A)と封紙(「包紙」)(B)であるが、(4) 八つ折りになっていることがほぼ確認できると思う。

これに対して公帖は、挿図4-2のように表を外側にしてまず真ん中で半分に折る。(5) 表が内側になるか外側になるかのちがいはあるが、文書を最初に真ん中で半分に折りたたむというのは朱印状も公帖も同じである。そして、その折り目を左において、それを右に三つに折る。したがって、公帖は六等分に折りたたまれており、文書の左側三分の一――右から第五・六折目の日付・差出書と宛書――がいちばん外側にでることになる。これは第二章「南禅寺の公帖」の写真3-11Aに掲げた、

公帖は表を外側にした六つ折り

慶長一三年(一六〇八)九月一〇日　徳川秀忠公帖(霊圭首座宛)

などで確認できると考える。(6) すなわち、いずれも徳川将軍の名前でだされ、江戸幕府最高の公文書であるにもかかわらず、朱印状は表を内に八つ折りにし、公帖は表を外に六等分するというように、まったく反対の折り方がおこなわれているのである。(7)

第二項　本紙宛書の書き方

本紙宛書の書き方

この文書の折り方の相違は、本紙の宛書の書き方のちがいとも関連する。大名宛の朱印状の書式については大野瑞男氏が詳しく検討を加えられた。(8) これによれば、朱印状の書式は大名の官位・石高のちがいによる家格によって、署判の仕方、書止め文言、「殿」の書き方が細かく異なっているとし、さらに宛書の高さもちがっていることを明らかにされた。すなわち、朱印状の宛書の高さは大名の家格によって、それが高いものは上に、低いものは下に書かれているとされる。そして、この上下の基準となるのは、その前の行の年月日と年月日の下の花押ないしは朱印・黒印――以下、黒印については朱印と一括する――である。(9) すなわち朱印状の宛書の高低は日付

朱印状の宛書の高さは日付あるいは花押・朱印を基準にきめられる

公帖の宛書の高さは文書の地からの高さを基準にきめられる

あるいは花押・朱印を基準にしてきめられているといえる。

　これに対して、公帖の宛書の高さはその文書の下端（地）からの高さが基準となる。この点については、すでに第二章第三節第四項「宛書の書き方について」で詳しく検討を加えたが、公帖には五山之上・五山・十刹・諸山の四つの寺格による区別があり、細かいことは時代によって相違があるが、おおまかにいうとこの順序に宛書の高さがだんだん低くなっている。[10] この際基準になるのは下端からの高さである。すなわち同じ宛書を書くにも、その高さの基準になるのは朱印状と公帖とではちがっていることがわかる。

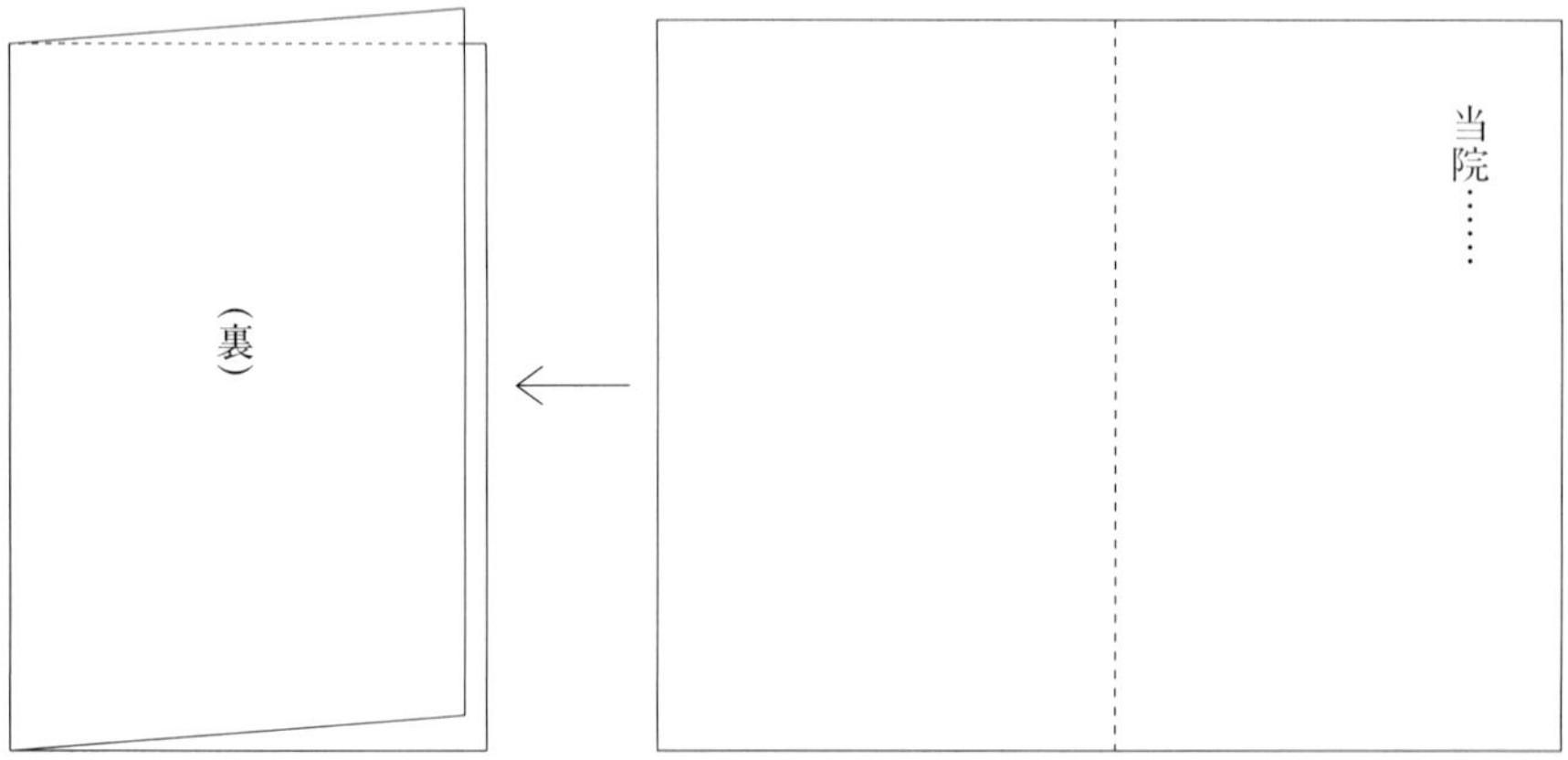

挿図４－１　朱印状の折り方

　しからば、同じ宛書を書くのに朱印状と公帖とではなぜこのような相違がみられるのであろうか。それは朱印状と公帖とでは、その料紙の折り方がちがうことによる。すなわち、すでに述べたように、朱印状は表を内側にして折りたたむから、文字が最初に目につくのは文書を封紙からとりだしたときではなく、その後に文書を拡げたときである。そして、朱印状を拡げたときにまず目に入るのは、おそらく花押・朱印であり、つぎに宛書であろう。この場合、宛書が高いところにあれば厚礼であり、低いところにあれば薄礼ということになる。その高低は最初に目に入った花押あるいは朱印が基準となるのは当然のことといえる。[11]

　これに対して、公帖は表を外側にして折りたたまれているから、封紙からとりだしたとき、まず目につくのはこの文書を六つ折りに折ったいちばん左側（第六折り目）の宛書と、左から二番目の折り目（第五折り目）に書かれた年月日と差出書である。しかも年月日・差出書と宛書は表裏に書かれているから、[12] これは朱印状の場合とちがってそれぞれが独立している。この場合も礼の厚薄は宛書の高さによってきまるが、公帖の宛書は年月日・差出書の裏になって

封紙ウワ書の書き方

朱印状は宛書だけ

公帖は宛書と差出書の二つが揃う

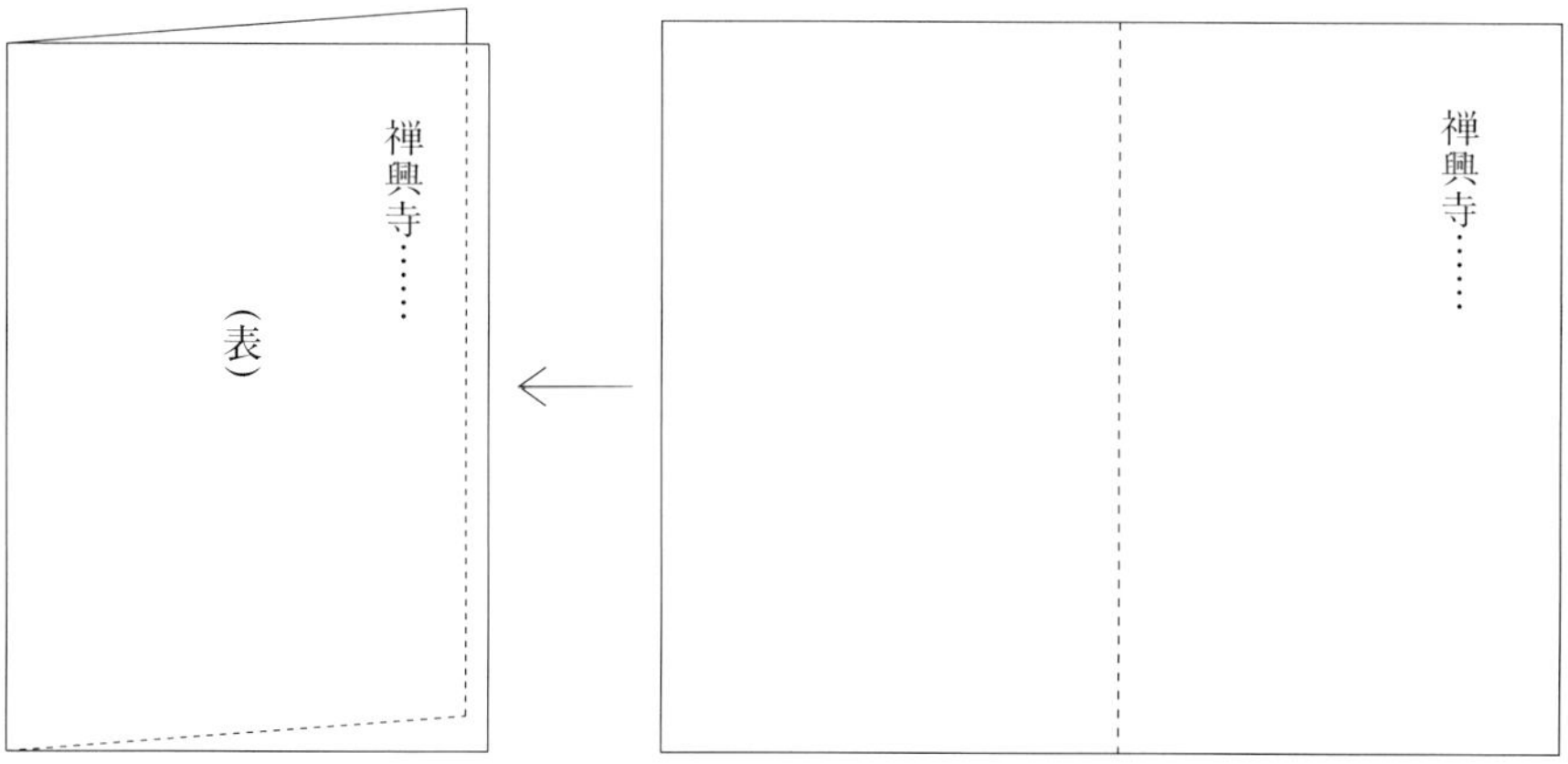

挿図4－2　公帖の折り方

いるから、宛書の高さは年月日や花押・朱印とは関係なく、文書の下端からの高さ、すなわち〇〇センチメートルという絶対値とならざるをえない。公帖の宛書の高さが下端からの高さを基準とするのはそのためである。かくして、朱印状と公帖の宛書の高さの基準のとり方のちがいは、その折り方、すなわち表を内側に折るか、外側に折るかのちがいによることがわかったと思う。

第三項　封紙ウワ書の書き方

朱印状と公帖の形態上のちがいは以上に尽きるものではなく、封紙ウワ書にもみられる。[13] 朱印状の封紙ウワ書は写真4-1Bにみられるように、「等持院」だけである。すなわち差出書はなく宛書だけである。これに対して、公帖の封紙ウワ書は第二章の写真3-13Bにみられるように「元竹西堂　内大臣(朱印)」と宛書・差出書の両方が揃っている。公帖の封紙ウワ書については第二章第二節第五項「封紙ウワ書の差出書と宛書」で詳しく述べたように、家綱以降にあっては宛書だけが記され、差出書は省略されるようになるが、これはおそらく朱印状の書き方にならって、公帖においても差出書を省略したものと考える。[14] ともかくも、本来の姿としては朱印状の封紙ウワ書は宛書だけであり、これに対して公帖は宛書と差出書の二つが揃っているのである。

以上、江戸時代の朱印状と公帖の形態について考えてみた。ここには明らかにいくつかの相違点がみられる。すなわち、まず1料紙の折り方、つぎに2本紙宛書の書き方、すなわち宛書の高さの基準のとり方、そして3封紙ウワ書の書き方と三点にわたってはっきりとしたちがいが指摘できる。朱印状といい公帖といい、いずれも徳川将軍の名前でだされた江戸幕府最高の公文書である。しかるに両者の形態が何故これほどまでにちがっている

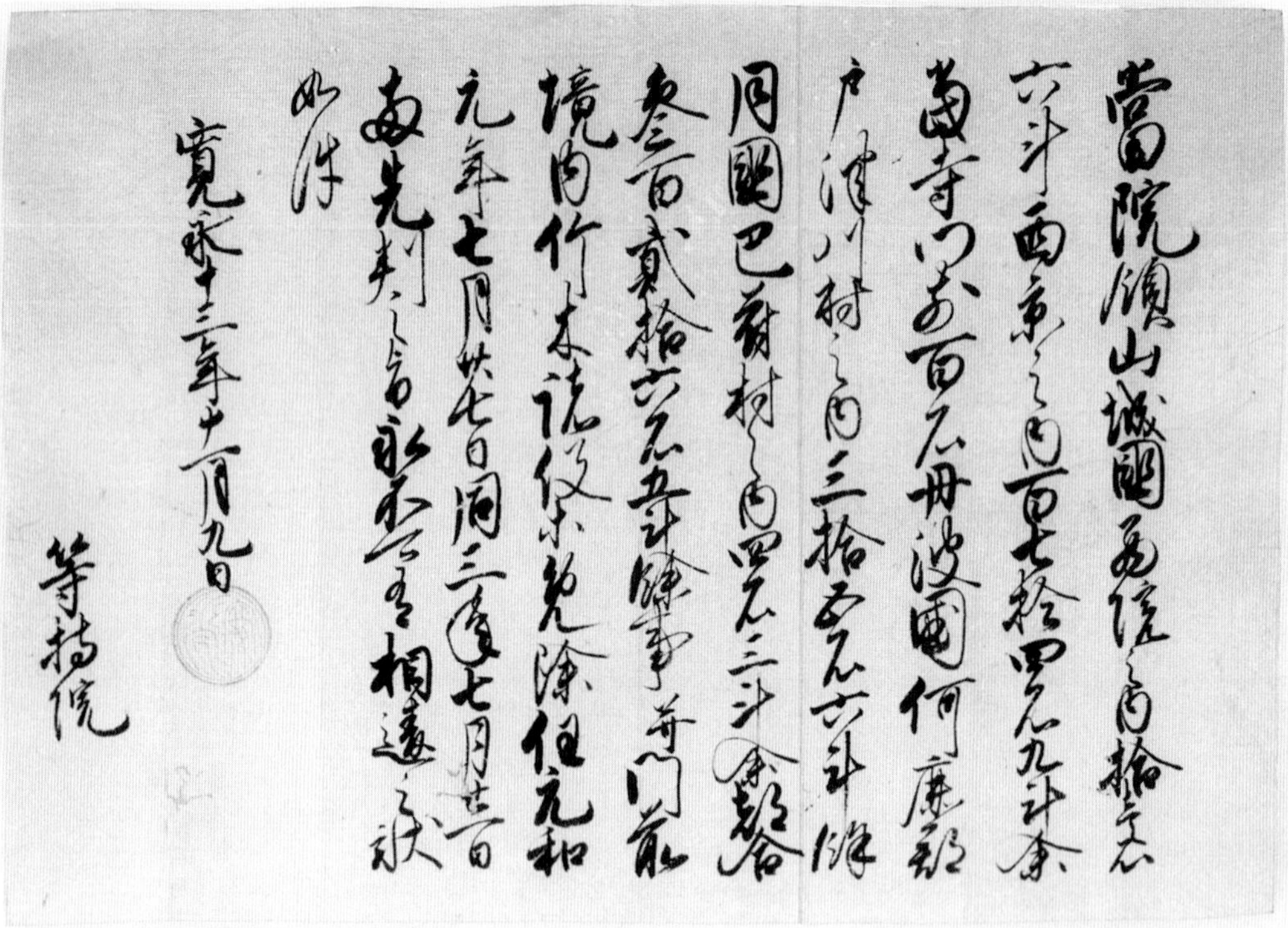

写真４－１Ａ　徳川家光朱印状（本紙）

写真４－１Ｂ　徳川家光朱印状（「包紙」）

津軽家文書

文書の写真は勝手な切断をすることなく原形のままを

のであろうか。これは実は室町時代の御判御教書の性格によるものである。そこで次節ではこの点について検討してみよう。

註

（1）朱印状は、武家・公家・寺社を問わず広く発給された江戸幕府の最高の公文書である。これに対して公帖は禅宗寺院に対してのみ下されたやや特殊な文書であるが、朱印状と同様、江戸幕府最高の公文書であることはいうまでもない。江戸時代の領知安堵は、ほとんどが判物あるいは朱印状でおこなわれたが、家康・秀忠は一部に黒印状を用いている。なお、江戸時代の公帖については第二章「南禅寺の公帖」で詳しく検討した。

（2）武家文書の料紙は本紙一紙で礼紙をともなわないこと、またつぎに述べる竪ノ中折に折るという折り方は中世武家文書の形態上の特質である。この点については拙稿「室町幕府文書」（赤松俊秀他監修『日本古文書学講座4　中世編Ⅰ』（雄山閣出版　一九八〇年）二一八頁を参照。

（3）現存の朱印状の多くは、本来の折り方を失っている。しかし、もとの形を残すものもあり、私の拝見したうちの代表的なものとしては、国立史料館の津軽家文書がある。ここには四代将軍家綱から一四代将軍家茂にいたるまでの一〇通の朱印状の正文があるが、いずれもここで述べるように表を内側にして、しかも八つ折りに折りたたまれている。これは国立史料館だからこそ原形で現在まで保存されたともいえる。いわずもがなのことではあるが、今後もそれを崩さないように保存していただきたいと願うものである。

（4）天龍寺文書第七函　等持院朱印状（一一六〇号）。なお、いろんな論文や書物の朱印状の写真をみると、八つ折りを確認できないものが多い。たいていが最初のほぼ一行の余白を切り取った写真になっている。文書の写真は文字が読めたらよいというのではなく、形態そのものが古文書学の研究対象の一つであるから、料紙の天地左右を切断することなく、完全な写真を掲載してほしいものである。同様のことは拙稿「古文書の料紙について(一)――料紙の縦横の比率をめぐって――」（「古文書研究」二七号　一九八七年）その他において、繰りかえし述べているが、改めて同じことをお願いしておきたい。ただし、原本がすでに切断されてしまっているものもある。たとえば国立公文書館内閣文庫所蔵の「徳川家判物并朱黒印」は、何通かの朱印状が一冊に製本されており、その形を整えるため、天地左右が適当に切断されている。

（5）公帖の折り方については、第二章第一節第二項「足利将軍の公帖の封式」で詳しく述べたが、それは南禅寺所蔵の公帖によって確認したものである。南禅寺所蔵の公帖はすべてとはいえないが、比較的よくもとのままの折り方を残している。

（6）第二章「南禅寺の公帖」の最後に掲載した「南禅寺公帖目録」一五号甲。なお、公帖が六等分に折りたたまれているということについては、註(12)も参照のこと。

朱印状の宛書の高さは年月日・花押・朱印が基準

公帖の宛書の高さは文書の地からの高さが基準

(7) なお、なぜ朱印状が八つ折りに折りたたまれるかということについては不明である。後考をまちたい。

(8) 大野瑞男「領知判物・朱印状の古文書学的研究――寛文印知の政治史的意義(一)――」(「史料館研究紀要」一三号一九八一年)。なお、これは、日本古文書学会編『日本古文書学論集11 近世Ⅰ』(吉川弘文館 一九八七年)に収められているが、つぎに触れる史料紹介「貞享御判物御朱印改記」は省略されている。

(9) 氏によれば、大名の家格は官位・石高によっていくつにもわけられるが、たとえば四番目の家格の四位侍従への朱印状(判物)は、宛書の書出が年月日の「日」と同じ高さ、つぎの四位無官と一〇万石以上の五位無官へは、書出が朱印または花押と同じ高さになっているという具合いに、年月日・花押・朱印が宛書の高さの基準となっていることを明らかにされた。このことは氏が同論文の最後に紹介された「貞享御判物御朱印改記」の記載からもうかがうことができる。なお、大野氏のこの論文には寛文五年(一六六五)十一月三日付の公家宛の朱印状四通の写真が見開きに収められている。したがって、宛書の高さが花押・朱印を基準としており、しかも家格にしたがって下に書かれることが視覚的にとらえることができる。

(10) 第二章第三節第四項「宛書の書き方について」によれば、たとえば家綱の段階では、同じ寺格の公帖でも宛書の高さには多少のバラツキはみられるが、平均すると五山之上は下から三九センチメートルのところから書きはじめ、五山および十刹は三七センチメートル、諸山は三三センチメートルとなっている。しかるにつぎの綱吉以降になると、きっちり下から物差しではかって五山之上・五山・十刹は三七センチメートル、諸山は二七センチメートルとなり、宛書の高さは文書の下(地)からはかって書かれていることがはっきりする。

(11) 別の考え方をすれば、花押・朱印は将軍をあらわすものであるから、それより上に書くのは余程厚礼で、それと同じかそれより下に書くのが当然ということもいえる。この場合にも花押・朱印が宛書の高さの基準になっていることはまちがいはない。

(12) 公帖の書き方については、第二章第一節第二項「足利将軍の公帖の封式」でも引用したが、『和簡礼経』(『改定史籍集覧』第二七冊所収)の記事でよくうかがうことができる。それには、

大高ヲ二ツニ折テ、サテ三ツニタヽム、カタカタニ表ニ二行裏ニ三行アリ、表巻ハ大高ヲ二ツニ折テ横紙ニツヽミ、上下押折テ置、御判アリ。

とみえる。すなわち、公帖は大高檀紙をまず真ん中で二つに折り、それをさらに三つ折りにして六等分にするという。そして最初の一行はあけて、二・三・四行に本文を、五行目に年月日・差出書を、六行目に宛所を書き入れる。しかも、文字はきっちり折り目と折り目の間に書かれており――公帖の原本をみると、まず折り目をつけてからそれにきっちり入るように文字を書いた様子がよくうかがわれる――、文字が折り目にかかることはない。これは現存の江戸時代の公帖でも例外なく確認できることである。したがって、これを折りたたんだとき、いちばん外側にでるのは文書の左三分の一、すなわち第五折り目の年月日・差出書と、第六折り目の宛書だけであるが、このとき年月日・差出

書と宛書が表裏になることはいうまでもない。なお、第二章「南禅寺の公帖」でも述べたように、

　天正一八年（一五九〇）一一月二六日　豊臣秀吉公帖（第二章の写真3-7）

をみると、本文三行目のいちばん上の「状」という字が、その前の行の文字よりずっと上に書かれている。これは公帖がまず表を外側にして真ん中で二つ折りにし、その上で文字が書かれたことを端的に示す例ということができる。また公帖の文字が折り目にかからないのは、表――文字のある面――を外側にして折るからで、表を内側にして折る朱印状にあっては、文字は折り目にかかっている。したがって、文字が折り目にかかるか、かからないかで、表を外側に折るか、内側に折るかということもわかる。

朱印状の封紙ウワ書というのは適当でない

（13）後ほど第三節第三項「御判御教書の「包紙」・封紙とそのウワ書」で詳しく述べるように、朱印状の場合には封紙ウワ書というのは適当ではなく、「包紙」ウワ書とすべきであるが、差しあたりは叙述をわかりやすくするため封紙ウワ書ということで論を進めることにする。なお、近世の場合、朱印状と公帖を含めて統一的な呼び方があるのかないのか、これを封紙ということが適当であるかどうかも自信がないが――近世の書札礼などでは「上巻」とよばれているようである――、本稿では中世の古文書学上の用語をそのまま踏襲して封紙としておく。

（14）第二章第二節第五項「封紙ウワ書の差出書と宛書」ではこれを、

　しかし、家綱の頃に、差出書が省略されて宛書だけになったというのは、幕府の絶対権力が確立し、将軍の発給する公帖の封紙には、差出書は自明のこととしていちいち必要としなくなったので省略されたことを意味するものと解したい。

としたが、本稿のように朱印状の書き方の影響と考える方がよかろう。

御判御教書は足利将軍独自の文書形式

第二節　室町時代の御判御教書

　室町時代の御判御教書については、すでにたびたび述べてきたが[1]、ここではその形式などについてすこし整理をしておきたい。御判御教書は足利将軍の独自の文書形式である。御教書とは本来三位以上の貴人の意向を、それに近侍する家司・執事などが奉じた文書である。したがって、本来は奉書でなければならないが、足利尊氏は元弘三年（一三三三）四月の挙兵後間もなく、本文が「……之状如件」で終わり、年月日の下に花押を据え、最後に宛所を記す書式の文書を発給した。これが御判御教書であって、室町・戦国時代をつうじて将軍の命令を直接伝える公文書となった。これは御教書とはいうものの、奉書ではなく直状であることが注目される。すなわち、ここでは本来の御教書の意味が失われ、将軍の発給文書に対する敬称になったといわれている[2]。ただし直状とい

っても、本文はすべて右筆（奉行人）の手になるもので、花押は将軍自らが据えるのが原則であるが、それも右筆書のものもみられる。(3)

下文・下知状

足利将軍の初代尊氏・二代義詮および三代義満の前半期には下文・下知状の下文様文書(4)も幕府の公文書として用いられ、恩賞給付・所領の安堵・訴訟の裁許などの永続的な効力を有する事柄はこれらの文書で伝達された。したがって、御判御教書は主として軍勢催促・感状・祈禱命令をはじめとする時限的な効力しか有しない一般的な手続文書として用いられた。

公武統一政権の完成

しかし義満の段階になると、これまで朝廷がもっていた国家的租税の賦課・免除の権限をはじめ、公家・寺社の所領の安堵・訴訟の裁許などの権限を接収、いわゆる公武統一政権を完成する。(5)それと相前後してこれまで幕府最高の公文書であった下文・下知状の下文様文書がほとんど使われなくなり、(6)それらの権限は主として御判御教書に引きつがれた。ここにおいて御判御教書は従来の武家政権としての幕府が有した下文・下知状の下文様文書に関する権限だけではなく、幕府が朝廷から移譲された権限を行使するための支配文書として、その性格を大きくかえたのである。

御判御教書が国家最高の命令を伝達する公文書となる

かくして、御判御教書はこれまでの院宣・綸旨に代わって国家最高の命令を伝達する公文書となり、その適用範囲も以前のように武家社会だけではなく、公家・寺社を含むわが国のすべての権門に対する所領の安堵、課役免除、訴訟の裁許などを命ずる、すなわち公験となる国家最高の支配文書となった。

いっぽう、尊氏以来用いられてきた日下花押（署判）の御判御教書も引きつづき使われるが、これは従来と同様、中間的・手続的、すなわち時限的効力しか有しない事柄の伝達に用いられた。かくして義満の後半期になると、将軍の名前でだされる公文書はほぼ御判御教書一つにしぼられることになる。(7)これはいうまでもなく、鎌倉時代の最高の幕府文書であった下文・下知状に代わって、御判御教書が室町幕府の最高の支配文書としての地位を獲得したことを示すものであって、文書体系においても義満の段階に鎌倉幕府の体制を完全に脱却して、室町幕府独自のものを確立したことを意味するものである。

御判御教書Aと御判御教書B

さきに私は前記「古文書の様式について」(8)なる論稿において、室町将軍の発給文書を考え、これは大きく二つの様式にわけることができることを明らかにした。一つは下文・下知状で、これは鎌倉時代からの伝統を受けつぐもので、下文様文書と称すべきものである。もう一つは御判御教書・御内書で、これは書札様文書に属するものである。そして、義満以降においては下文・下知状などはほとんどなくなり、代わって御判御教書・御内書が

御判御教書というのは将軍が署判を加え「……之状如件」という書止で終わる文書の総称

幕府文書の中心となる。そして、私はこの論稿で、「御判御教書は基本的に書札様文書」[9]であるが、そのなかには袖判あるいは奥署判の御判御教書Ａと日下花押・日下署判の御判御教書Ｂの二つがあり、御判御教書Ｂは「純粋に書札様文書」であるが、御判御教書Ａは「厳密には下文様文書の系譜を引く御判御教書（書札様文書）」[10]とすべきものとした。しかしその⑵位署書、⑷宛所、⑸書体、⑺料紙の使い方・紙継目の固定の仕方などの具体的な問題については、御判御教書Ａを下文様文書として説明した。これに対して岩元修一氏から、御判御教書ＡＢがいくつかの点では下文様文書と書札様文書の特徴をもっているにもかかわらず、結論として書札様文書として一括するのであるならば、御判御教書Ａを下文様文書として説明をするのは、逆に御判御教書Ａの性格・位置づけを不明確にする恐れがあるとのご指摘をうけた[11]。これは前記拙稿で非常に苦労をした点であって、私なりに整理はできたと考えていたが、岩元氏のご指摘をうけて改めて考え直してみると、はなはだ不徹底な叙述であったともいえる。

したがって、室町将軍の発給文書を様式分類するとすれば、尊氏・義詮および義満の前半期には、下文・下知状の下文様文書と御判御教書の書札様文書の二つが用いられ、前者は公験になる文書、後者は時限的な効力しか有しない文書であった。しかるに義満の後半期になると、下文・下知状はほぼその歴史的使命を終え、将軍発給の公文書は御判御教書一つに統一される。ここで御判御教書というのは将軍が署判を加え「……之状如件」という書止で終わる文書の総称である。そしてこの時代のものは同じく御判御教書とはいうものの、袖判ないしは奥署判の御判御教書と、日下花押・日下署判の御判御教書とはその形態さらには伝達内容を異にし、前者はさきの下文・下知状の系譜を引くもので下文様文書であり、その用法も公験になる文書であった――これが御判御教書Ａ――。いっぽう後者、すなわち日下花押・日下署判の御判御教書は、従前の御判御教書をそのまま引きつぐもので書札様文書、その内容は時限的効力しか有しない事柄を伝達するものであった――これが御判御教書Ｂ――というようにしたら、すっきりと整理できるのではないかと考える。すなわちさきに「御判御教書は基本的に書札様文書である」とし、また御判御教書Ａを「厳密には下文様文書の系譜を引く御判御教書（書札様文書）」として、御判御教書Ａは書札様文書でありながら下文様文書としたのははなはだ曖昧な表現であった。たしかに義満以降の将軍発給の公文書は御判御教書一つにしぼられるが[12]、この御判御教書には下文様文書の御判御教書Ａと、書札様文書の御判御教書Ｂの二つがあったとすれば、前稿の不徹底な面は整理できるのではないかと考える[13]。

公文書の文書様式

袖判下文

下知状

下知状形式の将軍の裁許状

歴代将軍の過所

註

(1) 前記拙稿「室町幕府文書」、および拙稿「古文書の様式について」(「史学雑誌」九七編一一号　一九八八年)。ことに後者は本稿と関係するところが多い。

(2) 佐藤進一『新版古文書学入門』(法政大学出版局　一九九七年)一六八頁。

(3) 足利尊氏御判御教書の右筆書の花押については、拙稿「丹波・丹後の足利尊氏・義詮文書」(拙著『足利尊氏文書の総合的研究』(国書刊行会　二〇〇一年)初出は一九七八年)ほかに具体例をだしておいた。花押が自筆か右筆書かということは判断がなかなか難しいが、右筆書のものもそれなりにあったと考えてよかろう。

(4) わが国古代・中世の公文書の様式は、公式様文書・公家様文書・武家様文書とするのが現在ほぼ定説となっているといってよい。しかし、私は公式様文書・下文様文書・書札様文書とするのが様式本来の分類だと考えている。この点については前記拙稿「古文書の様式について」で詳しく見解を述べたので参照されたい。

(5) 義満以降の室町政権を公武統一政権と評価すべきであるということは、はなはだ不十分ではあるが、早く拙著『戦乱と一揆』(講談社現代新書　一九七六年)で私見を述べた。

(6) 将軍の袖判下文は、義満が応永九年(一四〇二)四月五日の進士氏行に宛てたものが最後である(相田二郎『日本の古文書　上』(岩波書店　一九四九年)二九九頁)。下知状もほぼこの頃を境にほとんど発給されなくなる。さきに私は、

応永八年(一四〇一)十月のものを最後にして、それ以後は下知状形式の裁許状は姿を消してしまう(前記拙稿「室町幕府文書」八九頁)。

としたが、これは誤りで、その後もわずかではあるが下知状形式の将軍の裁許状がみられる。しかし大きな流れとしては義満の段階で、下知状もその歴史的使命を終えたと考えてよい。ただ過所・禁制などとしては、わずかではあるが幕府の滅亡までみられる。その代表的なものとして離宮八幡宮文書がある。ここでは義教以降、義政・義澄・義晴・義輝・義昭とほぼ歴代の将軍の袖判下知状——内容は過所——が揃っているのが注目される。

(7) もちろん、将軍の名前でだされる文書が、完全に御判御教書一本にしぼられたわけではない。書状形式の御内書が漸次多くなるし、註(6)でみたように将軍署判の下知状もわずかではあるがその後もみられる。

(8) 註(1)参照。

(9)(10) 同論文六四頁。

(11) これは、同氏からいただいた私信による。つまらぬ拙稿を細かくご検討いただいたことに深く感謝するものである。

(12) 将軍発給文書としては御判御教書の他に御内書があるが、これは純粋な公文書とはいえないので、ここではとりあげないことにする。

(13) ただし、私がさきの論考で、この御判御教書Aを「下文様文書の系譜を引く御判御教書(書札様文書)」という曖

味な形で規定したのは、その根底に武家文書においても下文様文書から書札様文書へという基本的な文書様式の流れがあるという認識にもとづいている。今回、御判御教書Aは「下文様文書の御判御教書」と規定したが、だからといって下文様文書から書札様文書へという文書様式の推移に関する認識はまちがいではない。なぜならば、御判御教書Aはたしかに下文様文書と規定すべきものであるが、御判御教書ABともにその書止が「……之状如件」で、書札様文書の御判御教書Bと書式が同じであり、また料紙はかならず一紙で二紙にわたることはないなどの基本的な共通点があるほか、前稿でも述べた文体・署名にも両者に共通する面をもっており、前代の下文・下知状に比べるとずっと書札様文書に近づいているからである。そしてこれが完全に同化するのが――朱印状と公帖が同化するのが――、のちほど詳しく述べるように江戸時代の寛文段階とすべきであろう。

第三節　御判御教書の二つの形態

第一項　御判御教書Aと御判御教書B

前節では、義満以後の御判御教書は、同じく御判御教書とはいうものの、下文様文書としての御判御教書Aと書札様文書としての御判御教書Bの二つがあったことを確認した。そして、この二つの御判御教書の形態上の特質については、すでに別稿で詳しく検討したが、(1)必要な点だけもう一度述べることにする。まず御判御教書Aは写真4-2にみるがごときものである。これは、

永享　四年（一四三二）　四月一一日　　足利義教御判御教書(2)

で、山城国植松東庄地頭職を東寺に安堵したものである。これは下文・下知状といった下文様文書の系譜を引くものであるから、その本来の性格は下達文書である。そしてその伝達内容はもちろんのこと、書式・形態も含めて下文様文書の特色がみられる。すなわち署判は袖判あるいは奥署判――これには奥上署判と奥下署判の二つがあるが、写真4-2は奥上署判――で、これは当然のことながら、かつての下文あるいは下知状の署判の仕方を引きついでいる。それに対して、御判御教書Bは写真4-3のごときものである。これは、

明応　二年（一四九三）　二月　七日　　足利義材御判御教書(3)

で、明応元年（一四九二）十二月近江から凱旋した義材は、席の温まる暇もなく畠山基家討伐のために河内に下向する。この文書は、河内出兵の成功の祈禱を東寺に命じたものである。この形式のものは書札様文書であるか

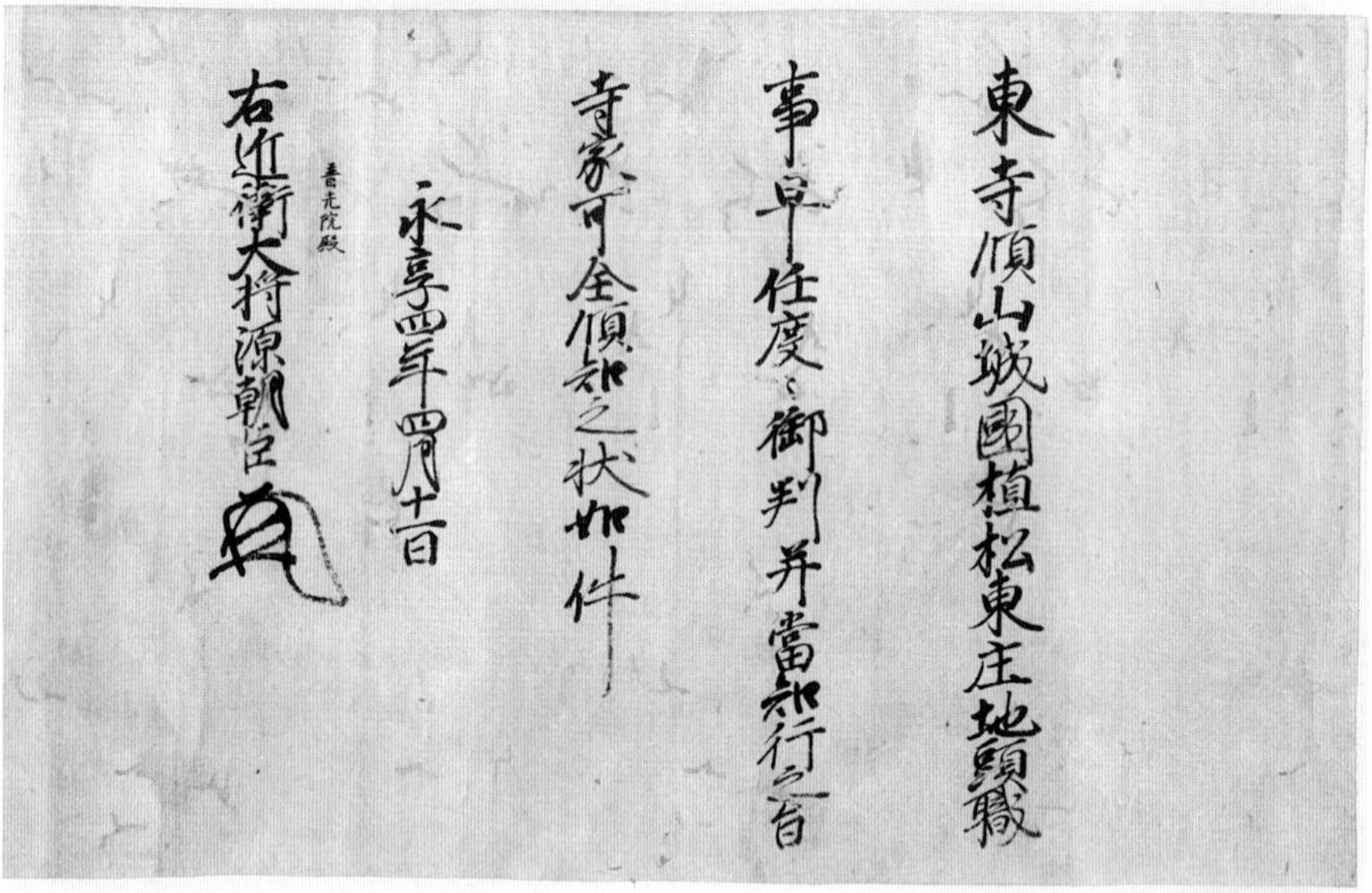

東寺領山城國植松東庄地頭職
事、早任度々御判并當知行之旨
寺家可全領知之状如件
永享四年四月十日
普光院殿
右近衛大将源朝臣（花押）

写真４－２　足利義教御判御教書

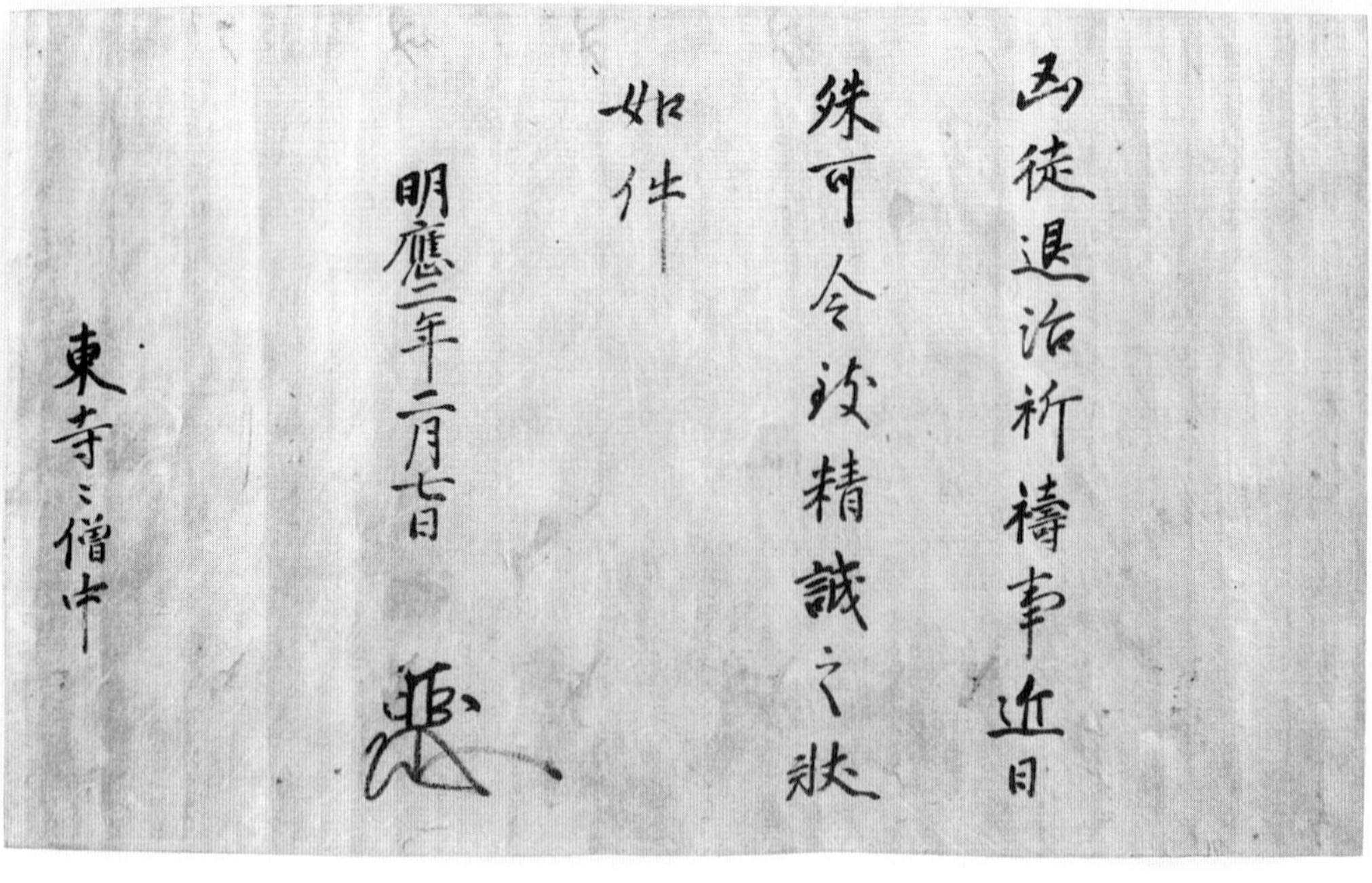

凶徒退治祈祷事、近日
殊可令致精誠之状
如件
明應二年二月七日
（花押）
東寺々僧中

写真４－３　足利義材御判御教書

御判御教書Bは互通文書

下文様文書は表が内側になるように折りたたむ

書札様文書は表が外側になるように折りたたむ

ら、その本来の性格は互通文書である。[4] そして署判は日下花押か日下署判になる――写真4-3は日下花押――。

第二項　御判御教書の料紙の折り方

下文様文書と書札様文書、すなわち御判御教書Aと御判御教書Bを考える際、重要な問題は料紙の使い方である。[5] 公家の下文様文書にあっては、本文が長くなって一紙で終らない場合には、二紙・三紙と書きつがれる。この際にはかならず糊づけをする。したがって、これを折りたたむときには左端、すなわち文書の奥から表――文字のある面――を内側にして右の方へくるくると折りたたむ。すなわち、下文様文書にあっては表が内側になるように折りたたむということを確認しておきたい。

これは武家の下文様文書にも受けつがれる。鎌倉時代の武家の下知状また南北朝期の直義の下知状には、二紙あるいはそれ以上にわたるものもあるが、それ以降は下文・下知状で二紙以上にわたるものはみられず、本文が相当長くなってもかならず一紙に収めるように書かれる。これは御判御教書Aにも引きつがれ、直義下知状を除く室町幕府の御判御教書Aなどの下文様文書は、本文がいくら長くなってもかならず一紙に収める。こうなると、つぎに述べる書札様文書の竪ノ中折の影響を受けて、本来は左端から折りたたまなければならないものを、まず料紙の真ん中のところで竪ノ中折に折る。しかし表を内側にするという下文様文書のこれまでの伝統は守られる。かくして御判御教書Aは、挿図4-1のように表を内側にして竪ノ中折に真ん中で折り、それを適当な幅に折りたたむということになる。現存の文書で、これを確認することはまったくといってもよいほど不可能であるが、ともかくも御判御教書Aの折り方は、下文様文書の伝統を受けついだものということができる。

いっぽう、院宣・綸旨・御教書などの公家の書札様文書にあっては、本紙・礼紙・封紙の三紙が揃っているのが本来の形である。[6] 本文が長いときには礼紙にも書くが、本文が本紙だけで終った場合にも、白紙の礼紙を添えておく。そして、本紙・礼紙の文字のない面を背中合せにして、本紙の左端から右の方へ順次くるくると折りたたむ。この際、本紙・礼紙は絶対に糊づけをしない。それゆえ、公家文書の下文様文書では表がかならず内側になるように折りたたまれるが、書札様文書にあってはかならず表が外側になる。これが下文様文書と書札様文書の決定的なちがいである。

以上は、公家の書札様文書の折り方であるが、武家文書にあっては礼紙が省略される。何故礼紙が省略されるかということについては、その理由は不明であるが、いつも文字が書かれるとはかぎらない礼紙を、白紙のままかならずつけるというのは余りにも形式的で、実を重んずる武士の気風には合わなかったからであろう。しかし、書札様文書としての礼はそれなりに尽くすということから考えだしたのが竪ノ中折である。これは本紙一紙を縦に真ん中で半分に折る。そうすると、その折り目の右半分が本紙、左半分が礼紙にみたてられ、書札様文書としての礼を尽くすことになる。したがって、文字のない面が背中合せになるから、挿図4-2のように表を外側にして適当な幅に折りたたむことになる。これはおそらく、鎌倉時代のはじめ頃からみられ、南北朝期の日下花押の御判御教書はもちろん執事・管領奉書、引付頭人奉書、竪紙の奉行人奉書、さらには御判御教書Bにいたるまで広くおこなわれた。この折り方は、文書のもとの形をよく残す東寺百合文書・醍醐寺文書などにはある程度みられ、私自身何通かこれを確認した。要するに、御判御教書Bの表を外側にして折るという折り方は、書札様文書本来のそれにしたがったものである。

竪ノ中折

第三項　御判御教書の「包紙」・封紙とそのウワ書

この文書の料紙の使い方と関連して、つぎに問題となるのは封紙である。(7) 公式様文書あるいは下文様文書にあっては、文書として基本的に必要なのは本紙だけである。しかし、公式様文書・下文様文書にあっても、本紙一紙あるいは糊つぎをした二紙・三紙だけを折りたたんで裸で受取人に届けられるのではなく、それをいろんな形で巻いたり包んだりしたであろう。すなわち、書札様文書の礼紙・封紙に当たるものは適宜添えられたであろう。(8) しかしこれらはあくまでも付属品であり、文書を構成する要素として本質的に必要なのは、文字が書かれた本紙だけであった。官符・官牒・宣旨・官宣旨などの公家の公文書はもちろん、鎌倉・南北朝時代の下文・下知状などの武家文書にあっても、書札様文書でいう礼紙や封紙に当たるものが、特別な場合を除いていっさいみられないのは、それがたんに時代が古くて、史料として直接必要なものではなかったから廃棄されたというだけではなく、文書を構成する要素ではなかったことによるといえる。

公式様文書あるいは下文様文書で必要なのは本紙だけ

これは御判御教書Aにおいても同じである。室町時代の武家文書の例から考えると、御判御教書Aもこれらの武家文書と同じく、おそらく本紙と同一の料紙で本紙を包んで受取人に届けられたと考えられる。これを何とよんだらよいかわからないが、ここでは「包紙」(9)としておく。しかるに、東寺百合文書や醍醐寺文書においても、

御判御教書Aを包んだ料紙を「包紙」とよぶ

この「包紙」に相当するものは、現在まったくといってもよいほどみることはできない。(10)これは「包紙」が文書として必要欠くべからざるものではなかったことによる。すなわち、この「包紙」には書札様文書の封紙ウワ書に相当する文字がいっさい書かれていないから、たとい残っていたとしても、本紙がその「包紙」に包まれていないかぎりは、この「包紙」がその御判御教書Aのものであるということが比定できないからである。かくして、ここで確認したいことは、御判御教書Aは下文様文書であるということはもちろんであるが、その「包紙」は文書として必須のものではなく、ウワ書などの文字がいっさい書かれなかったから、現在ではその存在をまったくしることができないということである。

御判御教書Bにはかならずウワ書を書いた封紙が付せられる

いっぽう、書札様文書についてはどうであろうか。繰りかえし述べるように、書札様文書にあっては本紙・礼紙だけではなく、封紙も文書を構成する要素であり、この三紙が揃ってはじめてまったき書札様文書ということができる。(11)しかも封紙にはきっちりウワ書——宛書と差出書——が書かれる。これは武家文書にあっても同じである。南北朝・室町時代の武家文書にも封紙が付され、ウワ書が書かれている。したがって、本紙・封紙の両方が現存する場合には、それが早く別々になってしまって、たとえば東寺百合文書の全然別の函に収められているような場合でも、ウワ書・筆跡・紙質・大きさなどを考えることによって、もとの形を復原することができる。(12)書札様文書の系譜を引く御判御教書Bも同じである。これにはかならずウワ書を書いた封紙が付せられているのである。

かくして、封紙あるいは「包紙」に関連してここで確認したいことは、下文様文書に属する御判御教書Aでは、おそらく「包紙」は付されていたであろうが、ウワ書がなくまったくの白紙であるため、現在ではそれを確認する方法がないこと。これに対して、書札様文書である御判御教書Bには、ウワ書を書いた封紙がかならず付けられていたということである。

第四項　御判御教書の本紙宛書の書き方

本紙宛書の書き方

つぎに、もう一つ検討すべきこととして、本紙の宛書がある。下文様文書にあっては、たとえば、

元暦　二年（一一八五）六月一五日　源頼朝袖判下文（島津家文書）

には、

御判御教書Aの宛書は本文に含まれる

御判御教書Bの宛書は本文の最後に書く

室町時代の公帖

（花押）《源頼朝》
下　伊勢国波出御厨
補任　地頭職事
（以下略）

のように、伊勢国波出御厨という宛書は本来は本文のいちばん前に記されるものであった。しかし、鎌倉時代をつうじてこれが省略され、本文に内包されるようになった[13]。この流れをうけて御判御教書Aにあっては、宛書が本文に含まれるのがふつうで、書札様文書のように本文の最後には記されない。写真4-2にみられるように御判御教書Aの宛書に相当する「寺家（東寺）」が本文に含まれていて、別に最後には書かれないというのは下文様文書としての性格によるものである。

　これに対して、書札様文書の特色はいうまでもなく本文の最後に宛書を記すことである。写真4-3にみられるように御判御教書Bはかならず日付の次行すなわち本文の最後に宛書を書く。いうまでもなく書札様文書としての性格を引きつぐものである。

第五項　御判御教書Bとしての公帖

　これまで、御判御教書Aとともに御判御教書Bの形態上の特色について述べてきたが、本章では御判御教書Bそのものより公帖が検討の対象である。というのは、室町時代の公帖はその形式が御判御教書Bと同じ日下署判――あるいは日下花押――の御判御教書であるからである。公帖とはいうまでもなく室町幕府より発給される禅宗寺院の住持任命の辞令である。一例をあげよう。第二章「南禅寺の公帖」の写真3-1は、

建武　元年（一三三四）卯月一〇日　足利尊氏御判御教書（公帖）[14]

である。尊氏が丹波国安国寺――その頃は丹波国光福寺――の開山天庵妙受を鎌倉万寿寺の住持に任命した公帖であるが、これは室町幕府の最初の公帖であることがとくに注目される――ただし建武元年（一三三四）であるから開幕以前であるが――。文書の内容からいえば、公帖であるが、形式からいえば、足利尊氏御判御教書ということになる。その後、室町時代の公帖はすべて日下署判か日下花押の御判御教書で、いずれも形式的には御判御教書Bである[15]。

書札様文書は互通文書で厚礼

御判御教書Aと御判御教書Bの形態上の相違点

さきに私は、御判御教書Bは室町将軍が配下の武士に下す中間的・手続的な内容を伝達する文書であるといったが、またこれは書札様文書であるから、その本来的な性格は互通文書であるともいった。公帖がなぜ御判御教書Bの形式をとったかについては、さらに詳しい検討が必要であるが、ここでは書札様文書は下達文書ではなく互通文書で、礼の厚薄からいえば、下文様文書よりは厚礼であるということから公帖に用いられたとしておきたい。ともかくも室町時代の公帖は、御判御教書Bの形式をとり、それが江戸時代の公帖に引きつがれているという指摘にとどめておく。

以上、本節においては、江戸時代の朱印状と公帖との関係で、室町時代の御判御教書Aと御判御教書B――これは室町時代の公帖でもあるが――の形態上の相違について考えてきた。これをまとめるとつぎのようになる。まず御判御教書Aと御判御教書Bとでは、文書の折り方がちがっていた。すなわち御判御教書Aは表を内側にして折るのに対して、御判御教書Bは表を外側にして折りたたんだ。つぎに御判御教書Aに添えられるのは「包紙」であって、それにはウワ書はみられない。これに対して御判御教書Bにはかならず封紙が添えられ、それにはウワ書が書かれる。さらに宛書の書き方がちがっていた。御判御教書Aの宛書は本文に内包されるに対して、御判御教書Bはかならず本文の最後に書かれた。以上の三点を確認して、つぎに江戸時代の朱印状と公帖について考えることにする。

註

（1）この点については、前記拙稿「古文書の様式について」の三「武家文書の様式について」で詳しく述べた。

（2）東寺文書　書一二（上島有編著『東寺文書聚英』（同朋舎出版　一九八五年　以下、『聚英』と略す）三〇〇号）。

（3）東寺文書　書一二（前記『聚英』三〇五号）。

（4）公家文書にあっては、下文様文書は下達文書、書札様文書は互通文書であるということについては、不十分ながら前記拙稿「古文書の様式について」の一「公家文書の書式について」で署名の方法を中心に述べた。日下花押の御判御教書は将軍が配下の武士に命令を下達するもので、直ちに互通文書とはいえないが、下文・下知状が純粋の下達文書であるのに比べると、それよりは礼が厚いといえよう。

（5）この点については、前記拙稿「古文書の様式について」の二「公家文書の形態その他について」の(3)「料紙の使い方及び紙継目の固定の仕方で」ある程度触れたので参照されたい。

（6）これについては、拙稿「古文書の封式について」（「摂大学術B〈人文科学・社会科学編〉」七号　一九八九年）で詳しく述べた。

(7) ここで述べる封紙の問題についても、註(5)および註(6)の拙稿である程度検討した。併せて参照されたい。

(8) この点については、前記拙稿「古文書の封式について」第二節註(1)に具体例をあげておいたので参照されたい。

包紙と「包紙」

(9) 包紙というのは、ふつう文書の機能が終ってから、それを保護するために後から包んだ料紙をいう。したがって、本紙とは料紙の質がまったく別である。しかし、官符・官牒から御判御教書Aにいたるまでの公式様文書・下文様文書では、おそらくその本紙と同じ料紙でそれを包んで受取人に届けたであろう。これらはもちろん文書として必要不可欠なものではないが、ここでは「包紙」とよんで後から付された包紙と区別することにする。

「包紙」の具体例

(10) この点については、はなはだ不十分ではあるが、前記拙稿「古文書の封式について」第二節註(1)において、

暦応 四年（一三四一） 五月二一日 沙弥理観金銅不動明王像寄進状（東寺百合文書ト函三五号）

が封紙に相当する料紙——ここでいう「包紙」——に包まれているという例をだしておいた。これは寄進状であって御判御教書ではないが、同じく下文様文書であるから、これによって御判御教書Aの場合も類推することができる。この寄進状にあっては、本紙と「包紙」がまったく同一紙質・同一の大きさの料紙であり、しかも約六五〇年にわたって両者が離されることなく現在に伝えられたという好運に恵まれたから、それが確認できたのであって、これはまさに稀有の例というべきであろう。

(11) この三紙が揃っているのは、いうまでもなく正式の書札様文書である。礼紙あるいは封紙を略した略式の場合もあるが、これらについては前記拙稿「古文書の封式について」で詳しく述べた。

(12) 東寺百合文書の場合、この手続によって別の函に収められている同一文書の本紙と封紙を多数復原した。これは京都府立総合資料館編『東寺百合文書目録』第一～第五に詳しく注記してあるので参照されたい。

(13) この点に関しては、近藤成一「文書様式にみる鎌倉幕府権力の転回——下文の変質——」（『古文書研究』一七・一八合併号 一九八一年）に詳しい。もちろん袖判下文は、南北朝以降も本文の最初に宛書が書かれる。

(14) 安国寺文書。

(15) この点については、玉村竹二「公帖考」（同『日本禅宗史論集 下之二』（思文閣出版 一九八一年） 初出は一九七五年）に実例をあげて詳しく説明がおこなわれている。なお、足利義満のものを中心に一部御内書形式のものもみられる。

第四節 御判御教書と朱印状・公帖

御判御教書Aは江戸時代の朱印状に、御判御教書Bは公帖に

これまで、室町時代の御判御教書について考えてきた。そして同じく御判御教書というものの、三代将軍義満の後半期以降においては、袖ないしは奥に花押あるいは署判を加えた下文様文書としての御判御教書Aと、日下

に花押ないしは署判を加えた書札様文書としての御判御教書Bの二つがあることが確認できた。御判御教書Aは所領の安堵・課役免除などを内容とするもので、これはいうまでもなく所領の安堵を内容とする近世の朱印状に直接結びつくものである。また御判御教書Bは本来は互通文書ということから公帖にも用いられ、それがそのまま江戸時代にもおよぶのである。

朱印状・公帖の形態

料紙の折り方

この御判御教書A↓朱印状、御判御教書B↓公帖という伝達内容の一致は、当然文書の形態についても同じことがいえる。第三節「御判御教書の二つの形態」では御判御教書Aと御判御教書Bの形態上の特色について考えた。まず、料紙の折り方についていうと、御判御教書Aは表を内側にして真ん中から竪ノ中折に折るが、これは朱印状の折り方とまったく同じである。これに対して、御判御教書Bは表を外側にして竪ノ中折に折るが、これも近世の公帖の折り方にそのまま受けつがれている。すなわち、近世の朱印状と公帖とでは、文書の折り方がまったく反対であったが、それは実は中世の御判御教書の二つの性格によるものであるということができる。

朱印状の「包紙」と公帖の封紙

つぎに、封紙について考えてみる。第一節「朱印状と公帖の形態上の相違点」で朱印状の封紙にはたとえば「等持院」と宛書だけが書かれ、公帖の封紙には「元竹西堂　内大臣（朱印）」ときっちりと書札様文書の封紙ウワ書——宛書と差出書——が書かれることを指摘したが、これは何を意味するのであろうか。

書札様文書に属する室町時代の公帖は、本紙・封紙が揃っており、さらに封紙には宛書・差出書を記したウワ書がみられるのがふつうである。(1)これは近世の公帖にそのまま引きつがれ、第二章「南禅寺の公帖」の写真3-13Bにみられるように、その封紙ウワ書には宛書・差出書の両方が書かれている。

メモ程度に書いた宛先

これに対して、御判御教書A↓朱印状の場合はどうであろうか。御判御教書Aには封紙は必要ではないが、おそらく本紙と同一の料紙でそれを包むもの（「包紙」）が添えられたであろうことは第三節「御判御教書の二つの形態」で述べたとおりである。そして、この「包紙」にはウワ書に相当する文字は書かれなかったであろう。(2)しかるに、近世の朱印状には写真4-1Bにみられるように、封紙に相当するものがあり、そこに「等持院」と書かれている。いま「封紙に相当するもの」といったが、御判御教書Aの例からすると、これは公帖などにみられる厳密な意味の封紙ではなく、「包紙」とすべきものであるからである。そして「等持院」という文字も、書札様文書でいう宛書ではなく、すなわち文書の機能とは直接関係はなく、いわばメモ程度に宛先を書いたものと考える。(3)いいかえると、これは宛先をまちがえないために書いただけのもので、文書の機能にそくして書かれたものではない。[4]それゆえ、ここでは宛先だけが書かれ、書札様文書の封紙ウワ書のように差出書が書かれていないのである。以上、やや煩雑な叙述になったが、朱印状の「包紙」の文字は、文書の機能とは関係なく宛先だけを書いたもので、いわゆる封紙ウワ書ではないということが明らかになったと考える。そして、これは御判御教書Aが封紙を必要としなかったことによるものでもある。

これまで、朱印状と公帖を包む料紙について考えてきた。両方とも本紙と同一の料紙を用いて本紙を包んでいるが、朱印状にあっては「包紙」であり、公帖に付せられているのは封紙であることが明らかとなった。それにともなって、朱印状にはたんにたとえば「等持院」と宛書だけが書かれ、公帖では正式の封紙ウワ書——宛書と差出書——が書かれるという理由もはっきりしたと考える。

本紙の宛書

つぎに、本紙の宛書の問題がある。第一節「朱印状と公帖の形態上の相違点」で近世の朱印状の宛書は、その前の行の年月日あるいは花押・朱印を基準として高さがきめられ、公帖は下端（地）からの高さ——○○センチメートルという絶対値——が基準となるということをいった。これはすでに明らかにしたように、それぞれの折り方が表を内側にするか、あるいは表を外側にして折るかのちがいによることはいうまでもない。

宛書の書き方

しかし、それだけではない。やはり室町時代の御判御教書の性格が、朱印状・公帖に引きつがれていると考えるのである。公帖の宛書の書き方については第二章「南禅寺の公帖」[5]で詳しく検討したので繰りかえすことは省略する。結論だけをいうと公帖の宛書が最後の行（第六折目）の、しかも下端からの高さを基準にして書くというのは、室町時代の御判御教書Bの書き方を引きついだものである。

いっぽう、朱印状についていうと、室町時代の御判御教書Aは本文に宛所が内包されていて、本文の最後の行に書かれることはなかった。これは御判御教書Aとその系譜を引く朱印状との大きな相違点である。とはいうものの近世の朱印状に全部宛書が付されたかというとそうではない。[6]すなわち朱印状に宛書が省略される場合もあるということは、書札様文書の宛書とは性格が別のものであることを示すといってよい。ここで考えられるのが、室町時代の御判御教書Aには宛書は書かれず、本文に含まれているということである。すなわち朱印状も本来は宛書が本文に内包されるのであるが、書札様文書にならって宛書を最後の行に記入するようになったが、一部は最後までその伝統が守られたと考えられるのではなかろうか。かくして、ここにも御判御教書Aの影響をみることができるのである。

註

（1）これは、室町時代の御判御教書Bをみたとき当然考えられることであるが、室町時代の公帖で、本紙・封紙が揃って現存する例はなかなかみつからない。これは、中世の公帖の正文の現存するものが非常にすくないことによるといえる。ただし、前記玉村竹二「公帖考」に、

正長　二年（一四二九）　八月一六日　　足利義教御判御教書(公帖)(大徳寺文書)

に封紙が添えられており、ウワ書に宛書と差出書が記された例が紹介されている。

（2）もし、「包紙」にはじめから何らかの文字が書かれていたとすれば、第三節「御判御教書の二つの形態」の註(12)でも述べたように、本紙と「包紙」を復原するてがかりになるが、現存の文書をみるかぎりそのようなことは全然考えられない。

（3）なぜならば、朱印状は表を内側に折りたたまれているから、その宛先は本紙を「包紙」からとりだして、さらにそれを開けてみなければわからない。この手間をはぶいて、宛先をすぐにわかるように書いたのが写真4-1Bにみる「等持院」という文字であるといえる。なお、この点についてはつぎの「むすびにかえて」註(2)を参照のこと。

（4）大野瑞男氏は、前記「領知判物・朱印状の古文書学的研究——寛文印知の政治史的意義(一)——」の最後に史料紹介として、「貞享御判物御朱印改記」を翻刻されている。これは、貞享元年（一六八四）と翌二年（一六八五）の大名・寺社・公家に対する五代将軍綱吉の継目安堵の手続と朱印状の書式を記したものである。ここには朱印状の本紙・領知目録の書式については詳細に規定しているが、封紙もしくは「包紙」については何の記載もない。これは消極的に封紙もしくは「包紙」は朱印状にとって文書として本質的に必要なものではなかったということを証明するものとはいえないだろうか。これに対して、第一節「朱印状と公帖の形態上の相違点」の註(12)で触れた『和簡礼経』では、公帖の書き方について述べて、本紙だけではなく封紙についてもその書き方を記している。これはいうまでもなく、公帖にあっては封紙——『和簡礼経』では「上包」または「表巻」と記す——は文書として必要欠くべからざるものであったことを示すもので、この両者を比べると、それぞれの文書における封紙あるいは「包紙」の機能がはっきりするといえよう。

（5）第二章第三節第四項「宛書の書き方について」で詳しく検討した。

（6）近世の朱印状は、四代将軍家綱の寛文四年（一六六四）と翌五年（一六六五）に諸大名および公家・寺社に対して頒布されたのを機会に、これまでまちまちに発給されていたものが統一的に発布されるようになった。これを「寛文印知」という（前記大野瑞男「領知判物・朱印状の古文書学的研究——寛文印知の政治史的意義(一)——」）。このとき細かい書式もきめられるが、たとえば寺社に対しては、

Ｉ　当寺領……事、……

永不可有相違者也、仍如件、

年　月　日　御朱印
某寺

ⅡA某寺領……事、……
永不可有相違者也、仍如件、
年　月　日
御朱印

ⅡB……事、……
某寺進止、永不可有相違者也、仍如件、
年　月　日
御朱印

ⅢA某寺領……事、……
永不可有相違者也、
年　月　日
御朱印

ⅢB……事、……
某寺進止、永不可有相違者也、
年　月　日
御朱印

の三種類五通の書式が用いられた。これは、それぞれの寺格におうじてⅠがいちばん厚礼で、順次薄礼となり、ⅢBが一般的であった。そしてⅠには最後の行に宛書が記されたが、それ以外はいずれも宛書は本文の中に含まれていた。

これは、近世の朱印状の完成した形であるが、それ以前にも宛書が本文に収められているものもみられる。埼玉県立浦和図書館編『諸国寺社朱印状集成』には、四二〇通の寺社宛の朱印状が収められているが、それを瞥見すると寛文印知以前で朱印状の書式が固定する以前の、家康・秀忠・家光の時代のものにも本文の最後に宛書のないものがみられる。したがって、これは室町時代以来の御判御教書Aの書式を引きついだもので、いつの頃かは不明であるが、これまでの下書札様文書の影響で礼を厚くしなければならないときには、最後の行に宛書を入れるようになったが、これ

達文書としての書式もそのまま引きつがれ、寛文印知で固定したということができよう。

むすびにかえて――朱印状と公帖の同化――

これまで、近世の朱印状と公帖について、主としてその形態上の相違点と、それがよってきたる理由について考えてきた。そして、同じく徳川将軍の発給する最高の公文書とはいいながら、両者は決して形態その他が同じではなく、いろいろとちがっていることがはっきりしたと考える。

しかし、これは室町時代の御判御教書との関係、すなわち朱印状・公帖の本来的な性格を考えた場合であって、江戸時代の朱印状と公帖だけを簡単に比べた場合、表面的には両者はそれほど大きくちがっているものではない。おそらく一般的には、両者は同一の書式・形態のものとして考えられているのではなかろうか。あえていうならば、料紙の折り方、すなわち朱印状は表を内側に、公帖は表を外側に折りたたむくらいのちがいだけだともいえる。しかも、この折り方は現在まできっちり残っているものはすくなく、実際は両方のちがいはほとんど意識されないのがふつうである。本稿ではこれまで朱印状の「包紙」と公帖の封紙を厳密に区別してきたが、そこに書かれた文字だけをとりあげると、両方とも宛書が書かれており、朱印状には公帖にみられる「内大臣(朱印)」のような差出書がないというちがいだけである。室町時代の御判御教書Aの「包紙」にはいっさい文字は書かれなかった。朱印状の場合、それがたんに宛先を書いただけのものであるにはちがいはないが、ともかくも本文と同筆で宛先が書かれている。これは本来は下文様文書の書式をとるべき朱印状が、一歩書札様文書の封紙ウワ書の書き方に近づいたともいえるのである。

しかし、すでに第一節「朱印状と公帖の形態上の相違点」ですこし触れたように、公帖の封紙ウワ書も、ほぼ家綱の時代に[1]、差出書はなくなり宛書だけとなる。ここに形の上では両者はまったく同一となる。これは逆に朱印状の宛先だけを書くということが、公帖の封紙の書き方に影響を与え、公帖の差出書が省略されたともいえる。すなわち、今度は朱印状の書き方が公帖に影響をおよぼしたのである。

これらのことを考えてみると、もとの下文様文書=御判御教書A→朱印状と、もとの書札様文書=御判御教書B→公帖は相互に同化しあいながら、ほぼ寛文期に近世の朱印状・公帖として定着したということができる。かくして、江戸幕府の支配文書の体系が完成したのである。

将軍の署判の位置

本紙の宛書

料紙の質

下文様文書の書札様文書化

公文書の私文書化

同様な例をもうすこしあげてみよう。将軍の署判の位置についていうと、室町時代の御判御教書Aは、袖判か奥上署判であった。しかるに朱印状にあっては、家康の初期のものからすべて日下に花押ないしは朱印が据えられている。(2)それがどのような過程を経て、かかる形になったかは今後の検討課題であるが、(3)ともかくも書札様文書すなわち御判御教書Bの影響というべきであろう。(4)

これと同じことは、本紙の宛書にもみられる。御判御教書Aにあっては宛書はすべて本文に内包され、わざわざ本文の最後に記すことはなかった。しかし朱印状にあっては、その高さの基準のとり方は公帖とは異なるが、公帖と同じく原則として本文の最後に記されるようになっている。これも本来の下文様文書が、より書札様文書に近づいたものといえよう。(5)

さらにいうならば、料紙の質の問題がある。この点については本章では直接関係がなかったので、とくに問題にはしなかったが、室町時代の御判御教書Aと御判御教書Bとの間には、料紙の質したがってその大きさ・厚さにはっきりとした区別があった。簡単にいうならば、御判御教書Aは大きくて厚い良質の檀紙を用い、御判御教書Bはそれより小さくて薄い奉書Ⅲあるいは美濃紙を用いた。(6)しかるに江戸時代の朱印状・公帖をみると、いずれも檀紙を用いており、(7)料紙の種類の区別はみられない。すなわち料紙の種類について考えてみても、朱印状と公帖とはともに同じ種類の料紙を使うようになったのである。

このように考えると、朱印状と公帖は、その本来的な性格によって、それぞれのちがいは指摘できるが、それは室町時代の御判御教書Aと御判御教書Bのような大きな相違ではなく、しかも時代とともに双方が影響を与えつつ同化したという模様をうかがうことができる。これを全体的な傾向としてみるならば、下文様文書の書札様文書化、別の言葉でいえば公文書の私文書化ということができるのではなかろうか。

そもそも、鎌倉時代に成立した武家文書にあって、当時もっとも重要な役割をはたしたのは下文・下知状の下文様文書であった。それはこの頃の公家の最高の文書が宣旨・官宣旨といった下文様文書であったということと相おうずるものである。(8)これに対して鎌倉幕府の書札様文書(関東御教書他)はたんに手続文書にすぎず、幕政に直接影響を与えるものではなかった。室町幕府の成立と相前後して御判御教書という新しい形式の文書が生まれ、将軍の命令を直接伝えるようになる。もちろんこの形式は直状であったが、書札様文書の使用範囲の飛躍的な拡大といえるのである。三代将軍義満の段階にいたって、これまで朝廷がもっていた国政上の権限を幕府が接収するとともに、鎌倉時代以来の下文・下知状に代わって御判御教書がその役割をはたすことになる。しかしこの場合、御判御教書といってもまったく同一のものではなく、これまでの伝統をひきついで、御判御教書Aと御判御教書Bとでは書式・形態などを異にする点が多かった。しかしともかくも、下文・下知状が御判御教書Aに代わったということは、幕府の公文書のいっそうの書札様文書化ということができる。最後の完成期が江戸幕府における寛文印知である。この段階にいたって幕府最高の支配文書である朱印状と公帖は、従来の御判御教書A・御判御教書Bの文書の伝統は残しつつも、両者はほとんど同一化するのである。ここに国家最高の公文書が完全に書札様文書一本に統合されたといえる。しかし、同じく書札様文書といっても、かつての公家文書としての書札様文書と、武家の書札様文書とではいろいろとちがった点のあることはいうまでもない。

最後に、鎌倉幕府・室町幕府・江戸幕府のそれぞれの支配体系の根幹をなす文書体系の確立時期について、一言述べてみよう。まず、鎌倉幕府の文書体系の確立は、北条泰時の段階に執権・連署が署判を加えた関東下知状が、将軍藤原頼経袖判下文と平行して発給され、訴訟の裁許すなわち統治権的支配権を掌握した段階ということができる。室町幕府においては屢述するように、義満段階に幕府文書の体系は確立し、それが幾多の変容を受けつつも、戦国末期まで維持されるのである。江戸幕府においてはいうまでもなく寛文印知の段階とすべきであろう。下文様文書としての朱印状と書札様文書としての公帖は、それぞれの伝統を残しつつもその書式・形態はほぼ同一化する。すなわち江戸幕府の支配文書の文書体系の確立といえよう。近世の幕藩体制の成立については、いろいろな評価が可能であろう。問題は前代から引きついだものと、近世になって新しく付け加えたものの二つをどう考えるかであろう。この点に関しては、私はまったく発言の資格はない。江戸幕府文書体系の確立ということの当否とともに、近世史の方からご教示をいただければ幸せである。

註

(1) これは、だいたい朱印状の寛文印知とときを同じくするものといえよう。

(2) ただし、第四節「御判御教書と朱印状・公帖」の註(6)で、寛文以降の寺社宛の朱印状の書式を示したが、そのうちに年月日の左上のところに朱印が捺されている場合がある。その一例として写真4-4Aがある。これは等持院に下された、

寛文　五年（一六六五）　七月一一日　　徳川家綱朱印状（天龍寺文書）

であるが、家綱の朱印が「寛文」という文字の左上に捺されている。等持院に下されたその前の朱印状は、

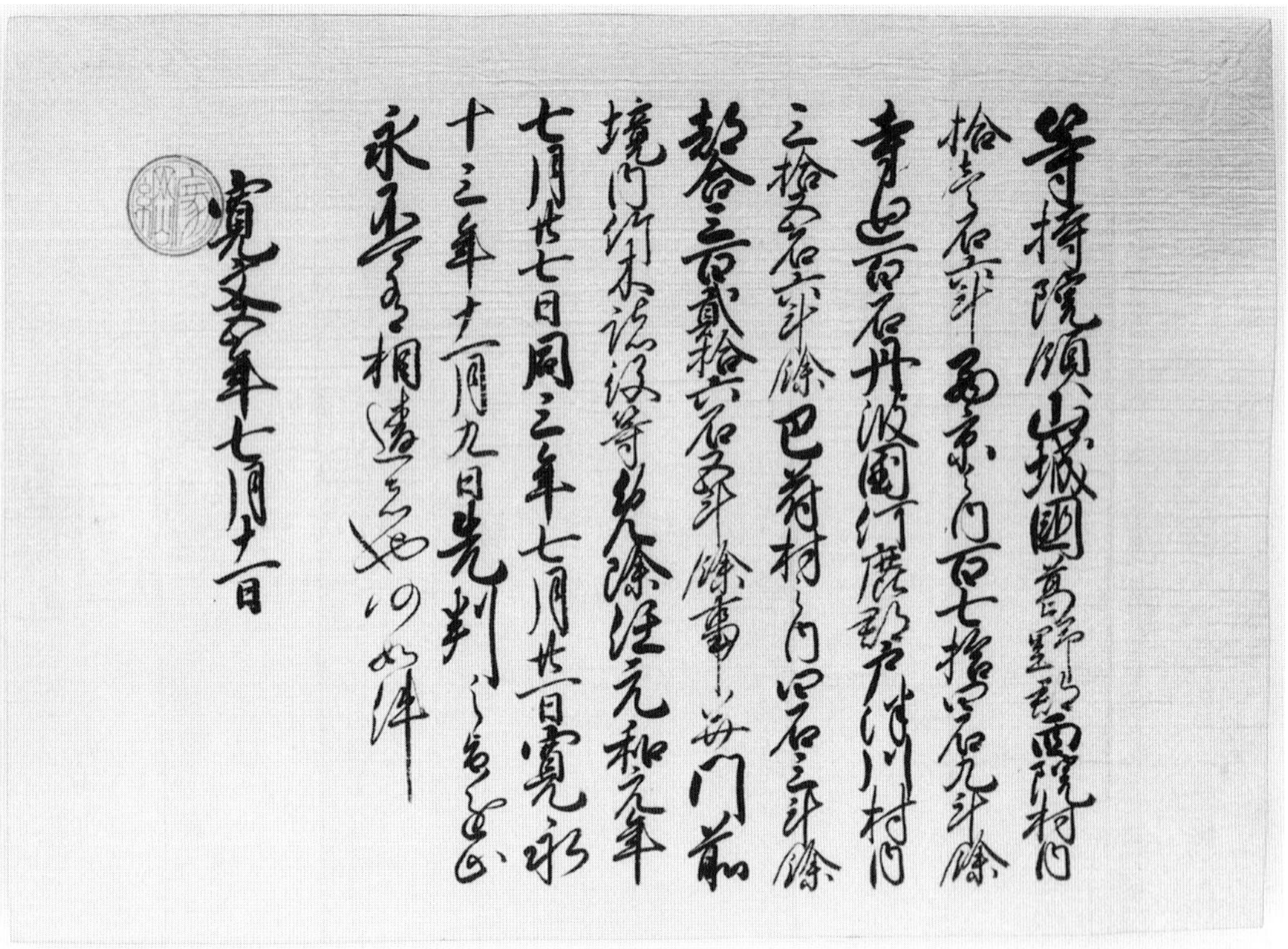

写真４－４Ａ　徳川家綱朱印状（本紙）

写真４－４Ｂ　徳川家綱朱印状（「包紙」）

メモ程度の宛先

御判御教書Aの奥上署判の伝統

寛永一三年（一六三六）一一月九日　徳川家光朱印状（写真4-1）

であるが、ここでは朱印は年月日の下に、さらに最後の行に「等持院」という宛書がみられるが、「寛文印知」で書式が整理された模様をしることができる。ついでにいうならば、写真4-4Bの「包紙」の「城州等持院」という文字に注意する必要があろう。第四節「御判御教書と朱印状・公帖」で朱印状の「包紙」の宛書に相当するものは、宛書ではなく「メモ程度に宛先を書いたもの」としたが、写真4-4Bに「城州」という文字が書かれていることは、まさに「メモ程度の宛先」ということを端的に示すものといえよう。

すこし横道にそれたが、年月日の左上に朱印が捺されているのは、年月日のつぎに宛書が書かれないのと同様、室町時代の御判御教書Aの名残りすなわち奥上署判の伝統がここにみられるということができる。

（3）これは、戦国時代の東国にはじまった印判状の成立と密接な関係があると考えるが、今後の検討課題としたい。

（4）これと関連してぜひ述べておかなければならないのは、位置の問題である。御判御教書Aの位置・署判は、袖判かあるいは奥に官氏姓名を加えるかのいずれかである。しかるに朱印状は日下に花押か朱印を加えるだけで、非常に厚礼な場合にかぎって諱を添える。これをどのように考えたらよいのか、なかなか難しい問題である。御判御教書Aにおいては、袖判はその支配下の武家に、奥上署判は公家寺社に宛てられたという形で整理できる。すなわち奥上署判が厚礼で、袖判――これは花押だけ――が尊大な形であった。江戸時代になると、武家はもちろん公家寺社も、武家と同様に完全に幕府の支配下に入ったことを意味するのが、朱印状に官氏姓を加えず、名のみすなわち花押か朱印のみを加えるようになったと考えてよかろう。なお、近世の公帖は基本的には「官（花押）」あるいは「官（朱印）」であるから、これは中世の公帖の署判の仕方をそのまま引きついだものである。

（5）ただし朱印状には、註（2）で述べたように宛書が本文に含まれているものもある。

（6）この点については、早く拙稿「中世の檀紙と御判御教書」（「日本歴史」三六三号　一九七八年　のち『日本古文書学論集8　中世Ⅳ』（吉川弘文館　一九八七年）に収録）で私見を述べ、さらに「室町時代武家文書の料紙の使い方（上・下）――古文書の料紙について（三・四）――」（「古文書研究」二九・三〇号、一九八八・八九年）でも関説した。もっとも、これらの前稿では御判御教書A・御判御教書Bという表現はとらず、(イ)日下花押の御判御教書、(ロ)袖判ないしは奥署判の御判御教書、あるいは寄進状・御判御教書としたが、それらは当然のことながら御判御教書A・御判御教書Bと同じである。

（7）ただし、江戸時代の檀紙にはいろいろな種類がある。さきに私はこれを檀紙Ⅰ・檀紙Ⅱa・檀紙Ⅱb・檀紙Ⅲの四種類に区別した――詳しくは第二章第三節第一項「料紙について」を参照――。しかし、朱印状にあっては、時代のちがいによる料紙の使い方の変遷はあるが、基本的には家格・寺格の相違によって檀紙の種類が使いわけられている。これに対して公帖にあっては時代のちがいによるというように、檀紙の種類の使い方のちがいはみられるが、両方とも大きく檀紙を用いているということは共通する。

（8）　この点については前記拙稿「古文書の様式について」の「むすびにかえて――文書様式の変遷と国家形態――」においで不十分ながら見解を述べた。

後記

すでに二五年も前のことになるが昭和六十三年（一九八八）十月二日、富山県民会館で開かれた日本古文書学会の第二十一回学術大会で、「近世の朱印状と公帖」という題で本章の要旨を報告した。近世の朱印状と公帖の料紙の折り方を中心に、その書式・形態など具体的な話で、視覚的にわかりやすい資料も配付した。近世史の方も多いので、ある程度の反響を期待したのだが、まったく反応がなかった。いつもながらのことではあるが、古文書学会といえども、こと文字列情報に関しては活潑な議論がおこなわれるが、文書の「かたち」などということになると関心がないのだといささか拍子抜けをしたことを記憶している。それを原稿化したのが本章で、「近世の領知判物・朱印状と公帖――室町時代の御判御教書との関連で――」として「摂大学術　B〈人文科学・社会科学編〉」八号（一九九〇年）に発表した。

初出論文の付記には、

本稿の校正の段階で、天龍寺の朱印状・公帖を改めて調査する機会に恵まれた。天龍寺には朱印状が天龍寺をはじめ等持院・宝厳院・禅昌院のものが合せて約五〇通、公帖は実に四〇〇通近く残されている。これらの文書は保存状態がきわめて良好で、原形が非常によく保存されている。それによると朱印状は例外なく表を内側に、公帖は表を外側に折りたたまれていることが確認できる。また第四節註(1)で室町将軍の公帖の封紙ウワ書について触れたが、天龍寺には永享四年八月七日足利義教御判御教書(公帖)をはじめ二二通の室町将軍の公帖があり、これには例外なく封紙が添えられており、それに宛書と差出書を備えたウワ書が記されていることも確認できた。その他新しいいくつかの知見を得たが、それは機会をみて述べたいと思う。

と記されている。この天龍寺文書の調査にもとづいて、その朱印状・公帖について述べたのが次章「天龍寺の朱印状と公帖」である。

その後、この「近世の領知判物・朱印状と公帖――室町時代の御判御教書との関連で――」を本書の一章として収載するについて読みなおしてみた。すでに発表後一五年以上もたっている関係から、補訂をしたい点がすくなくなかった。御判御教書ABについてはそれなりに整理したつもりであったが、まだ不十分なことに気づいた。とくに「むすびにかえて――朱印状と公帖の同化――」は不徹底な点、さらに誤解をまねきかねない点がみられる。どうしても補訂が必要である。

それだけではない、平成十六年（二〇〇四）には、藤井譲治「徳川将軍領知朱印状の古文書学的位置――

室町将軍御判御教書との関連で――」(『古文書研究』五九号)が発表された。これは、本章の全面批判を目的とした専論である。私は、本章で足利将軍の御判御教書と徳川将軍の朱印状・公帖は、いずれも幕府最高の公文書ということから、その折り方を中心に両者の継承性を強く主張した。それに対して、氏はその論稿の冒頭で、

最近の近世古文書学において、徳川将軍の領知朱印状は室町将軍の御判御教書の様式を継承するものであるとの見解がいわば定説化している。果たしてそうなのか、この点が本論の論点である(同氏論稿一頁)。

として、私のこの論稿を全面的に批判された。近世史の、しかも朱印状研究の第一人者からの予期せぬ全面批判には大いにとまどった。そして、何故にこれほどのことをいわなければならないのか、いまでもまだ氏の真意をはかりかねているのだが、私説の全面否定にはまちがいがない。

こうなると、本章の初出稿は補訂がどうしても必要だということで、いったんは藤井論文に対する私見も含めて大幅に増補した論稿を執筆して、本書に収めることにした。しかし、よく考えてみると、拙稿の批判を専論とした論稿が発表された――さらに、本書の原稿整理がほぼ完了した段階で、藤井讓治『徳川将軍家領知宛行制の研究』(思文閣出版 二〇〇八年)が刊行され、さきの「徳川将軍領知朱印状の古文書学的位置――室町将軍御判御教書との関連で――」がほとんどもとのままで補論Ⅰとして収められた――ということになると、私の文章は大幅に補訂したものではなく、初出そのままを掲載するのが筋で、それに対する私見は別にすべきであろうということになった。そこで、急遽第三章の文章は初出のままにもどし、この「後記」に七頁ほどとって、藤井論文に対する私の見解を述べた。もちろん、初出のままといっても、表記も含めて本書全体の統一ははかったが、基本的な文章はすべてもとのままとした。それが、ここに収めた第三章「近世の領知判物・朱印状と公帖――室町時代の御判御教書との関連で――」である。したがって、本章の内容は、平成二年(一九九〇)段階のもので、現在の考え方とある程度のずれはあるが、その点については次章「天龍寺の朱印状と公帖」でそれなりに述べたと考えるので、次章を現在の私見と考えていただきたい。

後ほど、本書の「あとがき」ですこし詳しく触れるように、いろんな事情で本書の刊行は遅れに遅れてしまった。責任はすべて私にあるのだが、具体的にいうと、本書の初校を思文閣出版からいただいたのは平成二十二年(二〇一〇)七月であった。その後、ときにおうじて校正は進めてきたが断続的で、平成二十五年(二〇一三)七月にいたって、どうやら返却の目途がたったというような状況である。

藤井氏の批判に対しては、個別具体的な問題については、次章「天龍寺の朱印状と公帖」でほぼ完全にお答えした。しかし、この「後記」に書いた藤井氏に対する私の見解は、「後記」としては長すぎて、どうみても全体のバランスを失している。せっかく初校をだしてもらったが、最終的にはそれを削除して、代わっ

て本書の最後に補論Ⅱ「徳川将軍領知判物・朱印状の原点――藤井讓治「徳川将軍領知朱印状の古文書学的位置」との関連で――」を執筆して、私の考え方をまとめて述べた。

以上、本章の本文はもちろん、「後記」もたいへん複雑な過程をたどって現在の形となったので、その経過だけを説明した。このような次第で、思文閣出版にはたいへん迷惑をかけてしまったが、お許しいただきたい。

（二〇〇八・〇九・一九　初出稿の補訂了）

（二〇一三・〇七・〇三　初校了）

第四章　天龍寺の朱印状と公帖

——中世古文書学と近世古文書学の継承性に関する試論——

はじめに

さきに私は、第三章「近世の領知判物・朱印状と公帖——室町時代の御判御教書との関連で——」において、近世の領知判物・朱印状——以下、朱印状と略す——と公帖の形態上の相違と、中世の御判御教書との関連について考えた。近世の朱印状と公帖の相違に関する結論だけを簡単に記すと、朱印状と公帖は、同じく徳川将軍の名でだされる最高の権威のある文書でありながら、その形態はいくつかちがっていたということになる。

これをもうすこし具体的にみると、まず文書の折り方については、朱印状は本紙の表——文字が書かれた面——を内側にして竪ノ中折に八つ折りに折りたたむのに対して、公帖は本紙の表を外側にして竪ノ中折に六つ折りに折りたたむ。すなわち、竪ノ中折という武家文書の折り方にも、本紙の表を内側にする折り方と、表を外側にする二つの折り方があった。それにともなって、本紙の宛書の高さの基準のとり方、さらには「包紙」・封紙のウワ書の書き方もちがっていた。そしてこれらの相違点は、実はその先行形態である室町時代の御判御教書の性格によるものである。だいたい三代将軍足利義満の後半期以降の御判御教書——室町幕府制度完成期の御判御教書——は、同じく御判御教書とはいうものの、一つは下文様文書に属する袖ないしは奥に花押あるいは署判を加え、宛書は本文に内包したもの——これを御判御教書Aとよぶ——と、もう一つ書札様文書に属する日下に花押または署判を加え、年月日の次行に宛書を記すもの——これを御判御教書Bとよぶ——の二つがあった。江戸時代の朱印状は、その伝達内容としては室町時代の御判御教書Aの系譜を引き、同じく公帖は御判御教書Bの系譜を引くもので、朱印状・公帖の形態上のちがいは、実は室町時代の御判御教書までさかのぼるものであった。

第三章では、ほぼ以上のことを述べたが、ちょうどその校正の途中で、天龍寺文書を再度調査する機会をえた。実は天龍寺文書は、昭和五十四年（一九七九）に一度拝見したが、そのときの調査はかならずしも完全なもので

考古学の土器の編年研究

天龍寺文書の特徴

朱印状と公帖が一つの文書群に

江戸時代の寺社関係の公文書（朱印状・公帖）の最大の宝庫

保存状態がきわめて良好

はなく、またその後、朱印状・公帖の書式や形態に関心をもつようになったので、改めて調査を願いでたところ、その機会に恵まれたのである。

後ほど詳しく述べるように、天龍寺文書には朱印状が約五〇通、公帖が約四〇〇通も収められている。考古学の土器の編年研究に端的にみられるように、土器でもその他の美術品でも同じだが、ただ一つをとりあげただけでは、その本質を理解するのは容易ではない。しかし、同じようなものをいくつか並べて比較研究することによって、大きな成果を収めることができる。古文書の場合も同様で、多数の文書を同時に比較検討することによって、確実な知見をえることができる。

この観点からすると、朱印状・公帖の書式や形態を研究する場合、天龍寺文書ほど恵まれた条件のものはない。ふつうの大名・公家あるいは寺社の場合、朱印状は歴代のものが揃っているとしても、同じ年代の朱印状、たとえば徳川家光のものは一通にかぎられる。しかし、天龍寺文書にみられる朱印状は、天龍寺に下されたものだけではなく、各塔頭や末寺のものが本山である天龍寺に集められているため、家光の朱印状をとりあげてみても、天龍寺に宛てられたものはもちろんであるが、それ以外に等持院・宝厳院・禅昌院に下された朱印状があり、同一年代のもの計四通が揃っている。したがって、これらを比較検討することによって、家光時代の朱印状の特色を具体的にしることができる。公帖にあっても同様である。各塔頭から全体として四〇〇通もの公帖が集められているから、時代による変遷と各時代の特色を詳細に確認することができる。

さらに、朱印状と公帖の二つが天龍寺文書という同じ文書群のなかに収められていることによって、いながらにして両方を比較検討することができるという利点がある。さきに、私は南禅寺の公帖を細かく調査させていただいた。ここには、足利義輝以下徳川家茂にいたる二五三通の公帖が収められており、それによって第二章「近世の武家書札礼と公帖――南禅寺公帖の形態論的研究――」で、公帖の形態について詳しく検討することができた。しかし、残念ながら南禅寺には朱印状の正文は残っておらず――写は残っているが――、両者の形態上の比較はできなかった。この点からいうと、天龍寺文書は、まさに江戸時代の寺社関係の公文書（朱印状・公帖）の最大の宝庫ということができる。

それだけではない。これらの朱印状・公帖の保存状態がきわめて良好であることは、天龍寺文書の価値をいっそう高からしめるものである。さらに、別に発表した拙稿「天龍寺の足利尊氏自筆文書二通」（拙著『足利尊氏

文書の総合的研究』（国書刊行会　二〇〇一年）初出は一九九一年）で紹介するように、天龍寺には、

建武　三年（一三三六）六月三〇日　足利尊氏自筆御内書

文和　二年（一三五三）一一月二六日　足利尊氏自筆御教書

玉村竹二「公帖考」

をはじめ、何通かの重要な文書が学界に未紹介のまま残っている。また日本禅宗史研究の第一人者で、おそらくあらゆる禅宗寺院の文書の調査には最大の便宜を有されたと考えられる玉村竹二氏は、可能なかぎり全国の公帖を調査の上、「公帖考」（同『日本禅宗史論集　下之二』（思文閣出版　一九八一年）初出は一九七五年）なる論文を執筆されているが、この「公帖考」においてすら、天龍寺の公帖については一言も触れられていない。すなわち、天龍寺文書は、同寺の秘庫に長く大切に保管されたため、専門の研究者でもこれに接する機会がすくなく、これまで学界の調査は十分にはおこなわれていなかったのである。

天龍寺の朱印状・公帖はすべて原形のまま残されている

　このことを別の言葉でいえば、天龍寺文書は原形がよく保存されているということになる。保存と調査研究とは永遠に交わることのない相矛盾する側面である。私は第三章「御判御教書と朱印状・公帖」において、たびたび「江戸時代の朱印状・公帖でその原形を留めるものは非常にすくないが」という趣旨のことを述べたが、天龍寺の朱印状・公帖はすべて原形のまま残されている。すなわち、文書の折り方一つをとってみても、朱印状は例外なくその本紙の表を内側にして竪ノ中折に八つ折りに、公帖は本紙の表を外側にして竪ノ中折に六つ折りになっており、封紙ももとの折り方そのままが残っている。それ故、天龍寺の朱印状・公帖をみるかぎり、前述のような苦しいコメントはまったく必要ではなかった。

朱印状はなじみの深い文書

　これらいくつかの点から、天龍寺文書は朱印状・公帖の形態の研究にはまたとない条件に恵まれているといえる。公帖は禅宗五山の寺院だけに下されたやや特殊な文書といえるが、朱印状は近世の研究者には非常になじみの深い文書であり、近世文書を調査する場合、かならずといってもよいほどお目にかかる文書である。しかし、これは近世の研究者にはあまり注目されていないようである。書式・内容・形態などが形式化しており、文章も歴代ほとんど同じであり、史料的にはあまり重要な意味を有するものではない。それ故、近世の研究者には無意味な、場合によっては退屈で面倒な存在ですらあるようだ。私が朱印状や公帖の本紙はもちろん封紙も全部写真に収めるについて、専門の研究者から「書式も内容もまったく形式化しているのに、なんと無駄なことをするのか」といわんばかりの顔つきをされたことがある。しかし、これはもっとも形式化したものであるだけに、また

古文書の形態の研究

古文書の形態の研究にはもっとも都合のよいものである。本書では、私は朱印状・公帖にこだわりすぎているかとも考えるが、以下、天龍寺の朱印状と公帖について述べることにする。一部には第三章「御判御教書と朱印状・公帖」の叙述と重複するところもあるが、新たに付け加えた知見もすくなくない。併せて検討いただければ幸せである。

朱印状の封式

第一節　朱印状の封式――本紙・「包紙」の折り方とその宛名――

四六通の朱印状

天龍寺には、織田信長・豊臣秀吉の知行安堵に関する朱印状が何通かみられるが、これに関しては本書の補論I「殿下と将軍」に譲り、ここでは徳川歴代将軍の朱印状について述べることとする。さきにもすこし触れたが、天龍寺に現存する徳川将軍の朱印状は、天龍寺に下されたものだけではなく、その末寺あるいは塔頭である等持院、また宝厳院・禅昌院に宛てられたものも収められている。すなわち、家康・秀忠のものは禅昌院宛はみられないが、家光以降は四つの寺院の分全部が完全に揃っており、全体として四六通にのぼる。それは表5－1に示すごとくである。[1] 家康・秀忠・家光の三代のものは、発給の日付はかならずしも同じではないが、家綱以後すなわち寛文印知以降は、全寺院一斉に発給されたことがしられる。ともあれ、天龍寺には家康以降家茂にいたる歴代の朱印状、しかも同時代のものが四通も揃っているのであって、朱印状の書式・形態を比較検討するには、これほど恵まれた条件のものはないといえる。

第一項　御判御教書A・Bと朱印状・公帖

朱印状と公帖の形態上の相違

第三章「御判御教書と朱印状・公帖」に関する大まかなまとめは、その第四節「御判御教書と朱印状・公帖」でおこなった。それを、朱印状と公帖の対比という観点から、改めて整理をするとつぎのようになる。

本紙の折り方

i　本紙の折り方　朱印状・公帖ともに、その料紙が竪紙であることは当然であるが、朱印状の本紙は、表――文章が書かれた面――を内側にして竪ノ中折に八つ折りに折る。それに対して公帖は、表を外側にして竪ノ中折に六つ折りに折りたたむ。

本紙の宛書

ii　本紙の宛書　朱印状は、その本来的な性格は下文様文書であるから、その本紙の宛書は、本文に内包される場合が多い。この点については、第二節「朱印状の書式と文書様式」で詳しく述べる。しかし、本文の年月日の次行に記される場合には、その高さは将軍の花押ないしは朱印を基準にして礼の厚薄がきめられる。それに対して公帖は、その下端（地）からの高さによって礼の厚薄がきめられる。

iii　「包紙」・封紙の書き方　朱印状の「包紙」――朱印状の「包紙」ということについては、本節第三項「朱印状の「包紙」とその宛名」で詳しく述べる――には差出書はなく、たとえば「等持院」と宛名が記されるだけである。これは文書の機能とは直接関係はなく、いわばメモ程度に宛先を書いたものである。これに対して、公帖の封紙には書札礼にもとづいて、きっちり封紙ウワ書として宛書と差出書が記される。

表5－1　天龍寺の朱印状

	天龍寺	等持院	宝厳院	禅昌院
家康	Ⅰ慶長19.12.28	Ⅱ元和元　7.27	Ⅲ元和元　7.27	なし
秀忠	Ⅳ元和 3. 7.21	Ⅴ元和 3. 7.21	Ⅵ元和 3. 7.21	なし
家光	Ⅶ寛永10. 4.18	Ⅷ寛永13.11. 9	Ⅸ寛永13.11. 9	Ⅹ寛永17.正 11
家綱	寛文 5. 7.11			
綱吉	貞享 2. 6.11			
家宣	なし			
家継	なし			
吉宗	享保 3. 7.11			
家重	延享 4. 8.11			
家治	宝暦12. 8.11			
家斉	天明 8. 9.11			
家慶	天保10. 9.11			
家定	安政 2. 9.11			
家茂	万延元　9.11			
慶喜	なし			

（註）家康のものはすべて黒印状である。

いうまでもなく、朱印状といい公帖といい、徳川将軍の最高の権威のある公文書である。それが、以上のように実に明確にその書式・形態がちがっているということは、その先行形態である室町将軍の御判御教書の性格のちがいによるものである。

御判御教書というのは、足利将軍が署判を加え、「……之状如件」という直状形式の書止めで終わる文書のことである。すでに第三章「御判御教書と朱印状・公帖」で明らかにしたように、だいたい三代将軍足利義満の後半期以降の御判御教書――室町幕府制度完成期の御判御教書――は、同じく御判御教書といっても、大きく御判御教書Aと御判御教書Bの二種類にわけることができる。御判御教書Aは下文様文書であって、将軍の署判は袖あるいは奥に据えられ、宛書は本文に内包される。奥署判の御判御教書Aとしては、

たとえば第三章に写真掲載した、

永享　四年（一四三二）　四月一一日　　足利義教御判御教書(2)（写真4－2）

がある。いっぽう、御判御教書Bは書札様文書であって、日下に花押あるいは署判がみられ、宛書は年月日の次行におかれる。同じく第三章に写真を掲げた、

明応　二年（一四九三）　二月　七日　　足利義材御判御教書(3)（写真4－3）

がその一例である。

その伝達内容についていうならば、御判御教書Aは所領・所職の安堵、課役免除などを伝えるもので、江戸幕府では当然朱印状に引きつがれるものである。それに対して、御判御教書Bは中間的・手続的な事柄の伝達に用いられたものであるが、これは互通文書である。したがって、下達文書である御判御教書Aに比べて厚礼ということから、たとえば第二章「南禅寺の公帖」で引用した、

建武　元年（一三三四）　卯月一〇日　　足利尊氏御判御教書（公帖）(4)（写真3－1）

などに用いられたと考えられる。それ以降、公帖はほぼ同じ書式で、室町・戦国・織豊・江戸の各時代をつうじて一貫して書札様文書の書式・形態であることはいうまでもない。そして、前記ⅰⅱⅲの朱印状・公帖の特色は、まさに下文様文書・書札様文書の書式・形態を継承したことを示すものである。

かくして第三章「御判御教書と朱印状・公帖」では、江戸時代の朱印状・公帖は、室町時代の御判御教書A・御判御教書Bをそれぞれ継承したものであることを明らかにしえたと考える。その後、改めて天龍寺文書の朱印状・公帖を細かく検討させていただいて、前述のⅲ「包紙」・封紙の料紙とその書き方について、さらに詳しく論ずることができることがわかったので、以下それを含めて、改めてこの問題について検討することにする。

第二項　文書の本紙の折り方と竪ノ中折

(一)文書の折り方の基本

ここで、もういちど朱印状と公帖とでは、同じく徳川将軍の名で発給される最高の公文書でありながら、その本紙の折り方がまったく反対であったということを確認しておきたい。その上で、まず文書の封式そのものについて、もっとも基本的な問題を考えることにする。

文書の封式

文書の封式には数多くの検討項目があるが、そのうちでもっとも基本的な問題といえば、当然のことながら本紙の折り方である。文書の本紙の折り方は、表——文字の書かれた面——を内側に折るのが原則である。これは、古く古代・中世といわず、二一世紀の現代においても同じである。古文書学の問題だけではなく、現在の礼式の問題でもある。現在では、一般的な礼式が非常に混乱しているが、公文書・私文書を問わず、文書は表を内側にして、直接文面が外にでないように折りたたむのが本来である。

封書の作法

これは、現在われわれが日常的な連絡手段として使っている封書——現在は電話・ファクシミリ・メール・インターネットなどが日常的な連絡手段として用いられているが——をみればよくわかる。封書の便箋は表が内側になるように折りたたむ。そして、封筒に入れて投函する。表を外側に折りたたむような変人はまずいないと思う。これは、われわれの封書=私文書だけではなく、現在の官公庁などの公文書の場合も同じであって、いろいろと例外はみられるが、やはり文書は表を内側に折りたたんで、しかるべく連絡をする。要するに文書は表を内側に折りたたむというのは、人間の本性に根ざした作法であるといえるのである。

人間の本性に根ざした作法

(2)公家の公式様文書・下文様文書の折り方

公式様文書・下文様文書の本紙の折り方

これは、わが国の公家文書としての古代・中世の公式様文書・下文様文書の本紙の折り方にもみられる。官符・官牒・官宣旨などの格式の高い公文書で、原形のまま残るものはほとんどない。これはほとんどすべて巻子装あるいは懸幅装となっていて、本来の折り方を残すものはきわめて珍しい。しかし、いま確認したように、文書は表を内側に折りたたむのが、いわば人間の本性にもとづくものであるとするならば、本紙が表を内側に折りたたまれていたことはまちがいはない。公式様文書・下文様文書で、本紙が二紙以上にわたるときには糊づけをするが、この場合はかならず本紙の表を内側に折りたたむ。表が外になった公式様文書や下文様文書などみたことがない。間接的ではあるが、それを裏づけるものといえる。

それだけではない。いまいった官符・官牒・官宣旨などの格式の高い公文書だけではなく、一般に「雑文書」といわれる多数の文書についても同様である。東寺百合文書を例にとってみても、格式ある朝廷や幕府の公文書だけではなく、庄園関係・在地関係文書、その他一般の農民・庶民に関する文書が多数みられるが、これらはほとんどすべて本紙の表を内側に折りたたまれている。おそらく、特別な場合を除いて例外はみられないであろう。

文書の本紙は表を内側に折りたたむ

ここでも、文書の本紙は表を内側に折りたたむということは、人間の本性にもとづくものであるということが確認できるが、公式様文書・下文様文書といわず、広く文書の本紙は表を内側に折りたたんだのである。

(3)公家の書札様文書の折り方

書札様文書の折り方

書札様文書は表を外側に折りたたむ

これに対して、たとえば東寺百合文書のように原形態のまま残った文書をみると、その二〇通なり三〇通なりのひとかたまりの文書は、ほとんどが表が内側になっている。これは、上述のことから当然のことといえる。しかし、そのうち何通かは、表を外側に折りたたんだ文書がみられる。それらはまちがいなく書札様文書なのである。すなわち、公式様文書・下文様文書は表を内側に折りたたむのに対して、書札様文書は表を外側に折りたたむのである。もちろん、いろいろと原形がくずれたり例外はあるが、原則として公式様文書・下文様文書は、文書の表を内側にして折りたたむ。それに対して、書札様文書は、文書の表を外側に折りたたまれているということが実態として確認できるのである。

書札様文書の礼紙

便箋の二枚目の白紙は礼紙

ここで書札様文書は、文書の表を外側に折りたたまれているといっても、外側にでているのは本紙ではなく礼紙である。本紙そのものは、やはり表が内側になっている。この点は重要である。そもそも、私信から出発した書札様文書にもっとも必要なのは「礼」である。書札様文書では礼を厚くするために、本紙以外にもう一紙、本紙とともに紙を添える。これが礼紙である。現在でもわれわれの封書で、便箋一枚で文章を書き終えた場合でも、白紙の便箋をもう一枚礼紙として添えておくのが礼である。文章を書いた便箋一枚だけを封書として届けたら、それこそ「礼しらず」「ものしらず」である。二枚目の白紙の便箋は「礼」のために付した礼紙である。「重紙」や「裏紙」ではない。[5]

礼紙は糊づけされない

中世の書札様文書にあっても、本文は本紙に書く。本紙一紙で終わればそれでよいが、文章が長い場合には礼紙に書いてもよい。文章を書き終わったら、本紙・礼紙を背中合わせにして、本紙を上におく。そして、本紙の左端(奥)から右(袖)の方へくるくると折りたたむ。これは、いままで述べてきた本紙の表を内側に折るという文書本来の折り方を踏襲しているのである。ただし、書札様文書にあっては礼紙は糊づけすることなく、本紙と背中合わせにして折りたたむから、礼紙の表が外側になる。これは礼紙が糊づけされないという書札様文書の特性によるもので、本紙の表を内側に折るという文書本来のあり方は厳守されている。それはともかくとして、

本紙は表を内側に折りたたむ
人間の本性にもとづく

文書を折りたたんだ形としては書札様文書では表が外にでているという特殊な形をとることになる。

以上、いささか煩雑なことを述べてきた。そこで、いま述べた(1)～(3)の要点を簡単にまとめてみよう。

i　一般に、文書の本紙は表を内側に折りたたむ。これは古文書学の問題としてだけではなく、現在の封書＝私信はもちろんのこと、さらに官公庁の公文書などにも共通する、いわば人間の本性にもとづくものいうことができる。

ii　古文書学の問題としては、公式様文書・下文様文書はもちろんであるが、書札様文書も含めて、すべての文書について貫徹している原則である。

iii　ただし、書札様文書にあっては、礼紙が不可欠なものであり、それを糊づけにせず、背中合わせにして折りたたむため、折りたたんだときの形としては表が外側になる。これはあくまでも本紙ではなく礼紙であって、iの変形ということができる。

iv　以上の原理的なことを別にして、現象面だけをとりあげるならば、公家文書としての公式様文書・下文様文書においては、文書の表を内側にして折り、同じく書札様文書にあっては、文書の表を外側になるように折るという特色を指摘することができる。

武家の書札様文書

(4)武家の書札様文書の折り方と竪ノ中折

これまで述べてきたのは、公家文書における文書の折り方である。わが国の前近代社会においては、礼式その他すべてにおいて公家社会のものが基準となるが、それが武家社会に受容されると、それなりに変容をとげる。文書の折り方の場合も同じである。つぎに、それについて考えてみよう。

文書の封式の問題として、公家文書と武家文書の最大のちがいは、書札様文書の礼紙についてである。公家の書札様文書にあっては、本紙・礼紙・封紙の三紙は一体となって必須のものであった。いずれの一つを欠いても、完全な書札様文書とはいいえない――ただし、略式の場合は別である――。これは、現在のわれわれの封書の場合、まず本文を書いた本紙、それに添える白紙の礼紙という二枚の便箋、それと封筒の三者一体となって封書という機能をはたすのと同じである。現在の封書においても、本紙・礼紙・封紙という書札様文書の原則が貫徹しているのである。

武家文書は礼紙を省略

これに対して、武家文書の場合には礼紙が省略される。本紙と封紙が構成要件となる。しかし、書札様文書としての「礼」だけは守るということでおこなわれるようになったのが、武家文書独特の竪ノ中折という封式である。

その起源、また具体的な経過については不明だが、武家の書札様文書にあっては、文書は本紙一紙にまとめてしまう。礼紙は用いない。これはおそらく、たんに「礼」のためだけに貴重な料紙の一紙を使うのはもったいないという、武家の実用主義的な考え方からであろう。しかし、あくまでも書札としての「礼」は守るということから、本紙一紙を真ん中から半分に折り——これを竪ノ中折の線という——、その右半分を本紙、左半分を礼紙にみたてて、礼だけはつくすという目的でおこなわれたのが、この竪ノ中折という武家特有の封式である。

竪ノ中折は武家独自の封式

この竪ノ中折・竪ノ中折の線は、正式な書札様文書にも礼紙を省略するという、武家の封式にみられる法式で、いうまでもなく武家独自の封式である。本紙・礼紙・封紙を必須の条件とする公家文書のあり方とは本来別ものである。この点はしかと確認しておきたい。この竪ノ中折・竪ノ中折の線は、すでに鎌倉時代の武家の書札様文書にそれなりにみられる。もちろん、鎌倉時代の武家文書で原形のまま残るものはすくなく、実際に表を外側にした折り方まで確認できるのは容易ではない。ただ軸装や懸幅装になっていても、よくみると竪ノ中折の線だけは確認できるものはすくなくはなく、広く竪ノ中折がおこなわれていたことを想像させるものである。

竪ノ中折の線が確認できる

なお、一部に建武政権の文書にも、この竪ノ中折の線がみられるともいわれている。おそらく、それはこの鎌倉時代の武家文書の法式の影響を受けたものとしてよかろう。すくなくとも、きっちりした公家の文書には、竪ノ中折・竪ノ中折の線がみられないことだけは、上述のことからも確実である。竪ノ中折は、あくまでも武家独自の法式である。

御判御教書の本紙の折り方

(5)室町時代御判御教書の本紙の折り方

室町時代の御判御教書については、すでに第一項「御判御教書A・Bと朱印状・公帖」で触れたが、ここではとくに本紙の折り方の問題としてまとめておきたい。

鎌倉時代の武家文書にあっては、所領・所職の宛行・安堵、裁判の判決などの公験になる重要な事柄には、下文・下知状などの下文様文書が用いられた。それに対して、書札様文書は日常的な連絡その他の中間的・手続的

下文様文書の書札様文書化

本紙の折り方

御判御教書Aの本紙は表を内側にして竪ノ中折に折りたたむ

御判御教書Bの本紙は表を外側にして竪ノ中折に折りたたむ

な用途に用いられた。

その後、南北朝時代をへて、足利三代将軍義満の後半期になると室町幕府としての体制的完成をみる。これを幕府公文書のあり方としていうならば、下文様文書の書札様文書化、公文書の私文書化ということができる。鎌倉時代最高の権威をほこった下文・下知状はほぼその歴史的使命を終え、その役割を御判御教書Aに譲りわたす。御判御教書Aは、その書式・形態ともに下文様文書であることにはまちがいはないが、鎌倉時代の下文・下知状に比べると一歩書札様文書化しているといってよい(6)。それとともに、中間的・手続的な事柄の伝達には御判御教書Bが用いられた。これらの点については、すでに第一項「御判御教書A・Bと朱印状・公帖」でも述べた。

ただ、ここでは封式の問題として、本紙の折り方だけを確認しておきたい。鎌倉時代の武家の下文、ことに下知状は、かならずしも本紙一紙で終わることなく、二紙・三紙と書きつがれるものもすくなくなかった。しかし、それを継承した室町時代の御判御教書Aになると、いかほど本文が長くなろうとも、かならず本紙一紙にまとめてしまう。ここにも、下文様文書の書札様文書化ということがみられるが、御判御教書はA・Bをつうじてすべて竪紙一紙である。これは、そのまま江戸時代の朱印状・公帖に受けつがれることはいうまでもない。

室町時代の御判御教書Aで、確実にもとの折り方そのものを残すものを探しだすのは困難である。しかし、本項でこれまで述べてきたこと、ことに文書そのものは書札様文書を除いて表を内側に折るという、その本来的性格を確認することができるならば――書札様文書においても本紙は表を内側に折るという原則が貫徹しているのである――、御判御教書Aの本紙は、下文様文書として表を内側にして竪ノ中折に折りたたまれたと考えられる。それが近世の朱印状の本紙の折り方に受けつがれていくのである。

いっぽう、御判御教書B＝公帖については、後ほど詳しく述べるように、天龍寺文書に具体例が残っているだけではなく、他にも多数原形態のまま残っており、書札様文書として表を外側にした竪ノ中折であったことが確認できる。かくして、同じく徳川将軍の名でだされる最高の権威のある文書でありながら、朱印状と公帖とではその本紙の折り方が、まったく逆になるという現象がみられることになる。本章でも、この問題を最重要課題としてとりあげることにする。

第三項　朱印状の「包紙」とその宛名[補註①]

（一）朱印状の「包紙」

朱印状の「包紙」

朱印状の封式に関連して、もう一つ確認しておかなければならないことがある。それは、朱印状の本紙を包んだ料紙＝「包紙」である。この朱印状の本紙を包んだ「包紙」については、近世史研究の方では「上包・表巻・上巻・懸紙・包紙・封紙」などいろいろなよび方がおこなわれているようである。しかし、そのよび方はもちろん、機能についても、中世古文書学も含めて古文書学の問題として、整理して議論されたことはなかったと思う。

この朱印状の「包紙」については、すでに第三章第三節第三項「御判御教書の「包紙」・封紙とそのウワ書」で、御判御教書B（公帖）の封紙と関係させてそれなりにきっちり説明をした。そして、そのまとめとして、さらに同じく第三章第四節「御判御教書と朱印状・公帖」で、

> 御判御教書Aには封紙は必要ではないが、おそらく本紙と同一の料紙でそれを包むもの（「包紙」）が添えられたであろう。そして、この「包紙」にはウワ書に相当する文字は書かれなかったであろう。しかるに、近世の朱印状には写真4-1Bにみられるように、封紙に相当するものがあり、そこに「等持院」と書かれている。いま「封紙に相当するもの」といったが、御判御教書Aの例からすると、これは公帖などにみられる厳密な意味の封紙ではなく、「包紙」とすべきものであるからである。そして「等持院」という文字も、書札様文書でいう宛書ではなく、すなわち文書の機能とは直接関係はなく、いわばメモ程度に宛先を書いたものと考える。いいかえると、これは宛先をまちがえないために書いただけのもので、文書の機能にそくして書かれたものではない。それゆえ、ここでは宛先だけが書かれ、書札様文書の封紙ウワ書のように差出書が書かれていないのである。

朱印状の本紙を包む料紙は「包紙」

と述べた。すなわち、朱印状の本紙を包む料紙は「包紙」で、公帖などにみられる厳密な意味の封紙ではなく、その「包紙」に書かれた、たとえば「等持院」（写真4-1B参照）という宛名は「いわばメモ程度に宛先を書いたもの」[7]とした。

藤井譲治氏の論稿

これに対して藤井譲治氏は、「徳川将軍領知朱印状の古文書学的位置——室町将軍御判御教書との関連——」（同『徳川将軍家領知宛行制の研究』（思文閣出版　二〇〇八年）初出は二〇〇四年）において、

封紙の有無については、上島の見解では室町将軍御判御教書Aには包紙のみであり、徳川将軍領知朱印状包紙にみられる文字は宛名ではないとされるが、寛永二年（一六二五）十月二十三日付牧野駿河守宛徳川秀忠領知朱印状の包紙には「牧野駿河守とのへ」、寛文四年（一六六四）四月五日付柳川侍従宛徳川家綱領知判物の包紙には「柳川侍従とのへ」などとあるように、包紙ウハ書には「某とのへ」と書かれており、上島が「文書の機能とは関係なく、いわばメモ程度に宛先を書いたものと考える」とするには無理があり、むしろ差出者が「将軍」であることからそれが省略されたと考えるほうが妥当ではなかろうか。なお、徳川将軍の御内書の封紙ウハ書も宛書のみである（同書三三六頁）。

とし、そして最後に、

第七、封紙の有無については、御判御教書Aは包紙のみであり、領知朱印状の包紙は上島の表現に従えば封紙であること、を指摘して両者の継承性については否定的見解を提示した（同書三三九頁）。

と結論された。

この指摘は、いま引用した文章をはじめとする前記第三章第三節第三項「御判御教書の「包紙」・封紙とそのウワ書」などの拙稿を、よくお読みいただかなかったことによるものだが、前記拙稿でもうすこし詳しい説明が必要だと考えていた点とも関連するものである。幸い、その後の天龍寺文書の調査で、第三章執筆当時しることのできなかった貴重な材料を多数拝見することができた。おそらく、朱印状を包んだ料紙＝「包紙」について、これほど明快に整理しうる材料は他にはみられないと考えるので、前記藤井氏の論稿を意識しつつ、改めてこの点について論ずることにする。

三種類の文書の本紙を包む料紙

（2）封紙・包紙・「包紙」

そこでまず、天龍寺文書の朱印状の「包紙」について検討するまえに、もっとも基本的なこととして、広く文書の本紙を包む料紙について整理をしておきたい。現在の古文書学では、文書を包む料紙を包紙というという程度の理解で、それ以上具体的にその機能について検討していないというのが実情である。しかし、漠然と本紙を包む料紙といっても、その性格・機能は一様なものではない。それは大きくつぎの三種類にわけることができる。すなわち、

ⅰ書札様文書の封紙

ⅱ包紙

封紙と包紙の区別

文書としての機能の相違

包紙は本紙と紙質が異なるのがふつう

ⅰ　書札様文書の封紙
ⅱ　包紙
ⅲ　下文様文書の「包紙」

である。以下、この三つについて、すこし詳しく考えておきたい。

文書の本紙を包む料紙として、もっとも一般的なのはⅰ書札様文書の封紙である。書札様文書には本紙・礼紙・封紙の三紙が必須のものであったことは、いま述べたところである。すなわち、書札様文書にあっては本紙・礼紙を封紙に包み、ウワ書として宛書・差出書を記して相手方に届ける。したがって、原則として封紙は本紙・礼紙とともに紙であり、宛書・差出書を記したウワ書も必須のものである。これは御判御教書Bとそれを継承する公帖にみられる封式である。

つぎに、ⅱ包紙というのは、文書が伝達という機能をはたしたあと、それを保存するために受取人その他が、後ほど文書を包んだ料紙である。これはⅰ書札様文書の封紙ほど多くはみかけないが、それなりに結構お目にかかるものである。すなわち、文書の機能とは関係なく、たんにそれを保護するための料紙であるから、公式様文書・下文様文書・書札様文書と、文書の様式に関係なく広くみられる。

すこし、具体的に話してみよう。私たちが東寺百合文書の整理をはじめた初期には、ⅰ書札様文書の封紙と、このⅱ包紙の区別はまだわからなかった。そこで、文書を包んだ料紙をすべて包紙として、京都府立総合資料館編『東寺百合文書目録　第一巻』（一九七六年）以下では一律に包紙として処理をした。しかし、やがて両者の性格・機能に明らかな相違があることに気づいた。すなわち、ⅰ書札様文書の封紙は、書札様文書が成立するためには必要不可欠のものであり、文書の機能にそくして付せられたものである。これに対して、ⅱ包紙は、文書の機能とは関係なく、たんに後ほど文書を保護するために包んだものである。このように、文書としての機能が明らかにちがうのだから、両者を区別をするのが当然である。かくして、同『東寺百合文書目録　第四巻』（一九七九年）から、ⅰ封紙とⅱ包紙を区別することにした。(8) 同じく文書を包んだ料紙とはいえ、ⅰ書札様文書の封紙と、たんなるⅱ包紙とは、明らかにその機能が別なのである。

このⅱ包紙は、本紙が作成されてから、それを保護するために別に文書を包んだ料紙なので、本紙と紙質が異なるのがふつうである。そして、文字などは記されず白紙の場合が多いが、端裏に文書の内容などを簡単に記し

iii下文様文書の「包紙」
形式をととのえ本紙保護のため
「包紙」は本紙とともに紙
「包紙」の現存するものは皆無
朱印状・御判御教書A（下文様文書）を包んだ料紙がiii「包紙」
「包紙」の宛名

たものもみられる。この料紙は、そこにみられる文字も含めて、文書の機能とはまったく関係はない。あくまでも、後ほど文書の保護のために付せられた料紙である。

　このi封紙、ii包紙に対して、これまでまったく注目されていないのがiii下文様文書の「包紙」である。さきにもいったが、「包紙」といういい方自身十分に熟したものとは考えないが、適当な表現がみつかるまで「包紙」とよぶことにする。公式様文書・下文様文書で文書として必要なのは本紙である。本紙に文章を書いて相手方に届ける。しかし、朝廷や幕府その他の格式のある文書は、折りたたんだ本紙だけを裸で相手方に届けるようなことはしない。下文様文書は、本来礼を厚くする必要はないが、文書全体の形式をととのえ、本紙保護の目的で本紙を包み、さらには文箱などに収めて相手に届ける。この本紙を包んだ料紙が「包紙」である。したがって、これはi書札様文書の封紙でもなければ、たんなるii包紙でもない。文書作成と同時に本紙を包むのだから、本紙と紙質がちがう場合もあるが、本紙とともに紙の場合が多い。そして、これはたんに文書としての形式をととのえ、本紙保護の目的で本紙を包んだだけであるから、文字は書かれない。基本的に白紙である。古代・中世の公式様文書・下文様文書自体、原形態のまま残るというのはきわめて珍しいが、さらにそれに添えられた白紙となると、現実に伝存するのはさらに稀だということになる。実際現存するものは皆無といってよい。いわば、以上のようにたんに理論上の想定にしかすぎなかった。しかし、幸い今回、後ほど述べるように天龍寺の朱印状によって、これはたんに理論上の存在だけではなく、具体的な存在として多数の実例を示すことができた。たいへん有難いことである。

　ともあれ、文書を包む料紙といっても一様なものではなく、以上のように三種類があることが確認できる。現在の古文書学では、i封紙とii包紙を区別することすらおこなわれていないが[9]、ましてiii「包紙」ということになると理解をえられるにはまだまだ時間がかかると考えるが、以上のことだけは確認しておきたい。まちがいなく、文書を包んだ料紙には三種類があったのである。その上で、本章の関係でいうならば、朱印状・御判御教書A（下文様文書）を包んだ料紙がiii「包紙」であり、公帖・御判御教書B（書札様文書）を包んだ料紙がi封紙であるということはいうまでもない。

（3）「包紙」の宛名

「包紙」の宛名はたんに伝達先を示すだけ

以上で、朱印状の本紙を包んだ料紙は、iii「包紙」であって、i書札様文書の封紙でもなければ、またii文書の機能が終わったあと、それを保護するために付した包紙でもないことが明らかになった。そこで、つぎに天龍寺文書について、この「包紙」に記された宛名について考えることにする。ここで直接の検討の対象として天龍寺文書から、

Ⅰ慶長一九年（一六一四）一二月二八日　徳川家康黒印状（天龍寺宛）（写真5-1[10]）
Ⅷ寛永一三年（一六三六）一一月　九日　徳川家光朱印状（等持院宛）（写真4-1[11]）

の二通をとりあげる。以下の論点は、ここにみられる朱印状の本紙を包んだ料紙＝「包紙」の「天龍寺」あるいは「等持院」という記載は、書札様文書の封紙ウワ書の宛書ではなく、「包紙」の宛名であって、たんに伝達先を示すものであるということを明らかにすることにある。

封紙ウワ書には宛書と差出書が揃うのが原則

まず、第一に確認しなければならないのは、これは書札様文書の封紙ウワ書の宛書ではないということである。書札様文書の封紙ウワ書といえば、後ほど第三節第一項「室町時代の公帖とその封式」で詳しく触れる、

永享　四年（一四三二）　八月　七日　足利義教御判御教書（公帖）（写真5-3[12]）
宝徳　二年（一四五〇）　七月二八日　管領畠山持国奉書（公帖）（写真5-4[13]）
永正　六年（一五〇九）　八月二三日　足利義尹（義稙）御判御教書（公帖）（写真5-5[14]）

をはじめ、第二章「南禅寺の公帖」で写真掲載した、

天文二一年（一五五二）　五月二三日　足利義輝御判御教書（公帖）（写真3-4[15]）
天正一四年（一五八六）　四月一三日　足利義昭御判御教書（公帖）（写真3-6[16]）
寛永　二年（一六二五）　正月一一日　徳川家光公帖（写真3-13[17]）

などの封紙にみられるように、そのウワ書には宛書と差出書が揃っていなければならない。これは写真5-3・5-4などの室町時代の文書にみられるように、中世以来の書札様文書の基本原則である。そして、さきに掲げた表3-3で明らかなように、家綱以降になると公帖の封紙の差出書はすべて省略される。それは、

寛文一三年（一六七三）　二月二〇日　徳川家綱公帖（写真3-14[18]）

にみるごとく「宗般西堂」だけとなる。これこそまさに「差出者が「将軍」であることからそれが省略された」（前記藤井氏の文章）のであって、それ以前のものは宛書と差出書が完全に揃っているのである。これが省略で

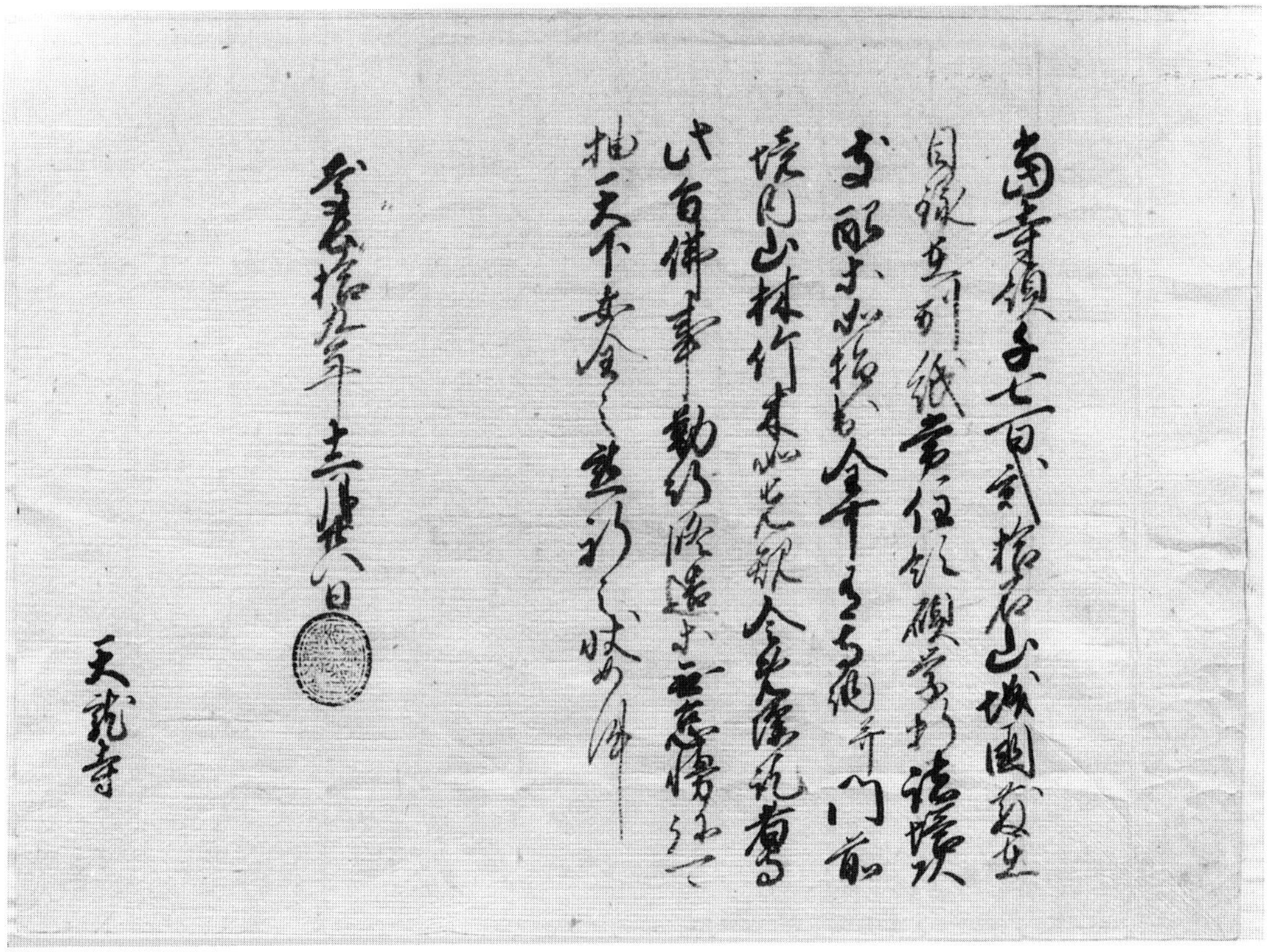

写真５－１Ａ　徳川家康黒印状（本紙）

写真５－１Ｂ　徳川家康黒印状（「包紙」）

ある。家綱段階の公帖の制度的完成にともなっていっせいに省略されたのであって、幕府初政の秀忠段階に「将軍である」というようなことで、無原則に省略されるものではない。ぜひ、表3-3について確認いただきたい。要するに書札様文書の封紙ウワ書といえば、宛書と差出書が揃っていることが必要なのである。

封紙ウワ書の差出書にあたるものはみられない

これに対して、いま問題にしている朱印状の「包紙」は、たとえば家康黒印状（写真5-1B）、あるいは家光朱印状（写真4-1B）にみられるように、幕府初期の家康・家光の段階から「天龍寺」「等持院」という記載だけであって、封紙ウワ書の差出書にあたるものはみられない。当然書札様文書の封紙ウワ書ではない。すなわち、公帖（書札様文書）にみられるように、本紙と一体となって文書を構成する必須の要素ではない。まず、この点を確認しておきたい。

「包紙」の記載の役割

しからば、この「包紙」の記載はいかなる役割をはたすものなのだろうか。この点を天龍寺に蔵せられている四六通の朱印状について検討してみよう。いま、表5-1にみられる四六通の天龍寺の朱印状のうち、家康・秀忠・家光三代の一〇通（ⅠからⅩ）の形態の特色を示したのが表5-2である。これについて全部説明するとたいへんなことになるので、本文では省略をするが[19]、必要におうじて適宜参照していただきたい。

このうちで、前記の、

Ⅰ慶長一九年（一六一四）一二月二八日　徳川家康黒印状（天龍寺宛）（写真5-1）

の「包紙」（写真5-1B）に注目してみよう。いうまでもなく、これは家康の所領安堵の黒印状であるが、その「包紙」のいちばん外側になる折り目のところに、「権現様」「天龍寺」という押紙が貼付されている。この「権現様」というような押紙は、天龍寺のすべての朱印状に付されており――その模様は後掲の表5-3に「将軍名」として示した――、これは天龍寺で後ほど整理のために付したもので、とくにとりあげる必要はない。

「包紙」は本紙より小さい＝紙質が別のものがある

以下、検討の対象にするのは「包紙」と「天龍寺」という記載である。まず、「包紙」は写真でもわかるように、その料紙は本紙より小さい。別の紙質の料紙である――その詳細は表5-2を参照――。そして、「天龍寺」という文字は直接書かれているのではなく、押紙として付されているのである。これと同様のことは、

Ⅱ元和　元年（一六一五）　七月二七日　徳川家康黒印状（等持院宛）[20]

Ⅴ元和　三年（一六一七）　七月二一日　徳川秀忠朱印状（等持院宛）[21]

「包紙」は発給時に包まれた料紙

の二通の朱印状でもみられる。この三通の「包紙」の料紙の大きさ・紙質は本紙とちがっているが、発給時に包

まれていた料紙であり、「天龍寺」「等持院」という押紙もこのままの形で届けられたとしてまちがいはないのである。[22]

まず、もっとも重要なこととして、以上の点を確認しておきたい。それとともに、天龍寺に蔵せられた江戸幕府初政、家康・秀忠・家光三代の一〇通の朱印状のうち、その「包紙」が本紙と同じ大きさで同じ紙質、しかも六通の「包紙」は本紙と同じ大きさ同じ紙質

表5－2　天龍寺の朱印状の形態上の特色

家康	Ⅰ慶長19.12.28	天龍寺	(イ)本紙　46.3×65.7　檀紙Ⅱａ　Ｂ折　［写真5－1］ (ロ)「包紙」　53.4×38.2　本紙と紙質は別　Ｄ封 (ハ)「包紙」の宛名　押紙を貼付
	Ⅱ元和元．7.27	等持院	(イ)本紙　45.4×65.7　檀紙Ⅱａ　Ｂ折 (ロ)「包紙」　56.7×40.8　本紙と紙質は別　Ｆ封 (ハ)「包紙」の宛名　押紙を貼付
	Ⅲ元和元．7.27	宝厳院	(イ)本紙　45.6×62.2　檀紙Ⅱａ　Ｂ折 (ロ)「包紙」　本紙とともに紙　Ｇ封 (ハ)「包紙」の宛名　本紙と同一筆跡
秀忠	Ⅳ元和 3．7.21	天龍寺	(イ)本紙　44.8×61.5　檀紙Ⅱａ　Ａ折 (ロ)「包紙」　本紙とともに紙　Ｄ封 (ハ)「包紙」の宛名　本紙と同一筆跡
	Ⅴ元和 3．7.21	等持院	(イ)本紙　46.6×64.5　檀紙Ⅱａ　Ｂ折 (ロ)「包紙」　56.8×40.5　本紙と紙質は別　Ｆ封 (ハ)「包紙」の宛名　押紙を貼付
	Ⅵ元和 3．7.21	宝厳院	(イ)本紙　45.3×60.6　檀紙Ⅱａ　Ｂ折 (ロ)「包紙」　52.6×37.0　本紙と紙質は別　Ｆ封 (ハ)「包紙」の宛名　本紙と同一筆跡と考えられる
家光	Ⅶ寛永10．4.18	天龍寺	(イ)本紙　46.0×62.3　檀紙Ⅱａ　Ｃ折 (ロ)「包紙」　本紙とともに紙　Ｅ封 (ハ)「包紙」の宛名　本紙と同一筆跡
	Ⅷ寛永13.11．9	等持院	(イ)本紙　46.4×66.0　檀紙Ⅱａ　Ａ折　［写真4－1］ (ロ)「包紙」　本紙とともに紙　Ｄ封 (ハ)「包紙」の宛名　本紙と同一筆跡
	Ⅸ寛永13.11．9	宝厳院	(イ)本紙　45.8×62.0　檀紙Ⅱａ　Ａ折 (ロ)「包紙」　本紙とともに紙　Ｄ封 (ハ)「包紙」の宛名　本紙と同一筆跡
	Ⅹ寛永17.正.11	禅昌院	(イ)本紙　45.8×62.8　檀紙Ⅱａ　Ａ折 (ロ)「包紙」　本紙とともに紙　Ｄ封 (ハ)「包紙」の宛名　本紙と同一筆跡
備考	Ａ折＝８つ折の竪ノ中折　Ｂ折＝奥から右へ折りたたむ Ｃ折＝12折の竪ノ中折 Ｄ封＝６つ折中狭の竪ノ中折封　Ｅ封＝６つ折等分の竪ノ中折封 Ｆ封＝６つ折の折封　Ｇ封＝７つ折の折封		

本来朱印状の「包紙」には何も書かれなかった

朱印状の「包紙」は発給時に文書としての形式をととのえ本紙保護のため本紙を包んだもの

中世の下文様文書の「包紙」は白紙であった

朱印状の「包紙」に書かれるのは伝達先を示す宛名

その宛名が本文と同一筆跡のⅢⅣⅦⅧⅨⅩの六通は（表5-2を参照）、本紙・「包紙」は一具のものとして発給され、宛名も本文と同時に書かれたものであることはいうまでもない。

そして、いま問題にしている「包紙」の大きさ・紙質が本紙とちがっているⅠⅡⅤについても、その「包紙」は本紙と一具のものとして発給され、押紙の宛名もはじめから記載されていたことが確認できた。それ故、江戸幕府もっとも初期の朱印状であるⅠⅡⅤの宛名が押紙であるということを考えるならば、本来朱印状の「包紙」には何も書かれなかったが、伝達先を明示するため、あるいは伝達先をまちがえないために、押紙の宛名を付したとするのが自然な考え方であろう。これを支えるのがⅥである。Ⅵの宝厳院宛の朱印状は、Ⅴの等持院宛の朱印状と同時に発給されたものである。その「包紙」の料紙はⅤと同じく大きさ・紙質が本紙とちがっているが、ここでは押紙の宛名のかわりに、直接宛名が書かれているのである。このことは当然のことながら、Ⅴの押紙の宛名は最初から付せられていたということを裏づけるものである。

たいへん面倒なことを述べてきた。要領よく説明できたか心許ないが、重要なことなのでまとめておきたい。

ⅰ　表5-1・表5-2のⅠからⅩにみられる本紙を包んだ料紙は、本紙ととも紙のもの（ⅢⅣⅦⅧⅨⅩ）はいうまでもないが、大きさや紙質のちがっているもの（ⅠⅡⅤⅥ）も、すべて下文様文書としての朱印状の「包紙」であって——当然のことながら藤井氏のいうように「上島の表現」による「封紙」ではない——、発給時から文書としての形式をととのえ本紙保護のため本紙を包んでいたものである。

ⅱ　したがって、この「包紙」は本来白紙であった。それは江戸幕府初期のⅠⅡⅤの「包紙」の宛名が押紙になっていることによって裏づけられる。そしてこれによって、下文様文書の「包紙」は白紙で何も書かれなかったという中世文書についても非常に証明困難なことが実証できたと考える。

ⅲ　そして、この「包紙」に書かれたのは宛名だけであって、差出書はいっさい書かれていない。しかも、江戸幕府初期のⅠⅡⅤの「包紙」の宛名は直接書かれたのではなく押紙である。したがって、書札様文書の封紙ウワ書の宛書ではなく、伝達先を示すために、わざわざ貼付した押紙であるということがはっきりしたものと考える。

このような成果をあげえたのは、天龍寺にまったくといってもよいほど完全に原形態を残した同時代の朱印状が三通あるいは四通固まって蔵せられていたという好条件にめぐまれたということによるものである。この点も特記しておきたい。

　ここで、天龍寺の四六通の朱印状の「包紙」の宛名を一覧するために表5-3を作成した。このうち家康・秀忠・家光の三代はⅠからⅩとしてすでに検討した。ここでは押紙の分も含めてすべて「天龍寺」「等持院」のように寺院名だけである。

　四代家綱のものは「寛文印知」といわれ、朱印状発給に関する制度的完成をみたのである。これに注目してみよう。天龍寺については「天龍寺」と寺院名だけであるが、その他は「城州等持院」「城州愛宕郡宝厳院」「城州禅昌

表5-3　天龍寺朱印状の「包紙」の記載

将軍	年月日	将軍名	天龍寺宛	等持院宛	宝厳院宛	禅昌院宛
家康	慶長一九・一二・二八	(押紙)「権現様」	Ⅰ ※(押紙)「天龍寺」			
〃	元和　元・七・二七	(押紙)「権現様」		Ⅱ ※(押紙)「等持院」	Ⅲ 宝厳院	
秀忠	元和　三・七・二一	(押紙)「台徳院様」	Ⅳ ※天龍寺	Ⅴ ※(押紙)「等持院」	Ⅵ ※宝厳院	
家光	寛永一〇・四・一八	(押紙)「大猷院様」	Ⅶ 天龍寺			
〃	寛永一三・一一・九	(押紙)「大猷院様」		Ⅷ 等持院	Ⅸ 宝厳院	
〃	寛永一七・正・一一	(押紙)「大猷院様」				Ⅹ 禅昌院
家綱	寛文　五・七・一一	(押紙)「厳有院様」	天龍寺	城州等持院	城州愛宕郡宝厳院	城州禅昌院
綱吉	貞享　二・六・一一	(押紙)「常憲院様」	山城国葛野郡嵯峨村天龍寺	山城国葛野郡等持院	京都宝厳院	山城国葛野郡嵯峨村禅昌院
家宣						
家継						
吉宗	享保　三・七・一一	(押紙)「有徳院様」	山城国葛野郡嵯峨村天龍寺	山城国葛野郡等持院	京都宝厳院	山城国葛野郡嵯峨村禅昌院
家重	延享　四・八・一一	(押紙)「惇信院様」	山城国葛野郡嵯峨村天龍寺	山城国葛野郡等持院	京都宝厳院	山城国葛野郡嵯峨村禅昌院
家治	宝暦一二・八・一一	(押紙)「浚明院様」	山城国葛野郡嵯峨村天龍寺	山城国葛野郡等持院	京都宝厳院	山城国葛野郡嵯峨村禅昌院
家斉	天明　八・九・一一	(押紙)「文恭院様」	山城国葛野郡嵯峨村天龍寺	山城国葛野郡等持院	京都宝厳院	山城国葛野郡嵯峨村禅昌院
家慶	天保一〇・九・一一	(押紙)「慎徳院様」	山城国葛野郡嵯峨村天龍寺	山城国葛野郡等持院	京都宝厳院	山城国葛野郡嵯峨村禅昌院
家定	安政　二・九・一一	(押紙)「温恭院様」	山城国葛野郡嵯峨村天龍寺	山城国葛野郡等持院	京都宝厳院	山城国葛野郡嵯峨村禅昌院
家茂	万延　元・九・一一	なし	山城国葛野郡嵯峨村天龍寺	山城国葛野郡等持院	京都宝厳院	山城国葛野郡嵯峨村禅昌院
慶喜						

※印は、本紙より小さく別の紙質である。他は本紙と同一の大きさで同一紙質。

正式の伝達先を示す

例外なく所在地が記されている

書札様文書の封紙ではなく「包紙」とよぶのが適当

院」のように肩書きに所在地が記されるようになる。その一例として「城州等持院」と記した等持院宛のものが写真4-4Bにみられる。つぎの綱吉の段階になると、たとえば天龍寺については「山城国葛野郡嵯峨村天龍寺」というように完全な所在地が記され——もっとも宝厳院は「京都宝厳院」であるが——ようになる。その一例として、

　宝暦一二年（一七六二）八月一一日　徳川家治朱印状（天龍寺宛）（写真5-2）(23)

をあげておいたが、ここにみられる「山城国葛野郡嵯峨村天龍寺」という宛名は、本文とはまったく無関係に伝達先を記したものである。それが制度的に固定、幕末までおよぶのである。

　これは何を意味するのであろうか。家光まではまだ江戸幕府の制度として流動的な段階で、それこそ「メモ程度」に伝達先を示すものであったといえる。それが制度的に確立して「山城国葛野郡嵯峨村天龍寺」となると、たんに「メモ程度」のものではなくなる。そして、本文の宛書ともまったくちがった記載となり、正式の伝達先を示すものとなる。

　もはや多くを語る必要はなかろう。幕府諸制度の確立した寛文印知以後の寺社宛の朱印状の「包紙」の宛名には、例外なく所在地が記されているのである。朱印状を包んだ料紙は発給当初から付せられているものであるが、書札様文書の封紙ではなく「包紙」とよぶのが適当である。そして、たとい大名宛の場合、たんに「牧野駿河守とのへ」「柳川侍従とのへ」だけで所在地はなく、宛名だけであったとしても、それは書札様文書の封紙ウワ書の宛書ではなく、本紙とは関係なく伝達先を記したものである。(24)さらにいうならば、初期のものは押紙として貼付されたことでしられるように、本来「包紙」としては必須のものではなかった。このことはさらに中世の下文様文書の「包紙」のあり方を推測させるものである。中世においては、ごく特別な例外を除いて、下文様文書の「包紙」の実例を指摘することはほとんど不可能である。それは発給当初、「包紙」には文字が書かれていなかったからである。そのことが、朱印状の「包紙」の押紙の宛名によって実証できたことは大きな成果であった。

　最後に、これをまとめておくと、

　i　朱印状を包んだ料紙は、本紙とともに紙の場合が多いが、とも紙でない場合にも、発給時に形式をととのえ本紙保護のために本紙を包んだ料紙である。したがって、本来は白紙で文字は記されていなかった。

　ii　もし、文字が書かれる場合にも——場合によっては押紙——、「天龍寺」あるいは「山城国葛野郡嵯峨村天

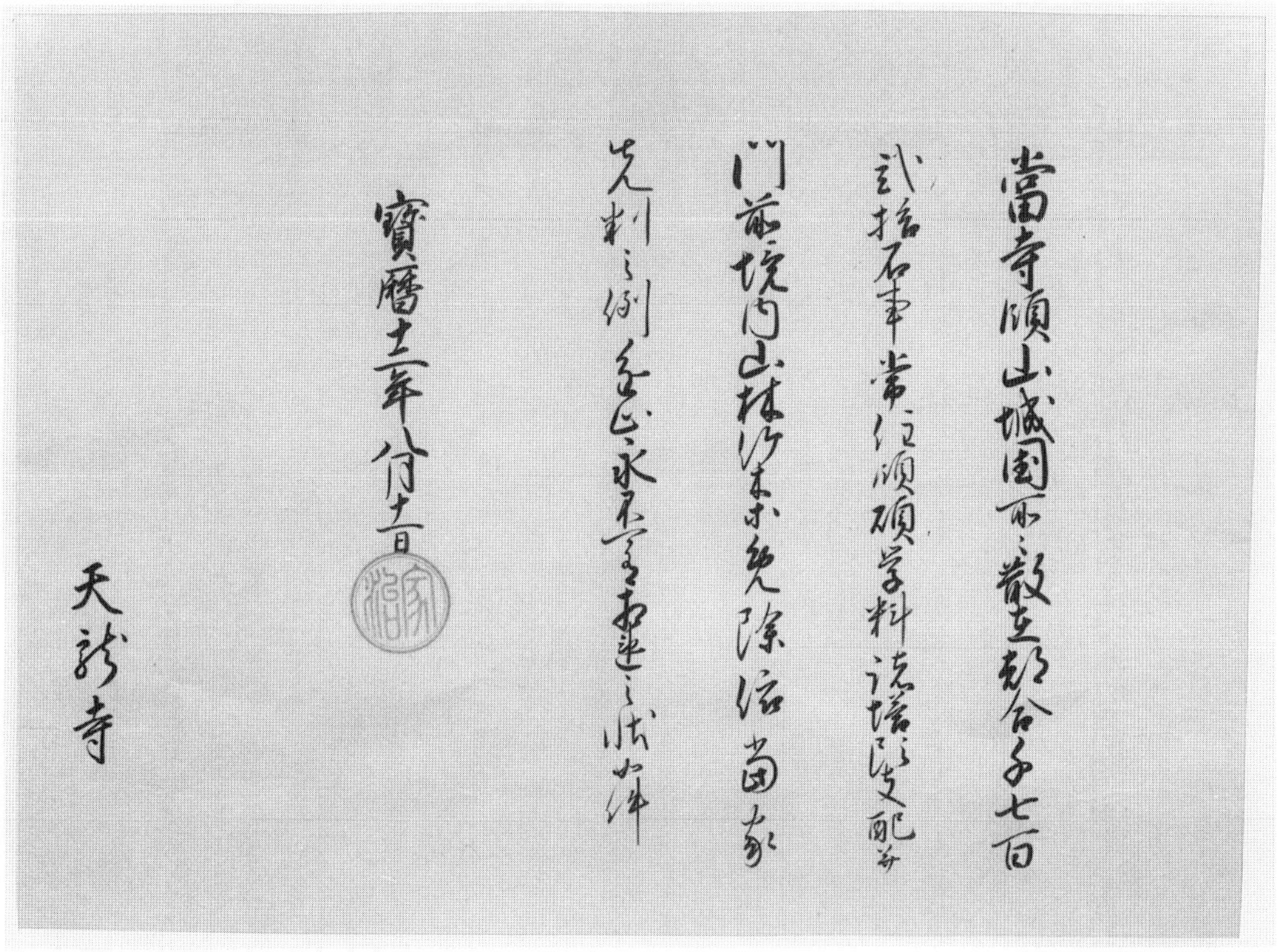

写真５－２Ａ　徳川家治朱印状(本紙)

写真５－２Ｂ　徳川家治朱印状(｢包紙｣)

龍寺」という伝達先だけであって、書札様文書の封紙ウワ書のように、差出書ははじめからいっさいみられない。したがって、これは「「将軍」であることから」省略されたものではない。そして、当然この伝達先も封紙ウワ書ではなく、あくまでも伝達先を示すものであった。

朱印状を包んだ料紙は下文様文書の「包紙」

iii　かくして、この朱印状を包んだ料紙は、当然のことながら書札様文書の封紙ではない。また、朱印状を受けとってからそれの保護のために用意した包紙でもないから、下文様文書の「包紙」とするのが適当である。

ということになろう。以上によって、本来差出書と宛書の揃った公帖の封紙ウワ書と、本来はまったく白紙である朱印状の「包紙」に、最初は押紙で、また寛文以降になるとすべてに所在地まで書いた「メモ程度」の伝達先とはまったく別のものであることがはっきりしたものと考える。[25]

朱印状の「包紙」の折り方

第四項　朱印状の「包紙」の折り方

以上、天龍寺の多数の朱印状によって、下文様文書の「包紙」の宛名について、十分に説明をすることができた。それだけではなく、この天龍寺文書は朱印状の封式についても豊富な検討材料を提供してくれているので、以下それについて考えることにする。

第三章「御判御教書と朱印状・公帖」では、「現存の朱印状類の多くは本来の折り方を失っている」とした。そして、まだ他に多くみられると思うが、管見の範囲で、もとのままの折り方が残るのは国立史料館所蔵の陸奥国弘前藩主津軽家文書一〇通と、京都府立総合資料館所蔵の家定・家茂朱印状くらいにすぎなかった。[26]しかし、今回新たに四六通の天龍寺の朱印状のすべてに、もとのままの折り方を確認することができたので、朱印状の形態に関する私見を大きく補強することができた。朱印状の本紙は、まちがいなく表――文章が書かれた面――を内側にして竪ノ中折に八つ折りに折りたたまれているのである。

朱印状の「包紙」独特の折り方

それ以外に、今回新たにしりえた点として、朱印状の「包紙」独特の折り方がある。さきに写真を掲げた、

Ⅷ寛永一三年（一六三六）一一月九日　徳川家光朱印状(等持院宛)[27](写真4-1)

の「包紙」(写真4-1B)をみればわかるが、非常に特殊な折り方である。これは、その他写真4-4・写真5-1などにもみられ、おそらく朱印状の「包紙」にかぎってみられる特別な折り方といってよいであろう。

挿図5-1

まず本紙の折り方は、前述のように表を内側にした竪ノ中折であることはいうまでもないが――写真だけではかならずしもそれは確認できないが――、その「包紙」は縦に六つ折りになっている。そして、とくに真ん中の二折りだけが非常に狭い――他の一折りの半分に相当――ことがわかる。これは本紙とともに紙を縦にして――これを横紙に使うという(28)――、まず竪ノ中折に真ん中で半分に折り、その上で八つ折りにした本紙がきっちり収まるように折りたたんだため、いちばん内側になる二折り――写真のように拡げた場合には真ん中の二折り――だけが狭くなったのである。最後に上下を後に折り曲げる。これはふつうの折封(29)と同じであるが、折封はいちばん最初に真ん中で半分に折ることなく、料紙を裏にしてその左側から折りたたんだ本紙を包むのである。すなわち、朱印状の「包紙」の折り方と、ふつうの書札様文書の折封とはできあがった形は挿図5-1のごとくで、両者まったく同じであるが、最初に真ん中で竪ノ中折に二つに折るか、そうでないかがちがうだけである。かくして、この朱印状の「包紙」の折り方をふつうの折封に対して竪ノ中折封とよぶことにする。

朱印状の「包紙」の折り方は竪ノ中折封

竪ノ中折封は本紙の竪ノ中折とともに、現存する実例はきわめてすくないが、おそらく中世の武家文書には広く一般におこなわれた封紙の折り方であると考えられる。近世の朱印状についていうと、写真4-1Bで確認できるように、六つ折りの竪ノ中折封になっているが、これはたんに秀忠朱印状だけではなく、天龍寺の朱印状全体に例外なくみられ、これが朱印状の「包紙」の折り方であったことが確かめられる。(30) ただ、さきに掲げた写真にみられるように、

宝暦一二年（一七六二）八月一一日　徳川家治朱印状（天龍寺宛）(31)（写真5-2）

の「包紙」（写真5-2B）にかぎって五つ折りになっている。ただし、これは五つ折りとはいうものの、折封ではなく、やはり竪ノ中折封と考えるべきであろう。

五つ折りの竪ノ中折封

この「包紙」の折り方は、挿図5-2のごとくである。まず、裏――「天龍寺」という文字の書いてない面――を上におく。いまかりにこれを右からA折り目・B折り目・C折り目・D折り目・E折り目と称することにする。つぎに、C折り目とD折り目の間で、右の方へ――すなわち裏が内側になるように――折る。その上で本

紙を包んで、上下を折封と同じように折り曲げる。これは「包紙」の真ん中ではなく、C折り目とD折り目の間——三対二の比率になる——で折りたたまれており、純粋に竪ノ中折封とはいえないが、その変形と考えてよかろう。これは写真5-2の天龍寺宛のものだけではなく、等持院・宝厳院・禅昌院宛の家治朱印状もすべて同様であって、歴代将軍の朱印状のうち家治朱印状にかぎってこのように竪ノ中折封の変形であったことがしられる。それはともかくとして、家治朱印状の竪ノ中折封の変形も含めて、歴代の徳川将軍の朱印状の「包紙」は、すべて竪ノ中折封であったということができる。

挿図5-2

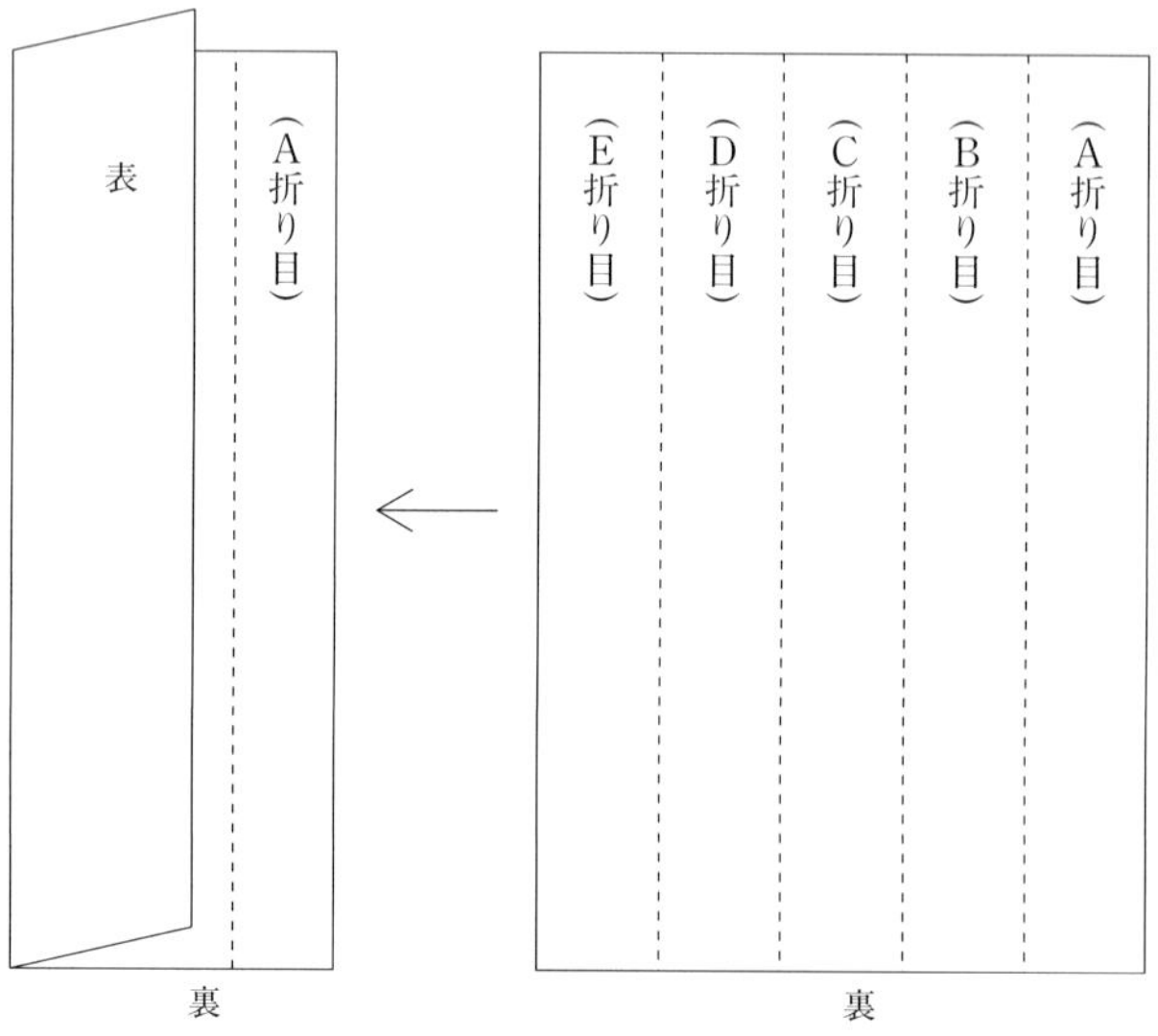

以上、本節では朱印状の封式について考えたが、とくに第三章「御判御教書と朱印状・公帖」では十分には触れることができなかった朱印状の「包紙」の宛名とその特殊な折り方について述べた。そして、朱印状の「包紙」の宛名は書札様文書の封紙ウワ書にみられる宛書ではなく——文書の機能とは関係なく——、たんに伝達先を示したものであること。また、その折り方はすべて六つ折りあるいは五つ折りの竪ノ中折封という朱印状独特の折り方であることが確認できたと考える。かくして、朱印状の封式としては、本紙は表——文章が書かれた面——を内側にして竪ノ中折に八つ折りに折りたたみ、それを六つ折りあるいは五つ折りの竪ノ中折封の「包紙」で包んで、伝達先として宛名、場合によっては所在地と宛名を書いて伝達したということが明らかになったと考える。

註

(1) 表5-1にみられるように、徳川一五代将軍のうち六代家宣・七代家継および一五代慶喜の朱印状はみられない。

これらの将軍はいずれも在位期間が短かったので、継目安堵の朱印状をだすにいたらなかったのである。そして、これは天龍寺だけではなく、たとえば第一章「妙蓮寺の近世文書」で述べた妙蓮寺をはじめ、他の大名・公家・寺社の場合もすべて同じである。

（2）東寺文書　書一二（上島有編著『東寺文書聚英』（同朋舎出版　一九八五年　以下、『聚英』と略す）三〇〇号）。

（3）東寺文書　書一二（『聚英』三〇五号）。

（4）安国寺文書。なお、鎌倉時代の公帖も書札様文書である。

礼紙と「裏紙」「重紙」

古文書学の術語として抽象化・概念化

（5）すこし前から、「裏紙」「重紙」という言葉が文献にみえるからといって、この書札様文書の礼紙にかわるものとして、「裏紙」とすべきだという主張がなされている。これについては、別に詳しく論じなければならないが、これまでいわれてきたのは「裏紙」という言葉が文献にみられるというだけで、それが厳密に書札様文書の第二紙（礼紙）に相当するものとして説明されたものはないと思う。たんに文献に「裏紙」という言葉がみえるというだけではなく、それが書札様文書の第二紙だという証明がどうしても必要である。すなわち、これはあくまでも古文書学の問題であるから、裸の「裏紙」という言葉があるというだけではなく、古文書学の術語として抽象化・概念化されたものでなければならない。早い話が、公式様文書・下文様文書は、これまでまったく注目されていないが、つぎに述べるように「包紙」に包まれている。さらに「重紙」「裏紙」に相当するものもみられ、それはおのずから書札様文書の礼紙とは別である。書札様文書の第二紙は、あくまでも書札としての「礼」のために付せられた「礼紙」である。

（6）ここでは詳しい説明は省略せざるをえないが、たとえば書止め文言一つをとってみても、有名な、

　元暦二年（一一八五）六月一五日　源頼朝袖判下文（島津家文書）

には、「……之状如件、以下」とみえる。そして、これ以外にもいくつかの下文・下知状の書止め文言が、室町時代の御判御教書Aの「……之状如件」に集約されること自体、下文様文書の書札様文書化ということができる。

「メモ程度の宛先」

（7）この「メモ程度の宛先」というのは誤解を招きやすい表現であった。いわんとするところは、書札礼にもとづいた封紙ウワ書の宛書ではなく、伝達先を示すものだということであった。後ほど具体的に明らかにするように、天龍寺のⅠⅡⅤの朱印状の「包紙」のように、押紙で「天龍寺」などと伝達先が示されていることをみれば、「メモ程度」といってもよいが、以下では伝達先あるいは宛先を示す言葉ということにする。

（8）この点については、前記『東寺百合文書目録　第四巻』の凡例に、

　一　文書の本紙・礼紙を包む料紙のうち、封式に従って封をするためのものを封紙といい、封式とは関係なく主として本紙・礼紙を保護する目的で用いられたものを包紙とした。

という一項を追加して、そのことを明示した。

封紙と包紙を区別

（9）現在の古文書学で、i封紙とii包紙を区別したものは、まだみかけたことがないが、質の高い史料集では、実際に両者をきっちり区別しているものもある。京都府立総合資料館編『東寺百合文書』（思文閣出版　二〇〇四年〜）が

そうである。ここでは、ⅰ書札様文書の封紙と、ⅱ文書の機能が終わったあとそれを包んだだけの包紙とは、はっきりと区別をしている。

(10) 天龍寺文書第一〇函　天龍寺朱印状（一一二三号）。ここに付したⅠⅧなどは表5-1、そして後ほど掲げる表5-2・表5-3のものと一致するものである。なお、（　）内の番号は『京都府古文書等緊急調査報告書　天龍寺古文書目録』（京都府教育委員会　一九八〇年）の番号である。以下同じ。

(11) 天龍寺文書第七函　等持院朱印状（一一六〇号）。

(12) 天龍寺文書第六函　慈済院公帖（一〇三〇号）。

(13) 天龍寺文書第六函　慈済院公帖（一〇三二号）。

(14) 天龍寺文書第六函　正円院公帖（九六四号）。

(15) 「南禅寺公帖目録」一号甲。南禅寺公帖の徳川家光までの分は、第二章「南禅寺の公帖」の最後に「南禅寺公帖目録」として収めた。ここに掲載されているものは、以下このように典拠を示す。なお、それ以降のものは櫻井景雄・藤井学共編『南禅寺文書　下』（南禅寺宗務本所発行　一九七八年　以下これを『南禅寺文書　下』と略す）の番号を記す。

(16) 「南禅寺公帖目録」五号。

(17) 「南禅寺公帖目録」二七号乙。

(18) 『南禅寺文書　下』四九二号。

(19) ここで表5-2のⅠの慶長十九年（一六一四）十二月二十八日付天龍寺宛の家康黒印状（写真5-1）について、その記載を簡単に説明しておく。

(イ) 本紙の大きさは縦四六・三、横六五・七センチメートルで、紙質は檀紙Ⅱa——これについては後ほど触れる——である。本紙の折り方は「B折」と記してある。これは備考にあるように、ふつうの文書の折り方のように奥から右（袖）の方へくるくると折りたたんである。後ほど述べる朱印状の八つ折の竪ノ中折は失われているのである。

(ロ) 「包紙」は縦五三・四、横三八・二センチメートルで、本文でも述べるが本紙より小さく、紙質も別である。その折り方は「D封」で「六つ折中狭の竪ノ中折封」——この点については後ほど説明する——である。

(ハ) 「包紙」の宛名は、写真にみられるように、「天龍寺」という押紙が貼付されている。

このⅠ家康黒印状の形態上の特色は以上である。Ⅱ以下については、とうていいちいち説明する余裕はないので、これを参考にして表5-2をご覧いただきたい。

(20) 天龍寺文書第七函　等持院朱印状（一一五八号）。

(21) 天龍寺文書第七函　等持院朱印状（一一五九号）。

「包紙」は、本紙と一具のものとして発給された

「メモ程度に書いた宛先」

(22) このⅠ家康黒印状の「包紙」について、本文で詳しく述べると叙述が複雑になるので、すべてここで説明することにする。この「包紙」について注意されるのは、その大きさが本紙より小さく、紙質もちがっており、「天龍寺」という宛名が押紙になっていることである。これと同じく「包紙」が本紙より小さく、紙質がちがっており、さらに宛名が押紙になっているものとしては、本文でも述べたがⅡ家康黒印状（等持院宛）、Ⅴ秀忠朱印状（等持院宛）がある。

これをいかに理解するかは非常に難しい問題である。すなわち、

a　はじめから、現在の料紙を「包紙」として押紙に宛名を記して発給された。

b　本来の「包紙」を失ったので、後ほど天龍寺で別の料紙（現在の「包紙」）に包んで押紙に宛名を記した。

という二つの考え方ができる。

ここで注目されるのがⅥ秀忠朱印状（宝厳院宛）である。その「包紙」はⅠⅡⅤと同様、本紙より小さく紙質もちがっているが、「宝厳院」という宛名は押紙ではなく、直接「包紙」に記され、それは本文の「宝厳院」という文字と同一筆跡と考えられるのである。この点は、私の調書にわざわざ「封紙の筆跡は本紙と同一と考えられる」と記載してある。ここでいう「封紙」とは現在「包紙」といっているものであるが、平成二年（一九九〇）の調査当時には「封紙」といっていたのである。現場で本紙と「包紙」の両方を対比して、さらに墨色なども含めての判断だと思うのでこれにしたがいたい。これによって、いまとりあげているⅥ秀忠朱印状（宝厳院宛）の「包紙」は、その料紙の大きさ・紙質は本文のものとちがっているが、それは発給時に付せられていたものであって、「宝厳院」という文字も当初から記されていたものであることが確認できたと思う。

以上、いささか煩瑣な論証になったが、これによってⅥ秀忠朱印状（宝厳院宛）の「包紙」はもちろん、Ⅰ家康黒印状（天龍寺宛）・Ⅱ家康黒印状（等持院宛）・Ⅴ秀忠朱印状（等持院宛）の「包紙」もaはじめからのものであって、押紙の宛名は最初から付されていたと考えるのが適当であろう。というのはbのように後補の包紙とすれば、「天龍寺」「等持院」という押紙を所蔵者自らがわざわざ付す必要はなかったと考える。まして、後ほど述べる「山城国葛野郡嵯峨村天龍寺」というような宛名は必要ではなかった。

これまで述べてきたことによって、Ⅵ秀忠朱印状（宝厳院宛）も含めて、本紙と大きさ・紙質のちがったⅠⅡⅤの「包紙」は、本紙と一具のものとして発給されたとしてまちがいはなかろう。とするならば、それにわざわざ押紙で「天龍寺」「等持院」という宛名を記していることから考えると、押紙の宛名はまさに「メモ程度に書いた宛先」あるいは「いちいち本文を開けてみる手間をはぶくために書いた宛先」ということができよう。そして、この点が確認できるならば、他の「包紙」の宛名もまた「メモ程度に書いた宛先」として何ら問題がないと考える。補註②

(23) 天龍寺文書第一〇函　天龍寺朱印状（一二三〇号）。

(24) さきに引用した藤井氏の文章によると、氏は朱印状の「牧野駿河守とのへ」「柳川侍従とのへ」などを「包紙ウハ

差出書が「将軍」であることから省略された」

徳川将軍の御内書の「包紙」

御内書の本紙は檀紙だが「包紙」は奉書紙

折紙は竪紙に付随するもの

折紙の室町幕府奉行人奉書にはそれを包んだ料紙はない

信長・秀吉にいたって折紙が独立

書」（私の封紙ウワ書）とし、封紙ウワ書にある差出書が「将軍」であることから省略された」とされるようである。しかし、これまで明らかにしたように、朱印状は下文様文書を継承する文書で、それを包んだ料紙は「包紙」であって、差出書・宛書を備えた書札様文書の封紙ではない。本来白紙であった下文様文書の「包紙」が、江戸時代になって朱印状を包むようになって、その伝達先として「天龍寺」「等持院」「牧野駿河守とのへ」「柳川侍従とのへ」などと記したのである。

なお、氏は徳川将軍の御内書の「包紙」について触れられる。室町将軍の御内書は基本的に竪紙――一部折紙のものもあるが――である。それに対して、徳川将軍の御内書は折紙である。そして、それを包んだ料紙はまさに「包紙」であって、そこに記された「宛書」は書札様文書の「封紙ウハ書」ではなく、さきの朱印状の「牧野駿河守とのへ」「柳川侍従とのへ」などと同じく伝達先、いわば「メモ程度の宛先」なのである。

というのは、徳川将軍の御内書は、本紙が立派な檀紙であるが、それを包んだ料紙（「包紙」）は檀紙ではなく奉書（奉書紙）である。この点は、氏がお気づきかどうかは不明だが、すこし注意して徳川将軍の御内書をみればわかる。本紙と紙質は別である。これについては、髙橋修氏が「近世に於ける御内書についての研究」（「古文書研究」四三号一九九六年）において、

（御内書の）本紙は大高檀紙、封紙は奉書紙を用い、両者共に江戸時代を通して一貫している（同一六頁）。

と明快に指摘されている。

この事実が確認できるならば、つぎにその意味を考えるのが当然であろう。本紙が檀紙で、「包紙」が奉書紙であるということには深い意味があるはずである。書札様文書の公帖が本紙・封紙同一の料紙であることを考えると、御内書の場合は本来差出書・宛書を備えた書札様文書の封紙ではなく、まさに形式をととのえ本紙保護のために本紙を包んだ「包紙」であって、そこに記された宛名は宛書ではなく、朱印状と同じく伝達先である。

そもそも、折紙は室町時代の武家文書としては、竪紙に付随するものであった。簡単にいえば、竪紙の文書と一緒に竪紙の封紙に収めて伝達されたのである。したがって、折紙を包む料紙はなかった。竪紙と折紙の室町幕府奉行人奉書が好例である。折紙の室町幕府奉行人奉書には、いっさいそれを包んだ封紙なり「包紙」はみあたらない。これは長い間、古文書の整理にしたがいながら、常に疑問を感じつつ、最終的にえられた結論である。

それが信長、あるいは秀吉にいたって折紙の領知朱印状あるは御内書として完全に独立する。こうなると、折紙一紙だけ裸で相手方に送るわけにはいかない。文書としての形式をととのえ本紙を保護するための「包紙」が必要となる。そのため本紙が檀紙で、「包紙」が奉書（奉書紙）というように、いちだん下の紙質の料紙を「包紙」として用いたのである。折紙の秀吉朱印状は江戸時代にいたって竪紙の朱印状として完全に独立をとげる。それとともに秀吉の独立した折紙の御内書を、形態として引きついだのが徳川将軍の御内書なのである。書札様文書の封紙であるならば、本紙と同じく檀紙でなければならない。秀吉の文書については実例はしらない。ただ小林清治氏が「秀吉の書札

礼」(同『秀吉権力の形成——書札礼・禁制・城郭政策——』(東京大学出版会　一九九四年) 初出は一九九二年)において、

大高檀紙折紙は当然ながら封紙を施されず(本紙と異なる薄手の包紙を施されることはある)(同書六九頁)、

とされる。「本紙と異なる薄手の包紙」というのは、おそらく奉書紙の「包紙」なのではなかろうか。すなわち、これも徳川将軍の御内書と同じく、本紙は檀紙であるが、「包紙」はおそらく奉書紙であったのではなかろうか。かくして、徳川将軍の御内書の宛名も「封紙ウハ書」ではなく、朱印状と同じくその本来の性格は伝達先を示したものなのである。なお、これも感想程度のものにすぎないが、折紙の室町幕府奉行人奉書、信長・秀吉の折紙の朱印状などについては、補論I「殿下と将軍」の「後記」、とくにその「二」で、さらに私の考え方を述べている。併せてご覧いただくと有難い。

徳川将軍の御内書の「包紙」の宛名も伝達先を示したもの

アーカイブズ学の課題

いささか余分なことまで述べたかとも思う。ここで強調したいことは、一つは歴史の継承性ということである。これは、たとえば秀吉の折紙の大高檀紙の朱印状も、それには深い重要な前史があるということ。それとともに、すこし飛躍するようだが、文字列情報以外に、おそらく無限に広範な非文字列情報が、まったく未知のまま放置されているということである。これをすこしでも発掘していくのが、今後のアーカイブズ学の課題だと考えるのである。

大名宛の朱印状のみで朱印状一般を論ずるのは問題

(25) これによって、本項の最初に引用した藤井氏の批判は「根拠が薄弱」であることがはっきりしたと考える。この点は二度目の天龍寺文書の調査の前であったので、示しうる資料がすくなかったことも事実ではあるが、第三章「御判御教書と朱印状・公帖」では、公帖と朱印状の封紙・「包紙」をきっちり対比、さらに「城州等持院」という所在地を書いた伝達先の「包紙」の写真まで掲げて、それなりの説明しているのである。それがまったく考慮されず、大名宛の「牧野駿河守とのへ」「柳川侍従とのへ」が引用されるというのは、公帖を単線化し、さらに寺社宛朱印状までも単線化して、大名宛朱印状のみで朱印状一般を論ずるという方法論そのものがやはり問題となろう。

(26) 津軽家文書および京都府立総合資料館所蔵の四二通の朱印状については、本章第四節第三項(2)「大名・公家宛朱印状の料紙」とその註(21)(22)で詳しく述べる。なお津軽家文書は、現人間文化研究機構国文学研究資料館所蔵であるが、以下本章では初出のまま国立史料館という。

(27) 註(11)参照。

(28) この点については、拙稿「なぜ横長の紙を竪紙というか」(『天理図書館善本叢書月報』七三号(八木書店　一九八六年))を参照。

(29) 折封については、拙稿「古文書の封式について」(『摂大学術　B〈人文科学・社会科学編〉』七号　一九八九年)の三「正式の封の仕方」を参照。

(30) 天龍寺文書の朱印状の「包紙」で家光以降のものは、つぎに述べる家治朱印状を除いて、すべて六つ折りの竪ノ中折封である。なお、家康・秀忠の朱印状の詳細については、表5-2をご覧いただきたい。

（31）　註（23）参照。

第二節　朱印状の書式と文書様式

第一項　朱印状の書式

前節においては、天龍寺文書の朱印状に関して、主としてその封式を中心とする形態について考えた。そして、江戸時代の朱印状は広く下文様文書に属するもので、室町時代の御判御教書Aを継承するものであることが明らかとなった。

そこで、つぎに朱印状の書式とその文書様式について考えてみる。文書の封式その他の形態については、一通いっつう原文書について個別に具体的に検討する必要がある。したがって、とりあげる範囲も限定される。しかし書式については、『寛文朱印留』[1]という寛文（一六六一～七三）段階の領知判物・朱印状全体を包括する記録があるので、一括して論ずることができるという便宜がある。朱印状全体の書式を論ずるにはこれほど適当な史料はない。しかも、これは幕府制度完成期のものであるから、この『寛文朱印留』の記載を江戸幕府の朱印状発給制度そのものと位置づけても問題はない。もちろん、この制度的完成をみるまでにはいくたの変遷はあったのは当然だが、それは制度的完成にいたる一つの過程と位置づけるべきものであろう。以下、この『寛文朱印留』によって朱印状の書式を考えることにする。

江戸幕府の朱印状は、家康・秀忠・家光の三代はまちまちに発給されていたが、家綱のときにいたって寛文四年（一六六四）に大名に、翌五年（一六六五）には公家・門跡・寺社に対していっせいに下付された。それとともに書式その他も統一された。これを「寛文印知」という。発給総数は一八三〇通であるが、その細かい内訳は表5－4のようになる。[2]

表5－4　寛文印知の領知判物・朱印状の内訳

	大　名	公家・門跡	寺　社	計
判　物	51	37	4	92 （5％）
朱印状	168	87	1483	1738 (95%)
計	219 (12%)	124 （7％）	1478 (81%)	1830 (100%)

まず、この一八三〇通の書式は、大きくつぎの九類にわけることができる。以

下、それを記すと、

A判物

Ⅰ類　某寺領……………………………………………之状如件、

　　年　月　日

官位氏姓（花押）

Ⅱ類　………………………………………………………之状如件、

　　年　月　日　名（花押）

　　某寺（某殿）

Ⅲ類　（当寺領）……………………………………之状如件、

　　年　月　日　（花押）

　　某寺（某殿）

Ⅳ類　………………………………………………………者也、仍如件、

　　年　月　日　（花押）

　　某とのへ

B朱印状

Ⅴ類　当寺領………………………………………………之状如件、

　　年　月　日　（朱印）

　　某寺

Ⅵ類　（当寺領）……………………………………者也、仍如件、

大名宛朱印状の分類

年　月　日　（朱印）

某寺（某とのへ）

VII類　某寺領……………………………之状如件、

年　月　日

（朱印）

VIII類　某寺領…………（某寺進止）…………者也、仍如件、

年　月　日

（朱印）

IX類　某寺領…………（某寺進止）………………………者也、

年　月　日

（朱印）

となる。

これに関する詳しい説明は逐次おこなうことにするが、これはきわめて簡略化したもので、さらに細分化は可能である。たとえば、大名宛のものはここではII類・III類・IV類・VI類と四分類した――これについては後ほど表5-5についてもうすこし詳しく説明する――。しかし、大野氏は前記論稿において、大名宛の書式を九分類される。基本的には私と同じであるが、たとえばII類の書止め文言は「………全可被領知之状如件」となっている。私は最後の「………之状如件」「………者也、仍如件」「………者也」という伝達文言だけで礼の厚薄を分類したが、その上の「全可被領知」の表現についても、

i全可被領知

ii全可令領知

iii全可領知

と、礼の厚薄によって三種類の表現がある。これと最後の「……之状如件」などの伝達文言と組み合わせると大野氏の九種類になるが、ここでは前者については省略をして、最後の「……之状如件」などについて三分類した。(3)それはともかくとして、大名・公家・門跡・寺社宛の朱印状全体の書式を九分類したのがいま掲げた書式である。

第二項　朱印状の書式の構成要素——礼の厚薄と文書様式——

この九分類の書式については、もうすこし詳しい説明が必要であろう。朱印状の書式を構成する要素としては、本文はもちろんだが、それ以外に、

A書止め文言

B差出書

C宛書

の三つがある。以下、これにつて具体的に検討してみよう。

(一)書止め文言

A書止め文言については、さきにすこし触れたが、朱印状については、

a……之状如件、

b……者也、仍如件、

c……者也、

という三つの伝達文言に整理することができる。そして、この順序に薄礼になっている。室町将軍の御判御教書はすべて「……之状如件」である——御内書には「……者也」その他がみられるが——。それが、江戸時代の朱印状ではabc三種類の書止め文言となるのは、時代の進展におうじた礼の細分化に対応したものである。なお、さきにも述べたが、

d全可被領知、

e全可令領知、

B差出書

ⅰ差出書の位置

ⅱ差出書の署判の仕方

朱印の使用は署名・署判の発展形態

f全可領知、

という文言でも、この順に礼の厚薄をあらわしている。さらに、藤井讓治氏は「宛行」に関する文言にも注目されるが[4]、これらを加えるとたいへん複雑となるので本章では省略した。

（2）差出書

B差出書については、さらに、

ⅰ差出書の位置

ⅱ差出書の署判の仕方[5]

という二つの検討項目がある。

まずⅰ差出書の位置については、朱印状でみられるのは、

g日下署判

h奥署判

の二つである。そしてg日下署判が厚礼で、h奥署判が薄礼である。

つぎにⅱ差出書の署判の仕方といえば、中世文書も含めて、位署書――位置の有無も含めて、その書き方はたいへん複雑である――をはじめ自署・草名・花押・印判と、その組み合わせは非常に多岐にわたる。しかし、ここでは『寛文朱印留』にみられる、

ⅰ官位氏姓（花押）

j名（花押）

k（花押）

l（朱印）

の四つの署判に整理して考えることとする。Ⅰ類の書式では「官位氏姓（花押）」となっているが、中世では「官氏姓（花押）」である（写真4-2参照）。それはともかく、この四つの署判の仕方ではijklの順に薄礼となっている。室町時代の御判御教書に比べて、新たに朱印が署判に用いられるのが朱印状の特色である。しかしこれは、戦国時代に東国にはじまった印判状に起源をもつもので、あくまでも自署→草名→花押という署名・署判の

発展形態――それは現在の印判（はんこ）の使用にも連なる――である。いうまでもなく、署名・署判の一形態と位置づけられるべきものである。[6]

(3)宛書

Ｃ宛書については、その位置が、

ｍ日付の次行（すなわち文書の奥）

ｎ本文中に内包

の二つがある。当然ｍ日付の次行に書くのが厚礼で、ｎ本文中に内包されるのが薄礼である。なおこの宛書については、ｍ日付の次行におかれる場合、「殿」と書くか、「とのへ」とするか、さらにその崩し方にも何種類かあることはよくしられている。また、その高さによっても礼に区別があった。そして、朱印状の礼の厚薄ということに関しては、現在ではもっぱらこれらの点だけが議論されているがごとくである。しかし、これらを考慮すると非常に細分化し、複雑になるだけで、大きく朱印状の本質の究明という課題からは、漸次かけはなれていくと考えるので、すべて省略した。

以上、朱印状のＡ書止め文言、Ｂ差出書、Ｃ宛書という礼の厚薄に関する要件を組み合わせて整理したのが、さきの九分類の書式である。Ⅰ類がもっとも厚礼で、以下順次薄礼となり、Ⅸ類がもっとも薄礼である。このように、Ａ書止め文言にしても、Ｂ差出書にしても、またＣ宛書にしても、それを礼の問題として考えようとすれば、当然中世における礼の原理にまでさかのぼらざるをえない。中世と近世の関係はきわめて密接である。室町時代の一あるいは二の書式の御判御教書に比べて、朱印状は九類というように非常に多様化している。しかし、それは室町将軍の御判御教書を出発点として、その発展形態であって、決して中世と断絶した「近世将軍権力が生み出した独自の様式」ではない。というのは、それぞれの礼の厚薄を考えるについても、いまいったように中世の書札礼にもとづかなければならないことが、端的にそのことを示しているといえよう。

(4)朱印状の書式と礼の厚薄

以上で、九分類した朱印状の書式については、ほぼ理解がえられたかと考えるが、もうすこし検討すべき点が残っている。それは朱印状の文書様式と礼のあり方の関係についてである。A書止め文言、B差出書、C宛書それぞれに礼の原理にしたがって書式がきまっていたことはすでにみたが、それをまとめて文書様式の問題としてとらえるとさらにわかりやすい。具体的にはBⅰ差出書の位置と、C宛書の位置をとりあげることにする。

差出書の位置

宛書の位置

　Bⅰ差出書の位置については、いま述べたようにg日下署判が厚礼で、h奥署判が薄礼である。またC宛書の位置については、m日付の次行（奥）にあるのが厚礼で、n本文中に内包されるのが薄礼である。これは、何を意味するのだろうか。

書札様文書の書式が厚礼で下文様文書の書式が薄礼

　ここで注目されるのは、Bⅰ差出書の位置のg日下署判と、C宛書の位置をm日付の次行（奥）におくのは、いずれも御判御教書B（公帖）にみられる書式であって書札様文書の書式である。これに対してBⅰ差出書の位置のh奥署判と、C宛書がn本文中に内包されるのは、さきに述べた足利義教御判御教書（写真4-2）にみられるように、御判御教書Aの書式であって、広く下文様文書の書式といってよい。簡単にいえば、書札様文書の書式が厚礼で、下文様文書の書式は薄礼ということになる。

　これは中世文書の礼のあり方をそのまま継承したものである。本来、書札様文書は私的な書札に起源を有するもので互通文書である。すなわち差出人とほぼ対等な身分、あるいはある程度上級の身分の人に宛てられる文書である。これに対して下文様文書は下達文書、すなわち上級の官司から下級の官司へ、あるいは直接支配下の部下に下す文書である。当然、書札様文書が厚礼で下文様文書は薄礼である。

Ⅰ類がもっとも厚礼

　この点だけを確認しておいて、前記九分類の朱印状の書式について、Bⅰ差出書の位置と、C宛書の位置という観点から整理をすると、Ⅰ類は下文様文書であるが御判御教書Aそのものであって、後ほど詳しく述べるように、もっとも儀礼的で、朱印状としては特別の書式であって、別格のところに宛てられているということから、当然もっとも厚礼である。Ⅱ類からⅥ類までがg日下署判、m日付の次行に宛書という書札様文書の書式である。またⅦ類・Ⅷ類・Ⅸ類はh奥署判、n本文中に宛書という下文様文書の書式である。すなわち、Ⅰ類は別格として、Ⅱ類から順に礼が軽くなりⅥ類までの書札様文書、そのつぎにⅦ類・Ⅷ類・Ⅸ類の下文様文書と薄礼になるのである。

朱印状における書札様文書の書式

（5）朱印状における書札様文書の書式

下文様文書を継承する朱印状の一部に書札様文書の書式

以上、朱印状の書式と礼の厚薄について述べてきたが、まだ検討しておかなければならないことがある。それは、さらに面倒なことになるが、下文様文書を継承するとした朱印状に、上述のように一部書札様文書の書式がみられるという問題である。

Ⅰ類が別格で最高の朱印状だということ自体、朱印状が御判御教書Ａ（下文様文書）を直接継承するものであることを端的に物語っている。これについては、次項(1)「下文様文書としてのⅠ類」ですこし詳しく検討するが、本項(4)「朱印状の書式と礼の厚薄」でみたように、朱印状のⅡ類からⅥ類までの書式のＢｉ差出書の位置とＣ宛書の位置は書札様文書の書式である。もうすこしいうならば、Ⅱ類からⅥ類までは中世の書札様文書の書式ということができる。公帖の書式と同じである。私が下文様文書を継承するという朱印状に、一部書札様文書の書式がみられるのである。これはすでに指摘があるように、信長にはじまり秀吉にいたって開花した折紙の領知朱印状の書式を継承するものであることは事実である(7)。

形態からみた場合朱印状は完全に下文様文書

しかし、これはあくまでも書式だけであって、徳川将軍の朱印状となるには、信長・秀吉朱印状のように折紙ではなく竪紙であることが必須の条件である(8)。それだけではない、Ⅰ類からⅨ類までの朱印状はすべて、その本紙の折り方は表を内側にした八つ折りの竪ノ中折である。書札様文書の系譜を引く公帖の折り方とは完全に反対である。またその本紙を包む「包紙」は、第一節第三項「朱印状の「包紙」とその宛名」でみたように、書札様文書の封紙ではなく、はじめから文書としての形式をととのえ、本紙を保護するために付せられた「包紙」である。さらにそこに記された宛名は封紙ウワ書ではなく、伝達先を示したものであって、差出書はいっさい記されない。形態的にはⅠ類からⅨ類までの朱印状は、すべて完全に下文様文書であって、書札様文書の形態はまったくみられない。このように考えるならば、下文様文書としての朱印状、あるいは下文様文書の系譜を引く朱印状に、一部書札様文書の書式がみれるのは、下文様文書の書札様文書化と考えたらよかろう。すなわち、鎌倉時代からはじまった公文書の私文書化、下文様文書の書札様文書化という現象の一環で、その最終的な仕上げであったといってよいのである。

第三項　下文様文書としての朱印状

下文様文書としての朱印状

この朱印状の九分類の書式の内訳と、それに関する細かい説明を記したのが表5-5(9)である。いささか煩雑な

表5－5　寛文印知の領知判物・朱印状の書式分類の内訳

区分	分類	公家・門跡・寺社宛			大名宛		上島旧分類
		通数	代表的寺院	大野氏分類	通数	史料番号	
判物	I	3	220・1180寛永寺、1181延暦寺、1231無量寿寺	1ＸＰ			
	II	34	221仁和寺、222大覚寺(門跡寺院)	2ＹＰＯ	1	1	
	III	4	714知恩院、1659南禅寺	3ＡＰＯ	36	2～36・51	
	IV		(大名のみ)		14	37～50	
朱印状	V	79	715増上寺、1661天龍寺(含公家45)	4ＢＰＯ			
	VI	124	716伝通院、718光明寺(含公家34)	7ＢＱＯ(含8ＣＱＯ)	168	52～219	I
	VII	6	1189園城寺、1232瀧山寺東照宮	(5ＢＰ)［註1］参照			
	VIII	304	728善導寺、729常福寺	9ＣＱ			IIＡＢ
	IX	1042	249不断光院、750西福寺	13ＣＲ			IIIＡＢ
	他	15	［註2］参照				
合計		1611			219	総計1,830通	

註1：大野氏の表4の「5ＢＰ　日下朱印　書止「状如件」［7］」のうち、「日下朱印　書止「状如件」」は237大乗院坊官并諸役者のみである。他の347伊勢大神宮などの6寺社は「日付次行朱印　書止「状如件」」である。したがって、ここでは237大乗院坊官并諸役者はV類に準ずるものとしてV類に分類、他の6寺社はVII類とした。
　2：分類の「他」とは大野氏の6ＣＰ［1］、10ＢＲＯ［5］、11ＣＲ［1］、12ＤＲＯ［2］、14ＤＲ［6］のことで、とくに書式の分類はおこなわなかった。

ことになるが、これについて述べておかなければならない。寛文段階の朱印状発給総数一八三〇通のうち、公家・門跡・寺社宛が一六一一通（八八％）、大名宛はわずか二一九通（一二％）で、公家・門跡・寺社宛が圧倒的に多い[10]。したがってここでも、大名宛の朱印状を論じただけでは、朱印状そのものを論じたといえないことは明らかである。

総数一八三〇通の朱印状のうちで、もっとも格式の高いI類の朱印状は三通で、寛永寺・延暦寺・無量寿寺（喜多院）に宛てられたものである。これについては、つぎに具体的に検討する。I類・II類・III類・IV類が判物である。そのうち公家・門跡・寺社宛が四一通、大名宛が五一通、計九二通で、判物・朱印状全体に対する比率はわずか五％[11]である。それに対して、V類以下の朱印状が九五％で、朱印状が圧倒的に多いことがわかる。

(一)下文様文書としてのI類[補註③]

一八三〇通もの朱印状のうちでも、もっとも注目すべきはI類の三通である。いま、そのうち寛永寺に宛てられたものを『寛文朱印留』から全文を引用すると――改行は原本と

通常の平出よりさらに　字上げ

は一致しないと思うが、『寛文朱印留』にしたがった――、

武蔵国東叡山寛永寺円頓院内

東照宮御領千三百三拾五石

大猷院殿御領千三百七拾石

宝樹院堂額(領カ)八百石、其外千石本院領、五百石隠居領、

九百九拾五石配当領、都合六千石目録在別紙事、於同国豊

嶋・足立両郡之内寄附之訖、并寺中門前境内御手洗池

山林竹木等免除、永不可有相違、者神前仏前諸役国家

之祈念仏法興隆、弥無怠慢可勤仕之状如件、

寛文五年八月十七日

右大臣正二位源朝臣

である。ここでは「東照宮御領」「大猷院殿御領」には最大級の敬意をはらって、通常の平出よりさらに一字上げるという異例の書き方になっているが、補註④これを本文に流して組みこんでみると、第三章「御判御教書と朱印状・公帖」で写真掲載した、

永享　四年（一四三二）　四月一一日　　足利義教御判御教書（東寺文書　書一二）(写真4-2)

とその書式・形態は寸分かわらない。ただ細かくみると、差出書が義教御判御教書は「右近衛大将源朝臣(花押)」すなわち「官氏姓名」であるのに対して、Ⅰ類の朱印状は「右大臣正二位源朝臣(花押)」すなわち「官位氏姓名」であるが、みた目はほとんどそのちがいには気づかず、まさに御判御教書Aそのものである。これは寛永寺宛のものだけではなく、Ⅰ類の延暦寺宛・無量寿寺（喜多院）宛のものもまったく同じである。寛文印知では日光東照宮・久能山東照宮へは朱印状は下されていないので、これら三寺院は幕府にとってはもっとも重要な格式の高い寺院である。なお、藤井譲治氏の前記論稿によると、

正保　三年（一六四六）一一月一七日(マヽ)　久能山東照宮宛徳川家光判物

正保　三年（一六四六）一二月一七日　瀧山寺東照宮宛徳川家光判物

の差出書は「従一位左大臣源朝臣(花押)」となっており、宛書はなく、御判御教書Aの形式だとのことである

（同書三四二頁）。いま引用した寛永寺宛の朱印状とまったく同一の書式であったのだろう。おそらく江戸幕府——というよりは徳川家——にとってもっとも尊崇すべき寺社には、前記三寺院だけではなく、さらに日光東照宮・久能山東照宮・瀧山寺東照宮(12)その他にも、Ⅰ類と同形式の朱印状が下付されたと考えられるのである。補註⑤しかも、これが家光段階の朱印状ということを考慮するならば、家康以来の伝統としてよく、朱印状の核をなすもっとも重要なものであったといえるのではなかろうか。

書式・形態は室町将軍の御判御教書Aと寸分かわらない

この三寺院に下されたⅠ類の朱印状は、寛文年間（一六六一～七三）という江戸幕府の諸制度の完成期にあっても、その書式・形態は室町将軍の御判御教書Aと寸分かわらない。一八三〇通のうちのわずか三通といってしまえばそれまでだが、このⅠ類の朱印状は、たとえば「東照宮御領」「大猷院殿御領」には破格の書式をとり、大名にも下付されることがなかったもっとも晴れがましい朱印状ということを考えるならば、例外的存在ではなく、朱印状の本質をもっとも直截に示したものということができる。朱印状を代表する朱印状、もっとも朱印状らしい朱印状ということができよう。

朱印状の本質をもっとも直截に示したもの

大名宛朱印状中心の朱印状研究

従来、朱印状といえば、Ⅱ類からⅥ類あたりまでが注目されて、このⅠ類をはじめ他の書式についてはほとんどみすごされていた。藤井譲治氏がそうである。折角、前記久能山東照宮宛などの二通の家光判物（朱印状）に気づかれていながら、その意義づけがなされていない。これは、やはり朱印状研究が大名宛朱印状が中心であったことによるものということができようか。それはともかくとして、朱印状はまちがいなく御判御教書Aを継承したもの、というよりは朱印状全体としては、いろいろと時代的変容は受けているが、その本質は御判御教書Aそのものだといっても問題はないのである。

(2)下文様文書としてのⅦ類・Ⅷ類・Ⅸ類

Ⅶ類・Ⅷ類・Ⅸ類の書式

朱印状でもう一つ注目すべきは、Ⅶ類・Ⅷ類・Ⅸ類の書式の文書であろう。実は、これもいま触れたⅠ類と同様に、ほとんど問題にされなかった朱印状である。さきに第二項(4)「朱印状の書式と礼の厚薄」で述べたように、このⅦ類・Ⅷ類・Ⅸ類は、Bi差出書の位置がh奥署判、C宛書の位置がn本文中に内包されている。ことに、Bi差出書の朱印だけが、奥（年月日の次行）に捺されているのは一見異様とも映る。これは、いわば朱印状独特の形式で、その由来を説明することなく、年月日の下ではなく、その横に朱印を捺すことによって最高に将軍の権威を誇示したものといわれているようである。たしかにそのとおりではあろうが、それだけでは物足りないのも事実である。

御判御教書Aの書式そのもの

すでに述べたように、これも御判御教書Aの書式そのものなのである。宛書が本文に内包され、差出書が奥におかれている。さきに述べた足利義教御判御教書（写真4-2）の書式とまったく同じである。ただ、義教御判御教書の差出書が「官氏姓名」（右近衛大将源朝臣（花押））が「（朱印）」となって、薄礼というよりきわめて尊大な形になっただけである。署判を加えるという基本的な原理にはかわりはない。そのうちで「官氏姓名」が厚礼で、「（朱印）」が薄礼だというだけにすぎない。本来的な性格は、御判御教書Aそのものである。もちろん、差出書の「官氏姓名」が「（朱印）」となり、御判御教書Aの「……之状如件」という書止め文言が、朱印状では「……者也、仍如件」、あるいは「……者也」となっているというちがいはあるが、完全に一致しなければ、「継承」とはいえないというものでもあるまい。中世と近世のちがい、すなわち御判御教書Aが近世の時代的発展をとげたのが朱印状なのである。

朱印状は御判御教書Aの近世的発展形態

ここで、Ⅶ類・Ⅷ類・Ⅸ類の通数をみると一三五二通である。朱印状の総数――表5-5の「他」一五通を除く――に対する比率は七四％になる。簡単にいえば、朱印状総数の四分の三が御判御教書A、すなわち下文様文書の書式をそのまま継承しているのである。しかも、これらはすべて寺社宛であって、当然のことながら大名宛のものは一通も含まれていない。[13]以上で、朱印状の書式の特色がはっきりしたものと考える。[14]

朱印状は基本的に下文様文書の系譜を引く文書

これまで述べてきたことをまとめるならば、朱印状は基本的に下文様文書の系譜を引く文書で、近世的変容を受けつつも御判御教書Aの書式・形態を継承するものである。すでにみたように、Ⅱ類からⅥ類まではたしかに書札様文書の書式である。したがって、礼の問題としては下文様文書のⅦ類・Ⅷ類・Ⅸ類よりは厚礼なのである。しかし、これはあくまでも書式だけであって――これは朱印状としての近世的発展形態、すなわち下文様文書の書札様文書化の一環として問題はなかろう――、しかもそれは朱印状全体の四分の一程度にすぎず、四分の三は下文様文書の書式そのものである。さらに前項（5）「朱印状における書札様文書の書式」でみたように、本紙の折り方、「包紙」とその使い方など形態を考えた場合、Ⅰ類からⅨ類までのすべての朱印状は、下文様文書の形態を継承するものである。したがって、徳川将軍の朱印状は全体として、室町将軍の御判御教書Aを継承するもので――それだけではなく、秀吉の朱印状の影響を受けていることもまた当然であるが――、文書様式としては

礼の問題は古代以来の伝統に深く根ざしている

近世古文書学の理解

中世・近世という垣根

アーカイブズ学の課題

朱印状は御判御教書Aの近世的発展形態

下文様文書、あるいは下文様文書の系譜を引く文書としてまちがいはない。ついでにいうならば、それよりはっきりしているのは公帖である。これについては次節以下で詳しく述べるが、室町将軍の御判御教書Bをそのまま江戸末まで引きついだとしてまったく問題はない。

ここでいいたいことはそれだけではない。本節では朱印状の書式を礼の問題と関連して述べてきた。すでに明らかなように、A書止め文言にしても、B差出書、またC宛書にしても、それを礼の問題としてとりあげるならば、それは江戸時代あるいは織豊期に新しくできあがった「近世の独自」のものではなく、中世以来、さらには古代以来の伝統に深く根ざしているのである。すなわち、近世における礼のあり方を原理として説明するためには、どうしても中世までさかのぼらざるをえないことは、本節第二項「朱印状の書式の構成要素――礼の厚薄と文書様式――」、そのうちでもとくに(4)「朱印状の書式と礼の厚薄」の叙述で明らかであろう。本節の目的の一つは、その確認にあった。この観点からすれば、朱印状にしても、まして公帖においてはまったく同じなのである。

このように、近世古文書学の理解に中世古文書学の原理を適用するには、すくなからず反発があるのではないかと考えられる。まったくの門外漢の発言だが、どうかいわんとするところに耳をかたむけていただくと有難い。そしてこれまで、まったく試みられることがなかったが、中世・近世という垣根をとりはらって、古文書学の問題として、一つの原理で理解するならば、上述のようにわかりやすいことも事実である。お互いにもっと密接に連携しあってよいのではなかろうか。

近世史研究についてはいざしらず、古文書学の問題、さらにいうならばアーカイブズ学の課題としては、朱印状が「強力で集中された近世将軍権力が生み出した独自の様式」なのかどうなのかといった評価の問題には余り興味はない。重要なのは、前代以来の遺産・伝統を生かしつつ、いかに新しい時代にふさわしい朱印状を創造していったかという具体相を明らかにすることである。このような個々の地道な検討の積み重ねによって、自ずから評価もきまるものである。その結果、第一節でみた朱印状の本紙の折り方をはじめ、「包紙」などの形態についても、また第二節でみた書式についても、朱印状には御判御教書Aのみごとな継承性を確認することができた。もちろん、両者は「単線的に」同一ではない。当然のことながら、時代的変遷はみられる。その上で、朱印状は御判御教書Aの近世的発展形態と十分に評価しうると考えるのである。

署名と署判

朱印だけが特別なものではない

朱印の使用を特別視

朱印の使用は署名・署判の発展形態

註

(1) これは国立史料館所蔵の一七冊からなる記録である。寛文四年（一六六四）大名に、翌五年（一六六五）公家・門跡・寺社に対していっせいに下付された領知判物・朱印状および領知目録を収めており、貴重な史料である。国立史料館編『寛文朱印留　上下』（東京大学出版会　一九八〇年）二冊として刊行された。

(2) この表5-4の作成については、大野瑞男「領知判物・朱印状の古文書学的研究――寛文印知の政治史的意義(一)――」（『史料館研究紀要』一三号　一九八一年）の記述によるところが多い。また、後ほど述べる表5-5も、主として同論稿の表4「門跡・公家・寺社宛領知判物・朱印状分類」を私なりに再編成したものである。非常に手間のかかる基本的なデータについてはすべて氏の作業によっている。その他朱印状に関しては、以下いちいち註記しない場合もあるが、同氏の論稿によるところが多い。記して謝意を表するものである。

(3) もうすこしいうと、私は第一章「妙蓮寺の近世文書」において、寺社宛の朱印状の書式を、

　Ⅰ　ⅡA　ⅡB　ⅢA　ⅢB（このⅠⅡⅢは、今回のⅠⅡⅢ……とは別である）

と三種類五分類した。詳しくは該当のところをみていただきたいと思うが、それを今回はⅥ類・Ⅷ類・Ⅸ類の三分類にまとめた。なお、これについては表5-5に「上島旧分類」として示した。併せて参照いただきたい。

(4) 藤井譲治氏の前記著書の第五章第二節二「領知朱印状の文書様式」（同書二九六頁以下）。

(5) 署判というのは厳密には自署を加える署名に対して、花押を据えることである。さらに印判が使用されるようになると、朱印や黒印を捺すことも署判といってよい。江戸幕府の朱印状や公帖あるいは御内書などは、実際は幕府の事務方でいっさい処理されたであろうが、印判も本来は本人が捺すべきものである。花押にしても印判にしても原理は同じであって、自分がその文書に責任をもつことを示すものである。江戸幕府の場合、領知判物と領知朱印状――花押を据えることと印判を捺すこと――は礼の厚薄のちがいだけであって、原理的に区別できるものではない。朱印だけを特別なものとして扱う理由はまったくない。

　つぎに、署判の仕方はさまざまである。広く差出書を書くこととしたらよい。「(花押)」や「(朱印)」だけからはじまって、「尊氏(花押)」の「名(花押)」、また「下野守(花押)」と「官途(花押)」など、さらに「官氏姓(花押)」など位署書全体をいう場合もある。ここでは、これら広狭いろいろな使い方を、その場におうじて適宜使用することにする。

(6) 藤井譲治氏は、

　そこでの（朱印状）もっとも大きな相違点は、花押でなく室町将軍が使用したことのない朱印が使用されていることであり……（同書三三六頁）、

として、朱印の使用を特別視される。いうまでもなく、朱印の使用は署名・署判の発展形態である。自署から花押の使用と原理的には何らかかわるものではない。朱印の使用はそのはじめの時期が確定できるが、花押の使用がそうでな

自署と花押

朱印状にも折紙のものがある

例外とすることができないという積極的な理由の提示

いというだけである。たしかに、江戸幕府の領知朱印状は、量的には領知判物に比べて圧倒的に多い（たとえば表5-4参照）。しかし、朱印は花押と併用され、花押より薄礼で、機能的には花押の補完的な役割を担っているにすぎないのである。これは花押使用の初期の場合がそうであって、花押ははじめは自署を補完するものとして使用されたのである。しかし、花押は中世において、独自の機能をはたすが、朱印（朱印状）は江戸末にいたるまで、花押（判物）の補完的役割をおこなっているにすぎない。この点については第二章第三節第二項「花押について――歴代徳川将軍の花押の変遷――」、とくにその(3)「花押型の使用」をみていただきたい。なお、註(5)も参照のこと。

（7）信長・秀吉の領知朱印状については、不十分ではあるが補論Ⅰ「殿下と将軍」およびその「後記」で私なりの見解を示した。ご覧いただきたい。

（8）藤井氏は前記論稿で、江戸幕府の朱印状にも折紙のものがあることを強調される。たしかに氏の著書によると、秀忠期一万石以下の武家には折紙の朱印状が下されたとしてよいかもしれない。そして、元和三年（一六一七）の一万石未満の朱印状受給者は八〇人――現存の朱印状の数による――である（藤井氏著書三八三頁）。しかし家光以降は武家宛のものはすべて竪紙となり、随身や石清水八幡宮の宮大夫・検知大夫・神子・公文所法眼・兼官などへの朱印状に折紙が用いられているとのことである（同書三四一頁）。

たしかに、朱印状には折紙のものもあったことは事実である。しかし、私はこれをもって朱印状に「折紙のものがあった」ということを主張できるとは思わない。朱印状に折紙のものがあったということを積極的に主張するには、散発的にいくつか具体例がみられるというだけでは学問的ではない。まず、朱印状研究史上の秀忠期の位置づけが明かにされなければならない。すなわち、最低、後ほど私がⅠ類の朱印状について示すように、それの朱印状全体における位置づけが必要である。そうでなければ、それが一般的なのか、特殊例外的なのかわからない。氏のいわれるかぎりでは、非常に石高の低いもののようだが、もしそうであるならば、たとえば一〇石未満の寺院に宛てられた竪紙の朱印状との関係如何ということが明らかにされる必要があろう。とくに『寛文朱印留』においては、私が表5-5で「他」（例外）として処理をした12ＤＲＯの二通と、14ＤＲの六通は、その日付の書き方から折紙であったと考えられる。私はこれを例外として処理をしたが、もしこれをもって「朱印状に折紙のものがあった」と主張しようとするならば、私がⅠ類の書式の朱印状で示すように、『寛文朱印留』全体におけるこれら八通の位置づけがどうしても必要である。そして、例外として処理できないという積極的な理由の提示が必要である。以上のことが満たされないかぎり、現在のところ例外、あるいは特殊例として処理せざるをえないのではなかろうか。Ⅰ類の書式の朱印状がわずか三通ながら、もっとも朱印状らしい朱印状と位置づけられるのとはまったく別である。

（9）ここで表5-5について、もうすこし細かい点を説明しておく。註(2)でも述べたが、この表5-5は前記大野氏の論稿の表4によるところが多い。氏は公家・門跡・寺社宛の朱印状一六一一通をその書式によって一四に分類、それにＸＰ・ＹＰＯ・ＡＰＯ（大野氏はＡＰとされるが実はＡＰＯである）・ＢＰＯ……なる符号を付せられた――これに関する細かい点は大野氏の論稿を参照していただきたい――。それをわかりやすくするために、私が1・2・3……の番号を付した。それが表5-5の「大野氏分類」の「1XP・2YPO・3APO・4BPO……」である。私のⅠ類の書式の三通は、大野氏の1XPにあたる。なお、表5-5の註にも記したように、大野氏の5BPについては別の考え方をした。また、6CP一通・10BRO五通・11CR一通・12DRO二通・14DR六通、計一五通は、煩雑を避けて分類の「他」として、とくに書式の分類はおこなわなかった。これらは九分類のうちの変形ないしは例外として処理することが適当なものである。

(10) 表5-5の「代表的寺院」のたとえば寛永寺の「220・1180」というのは『寛文朱印留』の史料番号である。「大名宛」の「史料番号」も同じである。寛永寺は「220」と「1180」の二ヵ所に重複記載されているので上記のように記した。「代表的寺院」というのは、ほぼ各分類の代表的な寺院であるが、Ⅵ類・Ⅶ類・Ⅷ類・Ⅸ類のように多数の寺院がみられる場合には、寺院のうちで若い番号(初出のもの)のものを記した。

(11) 註(9)で述べたように、朱印状総数一八三〇通のうち、Ⅰ類からⅨ類までの書式の分類をおこなったのは一八一五通で、残る一五通は表5-5にみられるように「他」とした。そこで、以下書式の分類について述べる場合、とくにいろいろな比率をだす場合には総数一八一五通として計算する。

(12) ただし瀧山寺東照宮は、『寛文朱印留』では表5-5にみられるように、1232瀧山寺東照宮として、Ⅶ類の書式の朱印状が下されている。

(13) 藤井氏は前記論稿で、

位署書については、徳川将軍領知朱印状では、武家宛のものには室町将軍御判御教書Aにみられる「袖判」「奥署判」のものは見られず、すべて日下署判である。……また位階官職名が使用されることのない点も豊臣秀吉の領知朱印状と同様であり、両者の継承関係をうかがうことができる(同三三五・六頁)。

とされる。たしかに武家宛のものはそうであろう。そして、これが現在の一般的な朱印状の見方かもしれない。しかし、Ⅰ類の書式が「位階官職名を使用」した「奥署判」であることはいうまでもない。さらに、Ⅶ類・Ⅷ類・Ⅸ類は「(朱印)」だけであるが、本節第二項(2)「差出書」でも述べたように、署判の原理からすれば、h「奥署判」である。これはすべて寺社宛であって、朱印状全体の四分の三にもおよぶのである。朱印状はたんに武家宛のものだけではない。広く公家・寺社宛のものを含めて論じてこそ、朱印状を論じたことになる。「位階官職名」の使用についても同様である。ここでも朱印状の研究を武家文書に「単線化」した前記藤井氏の論稿の問題点がはっきりする。

(14) 第三章「御判御教書と朱印状・公帖」では、御判御教書Aと朱印状の書式の理解について不徹底な点がみられた。それは、i朱印状の差出書の位置とその署判の仕方、ii朱印状の宛書の位置、という二つの問題である。まずi朱印状の差出書の位置とその署判の仕方に関しては、

御判御教書Aの位置・署判は、袖判かあるいは奥に官氏姓名を加えるかのいずれかである。しかるに朱印状は

朱印状の位署書

朱印状の研究を武家文書に「単線化」

朱印状の差出書の位置とその署判の仕方

日下に花押か朱印を加えるだけで、非常に厚礼な場合にかぎって諱をそえる。これをどのように考えたらよいのか、なかなか難しい問題である（本書二〇七頁）。

朱印状の宛書の位置

といっている。つぎに、ii朱印状の宛書の位置に関する問題がある。これについては、

朱印状についていうと、室町時代の御判御教書Aは本文に宛所が内包されていて、本文の最後の行に書かれることはなかった。これは御判御教書Aとその系譜を引く朱印状との大きな相違点である（本書二〇〇頁）。

として、いずれも御判御教書Aとそれを継承する朱印状との間の書式に関する食いちがいを指摘したままであることである。

初出稿を大幅に増補

これらの点については、第三章それに本章の初出稿の段階では、朱印状の書式とその文書様式に関する整理が十分でなかったことによるものである。そこで今回、思いきって初出稿を大幅に増補することとし、第二節「朱印状の書式とその文書様式」を新設して、これらの問題を詳しく論じた。まず、第一項「朱印状の書式」において、細かく朱印状の書式を整理してみると、第一章「妙蓮寺の近世文書」以来、三種類五通とした私の分類がいかに不徹底なものであったかがわかった。要するに、寺社宛の朱印状の書式を整理しただけだったのである。ここでは、大野瑞男氏の整理に導かれて、九分類の書式を確定することができた。これが、最大の収穫であったと考える。

これにもとづいて、第二項「朱印状の書式の構成要素――礼の厚薄と文書様式――」、第三項「下文様文書としての朱印状」で、朱印状に関する新しい考え方を十分に展開しえたと思う。そして、前記の第三章の不徹底な点も、きっちり整理しえたと考える。これらは、あるいは朱印状研究の現状からは、大きくかけはなれているかとも思われるが、「門外漢が」という偏見をすてて、じっくりご検討、ご教示いただけると有難い。

第三節　公帖の封式

公帖の封式

天龍寺文書の朱印状の封式と書式については以上にして、つぎに同じく天龍寺文書の公帖の封式について述べることにする。公帖の封式についても、第二章「南禅寺の公帖」および第三章「御判御教書と朱印状・公帖」ですでに詳しく検討したが、そこでとりあげた南禅寺文書の史料的制約のため、主として近世のものにならざるをえなかった。そして室町将軍のものに関しては、十分な形では言及することができなかった。しかし、天龍寺には表5-6にみられるように、一二通の室町将軍の公帖が残されており、ことに足利義教御判御教書（公帖）を

足利義教御判御教書（公帖）をはじめ四通の室町時代の公帖

はじめ四通の室町時代の公帖がみられるのは貴重である。そこで室町将軍の公帖については、従来よりさらに詳しく検討することが可能になった。

天龍寺の公帖で最古のもの

表5-6　足利将軍の公帖（天龍寺所蔵）

年 月 日	発給者	受取人	寺格	料紙の大きさ	料紙の比率	料紙
永享 4. 8. 7	足利義教	澄昕首座	真如寺	33.8×54.4	1：1.60	檀紙Ⅰ
嘉吉 3.12.21	畠山持国奉	澄泰西堂	相国寺	33.2×54.3	1：1.63	檀紙Ⅰ
宝徳 2. 7.28	畠山持国奉	東岳和尚	天龍寺	33.4×53.8	1：1.61	檀紙Ⅰ
享徳 4. 8. 4	細川勝元奉	東岳和尚	南禅寺	34.7×55.8	1：1.60	檀紙Ⅰ
永正 6. 8.23	足利義尹	等安西堂	円覚寺	34.3×51.8	1：1.51	檀紙Ⅱa
永正11. 5.13	足利義稙	承才首座	景徳寺	33.3×54.6	1：1.63	檀紙Ⅱa
永正11. 5.15	足利義稙	承才西堂	臨川寺	33.3×54.7	1：1.64	檀紙Ⅱa
天文20. 4.19	足利義藤	潤仲和尚	南禅寺	31.5×41.7	1：1.32	檀紙Ⅱa
弘治 3. 9.19	足利義輝	周憲首座	景徳寺	34.0×52.5	1：1.54	檀紙Ⅱa
弘治 3. 9.20	足利義輝	周憲西堂	臨川寺	34.0×52.5	1：1.54	檀紙Ⅱa
永禄 5. 3. 4	足利義輝	守原首座	雲門寺	33.7×52.6	1：1.56	檀紙Ⅱa
永禄 5. 3. 6	足利義輝	守原西堂	臨川寺	33.7×52.6	1：1.56	檀紙Ⅱa
元亀 2. 9.23	足利義昭	周養首座	三聖寺	32.7×51.2	1：1.56	檀紙Ⅱa
元亀 2. 9.26	足利義昭	周養西堂	真如寺	32.7×51.2	1：1.56	檀紙Ⅱa
元亀 4. 4.28	足利義昭	周宏首座	景徳寺	32.6×48.0	1：1.47	檀紙Ⅱa
元亀 4. 5. 3	足利義昭	周宏西堂	臨川寺	32.6×48.0	1：1.47	檀紙Ⅱa
天正 6. 2.17	足利義昭	済蔭和尚	南禅寺	39.4×59.0	1：1.49	檀紙Ⅱa
天正12. 3.25	足利義昭	文盛和尚	天龍寺	39.5×59.0	1：1.49	檀紙Ⅱa
天正13. 5.24	足利義昭	周湜首座	景徳寺	38.8×59.6	1：1.53	檀紙Ⅱa
天正13. 5.24	足利義昭	周湜西堂	臨川寺	38.8×59.6	1：1.53	檀紙Ⅱa
天正13. 5.24	足利義昭	令彰西堂	円覚寺	38.5×58.5	1：1.51	檀紙Ⅱa
天正13. 5.24	足利義昭	済蔭和尚	天龍寺	38.7×58.5	1：1.51	檀紙Ⅱa

第一項　室町時代の公帖とその封式

天龍寺の公帖で最古のものは、表5-6で明らかなように、

永享　四年（一四三二）　八月七日　足利義教御判御教書（公帖）(1)（写真5-3）

である。これはまさに室町将軍の御判御教書であって、その書式も後に述べる江戸時代の定式化したものとはかならずしも同じではない(2)。現在、本紙は竪ノ中折で八つ折りになっている。これはすでに裏打が施されているが、後ほど述べるように、おそらくこの折り方ははじめからのものとして差しつかえはないように思う。封紙の写真は写真5-3Bであるが、室町時代の公帖では封紙まで揃っているのは珍しい(3)。この点からも、天龍寺文書は貴重である。ただし、この封紙でもとの料紙が残るのは真ん中の部分だけであって、横の折り目の上下の部分、すなわち上下に折り曲げる部分はなくなって、裏打紙だけになっている。そして、その

管領奉書の形の公帖

御判御教書Aを代行するのは下文様文書の管領下知状

御判御教書Bを代行するのは書札様文書の管領奉書

折り方は四つ折りの折封である。(4)この封紙でとくに注意されるのは、差出書の署判が花押であることである。しかもそれは「内大臣」という官名と筆跡が異なり、官名は右筆書であるが、花押は義教の自筆と考えられるのである。

この義教公帖のつぎは、

嘉吉　三年（一四四三）一二月二一日　管領畠山持国奉書(公帖)

宝徳　二年（一四五〇）　七月二八日　管領畠山持国奉書(公帖)(写真5－4)

享徳　四年（一四五五）　八月　四日　管領細川勝元奉書(公帖)(5)

の三通である。宝徳二年（一四五〇）の管領畠山持国奉書は写真5－4に掲げるごとくであるが、これらはいずれも同じで管領奉書の形をとっている。いうまでもなく、公帖は写真5－3の義教御判御教書（公帖）のように御判御教書でだされるべきものである。しかし、嘉吉元年（一四四一）六月、将軍義教が嘉吉の乱で横死して以後、幼少の義勝・義政（もと義成）にかわって畠山持国・細川勝元が管領奉書の形で公帖を発給したのである。(6)

将軍が御判御教書をだせない場合には、それにかわって管領下知状(7)が発せられると一般にいわれている。しかし、将軍の御判御教書にかわるものは管領下知状だけではなく、管領奉書もあったことを私は指摘した。そして、管領下知状で代行するのは下文様文書の御判御教書（御判御教書A）であり、書札様文書の御判御教書（御判御教書B）で下されるべき内容は管領奉書で代行するとした。(8)この公帖の場合がまさにその代表的な例であって、いま足利義教御判御教書（公帖）でみたように公帖は書札様の御判御教書であるから、将軍にかわって管領がその権限を代行する場合には、管領下知状ではなく管領奉書が用いられているのである。

それはともかくとして、この三通はいずれも本紙は竪ノ中折の八つ折りで、封紙もさきの義教公帖と同じく真ん中の部分しか残っていないが、四つ折りの折封である。これらはいずれもすでに裏打がおこなわれているが、本紙の折り方はもとのままと考えられる。すなわち、おそらく応仁・文明前後までには、公帖は当時の他の御判御教書に比べて一歩定式化していたと考えてよいと思う。(9)

玉村竹二氏は前記「公帖考」において、広く南北朝・室町時代の公帖を考え、これを「定型化に到る迄」の時代とされた。それは主として書式からの検討で、しかも綸旨など公家文書を含めての考察である。しかし、室町時代のしかも武家の公帖に限定していうと、この段階の公帖はいま述べたように定型化が漸次進んでいたといっ

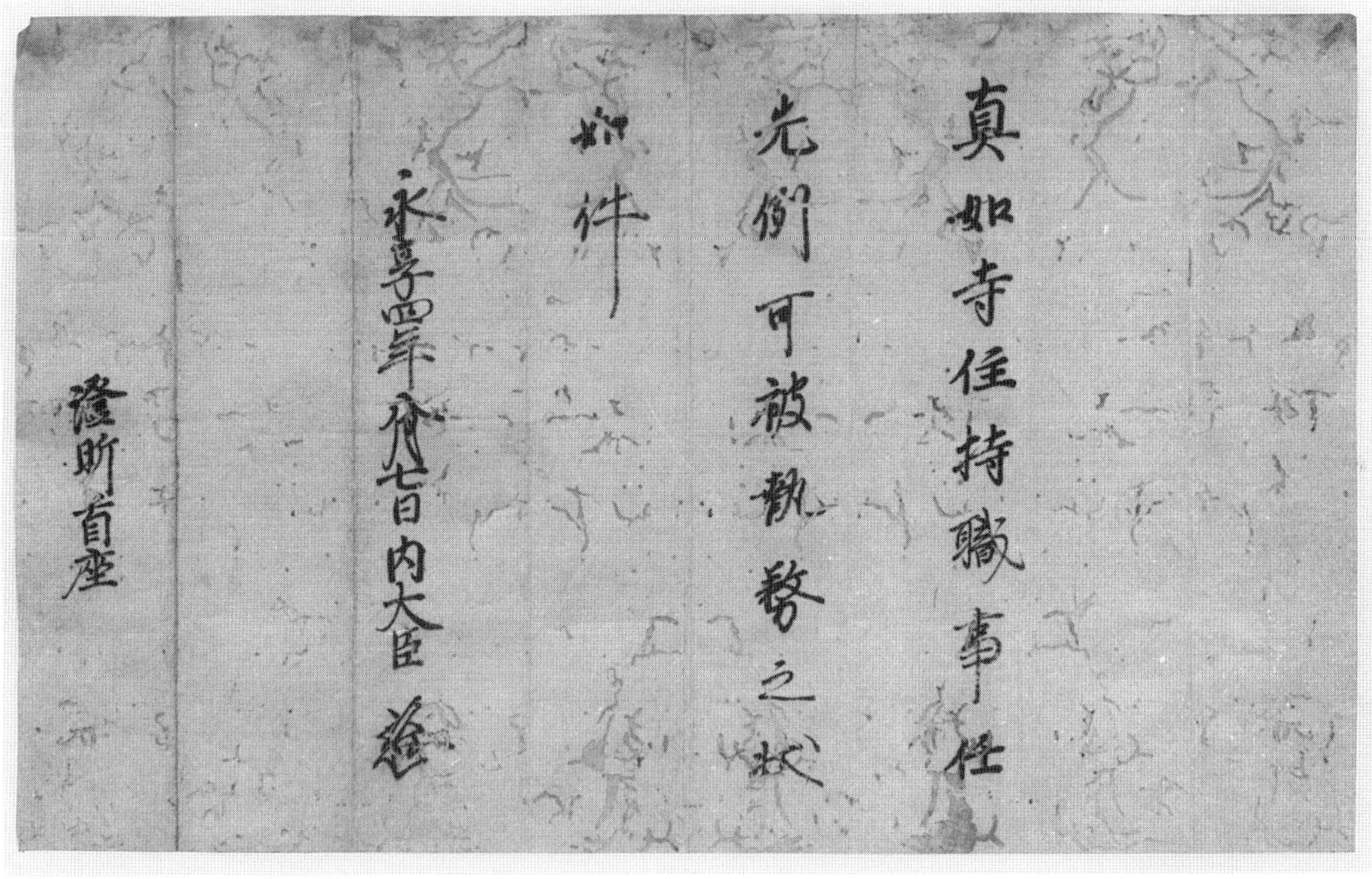

写真５－３Ａ　足利義教御判御教書（本紙）

写真５－３Ｂ　足利義教御判御教書（封紙）

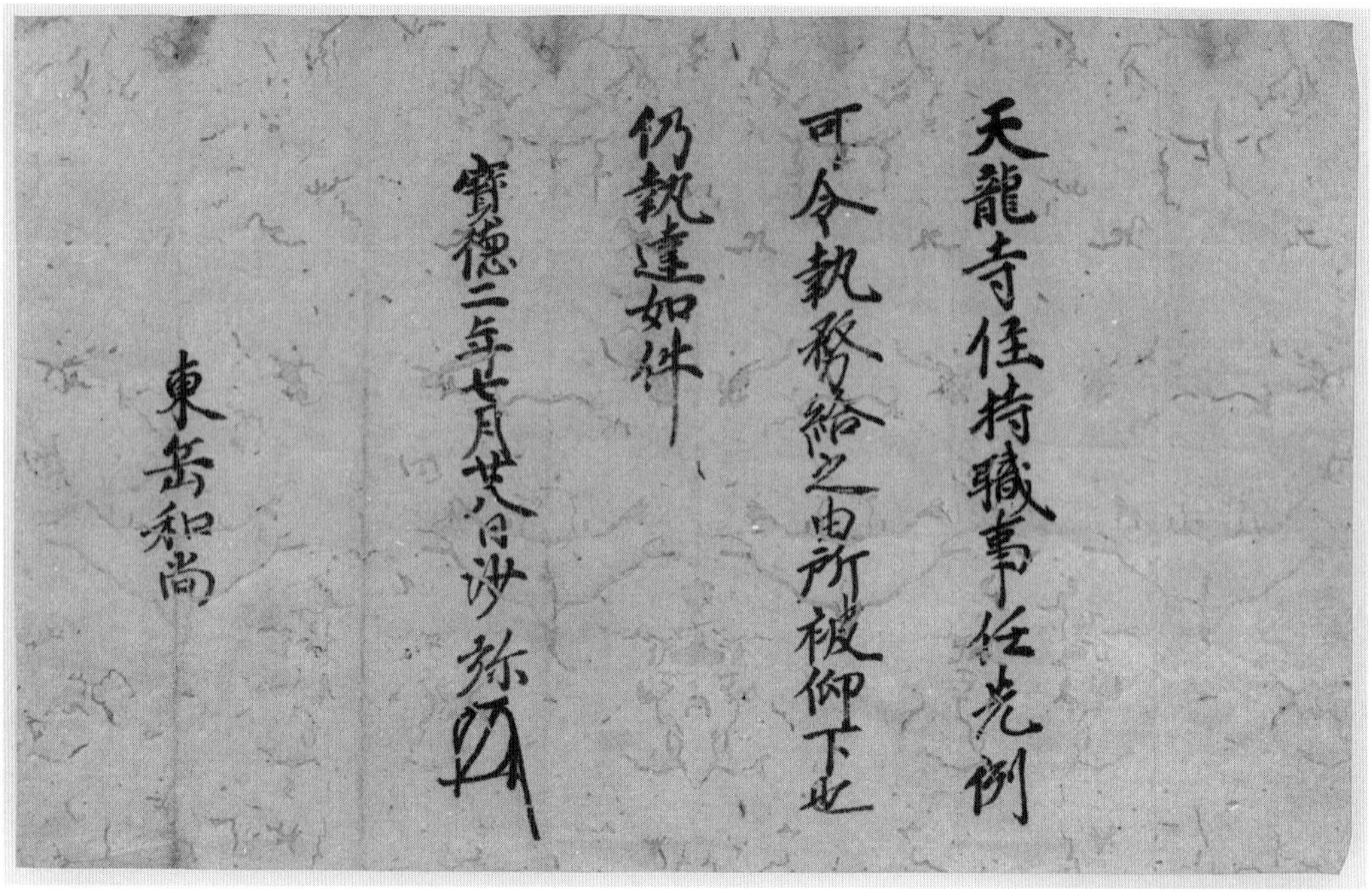

天龍寺住持職事任先例
可令執務給之由所被仰下也
仍執達如件
寶徳二年七月廿八日　沙弥（花押）
東岳和尚

写真５－４Ａ　管領畠山持国奉書(本紙)

写真５－４Ｂ　管領畠山持国奉書(封紙)

戦国時代の公帖

近世の公帖の形式が確立

公帖の書式・形態が完全に定式化するのが江戸時代

てよかろう。

第二項　戦国時代の公帖――公帖の書式・形態の確立――

天龍寺の戦国時代の公帖としては、

永正　六年（一五〇九）八月二三日　足利義尹（義稙）御判御教書（公帖）[10]（写真5-5）

がもっとも古いものである。それは写真にみられるように、公帖の定式化がさらに一歩進んでいることがしられる。すなわち、室町時代の公帖の本紙の折り方は八つ折りであったが、ここでは江戸時代のものと同じく六つ折りになっている。この点は重要である。しかも、近世の公帖と同じく、まず最初の一折り（一行）をあけて、残る五折りにきっちりと収まるように文字が書かれている。そして、その書式も近世のものと同じであって、この頃に近世の公帖の形式が確立した模様をしることができる。

さきに私は第二章「南禅寺の公帖」において、「義輝・義昭の公帖の書式」として、表3-1を掲げた。この書式は、ここに表5-7「戦国時代の公帖の書式」として掲げた天龍寺の義尹（義稙）御判御教書（公帖）以降の書式とも一致する。したがって、表3-1の書式は、第二章でみたように、戦国末の義輝・義昭だけではなく、それより前の義稙の段階までさかのぼることが確認できるのである。かくして、室町将軍の公帖の書式・形態の定式化は、戦国時代初期から中期にかけてほぼ完成をしたということができる。[11]

表5-7　戦国時代の公帖の書式

	寺名	尊敬語	差出書	宛書
五山之上	寺名	可被執務	官（花押）	道号和尚
五山				法諱西堂
十刹				
諸山	国名寺名	可執務	（花押）	法諱首座

表5-8　吉宗の公帖の書式

	寺名	尊敬語	差出書	宛書
五山之上	寺名	可被執務	官（花押）	道号和尚
五山			官（朱印）	法諱西堂
十刹		可令執務	官（黒印）	
諸山		可執務	（黒印）	法諱首座

第三項　江戸時代の公帖――公帖の書式・形態の完成――

これをうけて公帖の書式・形態が完全に定式化す

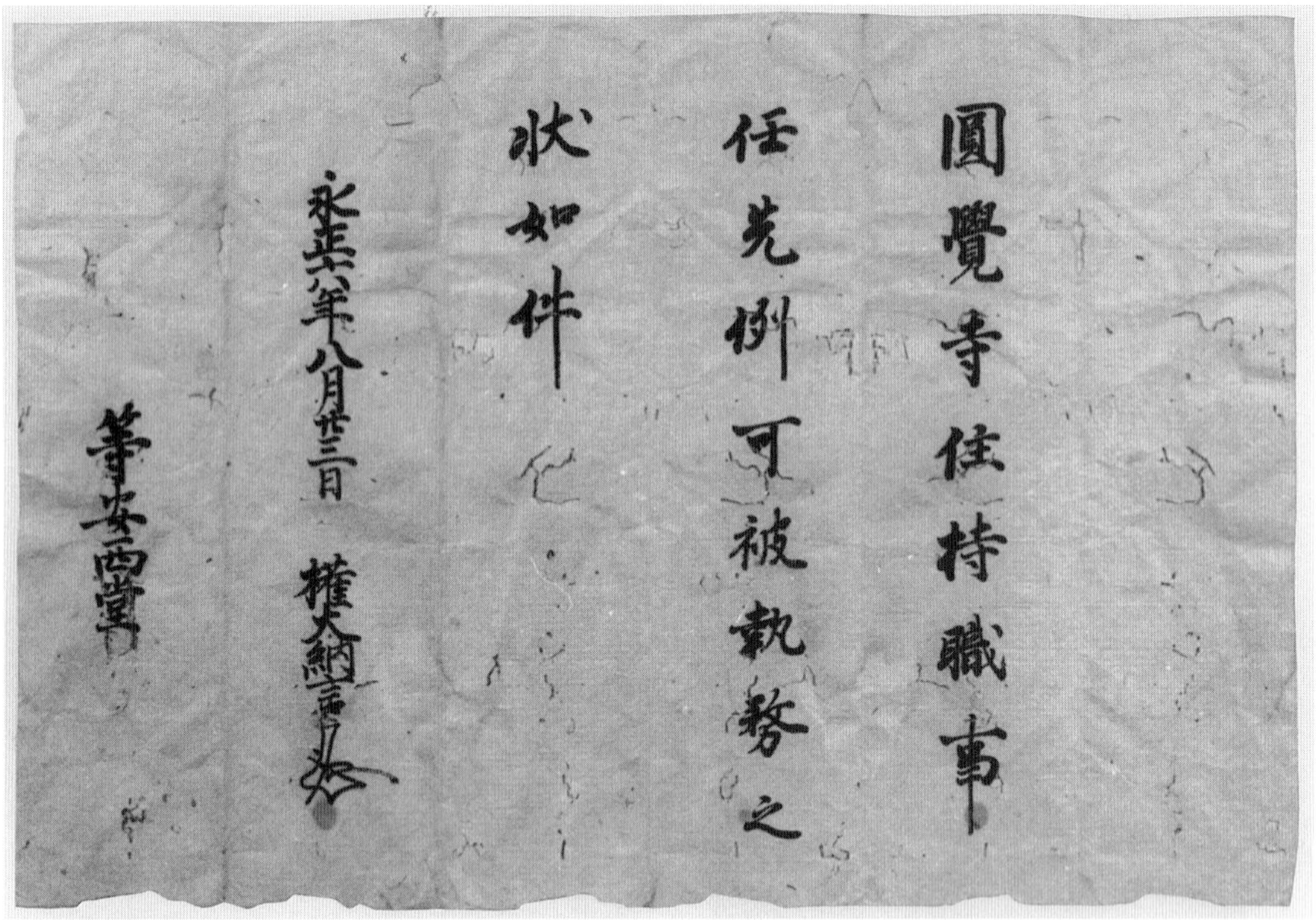
圓覺寺住持職事
任先例可被執務之
状如件
永正六年八月廿三日　権大納言（花押）
等安西堂

写真５－５Ａ　足利義尹（義稙）御判御教書（本紙）

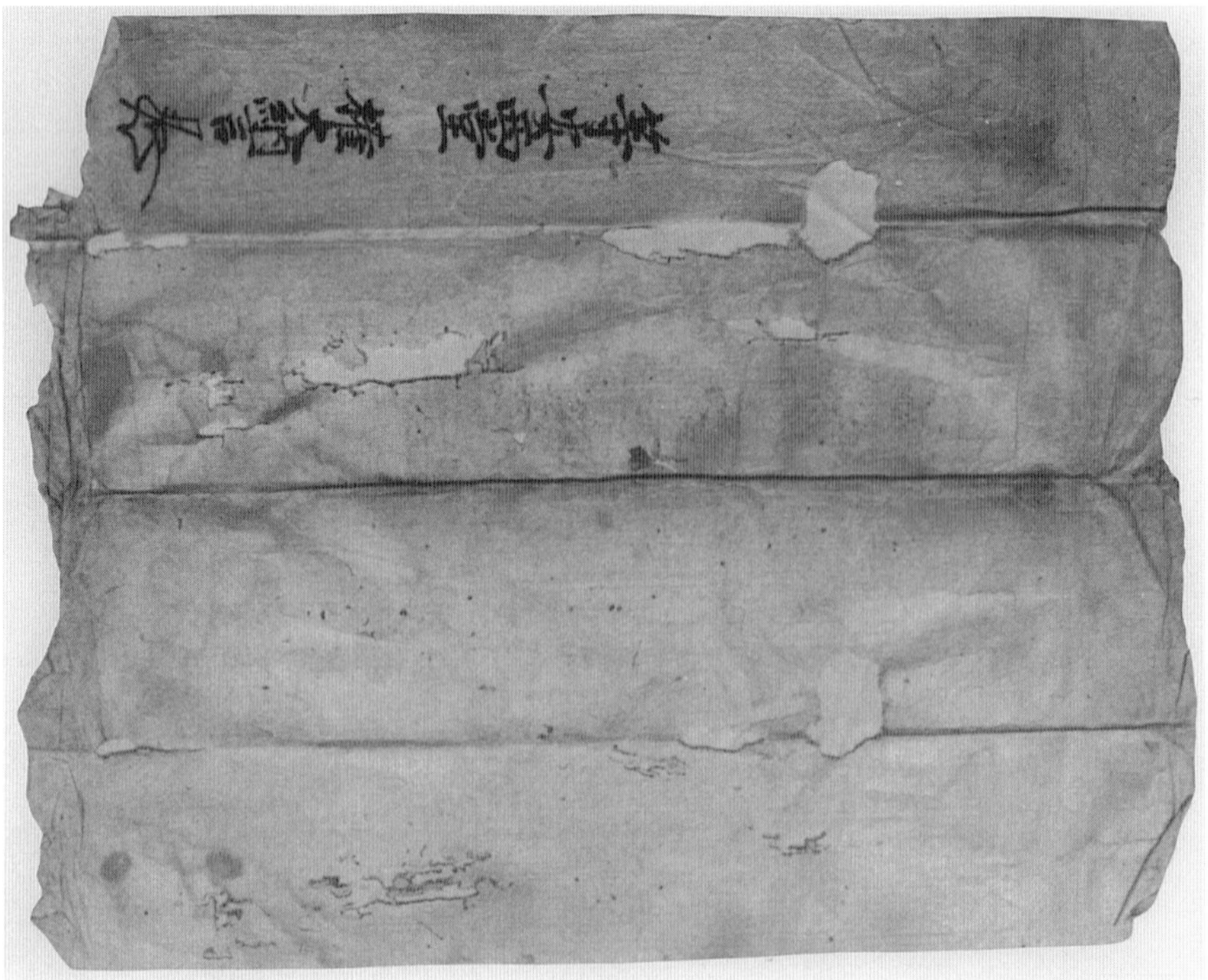

写真５－５Ｂ　足利義尹（義稙）御判御教書（封紙）

るのが江戸時代である。まずその完成した形態としては、さきに第二章で引用した『和簡礼経』に示されているとおりである。すなわち、公帖の本紙の表を外側にして六つ折りの竪ノ中折に折る。そしてかならず宛書・差出書を書いた封紙――『和簡礼経』では「上包」あるいは「表巻」といっている――を添える。また、書式の完成した形が表5-8「吉宗の公帖の書式」のごときものである。これも同じく第二章に「吉宗の公帖の書式」として掲げたものである。すなわち、公帖に関していうと、江戸時代の書式・形態は、戦国時代にすでにできあがっていたものを整理・完成させたということができるのである。

公帖の封紙の折り方

第四項　公帖の封紙の折り方

以上は、公帖の封式・書式について、これまで私が述べてきたことを、天龍寺文書によって新たに追加しえた点である。そして、第一節「朱印状の封式――本紙・「包紙」の折り方とその宛名――」で述べた朱印状の「包紙」の場合と同様、封紙の折り方については第二章「南禅寺の公帖」・第三章「御判御教書と朱印状・公帖」のいずれでもとりあげなかったので、今回すこし細かく検討することにする。

古文書学の術語としては封紙

ここで、いわずもがなのことであるが、一つ確認しておきたい。公帖の本紙を包んだ料紙は、書札様文書の封紙である。文献では「上包・表巻・上巻・懸紙」など多様なよび方がおこなわれているが、古文書学の術語としては、第一節第三項(2)「封紙・包紙・「包紙」」で述べたように、封紙とよぶのが適当である。ここには本文と同じ筆跡で宛書・差出書が書かれており、第一節で触れた朱印状の「包紙」とはまったく別のものである。

さて、つぎに写真を掲げたのは、

寛文一〇年（一六七〇）一〇月一九日　徳川家綱公帖[12]（写真5-6）

である。これは朱印状でいえば寛文印知の後であって、公帖にあっても近世的な形態が完成した後のものということができる。この封紙に注目していただきたい。四つ折りになっている。江戸時代の公帖の封紙は、例外なしにこのように、かならず四つ折りの折封になっているのである。それは写真5-5の義尹御判御教書（公帖）にも同じことがいえるのであって、戦国時代以降、公帖の封紙は四つ折りの折封であったことが確かめられる。

第一節第四項「朱印状の「包紙」の折り方」で、私は朱印状の「包紙」は、竪ノ中折封の六つ折りであることを明らかにした。そして、たとえば朱印状の前身にあたる室町時代の下文様に属する御判御教書Aの「包紙」に

天龍寺住持職事
任先例可被執務之
状如件
寛文十年十月廿九日　右大臣（花押）
蘭室和尚

写真５－６Ａ　徳川家綱公帖（本紙）

写真５－６Ｂ　徳川家綱公帖（封紙）

ついては不明であるが、[13] 公帖のように書札様に属する御判御教書Bの封紙の折り方は、竪ノ中折封であることも明らかにした。しかるに近世になると、下文様の御判御教書Aの系譜を引く朱印状の「包紙」は竪ノ中折封で、書札様文書の系譜を引く公帖はふつうの折封というように、室町時代とはいわば反対になっているかのごとくである。これはどういうことなのであろうか。

公帖の封紙は四つ折りの折封

公帖の封紙は、江戸時代の写真5-6のものだけではなく、戦国時代の写真5-5以降の封紙も同じく四つ折りの折封になっている。すなわち、公帖の封紙の折り方は戦国時代以降、四つ折りの折封であったといえるのであるが、これは本紙の折り方によるものである。なぜならば、江戸時代の公帖の本紙は、写真5-6にみられるように、竪ノ中折の六つ折りになっている。さきに述べたように、室町時代の四通の公帖はいずれも八つ折りであったが、公帖の定型化の完成とともに、戦国時代になると六つ折りになったのである。それが江戸時代にも引きつがれていく。それ故、公帖の本紙は戦国時代以降、六つ折りであったということが確認できる。この六つ折りの公帖の本紙を包むには竪ノ中折封は無理である。

公帖の本紙は六つ折り

具体的にみてみよう。写真5-6の家綱公帖の本紙は四六・三×六五・七センチメートルである。これを横に六等分すると、一折りが約一一センチメートルとなる。たとえば、写真5-6の右から四つ折り目——「状如件」の行——の幅は一一・七センチメートルである。また封紙は本紙とともに紙であるから、その横幅は四六・三センチメートルで、一一センチメートル前後のものを包むとすれば、四つ折りが精一杯で五つ折りにはできない。ちなみに、写真5-6の封紙の「蘭室和尚」という宛書の右、すなわち右から三つ折り目の幅は一二・七センチメートルである。こうなると、封紙はせいぜい四つ折りで、五つ折りにすることは不可能である。しかるに、封紙を竪ノ中折封にするには最低五つ折りが必要で、[14] 四つ折りでは竪ノ中折封にはできない。したがって、公帖の本紙を六つ折りにした場合、そのとも紙を封紙として本紙を包むには、竪ノ中折封は無理であるということがはっきりした。元来、公帖は武家の書札様文書であるから、その封紙は竪ノ中折封であるべきである。しかし、本紙を六つ折りにするという関係から、それができないということが明らかになったと考える。

すでにたびたび述べているように、中世において竪ノ中折・竪ノ中折封を十分に検証することはかならずしも容易ではない。しかし、天龍寺文書のすべての朱印状の本紙において竪ノ中折を、またその「包紙」において竪ノ中折封を確認した。さらに、同じく天龍寺のすべての公帖においても、本紙は竪ノ中折であることがはっきり

公帖の封紙は竪ノ中折ではない

竪ノ中折・竪ノ中折封は中世・近世をつうじて武家の基本的な封式

した。ただし、その封紙は竪ノ中折封ではないが、それはそれなりの理由があることも明らかとなった。かくして、竪ノ中折・竪ノ中折封は中世・近世をつうじて武家の基本的な封式であることが確認できたと考える。

以上、本節においては天龍寺の公帖の封式を考えた。そして、公帖は義教の段階で、すでに一定の定型化がみられること。それが戦国時代にほぼ完成し、秀吉・秀次を経て江戸時代にいたって確立・固定化するということをみた。また、これまではとりあげなかった公帖の封紙について検討することができたのも大きな収穫であった。そして、公帖の封紙は、本来は竪ノ中折封であるべきはずであるが、本紙を六つ折りに折りたたむという関係から、四つ折りの折封であったことも確認しえたものと考える。

中世文書と近世文書を一貫して考えるという観点

このようにみてくると、公帖はその書式といいまたその形態といい、室町・戦国・織豊・江戸時代と漸次定式化の過程をたどる。これを別のいい方をすると、すでに述べたように江戸時代の公帖は書式においても形態においても、戦国時代さらには室町時代にできあがっていたものを、漸次整理・固定化させたということができるのである。みごとな継承性を示しているのである。これまで余り注目されていないが、中世文書と近世文書を一貫して考えるという観点からは、公帖ほど典型的にみられる文書はない。簡単にいえば、中世から近世と一貫して同一の書式・形態といってよい。この点はしっかり確認しておきたい。

註

(1) 第一節註(12)参照。

(2) 江戸時代の定式化した公帖は、たとえば後に述べる写真5-6の家綱公帖にみられるようなものである。それと比べると、まずつぎに検討するように、本紙の折り方が八つ折りで、写真5-6のように六つ折りではない。それとともに、本文の改行の仕方もちがっている。江戸時代のものであるならば、

　真如寺住持職事
　任先例可被執務之
　状如件、

となるはずである。また、その宛所は「澄昕首座」となっているが、真如寺は十刹であるから、江戸時代のものであるならば「澄昕西堂」となるべきである。さらに、日付・差出書と宛書の間は完全に一行あいているが、江戸時代のものは行がつまっているなど、いくつかの点において江戸時代のものとは異なっている。

室町時代の公帖の封紙

(3) 私は第三章第四節「御判御教書と朱印状・公帖」の註(1)で、

　室町時代の公帖で、本紙・封紙が揃って現存する例はなかなかみつからない。

としたが、この天龍寺文書にあっては、最古のこの義教公帖以下すべての公帖に封紙が揃っており、上述の問題点はほぼ解消したとしてよい。

(4) 天龍寺の公帖の封紙は、この義教公帖以下すべて四つ折りになっている。しかし、室町時代の四通――以下に述べるように封紙は三紙――にはすべて裏打が施されており、またその本紙もすべて裏打が加えられているので、封紙の四つ折りはもとのままかどうかは確言できない。ただし、あとでも述べるように、永正六年(一五〇九)義尹公帖以下の封紙は、すべて四つ折りであったと考えてよい。

(5) この三通は、天龍寺文書第六函　慈済院公帖(一〇三一・一〇三二・一〇三三号)である。

(6) この間の事情については、拙著『中世花押の謎を解く――足利将軍家とその花押――』(山川出版社、二〇〇四年)の第三部第三章第二節「義政とその花押」ですこし詳しく考察したので参照いただきたい。

室町幕府下知状

(7) これは一般に室町幕府下知状とよばれているが、管領下知状の方がより適切な文書名であることは拙稿「室町幕府文書」(赤松俊秀他監修『日本古文書学講座4　中世I』(雄山閣出版　一九八〇年)一一九頁、また『日本古文書学論集8　中世IV』(吉川弘文館　一九八七年)の解説三九四頁以下を参照。

(8) 前記拙稿「室町幕府文書」一二二頁以下。これらの点についても註(7)を参照。

義教段階の公帖は八つ折り

(9) 永享四年(一四三二)の義教公帖も含めて、これら四通の公帖はいずれも現在竪ノ中折の八つ折りになっている。この四通にはすべて裏打が施されているから、八つ折りはもとのままの折り方ではないとも考えられるが、写真5-3・5-4にみられるように、文字はほとんど折り目にはかかっていない――写真5-4Aの宛書は別であるが――。他の二通も同じである。このように考えると、すくなくとも義教の段階には、公帖は意識的に八つ折りに折りたたまれたということができよう。この頃のふつうの御判御教書は、その内容がさまざまであったこともあって、折り方はたしかに竪ノ中折ではあるが、かならずしも八つ折りにはなっていない。こう考えると、公帖は室町時代にすでに定式化しつつあったということができる。そして、これが近世の公帖にみられるように、完全に定式化する理由でもあったのである。

管領奉書の封紙

諸山公帖と十刹公帖は一紙の封紙に収められる

なお、この三通の管領奉書の封紙についてすこし述べておきたい。まず、畠山持国の奉じた二通の公帖は、二通一括して同じ封紙に収められている。戦国時代以降、江戸時代の公帖は、第二章第一節第一項「足利将軍の公帖」で述べたように、諸山公帖と十刹公帖はかならず同一の封紙に包まれている。たとえば、表5-6の永正一一年(一五一四)五月の義植の諸山公帖(景徳寺)と十刹公帖(臨川寺)の二通はワンセットのものとして一紙の封紙に収められており、以下江戸時代の末にいたるまで、諸山公帖と十刹公帖の二通は例外なくワンセットとして同一の封紙に包まれているのである。二通の公帖が同一の封紙に収められているということについては、持国の奉じた公帖も戦国時代以降の公帖も同じであるが、持国の奉じた公帖は相国寺・天龍寺いずれも五山で、戦国以降のものとはいささか趣きを異にする。これは公帖の定型化の一過程とも考えられるが、詳しくは後考をまちたい。

封紙ウワ書の差出書

つぎに、封紙ウワ書の差出書も注意を要する。畠山持国の奉じたものは、写真5-4Bにみられるように差出書は「沙弥徳本」である。また、細川勝元の奉じたものは「右京大夫勝元」となっており、署名は法名ないしは実名で、差出書全体が右筆書となっている。これはさきに述べた写真5-3の義教御判御教書（公帖）以下、室町将軍の公帖がすべて「官（花押）」で、しかも花押は将軍の自筆であることに比べると明らかにちがっていることがわかる。これについても、いまただちに適切な解答はだせないが、これも問題点として指摘しておきたい。

(10) 第一節註(14)参照。

(11) ただし、戦国時代の公帖のうちには、本文の改行の仕方が、かならずしも近世のように固定せず、いささか異同がみられるものもある。また諸山の寺名の書き方は、南禅寺の室町将軍のものは二通ともすべて「国名寺名」となっていた。これに対して、天龍寺のものは「丹波国雲門寺」と「国名寺名」のものが一通あるが、他は国名がなく、ただ「景徳寺」（二通）、「三聖寺」（一通）となっており、諸山公帖の書式はかならずしも「国名寺名」であったとはいえない。

(12) 天龍寺文書第六函　招慶院公帖（九一五号）。

御判御教書Aの「包紙」

(13) 下文様文書としての御判御教書Aにあっても、「包紙」は付されていたであろうが、第一節第三項「朱印状の「包紙」とその宛名」で述べたように、そこには差出書も宛書もなく、本来は白紙であったから、それがこの御判御教書Aの「包紙」だと断定するのは非常に難しい。まして、現段階でその折り方まで推定するのはほとんど不可能である。

竪ノ中折封の変形

(14) 第一節第四項「朱印状の「包紙」の折り方」で述べた写真5-2の家治朱印状は五つ折りであった。しかし、これは完全な竪ノ中折封というよりは、竪ノ中折封の変形とでもいうべきものであったことも同じく述べた。

第四節　朱印状と公帖の料紙——中世から近世への檀紙——

第一項　中世と近世の檀紙の概観

朱印状と公帖の料紙

徳川将軍の朱印状と公帖の料紙はすべて檀紙

公帖の封式については以上にして、つぎに天龍寺の朱印状と公帖の料紙について考えることにする。天龍寺所蔵の徳川将軍の朱印状と公帖の料紙はすべて檀紙である[1]。そして、その先行形態である室町将軍の御判御教書A・御判御教書B（公帖）も同じく檀紙である。この点は部分的ではあるが、第一章「妙蓮寺の近世文書」、第二章「南禅寺の公帖」で述べた。また檀紙全体については、すでに拙稿「檀紙について（上・中・下）——古文書の料紙について（七・八・九）——」（「古文書研究」三三・三四・三五号　一九九〇・一九九一年[2]）である程度細

(1)檀紙Ⅰ

伝奏万里小路嗣房奉書(東寺百合文書)

かく検討したが、まず朱印状と公帖の料紙という観点から、中世と近世の檀紙を概観しておく。

(一)中世と近世の檀紙

江戸幕府の発給にかかる朱印状・公帖の料紙は、いずれも檀紙である。中世・近世をつうじて公文書として用いられる良質の檀紙はその紙質によって、

(1)檀紙Ⅰ
(2)檀紙Ⅱa
(3)檀紙Ⅱb
(4)檀紙Ⅲ

の四種類にわけるのが適当である。これ以外にも、日常的に用いられるそれほど良質でない檀紙もあるが、ここでは問題にしないことにする。この四分類の檀紙については、いま述べたいくつかの拙稿で具体的に検討したが、それを簡単に整理して本節の叙述の前提とするのがここでの目的である。

まず(1)檀紙Ⅰは、中世の檀紙である。ふつうの中世文書の料紙に比べて、やや黄色ないしは茶色味を帯び、荒々しくがさがさとしているが大きくて厚く風格のある料紙で、すこし中世文書に親しめばまず気づくのがこの檀紙Ⅰである。院宣・御判御教書など中世の公験になる文書の料紙として多く使われた。

私が、いつも中世の檀紙の代表としてあげるのは、

「応永　三年(一三九六)」六月　二日　伝奏万里小路嗣房奉書(東寺百合文書こ函九四号)
応安　四年(一三七一)　六月　一日　後光厳上皇院宣(醍醐寺文書一八函五三号)

などである。この伝奏万里小路嗣房奉書の特徴は、大きくて厚く、がさがさしていることである。したがって、墨ののりが悪く、随所に文字のかすれがみられる。また簀の目がはっきりしていて漉きが粗く、太いカヤスで漉いたことがわかる。この種の料紙は、黄色あるいは黄茶色味を帯びているものが多い。これは非繊維物質が多く含まれていることによる。チリ取り・水洗いがそれほど徹底していないからである。私の測定では、この文書の大きさは縦横が三四・八×五六・二センチメートル、厚さは平均〇・七ミリメートル前後で、一般的な中世文書の料紙に比べて非常に大きくて厚い。ふつうの文書は折りたたんで保存されているが、この文書は非常に厚

丸めたまま巻いて伝達・保存

後光厳上皇院宣（醍醐寺文書）

(2)檀紙Ⅱａ

自然のシワがみられるのが檀紙Ⅱａ

いため折りたたむことができず、丸めたまま巻いて保存されている。おそらく、応永三年（一三九六）にも同じように丸めたままの状態で、嗣房の奉書として東寺長者俊尊に伝えられたものと思われる。

これとほぼ同じなのが、後光厳上皇院宣（醍醐寺文書）である。これも縦横が三五・五×五五・二センチメートルと大きく、厚さも〇・七ミリメートルと、前記伝奏万里小路嗣房奉書とともに、おそらく私がこれまでみた中世文書のうちではもっとも厚い料紙ではないかと考える。もちろん、がさがさとしていて、伝奏万里小路嗣房奉書と同様に中世檀紙の特色が典型的にみられることはいうまでもない。そして、この文書も折りたたむことはできず、丸めて巻いたまま保存されている。

この檀紙Ⅰも、戦国時代になると、だんだん薄くなり質も悪くなるとともに、ぶよぶよとして腰が弱くなり風格もなくなる。それとともに、檀紙Ⅰには横に簀の目がみられる程度であるが、戦国時代になると檀紙Ⅰより薄くなるため、紙面のあちらこちらに細かい横の自然のシワ（シボともいう）がみられるようになる。そして檀紙Ⅰは腰がしっかりしているのに対して、それほど腰がしっかりしていない。がさがさとしたなかにも風格のある中世の檀紙Ⅰの「亜流」とでもいうべきものである。これが(2)檀紙Ⅱａ[3]である。この料紙の代表として、さきに写真を掲げた、

永正　六年（一五〇九）八月二三日　足利義尹（義稙）御判御教書(公帖)[4](写真5-5)

がある。これは、戦国時代の公帖としては比較的早いものである。写真ではほとんど確認が不可能かと思われるが、紙面の所々に細かい横のシワがみられる。この頃の檀紙にシワがついている所があったり、またついていない所がみられるのは、意識的にシワをつけたのではなく、自然についたものであることを示している。ことに原本についてみると、「例」と「件」の字の縦の最後の一画がいずれもかすれていることが確認できる。それはまさに横の細かいシワによるものであることを物語るものと考える。

このようなシワは、はじめは部分的にみられるだけであるが、やがて紙面全体にみられるようになる。この檀紙Ⅱａのシワは自然のシワであるから、太い細いがみられまたかならずしも整然とはしていない。シワの多い少ないは別として、自然のシワがみられるのが檀紙Ⅱａである。このシワに注目して、やがて人工的にシワをつけるようになる。これが(3)檀紙Ⅱｂである。自然のシワと人工のシワとは、かならずしもはっきりとは区別ができない場合もあるが、(3)檀紙Ⅱｂのシワは人工的につけられたものであるから、規則的できれいなシワがみられる。[5]

⑶檀紙Ⅱb

同じく檀紙Ⅱといっても⑵檀紙Ⅱaと⑶檀紙Ⅱbのちがいは、そこにみられるシワを自然のシワと認めるか、人工のシワと考えるかということに帰着する。⑵檀紙Ⅱaについては、いま足利義尹（義稙）御判御教書（写真5-5）についてみたが、同じく第二章「南禅寺の公帖」の写真3-11をご覧いただきたい。これもすでにみたように、

慶長一三年（一六〇八）　九月一〇日　徳川秀忠公帖(6)（写真3-11）

である。写真3-11Bはその部分拡大図であるが、全面に横にシワのあることがわかる。そして、秀忠の花押をはじめ「事」「件」の最後の一画にかすれがみられる。このシワは太い細いがあり、またそれほど規則的ではない。自然のシワで、これが⑵檀紙Ⅱaである。写真3-11の文書は公帖であるが、家康・秀忠・家光の段階には、公帖も朱印状も同じ料紙を使っていたから、これを⑵檀紙Ⅱaの例としても差しつかえはない。

人工のシワがあるのが檀紙Ⅱb

自然のシワと人工のシワ

つぎに写真5-7をみると、これは、

貞享二年（一六八五）　六月一一日　徳川綱吉朱印状（天龍寺宛）(7)（写真5-7）

で、写真5-7Bはその部分拡大図である。ここに掲載する写真がどの程度はっきりでているかは自信がないが、私の手許の写真では、規則的で細かいきれいなシワが横に走っていることがわかる。そして、よくみると多くの文字に墨のかすれがみられる。このシワは写真の光線の関係で、紙面の下部だけにしかみられないが(8)、当然紙面全体にみられるのである。写真3-11・写真5-7のシワを比べてみると、写真3-11は太くて粗っぽくそれほど規則的ではない。これに対して、写真5-7は細くてきれいで整然としている。いうまでもなく、自然のシワと人工のシワとの差ということができよう(9)。

⑷檀紙Ⅲ

いっぽう、この⑶檀紙Ⅱbと平行して、シワがなく厚くて腰の強いきれいな檀紙も用いられた。これは、おそらく中世の檀紙Ⅰと材料・製法などはほぼ同じと考えられるが、近世の檀紙ということから大きさが大きくなり、抄紙技術は進歩し、楮の繊維も細かく叩解されているので、中世の荒々しい感じはすくなくなり、きめの細かいきれいななかにも堂々とした感じの檀紙になる。これが⑷檀紙Ⅲである。同じく近世の檀紙であっても、⑵檀紙Ⅱa・⑶檀紙Ⅱbにはシワがあり、⑷檀紙Ⅲにはシワがないということで区別できる。そして、⑷檀紙Ⅲではシワにかわって、⑴檀紙Ⅰと同じように横に簀の目がみられ、また縦に糸目がみられる場合が多い。この⑷檀紙Ⅲのうちには固くて厚く、ボール紙ないしは薄い板のように感じられるものもある。したがって、これを折りたた

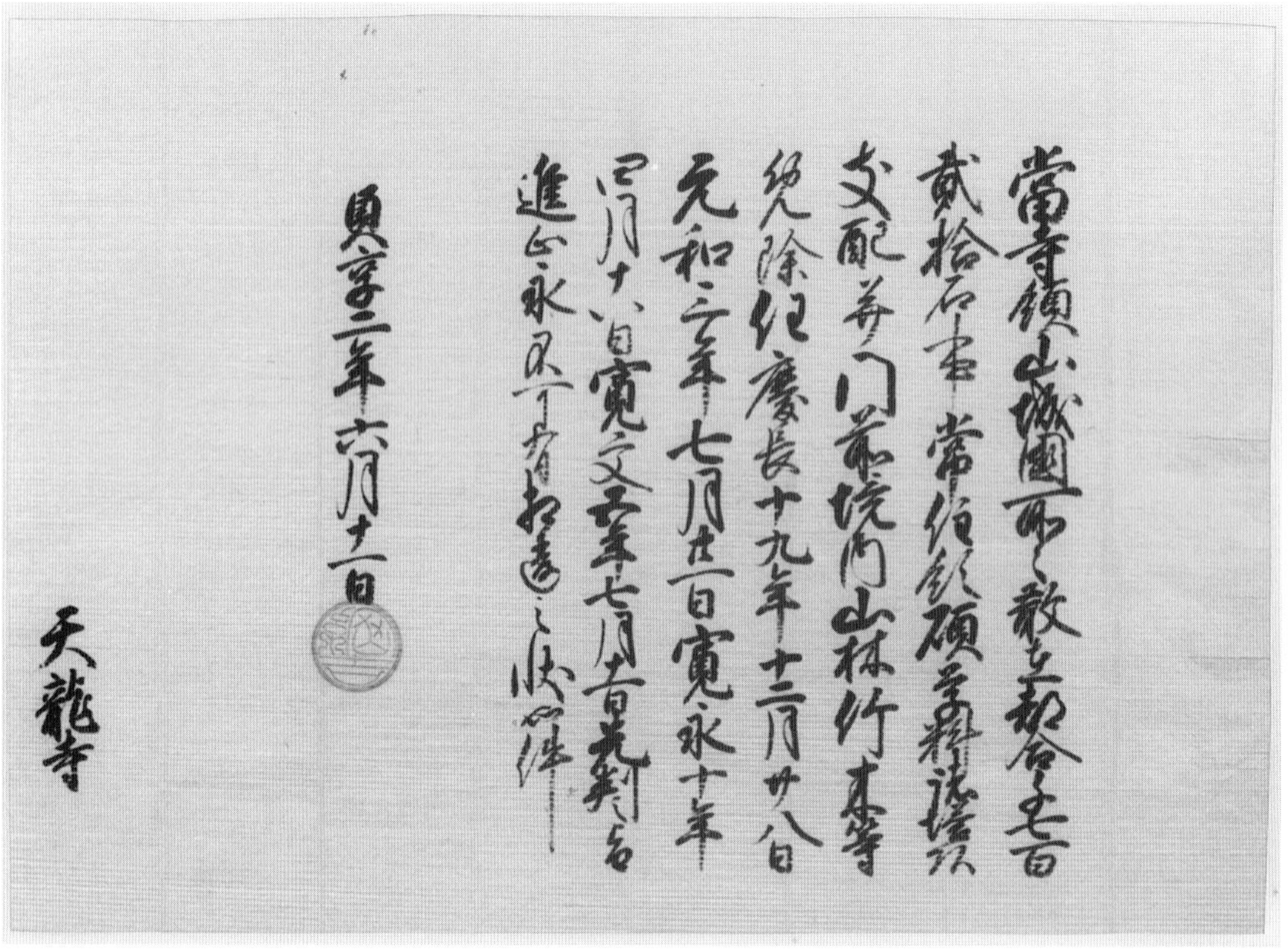

写真５－７Ａ　徳川綱吉朱印状（本紙）

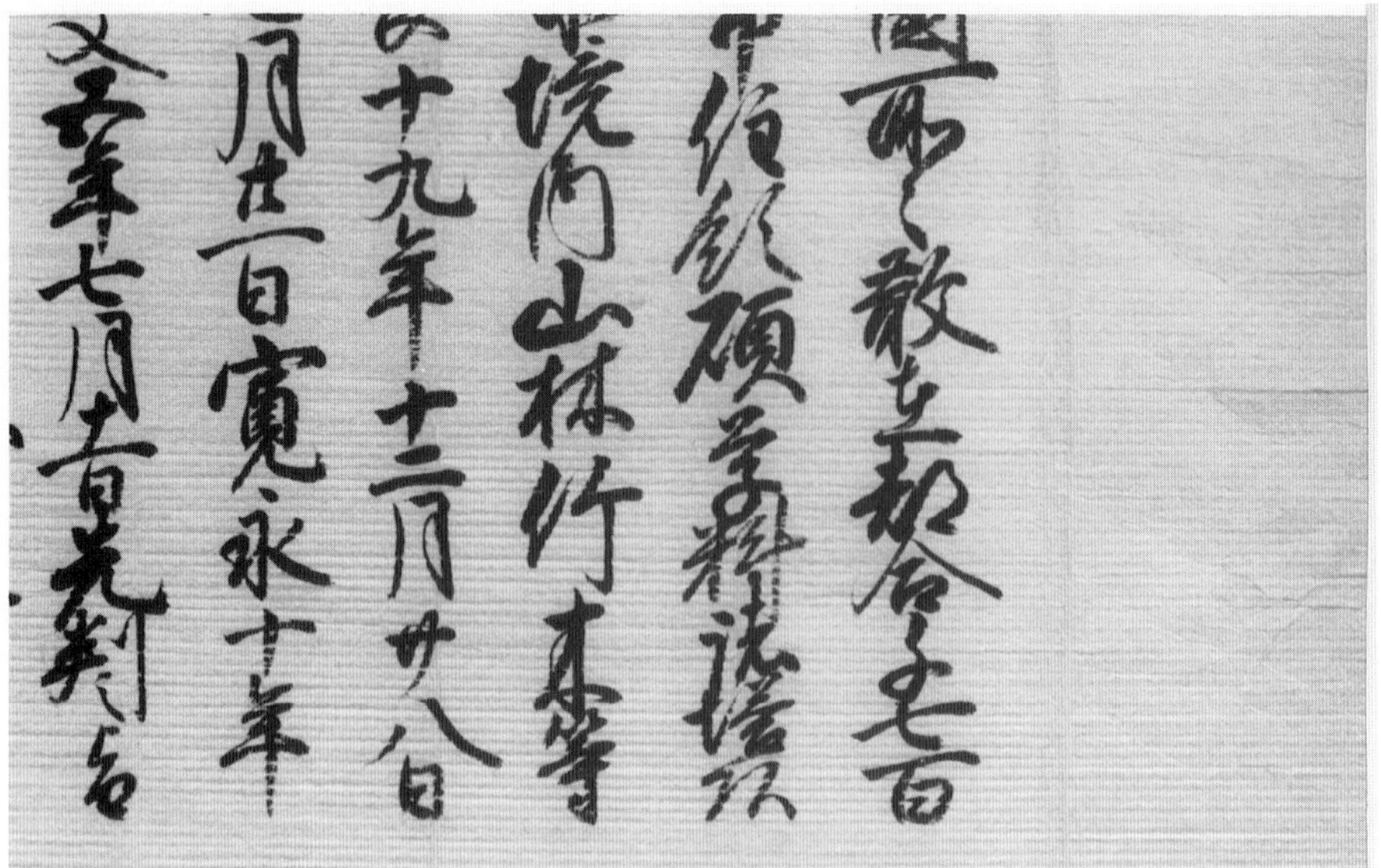

写真５－７Ｂ　徳川綱吉朱印状部分図

シワと簀の目は別

むにはふつうの紙のように簡単ではなく、予めヘラで線をつけたものもみられる。

　あるいはいわずもがなのことかもしれないが、シワと簀の目は明らかにちがっている。シワは自然のもの人工のものを問わず、細くてみた目がきれいで、何よりも紙面が凸凹している。それはさきに掲げた写真3-11Bの秀忠公帖や写真5-7Bの綱吉朱印状にみられるとおりである。横に細い自然のあるいは人工のシワが走っており、秀忠の花押をはじめ、本文の「事」「件」の最後の一画その他のかすれでもみられるように、シワのために紙面が凸凹していた模様がよくわかる。これはいうまでもなく(2)檀紙Ⅱa・(3)檀紙Ⅱbのものである。これに対して、(1)檀紙Ⅰあるいは(4)檀紙Ⅲの簀の目は太くて粗い。檀紙を漉くにはおそらく比較的粗い簀を使ったと考えられるから、簀の目はシワに比べるとずっと太くて粗い。簀の目の場合には紙面は凸凹しないのがふつうであるが、わずかに凸凹している場合でも、写真3-11Bや写真5-7Bのように墨のかすれはみられない。(10)

檀紙に関する私見の整理

表5-9　檀紙に関する私見の変遷

D(第四章)	A(第一章)	B(第二章)	C(第四章　初出)
(1)檀紙Ⅰ	檀紙Ⅰ	檀紙Ⅰ	檀紙Ⅰ
(2)檀紙Ⅱa	檀紙Ⅱ	檀紙Ⅱa	檀紙Ⅱa(大高檀紙)
(3)檀紙Ⅱb	大高檀紙	檀紙Ⅱb(大高檀紙)	檀紙Ⅱb(大高檀紙)
(4)檀紙Ⅲ	檀紙Ⅰ	檀紙Ⅲ	檀紙Ⅲ

(2)従来の私見の整理——主として大高檀紙について——

　以上が、中世から近世にかけての檀紙に関する現段階の大まかなまとめである。しかし、このような整理ができるようになるまでには、檀紙に関する私の長い遍歴の過程がある。ここで、本書で述べた檀紙に関する総括の意味も含めて、この間の事情をすこし詳しく説明しておきたい。

　本書における近世の檀紙の理解については、A第一章「妙蓮寺の近世文書」(一九八二年執筆)の段階からはじまって、B第二章「南禅寺の公帖」(一九八七年執筆)の段階、C本第四章「天龍寺の朱印状と公帖」(一九九一年執筆の初出)の段階、さらにD現在の理解と、足かけ二五年におよんでいる。はじめは妙蓮寺などの朱印状からはじまったが、南禅寺の公帖、さらに天龍寺の朱印状と公帖というように、多数の原文書を拝見する機会に恵まれた。当然具体的な内容も順次深化しているのである。それをまとめたのが表5-9「檀紙に関する私見の変遷」である。ここで「D(第四章)」としたのは、いま簡単にまとめた現段階における私の檀紙に関する結論的な理解である。

檀紙に関する私見の変遷

以下、この表5-9を参考にしつつ、順次具体的に私見の変遷を検討してみよう。まずA第一章「妙蓮寺の近世文書」では檀紙を、大きく、

(1)檀紙Ⅰ
(2)檀紙Ⅱ
(3)大高檀紙

三分類

と三分類した。中世の檀紙を(1)檀紙Ⅰ、だいたい戦国時代以降の自然のシワのあるものを(2)檀紙Ⅱ、江戸時代の人工のシワのあるものを(3)大高檀紙というように分類したのである。[11] そしてその使用法は時代の推移によるものではあるが、また礼の厚薄によっても料紙が使いわけられていたことを明らかにした。

これに対して、B第二章「南禅寺の公帖」とC本第四章「天龍寺の朱印状と公帖」（初出）とではいずれも、

(1)檀紙Ⅰ
(2)檀紙Ⅱａ
(3)檀紙Ⅱｂ
(4)檀紙Ⅲ

四分類

と四分類した。しかし、同じくBC両者ともに檀紙を四分類したといっても、細かい点はかならずしも同一ではない。すなわち、Bでは(3)檀紙Ⅱｂを大高檀紙としたが、Cでは(2)檀紙Ⅱａと(3)檀紙Ⅱｂを大高檀紙とするというように、それぞれ漸次考え方がかわっている。そして、最終的には本項の最初に述べた考え方（D）になるのであるが、これを現段階における私の結論としたいと思う。

大高檀紙について

ただし、ここに一つ問題がある。それは前記の大高檀紙についてである。大高檀紙については、いま述べたように、

A（第一章）では(3)大高檀紙
B（第二章）では(2)檀紙Ⅱｂを大高檀紙
C（第四章初出）では(2)檀紙Ⅱａと(3)檀紙Ⅱｂを大高檀紙

としている。すなわち、私はシワのある檀紙を大高檀紙としたが、そのとらえ方が漸次かわってきているのであ

る。

大藤修氏の批判

この大高檀紙の理解については、大藤修氏の批判がある。すなわち、大藤氏は「近世文書論序説(中)――近世文書の特質とその歴史的背景についての素描――」(「史料館研究紀要」二三号　一九九二年)において、

　檀紙はその大きさによって大高、中高、小高に区分されていたのであり、(上島が) 特定紙質を指す概念として「大高檀紙」を用いるのには疑問を感じる (同一六八頁)。

大高・中高・小高は檀紙の大きさ

とされる。いまみたように、私は早くからシワのある檀紙を大高檀紙といってきたが、[12] 近世史の方で大高檀紙というのは紙質ではなく、檀紙はその大きさによって大高・中高・小高と区分するのであって、特定紙質を指す概念として「大高檀紙」を用いるのは適当ではないとされるのである。そして、それが近世史研究者の共通の理解であるならば、門外漢が異議を申したてることはあるまい。そこで、本章では前述のように初出にあった「シワのある檀紙を大高檀紙という」ことはすべて削除し、檀紙といういい方一つに統一した。

シワのある⑵檀紙Ⅱa・⑶檀紙Ⅱbと
シワのない⑷檀紙Ⅲ

ただし近世の檀紙の場合、「大高檀紙」をどう理解するかは別として、シワのある⑵檀紙Ⅱa・⑶檀紙Ⅱbとシワのない⑷檀紙Ⅲは、全体として同じく檀紙としてまとめられるとはいえ、細かくみるとその紙質にある程度のちがいがある。自然に、ことに人工的にシワをつけるか、そうではないかは大きな問題であるが、それ以外にも⑶檀紙Ⅱbは⑷檀紙Ⅲに比べて色が白くまた腰が弱い。これに対して、⑷檀紙Ⅲは茶色味をおび腰が強く厚いものはボール紙を思わせるくらいしっかりしている。そして、何よりも前述のように、使い方にはっきりとしたちがいがある。もちろん、大きく檀紙と一括するのは当然であろうが、その中で細分をした方がよいと思うが、専門を異にするものがとかくいうべき問題ではなかろう。近世史研究の方でしかるべく検討をしていただくようお願いしたい。

それはともかくとして、本項(1)「中世と近世の檀紙」で述べたのが、現段階における私の檀紙に関する最終の考え方である。本書では、第一章「妙蓮寺の近世文書」、第二章「南禅寺の公帖」では檀紙に関しては初出のままとし、とくに訂正・統一することをしなかったので、全体として以上のようにまとめておきたい。

第二項　公帖の料紙――檀紙の紙質・大きさなどの継承性――

公帖の料紙

朱印状・公帖の料紙を検討する前提として、中世・近世の檀紙について、前項のように確認をしておく。その

上で、天龍寺文書の朱印状・公帖の料紙を具体的にみることにする。この場合、朱印状・公帖の順にとりあげるのが本来であるが、公帖は室町時代から江戸時代をつうじて一貫して公帖として述べることができるという利点があるので、まず公帖から検討することにする。

中世・近世をつうじての檀紙を検討するということになると、いろいろな文書群やいろいろな種類の文書を集めてくるよりは、同一の文書群で同種類の文書で統一的に検討した方が純粋な形で結論がえられる。その点、天龍寺の公帖は最適のものである。天龍寺には室町・戦国・織豊・江戸と各時代の公帖が四〇〇通も揃っており、この要求にこたえるにはこれ以上のものはない。第二章「南禅寺の公帖」でとりあげた南禅寺の場合、江戸時代の公帖は多数収められているが、室町時代からとおしてということになると、天龍寺の方が資料が豊富である。しかも、公帖はすでにみたように、中世・近世をつうじてその書式、さらには文言の基本は一貫しており、ここでも純粋な形で両者の比較できる。

このような、またとない好条件に恵まれた天龍寺の公帖を通観してえられた結論は、その料紙である檀紙は、その紙質においてもその大きさにおいても、さらにその縦横の比率においても、中世・近世をつうじてみごとな継承性を示しているということであった。以下、この点について具体的にみることにする。

(一)室町時代公帖の料紙

南北朝時代の公帖の料紙には、第II類あるいは第IV類の料紙が用いられた(13)。しかし、室町時代の公帖ということになると適当な原文書をみいだすことはたいへん難しい。前記南禅寺には多数の公帖が蔵せられているが、室町時代のものは残っていない。しかし、すでに述べたように天龍寺には室町時代の公帖が四通もみられる。もういちどそれを確認すると、

永享　四年（一四三二）　八月　七日　足利義教御判御教書（公帖）（写真5-3）
嘉吉　三年（一四四三）一二月一一日　管領畠山持国奉書（公帖）
宝徳　二年（一四五〇）　七月二八日　管領畠山持国奉書（公帖）（写真5-4）
享徳　四年（一四五五）　八月　四日　管領細川勝元奉書（公帖）(14)

である。その詳細は表5-6に示したとおりであるが、紙質はすべて同一の檀紙Iである。また、この四通の平

公帖の書式は書札様文書だが料紙は檀紙を用いた

戦国時代の室町将軍の公帖の料紙

表5-10Ⅰ　中世・近世の公帖の料紙Ⅰ(天龍寺文書)

		義教・持国・勝元	義稙・義藤・義輝・義昭	義昭(天正)	秀吉・秀次
紙　質		檀紙Ⅰ	檀紙Ⅱa		
厚　さ	平均値	0.2～0.3mm	0.2mm		0.3mm
大きさ(縦×横)	平均値	33.7×54.6cm	33.2×50.9cm	38.9×59.0cm	45.7×65.6cm
縦横の比率	平均値	1：1.62	1：1.53	1：1.51	1：1.43

表5-10Ⅱ　中世・近世の公帖の料紙Ⅱ(南禅寺文書)

		家康	秀忠・家光	家綱(承応・明暦)	家綱(万治)以降
紙　質		檀紙Ⅱa		檀紙Ⅲ	
厚　さ	平均値	0.3mm	0.2mm	0.3mm以上	
大きさ(縦×横)	平均値	46.6×65.8cm	45.8×62.9cm	45.6×62.2cm	46.8×65.6cm
縦横の比率	平均値	1：1.41	1：1.37	1：1.36	1：1.40

均した数字は表5-10Ⅰにみられるように、大きさが三三・七×五四・六センチメートル、縦横の比率は一対一・六二で、これは室町時代の公験になる御判御教書Aの料紙として用いられる檀紙Ⅰとほぼ同じである。このことから考えると、室町時代の公帖は一般的にその料紙は檀紙Ⅰであったといってよいように思う。

すでに明らかなように、公帖はその書式は書札様文書の御判御教書（御判御教書B）である。天龍寺の義教公帖はいわずもがな、三通の管領奉書の公帖もその書式は書札様文書である。室町時代の御判御教書Bの料紙は一般的に檀紙ではなく、第Ⅳ類の料紙の場合が多い。これは室町時代の御判御教書Aが公験になる文書に用いられたのに対して、御判御教書Bはふつう手続文書として用いられたからである。しかるに、このように公帖に檀紙を用いたのは、公帖はたんなる手続文書ではなく、公験になる重要な文書であったからであろう。ともかくも、公帖にかぎって書式は書札様文書であるにもかかわらず、その料紙に檀紙が使われたということに注目しておこう。

(2)戦国時代公帖の料紙

つぎに、戦国時代の天龍寺文書の室町将軍の公帖としては、表5-6にみられるように義稙（義尹）三通、義藤一通、義輝四通、義昭一〇通の計一八通がある。

このうち義昭の天正年間（一五七三〜九二）の六通（以下、これを「義昭（天正）」と略す）の大きさはだいたい三八・九×五九・〇センチメートルと、それ以前のものより飛躍的に大きくなっている。そこで表5-10Iでは、義稙・義藤・義輝と義昭（天正）を除く義昭の公帖一二通と、義昭（天正）の六通を別にして論ずることとした。なお、表5-10Iの数字は、すべて何通かの文書の平均値である。

すべて檀紙IIa

紙質の継承性の確認

戦国時代の公帖については、この点だけを確認しておいて、以下具体的に検討することにする。まず、戦国時代の公帖の料紙の紙質は引きつづき檀紙が使われている。すなわち、これらの紙質はすべて檀紙IIaで、檀紙Iと同じ紙質であるが、その「亜流」ともいうべき自然のシワのあるぶよぶよとした料紙である。これは義教御判御教書（公帖）以下の四通と義稙御判御教書（公帖）などの料紙を並べてみると、紙質の継承性の確認はそれほど難しいものではない。

料紙の大きさ

つぎに、大きさの問題がある。義昭（天正）以前の室町将軍の公帖の大きさと、義昭（天正）の大きさに格段のちがいがある。これは天龍寺文書だけではなく、表3-5にみられるように南禅寺文書の場合も同じである。南禅寺文書には義昭（天正）はわずか二通しかみられないが、やはりその平均の数字は天龍寺の六通とかわらず、天龍寺・南禅寺といわず、義昭（天正）の公帖の特色ということができよう。この点だけを確認しておいて、詳しくは後ほど考えることにする。

料紙の縦横の比率

黄金比

もう一つの検討項目として、料紙の縦横の比率がある。これについては第二章第三節第一項(4)「料紙の縦横の比率」ですこし触れたが、古文書の料紙の縦横の比率は時代によって変化がみられる。大まかにいうと、平安時代には一対一・七くらいと横長である。しかし時代とともにそれがだんだん縦長となり、南北朝・室町時代には一対一・六から一対一・五くらい――これは一般に黄金比といわれる――、それが江戸時代になると一対一・四以下となる。これを表5-10Iについてみると、室町時代の一対一・六二に対して、戦国時代には義稙以下の一二通、[15]義昭（天正）と漸次縦長となり、近世文書の料紙の特色に近づいている模様をしることができる。

秀吉・秀次公帖の料紙

(3)秀吉・秀次公帖の料紙

秀吉・秀次の段階になると、公帖の料紙は、表5-11（表5-10Iも参照）にみるように、紙質は戦国時代の室町将軍の公帖と同じく、引きつづき檀紙IIaであるが、大きさがいちだんと大きくなる。すなわち、縦は平均四

秀吉の公帖発給の権限は室町将軍のそれを引きついだもの

表5-11　豊臣秀吉・秀次の公帖（天龍寺所蔵）

年 月 日	発給者	受取人	寺格	料紙の大きさ	料紙の比率	紙質
天正15. 8 .15	豊臣秀吉	等循首座	建長寺	45.7×63.1	1：1.38	檀紙II a
天正17. 8 .13	豊臣秀吉	周佐首座	景徳寺	46.1×63.3	1：1.37	檀紙II a
天正17. 8 .21	豊臣秀吉	周佐西堂	臨川寺	46.3×64.1	1：1.38	檀紙II a
天正17. 8 .24	豊臣秀吉	壽筠西堂	建長寺	45.4×64.1	1：1.41	檀紙II a
天正19. 3 .26	豊臣秀吉	周彭首座	景徳寺	45.6×67.3	1：1.47	檀紙II a
天正19. 3 .29	豊臣秀吉	周彭西堂	臨川寺	45.6×67.3	1：1.47	檀紙II a
文禄 3. 7. 5	豊臣秀次	周銛首座	景徳寺	46.2×67.3	1：1.45	檀紙II a
文禄 3. 7.15	豊臣秀次	周銛西堂	臨川寺	46.2×67.3	1：1.45	檀紙II a
文禄 4. 3. 1	豊臣秀次	周寔西堂	建長寺	45.4×67.1	1：1.47	檀紙II a
文禄 4.10.16	豊臣秀吉	梅真和尚	天龍寺	44.8×65.1	1：1.45	檀紙II a

五センチメートルをこえ、また横幅は六五センチメートルと大きくなる。そして、縦横の比率も一対一・四となり、ほぼ近世の檀紙IIaと同じようになる。

たしかに秀吉・秀次の公帖の料紙は大きい。それは秀吉の朱印状についても同じである。この点は藤井讓治氏が前記論稿において、

室町将軍御判御教書は縦が三一センチから三五センチ、横が五一センチ程度であるのに対し、領知朱印状は縦が四五センチ、横が六五センチと圧倒的に大きい。この点は、秀吉の領知朱印状を継承するものであり、大高檀紙が「天下人」に相応しい料紙として使用されたのではなかろうか（同書三三三頁）。

と、徳川将軍の朱印状の先行形態として、「天下人」としての秀吉朱印状の大きさを高く評価する所以であり、また一般的な評価でもあるようだ。

はたしてそうなのだろうか。秀吉の大型の檀紙IIaの朱印状は、室町将軍の御判御教書と断絶する形で成立したものなのだろうか。この点を改めて公帖について考えてみることにする。秀吉の公帖発給の権限は室町将軍のそれを引きついだものであるが(16)、たとえば表5-10Iをみてみよう。その檀紙の大きさに注目するならば、室町将軍の公帖のたとえば「縦が三一センチから三五センチ、横が五一センチ程度」が、いっきょに秀吉公帖の「縦が四五センチ、横が六五センチ」という圧倒的な大きさに飛躍したのではない。さきにもすこし触れたように、義昭（天正のだいたい縦三八・九センチメートル、横五九・〇センチメートルという大きさを橋渡しにして、秀吉の圧倒的な大きさになる。これは天龍寺文書だけではなく南禅寺文書についても同様であった。すなわち、室町

将軍の公帖、義昭（天正）の公帖と漸次近世的な料紙の大きさになり——紙質・縦横の比率も同じである——、その決着点が秀吉公帖であったのである。

秀吉朱印状

この点を確認しておいて、つぎに秀吉朱印状を検討する。後ほど補論Ｉ「殿下と将軍」で触れるが、表6-1をみていただきたい。これははなはだ不十分なものであるが、大まかな傾向だけはみることはできよう。秀吉が檀紙IIａの大型の朱印状を発給するのは天正十六年（一五八八）卯月十五日以降と考えてよかろう。その意味については補論Ｉ「殿下と将軍」で述べている。それ以前は奉書ないしは斐紙の小型の料紙であったのである。すなわち、秀吉朱印状の料紙の使用という点に焦点をしぼるならば、大型の檀紙IIａの朱印状というのは、たしかに「天下人」としての秀吉の「突然」の使用といえる。

秀吉の大型の檀紙IIａの朱印状へ使用

しかし、いまみてきたように、室町将軍の公帖、義昭（天正）の公帖、秀吉の公帖という公帖の料紙の流れ、そして広く戦国時代の室町将軍の御判御教書・御内書などの料紙を考えると、秀吉の大型の檀紙IIａの朱印状の使用は、その延長線上に位置づけられるべきものであることがはっきりしたと考える。わずかな時間的な前後関係ということをみても、秀吉が檀紙IIａの大型の公帖を使うのは、管見のかぎり天正十五年（一五八七）八月十五日である（表5-11参照）が、朱印状は翌天正十六年（一五八八）卯月十五日以降と考えられるのである。すなわち、秀吉が「大高檀紙が「天下人」に相応しい料紙として使用」したのは、決して秀吉の独創ではない。室町将軍が広く使用した公帖をはじめとする檀紙を、秀吉が「てんか」たることによって、天正十六年（一五八八）卯月にはじめて朱印状に使用した——もうすこしいうならば使用することができた——にすぎないのである。

室町将軍の檀紙を継承

もはや多くを語る必要はあるまい。秀吉の檀紙IIａの大型の朱印状は、「天下人」なるが故に、天正十六年（一五八八）にいたって突如使用するようになったのではなく、紙質にしても、大きさにしても、また縦横の比率にしても、すべて室町将軍の公帖その他の料紙である檀紙を継承したものであることが実証できたと考える。

非文字列情報の一例

そして、いうまでもないことだが、江戸時代の朱印状の評価とも密接に関連するものであり[17]、それとともにすこし飛躍するようだが、これは史料の文字面だけを追っていたのではしることのできない貴重な非文字列情報の一例だということを確認しておきたい。

家康・秀忠・家光公帖の料紙

（４）家康・秀忠・家光公帖の料紙

つぎの家康・秀忠・家光の段階も、秀吉の段階とほぼ同じ料紙が引きつづき使われている。家康についていうと、天龍寺には家康の公帖はみられず、南禅寺に二通蔵せられているだけである。これは、すでに第二章「南禅寺の公帖」で触れたが、

A慶長一〇年（一六〇五）二月二四日　徳川家康公帖（建長寺）

B慶長一〇年（一六〇五）三月一一日　徳川家康公帖（南禅寺）（写真3-10[18]）

である。ちなみにその料紙の大きさを示すと、

Aは四六・七×六六・二センチメートル

Bは四六・二×六五・センチメートル

で、その平均値は表5-10Ⅱ[19]にみるように四六・六×六五・八センチメートル、縦横の比率は一対一・四一で、秀吉・秀次の段階と同じといってよい。

秀忠・家光の段階の公帖も、厚さ・大きさ・料紙の縦横の比率ともに家康のものとほぼかわりはない。ただし紙質については、第二章「南禅寺の公帖」（表3-5も同じ）では秀忠・家光のものを檀紙Ⅱｂとしたが、平成二年（一九九〇）に天龍寺文書を調査させていただいて、秀吉・秀次・家康のものと同じく、檀紙Ⅱａとした方がよいと考えるようになった。これはシワをどうみるかということであって、自然のシワと考えるか、人工のシワとするかということに帰着する。これは微妙な問題であって、機械で測ったような結論はだせないが、天龍寺において朱印状だけではなく公帖も実際に多数並べて、総合的に比較検討した結果、秀忠・家光の段階の公帖の料紙は、その時代の朱印状の料紙とかわりなく、いずれも自然のシワとすべきであると考えるようになった。[20]ともあれ、徳川将軍の公帖の料紙は家光までは檀紙Ⅱａを用いていたのである。

自然のシワか人工のシワか

（5）家綱公帖の料紙

家綱公帖の料紙

それが家綱の段階になると、すこし様子がちがってくる。まず、厚さが厚くなる。家光までのものはだいたい〇・二ミリメートルくらいであったが、家綱の頃になるとふつう〇・三ミリメートルを超えるようになる。それとともに腰がしっかりしてきて、細かい目のつまった堂々たる檀紙がみられるようになる。これが檀紙Ⅲである。

檀紙Ⅲ

これはおそらく、中世の檀紙Ⅰと材料・製法の基本はほとんどかわらなかったと考えられるが、檀紙Ⅰではまだ

粗い楮の繊維が残っていてがさがさとしていた。そして、これが中世の檀紙（檀紙Ⅰ）の特色でもあった。しかし檀紙Ⅲでは、近世のものというだけに、抄紙技術の進歩、さらには「強力で集中された将軍権力」たる江戸幕府の最高の公文書ということから良質の楮を使うようになり、楮の繊維は細かく叩解され、質が均一になるとともに、中世の檀紙Ⅰの特色であった堂々たる威厳のある風格のなかにも上品な品位が感じられるようになる。

綱吉以降公帖の料紙

（6）綱吉以降公帖の料紙

厚くて目のつまった良質のすばらしい檀紙Ⅲ

これが綱吉の頃になると、さらに厚くて目のつまった良質のすばらしい檀紙Ⅲとなる。そして、厚いものはボール紙あるいは薄い板のように感じられるものすらみられるようになる。檀紙Ⅲにはシワがないのが特徴である。ただし、横に簀の目がみられ、また縦に糸目がみられる場合がある。江戸時代の公帖には、だいたい家綱以降この檀紙Ⅲが幕末にいたるまで用いられている。

みごとな継承性を確認

これまで公帖の料紙について、時代を追ってその変遷をたどってきた。公帖といえば、すでにみたように、その書式だけではなく文言、さらに形態も基本的なものは室町時代から江戸時代末期までほとんどかわっていない。きわめて継承性の高い文書である。そして、その料紙が檀紙であり、その時代的変遷が、たとえば天龍寺文書という一つの文書群で検討できるという恵まれた条件にある。その具体的な足どりはすでにみたごとくであるが、それをまとめると表5-10Ⅰと表5-10Ⅱのようになる。紙質にしても、大きさにしても、また縦横の比率にしても、室町時代の公帖（表5-10Ⅰの「義教・持国・勝元」）が出発点である。それが戦国時代（同「義稙・義藤・義輝・義昭」）、ことに「義昭（天正）」をへて漸次近世的形態に発展、いちおうの到達点が「秀吉・秀次」である。それが、江戸時代になってさらに進化をとげるが、基本的な性格は一貫しているのである。決して断絶はみられない。かくして公帖は、その書式・形態はいうまでもないが、さらにはその料紙である檀紙も、室町時代から江戸時代末期までみごとな継承性を示していることが確認できたと考える。

第三項　朱印状の料紙[補註⑥]

天龍寺朱印状の料紙

（一）寺社宛朱印状の料紙――天龍寺朱印状の料紙――

これまで、天龍寺の公帖の料紙を検討してきたが、つぎに天龍寺の朱印状の料紙について考えてみることにする。

家康・秀忠・家光の朱印状の料紙

表5-1にみられるように、天龍寺には歴代の朱印状四二通が蔵せられているが、家康・秀忠・家光の三代の朱印状は一〇通である。それは表5-2にⅠからⅩとして、すこし詳しく記載している。これら一〇通の朱印状の料紙はすべて檀紙Ⅱaである。ぶよぶよとしていてしまりがなく、厚さは平均〇・三ミリメートルで腰が弱く、質もそれほど均一ではない。紙面のほぼ全面にシワがみられるが、かならずしも規則的ではなく、また太い細いもみられる。すなわち自然のシワである。

朱印状と公帖は同一紙質の檀紙

このうちで、天龍寺の三通の家康朱印状の本紙の紙質・大きさ・縦横の比率・厚さの平均値を示すと、表5-12の朱印状の欄にみられるごとくである。それと比較するため表5-10Ⅱから家康公帖の数字を、表5-12の公帖の欄にそのまま掲げた。これは南禅寺の家康公帖であるが、両者を比較して朱印状といい公帖といい、いずれも同じ檀紙であるということだけ確認できればそれでよい。これだけでは材料不足といわれかねないが、幕府公文書としての朱印状も公帖も、その料紙にはかわりがなかったということだけ確認できれば、この表の目的は達せられたのである。

表5-12　家康の朱印状・公帖の料紙

	紙　質	大きさ(縦×横)	縦横の比率	厚さ
朱印状	檀紙Ⅱａ	45.8×64.5cm	1：1.41	0.3mm
公　帖		46.6×65.8cm	1：1.41	0.3mm

この表5-12によると、天龍寺朱印状の大きさは平均縦四五・八センチメートル、横六四・五センチメートル、縦横の比率は一対一・四一で、秀吉・秀次段階の朱印状（表6-1参照）や公帖（表5-10Ⅰ参照）とかわりがない。料紙としては、家康の朱印状・公帖は秀吉のものをそのまま引きついでいることがわかる。秀忠・家光の段階も、ほぼ同じであったといえよう（表5-2参照）。

しかし、四代家綱を境にして、朱印状の料紙の趣きがすこしかわる。これまでのものよりは厚くて質も均一になり、身が締まっていて品の良い檀紙となる。そして紙面全体にきれいで規則的なシワがみられる。いうまでもなく人工的なシワで、これが檀紙Ⅱbである。

家綱・綱吉の朱印状の料紙

家綱・綱吉の段階の朱印状の料紙は、このように厚くて品のある檀紙Ⅱbであるが、吉宗の時代になるとシワがさらに細かくきれいになり、いかにも人工のシワという感じがする。しかし、家綱・綱吉の時代のものに比べて腰が弱くなり、なんとなくさくさくとした感じのものとなる。また色も白くなり、現在のパルプ入りの大高檀紙のような感じがする。おそらく楮がすくなくなったのであろうが、これも人工のシワがあることから檀紙Ⅱｂと分類してよいと思う。そして、これはすこしずつ質が悪くなりながら幕末におよぶのである。

おそらく、他の寺社の場合も事情は同じで、寺社に下された朱印状は、江戸時代を通じてすべて檀紙Ⅱ、すなわちシワのある檀紙であっただろう。そして、家光までは自然のシワのある檀紙Ⅱａ、家綱以降は人工のシワのある檀紙Ⅱｂが用いられた。おそらく、これは抄紙技術の進歩によるものであろう。江戸時代の寺社宛の朱印状全体をみると、家綱・綱吉の時代のものがもっとも良質で風格があったということができる。

（2）大名宛・公家宛朱印状の料紙

以上、天龍寺の朱印状によって、寺社宛の朱印状の料紙をみてきた。しかし、朱印状全体の料紙を論ずるには、寺社宛のものだけではなく、大名宛・公家宛のものも含めて総合的に検討しなければならない。とはいえ、大名宛・公家宛の朱印状ということになると、とうてい門外漢の私が述べられるようなものではない。本格的な調査が必要である。ここでは、たまたま私が調査することができたきわめてわずかな例を紹介して、足らざるところはそれぞれ関係の方に補っていただくことにする。

大名宛の朱印状についていうと、国立史料館所蔵の陸奥国弘前藩主津軽家文書には、四代家綱以降一〇通の歴代将軍の継目安堵の朱印状が収められている。[21]そしてその料紙はすべて堂々たる檀紙Ⅲであって、前記天龍寺の朱印状の腰の弱い檀紙Ⅱｂとは明らかに異なっている。大名家宛の朱印状の料紙については、いまのところこの津軽家文書以外に実例をしらないが、大名家宛の朱印状は家綱以降は檀紙Ⅲであったとしておく。

大名宛の朱印状
檀紙Ⅲ

つぎに、公家宛の朱印状について考えてみよう。これについてはさらに資料不足である。さきに第一章「妙蓮寺の近世文書」で、妙蓮寺の朱印状について述べた際にすこし詳しく触れたが、現在京都府立総合資料館には、

公家宛の朱印状

安政　二年（一八五五）　九月一一日　　徳川家定朱印状
万延　元年（一八六〇）　九月一一日　　徳川家茂朱印状

の二種類合わせて四二通が、二箱にわけて保管されている。[22]この朱印状は京都府下の寺社に宛てられたものが多いが、大和の法隆寺・龍田大明神さらには摂津の住吉社宛のものなどもみられる。このうち家茂朱印状の三通が、武者小路三位・五条前中納言・花園前少将と公家宛になっている。そしてこの三通と、他の寺社宛の朱印状はは

きれいなシワが整然とみられ腰が弱い檀紙Ⅱｂ
厚くて腰が強く、シワのない檀紙Ⅲ
江戸幕府の朱印状と公帖の料紙のまとめ
寺社宛の朱印状・公帖
大名宛・公家宛の朱印状

っきり料紙がちがっており、寺社宛の料紙はきれいなシワが整然とみられ腰が弱い檀紙Ⅱｂであるが、公家宛の三通は厚くて腰が強く、シワのない檀紙Ⅲである。これは両方の檀紙が同一の箱に収められているから、それらを並べて比較すると一見してそのちがいがわかる。すなわち、ここでも寺社宛のものは、天龍寺の場合と同じく檀紙Ⅱｂを使っているが、公家宛のものには檀紙Ⅲというように、はっきり料紙の使い方がちがっていることが確認できる。公家宛の朱印状については家茂の三通の朱印状しか実例をあげることはできないが、おそらくこれは寛文印知、すなわち家綱以降は同一の料紙である檀紙Ⅲが用いられたと考えてよいのではなかろうか。[23]

第四項　朱印状と公帖の料紙研究とその課題

(一)朱印状と公帖の料紙

中世から近世にかけての檀紙については、以上の点を確認しておいて、つぎに江戸幕府の朱印状・公帖の料紙を全体としてまとめてみることにする。そのために表5-13「江戸時代の檀紙の使用法」を作成した。以下、これについてすこし具体的にみることにする。

表5-13　江戸時代の檀紙の使用法

		家康・秀忠・家光	家綱以降
朱印状	大名宛	（檀紙Ⅱａ）	檀紙Ⅲ
	公家宛		
	寺社宛	檀紙Ⅱａ	檀紙Ⅱｂ
公帖			檀紙Ⅲ

江戸幕府最初の家康・秀忠・家光の三代は、寺社宛の朱印状・公帖ともにその料紙には檀紙Ⅱａを用いていた。大名宛・公家宛の朱印状については、具体的な検討はしていないが、同じく檀紙Ⅱａであったと考えてよいのではなかろうか。しかし寛文印知以降、すなわち幕府の諸制度の整備された家綱以降は、料紙の使い方もちがってきた。寺社宛の朱印状は檀紙Ⅱａに人工的にシワをつけた檀紙Ⅱｂを用いているが、公帖にはすべて檀紙Ⅲを使うようになる。

つぎに、大名宛・公家宛の朱印状ということになると、さきに述べたように私が実見しえたのは一〇通程度である。大名宛として前記津軽家文書一〇通と、公家宛として前記京都府立総合資料館所蔵のうち、武者小路三位・五条前中納言・花園前少将宛の徳川家茂朱印状の三通程度にすぎないが、これらはいずれも檀紙Ⅲが使われている。これだけで大名宛・公家宛の朱印状の料紙を論ずるのははなはだ材料不足という誇りを免れがたいことは承知の上ではあるが、ここでは表5-13のように

同じく朱印状とはいえ料紙の使い方がちがう

家綱以降の大名宛・公家宛の朱印状は檀紙Ⅲであったとしておく。これによってみれば、同じく朱印状とはいえ、家綱以降の大名宛・公家宛のものは檀紙Ⅲを使うが、寺社宛のものは檀紙Ⅱbであるというように明らかに料紙の使い方がちがっていたのである。

しからば、同じく朱印状とはいいながら、なぜ大名宛・公家宛と寺社宛のものとでは料紙の使い方がちがうのであろうか。これはいうまでもなく、礼の厚薄によるものである。たとえば、四万五千石の大名である津軽家に宛てられた朱印状と、せいぜい一・二千石、場合によっては一〇石足らずの寺社に宛てられるものとでは、礼の厚い薄いの差があって当然である。また、公家――これには門跡寺院も含まれる――は江戸時代では石高は低かったが、形式的には丁重な扱いを受けていた。これがその料紙の使い方に反映したと考えるべきであろう。すなわち、江戸幕府最高の公文書である公帖と朱印状の料紙は、同じく檀紙とはいうものの、いろいろと種類がちがっていた。そして、それは一つには時代の相違によるものではあるが、また同時代のものをとると、それは大名・公家・寺社という権門の種別によってちがっていたことがはっきりする。

以上、天龍寺の朱印状と公帖の料紙について考え、さらに広く公帖・朱印状の料紙、すなわち江戸時代の檀紙の用法について述べた。ただし重ねていうが、朱印状についてはそのごく一部の断面をとりあげたにすぎない。おそらくもっと豊かで変化に富んだものであったと思われるが、すべては今後の研究に俟つことにする。

朱印状料紙研究の課題

(2)朱印状の料紙研究に関する今後の課題

「位階性的」秩序の原理が貫徹

これまで、はなはだ材料不足のまま、江戸幕府の朱印状の料紙について論じてきた。ここには、はっきりと大名・公家と寺社という権門の種別のちがいによって、そこに下される朱印状の料紙の質がちがっていたという「位階性的」秩序の原理が貫徹していることがわかった。その上で、大名なら大名、公家なら公家、寺社なら寺社のそれぞれの権門の間で、檀紙Ⅱb・檀紙Ⅲというように同じ紙質の檀紙であっても、官位や領知高によってその厚さその他に差をつけることによって、礼の厚薄をあらわした可能性が考えられるのである。

書式を中心とした書札礼

朱印状の書式を中心とした書札礼に関しては、それぞれ礼の厚薄があったことは周知の事実である。たとえば大藤修氏は「近世の社会・組織体と記録」(国文学研究資料館史料館編『アーカイブズの科学　上巻』(柏書房二〇〇三年))において、将軍が大名に発給する領知判物・朱印状と御内書では、大名の官位と領知高に応じた位階性的な書札礼を完成させた（同一一二頁）。

として、その具体的な研究成果としては、大野瑞男氏の前記「領知判物・朱印状の古文書学的研究――寛文印知の政治的意義㈠――」と髙橋修氏の前記「近世に於ける御内書についての研究」をあげられる。これは大名宛の朱印状と御内書の書札礼に関する研究であるが、私も大野氏の前記研究に依拠しつつ朱印状の書式を礼の厚薄によって大きく九分類した（本章第二節「朱印状の書式と文書様式」）。

これは、書式を中心とした書札礼についてであるが、料紙の使い方についても同様に考えられるのではないかと思う。同じく大藤修氏は前記「近世文書論序説（中）――近世文書の特質とその歴史的背景についての素描――」において、国立史料館所蔵の津軽氏宛に発給された朱印状の檀紙の厚さを検討され、家慶・家定・家茂発給のものは津軽氏の領知高が四万六千石から十万石になったため判物に格上げされ、厚さも以前の朱印状より厚くなっている――紙質は以前の朱印状と同じだが――と指摘されている。実は前述のように、私も早く、この津軽家文書は調査をさせていただいたのだが、料紙の厚さにまで考えがおよばなかった。それはともかくとして、大藤氏は同じく大名宛の朱印状は紙質は同じ檀紙Ⅲだとしても、宛先の格式や領知高によって料紙の厚さその他に差が設けられていた可能性を示唆されているのである。

これは十分に推測可能なことである。私はせいぜい権門の種類による料紙の質のちがいだけしか指摘できなかったが、その上にたって、大藤氏の提言にしたがうならば、さらに大名宛のものだけではなく、公家宛・寺社宛のものも含めて、同一権門内の朱印状の料紙の厚さその他と礼の厚薄の問題は、今後深められなければならない重要な研究課題である。すなわち、朱印状の料紙にみられる近世の支配原理は、まず大名・公家・寺社という大きく権門別に料紙の質をかえることによって「位階性的」秩序を確認、さらに同一種別の権門内にあっても、場合によっては紙質をかえ、(24) さらに同一の紙質であっても厚さなどをかえるといった細かい配慮によって、礼の厚薄を区別した可能性が考えられるのである。このようにみてくるならば、きわめて定式化し、場合によっては無味乾燥と考えられ、近世の研究者にもそれほど関心が向けられることのすくなかった朱印状であるが、まだまだ多くの研究課題が残されているのではないだろうか。

料紙の使い方に関する「位階性的」秩序

料紙の厚さにみる「位階性的」秩序

紙面にシワのある檀紙を大高檀紙という

自然のシワと人工のシワ

檀紙の簀の目とシワ

檀紙Ⅰの墨のかすれと檀紙Ⅱのそれとは全然ちがう

註

(1) 本章では、すでに檀紙という言葉を使い、また本節以下でも同様である。私は最近、中世・近世文書の料紙の分類に、第Ⅰ類・第Ⅱ類・第Ⅲ類……という分類をしている。しかし、本章で第Ⅲ類にかわって檀紙という言葉を使ったことについては、本節註(13)を参照いただきたい。

(2) 以下、これを拙稿「檀紙について」と略す。

(3) ここで述べる檀紙Ⅱa、つぎに述べる檀紙Ⅱbの特徴その他の詳しいことについては、前記拙稿「檀紙について(下)」の三「近世の檀紙」で詳しく述べた。

(4) 第一節註(14)参照。

(5) 本章の初出の拙稿「天龍寺の朱印状と公帖」(『摂大学術　B〈人文科学・社会科学編〉』九号　一九九一年)では、一「朱印状の封式と料紙」において、檀紙Ⅱa・檀紙Ⅱbについて、

　自然のシワ・人工のシワは別として、紙面にシワのみられる檀紙を大高檀紙とよび、檀紙Ⅱaはまたは大高檀紙a、檀紙Ⅱbはまたは大高檀紙bとよんでもよい(同二五頁)。

としている。すなわち、紙面にシワのある檀紙を大高檀紙というとしているのであるが、後ほど述べるようにこれは適当ではなかった。そこで、本章ではこれを削除するとともに、全体としてその趣旨にあうように初出の文章を適宜訂正した。

(6) 「南禅寺公帖目録」一五号甲。

(7) 天龍寺文書第一〇函　天龍寺朱印状(一二二七号)。

(8) これは私の写真技術の未熟の致すところである。すなわち光線が紙面全体に均等ではなく、明るいところと暗いところがあるためである。欲をいえばきりがないが、素人の写真としてはこの程度で満足すべきかもしれない。

(9) 中世・近世の檀紙についてては拙稿「檀紙について」で細かく検討した。本章で述べた朱印状・公帖の料紙である檀紙に関しては、この「檀紙について」と重複するところがある。しかし、本章では天龍寺の朱印状・公帖を中心にして檀紙について述べ、前記拙稿では、檀紙を中心に考察をしているという視点のちがいがあることはいうまでもない。なお、この自然のシワと人工のシワについては、拙稿「檀紙について」でも写真5-7と同じものを使って説明をした。

(10) 中世の檀紙の写真で、比較的簀の目のはっきりしているものとして、

　応永　五年(一三九八)　九月　八日　関白二条師嗣御教書(東寺文書　書九　『聚英』二七七号)

　嘉吉　元年(一四四一)一二月二六日　管領細川持之下知状(東寺文書　数一〇　『聚英』三七九号)

などがある。これは『聚英』の写真でも簀の目がはっきりしているが、その墨のかすれはほとんどみられない。中世の檀紙Ⅰは近世の檀紙Ⅲに比べて表面がざらざらしているから、ところどころに墨のかすれはあるが、それは写真3

-11（檀紙Ⅱa）や写真5-7（檀紙Ⅱb）にみられるように、シワのある檀紙Ⅱaや檀紙Ⅱbのものとは全然ちがう。

檀紙に関する最終的な私見

(11) 表5-9にもとづいて、これをもうすこし詳しく説明すると、「D（第四章）」というのが、いま本文でみた檀紙に関する最終的な私見である。そこにいたるまでに、本書の関係の各章ではどのような変遷をたどったかを示すのが表5-9である。中世の(1)檀紙Ⅰの理解については、本書全体としてほとんどかわっていない。戦国時代以降の(2)檀紙Ⅱa以下に関する理解が漸次深化しているのである。

A（第一章）の理解についていうと、これは主として妙蓮寺の朱印状について述べたものである。A（第一章）の檀紙ⅡをD（本章）では(2)檀紙Ⅱa、A（第一章）の大高檀紙をD（本章）では(3)檀紙Ⅱbとした。そして、A（第一章）の檀紙Ⅱは綱吉まで用いられ、吉宗以降は大高檀紙を用いたとしたが、D（本章）では(2)檀紙Ⅱaは家光までで、家綱以降は(3)檀紙Ⅱbを用いたと訂正をした。また後ほど本節第三項（2）「大名宛・公家宛朱印状の料紙」ですこし詳しく触れる京都府立総合資料館所蔵の武者小路三位家などの公家に下された家茂朱印状の料紙を、A（第一章）では中世と同じ檀紙Ⅰとしたが、D（本章）ではこれは基本的な材料・製法などは(1)檀紙Ⅰと同じであろうが、近世の抄紙技術の進歩によって、この(1)檀紙Ⅰよりは良質の(4)檀紙Ⅲというようにした。いずれにしても、A（第一章）では公家文書を含めた近世の朱印状の檀紙を三種類に分類したのである。

シワのある檀紙

(12) この間の事情をすこし説明しておく。私がシワのある檀紙を大高檀紙といったのは、もう三〇年も前のことになるが、福井県越前市大滝町（旧福井県今立郡今立町大滝）の岩野平三郎氏から、私の聞きまちがいでなければ、

檀紙といえばすべてシワのある大高檀紙のことをいい、シワのないふつうの檀紙は、紙漉の里この大滝でもすっかり忘れられている。

という趣旨の話を聞いたことによる。これについては拙稿「まぼろしの紙　檀紙」（『百万塔』四四号　一九七七年）に詳しく紹介しているのでご覧いただきたいが、お歌会はじめの檀紙をお漉きになっていた岩野氏が——最近はもうお漉きになっていないとのことであるが——、ふつうの檀紙と大高檀紙を区別しておられたのである。ちょうど紙の勉強をはじめたごく初期のことであったので、重要な提言とうけとめ、それ以後私はシワのないふつうの檀紙を「檀紙」、シワのある檀紙を「大高檀紙」と区別してよんできた。

それとともに「大高」には紙の大きさをあらわす言葉とする場合と、シワのある檀紙のことをいうとする説もある。たとえば『大言海』では、

厚クシテ白シ、面ニ細カキ皺文（シワ）アルヲ、高檀紙（又、鷹檀紙）ト云フ。大高檀紙、小高檀紙アリ、皺ノ細粗ト紙ノ大小トニ因リテ名ヲ分ツ。

としている。これらによって、私はごく初期の頃からシワのある檀紙を大高檀紙といってきた。しかし、本文でもいったように、これが近世史研究の常識とちがっているとすれば、とくに固執することもない。近世史研究の常識にしたがうのが当然である。

(13) 南北朝・室町時代の公帖の料紙は、その初期には檀紙は用いられなかった。室町幕府最古の公帖は、すでに写真3-1として掲げた天庵妙受を関東万寿寺の住持に任命した、

建武　元年（一三三四）卯月一〇日　足利尊氏御判御教書(公帖)(丹波安国寺文書)

である。この料紙は比較的良質のもので第II類の料紙であるが、これは開幕以前のことでもあり、尊氏はとくに天庵妙受に礼を厚くするということで、良質の料紙を使ったものと考えられる。つぎに、私が実見しえたものとしては、

観応　元年（一三五〇）七月　九日（写真3-2）
康安　二年（一三六二）二月一七日
貞治　二年（一三六三）正月三〇日

の三通の義詮御判御教書（公帖）がある。これはいずれも永源寺文書であって、寂室元光に与えられたものであるが、すべて料紙は第IV類である。おそらく、室町時代初期の尊氏・義詮の時代には、公帖は他の御判御教書と同じく、第II類あるいは第IV類の料紙を使っていたと考えられる。そして、公帖に檀紙が用いられるようになるのは、檀紙が将軍の発給文書に一般的に使われるようになる義満の頃からと考えてよいのではなかろうか。

この際、公帖の書式は尊氏以来の伝統にしたがって御判御教書Bであったが、公験になる重要な文書ということで、料紙には檀紙を用いたのであろう。

第I類・第II類・第III類………という料紙の分類

ここで、この第I類・第II類・第III類………という料紙の分類について、すこし詳しく説明しておきたい。中世文書の料紙の分類については、私自身非常に長い研究の足どりがある。これについて私が言及した最初は、もう三〇年以上も前の拙稿「南北朝時代の申状について」（『古文書研究』一〇号　一九七六年）である。ここでは「さしあたり」の分類として、

i普通の楮紙
iiそれより一段良質の（奉書系の）料紙

という二つからはじめた。その後、漸次修正・充実を重ねて、いちおうの決着点として提起したのが拙稿「中世文書の料紙の種類」（小川信編『中世古文書の世界』（吉川弘文館　一九九一年））である。ここでは、

(1)奉書I　(2)奉書II　(3)檀紙　(4)奉書III　(5)宿紙　(6)美濃紙　(7)斐紙　(8)その他の雑紙

という分類を提案した。これでほぼ中世文書の料紙の分類の全体像を示しえたと考えるが批判も多い。ほとんどすべてが本質からはずれた枝葉末節の議論である。そこで「奉書」という言葉を使っているので、一つの論点としてこれが大きな問題となっている。

「奉書(奉書紙)」について
「奉書」という言葉が初出するのは元亀四年の『尋憲記』

この「奉書(奉書紙)」について一例をあげてみよう。ごく少数の関係者で超一級の文書二・三〇点を拝見する機会にめぐまれた。たしか足利義満の自筆御内書だったと思うが、「これはすばらしい奉書Iです」といったところ、ある著名な方――ただし文書そのものに関しては無関係の方――が、早速年表を繰りながら、「奉書という言葉が初出

する『尋憲記』の元亀四年（一五七三）より二五〇年も前で、奉書などありえない」とお叱り(?)をうけたことがある。歴史の研究者からもまったく同じような批判がだされているが、文献だけに没頭してしまうと、このような発想しかできないのかとあきれかえったものである。奉書という言葉の文献上の初見はともかくとして、奉書あるいはそれと同類の料紙は、『尋憲記』の元亀四年（一五七三）になって突如として出現したものではないはずである。それと同類・同系統の料紙は中世はもちろん、おそらく古代までさかのぼらせることも可能だと考えている。それを私は「奉書Ⅰ・奉書Ⅱ……」としたのである。

そこで、議論を本質の料紙の分類にもどすために、同類のものを一つにまとめるという意味で、第Ⅰ類・第Ⅱ類・第Ⅲ類……というように分類をすることにした。いま、従来の⑴奉書Ⅰ・⑵奉書Ⅱ・⑶檀紙……という分類と、この新しい第Ⅰ類・第Ⅱ類・第Ⅲ類……というものと対比して示すと、

⑴奉書Ⅰ→第Ⅰ類
⑵奉書Ⅱ→第Ⅱ類
⑶檀紙→第Ⅲ類
⑷奉書Ⅲ・⑹美濃紙→第Ⅳ類
⑻その他の雑紙→第Ⅴ類
⑸宿紙→第Ⅵ類
⑺斐紙→第Ⅶ類

となる。内容についてはかわりがない。ただ、前記のような末梢の議論をさけて、本質について議論するために名称をかえただけである。これについては「［未定稿］中世の紙の分類とその名称——再論中世文書の料紙の種類——」（私家版　二〇〇〇年）と「檀紙・引合・杉原考——中世の紙に関する研究動向——」（『和紙研究』八号　二〇〇〇年）でいちおうのことを述べている。補註⑦

ただし、この第Ⅰ類・第Ⅱ類・第Ⅲ類……という分類にも問題がないことはない。私の考え方に基本的に理解を示していただいている二・三の方でも、「第Ⅰ類・第Ⅱ類……ではいかにも空々しい、やはり奉書・檀紙……の方が料紙の分類らしい」と感想をもらされている。たしかに第Ⅰ類・第Ⅱ類……では空々しいし、個性がない。やはり奉書・檀紙……の方が料紙の分類らしいことは事実である。

しかし、これには奉書・檀紙……という言葉がたんに文献にみえるからというだけではなく、中世文書の料紙の分類の用語として、もうすこしいうならば古文書学の用語として、きっちり抽象化・概念化の手続をへた上でなければならない。現在もっともらしく「料紙の名称」として使われている言葉は、たんに文献にみえるからというにすぎない。このような考え方から、いましばらくは第Ⅰ類・第Ⅱ類・第Ⅲ類……という分類を使うことにする。ただ、本書では第Ⅲ類を「檀紙」とし、また近世については「奉書」という言葉を使っている。「檀紙」というのは、大きく

室町将軍の御判御教書と徳川将軍の領知朱印状

中世・近世をつうじて、ほぼ共通の理解――もちろんまだ議論しなければならないことは多いが――がえられていると考えられるので。そして、この「檀紙」を中世・近世をつうじて、その紙質によって四分類したのが、前記の、

(1)檀紙Ⅰ
(2)檀紙Ⅱa
(3)檀紙Ⅱb
(4)檀紙Ⅲ

という分類である。また、近世の「奉書」については、中世のほぼ第Ⅱ類の料紙で、さらに近世の洗練された抄紙技術で作られたものであるが、私自身近世の料紙全般を体系的に分類できるとも思っていない。そこで、近世史一般の使い方にしたがって「奉書」とする。

(14) これら四通の文書については、第三節註(1)および同(5)を参照。

(15) 表5-6のうち天文二十年(一五五一)の義藤御判御教書(公帖)が、その大きさ・縦横の比率ともに他の公帖ときわだって異なっている。これは明らかに天地左右を切断しており、例外と考えるのが適当である。

(16) この点については、補論Ⅰ「殿下と将軍」の三で述べているので参照いただきたい。

(17) 藤井讓治氏は、いま引用した文章のすこし前で、

　徳川将軍領知朱印状の文書様式は、室町将軍御判御教書の様式を、料紙・様式の面で継承するものではなく、強力で集中された近世将軍権力が生み出した独自の様式であるといえる。そして、その成立を考えるにあたっては、徳川将軍の領知朱印状に先行する豊臣秀吉の領知朱印状との継承関係により注目すべきである(同書三三三頁)。

ともいわれる。当然これも再検討されるべきである。

(18) Aは「南禅寺公帖目録」一三号、Bは同一四号である。

(19) この表5-10Ⅱは、第二章「南禅寺の公帖」の表3-5を修正したものである。江戸時代の公帖は、天龍寺のものも南禅寺のものも基本的にかわりはないので、天龍寺について新しく作成することはしなかった。ただ、大きなちがいは秀忠・家光段階の紙質を表3-5では檀紙Ⅱbとしているが、表5-10Ⅱでは檀紙Ⅱaとしている。この点については本文で触れているので参照いただきたい。なお、この表5-10Ⅱの細かい点に関しては、第二章第三節第一項「料紙について」を参照いただきたい。

(20) 前記拙稿「中世文書の料紙の種類」の三「中世文書の料紙の種類」でも述べたが、料紙の種類の区別は微妙な問題を含んでいる。はっきり檀紙Ⅱa・檀紙Ⅱbといえる場合には余り問題はないが、その過渡期すなわち檀紙Ⅱaから檀紙Ⅱbへの移行の時期においては、両者の区別は決して容易ではない。しかし、あえて区別するとすれば、以上のようになるというのであって、ある程度振幅のあるのはやむをえない。料紙の分類にはある程度の振幅がある

領知朱印状の料紙が御判御教書のそれを「継承」したとするには根拠が薄弱である

(21) 四代家綱以降、七代の家継を除いて、一四代家茂にいたるまでの一〇通である。このうち一一代家斉までは朱印状で、それ以降の三通は判物である。そして、この朱印状・判物にはそれぞれ領知目録が添えられている。これは、いずれも大型で立派な間似合（斐紙）で、みるだけでほれぼれとするすばらしい料紙である。

(22) このように多数の朱印状が、一括して京都府立総合資料館に現存する理由については、詳しくは第一章「妙蓮寺の近世文書」に譲る。ただこれらの文書はそれぞれの寺社・公家に下されるべく江戸から二条城に送られたが、そのまま大政奉還を迎え、やがて京都府に引きつがれたのである。

(23) 藤井譲治氏は、前記「徳川将軍領知朱印状の古文書学的位置——室町将軍御判御教書との関連——」において、

> 料紙については、領知朱印状の料紙は御判御教書のそれと比較して格段に大きく、紙質においてもはるかに上質であり、この両者を「上質の楮紙」であることをもって同質とみなし、前者が後者の料紙を「継承」したとするには根拠が薄弱である（同三三七頁）。

として、中世の檀紙と近世の檀紙を一体として考えようとする私を批判される。檀紙に関する拙稿は多数あるが、氏がお読みになったのは第三章の「近世の領知判物・朱印状と公帖——室町時代の御判御教書との関連で——」だけだと思われるが、ここでは御判御教書と朱印状・公帖の折り方・封式、さらには書式については触れたが、料紙の紙質については「むすびにかえて——朱印状と公帖の同化——」でわずかに、

> さらにいうならば、料紙の質の問題がある。この点については本稿では直接関係がなかったので、とくに問題にはしなかったが、室町時代の御判御教書Aと御判御教書Bとの間には、料紙の質したがってその大きさ・厚さにはっきりとした区別があった。簡単にいうならば、御判御教書Aは大きくて厚い良質の檀紙を用い、御判御教書Bはそれより小さくて薄い奉書Ⅲあるいは美濃紙を用いた。しかるに江戸時代の朱印状・公帖をみると、いずれも檀紙を用いており、料紙の種類の区別はみられない。すなわち料紙の種類について考えてみても、朱印状と公帖とはともに同じ種類の料紙を使うようになったのである（初出論稿六三頁）。

としたにすぎない。ここから、なぜ上述のようなことがいえるのか不思議でならない。江戸時代の朱印状・公帖の檀紙が、室町時代の御判御教書と比べて「格段に大きい」のは、時代的進展によるものである。すでに明らかにしたように、秀吉の大型の檀紙は、天正十六年（一五八八）に突如としてあらわれたのではない。義昭（天正）の公帖という橋渡しがあって、室町将軍の公帖から段階的に大きく、すなわち近世的形態になったものである。「単線的」に同一でなければ「継承」といえないとするのは余りにも機械的であろう。

それより、私は本格的に中世の料紙を論ずるようになってから、いちどたりとも中世の檀紙を「上質の楮紙」などといったことはない。中世の檀紙は、たしかにそれなりに手間暇をかけた貴重な料紙であることはまちがいない。そして値段をつけるとすれば「高価な」ものであっただろうが、「上質の楮紙」というのはかならずしも適当だとは考えていない。中世の檀紙といえば、いつもいま本文で述べたように、

ふつうの中世文書の料紙に比べて、やや黄色ないしは茶色味を帯び、荒々しくがさがさとしているが大きくて厚く風格のある料紙、

といっているのである。そして、中世の「上質の楮紙」といえば、私の分類でⅠ類あるいはⅡ類（もとの奉書Ⅰ・奉書Ⅱという分類）だと考えている。ことに、Ⅰ類の料紙などはすばらしい楮紙である。

この中世の檀紙の基本的性格は、戦国・織豊・江戸と各時代をつうじて引きつがれていく。もちろん時代的な変遷はある。本節第一項(1)「中世と近世の檀紙」でみた、

「応永　三年（一三九六）」六月二日　伝奏万里小路嗣房奉書（東寺百合文書こ函九四号）
応安　四年（一三七一）　六月一日　後光厳上皇院宣（醍醐寺文書一八函五三号）

などの、すばらしい室町時代の檀紙（檀紙Ⅰ）を頂点に、戦国時代には薄くて腰の弱いシワのある檀紙（檀紙Ⅱａ）になり、また漸次大きさが大きくなっていく。それとともに縦横の比率が縦長になっていくのが注目される。このような推移は、幸い天龍寺文書で、実際に原本を前に確認しているのである。たんに「両者を「上質の楮紙」であることをもって同質とみなし」というような大雑把な議論をしたことなどはまったくない。もうすこし慎重に発言してもらいたい。本文で詳しく述べたように、まちがいなく、檀紙Ⅰ・檀紙Ⅱａ・檀紙Ⅱｂ・檀紙Ⅲと推移し、そこに断絶などありえない。檀紙Ⅲは、近世のすぐれた抄紙技術で漉きあげられたすばらしい料紙であることはまちがいはない。しかし、これはあくまでも中世の檀紙の近世的展開形態と考えるべきであろう。

(24)　たとえば、寺社宛の朱印状にしても、私は妙蓮寺と天龍寺のもの、さらに京都府立総合資料館所蔵のもの以外にはしらない。しかし、第二節第三項(1)「下文様文書としてのⅠ類」でとりあげた、寛永寺・延暦寺・無量寿寺（喜多院）に宛てられたⅠ類の三通の朱印状などは、その原本の料紙はおそらく檀紙Ⅱｂではなく、すばらしい檀紙Ⅲであったと思われる。すなわち、寺社という同一権門のなかにあっても、礼の厚薄によって料紙の質がちがっていたことが考えられるのである。

おわりに

本章においては、二度にわたって調査をさせていただいた天龍寺の朱印状と公帖について述べた。たびたびいうように、天龍寺には多数の朱印状と公帖が一括保管されている。しかもほとんど完全にもとのままの形態が残っており、これほど文書の形態の研究に適当な文書群はない。これによって、まず従来不十分な形でしか述べることができなかった朱印状・公帖の書式・形態、とくに本紙の折り方、また「包紙」・封紙の具体的なあり方、その使い方、さらにその料紙としての檀紙を、中世から近世へ一貫して具体的に論ずることができた。全体とし

て、中世文書と近世文書を一体として論ずるということについて――ただし、朱印状と公帖という狭い枠からであるが――、確信をもって発言することが可能となった。有難いことである。

朱印状・公帖の本紙の折り方

朱印状は表を内側にした八つ折りの竪ノ中折

公帖は表を外側にした六つ折りの竪ノ中折

すでに詳しく述べたことであるが、もう一度、本章というよりは本書の出発点ともいうべき朱印状・公帖の本紙の折り方について確認しておく。近世の徳川将軍の名でだされる最高の公文書たる朱印状・公帖ともに、本紙の折り方は竪ノ中折である。しかし、同じく竪ノ中折とはいうものの、折り方はまったく反対である。すなわち、朱印状は文書の表――文字の書かれた面――を内側にした八つ折りの竪ノ中折である。いっぽう、公帖は文書の表を外側にした六つ折りの竪ノ中折である。同じく竪ノ中折といっても、表を内側にする折り方と、表を外に折る方法の二つがあった。

これは、従来まったく注目されていないが、近世古文書学の形態論に関する原点＝出発点と位置づけてよいのではないかと考える。そして、これは近世という狭い枠内だけで考えたのでは、とうてい解決できる問題ではない。どうしても中世、さらには奈良・平安時代以来の、一般的な文書の折りたたみ方との関連で考えなければならない。

文書は本来表を内側に折りたたむ

そもそも文書は、公文書・私文書を問わず表を内側に折りたたむ。これは古文書だけではなく、現在のわれわれの封書＝私文書だけではなく、官公庁の公文書についても同じである。最近は本来の礼式が相当程度乱れてきているが、公文書・私文書を問わず、文書は表を内側に折りたたむ。これは礼式というよりは人間の本性にもとづくものであろう。したがって、公式様文書・下文様文書をいわず、文書一般は表を内側に折りたたむのである。まず、この点を確認しておかなければならない。

書札様文書には礼紙が必須のもの

これに対して、書札様文書では表を外側に折りたたむ。これは書札様文書には礼紙が必須のものだからである。私信から出発した書札様文書は礼を厚くするために、本紙以外にもう一紙礼紙を添える。現在でもわれわれが便箋一枚で封書を書き終えた場合、白紙を礼紙としてつけておくのが礼である。便箋一枚を封書として届けたら、それこそ「礼しらず」である。二枚目の白紙の便箋は礼のために付した礼紙である。「重紙」や「裏紙」ではない。そして、中世では本紙・礼紙を背中合わせにして、文書本来の折り方のように本紙の表を内側に折ると、礼紙の表が外側になる。これは礼紙が糊づけされないという書札様文書の特性によるもので、本紙の表を内側に折るという文書本来の原則は貫徹しているのである。この点は改めて確認する必要があろう。しかし、現象的には書札様文書にあっては礼紙の表を外側に折るということになる。

武家の書札様文書では礼紙を用いない代りに竪ノ中折に折る

以上は、公家文書における一般的な礼式、書札礼であるが、鎌倉時代以降になると、もう一つ武家文書という新しい要素が加わる。武家の書札様文書にあっては、文書は本紙一紙でまとめてしまう。礼紙は用いない。しかし、本紙一紙を本紙・礼紙にみたてて、礼だけはつくすという目的でおこなわれたのが竪ノ中折である。公式様文書・下文様文書を含む文書一般としては、本紙一紙を竪ノ中折の線で表を内側に折りたたむ。これが御判御教書Aから江戸時代の朱印状の折り方にまでおよぶことになる。これに対して、書札様文書では礼紙を表に折りたたむという公家文書の書札礼にしたがって、御判御教書Bさらには公帖は、本紙一紙の後半部分――竪ノ中折の線の左側――を外側に折る。かくして、同じく徳川将軍最高の公文書たる朱印状と公帖でも、その文書の本来的な性格によって折り方がまったく反対になる。

文書を折るという原則は一貫

すなわち、文書の折り方の礼式という点だけをとりあげてみても、中世と近世だけではなく、古代から現代まで、文書を折るという原則は一貫しているのである。この点は、すでに本文で詳しく述べたところであるが、もっとも基本的なことなので、改めて確認しておきたい。

このように、文書作成の原則=礼式一つとりあげてみても、近世という小世界に閉じこもるかぎり、その本質を十分には理解できない。もう一つ具体例をだしてみよう。近世の檀紙の大きさは、室町時代のそれに比べて「圧倒的に大きく」なるが、それは「天下人」にふさわしい秀吉の大高檀紙を継承するものであったといわれる。たしかに、室町時代の御判御教書Aの檀紙と、家康の朱印状の大高檀紙だけを比べたときには、そのとおりであろう。しかし、天龍寺の朱印状・公帖を細かく検討してみると、秀吉にいたって突然飛躍的に大きくなったのではなく、室町将軍の檀紙が漸次大きくなって、秀吉・家康へと継承されている。これは、たんに大きさだけではなく、檀紙そのものにも中世から近世へのみごとな継承性をみることができる。

中世と近世には大きな溝があった

元来、中世と近世には大きな溝があった、というよりも現在も厳然として存在する。これもすでに紹介したことであるが、私たちの若い頃には「近世文書は古文書に非ず」ということが常識であった。それがそのまま、あるいは裏返した形でみられるのが現在の学界ではなかろうか。近世に関心をもつ中世史の研究者からいうと、どうも近世史には一種近づき難い「鎖国性」、あるいは完結性をもっているように思う。これは近世アーカイブズ学についても同じである。いっぽう、中世史においては、様式論に大童で――様式論に関しては、序章第一節第

一種近づき難い「鎖国性」あるいは完結性

「古文書学とは文書史である」

古代から現代まで一貫した原則

五項「アーカイブズとしての文書とその文字列・非文字列情報——様式論の位置づけ——」で、いささか最近の私見を述べておいた——、「鎖国性」などといった意識以前である。しかし、早く佐藤進一氏は、

> 端的にいって、古文書学とは文書史である、と言った方が、古文書学の性質を明確にいいあらわすことができると私は考える。われわれが知りうる最古の文書から、今日、日々いや時々刻々作成され発行され続けている文書に至るまでのすべての文書が、古文書学すなわち文書史における研究素材であり、逆にいえば、時代の新古を問わず、あらゆる文書が、文書史の素材として取り上げられる限りにおいて古文書なのである（同『古文書学入門』（法政大学出版局　一九七一年）二九〇頁）。

という注目すべきことを述べておられる。これは四〇年近く前の言葉である。ただし残念ながら、氏自身これ以上に具体的に展開されなかったことと相俟って、氏の言葉として「古文書学とは文書史である」というのは、多くの研究者が古文書学の枕詞としてよく引用する言葉だが、まさに言葉の引用だけである。これを積極的・発展的にとりあげた研究者は、かつてみたことがない。完全に忘れ去られているというよりは、柔軟性・創造性を失った現在の古文書学では、包摂しきれないスケールの大きい提言のためだといえると思う。したがって、アーカイブズ学という立場から改めて玩味する必要があろう。

たびたびいうように、私はアーカイブズ学としての古文書学は、古代から現代まで一貫した原則で把握されるべきだと考えている。これまでの古文書学で包摂しえなかったものを、アーカイブズ学としての古文書学という観点から考えてみようというのである。もちろんたいへん難しいことは事実であるが、すくなくとも一歩前に進む必要がある。中世と近世という高い壁をとりのぞく最初のきっかけになりうるのが、御判御教書と朱印状・公帖だと考える。この点に関して、本章ではそれなりに論じえたのではないかと考える。

本章では、天龍寺の朱印状・公帖を中心に、その書式・形態——主として封式・料紙——について室町・戦国・織豊・江戸時代と順を追って検討してきた。すでにみたように、公帖はその書式や文言だけではなく、封式や料紙といった形態も、室町時代のものが基本的に江戸末期まで継承されている。この点については、何人も異論はあるまい。もちろん、この間約五〇〇年であるから、時代的変遷はあるが、漸次定型化されて江戸末期までおよぶのである。みごとな継承性といってよい。

これは公帖だけではない。朱印状も同じである。室町時代の所領・所職の安堵などを内容とする御判御教書Ａ

袖判あるいは奥署判の宛所本文内包という書式

「中世古文書学と近世古文書学の継承性に関する試論」

は、袖判あるいは奥署判の宛所本文内包という書式であった。それは朱印状の基本的な書式として、これも江戸末まで使用されている。形態についても同様である。たしかに朱印状の場合は、公帖に比べて時代的変容を受けている点が多い。しかし、基本的にはやはり朱印状は室町時代の御判御教書Aを継承するといってまちがいはない。これまで、このような視点で検討されなかっただけで、具体的な問題として本章で指摘した点はすくなくないと考えている。もちろん、中世史と近世史、中世古文書学と近世古文書学の断絶は大きい。しかし、これまでそれを余りにも当然とし、お互いの聖域を大事にして、不可侵の原則を墨守してきたのではなかろうか。アーカイブズ学としては、一度そのような垣根・障害をとりはずすことも必要なのではなかろうか。「中世古文書学と近世古文書学の継承性に関する試論」という副題を付した所以である。

補註

① 朱印状の「包紙」とその宛名については、この第三項「朱印状の「包紙」とその宛名」では、天龍寺の朱印状について詳しく説明した。その後、久能山東照宮のI類の朱印状その他の原本を調査する機会にめぐまれたので、補論II「徳川将軍領知判物・朱印状の原点――藤井譲治「徳川将軍領知朱印状の古文書学的位置」との関連で――」の第一節第三項「朱印状の「包紙」とその宛名」において、すこし別の観点から、これについて私見を述べている。

② この点に関しては、久能山東照宮の朱印状について、別の観点から同じことを確認しているので、前記補論II「徳川将軍領知判物・朱印状の原点」の第一節第三項「朱印状の「包紙」とその宛名」をみていただきたい。

③ I類の朱印状については、この（1）「下文様文書としてのI類」では、『寛文朱印留』の刊本についてしか触れられなかったが、前記補論II「徳川将軍領知判物・朱印状の原点」の第一節「朱印状研究の原点――御判御教書と朱印状の書式――」で、久能山東照宮その他の朱印状の原本について具体的に述べている。

④ このI類の家綱朱印状と同じく寛永寺に宛てられ、同形式でほぼ同文、同じ字配りの、

　元禄一三年（一七〇〇）　二月一四日　徳川綱吉領知判物

の正文が埼玉県立文書館に寄託の「西角井家文書」に収められている。その写真を前記補論II「徳川将軍領知判物・朱印状の原点」に写真7-7として収めているので参照いただきたい。

⑤ 久能山東照宮をはじめ、寛永寺・延暦寺、さらには瀧山寺東照宮・無量寿寺東照宮などにくだされた朱印状については、同じく前記補論II「徳川将軍領知判物・朱印状の原点」ですこし詳しく整理しているのでご覧いただきたい。

⑥ 本項で述べた朱印状の料紙については材料不足の感をまぬがれえない。これについては、すでに述べたように、最近久能山東照宮の朱印状をはじめ、埼玉県立文書館に寄託の「西角井家文書」、さらには国立公文書館内閣文庫の『徳川家判物并朱印黒印』など多数の朱印状類を調査させてもらったので、機会をみて朱印状全体の料紙についてまとめてみ

たいと思っている。

⑦　この第Ⅰ類・第Ⅱ類・第Ⅲ類……という中世文書の料紙の分類については、その後拙著『中世日本の紙――アーカイブズ学としての料紙研究――』（日本史史料研究会　二〇一一年）で詳しく私見を述べているのでご覧いただきたい。なお、本書、ことに本章「天龍寺の朱印状と公帖」では料紙の問題、とくに近世の朱印状・公帖の料紙について詳しく論じた。しかし、それは本章の増補が終わった平成二十年（二〇〇八）十一月段階のものに止めざるをえなかった。これは、後ほどすこし細かく事情内容的にはまったく問題はないが、その後の他の研究については触れられなかった。これは、後ほどすこし細かく事情の説明はするが、まったく私の怠慢によるものである。機会をみて、その後の研究についても整理してみたいと考えている。

後記

本章は「天龍寺の朱印状と公帖」として「摂大学術　B〈人文科学・社会科学編〉」九号（一九九一年）に発表したものである。天龍寺文書は、早く昭和五十四年（一九七九）三月と六月に調査させていただいた。第三章「御判御教書と朱印状・公帖」はこれによっている。そして、ちょうどその校正の途中、平成二年（一九九〇）一月、改めてもう一度調査させていただいた。本章は主として、この調査によるものである。今回、本書に収録するについて、本書全体のまとめの意味もこめて、初出の文章を大幅に増補した。いま、その節に相当する項目だけを列挙すると、

［初出稿］

　　はじめに
一　朱印状の封式と料紙
二　公帖の封式
三　公帖の料紙
　　おわりに

［本章］

　　はじめに
第一節　朱印状の封式――本紙・「包紙」の折り方とその宛名――
第二節　朱印状の書式と文書様式
第三節　公帖の封式
第四節　朱印状と公帖の料紙――中世から近世への檀紙――
　　おわりに

となる。文字数をみると、きわめて単純計算であるが、約三倍になった。大幅増補というよりは、まったくの新稿といった方がよいかもしれない。そして、本書全体のしめくくりの意味をこめて「中世古文書学と近世古文書学の継承性に関する試論」という副題を付した。いうまでもなく、本章全体が前記藤井譲治「徳川将軍領知朱印状の古文書学的位置――室町将軍御判御教書との関連――」に対する返答でもある。

ここで述べたのは、まだ御判御教書と朱印状・公帖の範囲だけであるが、両者の継承性は予想外に高いということであった。そして、その基礎になる「礼」の問題を考えるについては、中世と近世が密接に結びついていて、切りはなしがたいものであることがはっきりした。これまで、まったく無縁のものと考えられてきた中世古文書学と近世古文書学が、きわめて身近なものとして実感できたのではないかと思う。もちろん、足らないところ、誤ったところ、まだまだ課題は多いと思うが、これまでこのような観点からとりあげられなかっただけで、他の研究分野についても考え直す余地があるのではなかろうか。それはともかくとして、朱印状・公帖に関する現段階における私の最終的な考え方を示しえたと考える。

天龍寺で、原形態のまま今日まで伝えられた多数の朱印状・公帖を一括して拝見できたのは何よりの幸せであった。第一章の妙蓮寺の朱印状にはじまった私の近世の朱印状・公帖の形態論の研究の、いちおうのしめくくりをするのに時宜をえたものであったと感謝している。

最後にもう一度確認するならば、江戸時代の朱印状・公帖の書式・形態は室町時代の御判御教書Aおよび御判御教書Bをまちがいなく継承するもので、江戸時代としての発展形態を示すものであった。これによって、ささやかではあるが中世文書と近世文書を一体としてとらえるということに一歩踏みだしえたのではないかと考える。しかし、これはあくまでもささやかな一歩にしかすぎない。さらに具体的な研究を積みかさねることによって、アーカイブズ学として豊かな学問体系が確立されることを切に祈るものである。

それにしても、中世史と近世史の壁は高くかつ厚い。これはアーカイブズ学についても同じである。私は、アーカイブズ学としての古文書学の研究領域は、ⅰ形態論、ⅱ構造論、ⅲ伝来論の三つとすることが適当だと考えている。私は、これをⅰ「かたち」、ⅱ「かたまり」、ⅲ「かさなり」といっている。中世古文書学は主としてⅰ形態論に関心が向けられ――現実にはⅰ形態論も本格的に議論されているかといえば、はなはだ心許ないが――、ⅱ構造論、ⅲ伝来論にはまったく無関心である。いっぽう、近世アーカイブズ学＝古文書学では、主たる関心はⅱ構造論の研究であり、またⅲ伝来論の研究である。具体的には、文書管理論という形をとっている。現在の近世アーカイブズ学の研究といえば、文書管理論に終始しているといってまちがいではないと思う。特別なごく少数の研究者以外は、ⅰ形態論にはまったくみむきもされない。両者の関心の所在ということになると、完全なすれちがいである。このような状況だから、同じくアーカイブズ学とはいいながら、お互い無関心なだけではなく、潜在的に相互の反発、さらには不信感すら感じられるというのが現状である。アーカイブズ学自身、中世と近世の溝は大きい。

しかし、お互いに無視し、反発しあうのではなく、現状はしかと確認した上で、アーカイブズ学としての古文書学はいかにあるべきかを、真剣に考え議論すべきではないのだろうか。

本章を草するについては、大本山天龍寺のご好意によるところが多い。深く謝意を表するものである。ことに前天龍寺派管長平田精耕老師には特別のご好誼を賜った。実は、師と私は同年齢で、非常な奇縁によって結ばれているのである。早く大阪外事専門学校の寮（青雲寮?）で二年近く起居をともにし、昭和二十年（一九四五）一月からは陸軍の第一期特別甲種幹部候補生として、香川県三豊郡豊浜町（現観音寺市豊浜町）の船舶幹部候補生隊で、しかも同じ区隊で身近に訓練を受けた。さらに終戦後は京都大学で、師は印度哲学、私は国史学と専攻は別であったが同じ文学部で学んだ。師は天龍寺派管長という要職にあり、たいへんご多忙のこともあって、何年かに一度お目にかかる程度であったが、昨年不帰の客となられた。謹んでご冥福をお祈りする次第である。


（二〇〇八・一一・一〇　初出稿の増補了）


さきにもいったように、本章の初出稿は「天龍寺の朱印状と公帖」として「摂大学術　B〈人文科学・社会科学編〉」九号（一九九一年）に発表した。その後、藤井讓治「徳川将軍領知朱印状の古文書学的位置──室町将軍御判御教書との関連で──」（「古文書研究」五九号　二〇〇四年）が発表され、さらに氏の『徳川将軍家領知宛行制の研究』（思文閣出版　二〇〇八年）に補論Ⅰ「徳川将軍領知朱印状の古文書学的位置──室町将軍御判御教書との関連──」として収められた。これは、本書の第三章「御判御教書と朱印状・公帖」を全面的に批判したものである。第三章の「後記」でも触れたが、第三章と本章の初出稿は内容的に密接に関連するもので一体として執筆した。すなわち、第三章を総論というならば、本章の初出稿はその各論にあたるもので、第三章で一般的に述べたことを、天龍寺の朱印状と公帖について個々に具体的に確認した。したがって、藤井氏は、第三章を批判するのならば、当然その具体的検証である第四章──しかも同じく「摂大学術」の八号と九号に掲載したものである──をまずとりあげられるべきだと思うのだが、それには一言も触れられていない。まさに完全な「欠陥商品」というか、まったく一方的な批判というべきであろう。

それはともかくとして、藤井氏から「御判御教書と朱印状・公帖」と「天龍寺の朱印状と公帖」に対する全面的批判が発表されたからには、それを無視して本書として一書にまとめて刊行することはできない。そして、「御判御教書と朱印状・公帖」については、藤井論文にいろいろと引用されている関係で、初出稿のまま本書に収めざるをえなかった──この間の事情については第三章の「後記」で触れている──。しかし、本章の初出稿については、藤井論文にはまったく述べられていないので、本章において藤井氏に対する反批判を含めてそれを大幅に増補した。最初にもいったが、初出稿の約三倍の文章になった。藤井氏の批判に対しては、実証面で十分に答えたと考えている。なお、全般的なこと、とくに朱印状の核というか原点としてのI類の朱印状については、本章の叙述は『寛文朱印留』などの刊本によっただけで、はだ不十分であった。そこで、最近久能山東照宮をはじめいくつかの朱印状の原本を調査させていただいて、新たに補論II「徳川将軍領知判物・朱印状の原点――藤井讓治「徳川将軍領知朱印状の古文書学的位置」との関連で――」を執筆して、詳しく論じた。

（二〇一三・七・一七　祇園祭の山鉾巡行の日に初校にさいして）

補論Ⅰ　殿下と将軍——奉書と檀紙、折紙と竪紙——

三鬼清一郎『豊臣秀吉文書目録』

秀吉の知行関係の朱印状・判物

一

昨年、三鬼清一郎氏から『豊臣秀吉文書目録』を頂戴した。私はこの時代が専門ではないが、約六〇〇〇通にのぼる秀吉およびその関係者の文書の目録は壮観というべく、まずその量の多さに圧倒された。

実は、私も足利尊氏文書の目録作成をめざしているが、片手間にやっているということもあって、全然まとまりそうにない。科研費による研究成果とのことであるが、そのご努力に敬意を表したい。そのうちには何通かなじみのある文書もみられ、それに蛍光ペンでマークを付けて、秀吉文書の中での位置づけを考えながら、ページを繰っていくのも楽しいことであった。

さらに、同時にいただいた「豊臣秀吉文書に関する基礎的研究」（「名古屋大学文学部研究論集・史学」三四号一九八八年）も一読させていただいた。秀吉文書をいくつかの類型に分類し、その書式・形態を細かく検討されている。これは、私がもっとも取りくんでみたいと考えている課題の一つで、いちいち納得しながら読ませていただいた。いささか感想めいたことで恐縮であるが、こと古文書の形態論に関しては、長い伝統を有する中世古文書学より、新しい近世の古文書学の方が、古文書学本来のあり方を真正面から追求しておられるのではないかと、うらやましく思った次第である。

二

三鬼氏の目録にしたがって、私のノートの中にある秀吉の知行関係の朱印状・判物——本章においても黒印状も含めてこれらの文書を朱印状とよぶことにする——を並べてみた。それは表6-1のようになる。もっとも、氏の目録によると、私が実際にみたはずの文書はこれ以外にもまだあるが、中世文書を専門にする私には余り関

表６－１　豊臣秀吉朱印状・判物

年月日	内容	宛先	形状	大きさ	比率	料紙	備考
天正３.７.12	所領安堵	（久我家領）	折紙	29.5×45.2	1：1.53	奉書	久我家文書
天正13.７.14	所領宛行	藤右衛門督	折紙	32.0×50.5	1：1.57	奉書	高倉家文書
天正13.11.21	寺領寄付	天龍寺	折紙	34.8×52.4	1：1.50	斐紙	天龍寺文書
天正13.11.21	寺領目録	天龍寺	竪紙	30.8×49.2	1：1.59	奉書	天龍寺文書
天正13.11.21	寺領寄付	宝厳院	折紙	31.5×49.3	1：1.56	奉書	天龍寺文書
天正13.11.21	寺領目録	等持院	竪紙	29.6×44.3	1：1.49	奉書	天龍寺文書
天正13.11.21	寺領寄付	東寺	折紙	34.5×51.0	1：1.47	斐紙	東寺文書
天正13.11.21	寺領宛行	善法寺	折紙	31.6×48.6	1：1.53	奉書	革島家文書
天正13.11.21	所領宛行	勧修寺大納言	折紙	35.9×52.2	1：1.45	斐紙	勧修寺家文書
天正13.11.21	所領宛行	藤中納言	折紙	36.0×52.0	1：1.44	斐紙	高倉家文書
天正13.11.21	所領宛行	長橋局代	折紙	36.0×52.4	1：1.45	斐紙	高倉家文書
天正13.11.21	所領宛行	久我殿	折紙	36.0×52.3	1：1.45	斐紙	久我家文書
天正14.５.11	寺領宛行	妙蓮寺	折紙	32.2×49.8	1：1.54	奉書	妙蓮寺文書
天正14.７.28	寺領寄付	本願寺	折紙			（檀紙Ⅱａ）	本願寺文書
天正16.卯.15	寺領宛行	大覚寺	折紙	45.7×65.6	1：1.43	檀紙Ⅱａ	大覚寺文書
天正16.卯.15	所領宛行	久我殿	折紙	45.5×65.3	1：1.43	檀紙Ⅱａ	久我家文書
天正16.４.15	所領宛行	藤右衛門督	折紙	46.3×65.8	1：1.42	檀紙Ⅱａ	高倉家文書
天正17.10.２	所領宛行	藤右衛門督	折紙	46.4×66.0	1：1.42	檀紙Ⅱａ	高倉家文書
天正17.12.10	寺領寄付	本願寺	折紙			（檀紙Ⅱａ）	本願寺文書
天正17.12.朔	地子免除	東寺	折紙	44.5×62.5	1：1.40	檀紙Ⅱａ	東寺文書
天正17.12.朔	地子免除	天龍寺	折紙	46.2×67.0	1：1.45	檀紙Ⅱａ	天龍寺文書
天正17.12.朔	地子免除	等持院	折紙	46.3×66.2	1：1.42	檀紙Ⅱａ	天龍寺文書
天正17.12.朔	地子免除	南禅寺	折紙	45.4×66.8	1：1.47	檀紙Ⅱａ	南禅寺文書
天正18.２.５	寺領宛行	本願寺	折紙			（檀紙Ⅱａ）	本願寺文書
天正19.①.５	寺領寄付	本願寺	折紙			（檀紙Ⅱａ）	本願寺文書
天正19.４.23	寺領寄付	多賀不動院	折紙	46.0×64.0	1：1.39	檀紙Ⅱａ	多賀神社文書
天正19.９.13	所領宛行	勧修寺大納言	折紙	46.4×65.6	1：1.41	檀紙Ⅱａ	勧修寺家文書
天正19.９.13	所領宛行	久我殿	折紙	46.8×65.7	1：1.40	檀紙Ⅱａ	久我家文書
天正19.９.13	所領宛行	藤右衛門督	折紙	46.4×66.0	1：1.42	檀紙Ⅱａ	高倉家文書
天正19.９.13	寺領目録	南禅寺	竪紙	45.6×65.9	1：1.44	檀紙Ⅱａ	南禅寺文書
天正19.９.13	寺領目録	等持院	竪紙	46.2×65.1	1：1.40	檀紙Ⅱａ	天龍寺文書
天正19.９.13	寺領目録	東寺	竪紙	44.2×62.5	1：1.41	檀紙Ⅱａ	東寺文書
文禄３.10.17	所領宛行	松原五郎左衛門	折紙	45.6×65.2	1：1.43	檀紙Ⅱａ	福智院家文書
文禄４.10.２	所領宛行	藤宰相	折紙	46.6×66.0	1：1.41	檀紙Ⅱａ	高倉家文書

註：本願寺文書は本願寺史料研究所編『図録　顕如上人余芳』（1990年）によった。したがって、紙質その他実見したものではない。また、◯月は閏月を表す。

係がないということで、写真もとらず、また調書も作らなかった文書も多い。これらを全部表にあげることができると、この表もおそらく何倍にもなったと思われるが残念で仕方がない。もちろん「近世文書？」ということで軽視をしたのではないが、いつも調査の時間はかぎられており、その範囲の中で最大の能率をあげようと思えば、どうしても「近世文書」は二のつぎになってしまう。ここで表6-1としてあげたのは、比較的時間的な余裕があったので調書を作成できたものばかりである。「後悔先に立たず」のたとえのように、こんなことになるのだったら、無理をしても秀吉関係の文書もきっちり調査をしておくのだったと悔やまれるが、いまさら致し方はない。ともかくも、手許の材料にしたがって作ったのが表6-1である。おそらく、概算九〇〇通を越すであろう秀吉の知行関係の文書のうち、これはわずか三〇通余りであるが[補註①]、これによって秀吉の知行関係の朱印状の傾向をしることができるのではないかと考える。

斐紙（雁皮紙）

奉書

檀紙

これをみると、天正十四・五年（一五八六・七）を境にして、料紙の紙質がかわる。すなわち、これまでは奉書（奉書紙）か斐紙が用いられていたが、それ以後は檀紙――私の檀紙の分類では檀紙Ⅱa、この点については「古文書研究」誌上に連載した古文書講座「檀紙について」で詳しく述べた[補註②]――となる。文書の料紙の種類を区別をするには、ある程度の慣れが必要であるが、この時代の奉書・斐紙・檀紙の区別はそれほど難しいものではない。斐紙（雁皮紙）は薄いが他の料紙に比べて強靭で光沢があり、黄あるいは茶色味を帯び現在のトレーシングペーパーのように、ぱりぱりという感じがするからすぐわかる。文書を下におくと透けてみえるから影写本に最適の料紙である。奉書は斐紙・檀紙に比べて、色が白くいかにも粉っぽくて目が詰まっている。この頃の奉書は厚くて良質の繊維で、時代とともにもけてきているから、これもそれほど識別が難しいものではない。檀紙も黄ないしは茶色味を帯びているが、これは一般に厚く横に自然のシワがあり、がさがさとしていてこの頃のものは腰が弱いので、これもすぐわかる。しかも一通いっつう独立して考えるのではなく、何通か一緒に比較してみるとそれほど難しいものではない。

奉書・斐紙から檀紙へ

料紙の大きさ

それはともかくとして、天正十四・五年（一五八六・七）を境にして、秀吉の知行関係の文書の料紙は奉書・斐紙から檀紙にとかわる。これにともなって、料紙の大きさにも変化がみられる。横幅一つをとってみても、以前は五〇センチメートル前後であったが――これはほぼ中世の普通の御判御教書の料紙と同じである――、それ以後は六五センチメートル前後と非常に大きくなる。これは、大体近世の朱印状・公帖と同じ横幅である。さら

料紙の縦横の比率

に料紙の縦横の比率もかわる。以前は大体一対一・五であったが、以後はほぼ一対一・四と縦長になり、一歩近世の料紙の比率に近づく。料紙の縦横の比率については、ここでは詳しくは述べないが、拙稿「古文書の料紙について(二)――料紙の縦横の比率をめぐって――」(「古文書研究」二七号　一九八七年)を参照されたい。以上を簡単にまとめると、天正十四・五年(一五八六・七)を境にして、秀吉の知行関係の朱印状の料紙に檀紙が用いられるようになったというだけではなく、中世的な形状の料紙から近世的な料紙にかわったということができる。

三

秀吉の公帖

秀吉の公帖発給は天正十四年五月から

これは、秀吉の知行関係の朱印状の料紙の大きな変化である。これと同じことは公帖についてもいえる。公帖とは室町時代には足利将軍の名でだされた、すなわち御判御教書の形で発せられた禅宗五山の住持任命の辞令であって、中世・近世をつうじて最高の権威のある文書であった。もちろん、この頃になると実際の住持を任命したのではなく、坐公文《ざくもん》《いなりのくもん》といって、たんに禅僧の法階を与える辞令にすぎなくなる。玉村竹二氏の「公帖考」(同『日本禅宗史論集　下之二』思文閣出版　一九八一年　初出は一九七五年)によると、秀吉の公帖発給は天正十四年(一五八六)五月からである。そして、このときまでは信長によって京都を追われた足利義昭が公帖を発給しており、わずかの例外はあるが、義昭の公帖発給はこの段階で終わったと考えてよい。すなわち、公帖に関しては秀吉はこの段階で足利将軍の権限を引きついだのである。

ここでまず注目されるのは、信長と天正十三年(一五八五)までの秀吉は公帖を発給していないということである。これは信長・秀吉が奉書ないしは斐紙の朱印状を発給した時期と一致する。そしてこれはまた実態はともかくとして、形式的には天正十三年(一五八五)まで禅宗五山の住持の任命権――これは室町将軍の重要な権限の一つであったが――は、義昭が保持していたことを示すものである。事実、『公卿補任』によると、義昭は天正十六年(一五八八)正月までは「征夷大将軍」を称している。

中世的な檀紙から近世的な檀紙へ

私が調査した公帖で、足利義昭最後のものは天正十三年(一五八五)五月二十四日付の四通(いずれも天龍寺文書)である。料紙の紙質は檀紙Ⅱaで、四通の平均の数字は縦が三八センチメートル、横五九センチメートルで、縦横の比率は一対一・五である。これはそれ以前の室町将軍の公帖の料紙とほぼ同じ数字で、義昭は最後まで室町的な料紙を使っていたといえる。その二年後の天正十五年(一五八七)八月十五日には、秀吉公帖(天龍

秀吉が「てんか」と署名するのは天正十三年

寺文書）がみられる。その料紙の紙質は前と同じく檀紙Ⅱaであるが、縦は四五センチメートル、横六三センチメートルで縦横の比率は一対一・三八となり、以後ほぼこれと同じ料紙が用いられている。そしてこれはまた、表6-1の天正十七年（一五八九）以後の秀吉の朱印状とも同じである。わずか二年であるが、義昭と秀吉の公帖に大きなちがいのあることがわかる。すなわち、中世的な料紙から近世的な料紙にかわったということができる。これらの点については、第四章「天龍寺の朱印状と公帖」を参照されたい。補註③

同じく玉村氏の「公帖考」によると、天正十四年（一五八六）以降の秀吉公帖は「関白帖（あるいは殿下帖）」とよばれているという。さらに、三鬼氏の「豊臣秀吉文書に関する基礎的研究」によると、秀吉は関白任官以後、足利義昭の御内書とまったく同じ御内書形式の文書を多用したとされる。そして、「その限りでは室町将軍発給の文書様式を忠実に継承して」いるとされる。しかし、秀吉が公帖に用いた檀紙は、紙質としては室町将軍が公帖として使った檀紙Ⅱaと同じであるが、大きさ・縦横の比率が以前のものと大きくちがっていたということになると、秀吉は室町将軍の権限を継承しつつも、それを大きく超えた新しい政権の樹立をめざしていたといえるのではなかろうか。補註④

秀吉は天正十三年（一五八五）七月、関白に任ぜられているが、上述のことはいずれもこの秀吉の関白就任によるものであることはいうまでもない。ついでにいうならば、三鬼氏の目録によると、秀吉が「てんか」と署名するのは天正十三年（一五八五）十一月二十一日の掟書が初見である。「てんか」が「殿下」なのか「天下」なのかは議論のわかれるところであるが、これも秀吉が関白になったことと関係のあることはまちがいがない。そして、秀吉は秀次の関白就任とともに「てんか」に代わって「大かう」と署名するようになるから、「てんか」は「殿下」と考えるのが妥当であろう。ともあれ、秀吉の関白就任は、その発給文書の形態・内容に大きな変化をもたらした。まさに「天下人」というにふさわしいものであるが、はたしてこの関白秀吉の「天下人」は完全なものであったのであろうか。

四

表6-1の秀吉の知行関係の文書をみると、一つは寺領寄進・寺領宛行・地子免除を内容とする文書がある。これは全体として知行宛行状と総称することにする。地子免除を知行宛行と同一視することには疑義があるかも

所領安堵と課役免除

しれないが、中世においては所領安堵と課役免除は同時におこなわれることが多く、戦国時代になると課役免除は所領の安堵も意味するようになったから、課役免除を広い意味の知行の宛行ないしは知行安堵と考えてよい。それを裏づけるきめ手となると思われるのは、この地子免除の朱印状は、寺領寄進・寺領安堵などの他の朱印状と同一の箱に保管されているということである。天龍寺・等持院の分しかり、妙蓮寺の分しかり、東寺・南禅寺においても同じであったと考えられる。すなわちそれぞれの寺社では、この地子免除の朱印状は寺領宛行の他の朱印状とまったく同じものとして受けとっているのである。

知行宛行状と知行目録

この広い意味での知行宛行の朱印状に対して、もう一つの朱印状は知行目録（寺領目録・領知目録）である。これも多数現存する。そして、この知行目録は、本来は知行宛行状に添えて作成された一対のものである。

現在、知行宛行状と知行目録が揃って残っている例はすくないが、たとえば表6-1の三番目と四番目の二通の文書、すなわち天正十三年（一五八五）に天龍寺に下された寺領寄進状と寺領目録は一対のものである。秀吉はまず寄進状で、一七二〇石を「目録相添」て天龍寺に寄進しているが、その一七二〇石の内容を書きあげたのが寺領目録である。すなわち知行宛行状（寺領寄進状）が主で、知行目録（寺領目録）は従であることはいうまでもない。ここで表6-1をみてみよう。知行宛行状はすべて折紙で、知行目録はすべて竪紙である。これは他の秀吉の知行関係の文書でも同じだと考えられる。もしこのことが確認できるとすると、秀吉の知行関係の文書の料紙の使い方は、本来の料紙の使い方と反対であるといわなければならない。

竪紙が正式（主）で折紙は略式（従）

というのは、本来の文書の料紙の使い方からいうと、竪紙が正式で折紙は略式である。たとえば、同時に発給された同内容の竪紙と折紙の室町幕府奉行人奉書をみると、基本になる文書には竪紙を用い、それに付随した内容のものは折紙を用いている。まさに竪紙が正式＝主で、折紙は略式＝従である。

すこし余談になるが、朱印状類を調査された方はつぎのことをお気づきのことと思う。さきにもすこし触れたように、多くの寺社では信長・秀吉の朱印状は、徳川歴代将軍の朱印状と同じ立派な御朱印箱の中に保管されている。大型で竪紙の檀紙の歴代将軍の朱印状が、箱の中で大いに幅をきかせているのに、折紙の信長・秀吉の朱印状はいかにも「お添えもの」といわんばかりに、申し訳なさそうに箱の片隅に収められているという感じである。量がすくないということもあるが、折紙の信長・秀吉朱印状はいかにもみすぼらしい。はなはだ感覚的なことになるが、これが竪紙と折紙の相違といってよかろうか。すなわち、竪紙が主＝正式で、折紙が従＝略式であ

秀吉の知行宛行状は一貫して折紙

家康はまったき意味の室町将軍の継承者

る。したがって、秀吉の文書の料紙の使い方は、本来の文書の料紙の使い方とはまったく反対である。

　これが何を意味するのかは、この時代の専門の方々にお教えいただきたいと思うが、それはともかくとして、秀吉の場合、知行宛行状が折紙であることは重要である。これは秀吉の関白就任とは関係なく、その前もその後も一貫して折紙である。天正十六年（一五八八）四月十五日、秀吉は後陽成天皇の聚楽第行幸に際して、近江国高嶋郡の土地を公家衆に寄進した。この際に発給された宛行状における儀礼の方式は、江戸幕府にも踏襲されて、たとえば「寛文印知」の際のモデルになったといわれている（前記三鬼氏論文）。すなわち、近世の知行宛行・安堵状の出発点ともいうべきもので、しかももっとも晴れがましい時のものであるが、この時近衛信輔に与えられたのはやはり折紙である（京都大学文学部国史研究室所蔵近衛家文書影写本）。公家衆の筆頭格にあたる近衛家宛のものが折紙であったということは、他の公家衆宛のものもすべて折紙であったと考えてよい。

　中世においては、室町将軍は所領安堵あるいは課役免除に竪紙の御判御教書（御判御教書A[補註⑤]）を用いていた。しかも、その料紙は立派な檀紙である。それだけではなく、上述の一部の室町幕府奉行人奉書を除いて室町幕府の公文書はすべて竪紙である。しかるに、信長・秀吉だけが知行関係の文書に折紙を使っている。秀吉は関白任官とともに、かつての室町将軍が有した権限のすべてを引きついだはずであるが、この点だけは例外であった。

　それが家康になると、知行宛行・知行安堵には再び竪紙の檀紙を使うようになる。家康の知行関係の朱印状の形態は、その権力の確立過程におうじて複雑で、秀吉の場合と同様、それ自身一つの大きな研究課題でもあるが、ここでは近畿の寺社などにみられる朱印状について考えることとする。ともあれ信長・秀吉の知行関係の朱印状は折紙で、家康のそれは竪紙である。これはどういうことなのであろうか。

　たしかに、秀吉は関白として公帖を発給し、室町将軍の権限を全面的に引きついだかのごとくである。しかし、こと知行関係の文書に関しては、秀吉はあくまで折紙＝従の立場でしかなかったのである。すなわち家康は秀吉が望んでついになることのできなかった征夷大将軍になり、引つづき「大御所」として幕府の実権を握ることによって、はじめて竪紙で知行宛行・知行安堵をおこないえたといえるのではなかろうか。いうまでもなく、家康はまったき意味の室町将軍の継承者であったのである。

　こう考えると、秀吉の「天下人」の意味も理解できる。すなわち、秀吉は関白になった天正十四・五年（一五八六・七）頃を境にして、その朱印状に檀紙を使うようになり、足利義昭の権限を引きついで公帖を発給し、また御内書形式の文書も用いるようになった。たしかに秀吉は「天下人」になったのである。しかし、秀吉は関白になり、「てんか（殿下）」を称するようになったとはいえ、秀吉がまったき形で掌握した権限は、公帖の発給に端的にみられるように、いわば儀礼的な権限であったといえばいいすぎであろうか。ともかくも秀吉はその知行宛行状には依然として折紙を使っているのである。折紙しか使えなかったといった方がよいかもしれないが。これは関白秀吉の「天下人」の限界を示すものといえよう。

いささか感覚的なことに終始したように思う。そして、これは秀吉・家康の文書を本格的に研究したものではない。しかし、奉書から檀紙へ、中世的な料紙から近世的な料紙へ、公帖の発給は「亡命将軍」義昭から関白秀吉へ、さらに折紙から竪紙へという事実は動くものではない。問題はこれをどう解釈するかということである。たんなる偶然として無視するには余りにも重要な問題を含んでいるのではなかろうか。

補註

①　「日本史研究」三四三号（一九九一年）に掲載した初出の論稿では一五通程度であったが、その後わずかではあるが追加をして今回の表6-1となった。

②　これは「檀紙について(上・中・下)——古文書の料紙について(七・八・九)——」（「古文書研究」三三・三四・三五号　一九九〇・九一年）として発表した。中世から近世への檀紙全体については、第四章第四節「朱印状と公帖の料紙——中世から近世への檀紙——」として概観しておいたのでご覧いただきたい。なお、料紙の分類については、現在私は第I類・第II類・第III類……という分類をしている。しかし、ここでは初出のまま奉書・斐紙・檀紙というように分類した。これらの点についても、前記第四章第四節の註(13)で、私なりの見解を述べているので参照いただきたい。

③　ここで私は、「義昭は最後まで室町的な料紙を使っていたといえる」とし、また「義昭と秀吉の公帖に大きなちがいのあることがわかる」としたのはかならずしも適当ではなかった。室町将軍と義昭の天正期の公帖の料紙、それに秀吉の公帖・朱印状の料紙については、第四章第四節第二項(2)「戦国時代公帖の料紙」および同(3)「秀吉・秀次公帖の料紙」で詳しく論じた。そして、(3)「秀吉・秀次公帖の料紙」で、

　室町将軍の公帖のたとえば「縦が三一センチから三五センチ、横が五一センチ程度」が、いっきょに秀吉公帖の「縦が四五センチ、横が六五センチ」という圧倒的な大きさに飛躍したのではない。さきにもすこし触れたように、義昭（天正）のだいたい縦三八・九センチメートル、横五九・〇センチメートルという大きさを橋渡しにして、秀吉の圧倒的な大きさになる（本書二八一頁）。

と述べたように、現在では本章（初出のまま）のように室町将軍の公帖の大きさは、いっきょに秀吉公帖の圧倒的な大きさに飛躍したのではなく、天正期の義昭公帖の橋渡しがあって、漸次近世的な料紙の大きさになったと考えている。この点だけを確認しておきたい。なお、義昭の公帖については、同第四章の表5-6「足利将軍の公帖（天龍寺所蔵）」を、また秀吉の公帖については同表5-11「豊臣秀吉・秀次の公帖（天龍寺所蔵）」を参照いただきたい。

④　この評価についても考え直す必要があろう。同じく補註③を参照。

⑤　御判御教書Aおよび御判御教書Bについては第三章「御判御教書と朱印状・公帖」の、とくに第二節「室町時代の御判御教書」、また同第三節第一項「御判御教書Aと御判御教書B」を参照していただきたい。

後記

一

本章の文章は、請われるままに「日本史研究」の「歴史万華鏡」に執筆したものである。同誌三四三号（一九九一年）に掲載していただいた。ちょうどその頃、南禅寺や天龍寺の文書を調査させていただいたこともあって、朱印状類や公帖に関心をもっていた。その成果が序章を除く本書の各論稿であるが、本章は「歴史万華鏡」という性格上気楽に筆をとった。そのためかえって、いいたいことがはっきりしていて、小論ながら気に入ったものの一つである。

ここで強調したいのは、本文でも述べたが、秀吉の知行宛行の朱印状が最後まで折紙で、ついに竪紙を使うことができなかったことの意味を真剣に考える必要があるということである。これについては後ほどすこし触れるように、信長朱印状さらにはその先行形態である室町・戦国時代の文書にまでさかのぼって検討しなければならないと考える。

それはともかくとして、現在完全にといってもよいくらい断絶状態にあるアーカイブズとしての中世文書と近世文書の研究の、重要な橋渡し役をするのが信長文書であり秀吉文書である。それぞれについて、過小評価はもちろんだが、過大評価も避けられなければならない。信長研究者・秀吉研究者それぞれに、自分の研究テーマに大いなる思い入れがあり、高く評価したいのは当然であるが、それだけで研究が完結するのではなく、中世も含めて広く歴史の流れのなかで、正当な位置づけが必要である。本章は随想程度のものであるが、いくぶんそれに答えられるのではないかと考えている。

なお、本章の文章は初出のままとした。内容はもちろんだが――それについては補註ですこしおぎなった――、たとえば「京都大学文学部国史研究室所蔵」などの記載も平成三年（一九九一）段階そのままである。

二

本章の論稿については、小林清治氏の批判がある。小林氏は「秀吉の書札礼」（同『秀吉権力の形成——書札礼・禁制・城郭政策——』（東京大学出版会　一九九四年　初出は一九九二年））において、秀吉文書（武家宛の書状・直状）を四期にわけ、その書札礼を細かく検討された。そして最後に、

さて、秀吉文書の典型というべきは、すでに明らかなように大高檀紙折紙による朱印直書である。それが秀吉関白就任の翌夏出現し、関白秀次がこれを踏襲したことにも察せられるとおり、それはすぐれて関白の文書形式であった。

折紙という、一般には疎略あるいは尊大として薄礼とのみ理解されやすいこの様式は、少なくとも信長・秀吉らにあっては、武家が麾下あるいは地下に対して指令または支配の意志を伝達するための公式の文書様式と了解されていたとみられる。足利将軍あるいは徳川将軍に例をみないとされる、折紙を主とする（註）秀吉書札礼は、朱印を用い、その折紙に大ぶりな風格ある大高檀紙を料紙に採用することによって、関白殿下としてのまた天下人としての書札として定着したのであった。それは、あくまでも直状の形式を採りながらも、すべての受領者（名充人）との個人的・人格的な音信の次元をこえて、相手をおしなべて均等に俯瞰する、公的・非人格的書札礼の確定であったといえよう（同書六三三頁）。

とされる。そして、「折紙を主とする」というところに註を付して、

上島有氏は信長・秀吉の知行充行状が折紙で、目録が竪紙であるなど、「本来の料紙の使い方とはまったく反対である」ことを指摘され、知行充行状に「折紙しか使えなかったといった方がよいかもしれないが、これは関白秀吉の「天下人」の限界を示すものといえよう」と述べている（前掲「殿下と将軍」）。本文にのべたところは、不十分ながらこれについての私の理解であり、したがって「限界を示すもの」とは必ずしも考えない（同書六九頁）。

と私に異論をだされる。しかし、私も秀吉の「大高檀紙折紙による朱印直書」を前提として議論をしているのであるから（たとえば表6-1参照）、氏のいわれることはどうも具体性がなく、私が「秀吉の折紙の朱印状は「天下人」としての秀吉の限界を示す」としたことに対して「そうは考えられない」とされる程度のものだといわざるをえない。

小林氏のいわれる、

i　信長・秀吉らにあっては、武家が麾下あるいは地下に対して指令または支配の意志を伝達するための公式の文書様式と了解されていたとみられる。

ii　朱印を用い、その折紙に大ぶりな風格ある大高檀紙を料紙に採用することによって、関白殿下とし

てのまた天下人としての書札として定着したのであった。それは、あくまでも直状の形式を採りながらも、すべての受領者（名充人）との個人的・人格的な音信の次元をこえて、相手をおしなべて均等に俯瞰する、公的・非人格的書札礼の確定であったといえよう。

ということについては、「天下人」をどう評価するかは問題だが、そして後ほど触れるように「相手をおしなべて均等に俯瞰する」ということも問題になろうかと思うが、それ以外については、とくに異議を申し立てようとは思わない。とするならば、徳川幕府の朱印状も十分にⅰⅱの条件を満たすものであることはまちがいがない。その上で、私は秀吉朱印状を単独で考えるのではなく、秀吉の朱印状が折紙で、江戸幕府の朱印状が竪紙であることの意味を問うているのである――室町幕府についても述べなければならないが、煩雑になるので江戸幕府についてのみ述べる――。この点については、小林氏からは明確な説明はない。「具体性がない」といった所以である。

この際、室町時代の武家の公文書としての竪紙と折紙のあり方が問題となる。詳しいことは稿を改めて論じなければならないが、本文でも述べたように、そして後ほどこの「後記」の三で、すこし詳しく触れるように、室町時代の武家文書にあっては、竪紙が主で折紙が従、竪紙が正式で折紙が略式である。すなわち、竪紙あっての折紙なのである。したがって、ⅰⅱを認めるとしても、秀吉は自ら希望しながらついに征夷大将軍を手にすることはできなかった。最終的に征夷大将軍を諦めて関白殿下・太閤で満足せざるをえなかった秀吉と、堂々と征夷大将軍を称する足利将軍・徳川将軍とのちがいが、同じ御判御教書・朱印状でも折紙と竪紙のちがいにあらわされていると考えるのである。

しかも徳川将軍にあっても、家康は将軍となる以前においては、所領の安堵・宛行状に竪紙を主としつつも折紙も用いていた。しかし、将軍となって以降は折紙は姿を消すといわれている（大藤修「近世文書論序説（中）――近世文書の特質とその歴史的背景についての素描――」〔『史料館研究紀要』二三号　一九九二年　一三八頁〕。第四章「天龍寺の朱印状と公帖」の第二節註（8）でみたように、藤井譲治氏のような折紙に関する細かい議論があるとしても、大きくみればこのような理解が妥当なものであろう。近世においても明らかに文書としての竪紙と折紙はその重さがちがっている。すなわち、同じ徳川将軍の名でだされる文書であっても、朱印状・公帖は表向きの公文書たるによって竪紙であり、御内書は「内々の文書」たるによって折紙であることに端的にあらわされていると思う。ここでは、御内書が独立した文書として機能しているため、竪紙が主、折紙が従という関係はみられないが、「表向きの文書」「内々の文書」という形で、かつての性格は引きつがれているのである。

関白と将軍ということになると、武家政権にあってはそのちがいは決定的である。武士の社会にあっては、将軍と配下の武士（御家人）との間は主従関係で結ばれる。主君―家臣という「ピラミッド型」の関係である。頼朝（鎌倉将軍）と御家人がそうである。足利将軍と守護大名がそうである。徳川将軍と各大名の関係もそうである。いっぽう、関白という朝廷の官職をとりあげた場合、関白秀吉を含めて朝廷の官職を帯するすべての武士は、天皇の「臣下」という意味において一列である。「フラット」な関係で、武士相互の間には主従関係はみられない。秀吉が関白にとどまるかぎり、形式的にはあくまでも諸大名とは「フラット」な一列の朝官である。小林氏は、秀吉の「大高檀紙折紙による朱印直書」を、

すべての受領者（名充人）との個人的・人格的な音信の次元をこえて、相手をおしなべて均等に俯瞰する、公的・非人格的書札礼の確定であったといえよう。

といわれる。まさにそのとおりである。秀吉が関白であるかぎり、実態として秀吉は「自己を超越的位置に置き」諸大名を「俯瞰」はするが、形式的には諸大名と一列の天皇の「臣下」なのだから「おしなべて均等に俯瞰」しなければならなかったのである。

高橋修「近世に於ける御内書についての研究」（『古文書研究』四三号　一九九六年）は近世の御内書の形態にまで言及した貴重な研究である。高橋氏はここで御内書の形態はもちろん、その書式などを詳しく検討され、秀吉の御内書の特色として、

秀吉は自己を超越的位置に置き、全ての大名を横並びに、等質的に俯瞰するような、いわばフラットな構造を秀吉は「指向」していたのである（三二頁）。

とし、いっぽう徳川将軍については、

家光政権後期頃には将軍を頂点として各大名をピラミッド状に編成する様な構造を完成させるのである（三二頁）。

といわれる。これは御内書についてであるが、朱印状についても同様と考えてよかろう。もはや多くを語る必要はなかろう。秀吉は「フラットな構造」にとどまり、「ピラミッド状の構造」をとりえなかったことを、私は「「天下人」としての関白秀吉の限界」といったのである。それはまた、竪紙と折紙のちがいでもある。

竪紙と折紙のちがいといえば、第一章「妙蓮寺の近世文書」の写真2-1豊臣秀吉朱印状と写真2-2徳川家康黒印状をご覧いただきたい。同じく朱印状ではあるが、みた感じとして非常なちがいがあることがわかると思う。その上で、両者を比べた場合、明らかに「天下人」としての風格のちがいが歴然である。そして、本文で歴代の朱印状を収めた朱印状箱について述べた、

多くの寺社では信長・秀吉の朱印状は、徳川歴代将軍の朱印状と同じ立派な御朱印箱の中に保管されている。大型で竪紙の檀紙の歴代将軍の朱印状が、箱の中で大いに幅をきかせているのに、折紙の信長・秀吉の朱印状はいかにも「お添えもの」といわんばかりに、申し訳なさそうに箱の片隅に収められ

ているという感じである。量がすくないということもあるが、折紙の信長・秀吉朱印状はいかにもみすぼらしい。はなはだ感覚的なことになるが、これが竪紙と折紙の相違といってよかろうか。

ということと同じことが、実感として看取できるのではなかろうか。

それとともにもう一通、第三章「御判御教書と朱印状と公帖」の写真4-2足利義教御判御教書をみていただきたい。写真2-1豊臣秀吉朱印状、写真2-2徳川家康黒印状とともに、いずれも知行安堵・領知安堵の御判御教書であり朱印状である。継承性の問題としてどちらにその度合いが高いかということについても答えは明瞭であろう。

これらは、いずれもはなはだ感覚的なことである。長年文字列情報に慣れ親しんできた方たちには興味のない、場合によっては反発を招くことではあるが、私はこのような情報を大事にしたいと思う。非常に重要な非文字列情報だと考えるのである。このような情報を歴史情報資源化するような試みはかつてなかったと思う。まだきわめて幼稚な段階ではあるが、着実に積みあげることによって、やがてすばらしい成果をあげることができるのではなかろうか。ともかくも一歩踏みだすことに私は意義をみとめるのである。

すこし冗長なことをいったようだが、結論を述べよう。秀吉の朱印状と徳川将軍の朱印状は、同じく「朱印を用い、大ぶりな風格ある大高檀紙」を料紙として用いてはいるが、竪紙と折紙のちがいは決定的であった。そして、たしかに徳川将軍の朱印状は、いくつかの点で秀吉の朱印状を継承したものであることはまちがいがない。しかし、基本的には征夷大将軍として室町将軍の竪紙の御判御教書Aを継承しているのは、これも動かすことのできない事実である。

三

本書全体の原稿整理がほぼ完了したとき、山田康弘「戦国期幕府奉行人奉書と信長朱印状」（『古文書研究』六五号　二〇〇八年）が発表された。ここで、山田氏は室町幕府奉行人奉書（竪紙）をうけてだされた「任公方御下知之旨」の文言のある信長朱印状は、守護遵行状の一種と評価すべきであると主張された。実は、これは私がはやくからきっちり整理したいと考えていたことであるが、氏の示唆にとむ論稿によって大いに啓発されるところがあった。

すこし欲をいうならば、それに室町幕府文書における竪紙と折紙の観点を入れていただけるとさらによかったと思う。というのは、すでに何度も触れたことではあるが、そしてこのすぐ前でもそれなりに紙面をとり、また第四章「天龍寺の朱印状と公帖」の第一節註(24)の後半部分で、すこし詳しく述べたように、信長朱印状・秀吉朱印状に先行する室町幕府文書にあっては、竪紙が主で折紙が従である。折紙についてはいろいろな見解がだされている。そして部分的に聞くべき意見もみられるが、完全に納得できるものはまだみられないのではないかと考える。そのうちにあって、確実にいえることは、室町幕府文書にあっては、竪紙が正式で主、折紙が略式で従、竪紙があっての折紙で、折紙自身独立した機能をもつものではなかったということである。

おそらく室町幕府文書で、折紙を本格的に使ったのは幕府奉行人奉書だろうと思う。正文の初見は、

康永二年（一三四三）一〇月一九日　室町幕府奉行人連署奉書（二尊院文書）

で、もちろん折紙である。これは備前国金岡庄東方田地のことについて、二尊院雑掌の訴えによって額安寺雑掌に「出対」を命じたもの、すなわち召文である。ここでは「書状如此」とみえるように、二尊院雑掌の訴状に添えて額安寺雑掌に届けられた。すなわち独立して機能するものではなかった。第四章第一節註(24)の関心からするならば、この折紙の奉行人奉書が独立した料紙に包まれたのではなく、二尊院雑掌の訴状と一緒の料紙――封紙あるいは「包紙」――に収めて届けられたものである。

初期の奉行人奉書は、はじめこのように折紙で、軽易な連絡である召文あるいは問状として用いられ、やがて役夫工米・段銭その他の課役免除なども伝えるようになった。応永末年頃からは、主として違乱停止を命ずる竪紙の奉行人奉書がみられるようになる。この場合、ふつうその遵行を命ずる折紙の奉行人奉書が添えられ、両者が一体となって一つの機能をはたすことになる。そして、折紙奉書は竪紙奉書の包紙＝封紙に収められて、当事者に届けられることはいうまでもない。ともかくも、折紙の文書は竪紙の文書があっての折紙であることが明らかになったと思う。もちろん、これだけでは十分ではない。まだまだ検討すべき多くの問題が残されており、また例外もあろうが、基本的な考え方としては認められるのではないかと思う。なお、これらの点については、拙稿「室町幕府文書」（『日本古文書学講座4　中世編Ⅰ』〈雄山閣出版　一九八〇年〉）の一〇五頁以降と一一二頁以降の「奉行人奉書」で、すこし詳しく述べたので参照していただきたい。

竪紙と折紙について、以上の点だけを確認しておいて、山田氏の論稿について考えることにする。山田氏は、尊経閣文庫所蔵の「天龍寺周悦関係文書」のつぎの七通について詳しく検討される。それをあげると、

A　永禄一一年（一五六八）一〇月一二日　室町幕府奉行人連署奉書
B　永禄一一年（一五六八）一〇月一二日　室町幕府奉行人連署奉書
C　永禄一一年（一五六八）一〇月一二日　織田信長朱印状
D（永禄一一年）（一五六八）一〇月一二日　細川藤孝・明院良政連署折紙
E　永禄一一年（一五六八）一〇月二七日　上野秀政折紙
F（永禄一一年）（一五六八）一一月　五日　林秀貞折紙
G（永禄一一年）（一五六八）一一月　五日　柴田勝家等連署折紙

である。A室町幕府奉行人奉書は竪紙で、山城国伏見庄における瑞祐首座の跡職を周悦首座に安堵したものである。そして、B室町幕府奉行人奉書以下はすべて折紙で、Aの奉行人奉書をうけて、その遵行に関して発給されたものである。その料紙・遵行の文言・宛所を簡単に表記すると、

	文書	料紙	遵行の文言	宛所
A	室町幕府奉行人連署奉書	竪紙		周悦首座
B	室町幕府奉行人連署奉書	折紙	被成御下知訖	当所名主百姓中
C	織田信長朱印状	折紙	任公方御下知之旨	周悦首座
D	細川藤孝・明院良政連署折紙	折紙	任公方御下知之旨	所々名主百姓中
E	上野秀政折紙	折紙	任御下知之旨	周悦首座
F	林秀貞折紙	折紙	任公方御下知・信長折紙之旨	周悦首座禅師
G	柴田勝家等連署折紙	折紙	被帯御下知并信長折紙之上者	所々名主百姓中

となる。さらに、その遵行の系統を示すと、

- A（周悦首座宛）
  - B（当所名主百姓中宛）
  - C（周悦首座宛）
    - F（周悦首座禅師宛）
    - G（所々名主百姓中宛）
  - D（所々名主百姓中宛）
  - E（周悦首座宛）

である。

細かい内容の説明その他は、氏の論稿によることとして、この場合、A室町幕府奉行人奉書が竪紙である以外、他の六通すべてが折紙である点に注意しなければならない。A室町幕府奉行人奉書が将軍足利義昭の意向をうけた正式の文書であることはいうまでもない。すなわち、義昭の御判御教書を代行する文書で、伏見庄の安堵に関する基本になる――正式で主たる――文書であるから、竪紙を使っているのである。それをうけた「当所名主百姓中」宛のB室町幕府奉行人奉書（折紙）に、「被成御下知訖」と遵行の文言がみえるのは、同じく室町幕府奉行人奉書であっても、竪紙と折紙のちがいを端的に示すものである。そして、C信長朱印状には「任公方御下知之旨……」というように、A室町幕府奉行人奉書（竪紙）にもとづいて、それを遵行する文言が入っているから、折紙であったのである。D細川藤孝・明院良政連署折紙、またE上野秀政折紙も同様である。さらにF林秀貞折紙とG柴田勝家等連署折紙には、A室町幕府奉行人奉書とC信長朱印状を受けた旨がみられる。みごとに竪紙と折紙が使いわけられている。B室町幕府奉行人奉書をはじめ、C信長朱印状、さらに関連の文書など六通すべてが、A竪紙の幕府奉行人奉書あっての折紙文書なのである。

なお、室町幕府文書としての遵行関係の文書はこれだけではなく、いろいろと複雑な問題が含まれているが、その一断面として以上の点を確認しておきたい。

室町将軍の御判御教書と徳川将軍の朱印状の関係を検討するには、どうしても信長朱印状・秀吉朱印状を考慮しなければならない。秀吉朱印状については、あくまでも「歴史万華鏡」の域をでないが、本章でいささか述べるところがあった。信長朱印状についてはまったく触れられなかったが、幸い山田氏の論稿でその欠を補なっていただいたと考える。

アーカイブズ学の基本的命題として、わが国の歴史、わが国のアーカイブズを全時代をつうじて統一的に把握することが必須の条件だとするならば、差しあたり中世と近世については、室町将軍の御判御教書・信長朱印状・秀吉朱印状・徳川将軍の朱印状を一体として、その継承・断絶・発展の諸相を具体的に究明することが直接の課題となる。たんなる印象的な感想程度のものだけでは学問的とはいえない。この際、信長朱印状については山田氏の提言が大きな重みをもつ。それを信長朱印状研究の出発点として御判御教書以下のそれぞれの、

1伝達内容……所領・領知の安堵か、それ以外の内容か、
2料紙の種類……第Ⅲ類（檀紙）の料紙か、第Ⅳ類（奉書紙）その他の料紙か、
3料紙の形状……竪紙か折紙か、
4文書様式……下文様文書か書札様文書か、書札様文書の場合には直状か奉書か。さらに、細かい書式が検討の対象となる。
5宛先……1伝達内容と直接関係するが、当事者宛か他の多くの関係者宛か、

などの諸項目について、何が継承され、何が継承されなかったのか、さらにそれがどのような新しい展開をとげたのかを逐一検討しなければならない。詳細については稿を改めて論じなければならないが、信長朱印状の出発点は竪紙の御判御教書やA幕府奉行人奉書（竪紙）ではなく、山田氏の指摘のように「任公方御下知之旨」という文言をもつ折紙の「守護遵行状の一種」だったのである。

天正元年（一五七三）、足利義昭との「連立関係」を解消した信長は、引きつづき折紙朱印状を発給するが「任公方御下知之旨」なる文言を用いなくなる（山田氏論稿註46）。ここに竪紙あっての折紙から、竪紙の文書とは関係なく、単独の折紙文書としての独立をとげる。折紙文書の独立といったらよかろう。しかし、あくまでも折紙であった点は確認しておかなければならない。それが秀吉の「大高檀紙折紙による朱印直書」へと発展するのである。

ただし、信長の領知安堵の朱印状については一部に竪紙のものがみられるのも事実である。たとえば、

天正五年（一五七七）一一月一三日　鷹司家宛信長朱印状(宮内庁書陵部蔵)

天正五年（一五七七）一一月　一日　等持院宛信長朱印状（天龍寺文書）

などはいずれも竪紙である（原本で確認）。したがって、これらも含めて何が継承され、何が継承されなかったか、そしてその理由は何かなどの問題を総合的に検討し、信長朱印状を引きついで、領知安堵の権限を最高の形で行使したと考えられる関白（太閤）秀吉の朱印状が、ついに折紙を脱却することができなかったという事実をどのように評価すべきかを考えなければならない。

これは竪紙の徳川将軍朱印状と根本的にちがうところであり、さきにすこしみたように徳川将軍にあっても、家康は将軍となる以前においては、所領の安堵・宛行状に竪紙を主としつつも折紙も用いていた。しかし、将軍となって以降はすべて竪紙に統一されるということに象徴的にあらわされているのである。それはいうまでもなく、徳川将軍は征夷大将軍として、その朱印状が基本的に室町将軍の御判御教書を継承していることを示すものに他ならない。それとともに、細かい説明は省略せざるをえないが、前記1「伝達内容」以下のすべての検討項目は、室町将軍の御判御教書から徳川将軍の朱印状へ継承されているということを付言しておく。

なお、武家文書としての竪紙・折紙を論ずるには、まだまだ多くのことが残されている。一つには、室町将軍の御内書も含めて、信長・秀吉そして徳川将軍の御内書を一体として研究する必要がある。これはもはや私が論じうるような問題ではないが、幸い前記高橋修「近世に於ける御内書についての研究」なる興味ある研究がある。文言（文字列情報）も重要だが、形態論（非文字列情報）の問題としても、総合的にさらに深めていただけると有難い。

最後に山田氏の論稿についていうと、「守護遵行状の一種」というのは貴重な論点であるが、これにもとづいて「守護遵行状の一種」とは何ぞやという具体的な指摘がぜひほしいのである。守護遵行状をはじめとして室町幕府奉行人奉書（折紙）・守護奉行人奉書などについて、上記1「伝達内容」以下の各検討項目を細かく点検していただけると、信長朱印状の原点がよりはっきりするのではないかと考える。もちろん、これはすぐれて私自身の研究課題でもあるが、もはや私が解決できるような問題ではないと考えるので、山田氏をはじめ基本的な視角を同じくする方たちにお願いをする次第である。

（二〇〇八・一二・一二　一稿了）

補論II　徳川将軍領知判物・朱印状の原点
――藤井譲治「徳川将軍領知朱印状の古文書学的位置」との関連で――

江戸時代の朱印状・公帖は室町時代の御判御教書を継承したその発展形態

藤井譲治氏の批判

はじめに

私は、さきに拙稿「近世の領知判物・朱印状と公帖――室町時代の御判御教書との関連で――」[1]と同「天龍寺の朱印状と公帖」[2]なる二つの論稿において、江戸時代の領知判物・朱印状・黒印状――以下、これを朱印状と略す――と公帖は、その形式・形態ともに室町時代の御判御教書を継承するもので、いわばその発展・完成形態と考えられるとした。これに対して藤井譲治氏は、わざわざ前記拙稿「御判御教書と朱印状・公帖」の批判を直接の目的とする「徳川将軍領知朱印状の古文書学的位置――室町将軍御判御教書との関連[3]――」なる論稿を草して、その冒頭で、

近年の近世古文書学において、徳川将軍の領知朱印状は室町将軍の御判御教書の様式を継承するものであるとの見解がいわば定説化している。果たしてそうなのか、この点が本論の論点である（同氏著書三二六頁）。

とする。そして、この定説の代表として、大野瑞男「領知判物・領知朱印状の古文書学的研究――寛文印知の政治史的意義(一)――」[4]と、笠谷和比古『近世武家文書の研究』[5]の第二章一㈠「領知安堵状」をあげ、これらは前記拙稿「御判御教書と朱印状・公帖」をはじめ、拙稿「室町幕府文書」[6]や同「古文書の様式について」[7]などの拙稿を論拠とするものである――もちろん完全に一致するとはいえないが――として、私に対する批判を展開する。簡単にいえば、藤井論文はこの拙稿「御判御教書と朱印状・公帖」に対する全面的な批判ということができる。

私は、はじめから一貫して、徳川将軍の最高の公文書たる朱印状と公帖は、室町時代の足利将軍の御判御教書Aと御判御教書Bを継承・発展させたものだと考えている。これに対して氏は、まず、

最初に結論めいたことを記せば、徳川将軍領知朱印状の文書様式は、室町将軍御判御教書の様式を、料

朱印状の御判御教書からの継承性を強く否定

「近世将軍権力が生み出した独自の様式」

I類の朱印状

徳川将軍の朱印状の原点

朱印状研究の基本的姿勢

紙・様式の面で継承するものではなく、強力で集中された近世将軍権力が生み出した独自の様式であるといえる（同氏著書三三三頁　傍点は上島）。

として、具体的には料紙をはじめとして七点について私見に反論、両者の継承性を強く否定した。

なぜ、藤井氏がこのようなネガティブな発想をしなければならないのか私にはさっぱり理解できない。そして、この直截な批判・反論には大いにとまどった。近世史にまったくの素人が、不慣れな近世史にまで口だしをして、たいへんなことになったとおそれいったことである。しかし、よく考えてみると、どうも問題は朱印状研究の第一人者である藤井氏の方にありそうである。

たしかに朱印状は、やっと公武両政権を統一して、全国政権として歩みをはじめた足利将軍の御判御教書に比べて、「強力で集中された近世将軍権力が生み出した」文書にはまちがいはない。しかし、その形式・形態その他についてみても、いずれも武家政権最高の公文書として、みごとな継承性がみられるのであって、「強力で集中された近世将軍権力が生み出した独自の様式」とはいえないことが改めて確認できた。

この点については、前記拙稿「天龍寺の朱印状と公帖」の初出稿を本書の第四章として収めるについて、大幅に加筆して、具体的に論じた。というよりは、朱印状・公帖をつうじて、個々に氏の論点に答えて、それが成立しえないことを論じた。そこで本稿では、個々の具体的な問題はすべてそれにまかせることとし、大きく全体的なまとめをしておきたい。

まず第一節「朱印状研究の原点――御判御教書と朱印状の書式――」で、本書第四章「天龍寺の朱印状と公帖」の補訂のさいには、原文書について論ずることのできなかったI類の朱印状――I類の朱印状ということについては、後ほど詳しく述べる――について、その後の久能山東照宮や埼玉県立文書館寄託の「西角井家文書」の調査の結果にもとづいて、御判御教書研究・朱印状研究の基礎になる書式と、封式の一部である「包紙」とその宛名の問題をとりあげ、I類の朱印状は足利将軍の御判御教書をそのまま継承するもので、徳川将軍の朱印状の原点であり、その核になるものであることを確認する。つぎに第二節「朱印状の形態などについて」では、藤井氏が具体的な問題として指摘した料紙をはじめとする七つの点についてごく簡単に触れて、両者の強い継承性を確認する。そして、最後に「まとめに代えて――アーカイブズ学としての朱印状研究の基本的姿勢――」として、氏の朱印状研究の姿勢を、アーカイブズ学としての古文書学という観点から、いかに考えるかを検討することにする。

第一節　朱印状研究の原点――御判御教書と朱印状の書式――

前述の拙稿「御判御教書と朱印状・公帖」では、文書の折り方をはじめとして、文書の形態を中心に論じたため、文書研究のいちばん基礎になる書式の問題はかならずしも重きをおかなかった。そのため藤井氏も、書式については、

また、「朱印状についていうと、室町時代の御判御教書Aは本文に宛所が内包されていて、本文の最後の行に書かれることはなかった。これは御判御教書Aとその系譜を引く朱印状との大きな相違点である」とその相違点を指摘しつつも、「朱印状類も本来は宛書が本文に含まれるのであるが、書札様文書にならって宛書を最後の行に記入するようになったが、一部は最後までその伝統が守られたと考えられるのではなかろうか」とされ、その継承性を担保しようとしている。

さらに、徳川将軍領知朱印状には特殊なものを除きみられない署名の官位についても「なかなか難しい問題である」としている。

これら氏みずからが指摘された両者の違いは、両者間の継承性を問題とするとき重要な要件であるが、ここでは指摘するにとどめる（前記著書三三一頁）。

という程度で、重要な論点にはなっていない。しかし、考えてみれば、文書の書式は、御判御教書と朱印状の継承性を論ずるには、氏も指摘するように料紙をはじめとする文書の形態と同等、あるいはそれ以上に「重要な要件」である。まず、最初にとりあげなければならない課題であるということだけを確認しておく。

第一項　Ⅰ類の朱印状の発掘――久能山東照宮の領知判物――

Ⅰ類の朱印状が、足利将軍の御判御教書Aを直接継承するもので、それは徳川将軍の朱印状の核になり、また原点になるものであることはさきに本書の第四章「天龍寺の朱印状と公帖」の第二節第三項(1)「下文様文書としてのⅠ類」で詳しく述べた。しかし、これはすべて国立史料館編『寛文朱印留　上下』（東京大学出版会　一九八〇年）という刊本によったもので、直接原本にあたったものではない。その後、幸い久能山東照宮で一二通

のⅠ類の領知判物――さきに述べたことと一致させる意味で、以下でも朱印状と略す――、また埼玉県立文書館寄託の「西角井家文書」などの関係文書の正文について細かく調査する機会に恵まれたので、その調査報告もかねて、まずⅠ類の朱印状としての久能山東照宮の朱印状を検討することにする。

この久能山東照宮所蔵の一二通の朱印状は、

元和　六年（一六二〇）	三月一五日	徳川秀忠領知判物(写真7-1)	
正保　三年（一六四六）	一二月一七日	徳川家光領知判物(写真7-2)	
寛文　四年（一六六四）	九月一七日	徳川家綱領知判物	
延宝　二年（一六七四）	七月一七日	徳川家綱領知判物(写真7-3)	
貞享　二年（一六八五）	六月一一日	徳川綱吉領知判物	
な　し		徳川家宣領知判物	
な　し		徳川家継領知判物	
享保　三年（一七一八）	七月一一日	徳川吉宗領知判物(写真7-4)	
延享　四年（一七四七）	八月一一日	徳川家重領知判物	
宝暦一二年（一七六二）	八月一一日	徳川家治領知判物	
天明　八年（一七八八）	九月一一日	徳川家斉領知判物	
天保一〇年（一八三九）	九月一一日	徳川家慶領知判物	
安政　二年（一八五五）	九月一一日	徳川家定領知判物	
万延　元年（一八六〇）	九月一一日	徳川家茂領知判物	
な　し		徳川慶喜領知判物	

である。久能山東照宮には、これ以外に寛文四年（一六六四）九月十七日付けで、条目（禁制）を定めた家綱判物があるが、領知判物ではないので、ここではとりあげないことにする。

これらの文書は、いずれも所領寄進という形をとっているが領知安堵の判物である。当然のことながら、初代家康のものはみられないが、二代秀忠以降一二通がみられる。六代家宣、七代家継、一五代慶喜のものが発給されなかったのはすべての寺社に共通することである。なお、四代家綱については、まったく同文のものが寛文四

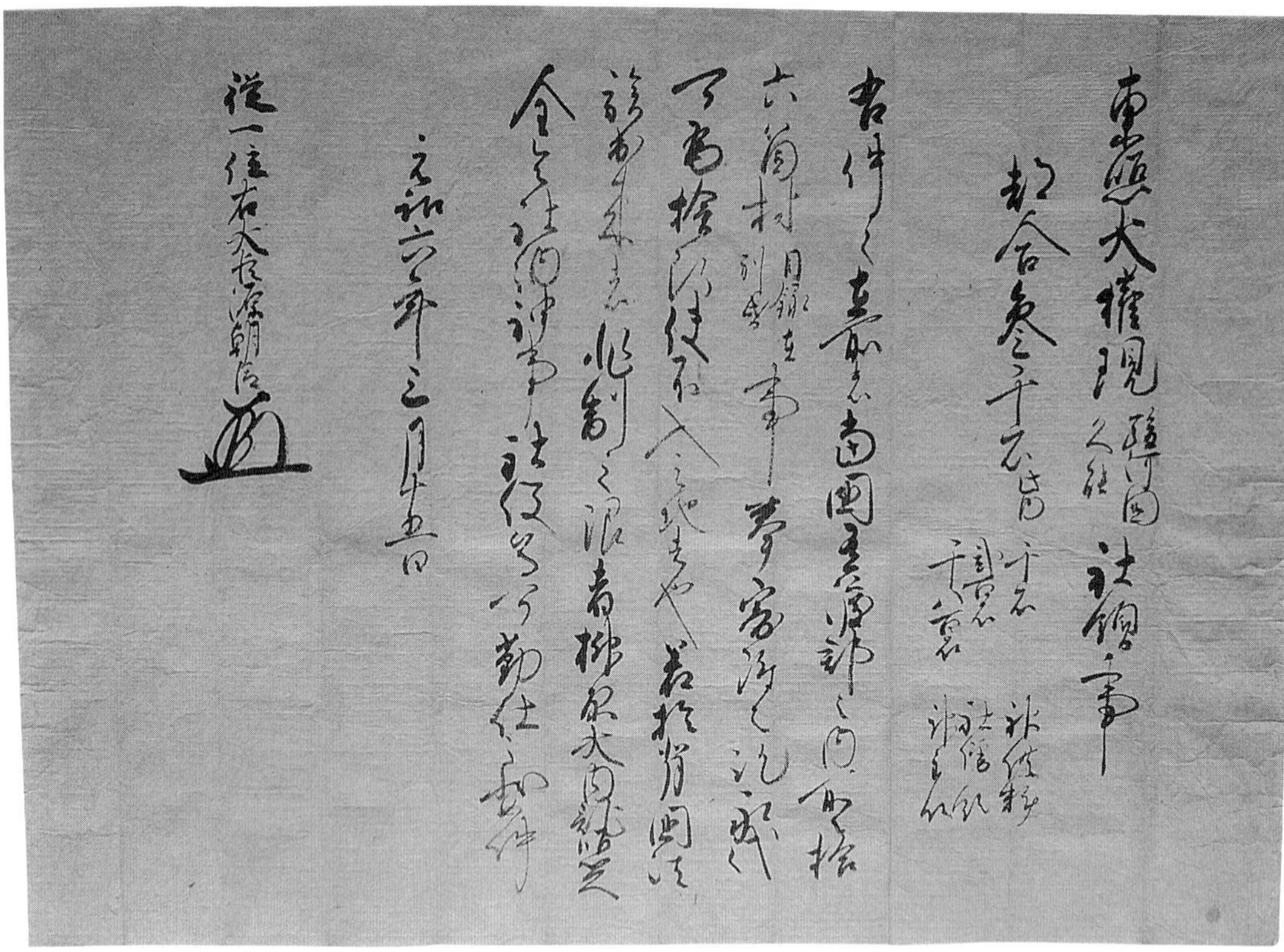

写真７－１Ａ　徳川秀忠領知判物（本紙）

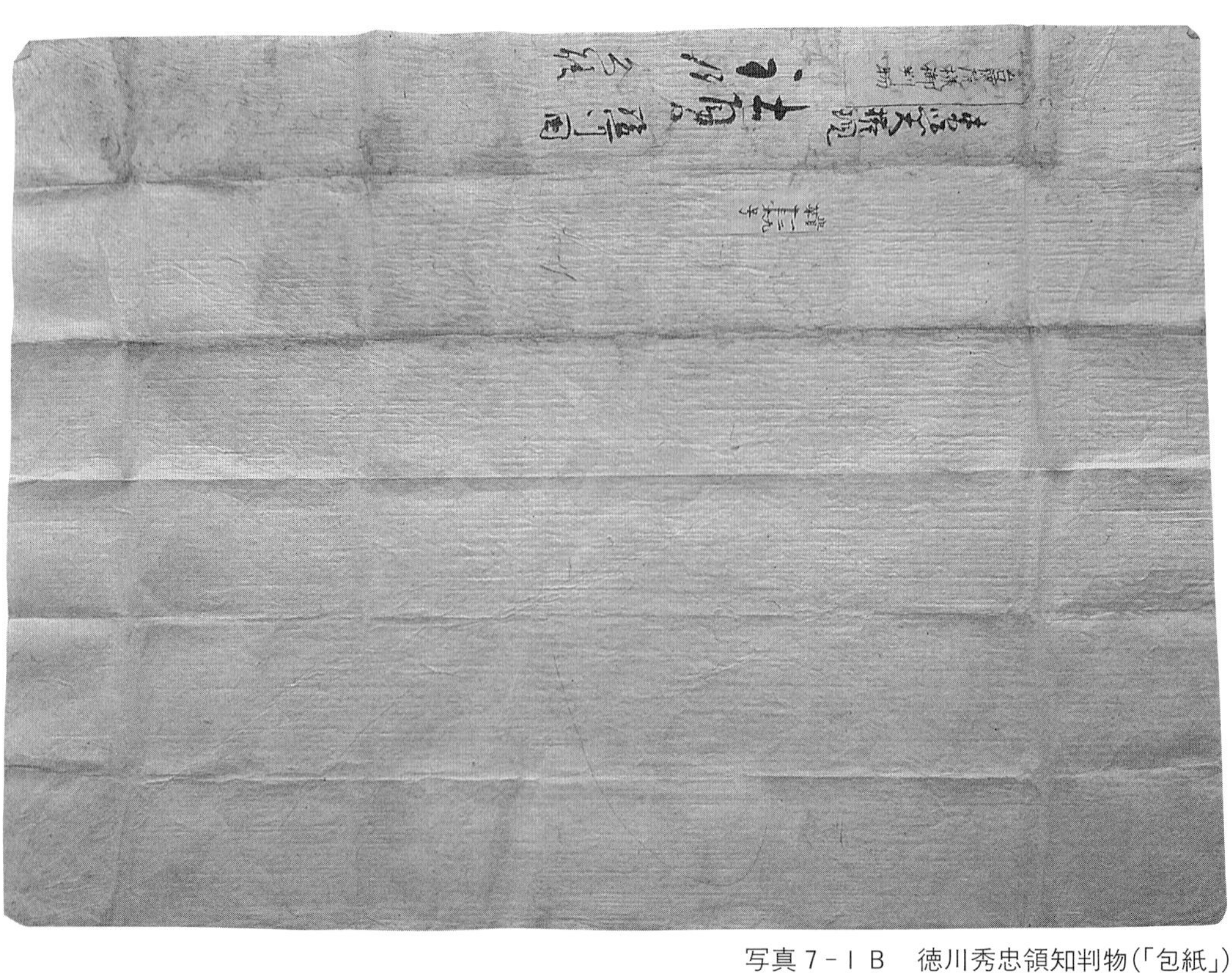

写真７－１Ｂ　徳川秀忠領知判物（「包紙」）

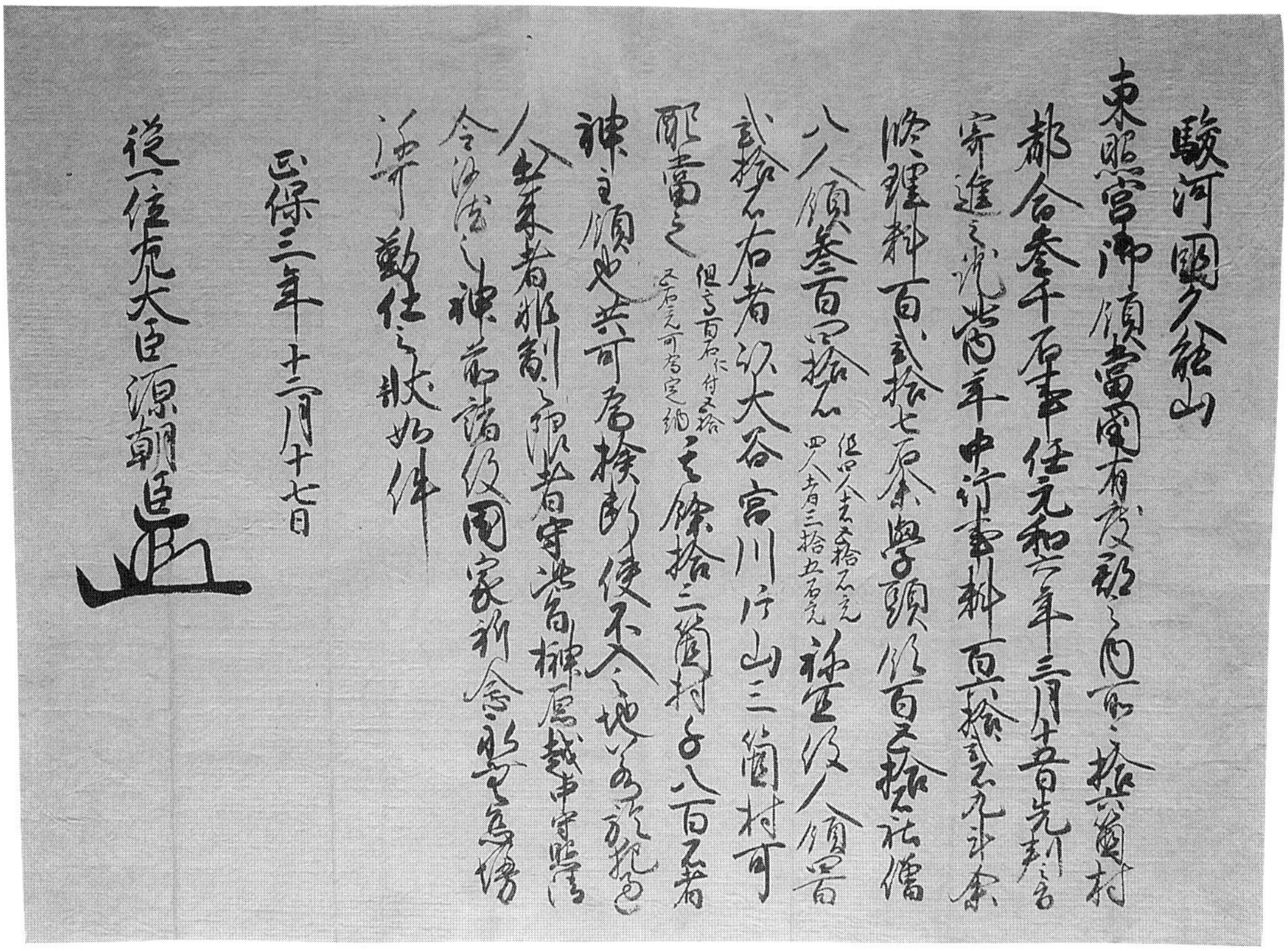

写真７－２Ａ　徳川家光領知判物（本紙）

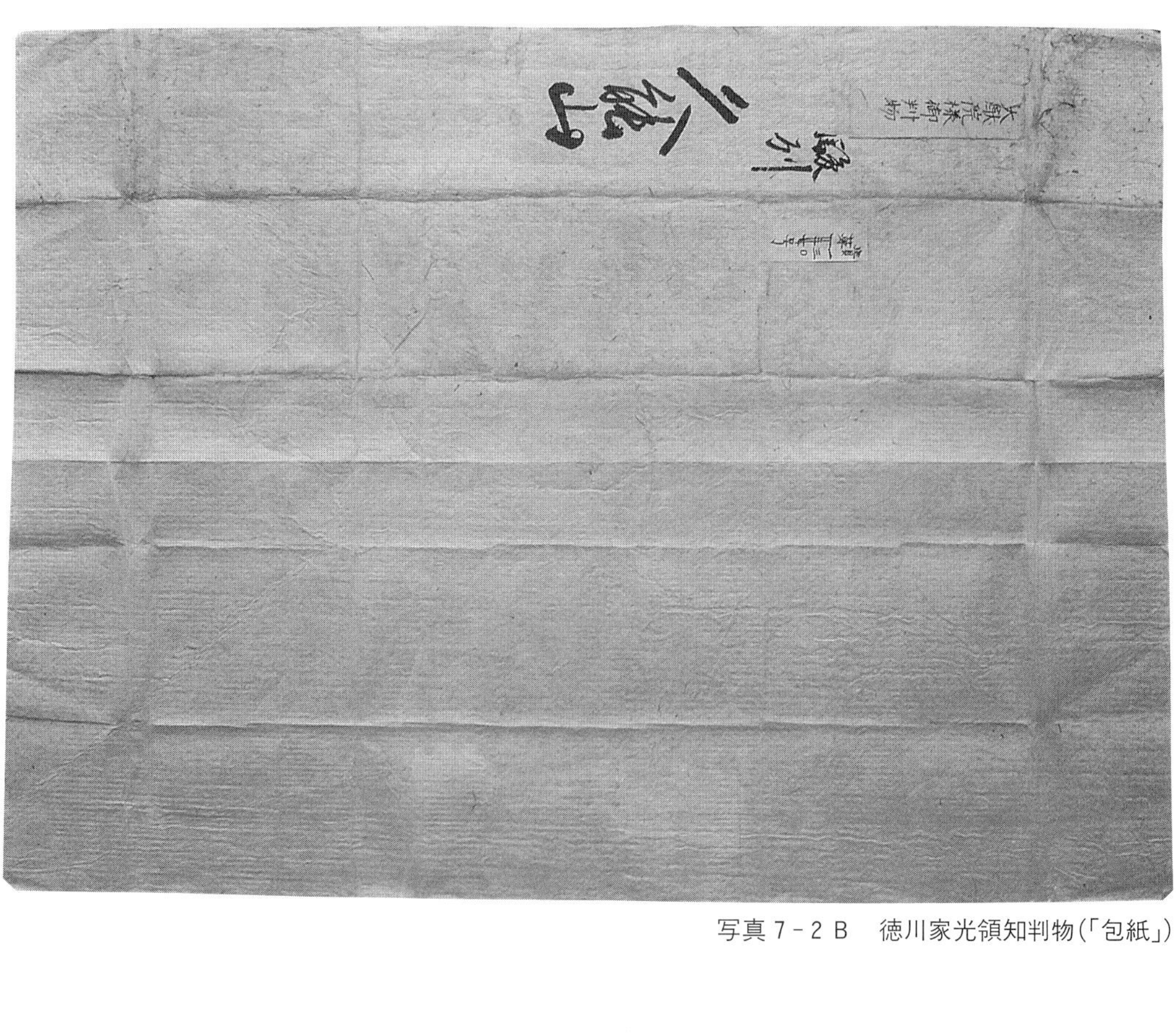

写真７－２Ｂ　徳川家光領知判物（「包紙」）

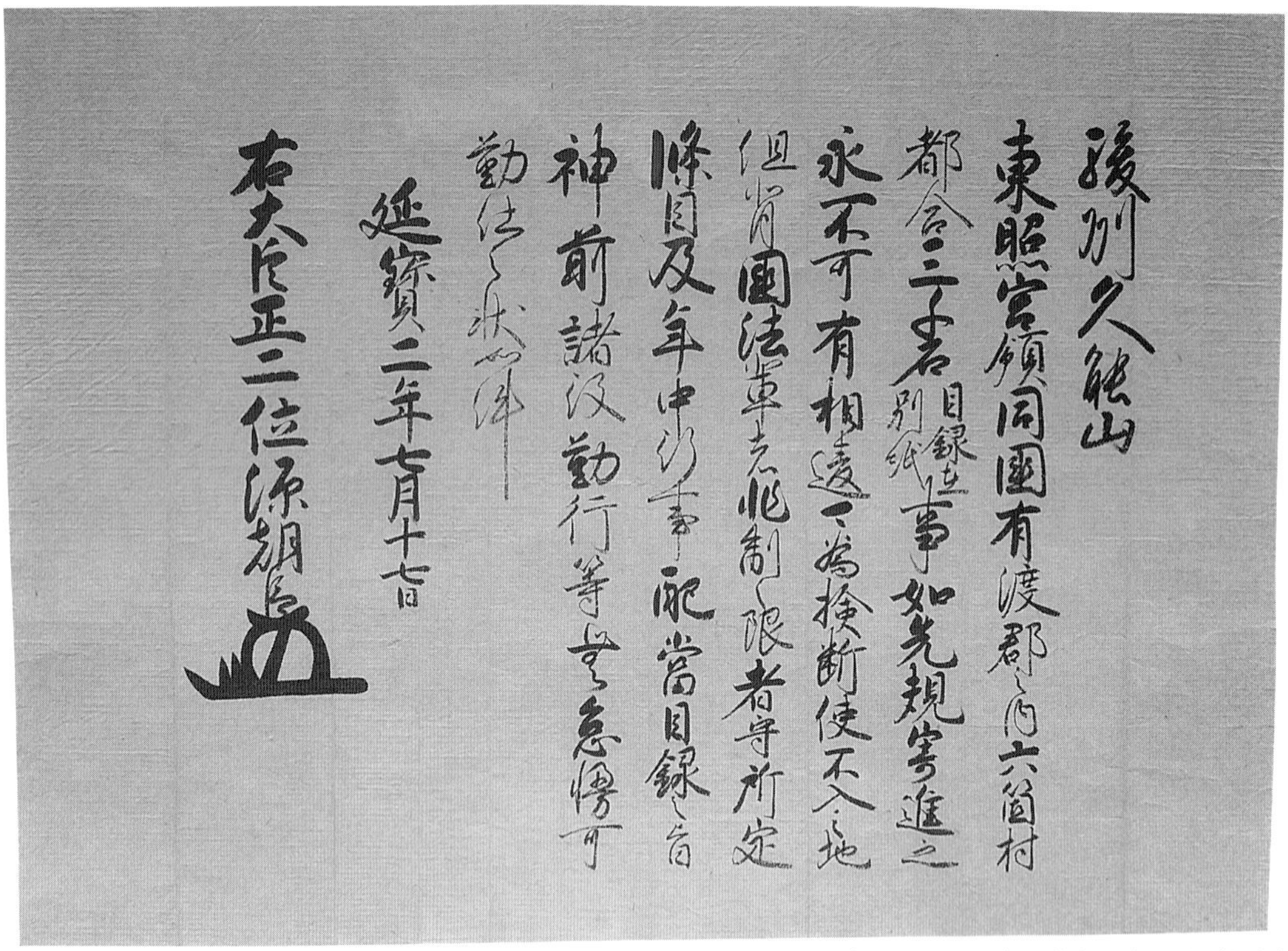

写真７－３Ａ　徳川家綱領知判物（本紙）

写真７－３Ｂ　徳川家綱領知判物（「包紙」）

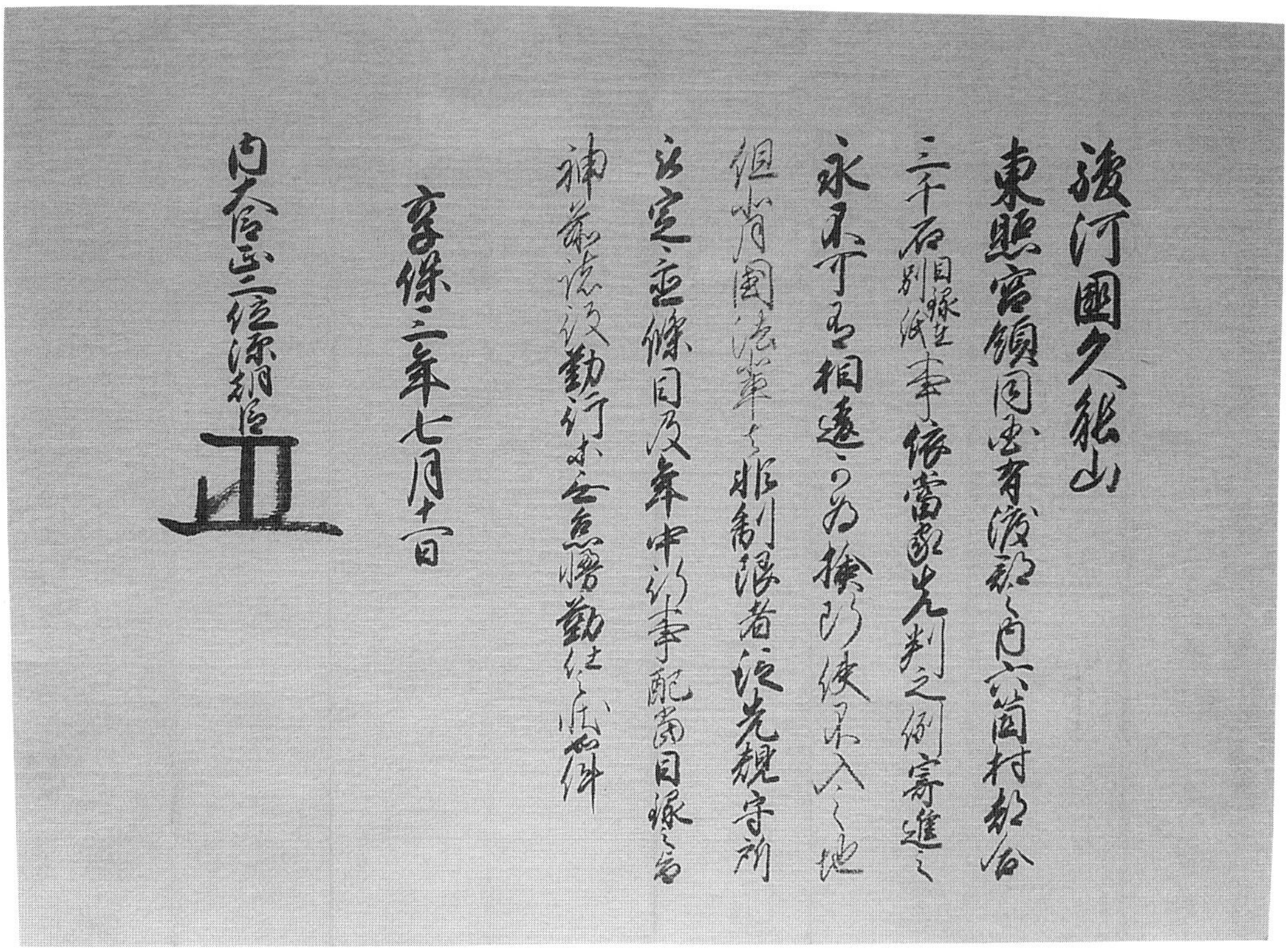

写真７－４Ａ　徳川吉宗領知判物（本紙）

写真７－４Ｂ　徳川吉宗領知判物（「包紙」）

Ⅰ類の朱印状
徳川将軍の朱印状としてはまったく異例の文書

年（一六六四）と延宝二年（一六七四）に二通だされており、全体として一二通となる。これらは、すべて写真掲載したいのだが、大部となるので、最初の秀忠のもの（写真7-1）と、家光（写真7-2）・家綱（写真7-3）の初期三代のもの、さらに朱印状の書式が完全に固定化した段階のものとして吉宗（写真7-4）を掲載することにする。

第二項　御判御教書Aのみごとな継承

まず、写真7-1・7-2・7-3・7-4をご覧いただきたい。これは、さきの目録に示したように、久能山東照宮にくだされた徳川秀忠・家光・家綱・吉宗の朱印状である。いうまでもなくⅠ類の朱印状で、徳川将軍の朱印状としてはまったく異例の文書である。後ほど詳しく述べるが、私が確認しえたのは、この久能山東照宮の一二通の正文を含めて全体として二二通にすぎない。おそらく、近世史の研究者にもそれほどなじみの文書ではないのではなかろうか。

たとえば、写真7-3の家綱朱印状についていうと、宛所に相当する「駿州久能山東照宮」が本文中に記され、本文の後に「延宝二年七月十七日」という年月日、最後に「右大臣正二位源朝臣(花押)」と家綱の「官位氏姓名(花押)」が書かれている。写真7-1・7-2・7-4も同じである。まさに「異例の朱印状」である。ふつう徳川将軍の朱印状といえば、本書の第一章「妙蓮寺の近世文書」、第三章「御判御教書と朱印状・公帖」、第四章「天龍寺の朱印状と公帖」でいろいろと写真掲載したように、日下に「諱・(花押)」あるいは「(花押)」「(朱印)」となるか、あるいは奥（日付の次行）に「(朱印)」がおかれるかのいずれかである。したがって、いま引用した藤井氏の文章にみられるように、私自身本書の第三章第四節「御判御教書と朱印状・公帖」において、

> 朱印状についていうと、室町時代の御判御教書Aは本文に宛所が内包されていて、本文の最後の行に書かれることはなかった。これは御判御教書Aとその系譜を引く朱印状との大きな相違点である（本書二〇〇頁）。

といっているように、「御判御教書と朱印状・公帖」を最初に執筆した段階では、このⅠ類の朱印状には気づいていなかった。

しかし写真7-3は、いまいったように、宛所に相当するものが本文中に記され、その後に年月日、最後に将軍の差出書たる「官位氏姓名（花押）」が書かれている。まさに「異例の朱印状」である。私が、このⅠ類の朱

印状に気づいたのは、第四章「天龍寺の朱印状と公帖」を補訂の段階で第四章第二節第三項(1)「下文様文書としてのI類」として紹介したのがはじめてである。しかし、これは『寛文朱印留』として活字化されたものであって、I類の朱印状の正文の形のものをみるのは最初であったので、その「かたち」が余りにも足利将軍の御判御教書Aの代表である、

長禄　三年（一四五九）一二月二〇日　足利義政御判御教書(写真7-5)(8)

に似ていることに驚嘆したことであった。これが、原本あるいは原本の写真と活字化された文書とのちがいである。一見しただけで、両方の文書の「かたち」がいかに酷似しているかがわかる。

御判御教書AとI類の朱印状の「かたち」の酷似

ここで、写真7-5についてすこし詳しくみておく。これは、さきに第三章「御判御教書と朱印状・公帖」で写真掲載した、

永享　四年（一四三二）四月一一日　足利義教御判御教書(写真4-2)(9)

と同じく、室町・戦国時代に広く一般にみられる足利将軍の御判御教書――私が御判御教書Aと分類する文書――の代表的なものである。八代将軍足利義政が東寺領庄園を安堵したもので、いわゆる惣安堵の御判御教書である。そして、中世の御判御教書Aの書式にしたがって、まず文書の最初（端）を十分にとって本文を書きあげる。そのつぎに「長禄三年十二月廿日」と年月日を、そして最後に「内大臣兼右近衛大将源朝臣(花押)」と「位署・(花押)」を署している。

惣安堵の御判御教書

これに対して、写真7-3の家綱朱印状は、八つ折りの第一折りを空けて、ゆったりと余裕をとる。本文は第二折りから第五折りまでに収める。そして、第六折りに「延宝二年七月十七日」という年月日、第七折りに「右大臣正二位源朝臣(花押)」と「位署・(花押)」を署し、最後の第八折りを空ける。みた目が実にととのっている。そして、「位署」とくに「花押」が大きくなって、いかにも威張っている。これが定型化した、「強力で集中された近世将軍権力が生み出した」朱印状である。写真7-5の義政御判御教書と写真7-3の家綱朱印状は、みた目=書式が酷似するだけではなく、伝達する内容は――惣安堵と領知宛行というちがいはあるが――「領知安堵」という点では同一であることはいうまでもない。文書の書式・伝達内容ともに「独自の様式」ではなく、両者まったく同一である。みごとな継承性がうかがわれるのである。

「可為検断使不入之地」

それだけでない。写真7-3の家綱朱印状には「可為検断使不入之地」という文言がみられる。これは、他の

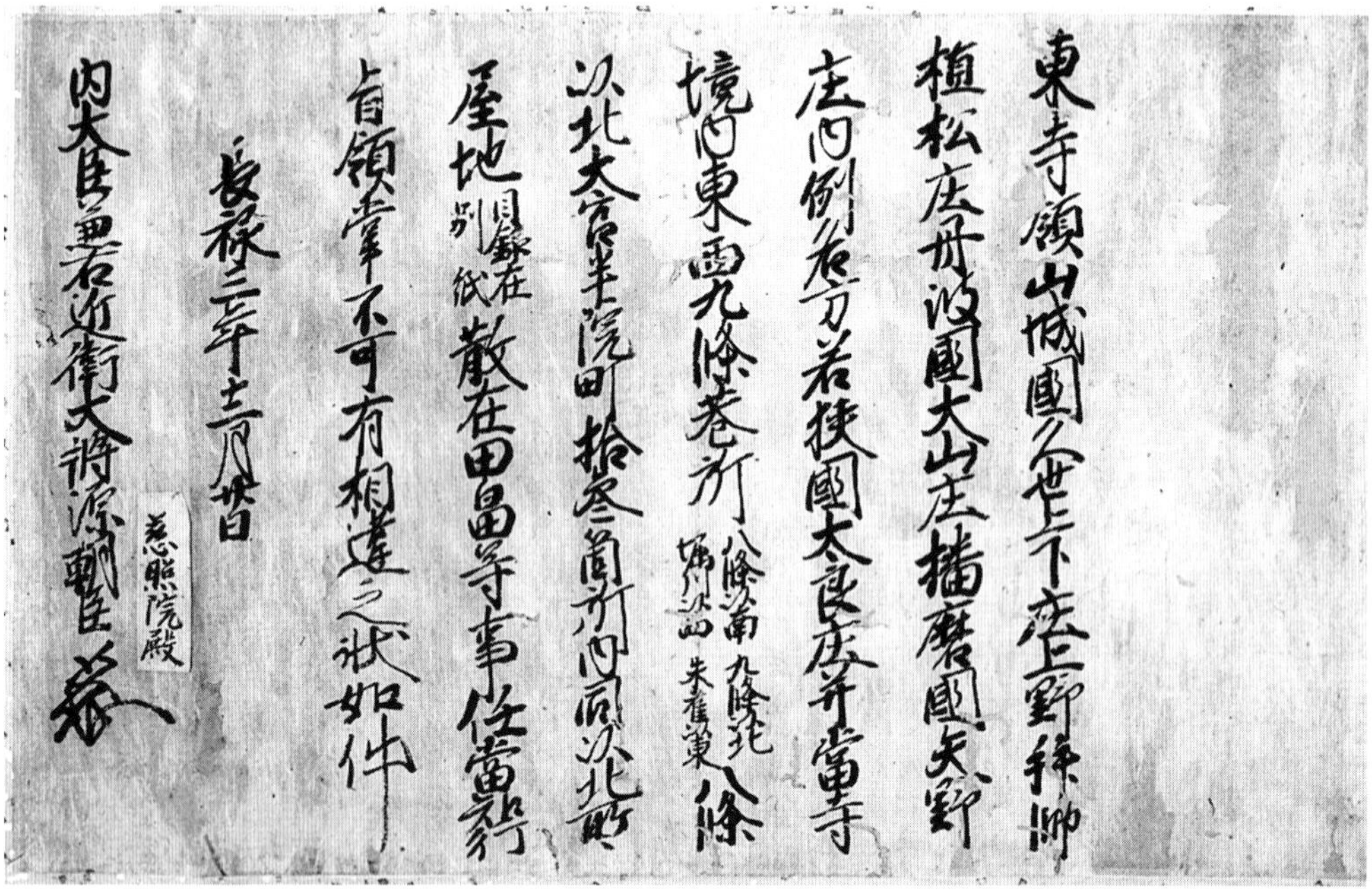
東寺領山城国久世上下庄上野拝師
植松庄丹波国大山庄播磨国矢野
庄内例名方若狭国太良庄并当寺
境内東西九条巷所 八条以南 堀川以西 九条以北 朱雀以東 八条
以北大宮半院町拾参箇所内同以北所々
屋地 目録在 別紙 散在田畠等事任当知行
旨領掌不可有相違之状如件
長禄三年十二月廿日
慈照院殿
内大臣兼右近衛大将源朝臣（花押）

写真7-5　足利義政御判御教書

朱印状にときにみられる「可為守護使不入之地」と同じことを意味する。[10]「可為検断使不入之地」といい、「可為守護使不入之地」といい、江戸時代としてはまったく時代離れした「死んだ」文言である。それが写真7-3の江戸幕府最高の文書にみられるということの意味は重大である。

写真は省略するが、東寺には、写真7-5の義政御判御教書と同一日付で、完全に同一書式・形態の、

東寺領山城国久世上下庄・上野・拝師・
植松庄・丹波国大山庄・播磨国矢野
庄内例名方・若狭国太良庄并当寺
境内・東西九条・巷所 八条以南 堀川以西 九条以北 朱雀以東・八条
以北大宮半・院町拾参箇所内・同以北
所々屋地 目録在 別紙 散在田畠等、段銭臨時
課役以下事、任度々証文之旨、所令免除
也、弥可為守護使不入地之状如件、
長禄三年十二月廿日
内大臣兼右近衛大将源朝臣（足利義政）（花押）

という足利義政御判御教書がみられる。[11] ここには「弥可為守護使不入地」という文言がみられ、惣免除の御判御教書である。そして、書式が写

惣安堵と惣免除の二通の御判御教書が一体

まったく死語となった「可為検断使不入之地」

朱印状の「包紙」とその宛名

真7-5と完全に同じで、この二通がそのまま写真7-1・7-2・7-3・7-4の徳川将軍の朱印状に引きつがれていることもいうまでもない。これまでまったく注目されていないが、足利将軍の義教・義政それ以降においては、このように惣安堵と惣免除の二通の御判御教書が一体となって中世権門の所領の領有権が保証されるが――同様の例は多数みられる――、この二通の御判御教書が一体となったのが、江戸時代の朱印状で、たとえば写真7-1・7-2・7-3・7-4の朱印状である。

もはや、多くを語る必要はあるまい。写真7-1・7-2・7-3・7-4の徳川将軍の朱印状は、まず第一に足利将軍の御判御教書A（写真4-2・7-5）の書式をみごとに継承している。これは、理屈抜きで視覚的に一見して確認できる。それだけではなく、第二に足利将軍の惣安堵の御判御教書と惣免除の御判御教書の二つ――いずれも御判御教書A――をそのまま継承したものであることも実にはっきりしている。しかも第三に、室町時代には惣免除の御判御教書として、実際に重要な意味をもっていた「可為検断使不入之地」「弥可為守護使不入地」という文言は、江戸時代にはまったく「死んだ」言葉となる。しかし、それがそのまま一部の朱印状に用いられ、完全に形骸化したまま最後の一四代家茂の朱印状までみられる。まったく無意味な言葉と化してしまった「可為検断使不入之地」が、もっとも晴れがましい久能山東照宮にくだされたI類の朱印状に、江戸時代全時期をつうじてみられるということは、室町時代の御判御教書の継承性を示すこれ以上の具体例はないと思うが、いかがなものだろうか。

第三項　朱印状の「包紙」とその宛名

以上で、久能山東照宮にくだされたI類の朱印状は、その書式はもちろん、伝達内容もみごとに足利将軍の御判御教書を継承するものであることが確認できたと思う。これは、書式だけではなく文書の「かたち(形態)」についても同じことがいえる。久能山では、料紙についてもすばらしい大高檀紙を調査させていただいたが、ここではその「包紙」[12]と宛名について述べることにする。

朱印状の「包紙」とその宛名については、すでに第四章第一節第三項「朱印状の「包紙」とその宛名」、ことにその(3)「「包紙」の宛名」で十分に論じたので、それ以上につけくわえる必要はないが、幸い久能山東照宮の朱印状は、それを説明するのに最適の文書である。あれやこれやと面倒な説明はいっさい不要で、これも写真を一見するだけで完全に解決する問題である。

さきに掲げた写真7-1をみていただきたい。いうまでもなく、徳川二代将軍秀忠の朱印状である。

右件之在所者、…………事、奉寄附之訖、

とみえ、所領寄進の形をとっているが、以後この文言がずっと引きつがれ、写真7-3の家綱朱印状では、

……事、如先規寄進之、永不可有相違、

となり、吉宗（写真7-4）以降には、

依当家先判之例寄進之、永不可有相違、

と固定して最後の家茂の朱印状まで引きつがれる。したがって、これは久能山東照宮にくだされた所領の寄進状ではあるが、また最初の領知安堵の朱印状でもある。

きわめて異例な「包紙」の記載

その「包紙」（写真7-1B）は、本紙より横幅が二センチメートル短いが、紙質は本紙と同じで、はじめから本紙を包んで久能山東照宮に送られたものにまちがいはない。ここには「東照大権現社領 駿河国久能」と記されている。筆跡は写真でも確認できると思うが本文と同じであって、最初から本文と同時に書かれたものである。ということになると、これはきわめて異例な記載である。

下文様文書としての朱印状の「包紙」

これと同じなのがもう一通ある。写真7-3をみていただきたい。ここでも「駿州久能山 御判物」（写真7-3B）となっている。これ以外の他の一〇通は、すべて「駿州久能山」（写真7-2B）あるいは「駿州久能山」[13]となっていて、これもきわめて「異例」である。すなわち、もっとも晴れがましい久能山東照宮の朱印状に、二通もまったく宛名とはちがった異例の「包紙」の記載があることが注目される。結論をさきにいうならば、これは非常にわかりにくく、また説明しにくい下文様文書としての朱印状の「包紙」とその宛名を、理屈ぬきで、写真をみただけで説明できる有難いものである。

この点をもうすこし詳しくいうと、

書礼様文書の封紙ではない

i　書札様文書では、本紙・礼紙・封紙の三紙がとも紙でなければならないが、朱印状については、最初から包んだ料紙であっても、久能山東照宮の写真7-1Bにみられるように、大きさがちがっていたり、場合によっては紙質がちがったりする。したがって、これはあくまでも本紙を保護し、儀礼のためにそえられたもので、書札様文書の封紙などではありえない。

下文様文書の「包紙」は、本来白紙であった

ii　書札様文書の封紙ウワ書には、差出書と宛書は必須である――ただし、公帖の封紙の差出書は家綱以降省略される――。しかし、久能山東照宮の初期の朱印状には、白紙の「包紙」には「社領」(「東照大権現社領駿河国久能」)、あるいは「御判物」(「駿州久能山御判物」)などと、宛名とはまったく無関係なことを記したものがみられ、また第四章第一節第三項(3)「「包紙」の宛名」でみたように「天龍寺」「等持院」などの押紙を付したものがみられる。これは、朱印状の「包紙」、さらにいうならば下文様文書の「包紙」は、本来白紙であったことを示すものに他ならない。それが綱吉の段階になると、たとえば天龍寺については「山城国葛野郡嵯峨村天龍寺」というように完全な所在地が記されるようになる。これらのことから、朱印状の「包紙」の宛名は、藤井氏がいうように書札様文書の封紙ウワ書などではありえないということが確認できる。したがって、藤井氏が、

封紙の有無については、御判御教書Aには包紙のみであり、領知朱印状の包紙は上島の表現に従えば封紙であることを、指摘した(同氏著書三三九頁)。

などというのは完全な誤りであることがはっきりする。

朱印状の「包紙」とその宛名については、すでに第四章第一節第三項(3)「「包紙」の宛名」で詳しく述べた。それを、さきの説明とは別の言葉でわかりやすくいうと、つぎのようになる。

i　家康・秀忠の初期の段階から、朱印状は本紙を保護し、儀礼のため、すなわち公文書としての体裁をとのえるために「包紙」につつんで交付された。

ii　「包紙」は、本紙ととも紙の場合が多いが、本紙と同一紙質であってもそれより小さい場合(久能山東照宮の写真7-1B)、さらには紙質の異なる場合(天龍寺のⅠⅡⅤⅥ)などがあった。

宛名とはまったく無関係な記載

iii　初期の朱印状の「包紙」には、宛先を確認するため「天龍寺」「等持院」などと記した押紙が付されていたり、たまには「社領」(「東照大権現社領駿河国久能」)、あるいは「御判物」(「駿州久能山御判物」)などという宛名とはまったく無関係な記載がみられる。これは、朱印状の「包紙」さらには下文様文書の「包紙」は、本来は白紙で、文字が書かれなかったことを意味するものである。

iv　それが、家光・家綱と朱印制度の整備にともなって、本紙ととも紙に包み、「包紙」に宛先をまちがえないように「駿州久能山」「天龍寺」「等持院」などの文字が記されるようになった。

v　そして、さらに時代がくだると、たとえば「山城国葛野郡嵯峨村天龍寺」というように詳しい所在地が記されるようになる。

詳しい所在地が記される

文書の機能とは直接関係なく、いわばメモ程度に宛先を書いたもの

すなわち、朱印状の「包紙」の宛名は、i書札様文書でいう封紙のウワ書ではなく、またii文書の機能が終了したあと、文書保護のために包んだ包紙の記載でもなく、iii「文書の機能とは直接関係なく、いわばメモ程度に宛先を書いたもの」であることが確認できる。それについて、久能山東照宮の写真7-1・7-3の「包紙」は、むつかしい理屈ぬきで、一見しただけでそのことが確認できる。ここでは「社領」あるいは「御判物」という言葉がいちばん重要な記載で、「宛先」ではない。「久能山東照宮へくだされた社領の御判物」ということを意味するもので、まさに「メモ程度」の記載であることが実に明瞭である。これによってみるならば、さきに第四章第一節第三項「朱印状の「包紙」とその宛名」で、天龍寺の朱印状によって細かく論じたが、そのことが久能山の朱印状によってみごとに実証されたことになる。

第四項　I類の朱印状と徳川氏ゆかりの寺社

I類の朱印状は御判御教書Aを完全に継承

以上で、久能山東照宮の朱印状を代表とするI類の朱印状が、書式はもちろん、さらに「かたち(形態)」も足利将軍の御判御教書Aのそれを完全に継承したものであることがはっきりした。そこで、朱印状全体におけるこのI類の位置づけを考えてみよう。さきにもいったが、このI類の朱印状は、おそらく近世史専攻の研究者にもたいへん珍しいものではないかと思われる。表7-1「徳川将軍I類朱印状の概観」は、現段階で私が確認しえたI類の朱印状のすべてである。

久能山東照宮の一二通は朱印状の圧巻

まず、久能山東照宮がある。これについては、いまみたように同宮に宛てられた歴代将軍のI類の朱印状一二通が正文の形で完全に揃っていることが注目される。これは、早く『静岡県史料　第三輯　駿州古文書』（角川書店　一九六六年）に紹介されていたが、『静岡県史　資料編9　近世一』（静岡県　一九九二年）にも収載されている[14]。本紙だけではなく「包紙」も含めて、完全な形で原文書が残っていて、これほど有難いことはない。なお、『寛文朱印留』は寺社宛のものは、寛文五年（一六六五）七月十一日付のもののみを収めているため、日付の異なった久能山東照宮宛の二通の家綱朱印状は収載していない。ともあれ、久能山東照宮には前述のようにすばらしい朱印状が一二通も蔵せられている。まさに朱印状の圧巻というべきである。

瀧山寺東照宮の朱印状

鳳来山東照宮の朱印状

埼玉県立文書館寄託の「西角井家文書」
無量寿寺東照宮の朱印状

つぎに、愛知県岡崎市の瀧山寺東照宮の朱印状がある。岡崎市の瀧山寺は、徳川家康の生誕の地の近くであるが、その由緒から後に東照宮が創建され、日光東照宮・久能山東照宮とともに三大東照宮と称せられて、徳川家の崇敬をあつめたといわれる。ここには写ではあるが、

正保　三年（一六四六）一二月一七日　徳川家光領知判物写

がみられ、Ｉ類の朱印状である。(15)

愛知県新城市の鳳来山東照宮も徳川氏ゆかりの寺院である。徳川家康の生母がここに参籠し、家康を授けられたという伝説があることから、家光によって鳳来山東照宮が造営された。ここに宛てられたＩ類の、

延享　四年（一七四七）八月一一日
徳川家重領知判物

が、下半部は欠失しているが、正文の形で上半部が埼玉県立文書館寄託の「西角井家文書」みられる。(16)

埼玉県立川市の無量寿寺東照宮にも、このＩ類の朱印状がみられる。無量寿寺は家康の信頼の厚かった天海僧正が修業した寺院である。その関係から東照宮が祀られた。『寛文朱印留』(17)にもＩ類の家綱朱印状が収められている。さらに、さきの鳳来山東照宮と同じく下半欠であるが、Ｉ類の朱印状として、

安政　二年（一八五五）九月（一一日）
徳川家定領知判物（写真7-6）

の正文が埼玉県立文書館寄託の「西角井家文書」にみられる。(18)註(16)でみたように「西角井家文書」の朱印状は、

ほとんどのものが料紙中央で天地に切断され、……まことにいたましい姿となっている。

表７－１　徳川将軍のＩ類朱印状の概観

	二代徳川秀忠	三代徳川家光	四代徳川家綱	五代徳川綱吉	八代徳川吉宗	九代徳川家重	一〇代徳川家治	一一代徳川家斉	一二代徳川家慶	一三代徳川家定	一四代徳川家茂
久能山東照宮	◎	◎	◎◎	◎	◎	◎	◎	◎	◎	◎	◎
瀧山寺東照宮		△	△朱								
鳳来山東照宮						○欠					
無量寿寺東照宮			△							○欠	
寛永寺			△	○					○		
延暦寺			△		○					○欠	

［註］１　◎印は久能山東照宮に、○印は茨城県立文書館に原本が所蔵されていることを示す。また、△印は写本を示す。
２　「朱」は判物ではなく朱印状を、「欠」は上半部あるいは下半部が欠失していることを示す。
３　久能山東照宮には、家綱朱印状が寛文４年９月17日と延宝２年７月17日の２度下された。

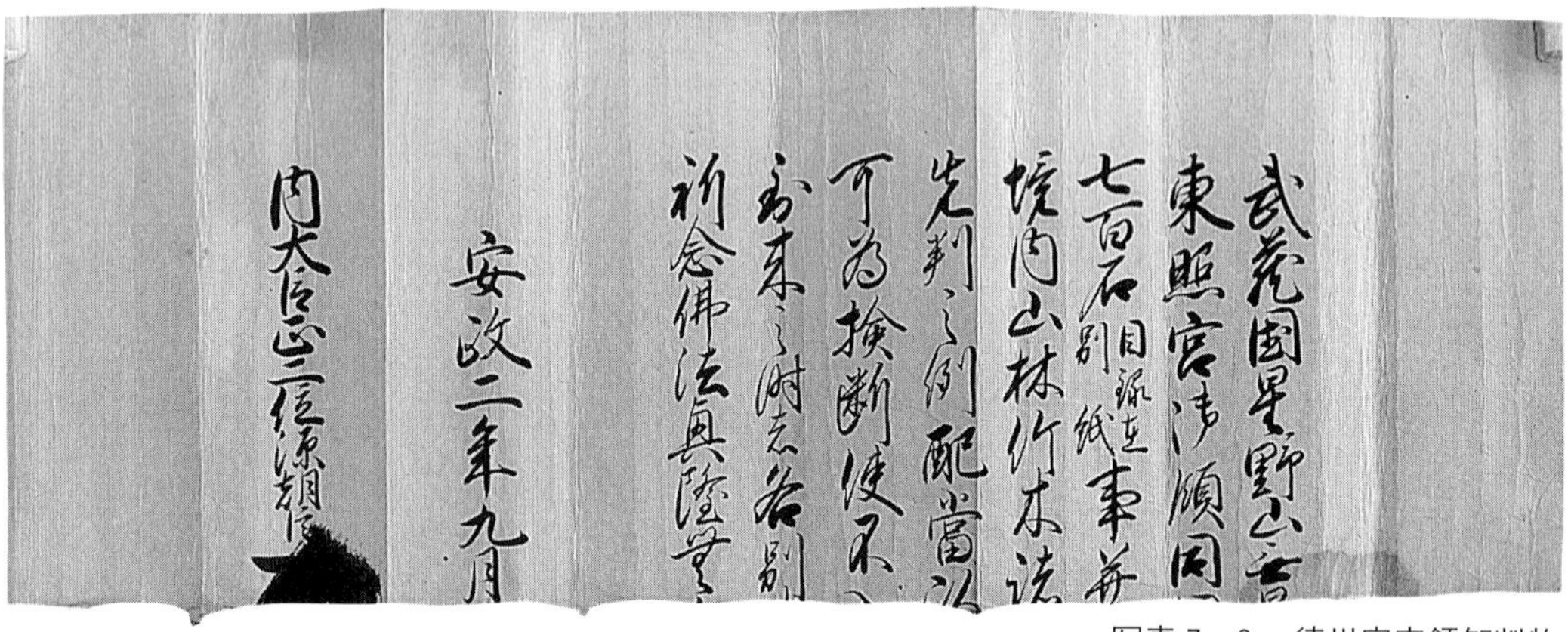
写真7－6　徳川家定領知判物

が、その一例として、この無量寿寺東照宮宛の徳川家定領知判物を写真7-6として掲載した。

東叡山寛永寺は、いうまでもなく徳川将軍家の菩提寺である。日光東照宮・久能山東照宮とともに、徳川家にとってもっとも重要な寺院であって、天台宗関東総本山でもある。さきに第四章第二節第三項（1）「下文様文書としてのI類」で『寛文朱印留』から全文を引用した寛文五年（一六六五）八月一七日徳川家綱朱印状（同一一八〇号）は、寛永寺に宛てられたもので、完全な形でI類の朱印状をしることのできる代表的なもので、その特異な形式はとくに注目すべきものである。

それだけではない。埼玉県立文書館に寄託の「西角井家文書」には、寛永寺に宛てられた、

元禄一三年（一七〇〇）二月一四日
徳川綱吉領知判物（写真7-7）[19]

天保一〇年（一八三九）九月一一日
徳川家慶領知判物（写真7-8）[20]

の二通のI類の朱印状が、完全な正文の形で残っていて貴重なものである。

まず、写真7-7の綱吉朱印状についてみると、いま述べたように、第四章第二節第三項（1）「下文様文書としてのI類」で引用した『寛文朱印留』の家綱朱印状（同一一八〇号）とまったく同じ書式で、きわめて特異なすばらしいものである。最後に記された署判（差出書）が真っ黒に墨抹されていて「まことにいたましい姿」となっている。しかし、よくみると「内大臣正二位源朝臣（花押）」と確認でき、綱吉

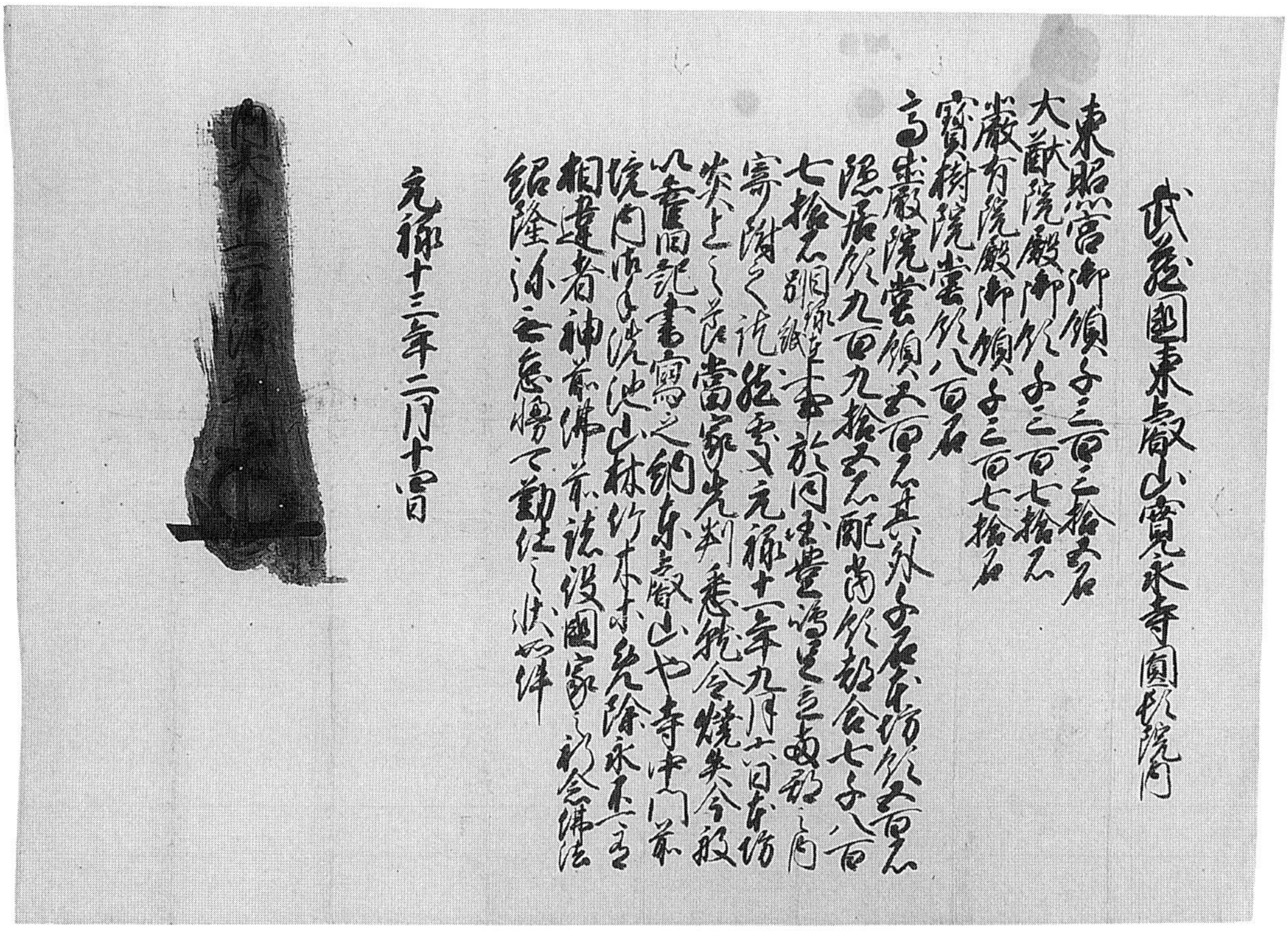

写真７－７　徳川綱吉領知判物

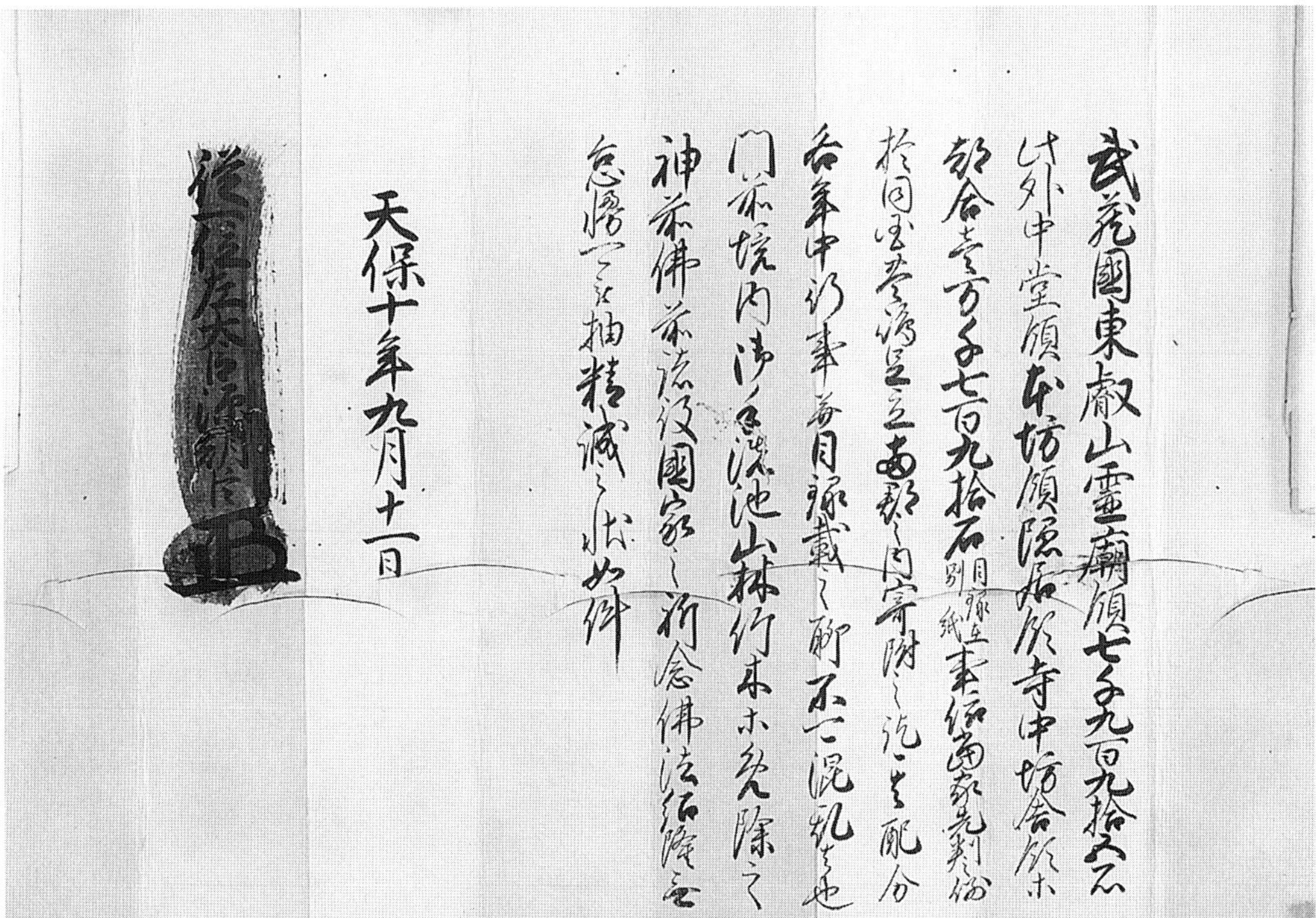

写真７－８　徳川家慶領知判物

上下二つに切断

朱印状にまちがいはない。文書全体は、ちょうど真ん中よりすこし上で、上下二つに切断されている。それをみごとに復元したのが写真7-7の文書である。相当細かく検討したが、私の老眼には接続の方法がわからなかった。おそらく、薄い雁皮で裏打をしているのだろうと思われる。目を光らせてみたがついに確認できなかった。料紙は縦四六・二センチメートル、横六五・五センチメートルの大型の大高檀紙――私の分類で檀紙III――である。おそらく裏打のためだろう。料紙全体が固くなっている。

もとのままの完全な形

もう一通、写真7-8の家慶朱印状がある。墨抹された署判は「従一位左大臣源朝臣（花押）」である。さきの綱吉朱印状が完全に切断されたものを接合しているのに対して、この家慶朱印状は、刃物を入れたあとはみられるが、切断されることなく、もとのままの完全な形で残っている。したがって、綱吉朱印状は、おそらく裏打をしたため、一紙を伸ばしたまま大型のたとうに収めて保管されているが、こちらは朱印状としての八ッ折りの原形のままで残っているのも有難い。

文言は、綱吉朱印状に比べると整理されているが、これは吉宗段階の朱印状の文言全体の整理・固定化によるものと考えられる。料紙は縦四六・二センチメートル、横六五・三センチメートルで、綱吉朱印状と同じ大きさの大型の大高檀紙である。同じく檀紙であるが、中世のものに比べて荒々しい感じはなくなり、おそらく江戸幕府最高の公文書ということであろう、楮も良質のものを用いて優雅な料紙となっている。しかし、全体として固い感じで――私はこれをボール紙のような料紙といっているが――、横に簀の目がはっきりみられる。厚さは〇・九二ミリメートルと厚い。

近世の大高檀紙のうちでも最高のもの

近世の大高檀紙のうちでも最高のものと考えられる。ともあれ、数すくないI類の朱印状が、完全な原本の形で二通もみられるというのは、まさに希有のことというべきであろう。

比叡山延暦寺の朱印状

最後に、比叡山延暦寺の朱印状がある。延暦寺はいうまでもなく天台宗の総本山であり、寛永寺も天台宗に属し、前述の天海僧正は天台僧である。『寛文朱印留』には、延暦寺宛家綱のI類の朱印状が引用されている（一一八一号）。さらに、前記「西角井家文書」には、I類の、

享保　三年（一七一八）　七月一一日　　徳川吉宗領知判物[21]

の正文が完全な形で残っており、

（安政　二年（一八五五）九月）一一日　　徳川家定領知判物[22]

が、下半部だけではあるが、正文として収められている。

徳川家にもっともゆかりの深い寺社朱印状の原点

徳川将軍の朱印状は、室町時代の御判御教書Aを直接継承

これをまとめると、ここで問題にしているI類の朱印状は、完全な形で久能山東照宮に一二通みられる他、「西角井家文書」に六通――そのうち三通は上半部あるいは下半部が欠失――が正文として残っていることが確認できる。さらに、写の形で四通がみられる。このように眺めてくると、I類の朱印状が発給されたのはすべて徳川家にもっともゆかりの深い寺社であることが注目される。特別な朱印状であるが、それだけにもっとも重要な朱印状である。室町時代の御判御教書Aとまったく同じ形式だということを考慮するならば、これこそまさに朱印状の原点ということができよう。

これまでの朱印状研究でもまったく注目されていないが、そして現存の実例はきわめてわずかではあるが、このI類の朱印状は、徳川将軍の領知判物・朱印状・黒印状の原点をなすもので、それは直接足利将軍の御判御教書Aの系譜を引くものであることが確認できたと考える。

以上、久能山東照宮の朱印状などにみられるI類の朱印状は、現在確認できるのは写も含めてわずか二〇通前後にすぎず、これまでまったく注目されたことはない。しかし、足利将軍の御判御教書Aと寸分のちがいのない書式であって、実に折り目正しい文書である。しかも、室町時代に実効のあった「可為検断使不入之地」という文言が、「死語」となったまま幕末最後の朱印状までみられる。そして、このI類の朱印状は、徳川氏にとってもっとも尊崇すべき寺社にのみ発給されたいわば特別の文書であるということが確認できるならば、これは特殊な朱印状ではなく、徳川将軍の朱印状の原点をなすものだということができると思う。

朱印状の書式は、第四章第二節第一項「朱印状の書式」で詳しく述べたように、I類からIX類まで九種類に分類できる。これは、後ほど詳しく検討するが、御判御教書Aの書式が一つであったことと比べて大きなちがいといえよう。しかし、その原点には御判御教書Aとまったく同一のI類がどっかり座っており、九分類というのはたんなる量的拡大にしかすぎず、「強力で集中された近世将軍権力が生み出した」文書にはまちがいはないが、「強力で集中された近世将軍権力が生み出した独自の様式」ということはできない。かくして、徳川将軍の朱印状は、室町時代の御判御教書Aを直接継承するということにまったく異論はないものと考える。

第二節　朱印状の形態などについて

以上、第一節においては、朱印状研究の原点ともいうべきI類をとりあげて、もっとも基本になる書式と、

「かたち（形態）」のうちの封式――具体的にはその「包紙」と宛名――について検討した。そして、足利将軍の御判御教書と徳川将軍の朱印状には、その骨格にみごとな継承性を確認することができた。しかし、藤井論文の主たる論点は、この基本的な書式の問題ではなく、料紙以下の主として朱印状の形態に関する個別具体的な問題である。この個別具体的な問題については、第四章「天龍寺の朱印状と公帖」で細かく私見を述べた。そこで、実証部分はすべて第四章にまかせるとして、ここでは藤井論文の具体的な論点にしたがって、それを順次検討することにする。

第一項　藤井論文の論点整理と拙稿批判の特徴

拙稿「御判御教書と朱印状・公帖」を批判した藤井讓治「徳川将軍領知朱印状の古文書学的位置――室町将軍御判御教書との関連――」なる論稿は、

　はじめに
　第一節研究史とその分析の前提
　第二節室町将軍御判御教書と徳川将軍領知朱印状の比較
　おわりに

の二節一七頁の比較的短文である。第一節では、朱印状に関する研究史として、相田二郎・伊地知鐵男・佐藤進一氏の古文書学の概説書の朱印状に関する記載をとりあげる。ついで、近世古文書学の観点から朱印状を論じた研究者として北島正元・藤野保・大野瑞男・笠谷和比古の諸氏の所論に触れる。そして、「はじめに」で紹介したように、とくに大野・笠谷両氏については、室町時代の御判御教書と江戸時代の朱印状の継承性を主張するが、それは拙稿「古文書の様式について」「室町幕府文書」、とくに「御判御教書と朱印状・公帖」を論拠とするからであるとする。

これをうけて、第二節では、直截に拙稿「御判御教書と朱印状・公帖」に対する批判をおこなう。すなわち、第二節の冒頭で、

　最初に結論めいたことを記せば、徳川将軍領知朱印状の文書様式は、室町将軍御判御教書の様式を、料紙・様式の面で継承するものではなく、強力で集中された近世将軍権力が生み出した独自の様式であるとい

える。そして、その成立を考えるにあたっては、徳川将軍の領知朱印状に先行する豊臣秀吉の領知朱印状との継承関係にこそ注目すべきであることを指摘したい（同氏著書三三三頁　傍点は上島）。

とした上で――この文章の前半部は「はじめに」でも引用した――、直接つぎの七点について拙稿に対する批判をはじめる。

その七点というのは、

(a)料紙の紙質・大きさについて
(b)料紙の折り方について――竪紙か折紙か――
(c)書止め文言について
(d)位署書について
(e)宛書について
(f)「殿」の書き方について
(g)封紙について

である。この七つの論点は、さらに大きくつぎの三つに整理することができる。すなわち、(a)料紙の紙質・大きさについてと、(b)料紙の折り方については、

(1)料紙の紙質・大きさ・折り方について、

つぎに、(c)書止め文言について、(d)位署書について、(e)宛書について、(f)「殿」の書き方については、一括して、

(2)個々の書式について、

とする。朱印状の全体的な書式については、さきに第四章第二節「朱印状の書式と文書様式」で、それを九類に分類して詳しく述べた。また、本稿では第一節「朱印状研究の原点――御判御教書と朱印状の書式――」で、そのうちのI類についてとくに詳しく検討した。そして、(c)書止め文言についてなどは、その個々の部分に関することになるので、ここでは(2)個々の書式についてとして、まとめてとりあげることにする。最後に、(g)封紙については、

(3)封紙について、

というようにまとめることにする。

七つの批判点

藤井論文では公帖を完全に捨象

藤井論文の拙稿に対する批判は、大きく以上の(1)(2)(3)の三点――小分類すると七点――につきる。これでもわかるように、藤井論文の批判の特徴は、私が提示した御判御教書と朱印状・公帖の継承性に関する基本的・根本的な論点は完全に棚上げにして、個別具体的な些細な問題を七点にわたって論じているにすぎない。もうすこしいうならば、藤井論文では、朱印状のみをとりあげて拙稿「御判御教書と朱印状・公帖」を批判する。しかし、拙稿で強調したことは、徳川将軍の朱印状と公帖は二つながら一体として室町将軍の御判御教書の形態を継承したということである。たんに朱印状だけを論じたのではない。しかるに、藤井論文では、その表題「徳川将軍領知朱印状の古文書学的位置――室町将軍御判御教書との関連――」にみられるように、そして前記七つの論点でもわかるように、朱印状だけをとりあげてその継承性を否定するが、公帖についてはまったく触れられていない。完全な論点の矮小化――氏の言葉をかりれば「単線」化――以外の何物でもない。

公帖といえば、その名称が中世・近世をつうじて一貫して同じものが使われていることでもわかるように、近世のものは書式・形態いずれをとっても、たんなる時代の展開による量的拡大――氏の言葉をかりれば「強力で集中された近世将軍権力が生み出した様式」――であって、その基本はみごとな中世の継承性を示していて、近世「独自の様式」ではない。この点は、実にはっきりしている。氏の関心が朱印状にあるとしても、拙稿「近世の領知判物・朱印状と公帖――室町時代の御判御教書との関連で――」を批判するのであるならば、朱印状だけではなく、それと同等に公帖についても論ぜられるべきだが、朱印状以上に継承性がはっきりしている公帖については、一言の言及もない。完全な「欠陥」である。

藤井論文では公家・寺社宛の朱印状を完全に捨象

つぎに、藤井論文では、公帖を完全に捨象して論点を朱印状に限定しただけではなく、朱印状も武家（大名）宛のもののみに限定、公家・寺社宛のものは完全に捨象してしまっている。これは、第二の大きな問題点である。氏の関心が武家宛の朱印状であるとしても、朱印状は武家宛のものだけではない。すでに第四章「天龍寺の朱印状と公帖」の表5-4でみたように、武家宛のものは朱印状全体のわずか一二パーセントにしかすぎない。これをもって朱印状全体を論じているから、たとえば前節でみたように、朱印状の原点になるⅠ類の朱印状の重要性にまったく気づかないということになる。ともあれ、武家宛の朱印状だけが朱印状ではない。それ以外に八割以上の公家・寺社宛の朱印状が存在する。そして、これら全体を論じてこそ朱印状を論じたことになる。藤井論文の批判は、たんに武家宛の朱印状からの批判であって、朱印状全体という観点からの批判ではない。

藤井論文では朱印状と公帖の本紙の折り方のちがいを完全に無視

藤井論文の大きな問題点はこれだけではない。拙稿「御判御教書と朱印状・公帖」の出発点で最大の関心事は、朱印状と公帖は、同じく徳川将軍最高の公文書でありながら、朱印状は本紙の表―文字が書かれた面―を内側にして竪ノ中折に八つ折りに折りたたむのに対して、公帖は本紙の表を外側にして竪ノ中折に六つ折りに折りたたむというように、まったく正反対の折り方をするのは何故かということであった。それは、朱印状は御判御教書Aの折り方を、公帖は御判御教書Bの折り方を継承するもので、これほど端的に両者の継承関係を示すものはない。藤井論文では、この本紙の折り方についてもまったく言及がない。この点さえはっきりすれば、両者の継承性はほぼ確認できたことになるが、これも完全無視である。第三の大きな問題点といわざるをえない。

藤井論文の御判御教書に関する見解はまったくの借り物

藤井論文については、さらにもう一つ大きな問題を指摘しなければならない。藤井論文では、御判御教書の朱印状への継承性を否定する。この場合、たしかに氏は朱印状は独自の研究――この場合、さきにもいったが武家宛の朱印状にかぎられるが――にもとづいての発言である。しかし、御判御教書についてはまったくの借り物である。佐藤進一氏の概説書が引用されるし、ほとんどが私の研究の恣意的な解釈にすぎない。氏独自に御判御教書を研究・分析した成果ではない。他説を根本的に否定をするのであるならば、御判御教書についてもそれなりに氏独自の研究をおこなうのが学問の常道というものではなかろうか。余りにも安易だといわざるをえないと思う。

藤井論文は、以上のように四つの重要な基本的な論点をすべて捨象した上での拙稿批判である。したがって、とりあげるのはきわめて些細な具体的な問題七点である。しかも、この七点に関する拙稿批判はまっとうなものとは考えられない。以下、この点について検討することにする。

第二項　料紙の紙質・大きさ・折り方について

料紙の紙質・大きさ・折り方について

藤井論文の特徴として、基本的な四つの問題を完全に棚上げしての細かい具体的な七点に関する批判だということだけを確認しておいて、以下前記(1)(2)(3)の順に検討することにする。

まず、(1)料紙の紙質・大きさ・折り方についていうと、朱印状と公帖の料紙に関しては、この藤井論文に答える意味で、新稿として本書の第四章第四節「朱印状と公帖の料紙――中世から近世への檀紙――」を執筆したので、すべてはそれにまかせることとする。ただここでは、直接藤井論文について二・三コメントしておく。藤

「単線的に継承」

私がまったく考えていないこと

井論文では、

料紙については、徳川将軍領知朱印状は室町将軍御判御教書と比較して格段に大きく、紙質においてもはるかに上質であり、この両者を「上質の楮紙」であることをもって同質とみなし、前者が後者の料紙を「継承」したとするには根拠が薄弱である。また秀吉の時に現れる折紙形式が一部であれ継承されることから、徳川将軍領知朱印状が室町将軍御判御教書を単線的に継承していると考え難い（同氏著書三三七頁）。

として、御判御教書と朱印状の継承性を否定する。これをみれば、氏は（1）料紙については、朱印状と御判御教書がその大きさにおいても、紙質においても――「格段に大きく」「はるかに上質」という形容詞がついているが――、両者が同一、すなわち「単線的に継承」――これはいま引用した氏の文章の言葉である――されなければ、継承するといえないとする。同じ料紙――たとえば檀紙――であっても、室町時代と江戸時代のものとでは時代的変容をうけ、大きさがちがうのが当然であり、紙質もその技術的進歩によって良質になるのはまた当然のことである。ましていわんや、「格段に大きく」「はるかに上質」であるならば、断絶ではない。まさに継承・発展そのものであって、これは古代から中世への料紙の発展についても同じことがいえる。

それだけではない。藤井論文のいう「格段に大きく」「はるかに上質」は、たんなる氏の想像にすぎず、何ら具体的検討の裏づけのないものである。とくに檀紙については、中世・近世をつうじて、私はいちども「上質の楮紙」などといったことはない。もしあるならば、具体的に指摘してもらいたい。「上質」の理解のし方にもよるが、私は基本的に檀紙、とくに中世の檀紙に「上質」という言葉は適当ではないと考えている。まったく私が考えてもいないことを「創作」して批難されたのではたまったものではない。(23)

料紙の紙質に関しては、いろいろと面倒な説明が必要となるので、ここではきわめて客観的に数字であらわせる大きさについて考えてみよう。第四章「天龍寺の朱印状と公帖」の表5-10Ⅰ「中世・近世の公帖の料紙Ⅰ（天龍寺文書）」をみていただきたい。この表には、天龍寺の公帖を、

ⅰ室町時代の義教・持国・勝元の段階
ⅱ戦国時代の義稙・義藤・義輝・義昭の段階
ⅲ天正段階の義昭の段階
ⅳ秀吉・秀次の段階

天正期の義昭の公帖が橋渡し

具体的検討抜きのたんなる感想

強杉原

料紙の折り方

と四段階にわけて検討している。料紙の大きさをみると、たしかにiv秀吉・秀次の段階のものは、i室町・ii戦国段階のものと比べると「格段に大きい」ことはまちがいはない。しかし、そこにはiii天正期の義昭の公帖が橋渡しとして存在する。iv秀吉・秀次段階になって、突然変異のように「格段に大きく」なったのではない。

それと同じことは南禅寺の公帖でもみられる。すこし具体的にいうと、第二章「南禅寺の公帖」の表3-5「南禅寺公帖の料紙」をみていただきたい。天正期の義昭公帖は二通しかみられないが、その平均値は三九・九×五九・五センチメートルである。これは天龍寺の場合の三八・九×九五・〇センチメートル（表5-10Ⅰの「義昭（天正）」）と完全に一致する。これが橋渡しになって、中世の檀紙の大きさから近世のそれへの推移があとづけられる。中世の檀紙から近世の檀紙へ順をおって大きくなっており、突然「格段に大きく」なったのではない。これによってみると、藤井氏の所論は、まったく具体的検討抜きの、たんなる感想にしかすぎないことがはっきりしている。歴史学とは具体的な事実にもとづいて所論を展開する学問である。氏のこの論稿は、その大原則すら無視したたんなる氏の感想にすぎない。ここで一言するならば、いまとりあげたのは公帖の料紙についてであって朱印状のものではないが、幕府最高の公文書の料紙たる檀紙については、公帖も朱印状も同じである。

なお、料紙について一言するならば、藤井論文ではその表2「料紙・文書様式の比較」において「檀紙（強杉原）」としている。おそらく、多くの読者には「強杉原」なる言葉はまったくなじみのないものであろう。奇異に感じる方が多いと思う。中世史の研究者でもとまどいを感ずる人たちが多いのだが、結論だけをいうと、これは一九九〇年頃以降に、一部の方たちによっていわば「人工的に」作りあげられた「中世における代表的な紙種名」の一つである。この点については、別に拙著『中世日本の紙――アーカイブズ学としての料紙研究――』（日本史史料研究会 二〇一一年）の本論第一章第三節第四項「「強杉原」について」をはじめ、随所で詳しく論じたが、このように問題のある言葉が、こともあろうに近世の朱印状に関する論稿に意図的に使われていることに解せないものを感ずるのである。「根」は実に深いといわざるをえない。

つぎに、(b)料紙の折り方の問題がある。料紙の折り方といえば、すでに触れたことではあるが、藤井論文の批判の対象となった拙稿「御判御教書と朱印状・公帖」の最大の関心事であり、またその出発点は文書の折り方であった。すなわち、同じ江戸幕府最高の公文書であるが、朱印状は表を内側にして折りたたむのに対して、公帖は表を外側にして折りたたむのは何故かということであった。御判御教書と朱印状・公帖の継承性を示す最たるものの、朱印状を論ずるには、何をおいてもまず触れるべきはこの点である。しかるに、氏はこれについては完全に黙して、一言の発言もない。藤井論文が、この基本的な朱印状と公帖の折り方についてまったく発言できないということは、私見を認めたと解釈するのが妥当であろう。そうであるならば、折紙の問題などは二のつぎ、三のつぎの問題である。すなわち、氏は「折り方」「折り方」というものの、私の基本的な観点を認めた上でのことだということを確認しておかなければならない。

朱印状の竪紙か折紙かの問題

かくして、藤井論文では料紙の折り方の問題を朱印状の竪紙か折紙かに矮小化した上で、

また、折り方については、室町将軍御判御教書Aが上島のいうようであれば、徳川将軍領知朱印状は室町将軍御判御教書Aの形式ということになるが、竪紙・折紙という観点からみれば、徳川秀忠が発給した領知朱印状には大量の折紙形式の領知朱印状があり、そこに室町将軍御判御教書の様式の継承をみることはできない（同氏著書三三三頁）。

折紙形式の朱印状

とする。しかし、「徳川秀忠が発給した領知朱印状には大量の折紙形式の領知朱印状がある」ことをもって、朱印状を「室町将軍御判御教書の様式の継承をみることはできない」などとするのは牽強付会というべきであろう。たとい藤井論文にいうように、秀忠の元和三年（一六一七）と寛永二年（一六二九）に一万石以下の武家に折紙のものが発給されたといっても、それをもって江戸時代の朱印状には折紙のものがあったと「単線的」に主張できるものではない。秀忠期といえば、まだ幕府制度自体過渡期であって、藤井論文ではっきり指摘しているように、「徳川家光以降には武家宛のものは竪紙のみとなる」（同書三四一頁）。これが、江戸時代全期をつうじた朱印状の基本的な形態であるはずである。何故に、秀忠期の特殊な現象をもちだしてきて、それがいかにも一般的な形であるかのごとくいわなければならないのか。

折紙の朱印状は一万石未満の武家

もうすこしいうならば、これは幕府制度確立以前というだけではなく、もっと重要なことがある。藤井論文では、ここで註(19)として、氏の著書の第二章第三節と第三章第三節を参照せよという。そこで強調されていることは、一万石以上の大名には竪紙の朱印状がくだされ、折紙の朱印状は一万石未満の武家だということである。近世の素人である私の一般的な常識からすれば、徳川将軍の領知朱印状は一万石以上の大名にくだされるものだと考えている。それは、『寛文朱印留』で確認できるし、いま引用した「徳川家光以降には武家宛のものは竪紙のみとなる」という氏の言葉でも裏づけられる。それにもかかわらず、藤井論文では幕府制度未完成の秀忠期に、

しかも一万石未満の武家に折紙の朱印状がくだされたことをもって、さきにも引用したが「徳川秀忠が発給した領知朱印状には大量の折紙形式の領知朱印状があり、そこに室町将軍御判御教書の様式の継承をみることはできない」という。「大量に」あるのかどうかも十分に検証しなければならないが、これが、近世史研究の第一人者の論文なのだろうか。すこしきついいい方になって申し訳がないが、もしこれが近世史研究の常道として通用するのであるならば、近世史研究は学問の体をなしていないといわざるをえないがまちがっているのだろうか。

江戸時代の朱印状に折紙のものがあったとは主張できない

折紙の朱印状といえば、朱印状が制度的に確立した段階の『寛文朱印留』によれば、同書に収めた朱印状総数一八三〇通のうち、折紙は随身（土山家・調子家）などきわめて軽易なものに一〇通足らず発給されただけにすぎない。その後、幕末まで同じ状態だったと考えられる。したがって、江戸時代の朱印状にはやはり折紙のものがあったなどと主張できるものではない。朱印状が制度的にまだ流動的な秀忠の場合、しかも一万石以下の武家の場合をもちだしてくるなどというのは論外である。

藤井論文では、これらの主張にもとづいて「おわりに」で、

> 折り方については、領知朱印状には竪紙とともに折紙がみられ、折紙については秀吉の領知朱印状を継承したとみなしえる（同書三三八頁）。

という。「領知朱印状には竪紙とともに折紙がみられ」などというのは、これほど強引な論法はあるまい。秀吉の朱印状（領知宛行状）については補論Ⅰ「殿下と将軍」で論じたが、すべて折紙で竪紙のものはみられない。いっぽう、徳川将軍の朱印状は、いまみたようにすべて竪紙で、折紙などはきわめて例外的な存在である。そのちがいを、私は「殿下」で終って「将軍」になれなかった秀吉と、「強力で集中された近世将軍権力が生み出した」徳川「将軍」とのちがいに求めて論じた。はっきりいおう。もし、秀吉と徳川将軍の朱印状の竪紙・折紙の問題を論ずるならば、なぜ秀吉は最後まで竪紙の朱印状を発給できなかったのか。そして、徳川将軍の朱印状には、なぜ折紙のものがみられないかを論ずべきであろう。ともあれ、江戸時代の朱印状について、「領知朱印状には竪紙とともに折紙がみられ、折紙については秀吉の領知朱印状を継承したとみなしえる」とし、これでもって御判御教書Aから朱印状への継承性を否定するのはまったく無理である。

第三項　個々の書式について

つぎに、(2)個々の書式について検討する。これについて藤井論文で問題としたのは、
(c)書止め文言について
(d)位署書について
(e)宛書について
(f)「殿」の書き方について
の四つである。

まず、(c)書止め文言についてに関していうと、藤井論文ではそのまとめとして「おわりに」で、

書止め文言は、御判御教書がすべて「状如件」であるのに対し、領知朱印状が「状如件」「者也仍如件」「者也」であり、かつ「者也」が万石未満を対象として多くみられ、両者の継承関係をそこにみることは困難であり、「者也」については秀吉の領知朱印状を継承しているといえる（同書二三八頁）。

という。秀吉云々は別として、いわんとするところは、御判御教書の書止めが「………之状如件」一つであるが、朱印状は「………之状如件」「………者也、仍如件」「………者也」と三つの書止めがみられるから「両者の継承関係をそこにみることは困難」であるという。

ここで、第四章第二節第一項「朱印状の書式」に掲げた九分類の書式をみていただきたい。書止め文言については、御判御教書と同じ「………之状如件」を核にして、それより薄礼の「………者也、仍如件」、さらにそれより一段下の「………者也」の二つが順番に並んでいるだけである。もちろん、この九分類が朱印状の書式の分類として絶対的なものではなく、さらに多様な分類が可能である。たとえば、大野瑞男氏は、大名宛の朱印状について、「………之状如件」「………者也、仍如件」「………者也」という書止め文言だけではなく、その上の、

ⅰ全可被領知　　ⅱ全可令領知　　ⅲ全可領知

という文言に注目して、大名宛の朱印状だけで九分類が可能だとしている。(24)さらに、公家・門跡・寺社宛のものは一四に分類する。(25)したがって、大名・公家・門跡・寺社を含む朱印状全体としては、すこし細かく分類するとすれば、一五分類あるいは二〇分類も可能である。しかし、たとい二〇分類したとしても、書止め文言としては、

「………之状如件」を基本として、それが「………者也、仍如件」「………者也」に細分化されて三分類になり、さらにそれが一五分類あるいは二〇分類になっただけである。たとい、二〇分類になったとしても、それは

質的転換ではなくたんなる量的拡大にしかすぎない

「………之状如件」が拡大・細分化されただけであって、質的転換ではなく、たんなる量的拡大にしかすぎない。すなわち、「強力で集中された近世将軍権力が生み出した様式」であるとしても、決して「強力で集中された近世将軍権力が生み出した独自の様式」などといえないことは、実に明白である。さきにもいったように、まったく具体的分析抜きの、たんなる感想にしかすぎない。

位署書について

つぎの(d)位署書についてもまったく同じである。藤井論文では、

> 位署書については、領知朱印状には御判御教書Aにみられる「袖判」「奥署判」のもは見られず、すべて日下署判である。一方、御判御教書Bの「日下御判」あるいは「日下署判」の形式は、領知朱印状では「日下諱十花押」「日下花押」「日下朱印」であり、類似点を見いだせるものの、花押でなく薄礼な朱印が多用されていること、また位階官職名は使用されることなく、「諱」が使用されていること、これらの点も秀吉の領知朱印状を継承している（同書三三八頁）。

という。これも、さきの(c)書止め文言についての場合とまったく同様である。御判御教書Aをそのまま継承した「奥署判」のI類を核に、礼の厚薄によっていくつかの署判の仕方にわかれただけのことである。

宛書について

また、(e)宛書について、(f)「殿」の書き方についてもまったく同じである。藤井論文では、(e)宛書について、

> 宛書については、御判御教書Aは文中に、御判御教書Bは文末にと両者大きく異なるが、領知朱印状は基本的には文末であり、領知朱印状は御判御教書Aではなく御判御教書Bと同形式である（同書三三八・三三九頁）。

「殿」の書き方について

といい、(f)「殿」の書き方についてでは、

> 殿文字については、御判御教書は「殿」であるのに対し、領知朱印状は相手の官職によって「殿」から「とのへ」まで幅がみられるものの、全体としては薄礼であり、秀吉のそれと比較するとやや厚礼ではあるが、御判御教書と比較すれば秀吉のそれに近く、さらに、宛書の位置は、御判御教書Bでは多く月日の上部から書かれているのに対し、領知朱印状では相手の地位によって上下があるものの奥下部に書かれ、後者のほうが薄礼である（同書三三九頁）。

とする。これなどは、いまさら一いち論ずるに値するものではない。いかにも仰々しく、(c)書止め文言について、(d)位署書について、(e)宛書について、(f)「殿」の書き方についてなどと並びたてるが、大きく九類にわかれた朱印状の書式の個々の部分にしかすぎない。まったく空疎な内容である。

I類を原点としたたんなる量的拡大

最後に確認すると、御判御教書の場合には、その書式は一つであったが、朱印状は九分類、さらにはもっと多くの分類も可能である。たしかに、「格段に」多い。氏の論法でいえば「独自の様式」だということになろう。しかし、すでに明らかなように、この九つの書式は、(c)書止め文言、(d)位署書、(e)宛書、(f)「殿」の書き方の組みあわせによって九つになっただけで、「独自の様式」でも何でもない。I類を原点としたたんなる量的拡大にしかすぎない。

第四項　封紙について

封紙について

朱印状の(3)封紙については、とくに重要なことなので、藤井論文を念頭に、第四章「天龍寺の朱印状と公帖」で、第一節「朱印状の封式――本紙・「包紙」の折り方とその宛名――」として詳しく検討した。これは、初出稿を大幅に増補したもので、この問題についてはほぼ論じつくしたと思う。さらにその後、I類の久能山東照宮の領知判物、埼玉県立文書館寄託の「西角井家文書」を具体的に検討する機会にめぐまれたので、本稿の第一節第三項「朱印状の「包紙」とその宛名」で改めて詳しく論じた。そこで、すべてはそれにまかせることにするが、ここでも直接藤井論文の内容だけをとりあげて、それに関する私見を述べてみようと思う。

書札様文書の封紙ではなく「包紙」とすべきもの

私は、第三章「御判御教書と朱印状・公帖」の初出稿で、御判御教書A――したがって朱印状――を包む料紙は、書札様文書の封紙ではなく、「包紙」とすべきである。そして、そこに記されたたとえば「等持院」という文字も、書札様文書でいう封紙ウワ書ではなく、「文書の機能とは直接関係なく、いわばメモ程度に宛先を書いたもの」として、それなりに細かく説明した。[26]

これに対する藤井論文の批判の結論は、

　封紙の有無については、御判御教書Aには包紙のみであり、領知朱印状の包紙は上島の表現に従えば封紙であること、を指摘し、両者の継承性については否定的見解を提示した（同書三二九頁）。

である。これだけでは、氏の真意を十分にくみとることはできないので、本文における具体的な説明を聞くと、

わずか三三〇字程度の文章で片づける

「牧野駿河守とのへ」「柳川侍従とのへ」

　封紙の有無については、上島の見解では室町将軍御判御教書Aには包紙のみであり、徳川将軍領知朱印状包紙にみられる文字は宛名ではないとされるが、寛永二年（一六二五）十月二十三日付牧野駿河守宛徳川秀忠領知朱印状の包紙には「牧野駿河守とのへ」、寛文四年（一六六四）四月五日付柳川侍従宛徳川家綱領知判物の包紙には「柳川侍従とのへ」などとあるように、包紙ウハ書には「某とのへ」と書かれており、上島が「文書の機能とは関係なく、いわばメモ程度に宛先を書いたものと考える」とするには無理があり、むしろ差出者が「将軍」であることからそれが省略されたと考えるほうが妥当ではなかろうか。なお、徳川将軍の御内書の封紙ウハ書も宛書のみである（同書三三六頁）。

につきる。これ以外に説明はない。要するに、私が第三章「御判御教書と朱印状・公帖」の第三節「御判御教書の二つの形態」と、同第四節「御判御教書と朱印状・公帖」で強調した論点――これが拙稿「御判御教書と朱印状・公帖」の主要な論点である――に対する批判の内容は、上記のわずか三三〇字か三四〇字程度の文章で片づけられてしまっている。[27]

　それだけではない。拙稿「御判御教書と朱印状・公帖」発表の翌年には、同じく「摂大学術」に「天龍寺の朱印状と公帖」を執筆して、改めてこの問題を論じたが、この氏の論稿では、それには一言も触れず、完全無視である。余りにも一方的で安易な批判というべきであろう。すこし煩雑になるが具体例をあげてみよう。

　本書に掲載した第四章「天龍寺の朱印状と公帖」は、この藤井批判に対する返答を意識して、初出稿を大幅に改稿した。しかし、初出稿でも一「朱印状の封式と料紙」としてこの問題をとりあげてそれなりに論じているが、完全無視である。ことに、拙稿「御判御教書と朱印状・公帖」（初出稿）では、わざわざ「城州等持院」と記した、寛文五年（一六六五）七月十一日の徳川家綱朱印状の「包紙」を写真7Bとして掲載、[28]また「天龍寺の朱印状と公帖」（初出稿）にも「山城国葛野郡嵯峨村天龍寺」とまで記した宝暦十二年（一七六二）八月十一日の徳川家治朱印状の「包紙」を写真第2図Bとして掲載している。[29]これをみれば、いかに藤井氏といえども、

　　包紙ウハ書には「某とのへ」と書かれており、上島が「文書の機能とは関係なく、いわばメモ程度に宛先を書いたものと考える」とするには無理があり（同書三三六頁）、

などとは主張できないと思う。それを完全に無視して「牧野駿河守とのへ」「柳川侍従とのへ」だけが主張される。なお、大名宛朱印状の「包紙」の「牧野駿河守とのへ」「柳川侍従とのへ」などの記載は、昭和六十一年

（一九八六）以降、二・三度国立史料館（当時）の津軽家文書を拝見、その「包紙」に「津軽侍従とのへ」と記されていることなどは、つとに承知しているということを付言しておく。こうみてくると、氏の批判は、どうしても真摯な学問的なものとはいえないと思うが、まちがっているのだろうか。

以上、本節では、藤井論文の私に対する(a)料紙の紙質・大きさについて以下の七点の具体的な批判点について個々に検討してきた。率直にいおう。まったく「単線的」である。藤井氏ともあろう研究者が、よくもこれが真摯な学問的批判だといえたものだとおどろくばかりである。批判された私からいうと、相手の言い分くらいは十分に聞くという批判の常道すらまったく無視した一方的な主張だけである。完全に筆者に対する礼を失したもので、憤りすら感ずるということを述べておく。

まとめに代えて――アーカイブズ学としての朱印状研究の基本的姿勢――

最後にまとめとして、これまで述べてきたことにもとづいて、藤井論文の朱印状研究に関する基本的な姿勢というか、問題点について、アーカイブズ学としての古文書学という観点から触れておく。これについては、さきに第二節第一項「藤井論文の論点整理と拙稿批判の特徴」で、いちおう問題点だけは指摘したが、そして重複する点もあるが、ここではもうすこし詳しく検討して「まとめ」に代えることとする。

室町時代の御判御教書について独自の研究はまったくない

まず第一に、藤井論文では江戸時代の朱印状は、室町時代の御判御教書を継承したものではないとして私を批判するが、室町時代の御判御教書については、独自の研究はまったくおこなっていない。すべて私の研究に依拠しての批判である。私が、本書第一章「妙蓮寺の近世文書」以来、ぼつぼつとではあるが、中世文書の形態論の観点から、三〇年以上も朱印状・公帖を考えてきたことと比べて、余りにも安易な批判というべきであろう。

同様のことは、料紙の大きさについてもいえる。すでに詳しく述べたことではあるが、藤井論文では朱印状の料紙の大きさは、御判御教書のそれに比べて「格段に大きい」から「前者が後者の料紙を「継承」したとするには根拠が薄弱である」というが、御判御教書についてはまったく具体的分析抜きの、たんなる氏の感想を述べたにしかすぎない。

朱印状の書止め文言についても同じことがいえる。藤井論文では、

御判御教書がすべて「状如件」であるのに対し、領知朱印状が「状如件」「者也仍如件」「者也」であり、

私の既往の研究には目をとおしていない

徹底した「単線的思考」＝省力化

朱印状と表裏一体の公帖を完全に捨象

……両者の継承関係をそこにみることは困難であり（同書三三八頁）。

というが、書止め文言はもちろん、それだけではなく朱印状の書式全体、まったく具体的検討抜きの、たんなる氏の感想を述べたというひどいものである。具体的検討をまったくおこなわず、朱印状の書止め文言だ、位置書だなどと議論の対象にするのだから、好き勝手なことがいえるが、これでよいのだろうか。

　これと同じことは、私の既往の研究に対してもいえる。藤井論文では、私に対する批判の対象として拙稿「御判御教書と朱印状・公帖」だけをとりあげるが、関連する多くの研究にはいっさい目をとおしていない。批判のあり方として、相手の関連する論文くらいは目をとおしておくのが当然の手続きであろう。中世の御判御教書、近世の朱印状・公帖に関しては、私はすでに数多くの発言をしてきた。本書に収めた第一章「妙蓮寺の近世文書」、第二章「南禅寺の公帖」、第四章「天龍寺の朱印状と公帖」、また補論Ⅰ「殿下と将軍」などの初出論文はまったく読まれていない。ことに「天龍寺の朱印状と公帖」（初出論文）は、批判の対象となった「御判御教書と朱印状・公帖」と表裏の関係にあり、これだけでも目をとおしてもらえばほぼ解決する。さらに重要なものとして(g)封紙と「包紙」の問題がある。これについては前記「天龍寺の朱印状と公帖」の初出論文でもそれなりに論じている。それだけではなく、早く拙稿「古文書の封式について」[30]がある。これをみてもらえれば、(g)封紙の問題などはとりあげることはできなかったと思う。とにかく、徹底した「単線的思考」＝省力化である。これでは、まっとうな批判ということができない。

　つぎに第二の問題点は、私が徳川将軍発給文書として朱印状と表裏一体の関係にあるとして論じた公帖を、完全に「単線化」＝捨象してしまったことである。たしかに、藤井氏の関心は「徳川将軍家領知宛行制の研究」であろう。そして、現在の近世史研究においても、公帖の研究はまだ市民権すら与えられていない研究分野であることは十分に承知している。

　しかし、本来の古文書学、もうすこしいうならばアーカイブズ学としての古文書学は、これまでいわれてきたように「史学の右腕」では断じてない。広く書式・形態を含めて、文書のもつ文字列情報・非文字列情報、別の言葉でいえば、文書の「かたち(形態)」「かたまり(群)」「かさなり(伝来)」を総体として研究の対象とすることによって、文書の本質を明らかにすることを目的とするものである。この観点から、私は徳川将軍発給文書の本質を明らかにするには、たんに朱印状や御内書などの、しかも文字列情報だけを論ずるだけでは十分ではないと考える。公帖も含めて、そして「かたち（形態）」をはじめとする非文字列情報も含めて検討の対象としなければ、まったき意味の徳川将軍発給文書の研究、さらには「近世将軍権力」の研究とはいえないと考えている。

朱印状と公帖の本紙の折り方のちがい

そもそも、拙稿「御判御教書と朱印状・公帖」の出発点＝問題関心は、同じ徳川将軍最高の公文書でありながら、朱印状と公帖の本紙の折り方のちがいが、何に由来するものなのかということであった。両者まったく反対の折り方をする。朱印状だけを問題にするのであれば、朱印状は表を内側にした竪ノ中折だということだけですんでしまう――現研究の段階では、それすら問題になっていないが――。しかし公帖は、それとは反対に表を外側にした竪ノ中折である。なぜ、ちがうのかということを追及することによって、同じく徳川将軍発給文書とはいえ、朱印状だけではなく徳川将軍発給文書全体の本質に、より具体的に迫りうるのである。なぜ、公帖を完全に切りすて、朱印状だけを批判の対象としたのだろうか。私の研究は江戸時代の朱印状の研究ではない。それとまったく視点のちがった、江戸時代の最高の公文書を総体としてとりあげたものであって、おのずから方法論は別であろう。拙稿は、中世アーカイブズ学研究の立場からみた「近世の領知判物・朱印状と公帖の研究」である。それを「徳川将軍家領知宛行制の研究」なる観点から批判するのは、出発点から問題だというべきであろう。

公帖は室町時代から江戸時代へみごとな継承性を示す

さらに重要なのは、藤井論文によって「単線化」された公帖は、室町時代から江戸時代のそれへとみごとな継承性を示しているということである。それについては、たとえば、第二章「南禅寺の公帖」で詳しく論じたし、また第四章「天龍寺の朱印状と公帖」においても同じである。そして、さきに第四章で掲げた写真5-3・5-4・5-5・5-6を順次繰ってみるだけでも、視覚的にも文句なく、中世から近世への継承性を確認することができる。それだけではない。公帖という呼称（文書名）自体、中世・近世をつうじて一貫して使われているという非常に珍しい文書である。公帖は秀吉・秀次のものを含めて中世・近世をつうじてみごとに継承・発展しているのである。これについては誰しも異論はなかろう。

公帖の書式

もちろん相違点はある。第二章「南禅寺の公帖」ですでに述べたことであるが、写真3-1足利尊氏御判御教書、写真3-2足利義詮御判御教書にみられるように、南北朝期には、公帖の書式は一つであった。それが、室町末期になると表3-1にみられるように大きく諸山と十刹以上の二つにわかれる。そして、江戸幕府完成期には、表3-4にみられるように五山之上・五山・十刹・諸山と四つに分化している。「単線的」に同一ではないが、江戸時代の公帖の書式は、室町時代のそれの継承・発展、すなわち量的拡大にすぎず、「強力で集中された近世

御判御教書と朱印状の書式

朱印状でも、公家・門跡・寺社宛のものは完全に捨象

一から出なおすのが学問というもの

将軍権力が生み出した独自の様式」でも何でもない。

それと同じなのが、御判御教書と朱印状の書式である。室町時代の御判御教書Aの書式は一つであったが、江戸時代の朱印状は九類になっている。しかし、これは南北朝期には一つであった公帖の書式が、室町末期にはに二つに、さらに江戸時代に四つになったのと同じである。公帖の場合が継承で、朱印状は断絶だなどということにはならない。両者ともにみごとな継承・発展である。あくまでも、量的拡大すなわち時代的変遷にすぎない。なぜ、拙稿「御判御教書と朱印状・公帖」で不可分のものとして論じている公帖を朱印状から完全に切りすてて、朱印状だけを論じたのかその意図がわからない。これが、藤井論文の決定的な欠陥といわざるをえない。なお、室町時代の御判御教書の書式が一つであるが、江戸時代には九分類となる。そして、これはさらに一二、あるいは一五の分類も可能であるが、それはたんなる量的拡大にしかすぎず、質的転換ではないことは、本稿の第二節第三項「個々の書式について」の(c)「書止め文言について」で詳しく論じた。

さらに大きな問題として、第三に藤井論文の朱印状研究の根本に関係する問題であるが、近世の朱印状のとらえ方である。藤井論文では、徳川将軍発給の最高の公文書から公帖を「単線化」しただけではなく、朱印状でも、公家・門跡・寺社宛のものは完全に捨象して、武家宛のものについてのみ論ずる。すなわち、氏は、

本稿の分析は領知朱印状の核をなす武家宛のものにおく（「古文書研究」五九号所収初出稿一頁）。

という。そして、これに相当するものとして、著書ではその序章で、

徳川将軍家の領知宛行制の形成過程とその特質を、武家宛の領知朱印状を主たる素材としながら、明らかにしたい（同書五・六頁）。

という。氏の個人的関心が武家宛の朱印状にあるとしても、そして現在の朱印状研究の主流が、武家宛朱印状にあるやに考えられるとしても、それをもって武家宛朱印状を「領知朱印状の核をなす」とすることはできないと思う。おそらく、この点に気づいたのであろう。著書の方ではこの言葉は姿をけす。そして、「武家宛の領知朱印状を主たる素材としながら」に置きかえられる。これは、藤井論文の本質にかかわる問題である。もし、「領知朱印状の核をなす武家宛のもの」が適当でないのならば、言葉だけを置きかえるというような姑息なことをするのではなく、氏の初出稿全体は一から出なおすのが学問というものであろう。この点だけをとりあげてみても、氏の補論Ⅰは全面的に書きなおされるべきものであることがはっきりしている。

この点についてもうすこしいうならば、江戸時代の朱印状に関しては、前記『寛文朱印留』という貴重な史料によって、寛文段階に発給された朱印状全体を概観できる。これについては、さきに第四章「天龍寺の朱印状と公帖」の表5-4にみられるように、そのとき発給された朱印状の総数は一八三〇通である。このうち武家宛は二一九通で、わずか全体の一二%にしかすぎない。圧倒的部分の一六一一通（八八%）は公家・門跡・寺社宛である。要するに藤井論文は、わずか一二%程度の武家宛の朱印状を論じたにすぎない。

そして、これはたんに量の問題だけではない。さらに、その書式をとってみても、さきに第一節「朱印状研究の原点――御判御教書と朱印状の書式――」で詳しく述べたように、朱印状の核＝原点になるのは、久能山東照宮宛の朱印状をはじめとするⅠ類の朱印状である。それが九分類に拡大し、場合によってはさらに多くの書式に分類も可能である。したがって、「領知朱印状の核をなす武家宛のもの」で出発した氏の補論Ⅰは、たんに言葉を「武家宛の領知朱印状を主たる素材としながら」に置きかえるだけではなく、全面的に書きかえるべきだと思うがまちがっているのだろうか。

最後に、どうしてもとりあげなければならない問題として、そしてこれはもっとも基本的なことであるが、藤井論文のように中世と近世を断絶として、意識的に切りはなすこと、というよりは切りはなそうとする姿勢が、学問のあり方として適当なのかという問題がある。(31) 終戦直後のまだ私の学生時代のことだが、「近世文書は古文書に非ず」と喝破された碩学――ただし京都の学者ではない――があった。現在、いろいろなカルチャーセンターあたりで、古文書の講座といえば、近世文書の解読と相場がきまっている段階の若い研究者には、もはやこの言葉のもつ意味すら理解できないのではないかと思うが、当時はまさに実感のこもった言葉であった。はなはだ逆説的なことになるが、藤井論文を読んで最初に思いうかんだのがこの言葉であった。

私は、アーカイブズ学としての古文書学の研究姿勢は、アーカイブズとしての古文書を、古代から近現代まで一貫した原理で把握することだ考えている。現状では、夢物語に近いものであることは十分に承知しているが、安易にそれに妥協して、「単線的思考」にもとづいて意識的に小さい時代の枠に閉じこもるのではなく、可能なものについてはいかほど些細なことであっても、可能性を追求する態度だけは堅持したいと考えるのである。その願ってもない材料が御判御教書と朱印状・公帖である。

これは、たんに理論的要請だけではない。具体的に大名家の文書にしても、公家の文書にしても、また寺院史

わずか一二%程度の武家宛の朱印状を論じたにすぎない

中世と近世を断絶として、意識的に切りはなす

「近世文書は古文書に非ず」

古代から近現代まで一貫した原理で把握すること

中世文書と近世文書が一括保存されているのが自然な姿

東寺宝物館での近世・近現代文書の勉強

古代から現代にいたるまでを一貫した論理で把握するのがアーカイブズ学

料にしても、ひとかたまりの文書群などを調査する場合、「これは中世だ」「これは近世だ」などといって意識的に垣根を作ったりしたら、まっとうな調査などできたものではない。整理・調査の現場では、たとえば寺院という一つの組織体が作成し、集積し、管理してきたアーカイブズとして、統一した整理・調査・研究の体系を作りあげるのに悪戦苦闘しているというのが実情である。事実、両者が一体の寺院史料として混在して現存する場合が多い。

具体的にいおう。さきに第四章「天龍寺の朱印状と公帖」で述べたが、天龍寺では足利将軍の御判御教書（公帖）と徳川将軍の朱印状と公帖が一括保存されている。本書の序章「アーカイブズ学としての中世古文書学」でとりあげた東寺文書がそうであり、また醍醐寺の文書群なども同じだと思う。そして、氏自身が関係している京都の北野天満宮の史料も同じではないかと考える。これが本来のアーカイブズのあり方であり、そのアーカイブズの自然なあり方をそのまま研究の対象とするのがアーカイブズ学である。現在、まだ当然のこととしておこなわれているが、史料の「つまみ食い」は、根本的に反省すべきものだと考えている。

ここではっきりいうならば、私が自信をもってアーカイブズ学をとなえることができるようになったのは、東寺宝物館で近世・近現代の無数ともいうべき史料を瞥見させてもらったことによる。たしかに、京都府立総合資料館では「もの」としての東寺百合文書、とくにその「かたち(形態)」と一部「かたまり(群)」の重要性について教えてもらった。そして、これが基礎になったことはまちがいがない。

しかし、東寺といえば百合文書が作成され、集積され、保存され、そして「生きた資料」=アーカイブスとして実際に活用されてきた現場である。近世の文書・記録、さらには近現代の文書・記録類から学んだことが多い。すなわち、ここでは「かたまり(群)」と「かさなり(伝来)」の重要性を学ぶことができた。事実、古代以来の文書が東寺に伝えられ、常に「生きた資料」として現代に伝えられているのである。ともあれ、私は古代から現代にいたるまでを一貫した論理で把握するのがアーカイブズ学だと考えている。そして、それがアーカイブズとしての古文書をはじめとする記録類などのもっとも自然な姿であろう。この点を現物――資料館の百合文書――と現場――東寺という百合文書が作成・伝達・集積・伝来した場所――の両方で、具体的に勉強させてもらったのが何よりの私の「財産」だと考えている。

それを無惨にも、これは中世だこれは近世だと切りはなしてきたのが、これまでの歴史学であり、また古文書学である。さらにいうならば、藤井論文の意識的な切断である。これは多くの調査を実際に経験した場合、いちように痛感することだと思う。たしかに長い間の学問的伝統と、史料自体の存在形態の相違のため難しい点があることは事実だが、それ故にこそ積極的に多くの障害を克服する気概がどうしても要請される。実際には障害が多いことはたしかである。しかし、もはやそれに甘んじている段階ではないと考える。現在、「近世文書は古文書に非ず」などといったら、それこそ「時代錯誤」の一言で片づけられるであろう。そして、アーカイブズ自身が双手をあげて、一つの史料群として統一的整理、統一的把握を願っているのである。その要請にこたえるのが学問というものであろう。

完全に中世と近世を断絶してしまった現状を追認・補強するのか

ここまで論じてきて、最終の結論としていうならば、学問のあり方の問題として、完全に中世と近世を断絶してしまった現状を追認、さらには補強するのか、非常に難しいが、古代から現代にいたるまで一体として保存・管理・使用されてきたアーカイブズの存在形態に忠実にしたがって、一歩踏みこんで両者の統一的把握を目ざすのかという研究姿勢の問題に帰着すると思う。はっきりいおう。これが中世文書だ、これが近世文書だといって垣根を作ってきたのは、歴史情報資源として無限の可能性を秘めているアーカイブズとしての文書を、たんに文字史料として矮小化してきたこれまでの歴史学・古文書学の悪しき伝統にしかすぎない。もうすこしいうならば、文書をたんに歴史叙述の史料としてしかみない中世古文書学の様式論という強固な枠組みをとりはずして、文書を「もの」=アーカイブズとして、その「かたち」「かたまり」「かさなり」の三相において具体的に論ずるならば、中世古文書学・近世古文書学といわず、アーカイブズ学としての古文書学として、統一的に議論することが可能なのではなかろうか。これまでの長い間の学問的伝統にしたがって、中世と近世を意識的に切りはなしてきただけで、アーカイブズは統一して存在し、統一的把握を願っているのである。そして、それが本来の歴史学であり、アーカイブズ学としての古文書学だと考える。私には、いつまでも現状を補強して、小さい世界に閉じこもっているのがあるべき学問の姿だとは考えられない。

本来の歴史学でありアーカイブズ学としての古文書学

最後に、本稿でとりあげた久能山東照宮の徳川氏歴代の領知判物の調査および写真掲載については、久能山東照宮のご高配によるものである。そして、同博物館の齋藤曜主任学芸員、前学芸部長小林明氏のお世話になり、大野瑞男・杉橋隆夫両氏にはいろいろとご教示をえた。また、埼玉県立文書館の「西角井家文書」の調査・写真掲載などについては、西角井正文氏のご許可をえ、同館の古文書担当の方々のお世話になった。記して謝意を表するものである。

註

（1）これは、早く「摂大学術　B〈人文科学・社会科学編〉」八号（一九九〇年）に発表したものである。同一の題名で、内容もそのまま本書に第三章として収めた。「凡例」でも記したが、以下、拙稿「御判御教書と朱印状・公帖」と略す。

（2）これは、早く「摂大学術　B〈人文科学・社会科学編〉」九号（一九九一年）に発表したものである。本書では、初出稿を大幅に改稿して、新たに「天龍寺の朱印状と公帖――中世古文書学と近世古文書学の継承性に関する試論――」と副題を付して第四章に収めた。註(1)にならって、以下拙稿「天龍寺の朱印状と公帖」と略す。

（3）これは、「古文書研究」五九号（二〇〇四年）に発表された。その後、すこし加筆して藤井讓治『徳川将軍家領知宛行制の研究』（思文閣出版　二〇〇八年）に補論Ⅰとして収められた。本稿では、その著書によることとする。

（4）これは、早く国立史料館「史料館研究紀要」一三号（一九八一年）に発表された。後、日本古文書学会編『日本古文書学論集11　近世Ⅰ』（吉川弘文館　一九八七年）に収められたが、本稿ではこの『日本古文書学論集11　近世Ⅰ』によるものとする。

（5）法政大学出版局　一九九八年。

（6）赤松俊秀他監修『日本古文書学講座4　中世編Ⅰ』（雄山閣　一九八〇年）。

（7）「史學雑誌」九七編一一号　一九八八年。

（8）東寺文書　書一二（上島有編著『東寺文書聚英』（同朋舎出版　一九八五年）三〇一号）。

（9）東寺文書　書一二（前記『東寺文書聚英』三〇〇号）。

（10）一例をあげると、寛文五年（一六六五）七月十一日東寺にくだされた徳川家綱朱印状には、

当寺領山城国愛宕郡七条・八条・
福枝・幡朶、紀伊郡上鳥羽、葛野郡
西九条・西院村内都合弐千三拾石事、
并門前境内地子以下、任慶長十五年
四月廿日・同廿八日、寛永十三年十一月九日
先判之旨、全可収納、従前ゝ為守護使
不入之間、諸役等免除之、永不可有
相違者也、仍如件、
　寛文五年七月十一日（朱印）

東寺
衆徒中

（『内閣文庫所蔵史籍叢刊　徳川家判物并朱黒印㈡』（汲古書院　一九八八年）二〇五頁）

とみえる。もうすこしいうならば、徳川将軍最初の朱印状である慶長十五年（一六一〇）四月廿日の東寺宛の徳川家康黒印状には、

従先〻為守護使不入之条、課役人夫等令免除候也、

と記されている。それが、

従前〻為守護使不入之間、諸役等免除之、

として最後の安政二年（一八五五）九月十一日の徳川家定朱印状まで――東寺にはそのつぎの徳川家茂朱印状が現存しない――、歴代の朱印状一一通全部に引きつがれている。すなわち、徳川将軍の他の寺社のすべての朱印状にこの文言がみられるわけではないが、その底流として、徳川将軍の朱印状は、足利将軍の惣安堵だけではなく惣免除の御判御教書を一体として継承したものであるということに関しては間然する余地のないものといえよう。

(11)　東寺文書　書一二（前記『東寺文書聚英』二九五号）。

(12)　朱印状の本来的な性格は、下文様文書である。そして、朱印状を包む料紙は、本紙ととも紙であるが、書札様文書の封紙ではなく、現在まだそれをよぶ適当な言葉がないので、差しあたり「包紙」とよぶということについては、本書の第四章第一節第三項「朱印状の「包紙」とその宛名」で詳しく論じているので参照いただきたい。

(13)　写真掲載は省略したが、たとえば、

寛文　四年（一六六四）　九月一七日　徳川家綱領知判物

などの「包紙」には「駿州久能山」と記されている。

(14)　久能山東照宮の一二通の朱印状については、『静岡県史料』には一二通すべてを収載するが、『静岡県史　資料編9　近世一』では、何故か、吉宗までの六通は収めるが、それ以降の六通については掲載していない。

(15)　瀧山寺東照宮の朱印状については、『新編岡崎市史　史料　近世下　8』（一九八五年）に「「瀧山寺領・東照宮領・萬松寺領朱印写」ヨリ抄録」として、この、

正保　三年（一六四六）一二月一七日　徳川家光領知判物写

を引用しているが（同書五五九・五六〇頁）、これはⅠ類の朱印状（判物）である。そして、藤井氏の著書にも「瀧山寺文書」として「上島の御判御教書Aの形式となっている」（同書三四二頁）として触れている。なお、同『新編岡崎市史』には、

寛永一八年（一六四一）　九月二七日　徳川家光朱印状写

も引用されているが、日下朱印の文書なので表7-1には掲載しなかった。また『寛文朱印留』には「参河国瀧山寺

「西角井家文書」について

国立公文書館内閣文庫の朱印状

久能山東照宮の朱印状

東照宮」宛のものがみられる。これも、日付次行に朱印を捺した朱印状で、I類の朱印状ではないが、表7-1には「朱」として記載しておいた。

(16) これは、埼玉県立文書館に寄託の「西角井家文書」の「諸国朱印状」のうちの一通であって、同館『西角井家文書目録』(一九八五年)に「三河国額田郡滝山寺　滝山寺東照宮」とする文書である(文書番号六四七九号)。下半部が欠失しているが、料紙も大高檀紙で、まちがいのない正文である。そして、「三河国設楽郡鳳来□□東照宮領」と読め、石高「千三百五拾石」も鳳来山東照宮と一致するから、瀧山寺東照宮ではなく鳳来山東照宮とするのが適当であろう。ちなみに、『寛文朱印留』(一二三二号)によれば、瀧山寺東照宮は六一〇石である。

ここで、「西角井家文書」についてすこし触れておく。前述の同館『西角井家文書目録』(以下、『目録』と略す)には、「西角井家文書」だけではなく、現存の朱印状についてすぐれた解説を付しているので、それをそのまま引用させていただく。すなわち、明治新政府ができあがると、歴代の徳川将軍が発給した朱印状を回収したが、それについてつぎのように述べられている。

新政府によって回収された朱印状のその後の取扱いについては、明確な史料を欠くが、その一部をなすと思われるものが現在三つのグループとして伝存している。第一は、国立公文書館内閣文庫に所蔵されているものである。これは新政府の太政官正院の歴史課から修史局、修史館などを経て内閣文庫に保存されてきたものと考えられている。内容は寺社のみでなく宮方・諸公家のものを含む二六八〇通で、四五冊に編綴されている(内閣文庫所蔵分の目録および朱印状の回収・伝存については『内閣文庫未刊史料細目上』に詳しい解説がある)。第二には、静岡県久能山東照宮が所蔵するもので、現在の静岡県域にあたる駿河・遠江・伊豆三ヵ国の寺社朱印状である。これは明治初年に関口県令が譲りうけ、同二〇年六月に久能山東照宮へ五七三通、静岡浅間社へ七三通、合せて六四六通を奉納したものである(『諸国寺社朱印状集成』解説による)。そして第三のグループが、本書に収録した西角井家文書である。このほかにも東京帝国大学付属図書館に二七〇〇通の朱印状があったが、大正一二年の震災で焼失したと伝えられている(相田二郎『日本の古文書』(同書二五頁)。

これによって、現存の寺社・宮方・諸公家の朱印状については概観できる。そして、この「西角井家文書」は、武蔵一宮氷川神社の神主職を世襲した西角井家に伝来したもので、それは、

明治時代の当主忠正氏(現当主正文氏四代の祖)が、ある古道具店に朱印状が大量にあり、しかもその中に大宮氷川神社のものが含まれていることを知り、一括して購求したものであるという。これは明治政府に保管されていた朱印状が、何らかの理由で、民間に流出したものと考えられ、その時期・経緯などについては現在のところよくわかっていないが忠正氏は明治一〇年に亡くなっているので、それ以前に西角井家の所有に帰したものと考えられる。朱印状の現状は、内閣文庫、久能山東照宮のものが原形のままで伝存されているのに対し、西角井家の朱印状は文書の効力を否定するかのように、ほとんどのものが料紙中央で天地に切断され、朱印あるいは花

押の部分も墨で塗抹され、まことにいたましい姿となっている（同前）。

とされている。これによって、現存の朱印状、そして西角井家所蔵の朱印状の全体像がほぼ明らかになったと考える。

なお、この「西角井家文書」は、いまの解説にもみられるように、ほとんどすべての文書は、縦横のちょうど中央あたりで切断されている。また、朱印あるいは花押は真っ黒に墨抹されていて、「まことにいたましい姿」となっている。これはいうまでもなく、文書としての効力を停止して、廃棄を意味するものであるが、原本についてみると、その年月日などと併せ考えることによって、花押・朱印も復元することができる。また、後ほど「完全な正文」という文書も、切断のため刃物を入れた痕がはっきりみられ、また完全に二紙に切断されたものを一通の文書に復元したものである。このように、「いたましい姿」ではあるが、国立公文書館内閣文庫所蔵本二六八〇通にも一通もみられず、久能山東照宮の朱印状の他に、六通ものI類の朱印状の正文がみられるのは希有のことといわなければならない。大切に保存していただきたいと願うものである。

(17) 同一二三一号。

(18) 同『目録』六〇四一号。

(19) 同『目録』六一七八号。なお、寺社に対する綱吉朱印状は、貞享二年（一六八五）六月十一日付でいっせいに交付されているが、寛永寺は元禄十一年（一六九八）九月六日本坊が炎上、従来の朱印状などが焼失したので、この日に改めて朱印状が交付されたのである。

(20) 同『目録』六一八〇号。

(21) 同『目録』六八二四号。

(22) 同『目録』六八三一号。この文書は、上半部が欠失しており、年月日は「月十一日」だけしか読めない。花押は墨抹されているが家定と確認できるので、同『目録』では、

　近江国滋賀郡村名・寺社名未詳　（安政二・九）一一　徳川家定判物

とする。しかし、差出書が奥上署判でI類である。また、文言が前記延暦寺宛の、

　享保　三年（一七一八）七月一一日　徳川吉宗領知判物

と同じであるので、これも延暦寺宛の朱印状として誤りはないと考える。

(23) さきにいったように初出稿「天龍寺の朱印状と公帖」（『摂大学術　B〈人文科学・社会科学編〉』九号　一九九一年）を本書の第四章「天龍寺の朱印状と公帖——中世古文書学と近世古文書学の継承性に関する試論——」として収めるについては大幅に増補した。とくに藤井氏の料紙に関する批判に答えるために第四節「朱印状と公帖の料紙——中世から近世への檀紙——」を新設して詳しく私見を述べた。そしてとくに、この秀吉の檀紙の「格段に大きく」ということについては、同第四章第四節第二項(3)「秀吉・秀次公帖の料紙」で氏の所論について詳しく論じている。さらに第四章第四節註(23)で、改めて詳しく述べているので参照いただきたい。

なお、「上質の楮紙」ということに関していうと、「上質」をどのように理解するかも問題であるが、たしかに江戸時代の大高檀紙はすばらしい料紙で、「上質」といえるかもしれない。この点については、第四章第四節「朱印状と公帖の料紙――中世から近世への檀紙――」で詳しく論じているので参照いただきたい。ことに、私が檀紙Ⅲと分類する大高檀紙は、江戸幕府最高の公文書の料紙ということですばらしい料紙であることはまちがいはない。しかし檀紙の原点は、第四章第四節で詳しくみたように、

「応永三年(一三九六)」六月　二日　伝奏万里小路嗣房奉書(東寺百合文書こ函九四号)

応安四年(一三七一)　六月　一日　後光厳上皇院宣(醍醐寺文書一八函五三号)

などにみられるように、がさがさとして荒々しいなかにも堂々とした風格のある料紙とするのが適当だと考える。

(24) 前記大野瑞男「領知判物・朱印状の古文書学的研究――寛文印知の政治史的意義(一)――」(『日本古文書学論集11 近世Ⅰ』)七三頁。

(25) この点については、第四章第二節註(9)ですこし詳しく説明しているので参照いただきたい。

(26) 註(1)でも述べたが、第三章「御判御教書と朱印状・公帖」の初出稿は、「摂大学術　B〈人文科学・社会科学編〉」八号(一九九〇年)に発表したものである。本書に収めるについては、ある程度改稿したが、この藤井論文との関係があるので、改めて初出稿のままにもどした。ただ、初出稿では、節立てはしているが、項の区分はしていない。本書ではわかりやすくするため、新たに項立てをした。

(27) ちなみに、本書第三章「御判御教書と朱印状・公帖」の第三節「御判御教書の二つの形態」と第四節「御判御教書と朱印状・公帖」の字数――いうまでもなく、初出稿の字数と同じである――を計算すると約一〇頁、約一二・〇〇〇字になる。一二・〇〇〇字の内容に対する批判が、わずか三〇〇字余りの文章で片づけられたということになる。いかに誠実さに欠けたものかよくわかる。はっきりいって、私は氏のこの態度には、個人的にもまた学問の問題としても大いに疑問を感ずるものである。

(28) これは、本書第三章「御判御教書と朱印状と公帖」に写真4-4Bとしてそのまま掲載しているのでご覧いただきたい。

(29) これは、本書第四章「天龍寺の朱印状と公帖」に写真5-2Bとしてそのまま掲載しているのでご覧いただきたい。

(30) これは、「摂大学術B〈人文科学・社会科学編〉」七号(一九八九年)に掲載したものである。

(31) この点については、ほぼ同様のことを序章第一節の註(19)でも述べているので参照いただきたい。

(二〇一三年七月一日　一稿了、二〇一四年二月二八日　補訂了)

補論Ⅲ　古文書学からアーカイブズ学への寸描
——史料論・室町幕府文書論——

一

もう五〇年近くも前のことになるが、私は一〇年余り東寺百合文書の整理を担当させていただいた。そのときには、まだ気づかなかったが、いまから考えると、五〇〇年あるいは六〇〇年も前の室町時代に、たとえば廿一口供僧方手文箱に収められて、手つかずのままで現在におよび、整理をするのにこのときはじめて開けてみるという文書も結構あった。「中世の匂い」が直接伝わってくる文書であった。その整理に没頭できたのである。これによって、「中世の匂い」が私の身にしみついてしまったのかもしれない。その後の私の研究生活は決定づけられ、現在文献史学の方たちが金科玉条として守りつづけている文字列情報などは、「もの」としての文書がもつ豊かで広汎な歴史情報資源の一つにすぎず、「もの」としての古文書の研究に徹することこそ、古文書学、アーカイブズ学としての古文書学の真髄だということを教えられた。

しかしこれは、決して簡単で平坦なものではなかった。たんに文字史料としての古文書ではなく、「もの」としての古文書の重要性に気づきはじめたのは、百合文書の整理をはじめて四・五年くらいしてからではなかったかと思うが、それほど徹底したものではなかった。そして、簡単な講演要旨であるが、その後しばらくして執筆した拙稿「文書のかたちとかたまりについて」(「東京大学史料編纂所報」一六号　一九八二年)が、まとまった形で私の考え方を述べた最初のものである。

「もの」だ、あるいは文書の「かたち」だ「かたまり」だとはいってみたものの、歴史学の勉強をはじめて二〇年以上も慣れ親しんできた文献史学の影響を簡単に脱却するのは不可能である。その後長い間には、熟しきらない中途半端なことをいったこともあったが——しかし、これも私の学問体系形成に必要な道程であったのだが——、「もの」としての古文書などということは、「文字万能」の歴史学にとっては、その思考範囲を大きくこえ

「形態論の独走」「料紙万能主義」

たものであったから、多くの誤解と反感を買った。はやくは「形態論の独走」「料紙万能主義」といわれたのをはじめ、上島は「詞の問題」＝文字列情報に関しては「苦手」で「無能力」だから、「もの」「もの」といっているといわんばかりの批難をうけ、最近では「独善的な自信満々の思い込み」という批判を頂戴している。これを側面から支えるものとして大小さまざまな批判がおこなわれ、応接に暇がないという状態で、いささかうんざりしているというのが偽らざる心境である。そして、これはますます加速するであろう。何しろ、いかほど些細なことであれ、私の批判さえすれば、大方の拍手喝采を博するというのが現状だから。

アーカイブズ学としての古文書学

私自身、「もの」としての文書に徹し、その「かたち」「かたまり」「かさなり」のすべてが重要な歴史情報資源であって、文字列情報は文書の「かたち」の情報の一部にしかすぎないということを自信をもっていえるようになったのはごく最近である。これは、いうまでもなく「アーカイブズ学としての古文書学」であるが、拙稿「東寺百合文書からアーカイブズ学へ――中世アーカイブズ学への思い――」（『アーカイブズ学研究』五号　二〇〇六年）――これは、後すこし手を加えて本書の序章「アーカイブズ学としての中世古文書学」として掲載した――を一つの画期とすることができる。また、それをわかりやすく述べたのが、拙稿「国宝東寺百合文書の魅力――アーカイブズ学研究における東寺百合文書の意義――」（全国歴史資料保存利用機関連絡協議会『会報』八九号　二〇一一年）である。

二

「文字万能」「文献至上主義」

「弘法さんから与えられた宿命」

このように、私は、早くから「文字万能」「文献至上主義」という現在の学界の本流に抗して「もの」「もの」といって、まさに「孤立無援」「学界の孤児・異端児」としての「茨の道」を歩んできたが、これは、百合文書の整理にかかわったという「業(?)」によるもので、非常に貴重な経験をさせてもらったという「弘法さんから与えられた宿命」と観じている。もし、私にこの経験がなかったならば、いまごろは、たとえば東寺領庄園か、あるいはその他の文字史料中心に平穏な研究生活を送っていたかもしれない。

「古文書学は史学の右腕」

しかし、私を「異端」とするのは、わが国近代史学・近代古文書学の成立、そしてそれと不可分に形成された「文献至上主義」と表裏をなす「古文書学は史学の右腕」なる強固な伝統的な考え方によるものである。わが国近代史学・近代古文書学の成立の問題点については、きわめて簡潔ではあるが、高埜利彦「〔コラム　歴史の風〕

リースの意見書

アーカイブズ制度の確立

静かな民主革命」(『史學雜誌』一二〇編九号 二〇一一年)にするどい指摘がある。すなわち、その基礎確立に貢献したドイツ人のお雇い外国人リースの帝国大学への意見書の最初にあげられたのはアーカイブズ制度の確立であった。しかし、それはまったく無視され、実際に採用されたのは、第三の「大日本史料」(正史)の編纂事業であったという。これによって、その後の歴史研究の方向は大きく規定され、「史料の編纂」が「歴史学の基礎研究」とされ、巨大な体系を形成して現在におよぶこととなる。たしかに、それは重要なことにちがいないが、もっとも基礎的なことといえば、文字史料を所与のものとして無批判に研究対象とするのではなく、史料とは何ぞや、そして文字史料というものは「万能」なのかということを考えることではなかろうか。リースが、意見書の第一にアーカイブズ制度の確立をあげたのは、そのことを意味するものではなかったのだろうか。

いうまでもなく、「文字」だけが決して歴史研究の対象ではない。もし、「文字万能」「文献至上主義」をとなえるならば、それこそとんでもない誤解である。というのは、古文書学を、たとえば考古学と同じく、歴史学の補助学ではなく、独立の学問と考えるならば、文字列情報などは、広汎な歴史情報資源の一つにすぎないことは、実に明白である。事実、中世考古学の成果が、従来の中世史を大きく書きかえているという現実がある。私は、古文書学は、文書を対象とした考古学だと考えている。

「木簡という鰹節をあさるネコ」

一例をあげると木簡がある。これについては、笹山晴生氏が「古代の史料を読む」(学習院大学文学部史学科編『歴史遊学――史料を読む――』(山川出版社 二〇〇一年)所収)において、

木簡の字づら自体は語る内容は少なくても、出土した遺跡の地点や土層、随伴する遺物などを検討することによって、木簡は初めて多くのことを語る。このことをわきまえないで木簡の字づらを追うことだけに汲々としている文献学者を、考古学者は、「木簡という鰹節をあさるネコ」だと批判している(同三八頁)。

と述べられる。木簡も古文書も文字史料という点においては同じである。木簡は、たしかに「字づら自体は語る内容は少ない」。いっぽう、古文書は、「字づら自体」余りにも多くのことを語っている。そこで、「かたち」「かたまり」「かさなり」という、たしかにまだまったくの未知ではあるが、それだけに無限ともいうべき豊かな歴史情報資源を捨てさってしまっているのが「文書という鰹節をあさるネコ」の文献学者だといったらまちがいだろうか。文字列情報だけではなく、文書の「かたち(形態)」が重要な歴史情報資源であるということについては、一例として拙稿「山城国上桂庄の一通の謀作文書㈠㈡――非文字列情報の歴史情報資源化――」(「古文書研

究」七〇・七一号　二〇一〇・一一年）で具体的に論じた。

三

いま私は、みずからを「学界の孤児・異端児」といったが、さきに触れた近代史学の成立の問題、また「文書という鰹節をあさるネコ」という問題を別にするとしても、決して「孤児」でも「異端児」でもない。私を無視し排除することに全力をあげている現在の学界自体が問題だと思っている。

早く、佐藤進一氏は『古文書学入門』（法政大学出版局　一九七一年）の「結び――古文書学の課題――」ではっきり、

古文書学を歴史学の補助学とよぶ誤解

古文書学を歴史学の補助学とよぶ誤解（同二九〇頁）、

とされる。それをうけて、荻野三七彦氏は、「古文書学の領域」（同『日本古文書学と中世文化史』（吉川弘文館　一九九五年　初出は一九七五年）で、

古文書学研究の立場上より私は原本主義であり度く考える（同一八頁）。

と述べておられる。それとともに、古文書学は歴史学の補助学ではなく、「独立した学問」であることを強く主張される。

また、『岩波講座　日本歴史　別巻2』（岩波書店　一九七六年）では「日本史研究の方法」を特集、具体的には「史料論」としてとりあげている。これが、現在広くおこなわれている「史料論」「史料学」の嚆矢になるものであるが、石井進氏はこの巻の冒頭に、その「総論」としての「「史料論」まえがき」を執筆、これまで文献史料が「歴史学の中心的素材としての位置を占めてきたのは、ある意味で理由のないことではない」とした上で、

だがすでに民俗学の立場に立つ柳田国男が古くから文献一辺倒の日本史学に峻烈な批判をあびせてきたことは、よく知られている通りであり、現在、文献のみ（傍点は石井氏）を金科玉条とする日本史学の成立しえないことはもはや明らかであろう（同書三頁）。

文献のみを金科玉条とする日本史学は成立しえない

と喝破される。「文献のみを金科玉条とする日本史学は成立しえない」ほど適切な表現はないと思うが、これは民俗学だけではなく、考古学や、また古文書学の場合についても同様である。

さらに、平成七年（一九九五）には、さきの一九七六年版を引きついで「史料論」を特集した『岩波講座　日

かつて歴史学が文献史料をその「王者」の座にすえ

いかにして文献史料その他を有効に歴史叙述の史料として利用するかという「史料論」「史料学」に矮小化

「文献史料中心」からの脱却の困難さ

「文献一辺倒の日本史学」

本通史　別巻3』(岩波書店)が刊行される。ここで、その総論を担当した網野善彦氏は「史料論の課題と展望」において、

かつて歴史学が文献史料をいわばその「王者」の座にすえ、年代を持たない材料を扱う考古学・民俗学等を「補助学」と位置づけてきたことに対するきびしい批判が潜在しているとも考えられる(同書七頁)。

とされる。「歴史学が文献史料をいわばその「王者」の座にすえ」というのは、石井氏の「文献のみを金科玉条とする日本史学の成立しえない」と同じである。そして、「年代を持つ」かどうかは別として、考古学や民俗学だけではなく、古文書学を「補助学」と位置づけることについても同じである。すなわち、石井・網野氏という二人の中世史研究のリーダーが、期せずして「金科玉条」「王者」という言葉で「文献一辺倒の日本史学に峻烈な批判をあびせて」いることをしる。

当然のことながら、佐藤氏をはじめとする各氏のいわれることと、私のいわんとするところが完全に一致するとはいえない。そして、これら先学の場合には、まだ文書を「もの」として研究する客観的な条件が十分には熟していなかったので、提案だけに終わってしまっている。しかも、石井・網野両氏によって、「文献一辺倒の日本史学」に代わる新しい学問として提唱されたはずの「史料論」「史料学」が、アーカイブズ学に展開した「記録史料学」をのぞいて、すべてがいかにして文献史料その他を有効に歴史叙述の史料として利用するかという「史料論」「史料学」に矮小化されてしまっている。

この現象を、石井氏は早くお気づきだったのだと思う。ご自身が「史料論」まえがき」をお書きになり、編集を担当されたであろう『岩波講座　日本歴史　別巻2』について、

古代から近代にいたるまでの史料論の主要部分が文献史料中心となったことは多少かたよっているようであるが、学界の現状からみてもある程度やむをえまい(同書七頁)。

と、「文献史料中心」からの脱却の困難さを嘆いておられる。氏の心中をしることのできる言葉であろう。たしかに、当時の「学界の現状」は、その準備など何もできていなかったし、現在の状況もまったくかわっていない。依然として、「文献史料中心」の歴史学である。すなわち、「文献一辺倒の日本史学」に代わる新しい学問として提唱されたはずの「史料論」「史料学」が、文献史料その他をいかに有効に歴史叙述の史料として利用するかという「史料論」「史料学」に矮小化されてしまっているのが現状である。もう一度、石井氏や網野氏の「史料論」

「史料学」提唱の原点にたちかえり、「文献一辺倒の日本史学に峻烈な批判をあびせ」ることからはじめるのが本来なのではなかろうか。重ねて確認しよう。「史料論」「史料学」とは、「文献のみを金科玉条」とすることを大前提として——実際は、その意識すらまったくなく、孜々として「文献という鰹節をあさって」いるだけだが——、いかにして文献史料その他を有効に歴史叙述に利用するかを考える学問ではなく、まず「史料とは何ぞや」ということを徹底的に検証する学問だと思うのである。そして、それと真っ正面から向きあっている唯一のものが、「かたち」「かたまり」「かさなり」という文書を総体として研究の対象とする「記録史料学」＝アーカイブズ学だと思うのだが、まちがっているのだろうか。

文書を「もの」として、その総体を研究の対象とする

いまや、文書を「もの」として、その総体を研究の対象とする客観的な条件が完全にととのっている。大々的な原本調査がおこなわれている現在だが、その意識たるやまったく旧態依然たるものである。「新しい酒は新しい革袋に盛れ」の譬もある。出発点から伝統的な「文献一辺倒」を墨守するのではなく、研究条件が完全にかわっているのだから、出発点もまったく別の発想が必要であろう。そして中途半端な「もの」と文献の結びつきを強調するのではなく、その原点にたちかえって「もの」に徹し、これら諸先学の言葉を十分に玩味して、さらに一歩進めて具体化する段階だと考えるが、いかがなものだろうか。

文献史学の位置づけを明確に

もちろん私も、ここ五〇年や六・七〇年で「文献一辺倒の日本史学」が完全に崩壊しさるなどという安易な考え方はしていない。それは、石井氏の提唱から四〇年もたち、「史料論・史料学」という言葉は一般的に用いられるようになったが、内容は旧態依然たるものであることが何よりの証拠である。もっともっと強固な基盤の上にたっているのが現在の文献史学である。というよりは、私は文献による歴史研究を否定しているのではない。ただ、その位置づけを明確にする必要があるというだけである。「文字万能」「文献至上主義」すなわち「文献一辺倒の日本史学」ではなく、「文字」「文献」も広汎な歴史情報資源の一つだということである。事実、さきにもいったが、中世考古学の成果が従来の歴史を大きく書きかえているという現実がある。

とはいえ、この「アーカイブズ学としての古文書学」が定着するには長いながい苦難の道を歩まなければならないだろう。しかし、もはや「文献のみを金科玉条とする日本史学の成立しえない」こともまた明白な事実である。たしかに、「もの」に密着した新しい古文書学、アーカイブズ学としての古文書学などというとなかなかわかりにくい。というよりは、根本的な発想の転換が必要で、それ故に従来の歴史学に安住している人たちにとっ

ては目障りで、邪魔者であることは事実である。しかし、いつまでも「後ろ向き」に、それを無視し、敵視し、さらには排除するのではなく、積極的に新しい学問の確立のために協力しあうことはできないものだろうか。「静かな民主革命」が待望される所以である。

四

文書名のつけ方

百合文書の整理から学んだ古文書学・歴史学に関する成果は以上にして、つぎに具体的な問題をとりあげてみよう。具体的な問題ということになると、まさに無数の教示を与えられたが、代表的なものとして文書名の問題、ことに室町幕府文書の文書名の問題がある。百合文書の整理にさいしては難問が続出したが、いかにして正確な文書名をつけるかということも重要な課題であった。文書名をつけるといっても、ほとんどの研究者はすでに文書名がついた刊本史料を利用しているか、そうでなくても文書名などは、それらしいものを適当につけておけばよいとしか考えられていないので、なかなかその困難さは実感としてうけとってもらえないが、これほど難しいことはない。官符・官牒という国家最高の公文書から、名もない農民・庶民の作成した文書、また寺内に張りだされた落書の類、さらにはまったく文字の書かれていないかつての文書の一部の礼紙・封紙・包紙などにいたるまで二万点三万通という百合文書の一通いっつうに、正確でしかも統一のとれた文書名をつけるというのは非常に難しいことであった。大量の文書であるから、同じような文書にAとBとで別の文書名を付したのでは、検索その他の役にはたたなくなる。どうしても、正確で統一のとれた文書名が要求される。

正確な文書名を付すことは、古文書学の様式論の最高の到達点

一通の文書に正確な文書名を付すことは、古文書学の様式論の最高の到達点だと私は考えている。この点については、これまでいろんな形で触れてきたが、たとえば院宣や綸旨の類にしても、その正文・案文の決定はそれほどたやすいものではない。『大日本古文書』にしても、すこし古いものは正文の院宣や綸旨を案文としているものをみかける。その一例は拙稿「綸旨の正文と案文――「東寺百合文書目録」の作成と関連して――」（拙著『東寺・東寺文書の研究』（思文閣出版　一九九八年）第四部第四章）ですこし詳しく述べた。そして、その「後記」で、

文書目録には古文書学に関するあらゆる要素が凝縮

> 目録に記載する文書名は、わずか五・六字から一二・三字程度のものではあるが、古文書学に関するあらゆる要素が凝縮されているといってよい。まず、文章を読んで内容を理解することがすべての前提になる。

文書目録の作成は古文書学の最終の到達点

拙稿「室町幕府文書」

その上で料紙の良し悪し、筆跡・自署・花押・墨色などあらゆる面の検討が必要となる。この場合、歴史学の方の最新の研究成果にも常に目配せが必要である。その上で決定されるのが一行程度の文書名である。文書目録の作成は、あまり目立たないが実は古文書学の最終の到達点でなければならない（同書六八二頁）。

といっている。

公式様文書や下文様文書のように、ほとんど機械的に文書名をつけるこができるものは別として、公文書でいえば、いまいった院宣・綸旨、また御教書など。そして、ここでとりあげる室町幕府の文書、さらには広く多彩な文書となると、統一的に正確な文書名をつけることはそれほど簡単なものではない。失礼ないい方になるが、わが国古文書学の様式論の最高の成果である相田二郎『日本の古文書』（岩波書店　上巻一九四九年　下巻一九五四年）にしても、また佐藤進一『新版古文書学入門』（法政大学出版局　一九九七年）にしても、公式様文書や下文様文書については、実に明快である。しかし、こと室町幕府発給文書の文書名ということになると、それを読んだだけで正確に文書名をつけることができるかといえば、躊躇せざるをえない。

最近、本書の御判御教書・朱印状・公帖と関連して拙稿「室町幕府文書」（『日本古文書学講座　第4巻　中世編Ⅰ』（雄山閣出版　一九八〇年）所収）を読みかえしてみた。これは、三〇年以上も前のもので、すでに解決ずみのこともすくなくない。そして、私自身、半年くらいで一気に書きあげたのではなかったかと思う。したがって、はなはだ粗雑なものである。ちょうどその頃、東寺百合文書の整理にしたがっていて、正確な文書名をつけるのにたいへん苦労をしていたときであった。とくに室町幕府の文書には手こずった。いまいったように相田二郎『日本の古文書』にしても、また佐藤進一『新版古文書学入門』の前身たる前記『古文書学入門』にしても、室町幕府文書の文書名ということになると的確には教えてくれない。参考に『大日本古文書』なども引っぱりだしてみたが、これも納得のいく答えはえられない。どうしても、自分なりの室町幕府文書の体系論を作らざるをえなかった。

そのため、早くから丸善の図書カード——コンピューター世代の若い人たちには、何のことだかさっぱりわからないと思うが、それなりに年配の方には懐かしい響きの言葉だろうと思う——に、手当たり次第に幕府文書をカード化していた。これをもとにして、とにかく室町幕府文書の概観としての格好だけはつけたという粗っぽいものである。しかも、所定の字数の二倍以上とってしまったのではないかと思う。どうしても、ある程度の熟成の期間が必要であったが、一気に書きあげたものである。それに、読みにくい。これは、一つには編集者の問題でもあるが、行のつまった紙面に、細かい文字がぎっしりつまっている。読みかけただけで、私自身うんざりしてしまうというようなものである。また急いだ関係から、表記が統一されていないだけではなく、誤字なども目につく。とにかく、この拙稿「室町幕府文書」は問題の多い論稿だが、私自身「身のほど」もしらず、室町幕府文書という巨大な課題に真っ正面から取りくんで、それなりの提言をしたという意味で、きわめて愛着のある論稿であることも事実である。

五

いまいったように、足利将軍をはじめとする室町幕府発給文書の文書名については、従来十分に整理されていたとはいえない。前記「室町幕府文書」執筆の大きな目的の一つは、それを私なりに整理することにあった。これは、日々の実務と直結していたので、具体的で、実効性があったと考えている。

当時の室町幕府文書の研究状況をしるために、いくつか具体例をだしてみよう。まず、『大日本古文書　上杉家文書之一』五八号では、

（足利義満）（花押）
伊豆・上野両国守護職事、任相伝所補任也、早上椙右京亮憲定可領掌之状如件、
応永二年七月廿四日

という文書に「室町将軍家足利義満安堵下文」という文書名を付している。これは、他にも多くみられる文書名である。たしかに、守護職を安堵したもので、袖に花押をすえていて一見下文を思わせるが、

（花押）
下　………
…………………事
………………………………
…………………之状如件、以下、
年　月　日

御判御教書に「安堵」「御感」など内容を付した文書名もよくみかける

室町将軍家足利義満御教書

というような下文ではなく、あくまでも御判御教書（袖判御教書）である。なお、このような文書を『大日本古文書　小早川家文書之一』（三一号）では「足利義満安堵御判御教書」として、特別に「安堵」という内容を付している。これは、ほんの一例にしかすぎないが、足利将軍発給の文書の文書名をすこし詳しく調べてみると、まさに多種多様である。

　このように、御判御教書に「安堵」「御感」など内容を付した文書名もよくみかける。例を相田二郎『日本の古文書』にとるならば、

（本文）…………………………………………
……………………………………………之状如件、
　　年　月　日　（花押）
　　　某殿

という同じ形式の足利将軍の発給文書（御判御教書）について、「将軍足利尊氏御判御教書」（下巻四一三号）、「前将軍足利義政御判御教書」（同四一八号）、「将軍足利義輝御判御教書」（同四一九号）などのように、「発給者＋その文書の形式」――この点については、後ほど詳しく述べる――の場合と、「足利尊氏軍勢催促御教書」（下巻三七〇号）、「足利尊氏知行充行御教書」（同三八二号）、「将軍足利義詮公帖」（同四一五号）というように内容を加味した文書名の大きく二種類がみられる。厳密にいえば不統一といわざるをえない。すべての御判御教書に内容を付すことが可能ならば、それも一つの方法とすることができようが、現実の問題としてそれが無理なのだから、内容の記載は文書名とは別のつぎの段階の作業とするのが適当であろう。

　つぎに、これまでよくみかけた文書名として「室町将軍家足利義満御教書」がある。これは、現在一般に「管領奉書」あるいは「管領施行状」とよばれているが、早く相田二郎氏は、

　扨て足利氏の幕府になると、執事管領が将軍の仰を奉じて文書を出した。之を当時御教書と称してゐた

（同『日本の古文書　上』四五二頁）。

として、実例に、伊豆国守護上杉朝宗に宛てた、

応永　三年　七月二三日　　管領斯波義将施行状（上杉家文書）

を第八三図として掲げ（同四五二頁）、これに「室町将軍家御教書」と文書名を付されている。また、佐藤進一氏も、「室町幕府の御教書・奉書」として、

御教書　執事もしくは管領が、将軍の意を奉じて出す文書であって、執事（もしくは管領）が、日下に署判（官名と花押）を書いた。これを当時、将軍家御教書とよんだ（同『古文書学入門』一六三頁　同『新版古文書学入門』は一五八頁）。

として、具体例として拙稿「室町幕府文書」の史料七四の、

応永　七年　三月　九日　　管領畠山徳元奉書（醍醐寺文書　第一函）

の文書の写真を口絵の図版三四として掲げ、それに「室町将軍家御教書」と文書名をつけておられる。いずれも、現在、上記のように「管領奉書」あるいは「管領施行状」という文書名を付すのが適当な文書であるが、それが「室町将軍家御教書」とされているのである。

すこし屁理屈をいうようだが、「室町将軍家御教書」といえば、歴代将軍の「御判御教書」をはじめ、ここで問題にしている「管領奉書」「管領施行状」、さらには「禅律方頭人奉書」「引付頭人奉書」など、また「奉行人奉書」も広く「室町将軍家御教書」ということができる。そして、上記の刊行物だけではなく、各種の史料集など、これに類似のいろいろな文書名が付されていたが、御判御教書・御内書を含めて、全体として室町幕府発給文書の文書名が多種多様で、まったくつかみどころがなかったことは事実である。

六

個別の文書の文書名といえば、公式様文書・下文様文書の詔・勅をはじめ、符・牒・解、あるいは宣旨・官宣旨・下文・下知状など、すべて発給者にその文書の形式にもとづいた文書名が付せられるのが一般である。太政官符・太政官牒をはじめ、民部省符、また大和国司解・丸部足人解。さらに源頼朝袖判下文・将軍源頼朝家政所下文・関東下知状などがそれである。実に明快である。すべて「発給者＋その文書の形式」で統一されている。これが文書名というものである。

これに対して、従来の室町幕府文書の文書名は、いま述べたように余りにも複雑で多岐、統一がとれていない。両者の落差は実に大きい。これでは一つの刊行物としての『東寺百合文書目録』の統一がとれない。そこで、

文書の形式を主にして、それに発給者名を付す

管領をはじめ幕府の諸司の発する文書

室町幕府御教書

室町幕府下知状

『東寺百合文書目録』の作成にあたっては、当然のことながら、まず文書の形式を主にして、それに発給者名を付すことにした。例えば「足利尊氏御判御教書」だけで、内容を示す「御感」「安堵」その他の文言は付さない。これで、公式様文書・下文様文書・書札様文書をつうじて完全に統一的な文書名を付すことができるようになった。

　しかし、定形の公文書だけではなく、多様なしかも雑多な文書を含む百合文書の場合、形式だけで処理しきれるものではない。その場合には、内容も含めてできるだけ統一的に把握できるようにと考えた。その結果、足利将軍署判の文書については、御判御教書（袖判御教書）・御内書・下文（袖判下文）・下知状・寄進状・願文・禁制（制札）などでほぼ統一することができた。たとえば、拙稿「初期の御内書について」（『古文書研究』一三号一九七九年）などはその副産物である。

　しかし、管領をはじめ幕府の諸司の発する文書についてはさらに難しい。すでに述べたように多種多様である。そのうちでも、たびたびいうように「室町将軍家足利義満御教書」式のつけ方が一般的であったが、どうも同じかねる。いろいろと検討したが、満足する文書名は考えつかない。現在ならば、わかりきったことだが、これが当時の研究状況であった。佐藤進一氏が、同『室町幕府守護制度の研究――南北朝期諸国守護沿革考証編――上』（東京大学出版会　一九六七年）の例言で、「幕府発給文書の名称は次のように表記する」として、

　　（3）　幕府御教書　幕府管領署判の奉書（同　例言一〇頁）、

とされている他、その頃、代表的な研究者の何人かの方がそれにしたがっていることがわかった。そこで、幕府の執事を含めて管領署判の奉書を「室町幕府御教書」とよぶことにした。

　しかし、これだけではすまない。義満や義教・義政の御判始以前には、御判御教書を発給できないので、それを代行するものとして、この「室町幕府御教書」の他に、管領署判の下知状がだされている。これについては、さらに難しい。そこで、問題を保留したまま、目録作業を進めたが、相田氏が、

　　将軍職に事があって、将軍から直判で出る下文、或いは御判の御教書を出し得ない場合の代用としてこの下知状が出てゐたと見られるのである（同『日本の古文書　上』三一二頁）。

として、これを「室町幕府下知状」とされていることをしって、それによることとした。かくして、『東寺百合文書目録』にみられるように、管領署判の文書は、「室町幕府御教書」「管領施行状」「室町幕府下知状」と統一

管領奉書・管領施行状・管領下知状に統一

することにして、『東寺百合文書目録』全五巻、同一基準で目録作業を進めた。

このように、管領発給文書の統一はできたが、作業を進めていく間に問題もでてきた。長年月の目録作業の間には、当然考え方の深化がみられる。「室町幕府御教書」「室町幕府下知状」が適切な文書名かということがでてきた。それは、前項の最後に「すこし屁理屈をいうようだが」として述べたとおりである。

この場合、たとえば『東寺百合文書目録』の第三巻なら第三巻の「凡例」に明記して文書名の変更も可能であるが、やはり途中で変更することはよくないということで、そのままで全五巻を完成させた。この間に、拙稿「室町幕府文書」を執筆することになったので、『東寺百合文書目録』の補訂の意味を含めて、「室町幕府文書」では「管領奉書」「管領施行状」「管領下知状」と統一、それがもっとも適当な文書名だろうと思っている。いま、この拙稿「室町幕府文書」を読みかえしてみると、非常に抑えた形で以上のことを主張している。もうすこし、主張を前面にだした方がわかりやすかったと思うが、三〇年以上も前のこととて、あれが精一杯だったのかもしれない。

七

室町幕府文書論

以上で、拙稿「室町幕府文書」を中心にした室町幕府文書論は終わることにするが、ここで、室町幕府文書全体を簡単にまとめておこう。

将軍署判の文書

まず、将軍署判の文書がある。これは、さきに述べたように御判御教書（袖判御教書）・御内書・下文（袖判下文）・下知状・寄進状・願文・禁制（制札）などがみられる。これは形式によったものであって、その伝達内容はとくに考慮していない。御判御教書の場合、これまでは「御感御教書」「安堵御教書」など、内容を含めた文書名もみられた。たしかに、文書名としてその内容がわかれば便利であることにはまちがいないが、すべての御判御教書に統一的に内容を付すことは不可能であるから、文書名としてはたんに「御判御教書」として、内容の検討はそのつぎの段階の研究課題とするのが適当であろう。なお、建武三年（一三三六）までの尊氏署判の文書の特殊なものとして、軍勢催促におうじた武士の着到状の奥ないしは裏に証判を加えた文書が多数みられる。

ここで、一つ確認をしておきたい。それは、文書名としての御判御教書は形式で統一した。したがって、いまいったようにその多彩な伝達内容の整理・検討がどうしても必要となる。それだけではない。同じく御判御教書

執事・管領以下の諸司の文書
伝奏奉書
発給者＋その文書の形式
足利一族の発給文書
室町将軍家下文・室町将軍家下知状・
室町将軍家御教書

といっても、たとえば尊氏・直義二頭政治といわれる幕府初期の段階と、室町幕府体制が完成した義持期以降では、その性格はまったくといってもよいくらい異なっている。それ故、これに関する時代的変遷の分析も必須である。これらの点は、室町幕府制度の根幹に関することであるが、また文書論としても、その形態論を含めて詳しく論じなければならない課題である。

つぎに、執事・管領以下の諸司の文書としては、管領（執事）奉書・管領（執事）施行状・管領（執事）下知状、初期の段階には引付頭人奉書・禅律方頭人奉書などがみられる。そして、義満以降は、伝奏が奉ずる伝奏奉書があり、また奉行人奉書がある。これは義政以降、ことに戦国時代には幕府発給文書の中心的存在として重要な役割をはたすものである。室町幕府の幕府文書全体をこのように位置づけるならば、これまで非常に複雑多岐で、たいへん難しかった室町幕府文書も、公式様文書や下文様文書と歩調をあわせて、「発給者＋その文書の形式」という実にすっきりした形で整理ができるのではないかと考える。これによって、室町幕府制度全体の研究視角が明確となり、それとともに、コンピューターによる大量のデータ処理も可能となる。

最後に、もう一つ。これも、私がいつも強調することであるが、室町幕府文書という観点からすれば、将軍発給文書としては、たんに足利歴代将軍だけではなく、直義・直冬、さらには基氏以下の歴代鎌倉公方などの足利一族の発給文書も含めるのが適当だと考えている。具体的には、よく「足利直義御教書」「足利持氏御教書」という文書名をみかける。これは、直義あるいは持氏は将軍ではない、すなわち「御判御教書」とはよぶことはできないということを主張しているのである。しかし、私は「足利直義御判御教書」「足利持氏御判御教書」とするのが適当だと考えている。直義以下の足利一族の地位・権限についてはいろいろな議論がありうると思う。しかし、彼らは将軍を代行し、将軍に準ずるものとして文書を発給していることはまちがいない。そして、意識的に将軍よりはいちだん下の礼をとっているものもあるが、私はこと古文書学の文書名ということに限定するならば、両者をとくに区別する必要はないと考えている。

八

上記のことに関連してもうすこしいうならば、私は『国史大辞典　第十三巻』（吉川弘文館　一九九二年）に「室町将軍家下文」「室町将軍家下知状」「室町将軍家御教書」の三項目を執筆している。執筆の正確な時期は不明だが、当然拙稿「室町幕府文書」執筆以後である。その段階で「室町将軍家下文」についてはともかくとして、「室町将軍家下知状」と「室町将軍家御教書」については、「室町幕府管領(執事)下知状」「室町幕府管領(執事)奉書」「室町幕府管領(執事)施行状」というように項目の変更を提案したことをおぼえているが、編集部の方針として原案通りでいくということになったので、そのまま執筆した。しかし、「室町将軍家下知状」については、

室町将軍家下知状

この執事・管領の奉ずる下知状は現在室町幕府下知状と呼ばれているが、これは適切な名称ではなく、この種の文書全体を指す言葉としては(室町幕府)管領下知状、個々の文書についてはたとえば(室町幕府)管領畠山持国下知状とするのが適当と考える。幕府奉行人の奉ずる下知状もあった。ことに応仁・文明の乱以降は御判御教書・管領奉書に代わって奉行人奉書が広く用いられるようになるが、下知状もほぼ同じである。なお、室町幕府の文書についてはその概念規定がはなはだ曖昧で、この室町将軍家下知状についても厳密に規定したものはこれまでみられない。ここでは広く奉行人下知状までを含めたが、将軍の下知状だけに限る場合、将軍と執事・管領のものを指す場合など人によってさまざまである(同書七〇五頁)。

として、従来の通説に対してそれなりの私見を述べている。

また、「室町将軍家御教書」についても、

室町将軍家御教書

なお、室町幕府の文書についてはこれまでその概念規定がはなはだ曖昧で、この室町将軍家御教書についても慣例的にこの言葉が使われているだけで、これを厳密に規定したものはみられない。ここでは足利将軍とその仰せを奉じた幕府の諸司の発給した御教書の総称として、そのなかには御判御教書、執事・管領奉書(施行状を含む)、禅律方頭人奉書、引付頭人奉書、奉行人奉書を含むものとしたが、古く室町将軍家御教書といえば、たとえば「将軍家(足利義満)御教書」という個々の文書名が付され、ここでいう管領奉書のことをいう場合が多い。また御判御教書についても、たとえば「将軍足利義満御教書」という文書名をつける場合もありはなはだ紛らわしい。それだけではなく、室町将軍家御教書という言葉にはいろいろと問題点があり、最近では室町幕府御教書という言葉が比較的多く使われている。しかしこの室町幕府御教書という言葉も必ずしも適切ではなく、管領奉書とするのが適当と考える。上述のことでも明らかなように、これまで室町将軍家御教書といった場合には先ず執事・管領奉書を、ついで御判御教書を指す場合が多いが、禅律方頭人奉書・引付頭人奉書・奉行人奉書はこれに含まれないのが普通である。しかし奉じたのが執事・管領か

禅律方頭人・引付頭人・奉行人かの違いはあるものの、形式的にはいずれも将軍の意向を奉じたものであることは間違いがない。ここでそれらすべてを含めて室町将軍家御教書としたのはこのためである。しかし室町将軍家御教書という概念そのものが成立するかどうかについても疑問がある（同書七〇五・七〇七頁）。

として、実は「室町将軍家御教書」という項目に抵抗しながら、その解説を執筆している模様をうかがうことができる。なお、今回、最初に送稿した原稿を引っぱりだしてみたところ、最後の、

　しかし室町将軍家御教書という概念そのものが成立するかどうかについても疑問がある。

という文章は、手許の最初の原稿では、

　なお、私は室町将軍家御教書という概念そのものが成立するかどうかについても疑問をもっている。

となっている。これも、どのような経過で公刊された文章になったのか忘れてしまったが、私なりの当時の主流的な考え方に対するささやかな抵抗の一端をしることができる。

南北朝・室町・戦国時代の幕府諸制度の研究

コンピューターによるデータの統一処理の必要のため

最近、南北朝時代を含む室町・戦国時代の幕府諸制度の研究が急速に進展、若い現役の研究者の間では、非常に精細な議論がおこなわれている。大正生まれの枯渇した老耄の頭では、もはやとうていついていくことは無理である。ところどころ拾いよみをするのが精一杯で、ただただ感じ入るだけである。このうちには、正確で統一のとれた文書名などといったことにはまったく無頓着で——したがって、文書形式などには無関心で——、ただ記載内容だけを追っかけて、何となくそれらしい文書名をつけて、自由奔放な議論がおこなわれているものもみかける。しかし一方では、実に的確な文書の分類をおこない、正確な文書名を付しているものがあって感心させられるが、いわんとするところも実に説得的である。これなどは、私の古い提言に沿っているというだけではなく、コンピューターによるデータの統一処理の必要のためというのが大きな要因であるかもしれない。ともあれ、かつてのように「足利尊氏安堵御教書」「室町将軍家足利義満御教書」あるいは「室町幕府御教書」「室町幕府下知状」「室町将軍家下知状」などの文書名はほとんどみかけなくなったし、また、それでは本格的な室町幕府の諸制度の研究は不可能という研究段階であることはまちがいはない。これをみるにつけ、三〇何年という歴史の重みを感ずるとともに、拙稿「室町幕府文書」自身、基本的な主張は確認しつつ、新しい研究をとりいれた大幅な補訂が必要であることを痛感するものである。

このようにみてくると、室町幕府文書論については、三〇何年という「歴史の重み」は着実に感ぜられる。いっぽう、こと「文献のみを金科玉条とする日本史学は成立しえない」ということになると、石井氏提唱の幾昔か前の状態とすこしもかわっていない。というよりは、障害がはっきりしてきた。これは、いったいどういうことなのだろうか。

（二〇一三年四月二六日　一稿了、同五月二九日　再訂了）

後記

本書の初校が、ほぼ最終のところまできた段階で、御判御教書や朱印状・公帖などをもう一度ひっくりかえして確認していた。ちょうどそのとき、ある大学で古文書学の概説を担当している人から、室町幕府文書の文書名のつけ方がどうもよくわからないという話があった。室町時代を専門にしている研究者ならともかく、古代や平安時代が専門で、失礼だがその片手間に古文書学を講義している研究者にとっては、テキストとして使っている古文書学の概説書を読んでも、要領よくまとめるのはたいへん難しいことであろう。何しろ、テキスト自身相当年代がたっていて、現在の室町幕府の研究段階とある程度ギャップができているから。前記拙稿「室町幕府文書」をといいたいところだが、それもまとめるのがなかなか面倒である。そこで、「正確な文書名をつけるということ――「室町将軍家足利義満御教書」という文書名に思う――」という題で、室町幕府文書の文書名に関する簡単なメモを作ってみた。これが、本稿のそもそものはじまりである。

本書の第三章「御判御教書と朱印状・公帖」、第四章「天龍寺の朱印状と公帖」の初校ゲラに目をとおしながら、そして「アーカイブズ学とは」を考えていたら、このメモは段々とふくらんでいった。途中から、これは「本書の最終のまとめとしても面白いのでは」と思うようになった。いちおうできあがったものを読んでみると、たんに本書のまとめだけではなく、歴史学・古文書学の学問のあり方の問題として、もうすこし広く読んでもらえればよいがと考えるようになった。そこで、ある雑誌に投稿してみようということになった。いったんは、三〇枚（四〇〇字詰）くらいの「研究余録」程度のものを送ったが、その後すこしずつふえて、五〇枚程度の本稿となったので、改めて原稿をとりかえてもらった。

もちろん、はじめからすんなりとその雑誌の審査をパスするなどとは思っていなかった。何しろ「学界の孤児・異端者」の文章であるから。そこで、できるだけ問題がおこらないようにと何度も手を入れたが限度がある。いいたいことだけは、いっておかなければならない。学界の現状からすると、やはり「没」になるのが当然で、もし具体的に修正を要求されたら、それはそのときに考えてみようと腹をくくっていた。

二ヵ月余りしてからか、案の定「没」になって返送されてきた。修正というところまでもいかなかったようである。せっかく投稿したのだから、広く読んでもらいたかったのに、そして読んでもらうだけの意味はあるのにと、いささか気落ちはしたが、はじめから想定していたことでもある。その雑誌としては、部分修正ではなく、全面否定ということである。「没」になった理由としては、

> ご自身のこれまでのお仕事を回顧されたもので、かつ私的な事柄への言及も多く、(四四字中略)学術的な公共性を担い、個別実証的な論稿を掲載する本誌の性格にはそぐわないように思われます。
> 他の雑誌に掲載されるほうが、ご執筆者様の思いを存分に表現できるかと存じます。

ということであった。いわれてみれば、そうともいえるかもしれない。「学術的な公共性」に欠けたといわれると大きな問題となるが、回顧録風のものであることはまちがいはない。その原因は、はじめは「研究余録」として出発したことにあるかもしれない。ただ、「ご自身のこれまでのお仕事を回顧」や「私的な事柄への言及」は、「古文書学とは」、ことに一般にはまったくなじみのない「アーカイブズ学とは」を正面切って論ずるより、具体的でわかりやすいので、今後もつづけていくつもりである。どうか、余分なものだといわないでほしい。

それが「本誌の性格にそぐわない」というのであれば、率直にそれにしたがうのが当然であろう。ともあれ、私はやはり「学界の孤児・異端者」で、その雑誌の許容範囲から大きくはみだしているということと、石井進氏がはじめて「史料論」を提唱されて、「文献のみを金科玉条とする日本史学は成立しえない」とされてから四〇年近くもなるのに、現実は「文献一辺倒の日本史学に峻烈な批判をあびせ」るなどということは、たんなる「夢物語」にしかすぎないのだということで、率直にうけとることにした。

それとともに、このようなつまらぬ論稿を、おそらく丹念にお読みいただいたことだろうと、そして編集委員会では大きな話題となったことだろうと、ご迷惑をおかけしたことをお詫びするとともに、その労に対して深くお礼を申したい。しかも、丁重なコメントまでいただき感謝にたえない。したがって、私としてはとくに異議を申したてることでもない。この辺が、良識ある常識的な解決ということになろう。ただ、「敬して遠ざけておく」という「良識ある常識的な解決」ではなく、大きく今後の学問のあり方の問題として、真っ正面から問題点を指摘していただきたかったという希望はあるが、それは所詮無理な話であることもよくわかっている。ある雑誌に「没」になった原稿を、しらぬ顔をして「他の雑誌」に廻すというようなことはできないので、はじめの考えのように、本書の最後に補論Ⅲとして掲載して、「ご執筆者様」の「思い」を「表現」することにした。ご批判いただけると有難い。

この補論Ⅲ「古文書学からアーカイブズ学への寸描——史料論・室町幕府文書論——」は、史料論=アーカイブズ学とはと、室町幕府文書論の二題話のようである。これは本書そのものの内容ともほぼ一致する——ただ、本書全体としては朱印状・公帖の比率は高いが——。しかし、両者はまったく無関係ではなく、史料論にしても室町幕府文書論にしても、私がもっともいいたかったことは、従来識者の間でそれなりに個

別的・散発的にささやかれておりながら、完全な「タブー」として表面化されなかったことである。それを、今回ある程度総合的・体系的に切りこんだということではないかと考える。

投稿原稿の粗稿の内容は、もっともっときびしいものであったが、その雑誌の性格を考えて大なたをふるった。かくして、この補論Ⅲとして掲載した文章は、「古文書と古文書学——史料論・正確な文書名——」という投稿原稿の原題をかえたのと、最後に「このようにみてくると」以下一六〇字程度を付けくわえたのと、投稿原稿の語句にいくつか追加、あるいは差しかえた程度で、他はすべて「没」になった投稿原稿のままであるということも確認しておく。いいたいことはまだまだ沢山あって、本格的に「史料論」「アーカイブズ学とは」「室町幕府文書論」を議論したいのだが、今回の本書の「まとめ」の意味も含めて——もちろん、本書の「まとめ」とするには余りにも雑然とした文章であるが——、「没」になった原稿をそのまま披露するということに止めた。それは、このような内容のものが「没」になるという現実の「歴史の証人」ともなりうるから。なお、拙稿「アーカイブズ学としての中世料紙研究雑感——原島陽一氏の拙著書評に関連して——」(「古文書研究」七七号　二〇一四年)は、本稿と密接に関連するものである。併せてご覧いただきたい。

(二〇一三年八月九日　稿了、二〇一四年四月四日　追加)

あとがき

一

アーカイブズ学は、一九八〇年代にはじめてわが国に紹介された新しい学問である。

本書は、アーカイブズ学としての中世古文書学の学問的体系化をめざす最初の試みとして執筆したものである。

アーカイブズ学といえば、アーカイブズすなわち「時代や媒体に関わらずさまざまな個人や組織体が生み出す一次的な記録情報資源」を研究する学問で、本来は古代から近現代まで一貫した理念で把握されるべきものと私は考えている。しかし、アーカイブズ学ということに関していうと、現在は近世史あるいは近現代史研究の専有物であるかに考えられていて、古代史研究・中世史研究の分野ではまったく無縁の存在だというのが現状である。そして、近世史研究では近世史研究で、近現代史研究は近現代史研究で、それぞれに独自の研究はおこなわれているが、両者の間には大きな断絶があり、統一的な把握というにはまだまだほど遠いというのが実状ではなかろうか。しかし、アーカイブズ学としては、それをこえて「一次的記録情報資源」として一貫した理念で把握されるべきものと私は考えている。

中世史研究と近世史研究の場合も同じである。中世古文書学と近世古文書学は伝統的に異質なものとして論じられてきた。ほとんど接点はない。現在、両者の研究の方法には共通性はみられない。しかし、中世古文書学の場合、様式論というきわめて矮小化された強固な枠組をとりはらって——現在古文書学の常道として講義されている様式論は、アーカイブズ学としての古文書学の立場からはきわめて矮小化されたものであることは、本書の序章第一節第五項「アーカイブズとしての文書とその文字列・非文字列情報——様式論の位置づけ——」でそれなりに私見を述べておいた——、文書をたんに「文字資料」としてではなく、「もの」＝アーカイブズとて、「かたち」「かたまり」「かさなり」の総体としてとらえなおすならば、両者共通の基盤で議論が可能となるのではなかろうか。

事実、近世史の大藤修氏からは、文書管理史の研究には形態論の研究が必須のものだという指摘がある（本書二一三頁）。文書管理史の研究といえば、文書の「かたまり」「かさなり」に関する研究であるが、その基礎としては、「かたち」の研究がどうしても必要なのである。これが、アーカイブズ学としての古文書学であろう。要するに、アーカイブズ学・アーカイブズ学としての古文書学は、従来の歴史学・古文書学の常識に根本的な再検討をせまるものだと考える。

二

このような基本的視角から、本書では、本論の四編で、中世アーカイブズ学研究として文書を「もの」とみるいう立場から、主として室町時代の御判御教書と江戸時代の朱印状・公帖の共通性・連続性について論じた。これは、たんに室町時代の御判御教書と江戸時代の朱印状・公帖を論じたというだけではなく、アーカイブズ・アーカイブズ学は古代から近現代にいたるまでのアーカイブズを、「一次的記録情報資源」として一貫した理念で把握すべきものという基本的な研究視角によるものである。

ただ、四編の本論を執筆したのは、たしかに「もの」「もの」とはいっていたが、まだまったくアーカイブズ学などというものをしらなかった段階からのものであるから、それほど純化されたものではないが、アーカイブズ学としての中世古文書学への道程の一つとしてお読みいただきたい。これについては、本書の補論Ⅱ「徳川将軍領知判物・朱印状の原点――藤井讓治「徳川将軍領知朱印状の古文書学的位置」との関連で――」の「まとめに代えて――アーカイブズ学としての朱印状研究の基本的姿勢――」の最後の方で、

私は、アーカイブズ学としての古文書学の研究姿勢は、アーカイブズとしての古文書を、古代から近現代まで一貫した原理で把握することだ考えている。現状では、夢物語に近いものであることは十分に承知しているが、安易にそれに妥協して、「単線的思考」にもとづいて意識的に小さい時代の枠に閉じこもるのではなく、可能なものについてはいかほど些細なことであっても、可能性を追求する態度だけは堅持したいと考えるのである。その願ってもない材料が御判御教書と朱印状・公帖である（本書三五八頁）。

といっているのが、本書の「まとめ」の言葉としても適当なのではないかと考える。

そして、これを論理的に支えるために、序章として「アーカイブズ学としての中世古文書学――東寺百合文書からアーカイブズ学へ――」を配して、私なりのアーカイブズ学としての中世古文書学のデッサンを示した。私は、アーカイブズとは、さきに述べた安藤正人氏の規定にしたがって、

過去の古文書・古記録から近年の公文書・企業文書・映像記録・電子記録などまで、時代や媒体に関わらずさまざまな個人や組織体が生み出す一次的な記録情報資源（本書四頁）。

とするのが適当だと考えるが、ここには古代だ中世だ、また近世だ近代だ現代だなどという垣根はまったくみられない。古代から現代にいたるまで一貫した理念である。これがアーカイブズ学の出発点だと思う。

もちろん、はじめからそのような確たる考え方があったのではない。しかし、中世・近世をつうじて最高の権威を有した御判御教書と朱印状・公帖を、いろんな観点からみているうちに、大きな垣根＝断絶があると考えていた両者に、広く「もの」＝アーカイブズとしてみると、意外と親近性・継承性のあることがわかった。その成果が本論の第一章「妙蓮寺の近世文書について」、第二章「近世の武家書札礼と公帖――南禅寺公帖の形態論的研究――」、第三章「近世の領知判物・朱印状と公帖――室町時代の御判御教書との関連で――」、それに第四章「天龍寺の朱印状と公帖――中世古文書学と近世古文書学の継承性に関する試論――」の初出論文である。

三

第一章の妙蓮寺の朱印状に関する初出稿は昭和五十七年（一九八二）の執筆で、本書のもっとも初期の論文である。ここでは、まず江戸時代の朱印状に着目をした。私の朱印状研究はこのような幼稚な段階から出発しているのである。

ついで、南禅寺の公帖をとりあげたのが第二章である。南禅寺には公帖二五三通が蔵せられており、公帖の研究にはもっとも恵まれた寺院の一つである。しかも、公帖という名称自身中世から近世へと一貫しており、中世・近世をひとまとめにして研究するにはこの上もない条件に恵まれている。ここで、公帖の書式をはじめ、料紙・封式・花押・朱印などについてじっくり検討できた。

その上で、御判御教書も含めて朱印状・公帖の幕府文書を全体として検討したのが第三章である。中世・近世をつうじて幕府最高の公文書たる室町時代の御判御教書と江戸時代の朱印状・公帖についてその形態上の継承性

を十分に確認した。その後、さらに天龍寺の文書を調査させていただいたので、実際の御判御教書・朱印状・公帖について改めて確認したのが第四章の初出稿である。

これ以外にも、ときにおうじていろんな文書を拝見させていただいたが、中世文書を主たる研究目的とする私の場合にも、結構朱印状をみることができた。その一部は本書の補論Ⅰ「殿下と将軍――奉書と檀紙、折紙と竪紙――」の表6-1に示すごとくである。これは豊臣秀吉の朱印状だけであるが、中世史が主たる研究分野である私の文書の調査記録にもこれだけの文書の調書が残っているのである。中世史研究者にとっても、いかに朱印状が身近なものであるかがわかる。

四

しかし、道はそれほど平坦なものではなかった。藤井讓治氏から「徳川将軍領知朱印状の古文書学的位置――室町将軍御判御教書との関連で――」(『古文書研究』五九号 二〇〇四年)で、全面的な反論がだされた。これにはたいへん恐れいった。何しろ、近世史研究の第一人者の真っ正面から批判である。いちじは完全に自信を失いかけたが、よく考えてみれば、それは「思いつき」程度の批判で、私が朱印状と不可分一体のものとして論じた公帖を完全に捨象している。そして、主題である朱印状自身、武家宛のものは別として、公家や寺社を含めた朱印状の全体をそれほど詳しく検討したものでもない。ましてや、御判御教書をみずからの手で具体的に研究したものではないというきわめて安易なものであることがわかった。

とはいえ、近世史研究の「大御所」の発言である。近世史研究者からは、それに対する批判的な言葉などでるはずがない。その評価そのままが、固定化するのは必定である。そこで、さきに発表した「天龍寺の朱印状と公帖」(初出稿)を大幅に増補して本書の第四章「天龍寺の朱印状と公帖――中世古文書学と近世古文書学の継承性に関する試論――」とした。さらにそれを補強するため、国立公文書館内閣文庫所蔵の「徳川家判物并朱黒印」、また埼玉県立文書館や久能山東照宮の「Ⅰ類」の朱印状を研究させていただいた。その成果がさきにすこし触れた補論Ⅱ「徳川将軍家領知判物・朱印状の原点――藤井讓治「徳川将軍領知朱印状の古文書学的位置」との関連で――」である。この二つの論稿で、改めて室町時代の御判御教書と江戸時代の朱印状・公帖の継承性を確認した。要するに、藤井論文に代表される中世と近世を断絶とみる考え方に対して、アーカイブズ学の立場からその継承性、広くいえばアーカイブズとしての継承性を確認したのが本書の本論であり補論である。

五

これと平行して、当然確定すべき課題として「アーカイブズ・アーカイブズ学とは」という大きな問題がある。アーカイブズ・アーカイブズ学を論ずるからには、当然まずきっちりと整理すべき問題である。アーカイブズ学としての理論的武装である。幸い、日本アーカイブズ学会の平成十八年（二〇〇六）の大会で「東寺百合文書からアーカイブズ学へ――中世アーカイブズ学への思い――」なる記念講演の機会が与えられた。粗っぽいものではあるが、中世アーカイブズ学へのデッサンはできたのではないかと思う。それを整理しなおしたのが、本書の序章「アーカイブズ学としての中世古文書学――東寺百合文書からアーカイブズ学へ――」である。

この序章についてすこし具体的に述べると、まず「はじめに」と第一節「アーカイブズの整理原則と研究分野――「記録史料管理論」と「記録史料認識論」の統一的把握――」では、わが国の近代的な古文書学は、その成立以来、「史学の右腕」としての役割をはたしてきた。それを代表するものが様式論である。しかし、古文書学は「史学の右腕」＝歴史学の補助学ではなく――もうすこしいうならば、文書を「文字資料」ととらえるのではなく――、独自の研究目的をもった学問として論ずべきものである。すなわち、文書をたんに「史料」としてではなく、文書そのもの＝「もの」としてみる学問である。事実、文書はある意志を伝達するために作成された「もの」であって、決して「文字資料」として作成されたものではない。この余りにも当然の事実を忘れて、文字面だけに没入し、「史学の右腕」だ、様式論だといってきたのがこれまでの歴史学であり古文書学であった。

この文書を「もの」とみる立場に立つならば、それを「かたち」（形態＝個）・「かたまり」（秩序＝平面（群））・「かさなり」（伝存＝立体（層））の三次元の総体として研究の対象とされなければならない。しかも、アーカイブズ学は文書を研究の対象と把握する（史料認識論）だけではなく、それと文書の整理・保存・公開という実践（史料管理論）を統一した学問であるということを確認した。たんに頭だけの学問ではなく、理論と実践を統一した学問である。

私はこれまでよく、「私の古文書学の恩師は東寺百合文書である」といってきた。私が上述のように真の古文書学をしり、アーカイブズ学に目ざめさせてもらったのは東寺百合文書を含む東寺文書である。昭和四十二年

（一九六七）以来五〇年近く、東寺文書とともに生活できたからである。しかも、文書をたんに「文字資料」としてみるのではなく、常に整理・保存・公開という実践の現場と密着して――「史料認識論」と「史料管理論」を統一した形で――研究を進めることとができたという恵まれた環境であった。同第二節「アーカイブズとしての東寺文書――「かたまり」「かさなり」「かたち」と東寺文書――」では、そのアーカイブズとしての東寺文書について、はじめて具体的に述べてみた。現存の中世文書で原形態・原秩序などを残すものはほとんどみられないが、幸い東寺百合文書はそれをほぼ完全に残しており、アーカイブズとしての文書の「かたち」＝原形態、「かたまり」＝原秩序、「かさなり」＝原伝存について具体的に述べることができた。これが、本書の基調になる序章の概要である。

本書でとりあげた御判御教書と朱印状・公帖は、アーカイブズ学は古代から近現代にいたるまで一貫した理念で論ぜられるべきであるということの一側面に触れただけで、これで完全だなどとは毛頭思っていない。ここで、どうしてもいっておかなければならないのは、私は古代から近現代にいたるまで同じ方法論で統一されるべきだなどといっているのではない。古代と近現代とでは、アーアカイブズ自身その存在形態はまったくちがっている。したがって、その研究の方法論もおのずから別である。この点については、別に詳しく論じなければならないが、まずアーカイブズ学は古代から近現代にいたるまで一貫した理念で把握されるべきであるということを確認した上で、それぞれのアーカイブズの存在形態におうじた古代アーカイブズ学、中世アーカイブズ学……として個別に論ぜられるべきものであろう。さらに中世アーカイブズ＝中世の「一次的記録情報資源」といっても、古文書と聖教類、さらには記録・典籍類と、アーカイブズの存在形態はかならずしも同一ではない。したがって、中世アーカイブズ学といっても、中世アーカイブズ学としての古文書学、中世アーカイブズ学としての聖教学、中世アーカイブズ学としての記録・典籍学（書誌学？）――これらの名称が適当であるかどうかも検討されなければならないが――と、その存在形態の相違にもとづく細かい方法論のちがいは当然考えなければならない。そして、これらを統合したものが中世アーカイブズ学であるが、中世アーカイブズ学としての古文書学に関する一試論が、序章「アーカイブズ学としての中世古文書学――東寺百合文書からアーカイブズ学へ――」である。

六

以上、本書は、中世アーカイブズ学を論じた最初のものである。それだけに、まだまだ欠陥の多い粗っぽいものである。『中世アーカイブズ学序説』の名に値するものかどうかも自信はない。

しかし、改めて確認しよう。文書は、ある意志を伝達するために作成された「もの」であって、「文字資料」として作成されたのではない。そして、「もの」としての文書には未知だが無限の情報が秘せられている。この点だけはまちがいなく確認できると思う。その上で、「もの」としての文書、アーカイブズとしての文書から、何を明らかにし、どのような情報を発掘するかは、すべては今後の課題として残されていて、研究者の力量にゆだねられているのである。私は本書の序章で一つのデッサンらしいものを示したが、あくまでも個人的なデッサンらしいものであって、完全なものだなどとは考えてはいない。ただ、欠陥だらけではあるが、一つの議論の出発点にはなりうると考えている。

何しろ「文字資料」としての文書という考え方は、千年以上も不動の真理としておこなわれてきたことである。現在の歴史研究者には、骨の髄までしみこんでいる疑うべからざる大前提である。それ故、文書作成の本来的な目的、すなわち本質的効力たるある意志の伝達のために作成された「もの」ということはすっかり忘れさられて、やれ付随的効力の公験だ、やれ応用的価値にすぎない歴史史料だということだけが論ぜられてきたにすぎない。それをここにきて、文書作成の本来的な目的にまで立ちかえろうと、従来の常識を根本的にみ直すようなことをいうのだから、「暴論に近い論理」といわれ、「独善的な自信満々の思い込み」といわれるのも、また当然のことであるかもしれない。「蟷螂の斧」などという言葉があるが、それなどとも比べものにもならない小さなつぶやきにしかすぎない。私も、それを覚悟の上であえて問題提起をしているのである。しかし文書は、「文字資料」としてではなく、「もの」として作成されたという一点さえ確認できるならば、まだ未熟な点が多いだろうが、私の「たたき台」を完全に無視したり、また細かい「あら探し」をして、本質的なことを棚上げにしてしまうのではなく、学界として前向きに新しいアーカイブズ学創設にとり組んでもらえないものだろうか。

（二〇一三・〇七・二五　初校を終えるにあたって　八十九歳の誕生日に）

七

上記の文章を書いてから、はや一年半の歳月がたった。やっと本書の「あとがき」をまとめるところまでこぎつけた。やれやれというのが現在の率直な心境である。

アーカイブズ学についていうと、本書の序章「アーカイブズ学としての中世古文書学――東寺百合文書からアーカイブズ学へ――」の初出稿「東寺百合文書からアーカイブズ学へ――中世アーカイブズ学への思い――」（「アーカイブズ学研究」五号　二〇〇六年）を発表してから、二・三編関係の論文を執筆して、より具体的に展開することができた。最近では「東寺百合文書と中世アーカイブズ学研究の黎明――百合文書のデジタル画像の公開によせて――」を京都府立総合資料館の「資料館紀要」四三号に掲載していただいた。これは、資料館の東寺百合文書のデジタル画像の公開の画期的な意義について述べたものであるが、それはまさに新しい学問としてのアーカイブズ学の黎明を意味するということで、アーカイブズ学についても、本書よりは一歩進んだ形で提言することができたと考えている。ちょうど、本書の出版と相前後して刊行されると思うので、ぜひこちらもご覧いただきたい。

それにしても、本書は刊行までに本当に手間どったし、思文閣出版にはご迷惑をかけした。それだけにいろいろな思いでがある。とくに第三章「御判御教書と朱印状・公帖」と第四章「天龍寺の朱印状と公帖」の改稿はたいへんだった。さきにもいったが、第三章は、いったん初出稿を全面的に書きかえた。しかし、直接批判の対象となり、大きな議論になったものだからということで、改めて初出稿そのままを本書に掲載した。それだけに第四章を大幅に増補して、初出稿の三倍の紙幅になってしまった。

その作業の途中、人間ドックの検査で胃がんがみつかった。内視鏡での摘出は無理だということで、開腹手術ということになった。そして、すべての準備がととのって、いざ手術室へということで、運搬車にのせられようとしたときに、顔面ヘルペスにかかっていることがわかった。こちらの治療の方がさきだということで、急遽手術は中止された。そのようなことで、この年には初夏から秋にかけて、二度入院することになった。この間、深夜に病室でパソコンのキーをたたいていて、看護師さんから「身体を休めるように」と注意をうけたこともあった。もう七年も前のことになるが、今から考えると懐かしい思いでである。

本書の刊行にも時間がかかった。本書の初校を思文閣出版からうけとったのは平成二十二年（二〇一〇）七月であった。どうしても、補論Ⅱだけはまとめたかったこともあるが、ちょうど緊急に片づけてしまわなければならなかった拙著『中世日本の紙――アーカイブズ学としての料紙研究――』の刊行をはじめ、いくつかの仕事と重なったため、初校の戻しは平成二十五年（二〇一三）七月になってしまった。いつも気にはなっていたが、三年も「放置」していたことになる。再校は、同年十月末にいただいたが、これもお返ししたのが翌平成二十六年（二〇一四）四月。そして、この再校も含めて三校その他に昨年（二〇一四）一年かかって、ようやくここにいたったという次第である。それだけではない。体裁その他についてもずいぶん勝手をいい、補論Ⅳとして初校ゲラまでだしていただいた文章を全部削除するなど、とにかく思文閣出版には迷惑のかけっぱなしである。原宏一氏をはじめ、関係の方々には心からお詫びを申したい。

ちょうど、この「あとがき」を執筆しているとき、思文閣出版の長田岳士相談役逝去の訃報に接した。長田氏には、早くから毎年一・二度くらいは百万遍の思文閣ビルの二階の応接室で、またたまには拙宅までお運びいただいて、よく市場に出まわっていた古文書や古文書学界などの四方山話をした楽しい思いでがある。平成十年（一九九八）に、拙著『東寺・東寺文書の研究』を出版していただいたときも、いろいろと無理をいって担当者を怒らせたり、氏にもご迷惑をおかけしたことをおぼえている。思文閣出版が東山区の古門前に移ってからは、すっかりご無沙汰してしまったので、昨年四月、本書の再校ゲラ返却のついでに、私からお願いしてお目にかかったが、かつてのお元気はなかったので案じていたところであった。謹んでご冥福をお祈りしたい。

最後に、本書全体を読みかえしてみて、どうしても付言しておかなければならないことがあることに気づいた。一般に学術書には成稿一覧あるいはそれに準ずるものが付せられていて、それぞれの論文の成立の経過がわかるようになっている。そして、本書ではそれに代るものとして各章の最後の「後記」で、それぞれの章の成立については詳しく述べている。しかし、どうしたことか補論Ⅱ「徳川将軍領知判物・朱印状の原点――藤井讓治「徳川将軍領知朱印状の古文書学的位置」との関連で――」については「後記」が欠けていて、それの執筆に関する経過の説明がない。もちろん、本文を読めば理解いただけるとは思うが、この補論Ⅱは第四章「天龍寺の朱印状と公帖」をさらに補強する意味で、国立公文書館内閣文庫所蔵の「徳川家判物并朱黒印」、また埼玉県立文書館の「西角井家文書」や久能山東照宮の「Ｉ類」の判物などを拝見させていただいて、執筆した新稿である。そして、序章から補論Ｉまでは既発表のものであるが、補論ⅡⅢは本書ではじめて発表する新稿であるということだけを確認しておきたい。

二〇一五年三月三日　　ちょうど五・六分咲の北野天満宮の梅花に思いをはせながら

上島　有

編年文書目録

仁平 三年（一一五三）四月二九日 東大寺諸庄園文書目録（守屋孝蔵氏所蔵文書）……44

元暦 二年（一一八五）六月一五日 源頼朝袖判下文（島津家文書）……195・237

文治 元年（一一八五）一二月　日 北条時政禁制（河内玉祖神社文書）……105

文治 二年（一一八六）閏七月二九日 源頼朝袖判下文（尊経閣文庫所蔵『武家手鑑』）……106

「弘安 五年」（一二八二）一〇月 四日 亀山上皇院宣（東寺文書 射九）……171

（年 未 詳）（一三一四カ）二月 九日 後宇多上皇院宣（百合せ函南朝文書一三号）……170

「正和 五年」（一三一六）五月二五日 後宇多法皇院宣（百合せ函南朝文書二号）……170

「文保 二年」（一三一八）四月 五日 後宇多法皇院宣（百合せ函南朝文書三号）……170

元弘 三年（一三三三）七月 二日 後醍醐天皇綸旨（東寺文書 数二一）……171

元弘 三年（一三三三）九月一七日 後醍醐天皇綸旨（東寺文書 数二一）……171

建武 元年（一三三四）卯月一〇日 足利尊氏御判御教書（公帖）（安国寺文書）……116・写真3－1（117）・196・216・292

建武 三年（一三三六）六月三〇日 足利尊氏自筆御内書（天龍寺文書）……213

建武 三年（一三三六）七月二一日 足利尊氏袖判御教書（醍醐寺文書第四函六〇号一）……106

建武 三年（一三三六）一二月 八日 光厳上皇院宣（東寺文書 楽甲一〇）……171

建武 四年（一三三七）一一月一八日 足利直義下知状（中村理紀治氏所蔵文書）……107

暦応 四年（一三四一）五月二一日 沙弥理観金銅不動明王像寄進状（百合ト函三五号）……198

康永 二年（一三四三）一〇月一九日 室町幕府奉行人連署奉書（二尊院文書）……318

観応 元年（一三五〇）七月 九日 足利義詮御判御教書（公帖）（永源寺文書）……116・写真3－2（117）・292

観応 三年（一三五二）六月一〇日 足利義詮御判御教書（百合せ函足利将軍家下文九号）……170

文和 二年（一三五三）一二月二六日 足利尊氏自筆御教書（天龍寺文書）……213

康安 二年（一三六二）二月一七日 足利義詮御判御教書（公帖）（永源寺文書）……128・292

貞治 二年（一三六三）正月三〇日 足利義詮御判御教書（公帖）（永源寺文書）……128・292

（応安 元年）（一三六八）一二月一九日 後光厳天皇綸旨（東寺文書 数二一）……158・写真3－23（159）・171

応安 四年（一三七一）六月 一日 後光厳上皇院宣（醍醐寺文書一八函五三号）……168・271・272・296・365

応永 二年（一三九五）七月二四日 足利義満袖判御教書（上杉家文書）……374

「応永 三年」（一三九六）六月 二日 伝奏万里小路嗣房奉書（百合こ函九四号）……271・296・365

応永 三年（一三九六）七月二三日 管領斯波義将施行状（上杉家文書）……375
応永 五年（一三九八）九月 八日 関白二条師嗣御教書（東寺文書 書九）……290
応永 七年（一四〇〇）三月 九日 管領畠山徳元奉書（醍醐寺文書）……376
応永二四年（一四一七）五月一四日 管領細川満元奉書（東寺文書 書一二）……写真3-24(159)・161
応永二四年（一四一七）六月三〇日 久世方手文箱送進状（百合を函九二号）……写真1-1(50)・52
応永三四年（一四二七）一一月二〇日 管領畠山満家施行状（東寺文書 射一七）……171
正長 二年（一四二九）八月一六日 足利義教御判御教書（公帖）（大徳寺文書）……201
永享 四年（一四三二）四月一一日 足利義教御判御教書（東寺文書 書一二）……191・写真4-2(192)・216・251・331
永享 四年（一四三二）八月 七日 足利義教御判御教書（公帖）（天龍寺文書）……171・226・259・写真5-3(261)・278
嘉吉 元年（一四四一）一二月二六日 管領細川持之下知状（東寺文書 数一〇）……290
嘉吉 三年（一四四三）一二月二一日 管領畠山持国奉書（公帖）（天龍寺文書）……260・278
宝徳 二年（一四五〇）七月二八日 管領畠山持国奉書（公帖）（天龍寺文書）……171・226・260・写真5-4(262)・278
享徳 四年（一四五五）八月 四日 管領細川勝元奉書（公帖）（天龍寺文書）……260・278
長禄 二年（一四五八）一二月 日 西院文庫文書出納帳（百合あ函四三号）……写真1-2(51)・52
長禄 三年（一四五九）一二月二〇日 足利義政御判御教書（惣安堵）（東寺文書 書一二）……331・写真7-5(332)
長禄 三年（一四五九）一二月二〇日 足利義政御判御教書（惣免除）（東寺文書 書一二）……332
明応 二年（一四九三）二月 七日 足利義材御判御教書（東寺文書 書一二）……191・写真4-3(192)・216
永正 六年（一五〇九）八月二三日 足利義尹（義稙）御判御教書（公帖）（天龍寺文書）……226・263・写真5-5(264)・273
天文二〇年（一五五一）四月一九日 足利義藤御判御教書（公帖）（南禅寺文書）……294
天文二〇年（一五五一）六月 八日 足利晴氏御判御教書（公帖）（源喜堂書店待賈文書）……写真3-8(126)・127
天文二一年（一五五二）五月二〇日 足利義輝御判御教書（公帖）（南禅寺文書）……118・写真3-3(119)
天文二一年（一五五二）五月二三日 足利義輝御判御教書（公帖）（南禅寺文書）……118・写真3-4(119)・144・226
永禄一一年（一五六八）九月 日 織田信長禁制（東寺宛）（百合せ函武家御教書并達八六号）……111
永禄一一年（一五六八）一〇月一二日 室町幕府奉行人連署奉書（尊経閣文庫所蔵天龍寺周悦関係文書）……318
永禄一一年（一五六八）一〇月一二日 室町幕府奉行人連署奉書（尊経閣文庫所蔵天龍寺周悦関係文書）……318
永禄一一年（一五六八）一〇月一二日 織田信長朱印状（尊経閣文庫所蔵天龍寺周悦関係文書）……318
（永禄一一年 一五六八）一〇月一二日 細川藤孝・明院良政連署折紙（尊経閣文庫所蔵天龍寺周悦関係文書）……318
永禄一一年（一五六八）一〇月二七日 上野秀政折紙（尊経閣文庫所蔵天龍寺周悦関係文書）……318
（永禄一一年 一五六八）一一月 五日 林秀貞折紙（尊経閣文庫所蔵天龍寺周悦関係文書）……318

（永禄一一年　一五六八）一一月　五日　柴田勝家等連署折紙（尊経閣文庫所蔵天龍寺周悦関係文書）……318
天正　五年（一五七七）一一月二三日　織田信長朱印状（鷹司家宛）（宮内庁書陵部）……320
天正　五年（一五七七）一二月　一日　織田信長朱印状（等持院宛）（天龍寺文書）……321
天正一一年（一五八三）一二月　六日　足利義昭御判御教書（公帖）（南禅寺文書）……写真3－5（120）・122
天正一四年（一五八六）　四月一三日　足利義昭御判御教書（公帖）（南禅寺文書）……写真3－6（121）・122・144・226
天正一四年（一五八六）　五月一一日　豊臣秀吉朱印状（妙蓮寺宛）（妙蓮寺文書）……88・写真2－1（92）
天正一六年（一五八八）　四月一五日　豊臣秀吉朱印状（近衛家宛）（近衛家文書）……311
天正一八年（一五九〇）一一月二六日　豊臣秀吉公帖（禅興寺）（南禅寺文書）……124・写真3－7（126）・187
文禄　二年（一五九三）一一月一九日　豊臣秀次公帖（禅興寺）（南禅寺文書）……写真3－9（131）
慶長一〇年（一六〇五）　二月二四日　徳川家康公帖（建長寺）（南禅寺文書）……283
慶長一〇年（一六〇五）　三月一一日　徳川家康公帖（南禅寺）（南禅寺文書）……写真3－10（135）・283
慶長一三年（一六〇八）　九月一〇日　徳川秀忠公帖（景徳寺）（南禅寺文書）……写真3－11（135）・181・273
慶長一九年（一六一四）一二月二八日　徳川家康黒印状（天龍寺宛）（天龍寺文書）……226・写真5－1（227）・228
元和　元年（一六一五）　七月二七日　徳川家康黒印状（等持院宛）（天龍寺文書）……228
元和　元年（一六一五）　七月二七日　徳川家康黒印状（妙蓮寺宛）（妙蓮寺文書）……写真2－2（92）
元和　二年（一六一六）　三月　日　板倉勝重禁制（妙蓮寺宛）（妙蓮寺文書）……108
元和　二年（一六一六）　三月　日　板倉勝重禁制写（妙蓮寺宛）（京都府立総合資料館所蔵文書）……109
元和　三年（一六一七）　七月二一日　徳川秀忠朱印状（等持院宛）（天龍寺文書）……228
元和　三年（一六一七）　七月二一日　徳川秀忠朱印状（妙蓮寺宛）（妙蓮寺文書）……写真2－3（93）
元和　六年（一六二〇）　三月一五日　徳川秀忠領知判物（久能山東照宮宛）（久能山東照宮文書）……325・写真7－1（326）
寛永　元年（一六二四）一二月一四日　徳川家光公帖（福厳寺）（南禅寺文書）……写真3－12（136）
寛永　二年（一六二五）　正月一一日　徳川家光公帖（禅興寺）（南禅寺文書）……写真3－13（137）・226
寛永一二年（一六三五）　九月　九日　徳川家光公帖（景徳寺）（南禅寺文書）……151
寛永一二年（一六三五）　九月二九日　徳川家光公帖（禅興寺）（南禅寺文書）……151
寛永一三年（一六三六）一一月　九日　徳川家光朱印状（等持院宛）（天龍寺文書）……181・写真4－1（184）・207・226・234
寛永一三年（一六三六）一一月　九日　徳川家光朱印状（妙蓮寺宛）（妙蓮寺文書）……写真2－4（93）
寛永一八年（一六四一）　九月二七日　徳川家光朱印状写（瀧山寺東照宮宛）（瀧山寺東照宮文書）……362
正保　三年（一六四六）一二月一七日　徳川家光判物写（瀧山寺東照宮宛）（瀧山寺東照宮文書）……251・337・362
正保　三年（一六四六）一二月一七日　徳川家光判物（久能山東照宮宛）（久能山東照宮文書）……325・写真7－2（327）・251

明暦二年（一六五六）六月　日　牧野親成禁制写（妙蓮寺宛）（京都府立総合資料館所蔵文書）……写真2-14（110）
明暦三年（一六五七）一一月一七日　徳川家綱公帖（南禅寺）（南禅寺文書）……152
万治三年（一六六〇）二月一二日　徳川家綱公帖（南禅寺）（南禅寺文書）……152
寛文四年（一六六四）九月一七日　徳川家綱領知判物（久能山東照宮宛）（久能山東照宮文書）……325・330・362
寛文五年（一六六五）七月一一日　徳川家綱朱印状（等持院宛）（天龍寺文書）……205・写真4-4（206）
寛文五年（一六六五）七月一一日　徳川家綱朱印状（妙蓮寺宛）（妙蓮寺文書）……写真2-5（94）
寛文五年（一六六五）七月一一日　徳川家綱朱印状（東寺宛）（国立公文書館内閣文庫「徳川家判物并朱黒印」）……361
寛文五年（一六六五）八月一七日　徳川家綱判物写（寛永寺宛）（『寛文朱印留』）……251・338
寛文七年（一六六七）九月一五日　徳川家綱公帖（南禅寺）（南禅寺文書）……152
寛文一〇年（一六七〇）一〇月二九日　徳川家綱公帖（天龍寺）（天龍寺文書）……265・写真5-6（266）
寛文一二年（一六七二）五月　三日　永井尚庸禁制（妙蓮寺宛）（京都府立総合資料館所蔵文書）……104・写真2-15（110）
寛文一三年（一六七三）二月二〇日　徳川家綱公帖（禅興寺）（南禅寺文書）……写真3-14（138）・144・226
延宝二年（一六七四）七月一七日　徳川家綱領知判物（久能山東照宮宛）（久能山東照宮文書）……325・写真7-3（328）・330
延宝五年（一六七七）五月二三日　戸田忠昌禁制（妙蓮寺宛）（京都府立総合資料館寄託文書）……104・写真2-16（110）
貞享二年（一六八五）六月一一日　徳川綱吉朱印状（天龍寺宛）（天龍寺文書）……273・写真5-7（274）
貞享二年（一六八五）六月一一日　徳川綱吉朱印状（妙蓮寺宛）（妙蓮寺文書）……写真2-6（94）
貞享二年（一六八五）六月一一日　徳川綱吉領知判物（久能山東照宮宛）（久能山東照宮文書）……325
元禄五年（一六九二）二月　八日　徳川綱吉公帖（福厳寺）（南禅寺文書）……写真3-15（139）
元禄五年（一六九二）二月二三日　徳川綱吉公帖（禅興寺）（南禅寺文書）……写真3-16（139）
元禄一三年（一七〇〇）二月一四日　徳川綱吉判物（寛永寺宛）（西角井家文書）……300・338・写真7-7（339）
宝永四年（一七〇七）一二月二七日　徳川綱吉公帖（広厳寺）（南禅寺文書）……148
宝永五年（一七〇八）正月二四日　徳川綱吉公帖（禅興寺）（南禅寺文書）……148
宝永七年（一七一〇）九月一九日　徳川家宣公帖（南禅寺）（南禅寺文書）……写真3-17（140）・152
正徳二年（一七一二）九月一二日　徳川家宣公帖（南禅寺）（南禅寺文書）……152
正徳三年（一七一三）四月一三日　徳川家継公帖（南禅寺）（南禅寺文書）……写真3-18（140）
享保二年（一七一七）五月　二日　徳川吉宗公帖（南禅寺）（南禅寺文書）……153
享保三年（一七一八）七月一一日　徳川吉宗朱印状（妙蓮寺宛）（妙蓮寺文書）……写真2-7（95）
享保三年（一七一八）七月一一日　徳川吉宗領知判物（久能山東照宮宛）（久能山東照宮文書）……325・写真7-4（329）
享保三年（一七一八）七月一一日　徳川吉宗領知判物（延暦寺宛）（西角井家文書）……340・364

享保 六年（一七二一）一〇月一四日 徳川吉宗公帖（建長寺）（南禅寺文書）……写真3-21（142）・145
享保 六年（一七二一）一〇月一九日 徳川吉宗公帖（福厳寺）（南禅寺文書）……写真3-19（141）・145
享保 六年（一七二一）一一月二三日 徳川吉宗公帖（禅興寺）（南禅寺文書）……写真3-20（141）・145
享保 六年（一七二一）一二月一二日 徳川吉宗公帖（南禅寺）（南禅寺文書）……写真3-22（142）・145・153
享保一一年（一七二六）一二月一二日 徳川吉宗公帖（南禅寺）（南禅寺文書）……153
元文 三年（一七三八）一二月一七日 徳川吉宗公帖（南禅寺）（南禅寺文書）……153
寛保 元年（一七四一）八月 晦日 徳川吉宗公帖（南禅寺）（南禅寺文書）……153
寛保 元年（一七四一）九月一一日 徳川吉宗公帖（南禅寺）（南禅寺文書）……153
延享 三年（一七四六）二月二〇日 徳川家重公帖（南禅寺）（南禅寺文書）……153
延享 四年（一七四七）八月一一日 徳川家重朱印状（妙蓮寺宛）（妙蓮寺文書）……写真2-8（95）
延享 四年（一七四七）八月一一日 徳川家重領知判物（久能山東照宮宛）（久能山東照宮文書）……325
延享 四年（一七四七）八月一一日 徳川家重領知判物（鳳来山東照宮宛）（西角井家文書）……337
宝暦 四年（一七五四）二月 三日 徳川家重公帖（南禅寺）（南禅寺文書）……153
宝暦 四年（一七五四）二月一七日 徳川家重公帖（南禅寺）（南禅寺文書）……153
宝暦一二年（一七六二）八月一一日 徳川家治朱印状（天龍寺宛）（天龍寺文書）……232・写真5-2（233）・235
宝暦一二年（一七六二）八月一一日 徳川家治朱印状（妙蓮寺宛）（妙蓮寺文書）……写真2-9（96）
宝暦一二年（一七六二）八月一一日 徳川家治領知判物（久能山東照宮宛）（久能山東照宮文書）……325
天明 八年（一七八八）九月一一日 徳川家斉朱印状（妙蓮寺宛）（妙蓮寺文書）……写真2-10（96）
天明 八年（一七八八）九月一一日 徳川家斉領知判物（久能山東照宮宛）（久能山東照宮文書）……325
文化 六年（一八〇九）七月 日 酒井忠進禁制（安楽寿院宛）（安楽寿院文書）……107
天保一〇年（一八三九）九月一一日 徳川家慶朱印状（妙蓮寺宛）（妙蓮寺文書）……写真2-11（97）
天保一〇年（一八三九）九月一一日 徳川家慶領知判物（久能山東照宮宛）（久能山東照宮文書）……325
天保一〇年（一八三九）九月一一日 徳川家綱領知判物（寛永寺宛）（西角井家文書）……338・写真7-8（339）
安政 二年（一八五五）九月一一日 徳川家定朱印状（法隆寺宛他）（京都府立総合資料館所蔵文書）……90・148・286
安政 二年（一八五五）九月一一日 徳川家定朱印状（妙蓮寺宛）（妙蓮寺文書）……90・写真2-12（97）
安政 二年（一八五五）九月一一日 徳川家定領知判物（久能山東照宮宛）（久能山東照宮文書）……325
安政 二年（一八五五）九月（一一日） 徳川家定領知判物（無量寿寺東照宮宛）（西角井家文書）……337・写真7-6（337）
（安政 二年（一八五五）九月）一一日 徳川家定領知判物（延暦寺宛）（西角井家文書）……340
万延 元年（一八六〇）九月一一日 徳川家茂朱印状（武者小路三位宛他）（京都府立総合資料館所蔵文書）……90・148・286

万延元年（一八六〇）九月一一日　徳川家茂朱印状（妙蓮寺宛）（京都府立総合資料館所蔵文書）……写真2-13(98)
万延元年（一八六〇）九月一一日　徳川家茂領知判物（久能山東照宮宛）（久能山東照宮文書）……325

研究文献索引

◎著者略歴◎

上島　有（うえじま　たもつ）

大正13年(1924)，三重県に生まれる
京都大学文学部史学科(国史学専攻)卒業
京都府立総合資料館古文書課長・大阪電気通信大学教授・摂南大学教授・花園大学教授を経て，現在摂南大学名誉教授，文学博士(京都大学)

主要著書(単著)
『京郊庄園村落の研究』(塙書房)
『東寺・東寺文書の研究』(思文閣出版)
『足利尊氏文書の総合的研究』(国書刊行会)
『中世花押の謎を解く―足利将軍家とその花押―』(山川出版社)
『中世日本の紙―アーカイブズ学としての料紙研究―(前編・後編)』(日本史史料研究会)

中世《ちゅうせい》アーカイブズ学序説《がくじょせつ》

2015(平成27)年4月15日発行

定価：本体13,000円(税別)

著　者　上島　有
発行者　田中　大
発行所　株式会社　思文閣出版
〒605-0089 京都市東山区元町355
電話 075-751-1781(代表)

装　幀　井上二三夫
印　刷
製　本　株式会社 図書印刷 同朋舎

ISBN978-4-7842-1542-3　C3021

件名索引

あ　行

か　行

さ　行

た　行

な　行

は　行

ま　行

や　行

ら　行

わ　行

人名索引Ｉ（近世以前）

あ　行

か　行

さ　行

た　行

な　行

は　行

ま　行

や　行

人名索引II(近現代)

や　行

ら　行

地名索引

あ　行

か　行

さ　行

た　行

な　行

は　行

ま　行

や　行

ら　行